Schulze zur Wiesche
Die GmbH & Still

Die GmbH & Still

Eine alternative Gesellschaftsform

Mit Vertragsmustern

von

Prof. Dr. Dieter Schulze zur Wiesche
Nordkirchen

7., neu bearbeitete Auflage

2019

www.beck.de

ISBN 978 3 406 72658 3

© 2019 Verlag C.H. Beck oHG
Wilhelmstraße 9, 80801 München

Druck: Nomos Verlagsgesellschaft
In den Lissen 12, 76547 Sinzheim

Satz: Fotosatz H. Buck
Zweikirchener Straße 7, 84036 Kumhausen

Gedruckt auf säurefreiem, alterungsbeständigem Papier
(hergestellt aus chlorfrei gebleichtem Zellstoff)

Vorwort zur 7. Auflage

Die 7. Auflage berücksichtigt die umfangreiche zivilrecht- und steuerliche Rechtsprechung zur GmbH & Still. Besondere Schwerpunkte sind im gesellschaftsrechtlichen Bereich die mehrgliedrige stille Gesellschaft, die Begrenzung der Gewinnbeteiligung des Stillen Gesellschafters auf einen Geschäftsbereich und die Beendigung der stillen Gesellschaft Schwerpunkt im steuerlichen Bereich ist die GmbH & atypisch Still. Hier ist besonderer Schwerpunkt die Aufspaltung der GmbH & atypisch Still in mehrere Mitunternehmerschaften durch die Begrenzung der Gewinnbeteiligung auf jeweils einen Geschäftsbereich., die doppelstöckigen und mehrstöckigen Mitunternehmerschaften in der Rechtsform einer GmbH & atypisch Still & Co KG und die GmbH & Co KG atypisch Still, die Beendigung einer GmbH atypisch still durch eine Realteilung.

Ferner sind Gegenstand der 7. Auflage die Auswirkungen der Erbschaftsteuerreform auf die GmbH & Still.

Nordkirchen, im August 2018 *Der Verfasser*

Inhaltsübersicht

Einleitung 1

Teil 1
Stille Beteiligung an einer GmbH 5

1. Rechtliche Grundlagen 5
2. Stille Beteiligung als Innengesellschaft 11
3. Vertragliche Gestaltungsmöglichkeiten 19
4. Stellung des stillen Gesellschafters 26
5. Gegenstand der Einlage und deren bilanzsteuerliche Behandlung ... 34
6. Gewinn- und Verlustbeteiligung des stillen Gesellschafters 45
7. Außenhaftung des stillen Gesellschafters 52
8. Behandlung der übrigen Rechtsbeziehungen 53
9. Kündigung der stillen Gesellschaft und Auseinandersetzung 55
10. Stille Beteiligung im Insolvenzfalle 67
11. Gründung einer GmbH & Still 72
12. Entstehung und Beendigung einer GmbH & Still durch Vorgänge, die unter das Umwandlungsrecht fallen 77
13. Die Aktiengesellschaft & atypisch Still 79
14. Stille Beteiligungen an einer Unternehmergesellschaft mit beschränkter Haftung 82

Teil 2
Steuerliche Behandlung der GmbH & Still 83

1. Einleitung 83
2. Steuerliche Anerkennung der GmbH & Still 84
3. Typische und atypische stille Beteiligung 95
4. Typische stille Beteiligung im EStG 112
5. Atypische stille Beteiligung an einer GmbH 154
6. Stille Beteiligung und Betriebsaufspaltung 217
7. Die Unterbeteiligung an einem GmbH-Anteil 223
8. Begründung und Beendigung einer GmbH & Still 230
9. Übrige Steuerarten 274
10. Steuerbescheide, Rechtsbehelfsverfahren 312

Inhaltsübersicht

Teil 3
Vor- und Nachteile der GmbH & Still 321

  1 Stille Beteiligung und GmbH 321
  2 Stille Beteiligung und Darlehen 329
  3 Stille Beteiligung oder Betriebsaufspaltung 331
  4 Stille Beteiligung oder GmbH & Co KG 334
Tabellarische Übersicht: Vor- und Nachteile 340

Teil 4
Vertragsmuster 341

  1 Vertragsmuster zur Begründung einer typischen stillen Gesellschaft   341
  2 Vertragsmuster zur Begründung einer atypischen stillen Gesellschaft   345
  3 Vertragsmuster zur Begründung einer atypischen stillen Gesellschaft beschränkt auf einen Geschäftsbereich 348
  4 Vertragsmuster hinsichtlich der Einbringung eines Betriebes in eine GmbH bei Wertausgleich durch eine stille Beteiligung 350
  5 Vertrag über die Gründung einer mehrgliedrigen GmbH & atypisch Still 353
  5 Klauselvarianten für die Einlage-Beitragsbestimmung 359
  6 Klauselvarianten für die Gewinn- und Verlustbeteiligung 363
  7 Klauselvarianten für die Beendigung des stillen Gesellschaftsverhältnisses 364
  8 Klauselvarianten betreffend die Auseinandersetzung 365
  9 Klauselvariante zur Regelung des Erbfalls 366
 10 Vertragsmuster hinsichtlich einer Innengesellschaft, bei der der Handelsgewerbetreibende weder am Vermögen noch am Gewinn beteiligt ist 367

Stichwortverzeichnis 369

Inhaltsverzeichnis

Vorwort zur 7. Auflage		V
Inhaltsübersicht		VII
Literaturverzeichnis		XXI
Abkürzungsverzeichnis		XXVII

Einleitung			1
1	Stille Beteiligung als Ergänzung zur GmbH		1
2	Stille Beteiligung als Finanzierungsmittel		2
3	Die stille Beteiligung als Sanierungsmittel		3
4	Atypisch stille Beteiligungen als Mittel zu Umstrukturierungen		3

Teil 1
Stille Beteiligung an einer GmbH 5

1	**Rechtliche Grundlagen**	5
1.1	Beteiligung an einem Handelsgewerbe	5
1.1.1	Abgrenzung zu den Genussrechten	5
1.2	Vermögenseinlage	7
1.3	Gewinnbeteiligung	8
1.4	Gesellschaftsvertrag	9
2	**Stille Beteiligung als Innengesellschaft**	11
2.1	Innengesellschaft	11
2.2	Firma	11
2.3	Bilanzierung der stillen Beteiligung	11
2.3.1	Typische stille Beteiligung	12
2.3.2	Atypische stille Beteiligung	12
2.3.3	Stille Beteiligung eines GmbH-Gesellschafters	14
2.3.4	Stille Beteiligung als kapitalersetzendes Darlehen	15
2.4	Rechtsstellung mehrerer stiller Beteiligter	15
2.4.1	Gestaltungmöglichkeiten	15
2.4.2	Koordination der einzelnen stillen Gesellschafter ohne Einbeziehung des Inhabers des Handelsgewerbes	17
2.4.3	Koordination der einzelnen stillen Gesellschafter unter Einschluss des Inhabers des Handelsgewerbes (Innen-KG)	18
3	**Vertragliche Gestaltungsmöglichkeiten**	19
3.1	Gestaltungsfreiheit beim Abschluss des Gesellschaftsvertrages	19
3.2	Typische stille Beteiligung	20
3.3	Atypische stille Beteiligung	20
3.3.1	Vermögensmäßige Beteiligung	21
3.3.2	Mitwirkung des stillen Gesellschafters bei betrieblichen Entscheidungen	22
3.3.3	Die mehrgliedrige atypisch stille Gesellschaft	23
3.3.4	Beschränkung der stillen Beteiligung auf Geschäftsbereiche der GmbH	24

Inhaltsverzeichnis

4	**Stellung des stillen Gesellschafters**	26
4.1	Grundsätze	26
4.2	Zustimmungspflichtige Maßnahme	27
4.3	Kontrollrechte des stillen Gesellschafters	28
4.4	Informations- und Kontrollrechte, § 233 HGB	29
4.5	Informationsrechte, §§ 50a, 50b GmbHG	30
4.6	Kein Einfluss auf die laufenden Geschäfte	31
4.7	Widerspruchsrecht gegen Maßnahmen, die über die laufende Geschäftsführung hinausgehen	31
4.8	Keine Teilnahme an der Gesellschafterversammlung	31
4.9	Geschäftsführerbestellung	32
4.10	Mitwirkung in weiteren Organen der Gesellschaft	32
4.11	Keine Gewinnfeststellung	32
4.12	Einfluss der stillen Beteiligung auf die Stellung als GmbH-Gesellschafter	33
5	**Gegenstand der Einlage und deren bilanzsteuerliche Behandlung**	34
5.1	Beitragsleistungen	34
5.2	Begriff der Vermögenseinlage	35
5.3	Behandlung der Bareinlage	35
5.4	Behandlung der Sacheinlage	36
5.5	Behandlung von Nutzungseinlagen	37
5.6	Einlage von Dienstleistungen	38
5.7	Einlage von künftigen Leistungen	39
5.8	Die bilanzielle Behandlung	40
5.8.1	Behandlung als Fremdkapital	40
5.8.2	Behandlung der atypisch stillen Beteiligung als Eigenkapital	41
5.8.3	Erfassung der Verlustübernahme in der Gewinn- und Verlustrechnung	43
5.8.4	Behandlung der stillen Einlage im Überschuldungsstatus	43
6	**Gewinn- und Verlustbeteiligung des stillen Gesellschafters**	45
6.1	Grundsätze	45
6.2	Bemessungsgrundlage für den Gewinnanspruch	45
6.3	Beteiligung am laufenden Gewinn	46
6.4	Beteiligung am Handelsbilanzgewinn	46
6.5	Steuerbilanzgewinn als Bemessungsgrundlage	46
6.6	Andere Bemessungsgrundlagen	48
6.7	Gewinnverteilungsschlüssel	48
6.8	Entnahme des stillen Gesellschafters	49
6.9	Verlustbeteiligung	50
7	**Außenhaftung des stillen Gesellschafters**	52
8	**Behandlung der übrigen Rechtsbeziehungen**	53
8.1	Geschäftsführervertrag	53
8.2	Sonstige Arbeitsverhältnisse	53
8.3	Pachtverhältnisse	54
8.4	Lizenzverträge	54
8.5	Darlehensgewährungen	54

Inhaltsverzeichnis

9	**Kündigung der stillen Gesellschaft und Auseinandersetzung**	55
9.1	Auflösung durch Kündigung	55
9.1.1	Sofortige Wirkung der Kündigung	55
9.1.2	Rückzahlungsansprüche im Falle der Beendigung der stillen Gesellschaft	56
9.1.3	Zahlung noch ausstehender Einlagen	56
9.2	Auflösung des stillen Gesellschaftsverhältnisses durch Zeitablauf	57
9.3	Kündigung aus wichtigem Grund	57
9.4	Auflösung einer mehrgliedrigen GmbH & atypisch Still	58
9.5	Rückabwicklung einer stillen Beteiligung an einer mehrgliedrigen GmbH & atypisch Still beim Anteilseerwerb	60
9.6	Tod des stillen Gesellschafters	64
9.7	Auflösung der stillen Gesellschaft im Falle der Insolvenz des Geschäftsinhabers	64
9.8	Auseinandersetzung	64
9.9	Beendigung der stillen Beteiligung durch Umwandlung in Stammkapital	66
10	**Stille Beteiligung im Insolvenzfalle**	67
10.1	Stiller Beteiligter als Insolvenzgläubiger	67
10.2	Weitere Darlehen und stille Beteiligungen eines stillen Gesellschafters	68
10.3	Die atypisch stille Beteiligung in der Insolvenz	68
10.4	Die typisch stille Beteiligung bei gleichzeitiger unmittelbarer Beteiligung an der GmbH als Stammgesellschafter	69
10.5	Stiller Beteiligter als Schuldner	70
10.6	Anfechtung der Rückzahlung der Einlage eines stillen Gesellschafters durch den Insolvenzverwalter	70
11	**Gründung einer GmbH & Still**	72
11.1	Abschluss des Vertrages durch Geschäftsführer	72
11.2	Mangel im Innenverhältnis	72
11.3	Eintragungspflicht der GmbH & Still	74
11.4	Unwirksamkeit des stillen Beteiligungsvertrages	75
11.5	Einräumung einer stillen Beteiligung an Gesellschafter und Treuepflicht	75
11.6	Schadenersatzverpflichtung der Gesellschafter gegenüber Gesellschaft aus der Gründung	76
12	**Entstehung und Beendigung einer GmbH & Still durch Vorgänge, die unter das Umwandlungsrecht fallen**	77
12.1	Grundsätze	77
12.2	Übergang des Vermögens auf eine GmbH & Still	77
12.2.1	Verschmelzung	77
12.2.2	Übergang durch Spaltung	77
12.2.3	Übergang eines Einzelunternehmens durch Ausgliederung	78
12.2.4	Formwechsel	78
12.3	Beendigung der GmbH & Still durch Umwandlung	78
13	**Die Aktiengesellschaft & atypisch Still**	79
13.1	Grundsätze	79
13.2	Vertragsabschluss	79

Inhaltsverzeichnis

13.3	Satzungsregelungen	79
13.4	Die Begründung einer atypisch stillen Beteiligung als Unternehmens- und Teilgewinnabführungsvertrag	80
13.5	Schlussbetrachtung	81
14	**Stille Beteiligungen an einer Unternehmergesellschaft mit beschränkter Haftung**	82

Teil 2
Steuerliche Behandlung der GmbH & Still 83

1	**Einleitung**	83
2	**Steuerliche Anerkennung der GmbH & Still**	84
2.1	Grundsätze für die steuerliche Anerkennung	84
2.2	Stille Beteiligung von Gesellschaftern der GmbH an dieser	84
2.3	Gesellschaftsvertrag als Grundlage für ein stilles Beteiligungsverhältnis	85
2.4	Steuerliche Anerkennung der Einräumung von stillen Beteiligungen an minderjährige Familienangehörige eines Gesellschafters einer GmbH	87
2.4.1	Begriff der Schenkung	88
2.4.2	Bürgerlich-rechtliche Wirksamkeit des Vertrages	88
2.4.3	Ernsthaftigkeit der Vereinbarungen	89
2.4.4	Eindeutigkeit der Vereinbarungen	90
2.4.5	Tatsächliche Durchführung des Gesellschaftsverhältnisses	90
2.4.6	Vertragsabschluss unter Bedingungen wie mit Dritten	92
2.4.7	Konsequenzen aus der Nichtanerkennung der Vermögensübertragung	93
3	**Typische und atypische stille Beteiligung**	95
3.1	Grundsätze	95
3.2	Beteiligung am Risiko	98
3.2.1	Beteiligung am Gewinn	98
3.2.2	Beteiligung am Verlust	99
3.2.3	Beteiligung am Vermögen	100
3.2.4	Beteiligung am Geschäftswert	101
3.3	Mitbestimmung	102
3.4	Gesamtbetrachtung	105
3.5	Die faktische Mitunternehmerschaft	107
3.6	Einpersonen-GmbH & Still	109
3.7	Die Vermögen verwaltende GmbH & atypisch Still	110
3.8	Zusammenfassung	110
4	**Typische stille Beteiligung im EStG**	112
4.1	Grundsätze	112
4.2	Behandlung der stillen Beteiligung bei der GmbH	113
4.2.1	Gewinnbeteiligung als Betriebsausgabe	113
4.2.2	Höhe des Gewinnanspruchs	114
4.2.3	Die Zinsschranke des § 4h	115
4.2.3.1	Grundsätze	115
4.2.3.2	Betrieb iSd § 4h EStG	116
4.2.3.3	Kapitalforderungen/Fremdkapital	116
4.2.3.4	Zinsaufwendungen/Zinserträge	116

Inhaltsverzeichnis

4.2.3.5	Steuerliches EBITDA	117
4.2.3.6	Zinsvortrag	117
4.2.3.7	Konzernzugehörigkeit	118
4.2.3.8	Gesellschafterfremdfinanzierung	118
4.2.4	Zeitpunkt der Verausgabung	119
4.2.5	Verlustbeteiligung	119
4.3	Behandlung des Gewinnanspruchs des stillen Gesellschafters beim Gesellschafter selbst	121
4.3.1	Zurechnung der Einkünfte	121
4.3.2	Zufluss des Gewinnanspruchs	122
4.3.3	Zeitpunkt des Zuflusses	122
4.3.4	Kapitalertragsteuer als Abgeltungssteuer	123
4.3.4.1	Behandlung der Gesellschafter, die nicht oder nur mit einem Anteil von unter 10 vH beteiligt und gleichzeitig Stammgesellschafter sind	125
4.3.4.2	Stille Beteiligung bei mindestens 10 vH Beteiligung am Stammkapital	126
4.3.4.3	Die stille Beteiligung am Betrieb einer GmbH im Betriebsvermögen	127
4.3.5	Behandlung von Verlusten	129
4.3.5.1	Verlust der Einlage	129
4.3.5.2	Verlustbeteiligung als Werbungskosten	130
4.3.5.3	Verlustausgleich im Jahr der Entstehung des Verlustes	134
4.3.5.4	Berücksichtigung von Verlusten bei beschränkt Steuerpflichtigen	134
4.3.5.6	Einschränkung des Verlustabzuges bei Kapitalgesellschaften als stille Gesellschafter	134
4.3.5.7	Beschränkung des Verlustausgleichs und des Verlustabzuges nach § 15a EStG	134
4.3.5.7.1	Allgemeine Grundsätze	134
4.3.5.7.2	Das Kapitalkonto als Bestimmung des Verlustausgleichsvolumens	135
4.3.5.7.3	Berücksichtigung von Sonderbetriebsvermögen	136
4.3.5.7.4	Eigene Werbungskosten des stillen Gesellschafters	137
4.3.5.7.5	Erweiterter Verlustausgleich	138
4.3.5.7.6	Einlage des stillen Gesellschafters	138
4.3.5.7.7	Verrechnung von Verlusten mit künftigen Gewinnen	139
4.3.5.7.8	Behandlung von Einlageminderungen	139
4.3.6	Behandlung von Schuldzinsen	139
4.3.7	Sparerfreibetrag	140
4.4	Vergütungen aus anderen Rechtsbeziehungen seitens der GmbH	140
4.4.1	Anstellungsvertrag	141
4.4.2	Darlehensgewährungen	141
4.4.3	Nutzungsüberlassungen	142
4.5	Verdeckte Gewinnausschüttung	142
4.5.1	Begriff der verdeckten Gewinnausschüttung	142
4.5.2	Behandlung der verdeckten Gewinnausschüttung	143
4.5.2.1	Grundsätze	143
4.5.2.2	Zurechnung zum körperschaftsteuerpflichtigen Einkommen	144
4.5.2.3	Tarifbesteuerung	144
4.5.3	Einzelfälle der verdeckten Gewinnausschüttung	145
4.5.3.1	Verdeckte Gewinnausschüttung bei Nichtanerkennung des Gesellschaftsverhältnisses	145

XIII

Inhaltsverzeichnis

4.5.3.2	Stille Beteiligung als verdecktes Eigenkapital	145
4.5.3.3	Verdeckte Gewinnausschüttung durch Höherbewertung von Einlagen	147
4.5.3.4	Verdeckte Gewinnausschüttung in der Form der überhöhten Gewinnbeteiligung	147
4.5.3.5	Unangemessene Gewinnbeteiligung bei Gesellschaftsverhältnissen mit Angehörigen	149
4.5.3.6	Verdeckte Gewinnausschüttungen in anderen Fällen	150
4.6	Stille Beteiligung von beschränkt Steuerpflichtigen	150
4.7	Kapitalersetzende Leistung als verdecktes Eigenkapital	151
4.8	GmbH & Co KG und fehlgeschlagene Mitunternehmerschaft	151
5	**Atypische stille Beteiligung an einer GmbH**	**154**
5.1	Grundlagen der atypisch stillen Beteiligung	154
5.1.1	Betrieb der GmbH als Betrieb der Mitunternehmerschaft	154
5.1.2	Die Person des atypisch stillen Gesellschafters	156
5.2	Umfang der gewerblichen Einkünfte	157
5.2.1	Grundsätze, gesetzliche Grundlagen	157
5.2.2	Beschränkung der stillen Beteiligung auf eine bestimmte Tätigkeit	158
5.2.3	Gewinnermittlung bei einer Vielzahl von stillen Beteiligungen am selben Unternehmen	160
5.2.4	Behandlung der Sondervergütungen eines Gesellschafters im Rahmen der Mitunternehmerschaft	163
5.2.5	Behandlung der Vergütungen beim atypischen stillen Gesellschafter einer GmbH	165
5.3	Gewinnermittlung und Betriebsvermögen	167
5.3.1	Grundzüge der Gewinnermittlung	167
5.3.2	Betriebsvermögen der GmbH & Still	169
5.3.2.1	Grundsätze	169
5.3.2.2	Der Betrieb der GmbH als Grundlage für die Mitunternehmerschaft	169
5.3.2.3	Sonderbetriebsvermögen	170
5.3.2.3.1	Sonderbetriebsvermögen I	170
5.3.2.3.2	Sonderbetriebsvermögen II	170
5.3.2.3.3	Verbindlichkeiten im Zusammenhang mit der Beteiligung	170
5.3.2.3.4	Behandlung der GmbH-Anteile als Sonderbetriebsvermögen	171
5.3.2.3.5	Wertansatz des Sonderbetriebsvermögens	173
5.3.3	Gewinnermittlung	173
5.3.3.1	Grundsätze	173
5.3.3.2	Bilanz der GmbH	174
5.3.3.2.1	Handelsbilanz als Grundlage	174
5.3.3.2.2	Gewerbesteuer	176
5.3.3.2.3	Die Zinsschranke § 4h EStG (→ Rn. 221 ff.)	177
5.3.3.2.4	Überentnahmen durch den atypisch stillen Gesellschafter	178
5.3.3.2.5	Behandlung der Rechtsgeschäfte mit Gesellschaftern	179
5.3.3.2.6	Ergänzungsbilanzen	179
5.3.3.3	Behandlung der stillen Gesellschaftern gewährten Sondervergütungen	180
5.3.3.3.1	Grundsätze	180
5.3.3.3.2	Gewinnausschüttungen der GmbH	181
5.3.3.3.3	Geschäftsführergehalt	183
5.3.3.3.4	Pensionszusagen	184
5.3.3.3.5	Miet- und Pachteinnahmen	186

Inhaltsverzeichnis

5.3.3.3.6	Darlehen	188
5.3.3.3.7	Lizenzen	188
5.3.3.4	Die Doppel- bzw. mehrstöckige GmbH & atypisch Still	189
5.3.3.4.1	Anteile an atypisch stiller Gesellschaft im Betriebsvermögen einer GmbH & atypisch Still	189
5.3.3.4.2	Sondervergütungen an Gesellschafter der GmbH & atypisch Still als Obergesellschaft	190
5.3.3.4.3	Die atypisch stille Beteiligung an einer Komplementär-GmbH	190
5.3.3.4.4	Die GmbH & Co KG atypisch stille Gesellschaft	191
5.3.3.4.5	Sonderbetriebsvermögen der Obergesellschaft	194
5.3.3.4.6	Sonderbetriebsvermögen des mittelbaren Gesellschafters bei der Untergesellschaft	194
5.4	Gewinnverteilung auf die Gesellschafter	197
5.4.1	Grundsätze	197
5.4.2	Unangemessene Gewinnverteilung innerhalb der atypischen stillen Beteiligung	200
5.4.2.1	Gewinnverzicht der GmbH als verdeckte Gewinnausschüttung	200
5.4.2.2	Unangemessene Gewinnverteilung aufgrund von Verzichten anderer Mitgesellschafter	203
5.4.3	Verteilung außerbilanzieller Gewinnzurechnung	203
5.4.4	Gewinnfeststellung und Gewinnverteilung anhand eines Beispiels	204
5.4.5	Der Gewinnanteil als Grundlage für die Besteuerung der Mitunternehmer	205
5.5	Behandlung der verdeckten Gewinnausschüttungen	205
5.6	Verlustübernahme durch den atypisch stillen Gesellschafter	206
5.6.1	Grundsätze	206
5.6.2	Das Kapitalkonto des atypischen stillen Gesellschafters	207
5.6.3	Behandlung von Sonderbetriebsausgaben	208
5.6.4	Verrechnung mit künftigen Gewinnen	208
5.6.5	Behandlung von Kapitalherabsetzungen iSd § 15a Abs. 3 EStG	209
5.6.6	Fortschreibung des verrechenbaren Verlustes	209
5.7	Vergünstigungen des nicht entnommenen Gewinnes, § 34a EStG	209
5.7.1	Grundsätze	209
5.7.2	Nicht entnommener Gewinn	210
5.7.3	Der Begünstigungsbetrag	211
5.7.4	Der nachversteuerungspflichtige Betrag	212
5.7.5	Durchführung der Nachversteuerung	212
5.8	Steuerermäßigung nach § 35 EStG bei gewerblichen Personengesellschaften	213
5.9	Beschränkt Steuerpflichtiger als atypischer stiller Gesellschafter	216
6	**Stille Beteiligung und Betriebsaufspaltung**	217
6.1	Betriebsaufspaltung	217
6.2	Stille Beteiligung eines beherrschenden Gesellschafters als Betriebsaufspaltung	218
6.2.1	Stille Beteiligung in Form einer Bareinlage	218
6.2.2	Stille Beteiligung durch Überlassung von Wirtschaftsgütern	218
6.3	Stille Beteiligung bei gleichzeitiger Nutzungsüberlassung	220
6.4	Betriebsaufspaltung und atypische stille Beteiligung	220
6.5	Organschaft und GmbH & atypisch Still	221

Inhaltsverzeichnis

7	**Die Unterbeteiligung an einem GmbH-Anteil**	223
7.1	Die Unterbeteiligung an einem Gesellschaftsanteil	223
7.2	Die typische Unterbeteiligung	223
7.2.1	Behandlung des Stammgesellschafters	223
7.2.2	Behandlung des Unterbeteiligten	223
7.3	Die atypisch stille Unterbeteiligung an einem GmbH-Anteil	224
7.3.1	Grundsätze	224
7.3.2	Wirtschaftliche Inhaberschaft	224
7.3.2.1	Voraussetzungen	224
7.3.2.2	Vermögensrechte	225
7.3.2.3	Verwaltungsrechte	225
7.3.2.4	Kündigung durch den Hauptbeteiligten	226
7.3.3	Folgerungen	227
7.3.3.1	Veräußerungsgewinne aus Veräußerung einer Unterbeteiligung	227
7.3.4	Einzelfälle	228
7.3.4.1	Typische und atypische Unterbeteiligung an einem Kapitalanteil	228
8	**Begründung und Beendigung einer GmbH & Still**	230
8.1	Die Gründung einer typischen GmbH & Still, bei der der Stille nicht als Mitunternehmer anzusehen ist	230
8.1.1	Grundsätze	230
8.1.2	Umwandlung von Gewinnvorträgen und Rücklagen	230
8.1.3	Behandlung eines Agio im Zusammenhang mit einer Sacheinlage	231
8.2	Die Aufnahme eines atypisch stillen Gesellschafters in eine bereits tätige GmbH	231
8.2.1	Die Einlage der GmbH bei Bareinlage des stillen Gesellschafters	232
8.2.1.1	Übertragung iSd §§ 3 ff. UmwStG	232
8.2.1.2	Einbringung iSd § 24 UmwStG in eine atypisch stille Gesellschaft	233
8.2.1.2.1	Behandlung der GmbH als Einbringender	234
8.2.1.2.2	Behandlung des stillen Gesellschafters	235
8.3	Einbringung eines Einzelunternehmens oder einer Personengesellschaft in eine GmbH & Still	241
8.3.1	Problemstellung	241
8.3.2	Umwandlung nach dem Umwandlungsgesetz	242
8.3.2.1	Rechtliche Voraussetzungen	242
8.3.2.2	Behandlung der übrigen Rechtsverhältnisse	243
8.3.2.3	Kapital	244
8.3.2.3.1	Umwandlung eines Einzelunternehmens	244
8.3.2.3.2	Umwandlung einer OHG	244
8.3.2.3.3	Umwandlung einer KG in eine GmbH	246
8.3.3	Steuerliche Behandlung der Einbringung in eine GmbH & Still (§ 20 Abs. 1 UmwStG)	247
8.3.3.1	Grundlagen	247
8.3.3.2	Einbringung eines Betriebes in eine GmbH nach § 20 UmwStG	247
8.3.3.3	Übertragung von Sonderbetriebsvermögen gegen eine stille Beteiligung	250
8.3.3.4	Darlehens- und Privatkonten	251
8.3.3.5	Vereinbarung weiterer Entgelte neben der Überlassung von Geschäftsanteilen	251
8.3.3.6	Gewährung von stillen Beteiligungen als Teilentgelt für die Einbringung von Betrieben	252

Inhaltsverzeichnis

8.3.3.7	Umwandlung von Kapital-, Darlehens- und Privatkonten in eine stille Beteiligung	253
8.3.4	Einbringung eines Betriebes bzw. Mitunternehmeranteils in eine atypische GmbH & Still durch den atypisch stillen Gesellschafter § 24 Abs. 1 UmwStG	254
8.3.5	Einzelfälle	257
8.3.5.1	Umwandlung einer GmbH & Co KG in eine GmbH & Still	257
8.3.5.1.1	Typische stille Beteiligung	257
8.3.5.1.2	Umwandlung der Kommanditbeteiligung in eine atypische stille Beteiligung	258
8.3.5.2	Umwandlung von Pachtverhältnissen in ein stilles Beteiligungsverhältnis	258
8.3.5.2.2	Umwandlung bei Betriebsaufspaltung	259
8.3.5.2.3	Umwandlung des Pachtverhältnisses in eine stille Beteiligung ohne eine vorausgegangene Betriebsaufspaltung	259
8.4	Veräußerung einer stillen Beteiligung	260
8.4.1	Veräußerung einer typischen stillen Beteiligung	260
8.4.2	Veräußerung einer atypischen stillen Beteiligung	261
8.5	Liquidation der GmbH	262
8.5.1	Ermittlung des Liquidationsgewinns der GmbH	262
8.5.2	Rückwirkende Erfassung eines Einbringungsgewinns bei Erwerb der GmbH durch Einbringung	263
8.5.3	Auseinandersetzung einer typischen stillen Beteiligung	263
8.5.4	Auseinandersetzung einer atypischen stillen Beteiligung	264
8.6	Beendigung durch Rückerstattung der Einlage	265
8.6.1	Typische stille Beteiligung	265
8.6.2	Beendigung der atypischen stillen Beteiligung durch Kapitalrückzahlung	265
8.7	Realteilung	266
8.7.1	Begriff	266
8.7.2	Echte Realteilung	268
8.7.3	Unechte Realteilung	268
8.8	Beendigung der stillen Beteiligung durch Umwandlung dieser in Stammkapital der GmbH	269
8.8.1	Behandlung der typischen stillen Beteiligung	269
8.8.2	Umwandlung einer atypischen stillen Beteiligung in eine Beteiligung am Stammkapital	269
9	**Übrige Steuerarten**	274
9.1	Gewerbesteuer der GmbH & Still	274
9.1.1	Einleitung	274
9.1.2	Typische stille Beteiligung	274
9.1.2.1	GmbH als Gewerbesteuerpflichtige	274
9.1.2.2	Ermittlung des Gewerbeertrags	274
9.1.2.2.1	Körperschaftsteuerlicher Gewinn als Grundlage des Gewerbeertrags	274
9.1.2.2.2	Hinzurechnungen nach § 8 GewStG	275
9.1.2.2.3	Behandlung des Verlustanteils	275
9.1.2.2.4	Steuermesszahl und Steuermessbetrag	276
9.1.3	Atypische stille Gesellschaft	276
9.1.3.1	Atypische stille Beteiligung als selbständiger Gewerbesteuerpflichtiger	276
9.1.3.2	Ermittlung des Gewerbeertrags	278

XVII

Inhaltsverzeichnis

9.3.3	Verluste einer atypisch stillen Beteiligung im Betriebsvermögen	280
9.1.3.4	Freibeträge für natürliche Personen	282
9.1.3.5	Gewerbesteuerpflicht	282
9.1.3.6	Gewerbesteuerschuldner	283
9.2	Erbschaft- und Schenkungssteuer	284
9.2.1	Grundsätze...	284
9.2.2	Die typisch stille Gesellschaft	284
9.2.3	Die GmbH & atypisch Still	285
9.2.3.1	Grundsätze...	285
9.2.3.2	Bewertung des Betriebsvermögens.........................	285
9.2.3.2.1	Bewertungsmethode für Anteile an Großbetrieben..............	286
9.2.3.2.2	Das vereinfachte Ertragswertverfahren	287
9.2.3.3	Vorwegabschlag bei Familiengesellschaften (Erlass nach § 13a Abs. 9 ErbStG)	289
9.2.3.4	Verschonung des Betriebsvermögens	291
9.2.3.4.1	Grundsätze...	291
9.2.3.4.2	Begünstigungsfähiges Vermögen (Erlass nach § 13a Abs. 5 ErbStG) ..	292
9.2.3.4.3	Begünstigtes Vermögen	293
9.2.3.4.4	Verwaltungsvermögen (Erlass § 13a Abs. 3b.12 ErbStG)	294
9.2.3.4.5	Die Verschonungsmaßnahmen	300
9.2.3.4.5	Neufestsetzung der ErbSt bei Unterschreiten der Lohnsummengrenze von 400 % bzw. 700 %...........................	303
9.2. 3.4.6	Nachversteuerung im Falle der Minderung des Betriebsvermögens innerhalb von 5 bzw. 7 Jahren	303
9.2.3.5.1	Steuerfestsetzung, Säumniszuschläge, Verzinsung (Begr. zu § 13a Abs. e Nr. 5–9 ErbStG E, BR-Drs. 8,9)........................	308
9.2.3	Tarifbegrenzung beim Erwerb von Betriebsvermögen	308
9.3	Grunderwerbsteuerliche Fragen	308
9.3.1	Grundsätze...	308
9.3.2	Eintritt eines stillen Gesellschafters gegen Bareinlage	309
9.3.3	Eintritt eines stillen Gesellschafters gegen Einbringung von Grundstücken	309
9.3.4	Nutzungsüberlassung eines Grundstücks als stille Einlage	309
9.3.5	Einbringung eines Betriebs in eine GmbH mit gleichzeitiger stiller Beteiligung	309
9.4	Umsatzsteuer	310
9.4.1	Stiller Beteiligter als Unternehmer.........................	310
9.4.2	Umsatzsteuer im Zusammenhang mit der Errichtung, Umwandlung und Auflösung...........................	311
10	**Steuerbescheide, Rechtsbehelfsverfahren**	312
10.1	Einheitliche und gesonderte Feststellung der Einkünfte	312
10.2	Zuständigkeit für den Erlass von Steuerbescheiden, Gewinnfeststellungsbescheiden	314
10.3	Prüfungsanordnung	314
10.4	GmbH & atypisch Still im Rechtsbehelfsverfahren	315
10.4.1	Gewerbesteuermessbescheid	316
10.4.2	Einheitliche Gewinnfeststellung	317
10.4.3	Prozessstandschaft	318
10.4.4	Klagebefugnis bei der GmbH & atypisch Still, BFH v. 13.7.15 – R41/14 siehe Nr. 3	319

Inhaltsverzeichnis

Teil 3
Vor- und Nachteile der GmbH & Still 321

1	**Stille Beteiligung und GmbH**	321
1.1	Bürgerliches Recht	321
1.1.1	Haftkapital	321
1.1.2	Auswirkung der Gesellschafterechte aufgrund der stillen Beteiligung auf die Stellung des GmbH-Gesellschafters	322
1.1.3	Sacheinlagen	322
1.1.4	Rückzahlung der Einlage	323
1.2	Einkommen- und körperschaftsteuerliche Fragen	323
1.2.1	Minderung der Körperschaftsteuer durch eine stille Beteiligung	323
1.2.2	Übertragung von Verlusten	324
1.2.3	Typische oder atypische stille Beteiligung	325
1.2.4	Einbringung von Sonderbetriebsvermögen in Form von stillen Beteiligungen	326
1.3	Gewerbesteuerliche Behandlung	327
1.4	Grunderwerbsteuerliche Vor- und Nachteile	327
1.5	Erbschaftsfall	328
2	**Stille Beteiligung und Darlehen**	329
2.1	Bürgerliches Recht	329
2.1.1	Stille Beteiligung und Darlehen als Fremdkapital	329
2.1.2	Auswirkung auf die Stellung als Gesellschafter	329
2.1.3	Art der Vergütung	329
2.2	Einkommen- und körperschaftsteuerliche Fragen	330
2.3	Gewerbesteuerliche Konsequenzen	330
3	**Stille Beteiligung oder Betriebsaufspaltung**	331
3.1	Bürgerlich-rechtliche Fragen	331
3.2	Ertragsteuerliche Fragen	332
3.3	Gewerbesteuerliche Behandlung	333
3.4	Grunderwerbsteuerliche Fragen	333
4	**Stille Beteiligung oder GmbH & Co KG**	334
4.1	Stille Beteiligung und GmbH & Co KG nach bürgerlichem Recht ..	334
4.1.1	Stille Gesellschaft und Außengesellschaft	334
4.1.2	Bilanz	334
4.1.3	Haftkapital	334
4.1.4	Auswirkungen auf die Gesellschaft	335
4.1.5	Gesellschaftsvermögen	335
4.1.6	Gesellschafterwechsel	335
4.1.7	Gründung	336
4.1.8	Beendigung der GmbH & atypisch Still	336
4.2	Einkommensteuerliche und körperschaftsteuerliche Unterschiede zwischen GmbH & Co KG und GmbH & Still	337
4.2.1	Typische stille Beteiligung und GmbH & Co KG	337
4.2.2	GmbH & Co KG und atypische stille Beteiligung	338
4.3	Gewerbesteuerliche Unterschiede zwischen der GmbH & Co KG und GmbH & Still	339
	Tabellarische Übersicht: Vor- und Nachteile	340

Inhaltsverzeichnis

Teil 4
Vertragsmuster 341

1	Vertragsmuster zur Begründung einer typischen stillen Gesellschaft	341
2	Vertragsmuster zur Begründung einer atypischen stillen Gesellschaft	345
3	Vertragsmuster zur Begründung einer atypischen stillen Gesellschaft beschränkt auf einen Geschäftsbereich	348
4	Vertragsmuster hinsichtlich der Einbringung eines Betriebes in eine GmbH bei Wertausgleich durch eine stille Beteiligung .	350
5	Vertrag über die Gründung einer mehrgliedrigen GmbH & atypisch Still	353
5	**Klauselvarianten für die Einlage-Beitragsbestimmung**	359
5.1	Begründung einer stillen Beteiligung unter Verwendung von Mitteln der GmbH	359
5.2	Verwendung von Gewinnvorträgen und künftigen Gewinnansprüchen	359
5.3	Behandlung von Nutzungseinlagen	360
5.4	Gemischte Beiträge	360
5.5	Einbringung von Dienstleistungen	361
5.6	Arbeitnehmerbeteiligungen	361
5.7	Umwandlung bisheriger Darlehens- und Privatkonten einer in eine GmbH eingebrachten Personengesellschaft in stille Beteiligungen ..	362
5.8	Bisheriges Sonderbetriebsvermögen als Einlage	362
6	**Klauselvarianten für die Gewinn- und Verlustbeteiligung**	363
6.1	Gewinnverteilung bei zu Beginn nicht voll eingezahlter Einlage....	363
7	**Klauselvarianten für die Beendigung des stillen Gesellschaftsverhältnisses**	364
7.1	Beendigung durch Kündigung	364
7.2	Umwandlung in Stammkapital	364
8	**Klauselvarianten betreffend die Auseinandersetzung**	365
8.1	Kündigung durch Gesellschafter	365
8.2	Abfindung stiller Reserven	365
9	**Klauselvariante zur Regelung des Erbfalls**	366
10	Vertragsmuster hinsichtlich einer Innengesellschaft, bei der der Handelsgewerbetreibende weder am Vermögen noch am Gewinn beteiligt ist	367

Stichwortverzeichnis 369

Literaturverzeichnis

A. Handbücher, Kommentare und Monographien

I. Zur Stillen Gesellschaft/GmbH & Still

Blaurock	Handbuch der stillen Gesellschaft, 8. Aufl. 2016
Fichtelmann	GmbH & Still im Steuerrecht, 5. Aufl. 2000
Fleischer/Thierfeld	Stille Gesellschaft im Steuerrecht, 9. Aufl. 2016
Gummelt/Weipert (Hg.)	BGB-Gesellschaft, offene Handelsgesellschaft, PartG, EWIV (Münchener Handbuch des Gesellschaftsrechts, Bd. 1), 4. Aufl. 2014
	Kommanditgesellschaft, GmbH & Co. KG, Publikums-KG, Stille Gesellschaft (Münchner Handbuch des Gesellschaftsrechts, Bd. 2), 4. Aufl. 2014
Schoor/Natschke	Die GmbH & Still im Steuerrecht, 4. Aufl. 2005
Schwedhelm	Die GmbH & Still als Mitunternehmerschaft, 1994
Weigl	Stille Gesellschaft, Treuhand und Unterbeteiligung (Beck'sche Musterverträge mit Erläuterungen, 33), 3. Aufl. 2012
Zacharias/Hebig/Rinnewitz	Die atypisch stille Gesellschaft, 2. Aufl. 2000

II. Zu anderen Gebieten

Adler/Düring/Schmaltz	Rechnungsprüfung und Prüfung der Unternehmen (9 Bde. + ErgBd.), 6. Aufl. 1994 ff.
Baumbach/Hopt	HGB, 38. Aufl. 2018
Baumbach/Hueck	GmbHG, 21. Aufl. 2017
Blümich	EStG-KStG-GewStG-Nebengesetze, Loseblatt
Bordewin/Brandt	EStG, Loseblatt
Boruttau	GrEStG, 18. Aufl. 2017
Ebenroth/Boujong/Joost/ Strohn	HGB, 3. Aufl. 2014
Emmerich/Habersack	Aktien- und GmbH-Konzernrecht, 7. Aufl. 2013
Federmann/Kussmaul/Müller	Handbuch der Bilanzierung, Loseblatt
Glanegger/Güroff	GewStG, 9. Aufl. 2017
Glanegger/Güroff/ Grunewald	Gesellschaftsrecht, 9. Aufl. 2014
Harbarth	Großkommentar HGB, 5. Aufl.
Kirnberger	Heidelberger Kommentar zum HGB, 7. Aufl. 2007
Henssler/Strohn	Gesellschaftsrecht, 3. Aufl.,2016
Herrmann/Heuer/Raupach	Einkommensteuer- und Körperschaftsteuergesetz mit Nebengesetzen, Loseblatt
Hesselmann/Tillmann	Handbuch der GmbH & Co., 21. Aufl. 2016
Heuser Theile	IFRS Handbuch, 5. Aufl. 2012
Heymann/Horn	HGB (4 Bde.), 2. Aufl. 1995 ff.
Hofmann	GrEStG, 8. Aufl. 2004
Huber	Vermögensanteil, Kapitalanteil und Gesellschaftsanteil bei Personengesellschaften des Handelsrechts, 1970

Literaturverzeichnis

Hüffer/Koch	AktG, 13. Aufl. 2018
Kallmeyer/Fuhrmann/ Heuser/Tillmann u. a.	Handbuch der GmbH (4 Bde.), Bearb. Loseblatt
Kanzler/Kraft/Bäuml	Komm. EStG, 1. Aufl
Kirchhof	Komm. EStG, 16. Aufl.
Kirchhof/Söhn/Mellinghoff	Einkommensteuergesetz, Loseblatt
Knobbe-Keuk	Bilanz- und Unternehmenssteuerrecht, 9. Aufl.
Koller/Kindler/Roth/Morck	HGB, 8. Auflage 2015
Langenfeld/Gail	Handbuch der Familienunternehmen, 7. Aufl., Loseblatt
Lenski/Steinberg	Kommentar zum Gewerbesteuergesetz, Loseblatt
Littmann/Bitz/Pust	Kommentar zum Einkommensteuerrecht Loseblatt
Michalski/Heidinger/Leible/ Schmidt	GmbHG (2 Bde.), 3. Aufl. 2017
Oetker/Schubert	HGB, 4. Aufl. 2017
Priester/Mayer/Wicke (Hg.)	GmbH (Münchener Handbuch des Gesellschaftsrechts, Bd. 3), 5. Aufl. 2018
Münchener Kommentar	zum BGB, 7. Aufl. 2016 ff.
Münchener Kommentar	zum HGB (Bde. 1–7a) 4. Aufl. 2016 ff.
Obermüller/Hess,	Insolvenzordnung, 4. Aufl. 2003
Oetker	HGB, 5. Aufl. 2017
Palandt	BGB, 76. Aufl. 2017
Röhricht/Graf von Westphalen/Haas,	HGB, 4. Aufl. 2014
Schmidt, K.	Gesellschaftsrecht, 54. Aufl. 2002
Schmidt, L.	EStG, 36. Aufl. 2017
Scholz	GmbHG, Bd. 1, 12. Aufl. 2018
Semler/Stengel	UmwG, 4. Aufl. 2017
Soergel	BGB, 13. Aufl.
Staudinger	BGB, Neubearbeitung 2003
Sudhoff	Unternehmensnachfolge, 5. Aufl. 2005
Uhlenbruck	InsO, 14. Aufl. 2015
Westermann/Scherpf/ Sigloch/Paulick/ Crezelius/Hackbeil	Handbuch der Personengesellschaften, 4. Aufl., Loseblatt (Stand 2012)
Wiedemann	Gesellschaftsrecht Bd. 2, 2004,
Widmann/Mayer	Umwandlungsrecht, 4. Aufl., Loseblatt (Stand 2012)

B. Aufsätze und andere Einzeldarstellungen

App	Die Rechtsform der „GmbH & Still", BuW 1993, 476
Barten/Kaminski	Die Einheitsbewertung des Betriebsvermögens bei der atypischen GmbH & Still, GmbHR 1983, 127
Beekmann	Ertragsteuerliche Behandlungen der doppelstöckigen Personengesellschaft 2007
Binger	ESt und GewSt bei der atypischen stillen Gesellschaft, DB 1988, 414
Bitsch	Gewinnverteilung der GmbH & Still, GmbHR 1983, 56
Bitz	Aktuelle Entwicklungen bei der GmbH & Still, GmbHR 1997, 769
Blaurock	Die GmbH & Still im Steuerrecht, BB 1992, 1969

Literaturverzeichnis

Blaurock	Zur stillen Beteiligung mehrerer Personen an einer Apotheke, NJW 1972, 1119
Bormann	Die Steuern einer GmbH & Still (atypisch) und ihrer Beteiligten, Inf. 1984, 25
Brinkmann	Die stille Beteiligung in der Außenprüfung Teil I und II, StBp 2010, 213, 241
Creutzmann	Unternehmensbewertung im Steuerrecht. Neuregelung des BewG ab 1.1.2000, DB 2008, S. 27.84
Curtius-Hartung/ Costede/Ballof	Die stille Gesellschaft – Überlegungen aus handelsrechtlicher, steuerrechtlicher und betriebswirtschaftlicher Sicht, Steuerberaterkongreß-Report 1987, 223
Ehlers/Busse	Die steuerliche Vermögenszuordnung bei der atypischen stillen Gesellschaft, DB 1989, 448
Fahsel	Die mehrgliedrige atypisch stille Gesellschaft als Innengesellschaft, NWB 34/2016, 2576
Fellinger	Tarifbegünstigung nicht entnommener Gewinne: Das Anwendungsschreiben zu § 34a EStG, DB 2008, 1877
Fichtelmann	Die stille Gesellschaft mit (minderjährigen) Kindern, EStB 2000, 202
Friedrich	BFH – Gewerbesteuerliche Behandlung von atypisch stiller Beteiligung an einer GmbH, WiB 1996, 693
Förster, U.	Anschaffungskosten beim Erwerb eines Anteils an einer doppelstöckigen Personengesellschaft, DB 2011, 2570
Geck	Die Auflösung der stillen Gesellschaft unter besonderer Berücksichtigung der Auseinandersetzung, DStR 1994, 637
Geißler	Aktuelle und fortdauernde Probleme bei der GmbH & Still, GmbHR 2008, 516
Geschwendtner	Die atypisch stille Gesellschaft als beschränkt rechtsfähiges Steuersubjekt im Einkommensteuerrecht, DStZ 1998, 335
Glenk	Die typische stille Beteiligung an einer GmbH aus der Sicht des Gesellschaftsrechts, Information StW 1995, 176
Goette	Zum Hinauskündigungsrecht des Geschäftsinhabers bei einer als Publikumsgesellschaft ausgestalteten GmbH & Still, DStR 1994, 625
Goller	Die Gewerbesteuerpflicht der atypisch stillen Gesellschaft, DStR 1982, 485
Grunewald	Die Gesellschafterklage in der Personengesellschaft und der GmbH 1990
Gunkel	GmbH & Still mit ausländischer Muttergesellschaft, JbFAStR 1996/97, 200
Häger/Forst	Umwandlung einer stillen Gesellschaft in Kapitalgesellschaftsanteile, EStB 2000, 72
Halaczinsky	Die Erbschaftsteuerform. Neues Erbschaftsteuerrecht ab 2009, UVR 2009, S. 18
Hense	Die atypische stille Gesellschaft in der neuesten Rechtsprechung des BFH, StbJb 1987/88, 289
ders.	Eckpfeiler der GmbH & atypisch Still im Steuerrecht, GmbHR 2002, 787
Heuking	BGH – Kündigungsbeschränkungen für den Geschäftsinhaber in der GmbH & Still, WiB 1994, 352

Literaturverzeichnis

Herzig/Hübner/Sarrazin	Mitunternehmerschaft – Besteuerung der Mitunternehmer, Steuerberaterkongreß-Report, 1987, 447
Hey, A.	Eigenkapitalersetzender Charakter der stillen Einlage des GmbH-Gesellschafters, GmbHR 2001, 1100
Horn	Die GmbH & atypisch Still als Verfahrensbeteiligte im Steuerrecht, GmbHR 2001, 138
ders.	Mitunternehmerische Betätigung und Beteiligung bei der GmbH & atypisch Still, GmbHR 1995, 816
ders.	Die steuerliche atypische stille Beteiligung an der GmbH, GmbHR 1994, 147
Kohlruss	Steuersatzspreizungen bei Familienunternehmen, das Zusammenspiel von Abgeltungssteuer und Zinsschranke, GmbHR 2007, 1133
Krabbe	Qualifikationskonflikte bei atypisch stillen Gesellschaftern, IStR 1999, 591
Lindwurm	Gewinnverteilung und Gewinnfeststellung bei der Kumulation von stillen Gesellschaftern unter Berücksichtigung von Bewertungs- und gewerbesteuerrechtlichen Konsequenzen, DStR 2000, 53
Lüdicke/Furtwentsches	Das neue Erbschaftsteuerrecht, DB 2009, S. 12
Maute	GmbH-Anteile als Sonderbetriebsvermögen bei atypisch stiller Gesellschaft – Konsequenzen für die Beraterpraxis, EStB 1999, 217
Mock	Stille im MoMiG zur Stillen Gesellschaft DStR 2008, 1645
Mock/Cöster	Die actio pro securo in der mehrgliedrigen stillen Gesellschaft, GmbH R 2018, 67
Ottersbach	Tätigkeitsvergütungen an einen atypisch still Unterbeteiligten des Hauptgesellschafters – dem Gewinn der Hauptgesellschaft hinzuzurechnen, FR 1999, 201
Pohl	Außerbilanzielle Korrekturen bei der Ermittlung des nicht entnommenen Gewinns nach § 34a EStG, BB 2007, 2483
Pyska	Aktuelle Fragen zur atypisch stillen Gesellschaft im internationalen Steuerrecht, IStR 1999, 572
Ruban	Die atypische stille Gesellschaft im Ertragssteuerrecht – Tendenzen in der neueren Rechtsprechung des Bundesfinanzhofs, DStZ 1995, 637
Schlitt/Beck	Spezielle Probleme bei stillen Beteiligungen im Vorfeld eines Börsengangs, NZG 2001, 688
Schmidt-Ott	Nochmals: Publizität und stille Beteiligung am Unternehmen einer GmbH, GmbH 2002, 784
Schneider	Die Vertretung und die Mitwirkung der Gesellschafter bei einer GmbH & Still, DB 1989, 713
Schön	Die stille Beteiligung am Handelsgewerbe, ZGR 1990, 221
Schöne	Hinauskündigung stiller Gesellschafter, WuB II H § 230 HGB 1.95
Schoor	Die GmbH & Still, Information StW 1993, 276
Scholten/Korezkij	Begünstigungen für Betriebsvermögen nach der ErbSt-Reform, DStR 2009, S. 73, 147
Schulte/Waechter	Atypisch-stille Beteiligungen und § 294 AktG, GmbHR 2002, 189
Schulze zur Wiesche	Die GmbH & atypisch Still, GmbHR 1999, 902

Literaturverzeichnis

ders.	Betriebsaufspaltung und stille Beteiligung, DStR 1993, 1844
ders.	Die atypische stille Beteiligung an einer GmbH, DB 1976, 408
ders.	Die Behandlung der Geschäftsführergehälter der GmbH & Still, GmbHR 1980, 168
ders.	Die Einmann GmbH & Still, GmbHR 1983, 202
ders.	Die Gewinnermittlung bei der atypischen GmbH & Still, GmbHR 1982, 114
ders.	Die stille Beteiligung an einer GmbH, GmbHR 1979, 33, 62;
ders.	GmbHR 2006, 630
ders.	Die stille Gesellschaft in steuerlicher Rechtsprechung, BB 1982, 1974
ders.	Einbringung des Betriebes eines Einzelkaufmanns und einer Personengesellschaft in eine GmbH & Still, DB 1980, 1189
ders.	Einbringung eines Betriebes in eine GmbH (Teile I+II), GmbHR 1981, 60, 88
ders.	Einbringung von Wirtschaftsgütern in eine GmbH & Still, StBp 2003, 132
ders.	Ist die Typische GmbH & Still tot?, GmbHR 1991, 533
ders.	Mitunternehmerschaft auf nicht gesellschaftlicher Grundlage, DB 1982, 919
ders.	Nicht an der GmbH & Co KG beteiligte Gesellschafter als Mitunternehmer, DStR 1982, 671
ders.	Verdeckte Gewinnausschüttungen bei einer stillen Beteiligung an einer GmbH, FR 1977, 492
ders.	Die GmbH & Still in der aktuellen Rechtsprechung, DB 2011, 1477
ders.	Die mehrstöckige Personengesellschaft im Unternehmensverbund, DStZ 2017, 784
ders.	Gewinnverschiebungen innerhalb einer Mitunternehmerschaft, DStZ 2017, 451
ders.	Die atypisch stille Gesellschaft an GmbH, GmbH & Co KG, StBp 2015, 221
ders.	Gestaltungen innerhalb von Mitunternehmerschaften, DStZ 2014, 719
ders.	Innengesellschaften an einzelnen Geschäftszweigen eines Unternehmers als selbständige Mitunternehmerschaft
ders.	Mitunternehmerschaft, DB 2015, 1487
ders.	Realteilung von Personengesellschaften unter Berücksichtigung der BFH- Urteile, BB 2016, 1753
ders.	Gesetz zur Anpassung der ErbSt- und Schenk StG, StBp 2017, 177
ders.	Aktualisiertes BMF- Schr. v. 20.12.2016 zur Realteilung von Personengesellschaften, DStZ 2017, 528
ders.	Ertragsteuerliche Organschaft…, DStz 2013, 621
Schwedhelm	Ist der stille Gesellschafter als Geschäftsführer der GmbH & Still Mitunternehmer?, GmbHR 1994, 445
ders.	Gesellschaftsrecht, Renaissance der Personengesellschaft, 1997, 11
Seer	Die Erbschafts- und Schenkungssteuer im System der Besteuerung nach wirtschaftlicher Leistungsfähigkeit, GmbHR 2009, S. 225

Literaturverzeichnis

Söffing	Besteuerung des Unternehmensvermögens nach dem ErbStG, DStZ 2008, 867
ders.	Verluste bei typisch stiller Beteiligung, FR 1982, 445
Stein	Gewerbesteuerliche Behandlung der atypisch stillen Gesellschaft, NWB 1995, 4013
ders.	Thesaurierungsbegünstigung: Der nachversteuerungspflichtige Betrag im Rahmen einer betrieblichen Erbauseinandersetzung, DB 2008, 1933
ders.	Die Besteuerung der Erträge aus Kapitalbeteiligung ab 01.01.2009, GmbHR 2008, 649
ders.	Die Folgen der Entlastung des nicht entnommenen Gewinns für die Ertragbesteuerung der PersG, DB 2007, 1099
Straub	Besteuerung der Einmann-GmbH & Still bei gleichzeitiger Beteiligung der GmbH an einer zweiten GmbH, DB 1990, 1302
Thiel/Sterner	Entlastung der Personenunternehmen durch Begünstigung des nicht entnommenen Gewinns, DB 2007, 1099
Töben Fischer	Zinsschranke für Kapitalgesellschaften, GmbHR 2007, S. 32
Vollmer/Maurer	Die Eignung von sanierenden stillen Beteiligungen und Sanierungsgenußscheinen zur Abwehr der Überschuldung, DB 1994, 1173
Walter	Verlustnutzung beim atypisch stillen Gesellschafter trotz ausstehender Einlage, GmbHR 1997, 823
Weber	Die Bedeutung der Geschäftsführertätigkeit für die Annahme einer atypischen GmbH & Still, GmbHR 1994, 144
ders.	Ende der typisch stillen Beteiligung bei beherrschendem Einfluß?, DB 1992, 546
Weigl	Anwendungs- und Problemfelder der stillen Gesellschaft, DStR 1999, 1568
ders.	Zur Eintragungspflicht einer GmbH & Still im Handelsregister, GmbHR 2002, 778
Weimar	Die GmbH & Still im Fortschritt des Gesellschaftsrechts, ZIP 1993, 1509
Werheim	Die einkommensteuerliche Qualifikation der Einkünfte der atypisch stillen Gesellschaft einer GmbH & Still, DStR 1998, 1533
Wich/Horn	Abgrenzung des stillen Gesellschafters von der Stellung des atypisch stillen Gesellschafters, insbesondere aufgrund der Ausweitung der Informations- sowie Kontrollrechte gem. § 716 BGB, GmbHR 2000, 711
Wiese/Lukas	Erbschaftsteuerreform 2009 und Unternehmensnachfolge, GmbHR 2009, S. 57
Winkeljohann/Halfar	Gewerbesteuerliche Vorzüge der GmbH & atypisch Still, DB 1994, 2471

Abkürzungsverzeichnis

aA	anderer Ansicht
AfA	Absetzung für Abnutzung
AG	Aktiengesellschaft
Anm.	Anmerkung
AktG	Aktiengesetz
AO	Abgabenordnung
AStG	Außensteuergesetz
BB	Der Betriebs-Berater, zit. nach Jahrgang und Seite
BeckRS	Beck'sche Rechtsprechungssammlung (online), zit. nach Jahrgang und Nummer
BewG	Bewertungsgesetz
BFH	Bundesfinanzhof
BFH/NV	Sammlung amtlich nicht veröffentlicher Entscheidungen des Bundesfinanzhofes
BFHE	Entscheidungssammlung des Bundesfinanzhofes, zit. nach Band und Seite
BGB	Bürgerliches Gesetzbuch
BGH	Bundesgerichtshof
BGHZ	Zivilrechtliche Entscheidungssammlung des Bundesgerichtshofes, zit. nach Band und Seite
BilMoG-E	Bilanzrechtsmodernisierungsgesetz (Entwurf)
BKR	Zeitschrift für Bank- und Kapitalmarktrecht
BMF	Bundesministerium der Finanzen
BStBl.	Bundessteuerblatt, zit. nach Jahrgang und Seite
BT-Drs.	Bundestags-Drucksache
BV	Betriebsvermögen
dh	das heißt
DB	Der Betrieb, zit. nach Jahrgang und Seite
DBA	Doppelbesteuerungsabkommen
ders.	derselbe
DStR	Deutsches Steuerrecht, zit. nach Jahrgang und Seite
DStZ	Deutsche Steuerzeitung, zit. nach Jahrgang und Seite
EFG	Entscheidungssammlung der Finanzgerichte, zit. nach Jahrgang und Seite
ErbStG	Erbschaft- und Schenkungsteuergesetz
ESt	Einkommensteuer
EStG	Einkommensteuergesetz
EStH	Amtliches Einkommensteuer-Handbuch
F.	Fach
f., ff.	folgende, fortfolgende
FG	Finanzgericht
FM	Finanzministerium
FMStG	Finanzmarktstabilisierungsgesetz
FR	Finanz-Rundschau, zit. nach Jahrgang und Seite

Abkürzungsverzeichnis

GbR	Gesellschaft des bürgerlichen Rechts
gem.	gemäß
GewStG	Gewerbesteuergesetz
GewStR	Gewerbesteuer-Richtlinien
ggf.	gegebenenfalls
GK-HGB	Großkommentar HGB Harbath, 5. Aufl.
GmbH	Gesellschaft mit beschränkter Haftung
GmbHG	Gesetz betreffend die Gesellschaften mit beschränkter Haftung (GmbH-Gesetz)
GmbHR	GmbH-Rundschau, zit. nach Jahrgang und Seite
GrESt	Grunderwerbsteuer
GrEStG	Grunderwerbsteuergesetz
GrS	Großer Senat
H	Hinweise
Hs.	Halbsatz
HdB	Handbuch
HGB	Handelsgesetzbuch
HK-HGB	Heidelberger Kommentar zum HGB Kirnberger, 7. Aufl. 2007
IFRS	International Financial Reporting Standards
iL	in Liquidation
iSd	im Sinne der (des)
IStR	Internationales Steuerrecht, zit. nach Jahrgang und Seite
iSv	im Sinne von
iVm	in Verbindung mit
Inf.	Die Information über Steuer und Wirtschaft, zit. nach Jahrgang und Seite
JR	Juristische Rundschau, zit. nach Jahrgang und Seite
JStG	Jahressteuergesetz
KapESt	Kapitalertragsteuer
KapG	Kapitalgesellschaft
KG	Kommanditgesellschaft
KGaA	Kommanditgesellschaft auf Aktien
KO	Konkursordnung
Komm.	Kommentar
KÖSDI	Kölner Steuer-Dialog, zit. nach Jahrgang und Seite
KSt	Körperschaftsteuer
KStG	Körperschaftsteuergesetz
mE	meines Erachtens
MHdBGesR	Münchener Handbuch des Gesellschaftsrechts
MoMiG	Gesetz zur Modernisierung des GmbH-Rechts und zur Bekämpfung von Missbräuchen
MüKo	Münchener Kommentar
mwN	mit weiteren Nachweisen
NJOZ	Neue Juristische Online-Zeitschrift, zit. nach Jahrgang und Seite
NJW	Neue Juristische Wochenschrift, zit. nach Jahrgang und Seite
NJW-RR	NJW-Rechtsprechungs-Report
NSt	Neues Steuerrecht von A bis Z
NWB	Neue Wirtschaftsbriefe
NZG	Neue Zeitschrift für Gesellschaftsrecht
oa	oben angeführt

Abkürzungsverzeichnis

OHG	Offene Handelsgesellschaft
OLG	Oberlandesgericht
PersG	Personengesellschaft
PV	Privatvermögen
RG	Reichsgericht
RGZ	Entscheidungen des Reichsgerichts in Zivilsachen
Rn.	Randnummer
S.	Seite
SEStEG	Gesetz über steuerliche Begleitmaßnahmen zur Einführung der Europäischen Gesellschaft und zur Änderung weiterer steuerrechtlicher Vorschriften
s. u.	siehe unten
sog.	So genannte (r, s)
StbJB	Steuerberater-Jahrbuch, zit. nach Jahrgang und Seite
StBp	Die steuerliche Betriebsprüfung, zit. nach Jahrgang und Seite
StSenkG	Steuersenkungsgesetz 2003
StuW	Steuer und Wirtschaft, zit. nach Jahrgang und Seite
StVergAbG	Steuervergünstigungsabbaugesetz
StWa	Steuerwarte, zit. nach Jahrgang und Seite
Tz.	Textziffer
ua	unter anderem
UG	Unternehmergesellschaft (haftungsbeschränkt)
UmwG	Umwandlungsgesetz
UmwStG	Umwandlungssteuergesetz
UntStFG	Unternehmenssteuerformentwicklungsgesetz
UStG	Umsatzsteuergesetz
usw	und so weiter
uU	unter Umständen
v.	vom
vGA	verdeckte Gewinnausschüttung
vH	vom Hundert
vgl.	vergleiche
VSt	Vermögensteuer
VStG	Vermögensteuergesetz
VStR	Vermögensteuer-Richtlinien
WG	Wirtschaftsgüter; Wechselgesetz
WM	Wertpapier-Mitteilungen, zit. nach Jahrgang und Seite
WPg	Die Wirtschaftsprüfung, zit. nach Jahrgang und Seite
ZGR	Zeitschrift für Unternehmens- und Gesellschaftsrecht, zit. nach Jahrgang und Seite
zB	zum Beispiel

Einleitung

1 Stille Beteiligung als Ergänzung zur GmbH

Die stille Beteiligung an einer GmbH (GmbH & Still) hat sich in den letzten Jahren zu einer eigenen Unternehmensform entwickelt. Sie stellt eine Mischform zwischen einer Kapital- und einer Personengesellschaft dar (vgl. *Blaurock* BB 1992, 1969; *Blaurock* HdB der Stillen Gesellschaft § 24 I). Sie tritt somit neben die GmbH & Co KG und die Betriebsaufspaltung. Das liegt daran, dass man sich scheut, die reine GmbH als Unternehmensform zu wählen. Vor der Körperschaftsteuerreform 1977 lag der Hauptgrund für die Wahl dieser Gesellschaftsformen in der körperschaftsteuerlichen Doppelbelastung. Mittels der obengenannten Gesellschaftsform versuchte man, die körperschaftsteuerliche Doppelbelastung, die durch die Gesellschaftsform der GmbH als selbständige juristische Person bedingt war, zu mindern.

Auf der anderen Seite bot die Gesellschaftsform der GmbH die Haftungsbeschränkung. Man versuchte daher, die ertragsteuerlichen Vorteile der Personengesellschaft mit den haftungsrechtlichen Vorteilen der GmbH als Kapitalgesellschaft miteinander zu verbinden.

Im Gegensatz zur GmbH & Co KG als Personenhandelsgesellschaft tritt die GmbH & Still als Innengesellschaft nach außen hin nicht in Erscheinung. Selbst die Firma der GmbH bleibt unverändert. Die GmbH & Still ist daher als solche nach außen hin nicht erkennbar.

Dennoch vereinigt auch die GmbH & Still die Vorteile der Personengesellschaft – insofern, als der Gewinnanspruch des stillen Beteiligten den Gewinn der GmbH mindert und soweit der doppelten Besteuerung entzogen wird – und den Vorteil der Haftungsbeschränkung durch die Gesellschaftsform der GmbH. Aber auch nach der Körperschaftsteuerreform hat die stille Beteiligung an einer GmbH nicht an Bedeutung verloren.

Da die Stille Beteiligung nur obligatorische Beziehungen begründet, kein Gesamthandseigentum kennt, und GmbH als Handelsgewerbetreibender Alleineigtümer des Betiebsvermögens ist, fallen keine Notarkosten, keine HR-Eintragungskosten, da eine Innengesellcshaft nicht eintragungsfähig ist und Mangels Eigentumsänderungen bei Grundbesitz keine Grunderwerbsteuer an. Es sei denn es liegt eine Sacheinlage vor. Dies kann jedoch dadurch verhindert werden, dass lediglich Nutzungseinlagen getätigt werden. Zivilrechtlich ist es ohne Bedeutung, ob es sich hierbei um eine typisch stille gesellschaft oder eine atypisch stille Gesellschaft handelt. Handelsrechtlich ist die Einlage des stillen Gesellschafters als Fremdkapital zu behandeln. Steuerrechtlich liegt im Falle einer atypisch stillen Gesellschaft eine Mitunternehmerschaft zwischen der GmbH

Einleitung

und dem Atypisch stillen Gesellschafter vor, mit der Folge, dass ertragsteuerlich nicht die GmbH, sondern die GmbH & atypisch Still das Gewerbe betreibt. Da die GmbH & atypisch still mangels Bürokkratie sehr flexibel ist, und die stillen Anteile leicht veräußerlich sind, ist Rechtsform für geschlossene Publikumsgesellschaften (Fondanteile) sehr geeignet. Die Rechtsform der stillen Beteiligung wird vielfach auch für Mitarbeiter Gewinnbeteiligungen gewährt. Da die stille Beteiligung auch auf Geschäftsbereiche begrenzt werden kann, können unter dem Deckmantel der GmbH Betriebsabteilungen intern verselbständigt werden.

2 Stille Beteiligung als Finanzierungsmittel

5 Neben der Kapitalaufstockung, dem Darlehen und der Verpachtung von Betriebsmitteln ist die stille Beteiligung eine Möglichkeit, dem Unternehmen neue Mittel von außen zuzuführen. Die stille Einlage, auch wenn sie von den Gesellschaftern erbracht wird, erhöht jedoch nicht das Eigen- und Haftkapital. Bei der Einlage des stillen Gesellschafters handelt es sich daher um Fremdmittel, die gleich dem Darlehen langfristigen oder mittelfristigen Charakter haben. Sie unterscheidet sich jedoch dadurch von dem Darlehen, dass die Vergütung für die Kapitalüberlassung nicht in einer festen Verzinsung besteht, sondern gewinnabhängig ist. Eine stille Beteiligung kann daher nicht eine an sich gebotene Eigenkapitalzuführung ersetzen. Eine stille Beteiligung kann daher grundsätzlich nur einen zusätzlichen Kapitalbedarf sichern. Eine stille Beteiligung empfiehlt sich dann, wenn für einen übersehbaren Zeitraum ein überhöhter Kapitalbedarf notwendig ist. Zeitlich begrenzter zusätzlicher Kapitalbedarf kann daher grundsätzlich durch eine stille Einlage befriedigt werden.

5a Wirtschaftlich gesehen kann eine stille Einlage, die durch Gesellschafter der GmbH erbracht wird, den Charakter von Eigenkapital erhalten, wenn die stillen Gesellschafter für den Fall der Insolvenz über das Gesellschaftsvermögen der GmbH auf die Rückzahlung ihrer stillen Einlagen verzichten.

5b Durch Abtretung der stillen Beteiligung zur Sicherheit kann diese auch einigen Großgläubigern gegenüber, insbesondere Banken, den Charakter von Eigenkapital bekommen. Der Umfang der stillen Einlage gegenüber dem Stammkapital ist bei der GmbH & Still im Gegensatz zur Kommanditeinlage bei der GmbH & Co KG begrenzt. Die Einlage des Stillen sollte im Rahmen der gesamten Verbindlichkeiten eine gewisse Relation Eigenkapital/Fremdkapital nicht überschreiten.

5c Eine GmbH & Still mit 50.000 EUR Nennkapital der GmbH und einer stillen Einlage in Höhe von 1.000.000 EUR ist im Gegensatz zu einer GmbH & Co KG, deren Komplementär-GmbH, unabhängig von der Höhe des Kommanditkapitals in der Regel nur das Mindeststammkapital ausweist, rechtlich zulässig. Haben jedoch die Anteilseigner die stille Beteiligung in diesem Falle übernommen, lagen bisher kapitalersetzende Gesellschafterleistungen vor.

Einleitung

3 Die stille Beteiligung als Sanierungsmittel

Die stille Beteiligung kann auch als Sanierungsmittel dienen, indem die Hauptgläubiger ihre Darlehen, Forderungen aus Lieferungen und Leistungen in stille Beteiligungen umwandeln, was den Vorteil hat, dass die Zinsen nicht zu weiteren Verlusten führen (vgl. *Vollmer/Maurer* DB 1994, 1173).

Über eine stille Beteiligung an einer GmbH können auch Steuererstattungen aus Verlustverrechnungen, dieser wieder zur Verfügung gestellt werden.

Beispiel:
A bisheriger Einzelunternehmer hat aus dieser Tätigkeit einen Verlustvortrag von 1 Mio. EUR. Teile seines bisherigen Betriebes werden in der Rechtsform einer GmbH weitergeführt. Er beteiligt sich an der GmbH als stiller Gesellschafter. Er verpflichtet sich, die stille Beteiligung mit den Steuererstattungen, aufgrund der Verlustverrechnung aufzustocken. Es ist jedoch hier darauf zu achten, dass die Gewinnbeteiligung einer Fremdbetrachtung standhält, also nicht unangemessen ist.

4 Atypisch stille Beteiligungen als Mittel zu Umstrukturierungen

Durch die Errichtung von atypisch stillen Beteiligungen an Geschäftsbereichen, besteht die Möglichkeit, den Betrieb der GmbH intern in selbständige Unternehmen aufzuspalten. Unter dem Deckmantel der GmbH können sich somit Konzernstrukturen verbergen, was von den Ordnungshütern wegen der fehlenden Transparenz sicherlich nicht erwünscht ist.

Beispiel 1
An der X-GmbH, die in 3 Geschäftsbereiche gegliedert ist, sind A, B und C als Gesellschaftergeschäftsführer beteiligt. Jeder der Geschäftsführer ist jeweils für einen Geschäftsbereich verantwortlich. Sie beschließen daher, dass jeder von ihnen hinsichtlich des Geschäftsbereiches, für den er besondere Verantwortung trägt, eine atypisch stille Beteiligung übernimmt. Es entstehen somit 3 stille Gesellschaften jeweils an einem Geschäftsbereich und somit 3 selbständige ertragsteuerliche Mitunternehmerschaften, die jeweils der Gewerbsteuer unterliegen. Der Körperschaftssteuer unterliegen jeweils die Gewinnanteile der GmbH an den nachgeordneten stillen Gesellschaften.

Beispiel 2
A ist Erfinder. Er will der X-GmbH Patente überlassen, die in einem neu zu errichtenden Geschäftsbereich verwertet werden sollen und den A leiten soll. Anstelle eines Lizenzvertrages, wird vereinbart, dass A an diesem Geschäftsbereich atypisch still beteiligt wird und als Sacheinlage die Nutzungsrechte an den Patenten einbringt. Für das Außenverhältnis wird er zum Mitgeschäftsführer der GmbH bestellt.
Auch hier entsteht eine selbständige Mitunternehmerschaft zwischen GmbH und A, die jedoch nur auf einen Teilbereich begrenzt ist, wobei die GmbH einen noch eigenen Betrieb hat,

Einleitung

Beispiel 3
Die X-GmbH und die Y-AG stehen in engen Geschäftsbeziehungen. Die X-GmbH liefert der Y-AG Rohmaterial, für deren Fertigung. Um die Finanzsituation des Zulieferers zu verbessern, stellt die Y-AG der X-GmH Finanzmittel in der Form einer atypisch stillen Beteiligung zur Verfügung.

Es entsteht hier eine Mitunternehmerschaft zwischen beiden Gesellschaften, Ertragsteuerlich wird der Betrieb der X-GmbH von der X-GmbH & atypisch still als selbständiges Gewinnermittlungssubjekt geführt.

Beispiel 4
Die X-GmbH und die Y-GmbH streben auf dem Gebiet der Elektrospeicherung eine gemeinsame Fertigung an. Die X-GmbH soll den Geschäftsbereich übernehmen. Die Y-GmbH stellt der X-GmbH das Know-How und einen Teil der Einrichtung in der Form einer atypisch stillen Beteiligung zur Verfügung. Das Eigentum an den überlassenen Wirtschaftsgütern soll jedoch bei der GmbH verbleiben. Es werden lediglich die Nutzungen überlassen (Sonderbetriebsvermögen). Der Geschäftsbereich der X-GmbH, an dem die atypisch stille Beteiligung der Y-GmbH besteht, ist ertragsteuerlich eine selbständge Mitunternehmerschaft.

Beispiel 5
Die Einzelgewerbetreibenden A, B, C, D und E wollen nach außen unter dem Dach einer GmbH gemeinsam auftreten, im Innenverhältnis ihre Selbständigkeit bewahren. Sie gründen eine GmbH, deren Gesellschaftergeschäftsführer sie sind. Nach Eintragung der GmbH in das HR schließen diese Personen jeweils einen atypisch stillen Beteiligungsvertrag ab. Als Sacheinlage bringen sie jeweils die Nutzungen ihres bisherigen Betriebsvermögens, das in deren Eigentum (Sonderbetriebsvermögen) verbleibt, ein. Es handelt sich um 5 selbständige Beteiligungsverträge. Somit entstehen hierdurch 5 ertragsteuerliche Mitunternehmerschaften

Teil 1
Stille Beteiligung an einer GmbH

1 Rechtliche Grundlagen

Unter einer stillen Beteiligung versteht man die Beteiligung durch eine Einlage an dem Handelsgewerbe, das ein anderer betreibt, in der Form, dass die geleistete Einlage in das Vermögen des anderen übergeht, ohne dass der stille Beteiligte nach außen hin berechtigt und verpflichtet wird (§ 230 HGB); vgl. *Baumbach/Hopt* HGB § 230 Rn. 1 ff.; *Fichtelmann* Die stille Gesellschaft im Steuerrecht, S. 12. 8

Voraussetzung ist somit die Beteiligung
– an dem Handelsgewerbe eines anderen
– durch eine Vermögenseinlage
– gegen Gewinnbeteiligung
– durch Abschluss eines Gesellschaftsvertrages.

1.1 Beteiligung an einem Handelsgewerbe

Die Beteiligung an einem Handelsgewerbe ist bei der Beteiligung an einer GmbH stets gegeben, da die GmbH auf Grund ihrer Rechtsform stets eine ein Handelsgewerbe betreibt (§ 6 HGB). Da die GmbH als selbständige juristische Person eine von ihren Gesellschaftern getrennte Rechtspersönlichkeit ist, liegt stets die Beteiligung am Handelsgewerbe eines anderen vor, auch wenn sich die Gesellschafter einer GmbH gleichzeitig an dieser in stiller Form beteiligen. Die stille Beteiligung von Gesellschaftern einer GmbH an dieser wird daher allgemein anerkannt (*Post/Hoffmann*, die stille Beteiligung am Unternehmen der Kapitalgesellschaft, 3. Aufl. 78, S. 22). 9

Keine stille Beteiligung als Beteiligung an einem Handelsgewerbe stellt die Beteiligung an einer Beteiligung (GmbH-Beteiligung) dar. Hier spricht man von einer Unterbeteiligung.

1.1.1 Abgrenzung zu den Genussrechten

Von der stillen Beteiligung ist die Ausgabe von Genussrechten zu unterscheiden. Es handelt sich hierbei um Rechte gegen die GmbH (AG) mit einem vermögensrechtlichen Inhalt, wie ihn typischerweise auch Gesellschaftsrechte gewähren, insbesondere Rechte auf den Anteil am Gewinn und/oder am Liquidationserlös der Gesellschaft. Genussrechte sind aber keine Mitgesellschaftsrechte, sondern Gläubigerrechte meist schuldrechtlicher Art (*Scholz* GmbH-Komm., § 14 Rn. 67 ff.). 10

Eine stille Gesellschaft setzt nach § 230 des Handelsgesetzbuchs (HGB) den vertraglichen Zusammenschluss zwischen einem Unternehmensträger („Inhaber eines Handelsgeschäfts") und einem anderen voraus, kraft dessen sich der andere ohne Bildung eines Gesellschaftsvermögens mit einer Einlage an dem Unternehmen beteiligt und eine Gewinnbeteiligung erhält (vgl. BFH 22.7.1997, BStBl. II 1997, 755; 22.7.1997, BStBl. II 1997, 761; BFHE 184, 46, BStBl. II 1997, 767; 19.6.2007, BFH/NV 2008, 194; ferner zB *Dötsch* in Kirchhof/Söhn/Mellinghoff EStG § 20 Rn. F 2). Da die stille Gesellschaft nur als Innengesellschaft existiert und nach außen hin nicht in Erscheinung tritt (vgl. BFH 2.5.1984, BStBl. II 1984, 820), muss die Einlage nach § 230 HGB so geleistet werden, dass sie in das Vermögen des Inhabers des Handelsgeschäfts übergeht; die Einlage wird daher kein Gesamthandsvermögen. Ferner erfordert die stille Gesellschaft – wie jede andere Gesellschaft auch – einen gemeinsamen Zweck, das bedeutet, dass das gemeinsame Streben zur Erreichung gemeinsamer Ziele im Vordergrund stehen muss (vgl. BGH 11.7.1951, BGHZ 3, 75; *Blaurock* Rn. 4.6; K.Schmidt, § 59 I, S. 1735; ders. in MüKoHGB, 2. Aufl. § 230 Rn. 19 f.; MüKoBGB/*Ulmer/Schäfer*, 5. Aufl., § 705 Rn. 109 f., 229 f.; differenzierend *Schulze-Osterloh* Der gemeinsame Zweck der Personengesellschaften, 1973, S. 25 f., wonach der verfolgte Zweck nur für diejenigen Beteiligten ein gemeinsamer ist, die das jeweils erzielte Ergebnis sowohl in positiver als auch in negativer Hinsicht gleichartig trifft).

Mit der Einigung auf den gemeinsamen Zweck werden die gemeinsamen Vorstellungen der Parteien über Grundlagen und Ziele des Vertrags zum Vertragsinhalt erhoben; diese dürfen indes nicht mit den Motiven der Parteien für ihre Beteiligung an der Gesellschaft vermengt werden (vgl. MüKoBGB/*Ulmer*, § 705 Rn. 14 ff.). Letztlich unterscheidet daher die „Gemeinsamkeit des Zwecks" die Gesellschaft von den reinen Austauschverhältnissen.

Zwar existiert eine gesetzliche Definition des Genussrechts nicht (vgl. statt aller: *Harenberg/Irmer* Die Besteuerung privater Kapitaleinkünfte, 3. Aufl., S. 184; *Kratzsch*, Die Behandlung von Genussrechten im Steuerrecht, BB 2005, 2603). Nach herrschender Meinung ist aber von einem Genussrecht auszugehen, wenn dem Rechtsinhaber gegen das die Genussrechte ausgebende Unternehmen zwar schuldrechtliche Ansprüche, nicht aber gesellschaftsrechtlich geprägte Mitgliedschaftsrechte vermittelt werden, dem Rechtsinhaber Vermögensrechte zugestanden werden, die typischerweise nur Gesellschaftern zustehen, die Rechte in großer Zahl und nicht nur vereinzelt begeben und dem Rechtsinhaber keine aktiven Mitverwaltungsrechte eingeräumt werden (vgl. FG Köln 25.3.1998 – 12 K 1927/92, EFG 1998, 1214; BGH 5.10.1992, NJW 1993, 57; 9.11.1992, NJW 1993, 400; FG Köln 23.5.1996, EFG 1996, 836, rechtskräftig; *Lutter* in KK-AktG, 2. Aufl., § 221 Rn. 198 ff.; *K. Schmidt* Gesellschaftsrecht, § 18 II 2d, S. 520 und § 26 IV 1g, S. 779, MHdB GesR IV/*Krieger*, § 63 Rn. 62).

1.2 Vermögenseinlage

Der stille Beteiligte muss grundsätzlich eine Vermögenseinlage leisten. **11**
Es ist hierbei gleichgültig, ob er die Einlage selbst leistet oder diese ihm geschenkt wird. In der Literatur (*Huber* Vermögensanteil S. 194, *Westermann* Vertragsfreiheit und Typengesetzlichkeit im Recht der Personengesellschaften, 1970, 319, 322; *Schneider* FS Möhring, 1965, 115; *Fischer* JR 1962, 202) wird jedoch teilweise der Rechtsstandpunkt vertreten, dass der stille Gesellschafter keine Vermögenseinlage zu leisten brauche. Da der stille Beteiligte auf Grund seiner Stellung nur seinen Beitrag in Form der Zurverfügungstellung von Kapital als Gegenleistung für die Gewinnbeteiligung erbringt, wird die Vermögenseinlage eine wesentliche Voraussetzung, des Gesellschaftsverhältnisses sein. Es ist daher mE nicht zulässig, dass im Gesellschaftsvertrag vereinbart wird, dass die Einlage erst aus der eingeräumten Gewinnbeteiligung erbracht werden soll.

Fraglich ist daher auch, ob die Einlage des Stillen in dem Versprechen bestehen kann, dass diese durch Verrechnung mit den künftigen Gewinnansprüchen als GmbH-Gesellschafter erfolgen kann (*Post/Hoffmann* S. 24; *Fischer* JR 1962, 2201 f.; *Müller* StbJb 1973/74, 209 ff.). **12**

Nicht erforderlich ist es jedoch, dass die Einlage einmalig erfolgt. Ein Gesellschafter kann sich auch zu ständig wiederkehrenden Leistungen verpflichten. So kann der stille Gesellschafter sich verpflichten, seine künftigen Gewinnansprüche als GmbH-Gesellschafter mit oder ohne Steuergutschrift in das Vermögen des Handelsgewerbetreibenden einzulegen. Voraussetzung ist jedoch mE, dass er bereits einen Teil seiner Leistung bei Begründung, des Gesellschaftsverhältnisses erbracht hat. **13**

Der Begriff Vermögenseinlage ist jedoch sehr weit auszulegen (so auch *Blaurock* Rn. 7.6 *Keul in* MHdB GesR § 72 StG Recht) Nr. 12. Er umfasst jeden bewertungsfähigen und greifbaren Vorteil und somit neben Bar- und Sacheinlagen (*Baumbach/Hopt* HGB § 230 Rn. 20) auch Einlagen von Nutzungen (*Baumbach/Hopt* HGB § 230 Rn. 20 f.; *Stuhlfelner/Glanegger* HK-HGB § 230 Rn. 3). **14**

Eine Verpflichtung zu einer wiederkehrenden Leistung kann auch darin bestehen, dass der Stille Teile seines Gewinnanspruches aus der stillen Beteiligung zur Aufstockung dieser verwendet.

Beispiel:
A wird stiller Gesellschafter am Handelsgewerbe der X-GmbH. Die stille Beteiligung soll insgesamt 500.000 EUR betragen. 250.000 EUR sollen sofort eingezahlt werden. Der Rest soll aus Verrechnung mit Gewinnansprüchen erbracht werden.

Bei letzteren ist jedoch Voraussetzung, dass der Handelsgewerbetreibende, hier die GmbH, eine gesicherte Rechtsposition erhält, die für sich ein bewertbares Wirtschaftsgut darstellt (BFH 10.3.1971, BStBl. II 71, 589). Das Zurverfügungstellen von Wissen (Know-how) reicht als Einlage aus (so BFH 27.2.1975, BStBl. II 75, 611). Fraglich ist, ob die Einlage auch in Form der Einbringung der Arbeitskraft erfolgen kann (RG 10.10.1933, RGZ 142, 13). Unbestritten können die persönlichen Eigenschaften einer Person, wozu auch die Arbeitskraft gehört, kein bilanzierungsfähiges, wertmäßig erfassbares Wirtschaftsgut darstellen. Ein Aktivposten dürfte daher niemals ausgewiesen werden, mit der Folge, dass auch die stille Beteiligung in der Form einer Dienstleistung nicht als Einlage bewertbar ist und in der Bilanz nicht wertmäßig ausgewiesen werden darf.

15 Die Vermögenseinlage kann unabhängig von der Bilanzierbarkeit in Diensten bestehen (§ 706 Abs. 3 BGB), jedoch nicht in künftigen Diensten, wohl aber in der Forderung auf deren Vergütung (*Baumbach/Hopt* HGB § 230 Rn. 20). Erhält ein Arbeitnehmer neben seinem Arbeitslohn eine Gewinnbeteiligung (Tantieme), wird es sich im Zweifel auch hier um eine Vergütung im Rahmen des Arbeitsverhältnisses handeln. Das gilt insbesondere auch für einen Gesellschafter-Geschäftsführer der GmbH. Vielmehr muss aus den Vereinbarungen eindeutig hervorgehen, dass neben dem Arbeitsverhältnis noch ein stilles Beteiligungsverhältnis begründet werden soll.

16 Die Einlage, ob Bar- oder Sacheinlage, muss in das Vermögen des Handelsgewerbetreibenden, hier die GmbH, übergehen. Der stille Beteiligte verliert somit in der Regel die Verfügungsgewalt an dem eingebrachten Vermögen. Anderweitige vertragliche Regelungen sind möglich. Der stille Gesellschafter kann im Innenverhältnis so gestellt werden, als sei er am Vermögen beteiligt (*Baumbach/Hopt* HGB § 230 Rn. 3; *Horn* in Heymann/Kötter HGB-Komm. § 235 Rn. 11).

Er hat lediglich einen obligatorischen Rückerstattungsanspruch im Falle der Beendigung, des Gesellschaftsverhältnisses. Er erhält grundsätzlich seine ursprüngliche Einlage zurück, an Wertsteigerungen nimmt er nicht teil.

17 Im Gegensatz zur Gesellschaft bürgerlichen Rechts (GbR), der offenen Handelsgesellschaft (OHG) und Kommanditgesellschaft (KG) wird der stille Gesellschafter nicht Gesamthandsberechtigter, dh Eigentümer zur gesamten Hand an den Gegenständen des Gesellschaftsvermögens. Das stille Gesellschaftsverhältnis hat somit keine dinglichen, sondern nur obligatorische (schuldrechtliche) Wirkungen.

Die vermögensrechtlichen Beziehungen sind daher rein schuldrechtlicher, nicht jedoch dinglicher Natur. Diese rechtliche Folgerung ist nicht vertraglich abdingbar.

Der stille Gesellschafter kann jedoch wirtschaftlich so gestellt werden, als sei er am Vermögen beteiligt, zB durch Beteiligung an den stillen Reserven im Falle seines Ausscheidens.

Diese Vereinbarungen haben jedoch keine dinglichen Wirkungen, sondern sind rein schuldrechtlicher Natur.

1.3 Gewinnbeteiligung

18 Der stille Beteiligte ist am Gewinn des Handelsgewerbes der GmbH beteiligt. Hierdurch unterscheidet sich die stille Beteiligung sowohl vom Darlehen als auch von einem Pachtvertrag.

Die Gewinnbeteiligung ist unabdingbare zwingende Voraussetzung für die Annahme einer stillen Beteiligung (*Stuhlfelner/Glanegger* HK-HGB § 230 Rn. 4;

1.4 Gesellschaftsvertrag

Baumbach/Hopt HGB § 231 Rn. 2; *K. Schmidt* § 62 II; *Keul* in MüHdB GesR § 72 Nr. 15, *Blaurock/Jung* Rn. 8.1). Erhält der Kapitalüberlassende eine feste Vergütung, liegt ein Darlehen vor. Die Abgrenzung zwischen Darlehen, partiarischem Darlehen und Gewinnbeteiligung ist nicht immer einfach zu treffen.

Eine Gewinnbeteiligung ist grundsätzlich auch dann gegeben, wenn dem Kapitalgeber eine Mindestverzinsung garantiert worden ist. Ein partiarisches Darlehen liegt hingegen dann vor, wenn wirtschaftlich gesehen die feste Vergütung auf Grund der Gewinnerwartungen überwiegt.

Beispiel:
A erhält einen Gewinnanteil von 20 vH. Eine Mindestverzinsung des Kapitals von 8 vH ist vereinbart. Die Gewinnaussichten auf Grund der Gewinnbeteiligung von 20 vH des Gesamtgewinns lassen jedoch eine Kapitalverzinsung von 11 vH im Durchschnitt erwarten.

Im vorliegenden Falle überwiegt die feste Vergütung. Daher ist ein partiarisches Darlehen anzunehmen.

Ist im Falle der Überlassung von Wirtschaftsgütern keine feste Vergütung, sondern eine Gewinnbeteiligung vereinbart, kann eine stille Gesellschaft gegeben sein, wenn die Überlassung, auf einem Gesellschaftsverhältnis beruht. Es besteht ein stilles Gesellschaftsverhältnis, wenn die Vergütung umsatzabhängig ist.

1.4 Gesellschaftsvertrag

Der Abschluss des stillen Beteiligungsvertrages erfolgt grundsätzlich durch die Geschäftsführer der GmbH. Es bedarf hier grundsätzlich nicht der Zustimmung der Gesellschafter (Umstritten: Nach *Keil* in MüHdB § 76 Rn. 75 ist die Zustimmung der Gesellschafterversammlung erforderlich.). Der Gesellschaftsvertrag der GmbH kann jedoch eine Zustimmung der Gesellschafter vorsehen. Eine fehlende Zustimmung macht jedoch den Vertrag nicht unwirksam.

Die Vermögensüberlassung (Kapitalüberlassung oder Nutzungsüberlassung) muss auf einem Gesellschaftsvertrag, beruhen.

Die Beziehungen zwischen dem Handelsgewerbetreibenden und dem Kapital- oder Nutzungsüberlassenden dürfen sich nicht in dem reinen Leistungsaustausch Kapital- oder Nutzungsüberlassung und Gewährung, einer Vergütung in Form einer Gewinnbeteiligung erschöpfen. Sie müssen auf einem ein Gesellschaftsverhältnis begründenden Vertrag beruhen.

Ein Gesellschaftsverhältnis unterscheidet sich im Wesentlichen dadurch von einem Darlehens- oder Pachtvertrag, dass in diesem gemeinsame Interessen zur Erreichung eines gemeinsamen Zweckes verfolgt werden. Das Verhältnis erschöpft sich daher nicht in einem reinen Leistungsaustausch.

Eine Form des Gesellschaftsvertrages ist nicht vorgesehen. Ist jedoch der stille Gesellschafter gleichzeitig GmbH-Gesellschafter, ist es erforderlich, dass aus den Vereinbarungen hervorgeht, dass die Sonderleistungen nicht im Rahmen des bereits bestehenden Gesellschaftsverhältnisses, sondern durch die Begründung eines Sonderrechtsverhältnisses erbracht werden sollen und dass die Leistungen ein Gesellschaftsverhältnis unabhängig von dem bereits bestehenden begründen sollen. Aus dem Gesellschaftsverhältnis können sich besondere Treuepflichten ergeben. In der Gestaltung des Gesellschaftsverhältnisses sind die Parteien grundsätzlich frei. Sie können die gesetzlichen Vorschriften entweder einschränken oder erweitern; das gilt sowohl für die Verlustbeteiligung (§ 231 Abs. 1, Abs. 2 Hs. 1 HGB) als auch für die Kontrollrechte (§ 233 HGB). Eine Unkündbarkeit des Gesellschaftsverhältnisses wird man jedoch nicht vereinbaren können. Vgl. hierzu auch die Ausführungen zur steuerlichen Anerkennung eines stillen Beteiligungsverhältnisses (→ Rn. 162 ff.)

2 Stille Beteiligung als Innengesellschaft

2.1 Innengesellschaft

Die stille Beteiligung ist eine Innengesellschaft, die nach außen hin nicht in Erscheinung tritt. Die Rechtsbeziehungen sind mehr oder weniger obligatorischer Art. Das kommt einmal dadurch zum Ausdruck, dass die stille Gesellschaft selbst kein eigenes Vermögen besitzt, zum anderen dadurch, dass die Vermögenseinlage der stillen Beteiligten in das Vermögen des Gewerbetreibenden übergeht. *Nach außen hin tritt nur der Geschäftsinhaber in Erscheinung.* Er betreibt das Geschäft nach außen hin für die stille Gesellschaft. Die GmbH & still, gleichgültig, ob sich sich um eine typische oder atypisch stille GmbH & still handelt tritt nicht nach außen hin in Erscheinung. Sie kann keine Verträge abschließen.

23

Da es sich hierbei um rein schuldrechtliche Beziehungen handelt, kann ein stiller Gesellschafter mehrere stille Gesellschaften zum gleichen Handelsgewerbetreibenden mit unterschiedlichen Laufzeiten und Kündigungen und unterschiedlichen Vergütungsvereinbarungen haben. Somit kann der Gesellschafter einer GmbH mehrere stille Beteiligungen und Darlehensverhältnisse begründen.

Die stille Gesellschaft, das gilt auch für die atypisch stille Gesellschaft, ist eine Zweierbeziehung zwischen dem stillen Gesellschafter und dem Handelsgewerbenden. Das gilt auch dann, wenn die handelsgewerbende GmbH mit mehreren Personen eine stille Gesellschaft begündet. Es handelt sich um selbständige von einander unabhängige Gesellschaften (auch → Rn. 41).

2.2 Firma

Der Gewerbetreibende wird nach außen hin nicht in seiner Verfügungsbefugnis eingeschränkt. Das stille Beteiligungsverhältnis kommt auch nicht in der Firmenbezeichnung zum Ausdruck. Anders als bei der GmbH & Co KG darf das stille Beteiligungsverhältnis, gleichgültig, ob typisch oder atypisch, in der Firma nicht erkennbar sein. Die GmbH, an der der stille Gesellschafter beteiligt ist, firmiert mit GmbH ohne Zusatz. Somit bleibt nach außen hin die GmbH alleiniger Gewerbetreibender, ohne dass die stillen Beteiligten als Kapitalgeber in Erscheinung treten.

24

2.3 Bilanzierung der stillen Beteiligung

Die stille Gesellschaft selbst ist weder buchführungs- noch bilanzierungspflichtig. Bilanzierungspflichtig ist die GmbH.

25

2.3.1 Typische stille Beteiligung

26 Die Einlage des stillen Gesellschafters stellt für die Kapitalgesellschaft eine Verbindlichkeit dar, wenn es sich um eine typische stille Gesellschaft handelt. Hat der stille Beteiligte in das Vermögen des Handelsgewerbetreibenden eine Vermögenseinlage in bar geleistet, besteht für diesen die Verpflichtung, die Bareinlage bei Beendigung des Beteiligungsverhältnisses zurückzuzahlen. Die Verpflichtung hat er in seiner Bilanz auszuweisen. Grundsätzlich sind Verbindlichkeiten mit ihrem Nennwert auszuweisen. Besonderheiten ergeben sich bei Sacheinlagen. Hier kommt es auf die einzelne Vereinbarung an.

Die Verbindlichkeit kann offen in der Bilanz der GmbH als stille Beteiligung ausgewiesen werden. Notwendig ist es jedoch nicht, die stille Beteiligung als solche kenntlich zu machen.

Sie ist je nach Laufzeit in den Verbindlichkeiten auszuweisen (als langfristige, mittelfristige oder kurzfristige).

Sie kann daher nach außen hin anonym bleiben.

2.3.2 Atypische stille Beteiligung

27 Ist jedoch das Gesellschaftsverhältnis nach Art einer atypischen Gesellschaft derart ausgestaltet, dass der stille Gesellschafter die Stellung eines Kommanditisten hat, handelt es sich bei der Einlage um Haftkapital und nicht um eine Verbindlichkeit der Gesellschaft gegenüber dem Gesellschafter.

Die bilanzielle Behandlung ist hiervon unabhängig.

28 In der Regel ist eine stille Beteiligung, auch wenn es sich hierbei um eine atypisch stille Beteiligung handelt, nach Handelsrecht im Gegensatz zum Steuerrecht als Fremdkapital zu behandeln und entsprechend in der Bilanz des Handelsgewerbetreibenden (GmbH) auszuweisen

29 Ein Ausweis als Eigenkapital kommt jedoch nur ausnahmsweise in Betracht, wenn

– der still Beteiligte für den Fall der Insolvenz bzw. Liquidation hinter die Forderungen der anderen **Gläubiger,** zurücktritt und
– die Kapitalüberlassung längerfristig erfolgt wobei ein Verzicht auf Kündigung für einen Zeitraum von 5 Jahren in der Regel als ausreichend angesehen wird (vgl. *Brinkmann* StBp 2011, 213) und
– die Überlassung des Kapitals erfolgsabhängig **erfolgt** und
– der Stille auch am Verlust beteiligt ist.

30 Ist vertraglich ein Rangrücktritt vereinbart oder hat der stille Gesellschafter einen Verzicht für den Fall der Insolvenz erklärt, so steht dem eine Besserungsabrede nicht entgegen (BFH 12.7.2012, BStBl. 2012, II 837, GmbHR 2012, 1188).

31 Nach IFRS (International Financial Reporting Standards) kann eine stille Beteiligung mit Rückzahlungsanspruch grds. nur als Fremdkapital ausgewiesen werden, auch wenn sie nach den og Kriterien Eigenkapital darstellt. Das ergibt sich aus dem allgemeinen Grundsatz, dass eine Bilanzierung als Eigenkapital nach IFRS nur dann in Betracht kommt, wenn die Finanzierungsinstrumente

2.3 Bilanzierung der stillen Beteiligung   32–34b **2.3**

dem Unternehmen zeitlich unbefristet zur Verfügung stehen oder wenn das Unternehmen die Möglichkeit hat, sie nach seiner Wahl zurückzunehmen oder in Gesellschaftsanteile umzuwandeln. Diese Voraussetzungen liegen bei der üblichen stillen Beteiligung nicht vor.

Nach einem Urteil des OLG Saarbrücken (1.9.1998, NZG 1999, 155 n rk) ist ein stiller Gesellschafter einer GmbH nur dann zur Aufbringung und Erhaltung des Stammkapitals verpflichtet, wenn ihm – entgegen dem gesetzlichen Leitbild des stillen Gesellschafters – eine Position eingeräumt ist, die den Befugnissen eines Gesellschafters nahekommt, Einfluss auf die Geschäftsführung und die Gestaltung der Gesellschaft zu nehmen oder wie ein Gesellschafter deren Geschicke zu bestimmen. **32**

Ein Erstattungsanspruch gem. § 31 Abs. 1, § 32b GmbHG kommt gegen den stillen Teilhaber ohne Weiteres nur dann in Betracht, wenn er zu einem der Gesellschafter in einer besonderen persönlichen oder rechtlichen Verbindung steht, wenn er wie ein Gesellschafter wesentlichen Einfluss auf die Gesellschaft hat oder wenn er kollektiv mit den Gesellschaftern zum Nachteil der Gesellschaft handelt. **33**

Die Einlage eines stillen Gesellschafters ist dann als haftendes Eigenkapital einzustufen, wenn die Gesamtwürdigung des Gesellschaftsvertrages ergibt, dass sich der stille Gesellschafter wie ein haftender Gesellschafter, im Falle einer KG wie ein Kommanditist, behandeln lassen muss, mit der Folge, dass er die übernommene Einlage auch im Falle einer Beendigung der stillen Gesellschaft, etwa wie hier aufgrund Eröffnung des Insolvenzverfahrens über die Hauptgesellschaft, noch in vollem Umfange und nicht nur bis zur Höhe seines Verlustanteils zu entrichten hat, weil sie nach den getroffenen Vereinbarungen Teil der Eigenkapitalgrundlage der KG geworden ist und daher deren Gläubigern als Haftungsmasse zur Verfügung stehen muss (vgl. BGH 17.12.1984, NJW 1985, 1079, auch OLG Frankfurt aM 30.4.1997, GmbHR 1997, 892 (n rk)) **34**

Ob die Einlage eines stillen Gesellschafters als Eigenkapital zu würdigen ist, ergibt sich aus der objektiven Gesamtwürdigung eines mehrgliedrigen atypisch stillen Gesellschaftsvertrages (BGH 15.5.2017 – II ZR 284/15). Dies ergibt sich aus der objektiven Gesamtwürdigung des mehrgliedrigen atypisch stillen Gesellschaftsvertrages. **34a**

Der Eigenkapitalcharakter kann sich bei einer mehrgliedrigen atypisch stillen Gesellschaft aus dem Verhältnis des vom Geschäftsinhaber eingelegten Kapitals, im Urteilsfall 500.000 EUR, zur Höhe der stillen Einlagen, im Urtteilsfall 150 Mio. EUR, und dem Umstand, dass die stillen Gesellschafter einem Kommanditisten vergleichbare Mitwirkungsrechte haben, die ihnen weitreichende Befugnisse zur Einflussnahme auf die Geschäftsführung und die Gestaltung der Kommanditgesellschaft einräumen (stRspr, s. nur BGH 22.9.2015, ZIP 2016, 266 Rn. 8; 23.9.2014 – II ZR 373/13, juris Rn. 1, jeweils mwN Urteilen vom 20.9.2016 (ZIP 2016, 2262 Rn. 20 f.; II ZR 124/15, juris Rn. 18; II ZR 139/15, juris Rn. 16). Ihre Informations- und Kontrollrechte entsprechen mit § 233 HGB und § 716 BGB denen eines Gesellschafters einer Gesellschaft bürgerlichen Rechts. Außerdem treten die stillen Gesellschafter mit ihren Abfindungsanspüchen im Rang hinter die Erfüllung der Forderungen von Gläubigern **34b** des Geschäftsinhabers zurück. In der Insolvenz des Geschäftsinhabers stehen ihre Forderungen nach § 39 Abs. 1 Nr. 5 InsO einem Gesellschafterdarlehen im Nachrang gleich (BGH 28.6.2012, BGHZ 193, 378 Rn. 24). Auszahlungen an sie können im Falle der Insolvenz des Geschäftsinhabers anfechtbar sein (vgl. BGH 28.6.2012, BGHZ 193, 378 Rn. 27; *Haas/Vogel* NZI 2012, 875 (877); *Mylich* WM 2013, 1010 (1013 f.)). Dass § 17 Nr. 2 GV für den Fall der Insolvenz des Geschäftsinhabers nur eine beschränkte Pflicht des stillen Gesellschafters zur Zahlung rückständiger Leistungen gemäß § 236 Abs. 2 HGB vorsieht, vermag den sich aus der gesamten übrigen vertraglichen Ausgestaltung ergebenden eigenkapitalähnlichen Charakter der stillen Einlagen bei der maßgeblichen objektiven Gesamtwürdigung nicht zu entkräften.

34c Der Eigenkapitalcharakter ist nicht auf die tatsächlich eingezahlten Einlagen der stillen Gesellschafter beschränkt. Im Gesellschaftsvertrag des Urteilsfalles war das stille Gesellschaftskapital von bis zu 150 Mio. EUR ausdrücklich unter Einbeziehung der Gesamtleistungsverpflichtung der Ratenzahler und Wiederanleger, ohne dabei zwischen bereits eingezahlten und noch offenen Beträgen zu differenzieren.

35 Eigenkapitalersetzende Darlehen unterliegen nicht der Vorschrift des § 30 GmbHG. Bei der Unterbilanzprüfung im Rahmen des § 30 GmbHG ist die Einlage einer von Gesellschaftern der GmbH gegründeten atypisch stillen Gesellschaft wie ein eigenkapitalersetzendes Gesellschafterdarlehen als Verbindlichkeit zu behandeln (OLG Brandenburg 26.11.1997, GmbHR 1998, 190 n rk).

36 Im Fall einer atypisch stillen Beteiligung ist die Einbeziehung in den Adressatenkreis der Eigenkapitalersatzregeln anders als bei einem typisch still Beteiligten geboten, wenn die Beteiligung durch schuldrechtliche Vereinbarung der Gestalt der Stellung eines Gesellschafters einer GmbH oder GmbH & Co. KG angenähert ist, dass dem Stillen in atypischer Weise eine Teilhabe am Gesellschaftsvermögen und eine Einflussnahme auf die interne Willensbildung der Gesellschaft eingeräumt wird (OLG Hamm 13.9.2000, NJW-RR 2001, 247).

37 Nach bisheriger höchstrichterlichen Rechtsprechung (BGHZ 76, 326) führt ein eigenkapitalersetzendes Gesellschafterdarlehen, das neben einem strittigen Darlehen gewährt wurde, nicht dazu, den Wert des durch § 30 GmbHG geschützten Stammkapitals zu erweitern. Es bleibt vielmehr bei der gezeichneten und durch Ausweis im Handelsregister publizierten Stammkapitalziffer, die die Gesellschaftsgläubiger auch nur diesbezüglich gesichertes Vertrauen entwickeln können (OLG Brandenburg 26.11.1997, GmbHR 1998, 190 n rk).

2.3.3 Stille Beteiligung eines GmbH-Gesellschafters

38 Besonderheiten ergeben sich jedoch, wenn der typische stille Gesellschafter gleichzeitig Gesellschafter der GmbH ist. In diesem Falle ist nach § 42 Abs. 3 GmbHG die stille Einlage gesondert auszuweisen oder im Anhang anzugeben. Werden sie unter anderen Posten ausgewiesen, so muss diese Eigenschaft vermerkt werden.

Sie gehört nicht zum gezeichneten Kapital.

2.3.4 Stille Beteiligung als kapitalersetzendes Darlehen

Hat nach bisherigem Recht ein Gesellschafter der Gesellschaft in einem Zeitpunkt, in dem ihr die Gesellschafter als ordentliche Kaufleute Eigenkapital zugeführt haben, statt dessen Darlehen gewährt, so kann er den Anspruch auf Rückgewähr des Darlehens im Insolvenzverfahren nur als nachrangiger Gläubiger geltend machen, § 32a Abs. 1 GmbHG. Das gilt auch für andere Rechtshandlungen eines Gesellschafters oder eines Dritten, die der Darlehensgewährung wirtschaftlich entsprechen (Abs. 3). Die stille Beteiligung steht einem Darlehen gleich, soweit ihre Geltendmachung im Insolvenzverfahren nach § 236 HGB möglich wäre. Voraussetzung für die Behandlung einer stillen Beteiligung als Darlehen jedoch ist, dass der stille Gesellschafter gleichzeitig GmbH-Gesellschafter ist und es sich bei der stillen Beteiligung um eine typische handelt. 39

Eine eigenkapitalersetzende Gesellschafterhilfe darf nach den Rechtsprechungsregeln zum Eigenkapitalersatz im GmbH-Recht nur dann zurückgezahlt werden, wenn wieder genügend freies, die Stammkapitalziffer übersteigendes Vermögen vorhanden ist. Das gleiche gilt für Gewinnanteile auf eine aus der Umwandlung eines kapitalersetzenden Darlehens entstandenen Einlage eines stillen Gesellschafters (BGH 8.11.2004, GmbHR 2005, 232).

Wie bereits in der Einleitung (→ Rn. 1) ausgeführt, ist das Merkmal „kapitalersetzend" sowohl für das Darlehen und auch die stille Beteiligung ohne rechtliche Bedeutung. Gesellschafterdarlehen und stille Beteiligung von Stammgesellschaftern sind nur noch im Insolvenzverfahren relevant. Das GmbHG enthält keine Sanktionen mehr, wenn Gesellschafterdarlehen oder stille Beteiligungen vom GmbH-Gesellschafter während des Bestehens der Gesellschaft zurückgezahlt werden. § 30 GmbHG schützt nur noch die Stammeinlagen und nicht mehr das Eigenkapital schlechthin. Nach § 30 Abs. 1 S. 2 GmbHG nF ist § 30 GmbH zu dem nicht auf die Rückgewähr eines Gesellschafterdarlehens und Leistungen auf Forderungen der Rechtshandlungen, die einem Gesellschafterdarlehen wirtschaftlich entsprechend anzuwenden. 40

2.4 Rechtsstellung mehrerer stiller Beteiligter

2.4.1 Gestaltungmöglichkeiten

Bestehen bei dem Handelsgewerbe einer GmbH mehrere stille Beteiligungen, liegt zwischen den stillen Beteiligten untereinander kein Gesellschaftsverhältnis vor. Rechtsbeziehungen zwischen GmbH als Betreiber des Handelsgewerbes und dem stillen Gesellschafter bestehen lediglich als obligatorische Rechtsbeziehungen zu dem einzelnen Einleger. Die Rechtsbeziehungen sind zweigleisig. Es besteht auch zwischen Handelsgewerbetreibenden und dem stillen Gesellschafter kein gemeinsames Vermögen (Gesamthandsvermögen). Der stille Gesellschafter kann jedoch dem Handelsgewerbetreibenden (GmbH) eigenes Vermögen zur Nutzung überlassen. Der stille Beteiligte ist am Betriebsvermögen des Handelsgewerbetreibenden nicht beteiligt. Es bedarf daher im Gegensatz zum 41

Gesellschaftsvertrag einer OHG oder KG bei der Begründung von mehreren stillen Beteiligungsverhältnissen jeweils gesonderte Vereinbarungen. Jeder stille Beteiligte begründet zur GmbH ein selbständiges Gesellschaftsverhältnis. Die Unwirksamkeit eines Gesellschaftsverhältnisses hat nicht die Unwirksamkeit der anderen Gesellschaftsverhältnisse zur Folge. Es können daher mit den einzelnen stillen Beteiligten je nach Interessenlage unterschiedliche Bedingungen vereinbart werden, ohne dass der Abschluss des einen Vertrages die anderen berührt (*Stuhlfelner/Glanegger* in HK-HGB § 230 Rn. 1).

Beispiel:
Die Gesellschafter A, B und C schließen jeweils mit der X GmbH ein stilles Gesellschaftsverhältnis.

Bei dem Abschluss der Verträge mit der GmbH werden 3 Gesellschaftsverhältnisse begründet, die grundsätzlich voneinander unabhängig sind. Es entsteht kein Gesellschaftsvermögen. Die jeweiligen Einlagen gehen in das Vermögen der GmbH über.

Diese Gestaltungsform findet in der Praxis – jedenfalls als massenweise begebene Anlageform – wenig bis keine Verbreitung, da die fehlende Koordination der stillen Gesellschafter für den Inhaber des Handelsgewerbes typischerweise einen relativ großen Aufwand bedeutet. Eine Anwendung erfährt diese Form vor allem beim Crowdfunding bei kleineren Investitionsprojekten, da bei diesen das Interesse der Anleger an einer tatsächlichen Ertragskraft des jeweiligen Projekts eher gering ist und oftmals altruistische Motive im Vordergrund stehen (*Mock/Cöster* GmbHR 2018, 67).

42 Ein einheitliches Gesellschaftsverhältnis mit Stimmrecht bei bestimmten Beschlüssen kann dadurch erzielt werden, dass entweder die stillen Gesellschafter untereinander oder auch zusammen mit der GmbH eine stille Gesellschaft oder untereinander eine Gesellschaft des bürgerlichen Rechts (GbR) begründen, die als Innengesellschaft nach außen hin nicht in Erscheinung tritt... Dies kann jedoch in einer einheitlichen Vereinbarung geschehen (*Blaurock/Jung* Rn. 6.5, 6.61)

43 Mehrere stille Gesellschafter können zusammen mit dem Inhaber in einem einzigen Gesellschaftsverhältnis stehen, mehrgliedrige stille Gesellschaft (*Baumbach/Hopt* HGB § 230 Rn. 7; *Blaurock/Jung* Rn. 9.19) oder unter sich in eine GbR, die ihrerseits in stiller Gesellschaft mit dem Inhaber steht (BGH 16.11.1971 – VI ZR 76/70, NJW 1972, 338; *Blaurock* NJW 1972, 1119) oder es tritt für mehrere stille Beteiligte, die untereinander eine GbR bilden, einer von ihnen oder ein Dritter als Treuhänder ins stille Gesellschaftsverhältnis nach § 230 HGB zum Inhaber ein, der gegenüber dem Handelsgewerbetreibenden als stiller Gesellschafter auftritt bzw. das stille Gesellschaftsverhältnis für die Auftraggeber begündet. Es können in einem einheitlichen Vertrag die Rechtsbeziehungen aller stillen Gesellschafter zur GmbH und der stillen Gesellschafter untereinander festgelegt werden (*Blaurock/Jung* Rn. 6.61). Nach *K. Schmidt* (§ 62 II 1c, cc) ist das stille Einlageverhältnis stets nur zweigliedrig; aber das Gesellschaftsverhältnis, das vom Einlageverhältnis unterschieden werden muss, kann mehrgliedrig sein. Für die mehrgliedrige Innengesellschaft (sog. Innen-KG) gibt es keine gesetzliche

2.4 Rechtsstellung mehrerer stiller Beteiligter   43a–43c **2.4**

Grundlage (siehe auch Fahsel NWB 34/2016, 2576). Hinsichtlich des Innenverhältnisses finden die Vorschriften des BGB über die GbR und die Regeln des HGB über die KG entsprechende Anwendung.

2.4.2 Koordination der einzelnen stillen Gesellschafter ohne Einbeziehung des Inhabers des Handelsgewerbes

Eine Koordinierung mehrerer stiller Gesellschafter kann jedoch dergestalt erfolgen, dass sich die stillen Gesellschafter ohne Beteiligung des Inhabers des Handelsgewerbes im Rahmen einer Gesellschaft bürgerlichen Rechts koordinieren. Dabei kann es sich sowohl um eine Innengesellschaft bürgerlichen Rechts als auch eine Außengesellschaft bürgerlichen Rechts handeln.   43a

a) Koordination im Rahmen der BGB-Innengesellschaft

Bei der Koordination der stillen Gesellschafter im Rahmen einer BGB-Innengesellschaft bleibt es – ebenso wie bei einer fehlenden Koordination der stillen Gesellschafter – dabei, dass die stillen Gesellschafter dem Inhaber des Handelsgeweres individuell gegenübertreten, sich insoweit aber untereinander abstimmen Auch diese Form findet in der Praxis eher geringe Verbreitung, da eine Koordinierung der stillen Gesellschafter ohne die Beteiligung des Inhabers des Handelsgewerbes meist schon nicht möglich ist, da die stillen Gesellschafter die Identität der übrigen stillen Gesellschafter nicht ohne Mithilfe des Inhabers des Handelsgewerbes ermitteln Können (*Mock/Cöster* GmbHR 2018, 67)   43b

b) Koordination im Rahmen erner mehrgliedrigen Unterbeteiligung

Darüber hinaus ist eine Koordination im Rahmen einer mehrgliedrigen Unterbeteiligung (an einer stillen Gesellschaft)' möglich. In dieser Konstellation wird die eigentliche stille Beteiligung von einer Servicegesellschaft – typischerweise in Form einer Kapitalgesellschaft – begründet die allein zu diesem Zweck geschaffen wurde(Zu diesem Modell BGH 10.10.1994, BQIZ 127, 176 (179) = NJW 1995, 192; 15.11.1971, NJW 1972, 338, *Blaurock* NJW 1972, 1119; *Roth* in Baumbach/Hopt HGB, § 230 Rn. 7). Dabei ist oftmals der Inhaber des Handelsgewerbes alleiniger Gesellschafter dieser Servicegesellschaft. In diesem Fall erfolgt regelmäßig eine weitere Koordination der stillen Gesellschafter mit der Servicegesellschaft, die dann zusammen eine BGB-Innengesellschaft bilden. Inwiefern in dieser Konstellation auch eine mehrgliedrige stille Gesellschaft gesehen werden kann, ist freilich nicht unumstritten. Denn letztlich könnte man diese Konstellation als abgestuftes Beteiligungsverhältnis sehen, da zwischen dem Inhaber des Handelsgewerbes und der Service-Gesellschaft die eigentliche stille Beteiligung und zwischen der Servicegesellschaft und den Investoren dann die Unterbeteiligungen begründet werden. Allerdings muss man in diesem Zusammenhang beachten, dass die Servicegesellschaft und der Inhaber des Handelsgewerbes in der Regel die gleichen Gesellschafter haben bzw. der Inhaber des Handelsgewerbes alleiniger Gesellschafter der Servicegesellschaft ist. Damit steht das Koordinationsverhältnis der Investoren in einem unmittelbaren Zusammenhang mit der stillen Beteiligung. Fehlt es hingegen an   43c einer Koordination der stillen Gesellschafter untereinander, liegt wieder kein Fall einer mehrgliedrigen stillen Gesellschaft vor.

43d Diese Gestaltungsvariante nähert sich in starkem Umfang an die Treuhandkommanditbeteiligungen an, bei denen der KG nur die operative Gesellschaft als Komplementär und eine Servicegesellschaft als alleiniger Kommanditist angehören und letztere das Anlagekapital von den Investoren einsammeln.' Der Unterschied zwischen beiden Konstellationen ist dabei, dass mit den Anlegern im Rahmen des Treuhandmodells die vertragliche Gleichstellung mit einer Kommanditbeteiigung vereinbart wird, während bei der (unechten) mehrgliedrigen Unterbeteiligung eine stille Beteiligung Vertragsgegenstand ist. Weiterer Unterschied ist zudem die Beteiligungsform der Servicegesellschaft an der operativen Gesellschaft in Form einer Kommandit- bzw. einer stillen Beteiligung (*Mock/Cöster*. GmbHR 2018, 67).

2.4.3 Koordination der einzelnen stillen Gesellschafter unter Einschluss des Inhabers des Handelsgewerbes (Innen-KG)

43e Schließlich kann die mehrgliedrige stille Gesellschaft auch so gestaltet sein, dass die verschiedenen stillen Gesellschafter nicht nur untereinander eine Koordination vornehmen, sondern der Inhaber des Handelsgewerbes an dieser Koordination sozusagen teilnimmt respektive in diese eingebunden ist (ähnlich BGH 10.10.1994, BGHZ 127, 176 (179) = NJW 1995, 192; 15.11.1971, NJW 1972, 338; *Blaurock* NJW 1972, 1119 ff.; *Roth* in Baumbach/Hopt HGB § 230 Rn. 7; *Wedemann* in Oetker § 230 Rn. 48, die alle begrifflich von einem einzigen Gesellschaftsverhältnis ausgehen).

43f Diese auch als Innen-KG bezeichnete Gestaltungsvariante der mehrgliedrigen stillen Gesellschaft zeichnet sich dadurch aus, dass im Innenverhältnis im Ergebnis eine KG vertraglich nachgezeichnet wird, bei der die Anleger (= stillen Gesellschafter) aber gerade nicht der Haftung im Außenverhältnis (§§ 171 f. HGB) unterliegen. Auch an der dinglichen Alleinzuordnung der Einlage der stillen Gesellschafter zum Gesellschaftsvermögen des Inhabers des Handelsgewerbes ändert sich nichts. Im Übrigen gleicht die Innen-KG aber der echten KG (*Mock/Köster* GmbHR 2018, 67; *K. Schmidt* ZHR 178 (2014), 10 (14 ff.). Hinsichtlich weiterer Einzelheiten zur Innen-KG → Rn. 55a.

3 Vertragliche Gestaltungsmöglichkeiten

3.1 Gestaltungsfreiheit beim Abschluss des Gesellschaftsvertrages

Der Abschluss eines stillen Beteiligungsvertrages steht unter dem Grundsatz der Vertragsfreiheit. Die Vertragschließenden sind daher grundsätzlich an die Normen des HGB, soweit es sich hierbei nicht um Mindestvoraussetzungen handelt, nicht gebunden. 44

Auf die Bezeichnung des Vertrags als stilles Gesellschaftsverhältnis kommt es nicht an. Gewährt jemand aufgrund eines Kooperationsvertrages einem Unternehmen Geldmittel, dann scheidet ein partiarisches Darlehen aus, sofern dem Geldgeber Mitwirkungsrechte in dem Unternehmen eingeräumt werden (BGH 28.9.1995, DStR 1995, 1844).

Wie bereits ausgeführt, muss es sich um eine Beteiligung am Handelsgewerbe eines anderen, eine Gewinnbeteiligung gegen eine Vermögenseinlage auf Grund eines Gesellschaftsvertrages handeln. Darüber hinaus besteht grundsätzlich Gestaltungsfreiheit.

Was die Gewinn- und Verlustbeteiligung betrifft, geht der Gesetzgeber grundsätzlich davon aus, dass die Parteien hierüber eine gesonderte Vereinbarung getroffen haben (vgl. § 231 HGB), denn nur für den Fall, dass keine Vereinbarung vorliegt, gilt ein den Umständen nach angemessener Anteil am Gewinn als bedungen. 45

Es ist daher grundsätzlich die Aufgabe der Vertragschließenden, die Kriterien für die Bemessung des Gewinns (laufender Gewinn, Handelsbilanzgewinn, Steuerbilanzgewinn usw) und das Verhältnis zum Gesamtgewinn festzulegen.

Ebenfalls kann im Gesellschaftsvertrag vereinbart werden, dass der stille Gesellschafter nicht am Verlust beteiligt ist (§ 231 Abs. 1 HGB).

Wird nur der Gewinn ausdrücklich geregelt, schließt das noch nicht die Verlustbeteiligung aus (*Baumbach/Hopt* HGB § 231 Rn. 3; BGH 29.6.1992 – II ZR 284/91, NJW 1992, 2696).

Nach § 238 HGB ist der stille Gesellschafter berechtigt, die abschriftliche Mitteilung der jährlichen Bilanz zu verlangen und ihre Richtigkeit unter Einsicht der Bücher und Papiere zu prüfen. Die weiteren Rechte des § 716 BGB stehen dem stillen Gesellschafter grundsätzlich nicht zu. Aber auch hier können abweichende Vereinbarungen getroffen werden. 46

Halten sich die vertraglichen Vereinbarungen im Rahmen der Normen der §§ 230 ff. HGB, liegt eine echte (typische) stille Beteiligung vor. Weichen die Vereinbarungen erheblich von dem Regelstatut der §§ 230 ff. HGB ab, spricht man von einer atypischen stillen Beteiligung. Diese Unterscheidung ist für das Steuerrecht von besonderer Bedeutung. 47

3.2 Typische stille Beteiligung

48 Eine typische stille Beteiligung liegt dann vor, wenn sich die Ausgestaltung des Gesellschaftsverhältnisses in dem Rahmen des Regelstatus des HGB hält, dh Gewinnbeteiligung des stillen Beteiligten gegen eine Vermögenseinlage auf Grund eines Gesellschaftsvertrages vereinbart worden ist.

49 Nach der Vorstellung des Gesetzgebers nimmt der stille Gesellschafter nicht an den Werterhöhungen des Unternehmens teil (stille Reserve). Er hat lediglich einen Anspruch am Gewinn. Darüber hinausgehende Vermögensmehrungen sind für ihn unerheblich. Im Falle der Beendigung des Gesellschaftsverhältnisses erhält der stille Gesellschafter lediglich seine geleistete Vermögenseinlage zurück, an dem Wert des Unternehmens ist er nicht beteiligt (BGH 12.5.1986, GmbHR 1986, 347). Im Falle der Auseinandersetzung ist das Geschäftsguthaben zu ermitteln. Diesem Anspruch können Ansprüche des Inhabers aus dem Gesellschaftsverhältnis gegenüberstehen (*Baumbach/Hopt* HGB § 235 Rn. 61).

Beispiel:
B hat sich an dem Handelsgewerbe des A mit einer Einlage von 100.000 EUR beteiligt. Der innere Wert des Unternehmens hat sich in der Zwischenzeit um 50 vH erhöht. A erhält im Zeitpunkt der Beendigung des Gesellschaftsverhältnisses lediglich seine Einlage von 100.000 EUR zurück.

Nach § 338 HGB ist der stille Gesellschafter lediglich auf Kontrollrechte beschränkt, auf die Unternehmenspolitik und die Geschäftsführung hat er keinen Einfluss. Er legt auch die Höhe des Gesamtgewinns nicht fest. Er hat lediglich Anspruch auf die Abschrift der jährlichen Bilanz und kann die Richtigkeit des Jahresergebnisses an Hand der Unterlagen überprüfen. Die Kontrollrechte können dergestalt erweitert werden, dass er auch einen monatlichen Status und einen vierteljährlichen Geschäftsbericht erhält oder sich auch persönlich informieren kann. Diese Kontrollrechte können auch eingeschränkt werden zB in der Weise, dass der stille Gesellschafter nicht persönlich, sondern nur über einen Buchsachverständigen die Richtigkeit der Angaben überprüfen darf.

Werden einem Darlehensgeber vertraglich Mitwirkungsrechte wie einem Geschäftsführer eingeräumt, so spricht das zwar gegen die Annahme eines partiarischen Darlehens, nicht aber gegen eine stille Gesellschaft (atypische stille Gesellschaft, BGH 29.6.1992, GmbHR 1992, 747).

3.3 Atypische stille Beteiligung

50 Eine atypische stille Beteiligung liegt vor, wenn das Gesellschaftsverhältnis gegenüber dem Regelstatut des HGB atypisch gestaltet ist, daher wesentlich von diesem abweicht (BGH 29.1.1952, BB 1953, 43). Das kann in der Weise geschehen, dass der stille Gesellschafter

- an der Steigerung des inneren Wertes beteiligt wird,
- dass die Stellung des stillen Gesellschafters im Innenverhältnis so stark ausgebaut wird, dass sie der eines Kommanditisten gleicht und somit der stille Gesellschafter auch Einfluss auf die Geschäftspolitik hat (BGH 27.3.1961, BB 1961, 583; vgl. auch *Sudhoff/Sudhoff* GmbHR 1984, 77; BGH 7.11.1988, GmbHR 1989, 152).

3.3 Atypische stille Beteiligung

Sowohl der atypischen als auch der typischen stillen Gesellschaft ist gemeinsam, dass es sich hier um eine reine Innengesellschaft handelt; daran wird auch durch den Ausbau der vermögensrechtlichen Stellung oder der Gesellschafterstellung nichts geändert. Die Erweiterungen betreffen nur das Innenverhältnis und treten nach außen nicht in Erscheinung. Die atypisch stille Beteiligung ist dann gegeben, wenn der stille Gesellschafter im Innenverhältnis die Stellung eines Kommandisten einnimmt, die Rechtsprechung wendet auf auf Innenverhältnis daher auch die Vorschriften des HGB über die Kommanditgesellschaft an (BGH 8.12.2015 – II ZR 333/14, vgl. auch Fasel NWB 34/16, 2576 ff.).
Trotz der lediglich obligatorischen Beziehung zwischen der GmbH als Handelsgewerbetreibenden und dem stillen Geselschafter hat die Rechtsprechung eine mehrgliedrige atypisch stille Gesellschaft anerkannt (BGH 8.12.2015 – II ZR 333/14). Grundlage ist eine als Innengesellschaft ausgestaltete GbdR. Die Rechtsprechung (BGH 8.12.2015 – II ZR 333/14) bezeichnet sie als Innen-KG.

3.3.1 Vermögensmäßige Beteiligung

Wird ein stiller Gesellschafter auch an den Wertsteigerungen des Vermögens beteiligt, kann er jedoch nicht wie ein Gesamthänder dinglich am Vermögen der Gesellschaft beteiligt werden. Er wäre vertraglich allenfalls so gestellt, als sei er wirtschaftlich am Vermögen der Gesellschaft beteiligt. Die vertraglichen Vereinbarungen in dieser Hinsicht können nur obligatorische (schuldrechtliche), nicht jedoch dingliche (sachenrechtliche) Wirkungen haben, andernfalls würde die Vereinbarung den Charakter einer Innengesellschaft verlieren.

Der stille Gesellschafter ist wirtschaftlich so gestellt, als wäre er am Vermögen des Unternehmens beteiligt, wenn er am Vermögenszuwachs im Verhältnis seiner Gewinnbeteiligung im Falle der Beendigung des stillen Gesellschaftsverhältnisses teilnimmt. Das kann in der Weise geschehen, dass im Falle der Beendigung eine Unternehmensbewertung durchgeführt wird oder er eine Pauschalabfindung für die zwischenzeitlich gebildeten stillen Reserven erhält. Vereinbarungen dieser Art sind auch dann möglich, wenn der Betreiber des Handelsgewerbes eine GmbH ist. Vereinbarungen dieser Art finden nur dort ihre Grenze, wo das zur Erhaltung des Stammkapitals notwendige Vermögen angetastet wird (§ 30 GmbHG). Wer sich als stiller Gesellschafter am Handelsgewerbe einer GmbH beteiligt, unterliegt den Grundsätzen zur Erhaltung des Stammkapitals ebenso wie der GmbH-Gesellschafter, wenn er – ähnlich wie dieser – die Geschicke der GmbH bestimmt sowie am Vermögen und Ertrag beteiligt ist (BGH 7.11.1988, GmbHR 1989, 152; vgl. auch *Boujong* GmbHR 1992, 207 (209)).

Die Stellung des stillen Gesellschafters wird noch erheblich gestärkt, wenn dieser dem Handelsgewerbetreibenden als Sacheinlage Betriebsmittel zur Verfügung stellt. Das kann auch in der Weise geschehen, dass der stille Gesellschafter der GmbH lediglich ein Nutzungsrecht an einen Gegenstand zur Verfügung stellt und somit Eigentümer des überlassenen Gegenstandes bleibt. Das kann in Form eines Gesellschafterbeitrags geschehen oder durch Vermietung oder Verpachtung. Die Überlassung von Nutzungsrechten kann dazu führen, dass das Eigentum am Betriebsvermögen beim stillen Gesellschafter verbleibt.

3.3.2 Mitwirkung des stillen Gesellschafters bei betrieblichen Entscheidungen

53 Dem stillen Gesellschafter können im Innenverhältnis Rechte eingeräumt werden, die über die Kontrollrechte hinausgehen. So kann dem stillen Gesellschafter auch ein Einfluss auf die Unternehmensführung eingeräumt werden. Es kann im Gesellschaftsvertrag bestimmt werden, dass ihm im Innenverhältnis die Stellung eines von der Geschäftsführung ausgeschlossenen Gesellschafters (§ 716 BGB) oder eines Kommanditisten (§ 164 HGB) zukommt. Insbesondere kann vereinbart werden, dass bestimmte Geschäfte, die eine gewisse Größenordnung überschreiten, seiner Zustimmung bedürfen. Ein dennoch abgeschlossenes Rechtsgeschäft macht dieses nicht unwirksam, es verpflichtet allenfalls zu Schadenersatz und bei schwerer Verfehlung zur Beendigung des stillen Beteiligungsverhältnisses.

Die Beschränkungen des Handelsgewerbetreibenden wirken nur im Innenverhältnis. Beschränkungen zugunsten eines stillen Gesellschafters sind auch nicht eintragungsfähig, da die stille Beteiligung nicht im Handelsregister eingetragen wird.

54 Das gilt auch grundsätzlich für die GmbH. Die GmbH kann grundsätzlich auch einem stillen Gesellschafter Rechte einräumen, die die Kompetenzen der GmbH, insbesondere die der Geschäftsführung, sehr beschneiden, das darf jedoch nicht zu Lasten des GmbH-Gesellschafters (Gesellschafterversammlung) gehen.

So kann ein Gesellschafter, der gleichzeitig Prokurist oder sogar Geschäftsführer der GmbH ist, seine Stellung durch eine stille Beteiligung weiter ausbauen.

55 Eine atypische stille Beteiligung, die insbesondere bei einer Gewinn- und Verlustbeteiligung des Stillen und bei der Einräumung von Mitwirkungs- und Mitbestimmungsrechten (zB eines Widerspruchsrechts nach § 164 S. 2 HGB) angenommen wird, macht diesen zwar nicht zum Gesellschafter der Hauptgesellschaft, jedoch wird er schuldrechtlich „wie ein Kommanditist" am Gesellschaftsvermögen beteiligt. Bei einer Verlustbeteiligung gemäß § 231 HGB geht die Forderung wegen der Einlage den Forderungen anderer Gläubiger im Rang nach und rangiert auf gleicher Stufe wie das Eigenkapital der Gesellschafter. Entsprechend wird die stille Einlage jedenfalls dann dem haftenden Kapital zugerechnet, wenn sie am Verlust teilnimmt und mit einer Nachrangabrede versehen ist. Aus dem in Anlehnung an § 10 Abs. 4 KWG vereinbarten Rangrücktritt folgt, dass der atypische stille Gesellschafter seine Einlage erst nach Befriedigung aller Gläubiger zurückfordern könnte, wenn er sie geleistet hätte, da diese dem Grundstock der Haftungsmasse zugerechnet wird (BGH 1.3.1982, BGHZ 83, 341 (345)). Dem entspricht es im Falle einer noch nicht geleisteten Einlage, dass die Einzahlungspflicht auch bei Beendigung der stillen Gesellschaft fortbesteht, damit sie den Gläubigern der Hauptgesellschaft als Haftungsmasse zur Verfügung steht (OLG Frankfurt aM 30.4.1997, GmbHR 1997, 892).

3.3 Atypische stille Beteiligung

Ausgangspunkt für die Beantwortung der Frage, ob im Einzelfall die übernommene stille Beteiligung als Eigenkapital zu qualifizieren ist, ist nach den von der Rspr. entwickelten Grundsätzen die Funktion der hingegebenen Mittel im Rahmen der Finanzierung des Handelsgeschäfts. Typischerweise kommt der stillen Beteiligung zwar eine Fremdkapitalfunktion zu (arg. § 236 HGB). Eine Eigenkapitalfunktion wird jedoch dann angenommen, wenn eine entsprechende besondere (auch konkludente) Vereinbarung zwischen dem Stillen und der Hauptgesellschaft getroffen wurde und/oder eine objektive Notwendigkeit der Kapitalzufuhr vorliegt.

Dies gilt insbesondere dann, wenn dem stillen Gesellschafter Mitwirkungsrechte eingeräumt werden, die denen eines Kommanditisten entsprechen (§ 164 HGB) dem Stillen Informations- und Kontrollrechte gem. § 716 BGB zugestanden werden, die über § 233 HGB hinaus weitreichende Befugnisse zur Einflussnahme auf die Geschäftsführung einräumen (OLG Frankfurt aM 30.4.1997, GmbHR 1997, 892).

3.3.3 Die mehrgliedrige atypisch stille Gesellschaft

Die mehrgliedrige atypisch stille Gesellschaft stützt sich nicht allein auf die Vorschriften der stillen Gesellschaft (§ 230 HGB ff.) sondern ist ein Konstrukt, das sowohl Elemente der stillen Gesellschaft und die innere Struktur der KG miteinander vermischt. Auch bei der mehrgliedrigen atypisch stillen Gesellschaft, tritt nach außen hin nur die GmbH als Handelsgewerbetreibender in Erscheinung Sie ist eine Schöpfung der Gestaltungsfreiheit. Sie wird vielfach auch als Innen-KG bezeichnet. Sie betreibt das Handelsgewerbe, sie nimmt alle Rechtshandlungen vor und ist Adressat gegenüber den Finanzbehörden. Sie ist Eigentümer des Gesellschaftsvermögens. Die GmbH & atypisch Still als solche ist nicht handlungsfähig

Auch eine mehrgliedrige atypisch stille Gesellschaft besteht, was Rechtsübertragungsakte angeht, nur aus Zweier Beziehungen, die Innenbeziehung der Gesellschafter unter einander ist dem KG-Recht entnommen. Die einzelnen vermögensrechtlichen Beziehungen, die auch bei der atypisch stillen gesellschaft, nur obligatorisch sind, richten sich nach dem Recht der stillen Gesellschaft, während sich die Rechtsbeziehung unter einander nach KG-Recht vollzieht. Die Leistung der stillen Einlage in das Vermögen der GmbH, und die Gewinnbeteiligung beruhen auf einer zweier Beziehung. Auch die Beendigung der stillen Beteiligung berührt grundsätzlich nur die Zweierbeziehung. Mit der Kündigung gegenüber der GmbH ist die stille Beteiligung erloschen. Im Falle einer mehrgliedrigen stillen Beteiligung ist mit der Kündigung der stille Gesellschafter ausgeschieden, während die stille Beteiligung mit den übrigen Gesellschaftern fortgeführt wird.

Besondere vertragliche Vereinbarungen, können jedoch das Innenverhältnis der stillen Gesellschafter untereinander und zur handelsgewerbenden GmbH bestimmen. So kann festgelegt werden, dass im Innenverhältnis die Regeln des HGB über die KG Anwendung finden. Man spricht hier auch von der Innen-KG. Das gilt insbesondere für das Widerspruchsrecht gegen Maßnahmen, die

die laufende Geschäftsführung überschreiten (§ 164 HGB). Allerdings hat die Mitbestimmung der stillen Gesellschafter seine Grenzen, so können sie keine Entscheidungen treffen, die den Gesellschaftern der GmbH vorbehalten sind. Insbesondere können sie nicht den Geschäftsführer der GmbH bestimmen. So kann bei der GmbH ein Beirat errichtet werden, in den auch stille Gesellschfter berufen werden. Bestimmte Maßnahmen können einer Gesellschafterversammlung vorbehalten werden, wie Betriebserweiterungen, Veräußerung von Betriebsvermögen, Kreditaufnahmen, Sicherheitsleistungen. Die Mitbestimmung kann sich nur auf Angelegenheiten beziehen, die sich auf der Gesellschafterebene vollziehen, wie Begründungen weiterer stiller Beteiligungen, Gesellschafterwechsel auf der Ebnene der stillen Beteiligung, Veränderung der Gewinnbeteiligung, und Entnahmeregelungen.,

Hinsichtlich der einzelnen Mitwirkungsmöglichkeiten eines stillen Gesellschafters, die auf die Gemeinschaftsebene der Stillen Gesellschafter übertragen werden können, → Rn. 56 ff.

Ferner sind in dem Gesellschaftsvertrag über die GmbH & atypisch Still die Stimmrechte der stillen Gesellschafter und erforderlichen Stimmmehrheiten zu regeln.

55d   Die mehrgliedrige GmbH & atypisch still unterscheidet sich. wesentlich von der GmbH & Co. KG dadurch, dass sie handlungsunfähig ist. Sie kann keinen Geschäftsführer ernennen, der ihre Geschäfte führt. Ansprechpartner für die stillen Gesellschafter ist lediglich die GmbH als Handelsgewerbetreibender.

3.3.4 Beschränkung der stillen Beteiligung auf Geschäftsbereiche der GmbH

55e   In der Regel kann man davon ausgehen, dass sich die Gewinnbeteiligung auf alle Erträge des Unternehmens erstreckt. Der Betriebsinhaber kann jedoch die Gewinnbeteiligung des Stillen in der Weise beschränken, dass er sich die Gewinne aus bestimmten Ertragsquellen vorbehält, sie daher aus der Gewinnbeteiligung ausschließt. Keine Stille Gesellschaft iSd § 230 HGB ist jedoch gegeben, wenn die Gewinnbeteilung an einem Rechtsgeschäft bzw. einer Rechtsbezihung eingeräumt wird (*Harbarth* in GK-HGB § 230 Rn. 63).Es muss sich um eine betriebliche Einheit handeln, die für sich dieVoraussetzungen eines Betriebes (Teilbetrieb iSd Steuerrechts) erfüllt. Hat eine GmbH mehrere Geschäftsbereiche kann er die Gewinnbbeteiligung auf einen oder einzelne Geschäftsbereiche beschränken. Die Eigentumsverhältnisse bleiben unberührt. Die GmbH bleibt Betriebsinhaber. Es findet keine Aufteilung des Betriebsvermögens statt. Ist eine GmbH in mehrere Geschäftsbereiche gegliedert, kann sie diese in der Weise ausgliedern, dass sie jeweils an einem Geschäftsbereich eine atypisch stille Beteiligung begründet und den atypisch stillen Gesellschafter dadurch einbindet, dass er ihn zum Mitgeschäftsführer bestellt oder diesem eine Zweigstellenprokura erteilt.

3.3 Atypische stille Beteiligung 55e **3.3**

Beispiel 1.
Die X-GmbH, deren Gesellschaftergeschäftsführer A ist, begründet mit B eine atypisch stille Beteiligungsgesellschaft. B überlässt der GmbH Patente zur Nutzung in einem Geschäftsbereich gegen Gewinnbeteiligung an diesem, dessen Leitung er übernehmen soll. Die B-GmbH erteilt eine entsprechende Prokura.

Die X-GmbH betreibt jedoch weiterhin den Geschäftsbereich, indem sie sich des stillen Gesellschafters als Angestellten bedient. Kontoinhaber ist weiterhin die X-GmbH. Zur Berechnumng des Gewinnanspruchs des stillem Gesellschafters wird sie für den Zweigbetrieb eine eigene Gewinnermittlung durchführen müssen. Die Handelsbilanz der X-GmbH erfasst jedoch weiterhin den Geschäftsbereich der stillen Gesellsellschaft.

Beispiel 2
Die X-GmbH ist in drei Geschäftsbereiche (Teilbetriebe) gegliedert. A, B, und C sind Gesellschaftergeschäftsführer. Jedem ist ein Geschäftsbereich zugeordnet. Die X-GmbH beschließt, A, B, C jeweils an dem von ihnen betreuten Geschäftsbereich eine stille Beteiligung anzubieten.

Es sind drei voneinander unabhängige stille Beteiligungen begründet worden. Nach Außen sind liegt weiterhin ein einheitlicher Betrieb der X-GmbH vor. Zur Ermittlung des Gewinnanteils der stillen Gesellschafter werden für jeden Teilbereich selbständige Gewinnermitlungen durchgeführt werden müssen. Die Handelslsbilanz ist jedoch doch die konsolidierte Bilanz der Teilbereiche.

Beispiel 3
A, B, C, D, E sind Einzelunternehmer. Sie gründen die X-GmbH, deren Anteile sie gegen eine Bareinlage übernehmen. Sie legen gleichzeitig jeweils die Nutzung ihrer als Einzelbetrieb geführten Unternehmen als stille Sacheinlage in die X-GmbH. ein. Das Eigentum an dem zur Nutzung überlassenen Betriebsvermögen halten sie zurück. Intern führen sie die Betriebstätten jeweils als Einzeluntzernehmen weiter. Aufgrund einer von der X-GmbH erteilten Prokura bzw., Geschäftsführerbestellung, treten sie nach außen als Leiter einer Zweigniederlassung auf.

Nach außen hin werden die Betriebe von der X-GmbH geführt, von den bisherigen Inhabern nunmehr als Angestellte der X-GmbH. Die wesentlichen Grundlagen der Betriebe bleiben im Eigentum der bisherigen Betriebsinhaber. (Steuerlich Sonderbetriebsvermögen). Handelsbilanz ist eine konsolidierte Bilanz der Betriebsstätten.

4 Stellung des stillen Gesellschafters

4.1 Grundsätze

56 Der stille Beteiligungsvertrag zwischen dem stillen Gesellschafter und der GmbH ist ein Austauschvertrag zwischen Stillen und der GmbH. Er betrifft daher nur das Außenverhältnis und nicht das Verhältnis innerhalb der GmbH (su). Das Verhältnis innerhalb der GmbH wird durch die Begründung des stillen Gesellschaftsverhältnisses nicht berührt. Der stille Gesellschafter wird nicht Gesellschafter der GmbH und kann daher auch nicht auf die innere Willensbildung der GmbH Einfluss nehmen. Das Rechtsverhältnis zwischen der handelsgewerbetreibenden GmbH gleicht eher einem Schuldverhältnis (BGH 25.4.2006, GmbHR 2006, 258). Der stille Beteiligungsvertrag kann lediglich Rechte und Pflichten zwischen dem Stillen und der GmbH im Außenverhältnis begründen. Im Verhältnis des stillen Gesellschafters zur GmbH gelten daher grundsätzlich die Vorschriften über die stille Beteiligung, § 230 ff. HGB und die vertraglichen Vereinbarungen im stillen Beteiligungsvertrag (*Scholz* GmbH-Komm. § 35 Rn. 48).

56a Es besteht kein Treueverhältnis zwischen Geschäftsführer und dem stillen Gesellschafter. So besteht für den Geschäftsführer der GmbH keine Vermögensbetreuungspflicht gegenüber dem stillen Gesellschafter (BGH 25.4.2006, GmbHR 2006, 762).

56b Ein an einer GmbH beteiligter stiller Gesellschafter ist in Bezug auf die Kapitalerhaltungsregeln wie ein GmbH-Gesellschafter zu behandeln, wenn er aufgrund der vertraglichen Ausgestaltung des stillen Gesellschaftsverhältnisses hinsichtlich seiner vermögensmäßigen Beteiligung und seines Einflusses auf die Geschicke der GmbH weitgehend einem Gesellschafter gleichsteht (BFH 13.2.2006, GmbHR 2006, 531 Betätigung des BGH 7.11.1988, BGHZ 106, 7).

56c Nicht geklärt ist die Rechtsfrage, ob Ansprüche der Gesellschaft gegen Einzelne Gesellschafter auch von den einzelenen Gesellschaftern (actio pro socio) geltend gemacht werden können, zB wenn der geschäftsführende Gesellschafter der GmbH ansich Vergütungen ohne Rechtsgrund gezahlt hat und somit das Gesellschaftsvermögen gmindert hat und somit den verteilungsfähigen Gewinn gedrückt hat. Kann in diesem Fall der einzelne stille Gesellschafter Rückzahlung an die GmbH als Betriebsinhaber verlangen?

56d Für die gesetzestypische – also eine den Vorgaben der §§ 230 ff. HGB entsprechende stille Gesellschaft kommt weder dem stillen Gesellschafter noch dem Inhaber des Handelsgewerbes die Rechtszuständigkeit für eine actio pro socio zu. Vgl. dazu *Grunewald,* S. 34 f.; *Grunewald* Die Gesellschafterklage in der Personengesellschaft und der GmbH, 1990, S. 107 ff.; K. Schmidt Gesellschaftsrecht, 4. Aufl. 2004, S. 636 ff.; *Wiedemann,* Band II, 2004, S. 281) Dies ergibt sich aus dem Umstand, dass es sich bei der stillen Gesellschaft zum einen um eine reine Innengesellschaft handelt und diese zum anderen lediglich zwei

4.2 Zustimmungspflichtige Maßnahme

(Vertrags-)Parteien kennt. Sofern einer der beiden Gesellschafter seine Pflichten verletzt, kann der andere die sich aus der Pflichtverletzung ergebenden Rechte stets selbst, nämlich schon aus eigenem Recht, geltend machen (Ebenso allgemein zu Innengesellschaften *Habermeier* in Staudinger § 705 Rn. 59; *K. Schmidt*, S. 633.) Der Begründung eines besonderen materiell-rechtlichen Anspruchs der Gesellschaft oder einer Prozessführungsbefugnis durch die Annahme einer actio pro socio bedarf es daher nicht. Dies gilt auch für den Fall, in welchem es sich bei dem Inhaber des Handelsgewerbes um eine Gesellschaft handelt und deren Sozialansprüche gegen Gesellschafter oder Geschäftsleiter von den zuständigen Gesellschaftsorganen nicht geltend gemacht werden. *Möck/Cöste*r GmbHR 2018, 67) Ist der stille Gesellschafter gleichzeitig GmbH-Gesellschafter oder Kommanditist und stiller Gesellschafter einer GmbH & Co KG & still, kann er die Rechte als GmbH-Gesellschafter bzw Kommandist geltend machen (*Mock/Cöster* GmbHR 2018, 67).

Eine Ausnahme von der fehlenden Anwendbarkeit der actio pro socio auf die stille Gesellschaft wird hingegen im Fall einer sog. atypischen stillen Gesellschaft angenommen (Vgl. *Mock* in Röhricht/Graf von Westphalen/Hass HGB § 230 Rn. 112; *K. Schmidt* in MüKoHGB § 230 Rn. 185; aA aber BGH 14.11.1994, NJW 1995, 1353 (1355) = GmbHR 1995, 589) bei der nach dem vorliegend zugrundeliegenden Begriffsverständnis im Rahmen der vertraglichen Ausgestaltung der stillen Gesellschaft also von dem gesetzlichen Leitbild der §§ 230 HGB abgewichen und dem stillen Gesellschafter umfangreiche Mitwirkungsrechte eingeräumt werden. Die Anwendbarkeit der actio pro socio ergibt sich dabei aus dem Umstand, dass der atypisch stille Gesellschafter in seiner Stellung gerade weitgehend den Gesellschaftern des Inhabers des Handelsgewerbes angenähert ist und auch in dieser Hinsicht ihnen gleichgestellt werden muss (*Mock/Cöster* GmbHR 2018, 67) Die Frage, ob dem stillen Gesellschafter einer mehrgliedrigen stillen Gesellschaft die Geltendmachung von Ansprüchen im Sinne einer acio pro socio zusteht ist somit noch nicht geklärt.

Der BGH (19.12.2017 II ZR 255/16, DB 2018, 1456) hat entschieden, dass ein Kommanditist einer GmbH & Co KG nicht Ansprüche der Kommanditgesellschaft gegen den Fremdgeschäftsführer der Komplementär-GmbH geltend machen kann. Das dürfte für den atypisch stillen Gesellschafter einer GmbH & atypisch still gegen den Fremdgeschäftsführer der handelsgewerbetreibenden GmbH ebenfalls gelten.

4.2 Zustimmungspflichtige Maßnahme

Nach überwiegender Meinung darf in einer stillen Gesellschaft der Inhaber des Handelsgeschäfts (hier die GmbH) dessen Grundlagen nicht ohne Zustimmung des stillen Gesellschafters ändern, dh der stille Gesellschafter kann beanspruchen, dass das Handelsgeschäft in seinen wesentlichen Grundlagen unverändert fortgeführt wird (vgl. *Blaurock/Jung* Rn. 12.61 mwN; kritisch jedoch insbesondere bei der AG & Still: *Bachmann/Veil* ZIP 1999, 348).

Daraus wird gefolgert, dass zB eine Änderung der Firma oder des Unternehmensgegenstands genauso wie eine Sitzverlegung oder eine Umwandlung der Rechtsform des Inhabers ohne Zustimmung des stillen Gesellschafters nicht erfolgen darf (vgl. *Blaurock/Jung* Rn. 12.61[zur Änderung der Firma, des Unternehmensgegenstands und zur Sitzverlegung], Rn. 598 ff. [zur Veräußerung und Einstellung des Geschäftsbetriebs], *Blaurock/Blaurock* Rn. 4.32, Rn. 11.36 ff. [zur Umwandlung]).

Dieses Verbot einer Grundlagenänderung ohne Zustimmung des stillen Gesellschafters gilt nun nach ganz hM nicht nur bei einer sog. atypischen stillen Gesellschaft, wenn das Zustimmungserfordernis nicht ausdrücklich vertraglich ausgeschlossen wurde. Ferner gilt dieses Verbot nach hM sowohl für stille Beteiligungen an Einzelunternehmen wie auch an Personenhandels- und Kapitalgesellschaften. Die herrschende Meinung räumt dem stillen Gesellschafter gegen Grundlagenänderung bei der GmbH unter Mißachtung seines Vetorechtes Unterlassungsansprüche ein (in MüKoHGB/*K. Schmidt* HGB § 230 Rn. 126, *Blaurock/Blaurock* Rn. 4.32).

Zustimmungspflichtige Maßnahmen können auch durch den stillen Beteiligungsvertrag begründet werden (auch → Rn. 55a).

4.3 Kontrollrechte des stillen Gesellschafters

58 Nach § 233 HGB ist der stille Gesellschafter berechtigt, die abschriftliche Mitteilung des Jahresabschlusses zu verlangen und deren Richtigkeit unter Einsicht der Bücher zu prüfen.

Diese Bestimmung stimmt wörtlich mit § 166 Abs. 1 HGB überein.

Dem stillen Gesellschafter steht daher grundsätzlich kein allgemeines Auskunfts- und Informationsrecht zu. Die Auskunfts- und Informationsrechte beziehen sich lediglich auf die Überprüfung der Bilanz, also auf das abgelaufene Geschäftsjahr, nicht jedoch hinsichtlich des laufenden Geschäftsjahres; vgl. *Baumbach/Hopt* § 233 Rn. 4, § 166 Rn. 3 f.

Der Anspruch auf Einsicht richtet sich gegen die Gesellschaft (GmbH), nicht jedoch deren Gesellschafter. Er ist den Geschäftsleitern gegenüber geltend zu machen. Ein allgemeines Bucheinsichtsrecht hat er nicht; vgl. *Baumbach/Hopt* HGB § 166 Rn. 4, § 233 Rn. 3 f.

59 Der Gesellschaftsvertrag kann dem stillen Gesellschafter jedoch weitergehende Rechte einräumen, zB die Rechte eines Kommanditisten, § 164 Abs. 2 HGB, Widerspruchsrechte gegen alle Maßnahmen der Geschäftsführer, die über die laufende Geschäftsführung hinausgehen oder Einräumung des weitergehenden Auskunftsrechts des § 716 HGB. Hinsichtlich des Umfangs vgl. *Palandt/Sprau* BGB § 716 Rn. 1.

UU kann sogar im Beteiligungsvertrag vereinbart werden, dass die GmbH sich verpflichtet, bei bestimmten Geschäften die Zustimmung des stillen Beteiligten einzuholen.

Diese Bindungen können nur den Außenbereich betreffen, jedoch nicht den Innenbereich. Eine Satzungsänderung der GmbH von der Zustimmung der stillen Gesellschafter abhängig zu machen oder dem stillen Gesellschafter das Recht einzuräumen, den Geschäftsführer zu bestellen (*Scholz* GmbH-Komm. § 38 Rn. 24), ist nicht zulässig.

4.4 Informations- und Kontrollrechte, § 233 HGB

Wie bereits ausgeführt, steht dem stillen Gesellschafter kein **allgemeines** Informationsrecht zu.

§ 233 HGB gesteht ihm nur das Recht zu, die Abschrift des Jahresabschlusses und der Jahresbilanz zu verlangen und gibt ihm nur ein Informationsrecht, das auf die Überprüfung der Geschäftsunterlagen auf deren Richtigkeit begrenzt ist (*Baumbach/Hopt* HGB § 233 Rn. 4). Die Einsicht weiterer Geschäftsunterlagen kann er grundsätzlich nicht verlangen, abgesehen von der Ausnahme des § 233 Abs. 3 HGB bei Vorliegen eines wichtigen Grundes. Hinsichtlich des Umfanges des außerordentlichen Kündigungsrechtes vgl. BGH 16.1.1984, GmbHR 1985, 20. Wie bereits ausgeführt, kann dieses Informationsrecht vertraglich auf ein weitergehendes allgemeines Informationsrecht erweitert werden. Hier reicht zB eine Bezugnahme auf § 716 BGB aus. Dieses Auskunftsrecht richtet sich gegen die Gesellschaft vertreten durch ihren Geschäftsführer. Es kann notfalls gegen diese eingeklagt werden. Nach § 233 Abs. 3 HGB kann das Gericht auf Antrag eines stillen Gesellschafters neben der Mitteilung anordnen, wenn wichtige Gründe vorliegen. Zu den Büchern und Papieren einer Gesellschaft gehören alle Geschäftsunterlagen, wobei der Berechtigte grundsätzlich unter den Schriftstücken wählen kann und sich der konkrete Umfang der zu treffenden Anordnungen nach der Lage des Falles richtet. Ob dieses außerordentliche Informationsrecht des stillen Gesellschafters unmittelbar aus § 233 Abs. 3 HGB folgt oder unabhängig von dieser Vorschrift, die dann nur Verfahrenszwecken dient, besteht, ist zwar umstritten (vgl. *Roth* in Baumbach/Hopt HGB § 233 Rn. 6). Anerkannt ist demgegenüber, dass jenes Kontrollrecht neben sein Informationsrecht aus § 233 Abs. 1 HGB tritt, sich regelmäßig gegen die Gesellschaft selbst richtet und nicht lediglich auf die Prüfung der Richtigkeit des Jahresabschlusses beschränkt ist, sondern sich bei Vorliegen eines wichtigen Grundes, insbesondere einer Gefährdung der Interessen des stillen Gesellschafters – namentlich aufgrund begründeten Verdachts nicht ordnungsgemäßer Geschäftsführung –, auch auf die Geshäftsführung der Gesellschaft und die damit in Zusammenhang stehenden Unterlagen erstreckt. Ob die von dem stillen Gesellschafter begehrten Informationen geeignet und erforderlich sind, hängt von dem geltend gemachten wichtigen Grund ab (zu Vorstehendem OLG München 5.9.2008, WM 2008, 2211 ff.; 7.4.2009, WM 2009, 1228 f.; 9.8.2010, ZW 2010, 1692 ff.; 12.4.2011, ZW 2011, 1619 f., jeweils mwN). Bei alledem ist jedoch zu berücksichtigen, dass das allgemeine Informationsrecht des stillen Gesellschafters durch dessen Informationsbedürfnis begrenzt und in diesem Sinne funktionsgebunden ist; der stille

Gesellschafter muss die Information zur Ausübung seiner Mitwirkungsrechte benötigen (BGH 23.3.1992, NJW 1992, 1890 ff. = GmbHR 1992, 365). Mit anderen Worten rechtfertigt ein wichtiger Grund iSd (heutigen) § 233 Abs. 311 BGB nur die Zuerkennung solcher Aufklärungs- und Informationsrechte, die zur Durchsetzung der vertraglichen Rechte des stillen Gesellschafters geeignet und angemessen sind (BGH 16.1.1984, NJW 1984, 2470 f. = GmbHR 1985, 20). So ist bezüglich eines Kapitalanlegers an einer Publikumsgesellschaft im Hinblick auf seinen Auskunftsanspruch gegen die Gesellschaft wegen der Namen und Anschriften der anderen Anleger anerkannt, dass der Anleger wissen muss, wie sich die Stimmen und damit die Machtverhältnisse in der Gesellschaft verteilen, ferner beurteilen können muss, ob anderen Gesellschaftern Treupflichtverstöße zur Last fallen oder sie sogar Stimmverboten unterliegen, außerdem die Bildung von Mehrheiten oder Quoren faktisch ermöglicht (organisiert) werden muss; dieser Anspruch ist dann auch nicht dadurch ausgeschlossen, dass ein Anleger die Informationen deshalb begehrt, um sich mit den anderen Anlegern über aus seiner Sicht hinsichtlich der Gesellschaft bestehende Probleme auszutauschen oder eine Interessengemeinschaft unter den Anlegern zu organisieren (BGH 5.2.2013, BGHZ 196, 131 ff.).

61a Nach diesen Grundsätzen kommt es vorliegend nicht maßgeblich darauf an, ob dem Beteiligten – wie von der Beschwerdeführerin geltend gemacht – ein Rechtsmissbrauch zur Last fällt. Jedenfalls steht aufgrund seiner eigenen Äußerungen im Beschwerdeverfahren fest, dass er hinsichtlich der vollständigen Liste der atypisch stillen Gesellschafter die Funktionsgebundenheit seines Informationsrechts außer Acht lässt, weil er die entsprechende Information nicht zur Ausübung seiner gesellschaftsbezogenen Mitwirkungsrechte erhalten möchte.

4.5 Informationsrechte, §§ 50a, 50b GmbHG

62 Der Stille Gesellschafter ist nicht Gesellschafter der GmbH, daher steht ihm das allgemeine Informationsrecht auf Auskünfte und Einsicht in die Geschäftspapiere grundsätzlich nicht zu (*Scholz/K. Schmidt* in Scholz/Priester § 51a Rn. 12; *K. Schmidt* Informationsrechte, 1039 ff. *K. Schmidt* in MüKoHGB § 233 Rn. 4 ff.; BGH 7.4.1982, WM 1982, 712). Im stillen Beteiligungsvertrag kann jedoch ein solches vereinbart werden.

ME hat diese Informationsverpflichtung auch bei einem frei vereinbarten Informationsrecht ihre Grenze in § 51a Abs. 2 GmbHG. Die Gesellschaft kann, wenn dem Auskunftsersuchen zwingende Interessen der Gesellschaft entgegenstehen, dieses verweigern. Da der stille Gesellschafter nicht Gesellschafter der GmbH ist, kann sich dieses erweiterte Informationsrecht nur auf die Außenbeziehungen und geschäftliche Situation, nicht auf Interessenlage der Gesellschafterebene erstrecken.

Den stillen Gesellschaftern steht ein Recht zu, Auskunft über die Namen und den Wohnsitz von stillen Mitgesellschaftern zu verlangen (BGH 1.11.2011, NJW 2011, 921).

4.8 Keine Teilnahme an der Gesellschafterversammlung

Neben einer Bilanz oder eines Jahresabschlusses kann er auch die Vorlage der Bücher oder sonstiger Papiere sowie die Erteilung von Auskünften verlangen. **62a**

4.6 Kein Einfluss auf die laufenden Geschäfte

Der stille Gesellschafter kann grundsätzlich keinen Einfluss auf die laufenden Geschäfte der GmbH haben, er kann den Geschäftsführern keine Weisung erteilen. **63**

Diese Einflussmöglichkeit kann dem stillen Gesellschafter auch nicht im Gesellschaftsvertrag eingeräumt werden. Der Geschäftsführer hat aufgrund der Beteiligung die Interessen der Gesellschafter (GmbH) wahrzunehmen. Er hat sich daher grundsätzlich an die Weisung der GmbH-Gesellschafter zu halten. Diese Verpflichtung kann nicht dadurch aufgeweicht werden, dass die Weisungen eines Dritten gleichrangig zu beachten sind (anders bei einer Organschaft). Ein allgemeines Widerspruchsrecht würde dem Wesen des GmbH-Rechts widersprechen.

Es bestehen jedoch keine Bedenken, wenn sich die Gesellschaft bei bestimmten nach außen wirkenden Rechtsgeschäften verpflichtet, die Zustimmung des stillen Gesellschafters einzuholen.

4.7 Widerspruchsrecht gegen Maßnahmen, die über die laufende Geschäftsführung hinausgehen

Nach § 164 Abs. 2 HGB steht den Kommanditisten das Recht zu, Maßnahmen, die die laufende Geschäftsführung übersteigen, zu widersprechen. **64**

Vielfach wird dieses Recht auch im Verhältnis des stillen Gesellschafters zum Handelsgewerbetreibenden zugestanden, so dass der stille Gesellschafter im Innenverhältnis so gestellt wird, wie ein Kommanditist.

Es bestehen mE keine Bedenken, auch dieses Recht dem stillen Gesellschafter am Handelsgewerbe einer GmbH einzuräumen.

Dieser Anspruch besteht jedoch nur gegenüber der GmbH, nicht gegenüber deren Gesellschafter. Er ist gegenüber der GmbH selbst geltend zu machen. Der stille Gesellschafter hat daher die Möglichkeit, eine Maßnahme, auch wenn sie von der Gesellschafterversammlung der GmbH einstimmig beschlossen ist, zu unterbinden. Aus diesem Grunde wird die Einräumung eines Widerspruchs an den stillen Gesellschafter nur mit Zustimmung der GmbH-Gesellschafter wirksam sein, weil der eventuelle Widerspruch des stillen Gesellschafters das Stimmrecht der Gesellschafter in der Gesellschafterversammlung aushöhlen kann. **65**

4.8 Keine Teilnahme an der Gesellschafterversammlung

Da der stille Gesellschafter nicht Gesellschafter der GmbH geworden ist, steht ihm grundsätzlich weder ein Stimmrecht noch ein Teilnahmerecht in der Gesellschafterversammlung der GmbH zu. Während ihm ein Stimmrecht vertraglich **66** nicht eingeräumt werden kann, kann ihm ein Teilnahmerecht uU auch mit Rederecht satzungsmäßig eingeräumt werden.

4.9 Geschäftsführerbestellung

67 Die Bestellung des Geschäftsführers obliegt grundsätzlich den Gesellschaftern der GmbH, ob sie vertraglich einem Dritten überlassen werden kann, ist strittig (*Scholz* GmbH-Komm., § 38 Rn. 24 mwN). Im Falle der Bestellung mehrerer Geschäftsführer wird der Anstellungsvertrag mit den bereits vorhandenen Geschäftsführern der Gesellschaft abgeschlossen. ME kann nicht vertraglich im stillen Beteiligungsvertrag vereinbart werden, dass der stille Gesellschafter den Geschäftsführer bestellt. Inwieweit die Satzung der GmbH die Bestellung eines Geschäftsführers einem Dritten überlassen kann, ist umstritten. ME ist dies im Fall einer Organschaft durch die Organmutter möglich.

4.10 Mitwirkung in weiteren Organen der Gesellschaft

68 Die Satzung der GmbH kann vorsehen, dass neben der Gesellschafterversammlung wie bei der stillen Gesellschaft noch ein weiteres Organ (Aufsichtsrat) bestehen soll. Der Aufsichtsrat einer Aktiengesellschaft bestellt den Vorstand, uU auch nur der Aufsichtsratvorsitzende. ME kann diese Kompetenz bei einer GmbH auch einem fakultativen Aufsichtsrat oder Beirat übertragen werden. Da sich als Aufsichtsrat bzw. Beirat dritte Personen bewerben können, können grundsätzlich auch stille Gesellschafter der GmbH zu Beiratsmitgliedern bestellt werden. Über diesen Beirat hätten stille Gesellschafter die Möglichkeit, auf interne Angelegenheiten wie Geschäftsführerbestellung Einfluss zu nehmen. In diesem Falle handeln sie nicht im eigenen Interesse als stille Gesellschafter, sondern im Fremdinteresse. Als Mitglieder eines Organs der GmbH haben sie das Interesse der GmbH wahrzunehmen und in diesem Sinne als Stimmrechte auszuüben. Zu den Pflichten eines Beirates siehe OLG Düsseldorf 13.3.1985, GmbHR 1985, 334.

4.11 Keine Gewinnfeststellung

69 Der stille Gesellschafter hat grundsätzlich keinen Einfluss auf die Feststellung des Jahresgewinnes. Diese obliegt grundsätzlich der Gesellschafterversammlung der GmbH. Diese kann die Feststellung des Gewinns auf den Geschäftsführer übertragen, die Gewinnverwendung obliegt ihr. Ist Bemessungsgrundlage für die Gewinnbeteiligung des stillen Gesellschafters der Handelsbilanzgewinn, so hat er grundsätzlich keinen Einfluss auf die Feststellung. Es können aber auch andere Maßstäbe für die Gewinnermittlung vereinbart werden. Der stille Beteiligte kann sich jedoch dadurch absichern, dass im stillen Beteiligungsvertrag der Gewinn, der als Berechnung für den Gewinnanspruch des Stillen zugrunde gelegt wird, besonders definiert wird.

Wird die Feststellung der Gewinnbeteiligung auf den Beirat übertragen – was in der GmbH-Satzung zulässig ist – und ist der stille Gesellschafter Beiratsmitglied, nimmt er an den Gewinnfeststellungen mit teil.

4.12 Einfluss der stillen Beteiligung auf die Stellung als GmbH-Gesellschafter

Nach dem GmbHG stehen dem einzelnen GmbH-Gesellschafter außer dem Stimmrecht in der Gesellschafterversammlung keine besonderen Rechte zu. Nach § 51a GmbHG haben die Geschäftsführer jedem Gesellschafter auf Verlangen unverzüglich Auskunft über die Angelegenheiten der Gesellschaft zu geben und die Einsicht der Bücher und Schriften zu gestatten. Es handelt sich hierbei um eine zwingende Vorschrift, die durch den Gesellschaftsvertrag nicht ausgeschlossen werden darf. Somit ist durch die GmbH-Novelle von 1980 die Rechtsstellung des einzelnen Gesellschafters als Gesellschafter erheblich gestärkt worden. Als Institution kennt das GmbHG lediglich die Gesellschafterversammlung, die die Rechte der Gesellschafter in ihrer Gesamtheit gegen Geschäftsführung und Gesellschaft selbst vertritt. Der Gesellschaftsvertrag kann jedoch auch einzelnen Gesellschaftern Sonderrechte einräumen, insbesondere was die Zustimmung zu Handlungen der Geschäftsführung anbetrifft. Das dürfte jedoch die Ausnahme sein.

Ist ein Gesellschafter gleichzeitig stiller Beteiligter, stehen ihm im Falle einer typischen Gesellschaft die in § 233 HGB aufgeführten Kontrollrechte zu. Durch die Erweiterung der Vorschrift des GmbHG (§ 51a GmbHG) wird jedoch die Rechtsstellung durch die stille Beteiligung in der Regel nicht erheblich ausgedehnt.

Da jedoch grundsätzlich Vertragsfreiheit besteht, können die Kontrollrechte auch zu Zustimmungsrechten erweitert werden, insbesondere dergestalt, dass der stille Beteiligte als solcher die Stellung eines von der Geschäftsführung ausgeschlossenen Gesellschafters erhält (§ 716 BGB). Hierdurch kann ein einzelner Gesellschafter über die stille Beteiligung eine Stellung erhalten, die normalerweise nur der Gesellschafterversammlung zusteht. Der einzelne Gesellschafter kann somit über den Sondervertrag hinsichtlich des stillen Beteiligungsverhältnisses eine Stellung gegenüber der Geschäftsführung erhalten, die seinen Einfluss derart verstärkt, dass ohne seine Zustimmung keine Maßnahme, die den normalen Rahmen der Geschäftsführung übersteigt, getroffen werden kann. Das bedeutet, dass ohne ihn keine Geschäftspolitik mehr betrieben werden kann.

Der Abschluss eines stillen Beteiligungsvertrages eröffnet somit die Möglichkeit, die Stellung einzelner Gesellschafter über den Rahmen eines Kapitalgebers hinaus erheblich zu verstärken (allerdings in der Form einer atypischen stillen Gesellschaft).

Erbringt ein Gesellschafter außerhalb des GmbH-Vertrages eine Sonderleistung gegenüber der Gesellschaft, die auch eine Ausweitung seiner Stellung in der Gesellschaft rechtfertigt, bietet sich daher die stille Beteiligung als Vertragsgestaltung an.

5 Gegenstand der Einlage und deren bilanzsteuerliche Behandlung

5.1 Beitragsleistungen

74 Zur Erreichung des gemeinsamen Zwecks der stillen Gesellschaft müssen der Geschäftsinhaber und der stille Gesellschafter Beiträge für die Gesellschaft erbringen. Als Beitrag kann jede Leistung angesehen werden, mit der das Handelsgewerbe des Geschäftsinhabers gefördert wird, also auch Dienstleistungen und sonstige Leistungen, die geeignet sind, den Unternehmenszweck zu fördern. Es ist zu differenzieren zwischen Vermögensleistungen (Einlagen) und sonstigen Beiträgen, die ihren Niederschlag nicht in einem bilanzierungsfähigen Vorteil finden.

Als Vermögenseinlage kommen gem. § 230 Abs. 1 HGB nur Leistungen in Frage, die einen Vermögenswert haben und die nach dem Gesellschaftsvertrag vom stillen Gesellschafter als Vermögenseinlage geleistet werden dürfen. In der Literatur ist aber umstritten, welche Leistungen vom stillen Gesellschafter als Vermögenseinlage erbracht werden können.

Im neueren Schrifttum wird die Meinung vertreten, dass die Vermögenseinlage nur aus Vermögensgegenständen bestehen kann, die die Haftungsgrundlage des Geschäftsinhabers erhöhen. Die bloße Nutzungsüberlassung von Gegenständen oder die Erbringung von Dienstleistungen können nach dieser Auffassung nicht zum Gegenstand einer Vermögenseinlage gemacht werden (*Hense*, Die Stille Gesellschaft im handelsrechtlichen Jahresabschluss, 1990, S. 23; *Bitz* GmbHR 1997, 769).

Tatsächlich können Gebrauchsüberlassungen und Dienstleistungen als Einlage geleistet werden, wenn der Geschäftsinhaber und der stille Gesellschafter ein Entgelt für die Gebrauchsüberlassung oder die Dienstleistung des stillen Gesellschafters vereinbart haben und dieses durch Gutschrift auf dem Einlagekonto, wie im Fall der Miete, verrechnet werden. Wichtig hierbei ist, dass es sich nur um zukünftige Dienstleistungen bzw. Nutzungsüberlassungen handelt. Bereits geleistete Dienstleistungen und Nutzungsüberlassungen fallen nicht hierunter (anders die betreffenden Entgelte, → Rn. 15 mwN).

Ferner kann auch vereinbart werden, dass der stille Gesellschafter sein Einlageguthaben für künftige Gewinnanteile oder den Erlaß seiner Schuld erhält (*Hense* Die Stille Gesellschaft im handelsrechtlichen Jahresabschluss S. 25).

Die Besonderheit der Einlage besteht sowohl bei der typischen, als auch der atypischen stillen Beteiligung darin, dass die Einlage nicht gemeinsames Vermögen der Gesellschafter wird, sondern der Handelsgewerbetreibende (hier GmbH) Volleigentümer der Einlage wird.

5.2 Begriff der Vermögenseinlage

Wie bereits ausgeführt (1.2), liegt eine stille Beteiligung uU nur vor, wenn mit der Gewinnbeteiligung eine Vermögenseinlage verbunden ist. Allerdings ist der Begriff der Vermögenseinlage sehr weit zu fassen. Er umfasst jeden Vermögensvorteil, der im Rechtsverkehr fassbar ist (*Stuhlfelner/Glanegger* in HK-HGB § 230 Rn. 3), ohne dass es darauf ankommt, dass er bilanzierbar ist. Im wesentlichen kommen als Einlagen eines stillen Gesellschafters die Bareinlage, Sacheinlage, Nutzungseinlage und die Diensteinlage in Betracht.

5.3 Behandlung der Bareinlage

Leistet der stille Beteiligte eine Bareinlage, geht diese Einlage in das Vermögen des Handelsgewerbetreibenden über, ohne dass der stille Beteiligte hierfür am Vermögen beteiligt wird. Durch die stille Beteiligung wird daher nur die Verbindlichkeit, die Einlage bei Beendigung des Vertragsverhältnisses wieder zurückzuzahlen, begründet.

Die Verbindlichkeit ist grundsätzlich mit dem Nominalwert zu bilanzieren. Das gilt auch dann, wenn die GmbH sich im Fall der Auflösung des stillen Beteiligungsverhältnisses zu einer höheren Rückzahlung verpflichtet hat (atypische stille Beteiligung). Da die höhere Rückzahlungsverpflichtung ua von der Bildung stiller Reserven abhängig ist, also unter einer Bedingung steht, ist diese bei der Bewertung nicht zu berücksichtigen. Der Wertansatz hat daher grundsätzlich mit dem Nominalwert zu erfolgen.

Beispiel:
A beteiligt sich als stiller Gesellschafter an der X-GmbH durch eine Einlage von 100.000 EUR gegen Gewinnbeteiligung. Mit der Verpflichtung, die Einlage zu leisten, erhöhen sich die liquiden Mittel der GmbH um 100.000 EUR. Gleichzeitig ist eine Rückgewährverpflichtung von 100.000 EUR entstanden, so dass sich das Betriebsvermögen (Kapital) der Gesellschaft nicht erhöht hat.

Die stille Beteiligung ist bei der GmbH nicht als Eigenkapital zu behandeln, auch wenn es sich um einen Gesellschafter der GmbH handelt.

Dient die stille Beteiligung dem Zweck, ausgeschüttete Gewinne in Form einer stillen Beteiligung wieder zurückzuholen, kann im Gesellschaftsvertrag vereinbart werden, dass der stille Gesellschafter seine Einlage dadurch erbringt, dass der Gewinnanspruch des Gesellschafters aus dem Ausschüttungsbeschluss mit dem Einlageanspruch der Gesellschaft verrechnet wird. Die Einlage des stillen Gesellschafters kann aus Mitteln der Gesellschaft erfolgen, indem offene Rücklagen, (diese jedoch erst nach Auflösung zugunsten des Bilanzgewinnes) Gewinnvorträge, Gewinnansprüche hierfür verwendet werden.

Beispiel:
Die Gesellschafter A und B der X-GmbH wollen sich als stille Gesellschafter mit einer Einlage von jeweils 100.000 EUR an dieser beteiligen, ohne dieser neue Mittel zuzuführen. Die Gesellschaft hat einen Gewinnvortrag von 200.000 EUR.

Teil 1 80–84 5 Gegenstand der Einlage und deren bilanzsteuerliche Behandlung

80 Die Einlage kann in der Weise erbracht werden, dass die Gewinnvorträge durch einen Ausschüttungsbeschluss im Verhältnis der Beteiligung an die Gesellschafter ausgeschüttet werden, diese jedoch den Betrag als eine stille Einlage an die Gesellschaft zurückgewähren.

81 Handelt es sich um bereits in der Bilanz ausgewiesene offene Rücklagen, müssen diese zunächst einmal zugunsten des Jahresergebnisses gewinnerhöhend aufgelöst werden, bevor sie als Gewinn an die Gesellschafter ausgeschüttet und als stille Beteiligung der Gesellschaft wieder zurückgewährt werden.

5.4 Behandlung der Sacheinlage

82 Wie bereits ausgeführt, können Vermögenseinlagen auch in der Form von Sacheinlagen erfolgen. Unter die Sacheinlagen fallen auch die Einlage von Forderungen (Darlehen, Forderungen aus Lieferungen und Leistungen).

Beispiel:
Der Kaufmann A hat gegen die X-GmbH eine Forderung aus Warenlieferungen in Höhe von 2 Mio. EUR. Da die X-GmbH nicht in der Lage ist, die Schulden in absehbarer Zeit zu tilgen und einen festen Zinssatz zu zahlen, wird vereinbart, dass die Forderung in eine stille Beteiligung umgewandelt wird.

Die Sacheinlage geht dann in das Vermögen des Handelsgewerbetreibenden (also der GmbH) über. Die GmbH wird somit Eigentümerin des als Sacheinlage eingebrachten Wirtschaftsgutes. Es bedarf daher wie bei jeder Einzelrechtsnachfolge der Einigung und Übergabe. Die Parteien müssen sich darüber einig sein, dass der Gegenstand der Einlage zur Erfüllung der Einlageverpflichtung auf die GmbH übergehen soll. Ist Gegenstand der Einlage ein Wirtschaftsgut, dessen Übertragung der notariellen Form bedarf, so bedarf der stille Beteiligungsvertrag als Verpflichtungsgeschäft grundsätzlich der notariellen Form.

Die Rückgabeverpflichtung kann darin bestehen, dass die GmbH nach Beendigung des stillen Beteiligungsverhältnisses entweder
– das Wirtschaftsgut zurückgibt,
– bei abnutzbaren Wirtschaftsgütern die Ersatzwirtschaftsgüter zurückübereignet oder
– den Wert der Sache im Zeitpunkt der Einlage oder
– den Wert der Sache im Zeitpunkt der Beendigung erstattet.

83 Handelt es sich um Wirtschaftsgüter des abnutzbaren Anlagevermögens, ist es zweckmäßig zu vereinbaren, dass der Einlegende die Wiederbeschaffungskosten der Wirtschaftsgüter im Zustand des Zeitpunktes der Einlage im Falle der Beendigung des Gesellschaftsverhältnisses erhält.

84 Die GmbH als Handelsgewerbetreibende hat grundsätzlich die Sacheinlage zu bilanzieren. Hinsichtlich der Bewertung sind die Beteiligten grundsätzlich frei (*Baumbach/Hopt* HGB § 230 Rn. 22). Jedoch ist eine Überbewertung nicht zulässig. Die GmbH ist rechtliche und auch wirtschaftliche Eigentümerin des eingelegten Wirtschaftsgutes geworden.

5.5 Behandlung von Nutzungseinlagen

Handelsrechtlich besteht keine Verpflichtung zu einem bestimmten Wertansatz. Es gilt jedoch auch hier das handelsrechtliche Niederstwertprinzip (Verbot der Überbewertung).

Nach § 266 Abs. 2a iVm § 253 Abs. 1 und Abs. 2 HGB sind Gegenstände des Anlagevermögens grundsätzlich mit den Anschaffungs- oder Herstellungskosten zu bewerten.

Bei der Sacheinlage als stille Beteiligung hat jedoch kein Leistungsaustausch in der Weise stattgefunden, dass sich beide Seiten zu einer Leistung und Gegenleistung verpflichtet haben. Wirtschaftlich gesehen besteht die Gegenleistung für den Handelsgewerbetreibenden in der Höhe der gewährten stillen Beteiligung. Deshalb wird die GmbH als Anschaffungskosten den Wert der übernommenen Rückgabeverpflichtung ansetzen müssen.

Beispiel:
A legt als stille Beteiligung in der X-GmbH ein Grundstück im Wert von 150.000 EUR als Sacheinlage ein. Es ist vereinbart worden, dass die X-GmbH mit Beendigung des stillen Beteiligungsverhältnisses das Grundstück zurücküberträgt.

Die GmbH hat das Grundstück zu bilanzieren, weil sie Eigentümerin des Grundstücks geworden ist.

Der Wert der Rückgabeverpflichtung entspricht dem Wert des Grundstücks. Dieser stellt die Anschaffungskosten des Grundstücks dar.

Bilanz:
Aktiva   *Passiva*
Grundstück   150.000 EUR   Einlage stiller Gesellschafter   150.000 EUR
Der Wert der Einlage stellt hier vielfach eine willkürliche Größe dar. Der Bilanzansatz des eingebrachten Wirtschaftsgutes darf über den Einbringungswert hinaus nicht erhöht werden.

Sofern es der Abnutzung unterliegt, ist er um die jährliche Abnutzung zu mindern.

Eine spätere Erhöhung der stillen Einlage bzw. Erhöhung der Rückgewährverpflichtung durch Kopplung an die Wiederbeschaffungskosten hat auf den Wertansatz des eingelegten Wirtschaftsgutes selbst keinen Einfluss. Es erhöht sich die Rückgabeverpflichtung durch Bindung an die Wiederbeschaffungskosten, aber eine Ausgleichsverpflichtung wegen Wertminderung ist grundsätzlich in der Bilanz als Rückstellung auszuweisen (ähnlich Pachterneuerungsrücklage bei Verpachtung eines Betriebes).

5.5 Behandlung von Nutzungseinlagen

Während die Sacheinlage mit der Folge, dass der Gegenstand der Einlage in das Eigentum des Handelsgewerbetreibenden übergeht, sehr selten ist, kommt die Nutzungseinlage von Gegenständen häufiger vor. Gegenstand der Einlage ist im Falle der Nutzungseinlage das Recht, eine Sache für die Dauer des Beteiligungsverhältnisses nutzen zu dürfen.

Die Nutzungseinlage ähnelt insofern einem Pachtverhältnis. Im Gegensatz zur stillen Gesellschaft erhält der Verpächter einer Sache für die Nutzungsüberlassung eine Vergütung und keine Gewinnbeteiligung, wenn auch Bemessungsmaßstab der Gewinn oder der Umsatz sein kann. Außerdem beruht die Nutzungsüberlassung bei der stillen Beteiligung auf einem Gesellschaftsverhältnis.

86 Bei dem Nutzungsrecht, *sofern dieses auf einer gesicherten Rechtsposition beruht*, handelt es sich um ein immaterielles Wirtschaftsgut. Es gehört zum Betriebsvermögen der GmbH, unabhängig davon, ob es bilanzierungsfähig ist oder nicht. Nach der Rechtsprechung des (BFH 14.12.1978, BStBl. II 78, 343; 16.11.1977, BB 1978, 69; 13.7.1977, BStBl. II 78, 6; 31.10.1978, DB 1979, 1018; s. auch *Baumbach/Hopt* HGB § 230 Rn. 21) handelt es sich bei den Nutzungsrechten um bilanzierungsfähige Wirtschaftsgüter, insbesondere dann, wenn der Erwerber (dh der Handelsgewerbetreibende) eine feste Rechtsposition erworben hat. Das wäre mE der Fall, wenn der GmbH für einen bestimmten Zeitraum ein Nutzungsrecht eingeräumt worden ist und der Erwerber des ganzen Betriebes diese Rechtsposition im Rahmen des Gesamtkaufpreises berücksichtigen würde.

87 Voraussetzung für einen Wertansatz ist ein entgeltlicher Erwerb. Besteht die Verpflichtung lediglich in der Rückgabe des genutzten Gegenstandes, hat die GmbH für den Erwerb der gesicherten Rechtsposition nichts aufgewendet (so auch *Fichtelmann* GmbH & Still S. 15). Anders liegt jedoch der Sachverhalt, wenn die Nutzungseinlage in Höhe des Kapitalwertes der Nutzung in einem Kapitalkonto Niederschlag gefunden hat, und der stille Gesellschafter bei Beendigung des stillen Gesellschaftsverhältnisses einen Anspruch auf Auszahlung dieses Kapitalkontos hat. In diesem Fall wäre eine Verbindlichkeit begründet worden, die zu bilanzieren ist.

Es ist jedoch zu beachten, dass die für Nutzungsüberlassung gezahlten Vergütungen nicht überzogen sind, wenn die stillen Gesellschafter gleichzeitig am Stammkapital der GmbH beteiligt sind. In diesem Falle liegt hinsichtlich des unangemessenen Teils der gewährten Vergütung eine verdeckte Gewinnausschüttung vor.

Eine Nutzungseinlage setzt jedoch nicht voraus, dass es sich bei dieser um ein bilanzierungsfähiges Wirtschaftsgut handelt.

5.6 Einlage von Dienstleistungen

88 Dienstleistungen können Gegenstand der Einlage eines stillen Beteiligten sein.
Die stille Beteiligung kann grundsätzlich auch neben einem Arbeitsverhältnis bestehen. Erhält ein Arbeitnehmer neben seinem Arbeitslohn eine Gewinnbeteiligung, ist diese in der Regel als Bestandteil des Arbeitsverhältnisses anzusehen. Der Vertrag muss als Gesellschaftsvertrag gekennzeichnet sein und erkennen lassen, dass die Arbeitskraft eine Gesellschaftsleistung zur Erfüllung eines gemeinsamen Zwecks darstellen soll.

89 Bei der Arbeitskraft und der persönlichen Tüchtigkeit handelt es sich jedoch nicht um bewertungsfähige Wirtschaftsgüter. Somit ist die Einlage der Arbeitskraft nicht bilanzierbar. Daher wird im Falle der Einlage der Arbeitskraft keine Bilanzierung der stillen Beteiligung erfolgen (aA wohl *Baumbach/Hopt* HGB § 230 Rn. 20, 22).

5.7 Einlage von künftigen Leistungen

Es ist fraglich, ob die Einlage lediglich in künftigen Leistungen erbracht werden kann. Nicht notwendig ist, dass eine Einlage als eine Einmalleistung erbracht wird; insbesondere besteht bei der Einlage von Nutzungen und Dienstleistungen eine Dauerverpflichtung des stillen Gesellschafters.

Auch bei einer Barverpflichtung braucht diese nicht auf einmal eingezahlt zu werden. Auch hier kann der Gesellschafter sich zu einer Dienstleistung, nämlich monatlich, vierteljährlich, halbjährlich oder jährlich zu einer bestimmten Geldleistung verpflichten.

Beispiel 1:
A tritt als stiller Gesellschafter in das Unternehmen der X-GmbH ein. Er verpflichtet sich, vierteljährlich einen Betrag von 3.000 EUR zu leisten.

Die Barleistung kann zeitlich oder auch der Höhe nach begrenzt werden.

Beispiel 2:
A verpflichtet sich, als stiller Gesellschafter jährlich 20.000 EUR einzuzahlen, bis seine Einlage einen Stand von 100.000 EUR erreicht hat.

Nicht ausreichend für eine Vermögenseinlage ist lediglich die Verpflichtung des stillen Gesellschafters, die Einlage aus den künftigen Gewinnausschüttungen der GmbH zu erbringen. Die Einlage stände somit unter der Bedingung, dass die Gesellschaft Gewinne erzielt hat und diese an die Gesellschafter ausschüttet. Die bedingte Einlage steht mE der Begründung einer stillen Gesellschaft entgegen.

Es muss daher, wenn die Einlage nicht sofort erbracht wird, eine feste Verpflichtung begründet werden.

Beispiel 3:
A verpflichtet sich, jährlich eine Einlage von … EUR zu erbringen. Er ist jedoch berechtigt, diese Einlage durch Abtretung seiner Gewinnforderungen zu erbringen.

Keine Bedenken bestehen jedoch gegen eine bedingte Einzahlungsverpflichtung, wenn der stille Gesellschafter einen Teil seiner Vermögenseinlage bereits erbracht hat.

Beispiel 4:
A tritt in das Handelsgewerbe der X-GmbH als stiller Gesellschafter ein. Er hat seine Einlage von 100.000 EUR in der Weise erbracht, dass diese von einem Darlehenskonto umgebucht wurde. Gleichzeitig verpflichtet er sich, seine Gewinnansprüche bzw. einen vH-Satz seiner Gewinnansprüche in das Gesellschaftsvermögen einzubringen, bis seine Einlage einen Stand von 300.000 EUR erreicht hat.

Bilanziert werden darf nur die tatsächliche Einlage des stillen Gesellschafters.
ME ist es nicht statthaft, die stille Beteiligung in ihrer endgültigen Höhe zu bilanzieren und den noch nicht eingezahlten Betrag als Forderung auszuweisen.
Für den Handelsgewerbetreibenden (GmbH) besteht lediglich eine Rückerstattungsverpflichtung in Höhe der bereits eingezahlten Einlage. Die weitere Rückerstattungsverpflichtung steht unter der Bedingung, dass der stille Beteiligte weitere Ein-lagen leistet. Soweit das stille Beteiligungsverhältnis noch nicht

erfüllt ist, ist ein Ausweis in der Bilanz nicht zulässig. Die Grundsätze, die für schwebende Rechtsgeschäfte gelten, sind mE auch hier anzuwenden.

Beispiel 5:
A hat sich verpflichtet, sich an der X-GmbH mit einer Einlage von 500.000 EUR zu beteiligen. 200.000 EUR hat er bereits erbracht. Der Rest soll in 5 Raten à 60.000 EUR geleistet werden.

Hier darf die stille Beteiligung entsprechend der Einzahlung lediglich mit einem Betrag von 200.000 EUR als Verbindlichkeit ausgewiesen werden. Es sind die gleichen Grundsätze wie bei einem noch nicht voll in Anspruch genommenen bzw. noch nicht voll ausgezahlten Kredit anzuwenden.

Bilanziert wird nicht der eingeräumte Kredit, sondern die tatsächliche Inanspruchnahme.

5.8 Die bilanzielle Behandlung

5.8.1 Behandlung als Fremdkapital

91   Die (typisch) stille Beteiligung wird auch nach Inkrafttreten des MoMiG als Fremdkapital ausgewiesen (*Mock* DStR 2008, 1645 (1649) *Blaurock/Kauffhold* Rn. 13.32). Bei der atypisch stillen Beteiligung kann es hingegen zu einem Ausweis als Eigenkapital kommen, wenn der atypisch stille Gesellschafter wie ein GmbH-Gesellschafter die Geschicke der Gesellschaft bestimmt sowie am Vermögen und Ertrag beteiligt ist (*Blaurock/Kauffhold* Rn. 13.32.; K. *Schmidt* in MüKoHGB § 236 Rn. 8; *Mock* DStR 2008, 1645 (1649)); andernfalls ist auch diese als Fremdkapital auszuweisen (*Mock* DStR 2008, 1645 (1649)).

Die Einlage des stillen Gesellschafters wird seinem Kapitalkonto (Einlagenkonto) gutgeschrieben. Ob dieses veränderlich ist, hängt von der vertraglichen Vereinbarung ab. Es kann als festes Konto aber auch als variables geführt werden, insbesondere dann, wenn stehengelassene Gewinne sein Kapitalkonto erhöhen. Wird der Gewinnanspruch nicht sofort durch Überweisung ausgezahlt, wird dieser einem Privatkonto gutgeschrieben. Die Ausgestaltung kann sich auch für die stille Gesellschaft wie bei der Personenhandelsgesellschaft vollziehen (vgl. BFH 16.10.2007 – VIII R 21/06, BStBl. 2008, 126).

1. Das Einlagenkonto als festes Kapitalkonto   (Kapitalkonto I)
2. Konto für Thesaurierungsbeträge   (Kapitalkonto II)
3. Konto für Verlustverrechnung   (Kapitalkonto III)
4. Das Kontokorrentkonto   (Privatkonto)

Rechtlich handelt es sich hierbei jedoch um Fremdkapital.

92   Ist die bestehende Verpflichtung zur Auszahlung des Einlageguthabens des stillen Gesellschafters als bilanzielle Schuld zu qualifizieren, muss vorrangig eine Schuld ausgewiesen werden. Nur im Falle der eindeutigen Eigenkapitalqualität kann der Ansatz eines Eigenkapitalpostens in Betracht gezogen werden (*Hense* Die stille Gesellschaft im handelsrechtlichen Jahresabschluss, 1990, S. 142). Eine

5.8 Die bilanzielle Behandlung

gesetzliche Regelung für den Ausweis einer stillen Einlage als haftendes Eigenkapital gibt es für Kreditinstitute und zwar in § 10 KWG).

5.8.2 Behandlung der atypisch stillen Beteiligung als Eigenkapital

Für den Fall der Annäherung der Stellung des stillen Gesellschafters an die eines Eigenkapitalgebers ist jedoch ein Ausweis als Eigenkapital möglich (*Adler/Düring/Schmaltz* § 272, Rn. 1, § 266 HGB, Rn. 179 ff.).

Dazu muss aber die Einlage des stillen Gesellschafters zeitlich in gleicher Weise an die GmbH gebunden sein wie das übrige Eigenkapital. Die zeitliche Bindung des Eigenkapitals bei einer GmbH ist durch den Grundsatz der Stammkapitalerhaltung bestimmt (§ 30 Abs. 1 GmbHG).

Hinsichtlich seiner zeitlichen Bindung muss das Einlageguthaben folgende Voraussetzungen erfüllen:

– Das als Eigenkapital ausgewiesene Einlageguthaben darf nur dann an den stillen Gesellschafter ausgezahlt werden, wenn dadurch nicht das zur Erhaltung des Stammkapitals der GmbH erforderliche bilanzielle Reinvermögen gemindert wird.
– Das Einlageguthaben darf dann nicht ausgezahlt werden, wenn das bilanzielle Reinvermögen der GmbH bereits unter den Betrag des Stammkapitals gesunken ist.

Sind diese Voraussetzungen gegeben, ist ein Sonderausweis innerhalb des Eigenkapitals geboten. Die stille Einlage ist nur bei wirtschaftlich zweifelsfreier Auslegung wie Eigenkapital zu qualifizieren (so *A. Hey* GmbHR 2001, 1100).

a) Bilanzierung nach IAS 32

Obwohl IAS 32 detaillierte Regelungen über Angabe und Darstellung von Finanzinstrumenten enthält, sucht man eine Vorschrift über die Bilanzierung stiller Beteiligungen vergeblich, was sich schon dadurch erklären lässt, dass diese hybride Finanzierungsform den meisten europäischen Staaten (insbesondere dem englischen Recht) unbekannt ist. Ob die Beteiligung nach IAS als Eigenkapital ausgewiesen werden kann, richtet sich demnach nach den allgemeinen Vorschriften. Eine positive Definition von Eigenkapital existiert nicht. Nach der Konzeption der IFRS-Rechnungslegung stellt das Eigenkapital den Restwert der Vermögenswerte des Unternehmens nach Abzug aller Schulden dar (vgl. IASC-F. 49(c)). Die stille Beteiligung kann daher nur dann als Eigenkapital bilanziert werden, wenn sie nicht als (unter Umständen langfristige Verbindlichkeit zu erfassen ist).

Nach IAS 32.17 hängt die Einordnung eines Finanzinstruments (IAS maßgeblich davon ab, ob eine vertragliche Verpflichtung des Emittenten zur Abgabe flüssiger Mittel an den Inhaber des Finanzinstruments besteht. In dieser Hinsicht sind bei der stillen Gesellschaft zwei Gestaltungsmöglichkeiten denkbar. Zum einen kann die Gesellschaft auf bestimmte Zeit geschlossen werden, dann existiert der Anspruch des Gesellschafters auf sein Auseinandersetzungsguthaben bereits von Anfang an. Dabei führt die Nachrangigkeit oder Langfristigkeit der

Kapitalüberlassung nach der Konzeption des IAS 32 zu keinem anderen Ergebnis. Die stille Gesellschaft kann aber auch auf unbestimmte Zeit eingegangen werden. Der Auseinandersetzungsanspruch entsteht in diesem Fall erst mit Auflösung der Gesellschaft. Aus IAS 32.18 (b) und 32.19 (b) folgt aber, dass der Rückzahlungsanspruch nicht zwingend von Beginn an bestehen muss, sondern ein Finanzinstrument bereits dann als Fremdkapital zu qualifizieren ist, wenn dem Inhaber ein Kündigungsrecht zusteht (puttable instruments) bzw. sich der Emittent dem Rückzahlungsanspruch nicht entziehen kann. Ein gesetzliches Kündigungsrecht steht bilanziell einem vertraglichen Kündigungsrecht gleich (vgl. IAS 32.13 *Blaurock/Kauffeld* Rn. 13.92, 13.169, *Kuhn/Scharf*, Rechnungslegung von Financial Instruments IFRS Rn. 3720). Hiernach sind alle Finanzinstrumente, das gilt insbesondere auch für die stille Beteiligung, gleichgültig ob es sich hierbei um eine typische oder atypisch stille Beteiligung handelt, die pflichtgemäß oder wahlweise einen Rückzahlungsanspruch begründen können, als Verbindlichkeiten zu behandeln.

94b Finanzielle Verbindlichkeiten zeichnen sich vor allem durch eine vertragliche Verpflichtung aus, die zur Lieferung von Bargeld bzw. zu anderen finanziellen Vermögenswerten verpflichtet, (*Waschbusch* in Federmann/Kussmaul/Müller Stille Gesellschaft, Rn. 74). Für den Geschäftsinhaber ergibt sich aus dem stillen Beteiligungsvertrag die Verpflichtung, die Gewinnbeteiligung an den stillen Gesellschafter auszubezahlen. Es handelt sich hier um eine bedingte Verpflichtung, weil sie voraussetzt, dass Gewinne erwirtschaftet werden. Diese Verpflichtung besteht bereits mit Beginn des stillen Beteiligungsvertrages. Ist jedoch im stillen Beteiligungsvertrag festgeschrieben, dass die Gewinne nicht ausbezahlt, sondern dem Beteiligungskonto gutgeschrieben werden sollen, besteht keine Verpflichtung zur Auszahlung von Barmitteln oder sonstigen Vermögenswerten. Von besonderer Bedeutung für die Abgrenzung von Eigenkapital und Fremdkapital ist das Kündigungsrecht soweit es den stillen Beteiligten betrifft, das den Geschäftsinhaber zur Rückzahlung der stillen Einlage verpflichtet. Das Kündigungsrecht des Geschäftsinhabers ist hier unerheblich. Hier ist zu unterscheiden zwischen einer Gesellschaft, die auf eine bestimmte Zeit und einer solchen, die auf eine unbestimmte Zeit eingegangen ist. Bei einer auf eine bestimmte Zeit eingegangenen stillen Gesellschaft ist der Geschäftsinhaber bei der Auflösung der stillen Gesellschaft regelmäßig vertraglich zur Rückzahlung bzw. der stillen Vermögenseinlage gegen die gleichzeitige Abgabe von flüssigen Mitteln oder anderen finanziellen Vermögenswerten verpflichtet, der er sich nicht mehr entziehen kann (*Waschbusch* in Federmann/Kussmaul/Müller Stille Gesellschaft, S. 33; Küting/Erdmann/Dürr DB 2008, 947). Bei einer auf bestimmte Zeit eingegangenen stillen Beteiligung erfolgt daher regelmäßig ein Ausweis als finanzielle Verbindlichkeit. *Waschbusch* in Federmann/Kussmaul/Müller Stille Gesellschaft, S. 33) Aber auch im Falle einer auf unbestimmte Zeit eingegangenen stillen Gesellschaft wird man in der von einer finanziellen Verbindlichkeit des Geschäftsinhabers (GmbH) ausgehen müssen. Es sei denn, die erstmalige Kündigung ist auf einen längeren Zeitraum hinaus geschoben.

In der Regel wird man daher davon ausgehen können, dass gleichgültig, ob **94c** es sich bei dem Vertragsverhältnis um eine typische oder atypische stille Gesellschaft handelt die stille Beteiligung in der Bilanz der GmbH als Geschäftsinhaber um eine Verbindlichkeit handelt (*Blaurock/Kauffold* rdn. 13.95; *Waschbusch* in Federmann/Kussmaul/Müller Stille Gesellschaft, S. 33, *Küting/Erdmann/Dürr* DB 2008, 948). Auf eine volle Haftung des stillen Gesellschafters kommt es nicht an, auch nicht auf einen Rangrücktritt der stillen Beteiligung gegenüber den übrigen Gläubigern, weil dieser die Kündigungsregelung im Gesellschaftsvertrag nicht berührt.

5.8.3 Erfassung der Verlustübernahme in der Gewinn- und Verlustrechnung

Die Verlustrechnung bei der GmbH und der stillen Gesellschaft sind grund- **95** sätzlich verschieden. Normalerweise werden bei einer stillen Gesellschaft die übernommenen Verlustanteile direkt mit dem persönlichen Einlageguthaben des stillen Gesellschafters verrechnet. Anders bei der GmbH. Dort werden die Verluste als eigenständiger Posten innerhalb des Eigenkapitals ausgewiesen. Dementsprechend muss die Regelung der Verlustübernahme bei der GmbH & Still dargelegt werden.

Die Verlustübernahme ergibt sich grundsätzlich aus den vertraglichen Vereinbarungen oder aus der analogen Anwendung des § 302 AktG. § 302 AktG stellt darauf ab, dass bei Vorliegen eines Beherrschungs- oder Gewinnabführungsvertrags der Vertragspartner, jeden, während der Vertragsdauer entstehenden, Jahresfehlbetrag auszugleichen hat, wenn er nicht aus den Gewinnrücklagen entnommen werden kann.

Gemäß § 277 Abs. 3 S. 2 HGB sind Erträge und Aufwendungen aus Verlustübernahme gesondert unter einer entsprechenden Bezeichnung auszuweisen (*Westerfelhaus* DB 1988, 1173 (1179)). Detailliertere Ausführungen mit Beispielen bei *Neumann* BuW 1997, 885 ff., *Hey* GmbHR 2001, 1105.

5.8.4 Behandlung der stillen Einlage im Überschuldungsstatus

Es ist dem Gesichtspunkt des Gläubigerschutzes Priorität einzuräumen. Daraus **96** folgt, dass im Überschuldungsstatus immer dann eine langfristige Verbindlichkeit anzusetzen ist, wenn keine eindeutige vertragliche Vereinbarung oder gerichtliche Feststellung zur Umqualifizierung in Eigenkapital vorliegt. Ein Ansatz als Eigenkapital oder eines Sonderpostens im Überschuldungsstatus kommt nach den obigen Ausführungen nicht in Betracht.

Nach der Auffassung von *K. Schmidt* müssen stille Einlagen im Überschuldungsstatus passiviert werden, wenn sie nach § 236 HGB Insolvenzforderungen begründen. Nur wenn eine Rangrücktrittsvereinbarung vorliegt, kann auf den Ansatz der Verbindlichkeit im Überschuldungsstatus verzichtet werden. Für den Fall, dass der stille Gesellschafter einem Kommanditisten gleichgestellt ist, muss nach Abzug der Verlustbeteiligung des stillen Gesellschafters die stille Einlage als Verbindlichkeit angesetzt werden (*Scholz/K. Schmidt* Vor § 64 Rn. 46, 47 f.).

Teil 1 5 Gegenstand der Einlage und deren bilanzsteuerliche Behandlung

In der Überschuldensbilanz ist nach dem MoMiG (§ 19 Abs. 2 S. 3 InsO nF) grundsätzlich von einer Passivierungspflicht auszugehen, unabhängig wie die stille Beteiligung an der Kapitalgesellschaft ausgestaltet ist und unabhängig davon, ob eine KapG. & Still oder eine weitere stille Beteiligung oder ein Darlehen des stillen Gesellschafters vorliegt. Die stille Beteiligung ist jedoch dann nicht zu berücksichtigen, wenn eine Rangrücktritterklärung vorliegt.

6 Gewinn- und Verlustbeteiligung des stillen Gesellschafters

6.1 Grundsätze

Die Gewinn- und Verlustbeteiligung unterliegt grundätzlich der Gestaltungsfreiheit, das gilt sowohl für das Zivilrecht, als auch das Steuerrecht (Harbarth in GK-HGB § 231 Rn. 6) Gewinn und Vertlustbeteiligung können grundsätzlich voneinander Abweichen (*Harbarth* in GK-HGB § 231 Rn. 6). **97**

Für die Ermittlung des auf den still Beteiligten entfallenden Ergebnisses gilt für das Steuerrecht wie für das Zivilrecht grds. der Gesellschaftsvertrag. Der typisch stille Gesellschafter ist regelmäßig nur an den Ergebnissen der Geschäftstätigkeit beteiligt, an den Wertveränderungen des Anlagevermögens grds. nur, wenn entsprechende Vereinbarungen getroffen wurden oder wenn sich dies aus anderen Umständen ergibt. Aufwendungen und Erträge, die nicht mit der Geschäftstätigkeit des Unternehmens in Verbindung stehen, sind grds. nicht zu berücksichtigen. Zu denken ist vor allem an den Gewinn aus der Veräußerung des gesamten oder eines Teils des Geschäftsbetriebs oder zB an Sanierungsgewinne, die dadurch entstehen, dass die Gläubiger des Unternehmens auf einen Teil ihrer Forderungen verzichten, um das Unternehmen und damit ihre Restforderung zu retten. Die gewerblichen Einkünfte des Geschäftsinhabers werden durch die Gewinnanteile des stillen Gesellschafters gemindert, in der Bilanz erscheint eine entsprechende Verbindlichkeit. Die Gewinnanteile des Stillen sind als Betriebsausgaben des Geschäftsinhabers aber nur abzugsfähig, wenn er die Einlage nicht nur passiviert, sondern den erhaltenen Betrag auch zu betrieblichen Zwecken verwendet. Deshalb sind insbesondere solche Entnahmen oder Ausgaben zu prüfen, die in zeitlicher Nähe mit der Einlage getätigt werden. **97a**

Zum Wesen der stillen Gesellschaft gehört es, dass der stille Gesellschafter am Gewinn beteiligt ist (BFH 11.11.1965, BStBl. III 66, 95). Eine feste Verzinsung als Vergütung begründet keine stille Beteiligung. Sind die Grundlagen für eine Gewinnbeteiligung nicht festgelegt, gilt ein den Umständen nach angemessener Teil als bedungen. Die Bemessungsgrundlage ist von den Beteiligten festzulegen. Eine Begrenzung des Gewinns nach oben und unten ist unschädlich (FG Münster 11.10.1977, EFG 1978, 113). **98**

Ist eine Verlustbeteiligung nicht ausgeschlossen, nimmt der stille Gesellschafter auch am Verlust teil.

6.2 Bemessungsgrundlage für den Gewinnanspruch

Der stille Gesellschafter ist am Geschäftsergebnis nicht schlechthin, sondern in erster Linie nach Maßgabe des Gesellschaftsvertrages beteiligt (*Baumbach/Hopt* HGB § 231 Rn. 1). Ist eine Vereinbarung hinsichtlich der Gewinnverteilung nicht getroffen worden, so gilt ein den Umständen nach angemessener Anteil **99** als bedungen (§ 231 Abs. 1 HGB). Er ist im Zweifel am Anlagevermögen, das durch Aufwendung von Gesellschaftsmitteln herbeigeführt ist, also am Wert von Investitionen mit Berücksichtigung nicht der steuerlich zulässigen, sondern der betriebswirtschaftlich richtigen Abschreibungen (*Baumbach/Hopt* HGB § 232 Rn. 1; RGZ 120, 410; BGHZ 7, 177 (379)) beteiligt.

6.3 Beteiligung am laufenden Gewinn

100 Ist der stille Beteiligte nur am laufenden Gewinn beteiligt, erstreckt sich sein Gewinn nicht auf außerordentliche Erträge, sondern nur auf solche, die im normalen Geschäftsverkehr erzielt werden, nicht jedoch auf Gewinne aus Auflösungen von Rücklagen.

Das wäre gegeben, wenn die GmbH offene Rücklagen gewinnerhöhend auflösen würde, um Ausschüttungen vornehmen zu können. Das gleiche gilt für Veräußerungserlöse aus Anlageabgängen. Der Gewinnanspruch der stillen Beteiligten bezieht sich im Zweifel auf den Jahresertrag.

Auf der anderen Seite wäre der Gewinnanspruch nicht durch außerordentliche Verluste beeinträchtigt.

6.4 Beteiligung am Handelsbilanzgewinn

101 Ist mit dem stillen Gesellschafter vereinbart worden, vom Handelsbilanzgewinn bei der Bemessung seines Gewinnanspruchs auszugehen, so ist allein dieser maßgebend. Der Handelsbilanzgewinn ist der Gewinn, der sich nach Abzug der Körperschaftsteuer und Vermögensteuer ergibt. Ist beim stillen Gesellschafter als Bemessungsgrundlage der Handelsbilanzgewinn vereinbart worden, bemisst sich der Gewinnanspruch des stillen Gesellschafters nach dem Gewinn, der sich nach Abzug der Körperschaftsteuer und der sonstigen betriebsbedingten Steuern und sonstiger Gewinnberechtigungen dritter ergibt. Mit Ausnahme der Gewinnberechtigung des stillen Gesellschafters; diese ist dem Handelsbilanzgewinn wieder hinzuzurechnen.

Der Handelsbilanzgewinn ist jedoch von außerordentlichen Vorgängen wie Veräußerungen und Anlageabgängen beeinträchtigt.

Bezieht sich der Gewinnanspruch auf den Jahresertrag, so umfasst er nicht die Auflösung von Rücklagen, sondern das echte Jahresergebnis.

6.5 Steuerbilanzgewinn als Bemessungsgrundlage

102 Der Steuerbilanzgewinn umfasst grundsätzlich den Gewinn, wie er nach steuerrechtlichen Grundsätzen ermittelt wurde. Gewinnerhöhungen auf Grund Auflösung bereits versteuerter Rücklagen werden in die Bemessung des Gewinnanspruchs des Stillen nicht einbezogen.

Es fragt sich jedoch, ob bei der Gewinnvereinbarung des Steuerbilanzgewinnes vor Gewinn, einschließlich der nach §§ 9 und 10 KStG abziehbaren und nicht

6.5 Steuerbilanzgewinn als Bemessungsgrundlage

abziehbaren Aufwendungen auszugehen ist oder vom Gewinn ohne diese Hinzu- und Abrechnungen. Wenn auch der körperschaftsteuerliche Gewinnbegriff die Körperschaftsteuer und die sonstigen nicht abziehbaren Steuern bei Kapitalgesellschaften mit einbezieht, ist bei der Bemessungsgrundlage für die stille Beteiligung nicht ohne Weiteres von diesem Gewinnbegriff auszugehen. Nach Ansicht des BFH (BFH 14.8.1974, BStBl. II 74, 774) soll mit der Vereinbarung der Maßgeblichkeit der Steuerbilanz für die Berechnung des Gewinnanteils des stillen Gesellschafters nur der Vorrang der in § 5 Abs. 6 EStG vorbehaltenen steuerrechtlichen Vorschriften über die Bilanz, insbesondere über die Bewertung, bezweckt werden. Somit kann nur die Auslegung im Einzelfall ergeben, was die Vertragsparteien mit der Maßgeblichkeit der Steuerbilanz für die Berechnung des Gewinnanteils des stillen Gesellschafters gemeint haben. Ist in einem Vertrag über eine mit einer KG geschlossene typische stille Gesellschaft bestimmt, dass der an den Stillen auszuschüttende Gewinn sich nach der Steuerbilanz richtet, dann hat der Stille auch dann keinen Anspruch auf Ausschüttung einer in der Handelsbilanz ausgewiesenen steuerfreien Investitionszulage, wenn diese an die Kommanditisten als Sondergewinn ausgezahlt worden ist (BGH 28.9.1995, DStR 1995, 1863 mit Anm. v. *Goette*). In den meisten Fällen wird jedoch vom Gewinn nach Abzug der Körperschaftsteuer auszugehen sein.

Beispiel:
A ist stiller Beteiligter mit einer Einlage von 250.000 EUR. Er ist am Handelsbilanzgewinn der Gesellschaft mit 20 vH beteiligt. Der Gewinn der Gesellschaft vor Körperschaftsteuer beträgt 400.000 EUR.

Beispiel:
Wie zuvor: die Gesellschaft schüttet keinen Gewinn aus.

Gewinn	400.000 EUR
./. KSt 15 vH	60.000 EUR
Gewinn	340.000 EUR
Gewinnanteil stiller Gesellschafter	68.000 EUR

Wegen des damit verbundenen Interessenkonfliktes ist es zweckmäßig, den Gewinnanspruch festzulegen (vgl. hierzu *Costede* StuW 1983, 308).

Entweder man geht vom körperschaftsteuerlichen Gewinn vor Abzug der Körperschaftsteuer als Bemessungsgrundlage aus (= 400.000 EUR) oder vom körperschaftsteuerlichen Einkommen nach Berücksichtigung der Tarifbelastung von 15 vH, dh dem Jahresergebnis. Ab 1.1.2008 ist die Gewerbesteuer keine abziehbare Betriebsausgabe mehr. Bei den Altverträgen (vor dem 1.1.2008) wird man im Zweifel auch bei der Steuerbilanz davon ausgehen müssen, dass die Gewerbesteuer für die Ermittlung des Gewinnanspruchs des stillen Gesellschafters die Gewerbesteuer von der Bemessungsgrundlage abzuziehen ist.

Man sollte daher bei der GmbH & Still die Gewinnverteilungsabreden auf ihre Eindeutigkeit hin überprüfen. Hinsichtlich der steuerlichen Anerkennung können hier die von der BFH-Rechtsprechung zu den Tantiemevereinbarungen entwickelten Auslegungsregeln hilfreich sein.

6.6 Andere Bemessungsgrundlagen

103 Die Gewinnbeteiligung unterliegt grundsätzlich der freien Vereinbarung.
So kann der Vertrag vorsehen, dass der Gewinn zugrunde zu legen ist, der sich unter Zugrundelegung der linearen AfA ohne die Inanspruchnahme von Bewertungswahlrechten und der Bildung steuerfreier Rücklagen (§ 6b EStG) ergibt.

Er kann bestimmen, dass Gewinne aus Anlageveräußerungen hierbei nicht zu berücksichtigen sind. Es können bestimmte Geschäfte ausgenommen oder aber die Gewinnbeteiligung auf bestimmte Sparten beschränkt werden (*Baumbach/ Hopt* HGB § 231 Rn. 2). Stille Beteiligungen können jeweils an verschiedenen Sparten eines Unternehmens bestellt werden (BFH 6.12.1995, BB 1996, 677). Ist eine Person oder Personengruppe als atypischer stiller Gesellschafter nur am Gewinn eines bestimmten Geschäftsbereichs des Handelsgewerbes einer Kapitalgesellschaft beteiligt, sind die unter der Firma der Kapitalgesellschaft ausgeübten gewerblichen Tätigkeiten nicht als ein einziger Betrieb, sondern als mehrere Betriebe im ertragsteuerlichen Sinne zu beurteilen (BFH 6.12.1995, BB 1996, 677).

Die Gewinnbeteiligung kann auch auf eine Sparte (Geschäftszweig) oder eine Zweigniederlassung beschränkt werden.

6.7 Gewinnverteilungsschlüssel

104 Die Gewinnbeteiligung eines stillen Gesellschafters am Gewinn richtet sich einmal nach der Gewinndefinition, die der Vereinbarung zugrunde liegt, und dem Gewinnverteilungsschlüssel (dh dem Verhältnis zum Gesamtgewinn). Der Gewinnverteilungsschlüssel kommt in der Regel im Verhältnis zum Gesamtgewinn zum Ausdruck. Sieht der Gesellschaftsvertrag keine Regelung vor, so gilt ein den Umständen nach angemessener Anteil als bedungen. Die Angemessenheit wird sich in erster Linie nach der Höhe der Vermögenseinlage richten.

Materiellrechtlich können stille Gesellschafter und Geschäftsinhaber jeden beliebigen Gewinnverteilungsschlüssel vereinbaren, ohne dass der dem stillen Gesellschafter zukommende Gewinn auch angemessen sein muss (*Stuhlfelner/ Glanegger* HGB § 232 Rn. 9, 10). Steuerrechtlich ist jedoch, insbesondere wenn der stille Gesellschafter gleichzeitig GmbH-Gesellschafter ist, darauf zu achten, dass die Vergütung für die Kapitalüberlassung angemessen ist. Sie muss dem entsprechen, was auch fremden Dritten, die nicht gleichzeitig GmbH-Gesellschafter sind, eingeräumt würde. Ist der GmbH-Gesellschafter gleichzeitig beherrschender Gesellschafter, ist darauf zu achten, dass die Vereinbarungen klar und eindeutig und von vornherein bestimmt sind. Das bedeutet für den Gewinnanspruch, die Bemessungsgrundlage muss eindeutig sein. Sie darf nicht manipulierbar sein.

Ist die Inhaberin des Handelsgewerbes eine GmbH, wird der Gewinnanspruch des stillen Gesellschafters meist nach dem Verhältnis seiner Festeinlage zum Festkapital (eingezahltes gezeichnetes Kapital) der Inhaberin definiert. In der Regel wird es das Verhältnis des Festkapitals zu Beginn des Gesellschaftsverhältnisses sein.

Eine vertragliche Vereinbarung „Die Gewinnbeteiligung richtet sich nach dem Verhältnis der Kapitalanteile" wäre zu unbestimmt.

In der Regel wird dieses Verhältnis umgerechnet in einen vH-Satz zum Gesamtgewinn, wie er im Vertrag definiert ist.

Beispiel:
Das gezeichnete Kapital der X-GmbH beträgt 1.000.000 EUR. A leistet eine stille Einlage von 500.000 EUR. Im Verhältnis zum Gesamtkapital macht die stille Beteiligung ein Drittel bezogen auf den Gesamtgewinn = 33 1/3 vH aus.

Die künftige Entwicklung muss hier uU berücksichtigt werden, wenn die Gewinne thesauriert werden, insbesondere wenn das gezeichnete Kapital nicht entsprechend erhöht wird, sondern die thesaurierten Gewinne in Form von Gewinnrücklagen in der Bilanz in Erscheinung treten.

Mögliche Vereinbarungen wären: Der Gewinnanspruch des stillen Gesellschafters richtet sich nach dem jeweiligen Stand der Festkapitalkonten zu Beginn des Geschäftsjahres (Festkapitalkonto der GmbH ist hier das gezeichnete Kapital) oder nach dem Verhältnis der Kapitalanteile (bei der GmbH das gezeichnete Kapital einschließlich der Kapital- und Gewinnrücklage zu Beginn des Kalenderjahres, beim stillen Gesellschafter unter Einbeziehung der Kapitalkonten I bis III mit Ausnahme des Privatkontos).

6.8 Entnahme des stillen Gesellschafters

Ein besonderes Entnahmerecht des stillen Gesellschafters besteht nicht. **105**

Grundsätzlich ist der Gewinnanteil voll entnahmefähig. Der Gesellschaftsvertrag kann jedoch vorsehen, dass wie bei einer Personengesellschaft der Stille Entnahmebeschränkungen unterworfen wird, zB in der Weise, dass ein bestimmter vH-Satz des Jahresgewinns zur Aufstockung der stillen Beteiligung bis zu einer bestimmten Höhe verwandt wird. Eine gesetzliche Entnahmebeschränkung besteht insoweit, dass der Gewinnanteil zunächst zur Auffüllung eines durch Verluste geminderten Kapitalkontos verwandt wird (§ 232 Abs. 2 S. 2 HGB). Nicht beanspruchte Gewinnanteile erhöhen jedoch ohne ausdrückliche Vereinbarung die stille Beteiligung nicht. Der Gesellschaftsvertrag kann auch vorsehen, dass der Gewinn, soweit er Entnahmebeschränkungen unterliegt, einem Kapitalkonto II gutgeschrieben wird oder hinsichtlich dieses Betrags eine besondere Darlehensvereinbarung geschlossen wird. Der Gesellschaftsvertrag kann bestimmen, dass diese Konten vorabverzinst werden. In der Praxis werden vielfach die Gewinne, soweit sie zur Verfügung des stillen Gesellschafters stehen, einem Privatkonto gutgeschrieben, deren Guthaben uU verzinst werden.

6.9 Verlustbeteiligung

106 Ob und inwieweit der stille Gesellschafter am Verlust teilnimmt, liegt grundsätzlich in der Disposition der Parteien (*Baumbach/Hopt* HGB § 231 Rn. 3, § 232 Rn. 6). Treffen die Gesellschafter keine Vereinbarung, ist der stille Gesellschafter im Verhältnis seiner Gewinnbeteiligung auch am Verlust beteiligt (§ 231 Abs. 1 HGB). Enthält der Gesellschaftsvertrag über die Begründung einer stillen Gesellschaft seinem Wortlaut nach nur eine Vereinbarung zur Verteilung des Gewinns, bedeutet dies aber nicht, dass der stille Gesellschafter nach § 231 Abs. 2 Hs. 1 HGB von der Beteiligung am Verlust des Unternehmens ausgeschlossen sein sollte (BGH 29.6.1992, BB 1992, 1954, NJW 1992, 2696); vielmehr gilt die Vereinbarung im Zweifel auch für den nicht geregelten Ergebnisanteil (§ 722 Abs. 2 BGB; BGH 30.11.1959, BB 1960, 14, und ganz hM, vgl. ua *Blaurock/Kauffeld* Rn. 14.614; *Heymann/Horn* HGB § 336 – § 231 nF – Anm. 7; *Zutt* in GK-HGB § 231 Rn. 7). Die in § 232 Abs. 2 S. 1 HGB getroffene Regelung, nach der der stille Gesellschafter nur bis zum Betrag seiner Einlage am Verlust des Unternehmens teilnimmt, steht der Anwendung dieser Auslegungsregel nicht entgegen. Die Bestimmung besagt nur, dass der stille Gesellschafter ohne eine eindeutig entgegenstehende Bestimmung im Gesellschaftsvertrag nicht zu Nachschüssen verpflichtet ist; § 232 Abs. 2 S. 1 HGB lässt aber eine Auslegung des Gesellschaftsvertrags mit dem Ergebnis, der stille Gesellschafter sei an den laufenden Verlusten des Unternehmens beteiligt und könne nach Aufzehrung der geleisteten Einlage ein negatives Kapitalkonto bilden, unberührt (ganz hM, vgl. ua *Baumbach/Hopt* HGB § 232 Rn. 6, 7; *Bezzenberger* in MHdB GesR II, StG § 22 Rn. 18; *Heymann/Horn* HGB § 336 – § 231 nF – Anm. 20, und § 337 – § 232 nF – Anm. 32; *Blaurock/Kauffeld* Rn. 14.69 f., mwN; *Zutt* in GK-HGB, 4. Aufl., § 231 Rn. 6, § 232 Rn. 29 mwN). Verlustbeteiligung bedeutet nicht, dass er mit seinem Privatvermögen den auf ihn fallenden Verlust abdecken muss. Grundsätzlich haftet der stille Gesellschafter nicht mit seinem Privatvermögen. Der Verlust wird von seinem Einlagekonto abgebucht. Er mindert somit seinen Erstattungsanspruch im Falle der Beendigung des Gesellschaftsverhältnisses.

Beispiel:
A ist stiller Gesellschafter der X-GmbH. Seine Einlage beträgt 200.000 EUR, seine Gewinn- und Verlustbeteiligung 20 vH. Der Verlust der GmbH beträgt 400.000 EUR.

Somit entfällt auf A ein Verlustanteil von 80.000 EUR, so dass der Verlust der GmbH nur noch 320.000 EUR beträgt.

Infolge der Verlustübernahme mindest sich das Kapitalkonto des A auf

Stand 1.1.	200.000 EUR
Verlust ./.	80.000 EUR
Stand 31.12.	120.000 EUR

A ist jedoch verpflichtet, den Verlust durch künftige Gewinne wieder auszugleichen.

Er darf künftige Gewinne erst dann wieder entnehmen, wenn sein Kapitalkonto den alten Stand wieder erreicht hat, § 232 HGB. Der stille Beteiligte nimmt

6.9 Verlustbeteiligung

jedoch nur bis zur Höhe seiner Einlage am Verlust teil. Darüber hinausgehende Verluste werden ihm nicht zugerechnet.

Beispiel:
Wie zuvor; der Kapitalkontostand beträgt 120.000 EUR. Der Verlust des nächsten Jahres beträgt insgesamt 800.000 EUR.

Davon würden auf A 160.000 EUR entfallen. Er nimmt jedoch nur bis zur Höhe seines Kapitalkontostandes am Verlust teil.

A Verlustanteil   120.000 EUR
GmbH-Verlustanteil   680.000 EUR

Ein stiller Gesellschafter kann daher im Gegensatz zum Kommanditisten rechtlich kein negatives Kapitalkonto haben (bestritten von: *Fichtelmann* GmbH und Still, S. 16; *Baumbach/Hopt* HGB § 232 Rn. 6; *Herrmann/Heuer/Raupach* Anm. 341 § 20 EStG Anm. 341). Ihm können daher Verluste nur bis zur Höhe seiner Einlage zugerechnet werden, die darüberhinausgehenden Verluste übernimmt der Handelsgewerbetreibende. Da er jedoch unabhängig davon verpflichtet ist, sein Kapitalkonto aus künftigen Gewinnen wieder aufzufüllen, ist es zweckmäßig, das Kapitalkonto auch als negatives weiterzuführen, damit diese Verpflichtung zur Auffüllung entsprechend sichtbar ist.

7 Außenhaftung des stillen Gesellschafters

107 Ein atypisch stiller Gesellschafter, der im Gesellschaftsvertrag hinsichtlich seiner Rechte und Pflichten einem Kommanditisten gleichgestellt ist, haftet allein deswegen noch nicht für die Verbindlichkeiten des Inhabers des Handelsgeschäftes nach §§ 128, 171 HGB; eine solche Außenhaftung erfordert einen darüber hinausgehenden besonderen Haftungsgrund (BGH 1.3.2010, GmbHR 2010, 814). Soweit der atypisch stille Gesellschafter auf Grund des Gesellschaftsvertrages hinsichtlich der Rechte und Pflichten einem Kommanditisten gleichgestellt ist, kann sich eine Haftung lediglich im Innenverhältnis ergeben.

8 Behandlung der übrigen Rechtsbeziehungen

Ist ein stiller Gesellschafter an einer GmbH beteiligt, gehen nicht ohne weiteres alle Rechtsbeziehungen zur GmbH in der stillen Beteiligung auf. Grundsätzlich sind alle weiteren Rechtsbeziehungen, wie Anstellungsverträge, Pachtverträge, Patentüberlassungsverträge getrennt und unabhängig von der stillen Beteiligung zu betrachten, es sei denn, dass gerade diese Leistungen Gegenstand des stillen Gesellschaftsverhältnisses sind.

108

8.1 Geschäftsführervertrag

Ist ein stiller Gesellschafter gleichzeitig Geschäftsführer der GmbH, so ist dieses Rechtsverhältnis in der Regel unabhängig von der stillen Beteiligung zu sehen. Die Beendigung des Geschäftsführervertrages bedingt nicht ohne weiteres auch die Beendigung eines stillen Gesellschaftsverhältnisses; es sei denn, beide Rechtsverhältnisse sind voneinander abhängig.

109

Bezieht ein Geschäftsführer ein unangemessen niedriges Gehalt, ist jedoch seine Gewinnbeteiligung unangemessen hoch, können beide Rechtsverhältnisse nur als Einheit behandelt werden, wenn im stillen Beteiligungsverhältnis ausdrücklich auf die Gehaltsvereinbarung bei der Gewinnverteilung Bezug genommen wurde. Grundsätzlich sind jedoch beide Rechtsverhältnisse unabhängig voneinander zu sehen. Die Unausgewogenheit eines Rechtsverhältnisses kann nicht durch die Kompensation mit einem anderen Rechtsgeschäft als ausgewogen betrachtet werden.

8.2 Sonstige Arbeitsverhältnisse

Ist zur GmbH ein Arbeitsverhältnis begründet worden, steht dieses dem Abschluss eines stillen Beteiligungsverhältnisses nicht im Wege. Die Einräumung einer Gewinnbeteiligung neben dem Gehalt begründet noch kein stilles Beteiligungsverhältnis. Hierzu bedarf es des Abschlusses eines Gesellschaftsverhältnisses.

110

Ist die Arbeitsleistung Gegenstand eines Arbeitsvertrages, kann sie nicht gleichzeitig Vermögenseinlage im Rahmen eines stillen Beteiligungsverhältnisses sein.

Der Arbeitnehmer muss eine selbständige Vermögenseinlage erbringen. Diese kann ihm auch von der GmbH geschenkt werden. Die Schenkung kann jedoch nur aus vorhandenen Rücklagen erfolgen, nicht aus dem Vermögen, das zur Erhaltung des Stammkapitals erforderlich ist. Möglich wäre auch die darlehensweise Überlassung von Mitteln für den Erwerb von stillen Beteiligungen. Möglich ist auch, dass die stille Beteiligung mit Gehaltsteilen verrechnet wird. Bei einer Vielzahl von stillen Beteiligungen im Betrieb ist es zweckmäßig, dass die Rechte der stillen Beteiligten von einem Treuhänder geltend gemacht werden.

8.3 Pachtverhältnisse

111 Hat ein stiller Gesellschafter der GmbH einen Gegenstand pachtweise zur Nutzung überlassen, bildet der Pachtvertrag bürgerrechtlich ein selbständiges Rechtsverhältnis neben dem stillen Beteiligungsverhältnis.

8.4 Lizenzverträge

112 Hat ein stiller Gesellschafter dem Handelsgewerbetreibenden ein Patent zur Verwertung und Nutzung überlassen, so kann das Patent, wie bereits ausgeführt, eine besondere Leistung im Rahmen des stillen Gesellschaftsverhältnisses darstellen. Es kann aber auch unabhängig hiervon ein selbständiger Lizenzvertrag abgeschlossen werden.

8.5 Darlehensgewährungen

113 Neben dem stillen Beteiligungsverhältnis kann ein stiller Gesellschafter der GmbH weitere Mittel als Darlehen zur Verfügung stellen. Das gilt insbesondere im Hinblick auf die nicht entnommenen Gewinne. Hinsichtlich der Gewinne kann vereinbart werden, dass sie das stille Beteiligungskonto erhöhen sollen. Es kann auch bestimmt werden, dass die Gewinne der Gesellschaft darlehensweise überlassen werden.

9 Kündigung der stillen Gesellschaft und Auseinandersetzung

9.1 Auflösung durch Kündigung

Ist eine stille Gesellschaft auf unbestimmte Zeit vereinbart worden, kann die Gesellschaft, wenn keine andere Kündigungsfrist vorgesehen ist, nur für den Schluss eines Geschäftsjahres unter Einhaltung einer Kündigungsfrist von 6 Monaten erfolgen (§§ 234, 132 HGB). Ein auf ungewisse Zeit abgeschlossenes Gesellschaftsverhältnis steht einem Geschäftsverhältnis, das für die Lebenszeit eines Gesellschafters eingegangen ist, gleich, § 134 HGB.

114

Eine auf bestimmte Zeit eingegangene Gesellschaft kann vor Ablauf dieser Zeit nicht gekündigt werden (§ 723 Abs. 1 S. 2 BGB).

Darüber hinaus kann die Kündigung durch einen Privatgläubiger erfolgen (§ 135 HGB).

9.1.1 Sofortige Wirkung der Kündigung

Der Beschluss über die Auflösung einer BGB-Innengesellschaft, zu der auch die stille Gesellschaft gehört, führt grundsätzlich zur sofortigen vollen Beendigung derselben. Da bei einer bloßen Innengesellschaft kein gesamthänderisch gebundenes Gesellschaftsvermögen vorhanden ist, kommt eine Liquidation wie bei einer (teil)rechtsfähigen Personen(handels)gesellschaft nicht in Betracht. Insbesondere hat die stille Gesellschaft keine Verbindlichkeiten, die im Rahmen einer Liquidationsphase vorrangig zu erfüllen sein könnten (BGH 22.6.1981, WM 1981, 876; 22.10.1990, NJW-RR 1991, 613 (614); *Harbarth* in GK-HGB § 234 Rn. 1 sowie § 235 Rn. 61; *Mock* in Röhricht/Graf von Westphalen/Haas, HGB, 4. Aufl., § 234 Rn. 1; *Gehrlein* in Ebenroth/Boujong/Joost /Strohn § 234 Rn. 3; Servatius in Henssler/Strohn HGB § 234 Rn. 13; Oetker/Schubert § 234 Rn. 3 ff.; *Kindler* in Koller/Kindler/Roth/Morck § 234 Rn. 13). Die Abwicklung einer stillen Gesellschaft ähnelt nur insoweit der Liquidation einer rechtsfähigen Personen(handels)gesellschaft, als der stille Gesellschafter nach der Auflösung lediglich noch einen schuldrechtlichen Anspruch gegen den Inhaber des Handelsgeschäfts auf Auszahlung seines Abfindungsguthabens hat, bei dem die Einzelansprüche der Gesellschafter aus dem stillen Gesellschaftsverhältnis unselbständige Rechnungsposten der nach § 235 Abs. 1 HGB vorzunehmenden Auseinandersetzungsrechnung sind und daher nicht mehr selbständig geltend gemacht werden können (BGH 22.6.1981, WM 1981, 876; 22.10.1990, NJW-RR 1991, 613 (614); 28.1.1991, NJW-RR 1991, 1049; 3.2.2015, ZIP 2015, 1116 Rn. 15; *Harbarth* in GK-HGB § 234 Rn. 1 und § 235 Rn. 14 mwN).

114a

9.1.2 Rückzahlungsansprüche im Falle der Beendigung der stillen Gesellschaft

114b Wird eine stille Gesellschaft aufgelöst, sind die stillen Gesellschafter zur Rückzahlug der Ihnen zugeflossenen gewinnunabhängigen Vergütungen an den Geschäftsinhaber verpflichtet, wenn dieser Rückzahlungsanspruch im Gesellschaftsvertrag geregelt ist (BGH 20.9.2016, ZIP 2016, 2262)

9.1.3 Zahlung noch ausstehender Einlagen

114c Auch nach Beendigung der Gesellschaft schuldet der stille Gesellschafter restliche Einlagen, wenn die stille Einlage Eigenkapitalcharakter hat und zur Befriedigung der Gläubiger des Geschäftsinhabers benötigt wird. Nach den gesellschaftsvertraglichen Regelungen hätten die Einlagen der stillen Gesellschafter Eigenkapitalcharakter. Die daraus resultierende Einzahlungspflicht gelte entgegen der Auffassung des Oberlandesgerichts München (30.4.2014 – 20 U 2169/13, juris Rn. 63 und 20 U 2680/13, juris Rn. 39) auch für Einlagen, die im Zeitpunkt der Auflösung der Gesellschaft noch nicht fällig gewesen sein. Allerdings könne die Zahlung nur in der vertraglich vereinbarten Weise zu den jeweiligen Fälligkeitsterminen verlangt warden. Der Handelsgewerbetreibende hat im Falle der Beendigung der stillen Beteiligung einen Anspruch auf Zahlung der rückständigen Rateneinlage zu den vertraglich vereinbarten Fälligkeitsterminen.

114d Der handeltreibenden GmbH steht gegen den Stillen Gesellschafter nach dem Liquidationsbeschluss ein Anspruch auf Zahlung seiner gesamten noch nicht erbrachten Rateneinlage jedenfalls zu den vertraglich vereinbarten Fälligkeitsterminen zu. Der Liquidationsbeschluss hat die Vollbeendigung der Gesellschaft zur Folge.Der Liquidationsbeschluss hat – was der Senat aber nach Erlass der angefochtenen Entscheidung mit Urteil vom 8.12.2015 (ZIP 2016, 523 Rn. 7 ff. [BB 2016, 719]) im Zusammenhang mit der Klage eines anderen stillen Gesellschafters der GmbH entschieden hat – keine Liquidation der stillen Gesellschaft zur Folge, sondern ihre Vollbeendigung mit Wirkung des Beschlusses. Kommt der Einlage Eigenkapitalcharakter zu, ist sie auch bei Beendigung der stillen Gesellschaft noch in vollem Umfang zu entrichten. Nach Beendigung der stillen Gesellschaft hat der stille Gesellschafter eine rückständige Einlage im Allgemeinen nur bis zur Höhe seines Verlustanteils zu erbringen (§ 232 Abs. 2, § 236 Abs. 2 HGB). Anderes gilt jedoch dann, wenn die vom stillen Gesellschafter übernommene Einlage nach den getroffenen Vereinbarungen Eigenkapitalcharakter für den Geschäftsinhaber hat und deshalb auch bei Auflösung der stillen Gesellschaft erbracht werden muss, soweit sie für die Befriedigung der Gläubiger des Geschäftsinhabers benötigt wird (vgl. BGH 5. 11. 1979—IIZR 145/78, ZIP 1980, 192 (193); 9.2.1981, ZIP 1981, 734 (735)). In diesem Fall ist die Einlage auch bei Beendigung der stillen Gesellschaft noch in vollem Umfang zu entrichten, weil sie als Teil der Eigenkapitalgrundlage des Geschäftsinhabers dessen Gläubigern als Haftungsmasse zur Verfügung stehen muss (vgl. BGH 17.12.1984, ZIP 1985, 347 [BB 1985, 372]).

9.2 Auflösung des stillen Gesellschaftsverhältnisses durch Zeitablauf

Ist ein stilles Gesellschaftsverhältnis für eine bestimmte Zeit eingegangen worden, endet es mit Zeitablauf.

9.3 Kündigung aus wichtigem Grund

Darüber hinaus kann ein Gesellschaftsverhältnis aus wichtigem Grund von beiden Seiten gekündigt werden, § 723 BGB.
  Ein wichtiger Grund zu einer außerordentlichen Kündigung kann die Eröffnung des Insolvenzverfahrens oder die nachhaltige Zerstörung des gesellschaftlichen Vertrauensverhältnisses sein (BGH 8.7.1976, DB 1977, 87).
  Ein außerordentliches Kündigungsrecht steht einem stillen Gesellschafter auch zu wegen Verletzung der Aufklärungspflicht des Vertragspartners im Falle eines angebotenen Anlagemodells (BGH 26.9.2005, DB 2005, 2573). Auf die stille Gesellschaft sind die Grundsätze der fehlerhaften Gesellschaft anwendbar. Diese Grundsätze stehen einem Anspruch auf Rückgewähr der Einlage aber nicht entgegen, wenn der Vertragspartner des stillen Gesellschafters verpflichtet ist, diesen im Wege des Schadensersatzes so zu stellen, als hätte er den Gesellschaftsvertrag nicht geschlossen und seine Einlage nicht geleistet (BGH 19.7.2004, DB 2004, 2988; 29.11.2004, DB 2005, 332).
  Eine stille Gesellschaft kann gemäß § 234 Abs. 1 S. 2 HGB, § 723 BGB aus wichtigem Grund ohne Einhaltung einer Frist auch dann gekündigt werden, wenn sie für eine bestimmte Zeit fest geschlossen ist Eine solche Kündigung vor Ablauf der vertraglich vereinbarten Zeit setzt allerdings voraus, dass dem Kündigenden nach Lage des Falles eine Fortsetzung der Gesellschaft bis zum Vertragsende oder zum nächsten ordentlichen Kündigungstermin nicht zugemutet werden kann, weil das Vertrauensverhältnis zwischen den Gesellschaftern grundlegend gestört oderein gedeihliches Zusammenwirken aus sonstigen Gründen nicht mehr möglich ist Der BGH hält vorliegend fest dass die Feststellung des wichtigen Grundes zur Kündigung eine eingehende tatrichterliche Würdigung derGesamtumstände des Einzelfalles erfordert.
  Die Kündigung führt dann zur Auflösung der stillen Gesellschaft und zur Auseinandersetzung nach Maßgabe des § 235 HGB, bei der die Einzelansprüche unselbstständige Rechnungsposten werden. Der Anspruch des stillen Gesellschafters auf Auszahlung des Auseinandersetzungsguthabens wird regelmäßig erst nach dieser Auseinandersetzung fällig. Insoweit gilt auch für die Beendigung einer stillen Gesellschaft das Prinzip der Gesamtabrechnung.
  Macht ein stiller Gesellschafter also nach der Kündigung die Zahlung von Gewinnansprüchen aus den davorliegenden Jahren geltend, so steht diesem Begehren bereits eine aus dem Gebot der Gesamtabrechnung folgende Durchsetzungssperre entgegen.

116c Nach der Rechtsprechung des BGH kann der stille Gesellschafter; soweit keine abweichenden Vereinbarungen getroffen sind, nur ausnahmsweise ohne Auseinandersetzung Zahlung verlangen, wenn vor Beendigung der Auseinandersetzung mit Sicherheit feststeht, dass er jedenfalls einen bestimmten Betrag fordern kann. Ein solcher Fall liegt zB dann vor; wenn der stille Gesellschafter nicht am Verlust der Gesellschaft beteiligt ist Denn in einem solchen Fall steht fest, dass der stille Gesellschafter einen Betrag zumindest in Höhe seiner Einlage verlangen kann. Abstrakt formuliert soll die selbstständige Geltendmachung von Einzelansprüchen vor Beendigung der Auseinandersetzung nur dann möglich sein, wenn dadurch das Ergebnis der Auseinandersetzung (teilweise) in zulässiger Weise vorweggenommen wird und insbesondere die Gefahr von Hin- und Herzahlungen während der Auseinandersetzung nicht besteht

Prozessual zu bedenken sei in den Fällen, in denen eine solche Ausnahme vom Gebot der Gesamtabrechnung nicht vorliegt, dass die Geltendmachung nicht mehr isoliert einklagbar war, weil in eine Auseinandersetzungsrechnung einzubeziehender Forderungen ohne weiteres auch das Feststellungsbegehren enthält, dass die entsprechenden Forderungen in die Auseinandersetzungsbilanz -dann als unselbstständige Rechnungsposten – eingestellt werden.

9.4 Auflösung einer mehrgliedrigen GmbH & atypisch Still

116d Die Kündigung eines stillen Gesellschafter einer mehrgliedrigen Gesellschaft führt nicht zu einer Aulösung der Gesellschaft, wenn der stille Beteiligungsvertrag eine Auflösung in diesem Falle nicht vorsieht.Sie wird im Zweifel mit den übrigen stillen Gesellschaftern fortgeführt (*Harbath* in GK-HGB § 230 Rn. 108) Die Auflösung der stillen Gesellschaft, die als bloße Innengesellschaft über kein gesamthänderisch gebundenes Gesellschaftsvermögen verfügt, führt grundsätzlich zu deren sofortiger Beendigung. Dies gilt in gleicher Weise für eine mehrgliedrige stille Gesellschaft, die als sog. „Innen-KG" ausgestaltet ist, jedenfalls dann, wenn nur die Auflösung der stillen Gesellschaft beschlossen worden ist. Der auf Berechnung seines Auseinandersetzungsguthabens zum Zeitpunkt der Auflösung der stillen Gesellschaft gerichtete Anspruch des stillen Gesellschafters entsteht demgemäß nicht erst dann, wenn sämtliche Schulden des Geschäftsherrn (hier: einer GmbH & Co. KG) berichtigt sind (BGH 8.12.2015 – II R Z 333/14)

116e Für eine mehrgliedrige stille Gesellschaft gelten jedenfalls dann keine Besonderheiten, wenn ihre Auflösung nicht mit einer Liquidation des Geschäftsherrn einhergeht (BGH 11.2.2014 – II ZR 219/13 und II ZR 223/13, jeweils juris Rn. 10). Der Umstand, dass eine Vielzahl von stillen Gesellschaftern mit dem Geschäftsherrn in einem Gesellschaftsverhältnis miteinander verbunden ist und sich hieraus Treuepflichten untereinander ergeben, die ua dazu führen, dass die gesellschaftsrechtlichen Abfindungs- und Auseinandersetzungsansprüche der einzelnen Beigetretenen nur im Wege einer geordneten Auseinandersetzung geltend gemacht werden können (BGH 19.11.2013, BGHZ 199, 104 Rn. 27), ändert nichts daran, dass auch die mehrgliedrige stille Gesellschaft keine zu

9.4 Auflösung einer mehrgliedrigen GmbH & atypisch Still   116f–116h   **9.4**

tilgenden Verbindlichkeiten hat. Schuldner der Abfindungs- und Auseinandersetzungsansprüche bleibt auch im Falle der mehrgliedrigen stillen Gesellschaft der Geschäftsherr (BGH 19.11.2013, BGHZ 199, 104 Rn. 26). Eine Pflicht zur Rücksichtnahme auf die Gläubiger des Geschäftsherrn ergibt sich aus der Verbundenheit der stillen Gesellschafter untereinander und zum Geschäftsherrn nicht.

Nach Auffassung des BGH (8.12.2015 – II ZR 333/14), gilt im vorliegenden **116f** Fall nicht deshalb etwas anderes, weil die mehrgliedrige stille Gesellschaft hier in dem Sinne als „innen-KG" ausgestaltet ist, dass die Beklagte eine der einer Komplementärin einer Kommanditgesellschaft vergleichbare Stellung innehat und die stillen Gesellschafter Kommanditisten gleichgestellt sind. Diese Gestaltung ändert ebenfalls nichts daran, dass die stille Gesellschaft als solche über kein Gesellschaftsvermögen verfügt, keine eigenen zu tilgenden Verbindlichkeiten hat und sich die Abfindungs- und Auseinandersetzungsansprüche der stillen Gesellschafter gegen die Beklagte als die Geschäftsherrin richten (vgl. BGH 19.11.2013, BGHZ 199, 104 Rn. 26). Soweit im Schrifttum die Auffassung vertreten wird, eine solche „innen-KG" werde wie eine Kommanditgesellschaft abgewickelt (vgl. insbesondere *K. Schmidt* in MüKoHGB § 230 Rn. 81 und § 235 Rn. 62, 65), kann dem, soweit damit gemeint sein sollte, dass diese Abwicklung entsprechend §§ 145 ff., 155, 161 Abs. 2 HGB die vorangehende Berichtigung der Schulden des Geschäftsherrn, hier der Beklagten, erfordere, jedenfalls dann nicht gefolgt werden, wenn wie hier nur die Auflösung der stillen Gesellschaft beschlossen worden ist.

Die mehrgliedrige stille Gesellschaft hat als solche auch in der Ausgestaltung **116g** als sog. „Innen-KG" keine eigenen Verbindlichkeiten, die in entsprechender Anwendung der §§ 155, 161 Abs. 2 HGB vorweg befriedigt werden könnten. Dass die Voraussetzungen für eine entsprechende Anwendung dieser Vorschriften dahingehend gegeben sind, dass infolge der Auflösung der stillen Gesellschaft nunmehr auch die im Außenverhältnis dem Geschäftsherrn zuzuordnenden Schulden zu berichtigen seien, ist nicht ersichtlich. Die Auflösung der stillen Gesellschaft führt, auch wenn sie als sog. Innen-KG" ausgestaltet ist, nicht bereits als solche zur Liquidation des Geschäftsherrn. Innen- und Außenverhältnis bleiben auch nach dem Auflösungsbeschluss der stillen Gesellschaft rechtlich getrennt, Rechtsträger des Unternehmens ist nach wie vor der Geschäftsherr (so auch *K. Schmidt* in MüKoHGB § 230 Rn. 81 und § 235 Rn. 65). Die Liquidation des Geschäftsherrn richtet sich grundsätzlich nach den für diesen geltenden Rechtsvorschriften und erfordert, wenn es sich bei dem Geschäftsherrn wie hier um eine Gesellschaft handelt, einen Auflösungsbeschluss der Gesellschafter des Geschäftsherrn.

Ob sich etwas anderes ergäbe, wenn ein Recht des Geschäftsinhabers, das Un- **116h** ternehmen unter Abfindung der stillen Gesellschafter fortzuführen, bei der sog. „Innen-KG' grundsätzlich nicht bestünde (so *K. Schmidt* in MüKoHGB § 235 Rn. 65), kann dahingestellt bleiben. Ein solcher Grundsatz besteht nicht. Der Beschluss der stillen Gesellschafter, die stille Gesellschaft aufzulösen, hat auch bei der sog. „Innen-KG" rechtlich keine unmittelbaren Auswirkungen auf das

59

Recht des Geschäftsherrn, das Unternehmen, dessen Inhaber und Rechtsträger er ist, fortzuführen, sofern sich aus den zwischen den stillen Gesellschaftern und dem Geschäftsherrn getroffenen Vereinbarungen nicht etwas anderes ergibt. Im vorliegenden Fall lässt sich dem Gesellschaftsvertrag der stillen Gesellschaft nicht entnehmen, dass deren Auflösung Auswirkungen auf die rechtliche Zuordnung des Unternehmens zur Beklagten haben, die Beklagte insbesondere nicht berechtigt sein soll, das Unternehmen fortzuführen. Für eine derartige über die be-schlossene Auflösung der stillen Gesellschaft andauernde rechtliche Bindung des Geschäftsherrn besteht – jedenfalls bei der vorliegend zugrunde zu legenden vertraglichen Gestaltung – auch kein Bedürfnis. Die den stillen Gesellschaftern im Innenverhältnis wie Kommanditisten eingeräumten Rechte sind, soweit sie nach der Auflösung der stillen Gesellschaft nicht überhaupt entfallen sind, jedenfalls auf die Durchsetzung ihrer sich aufgrund der Auflösung der Gesellschaft ergebenden Ansprüche beschränkt. Hinsichtlich ihrer vermögensmäßigen Beteiligung an dem Unternehmen sind die stillen Gesellschafter nach Maßgabe des Gesellschaftsvertrages abzufinden.

9.5 Rückabwicklung einer stillen Beteiligung an einer mehrgliedrigen GmbH & atypisch Still beim Anteilseerwerb

116i Nach Invollzugsetzung einer mehrgliedrigen GmbH & atypisch Still erfolgt die Rückabwicklung der stillen Beteiligung wegen Mängel bei der Begründung nach den Regeln über die fehlerhafte Gesellschaft.

Bei einer mehrgliedrigen stillen Gesellschaft sind die Grundsätze über die fehlerhafte Gesellschaft mit der Maßgabe anzuwenden, dass der ausscheidende stille Gesellschafter vom Geschäftsinhaber nicht im Wege des Schadensersatzes wegen eines vorvertraglichen Aufklärungsverschuldens die Rückabwicklung seiner Beteiligung durch Rückgewähr seiner Einlage Zug um Zug gegen Übertragung seiner Rechte aus der stillen Beteiligung verlangen kann. Er hat vielmehr einen Anspruch auf ein (etwaiges) Abfindungsguthaben nach den Regeln der fehlerhaften Gesellschaft und ergänzend, je nach Vermögenslage des Handelsbetriebs und der Höhe der – hypothetischen – Abfindungsansprüche der übrigen stillen Gesellschafter, einen Anspruch auf Ersatz seines durch den Abfindungsanspruch nicht ausgeglichenen Schadens (BGH 19.11.2013, BGHZ 199, 104)

116j Auf diese – zulässige (vgl. BGH 10.10.1994, BGHZ 127, 176 (179)) – Gestaltung eines einheitlichen Gesellschaftsverhältnisses zwischen dem Geschäftsinhaber und mehreren stillen Gesellschaftern sind schon wegen des schutzwürdigen Bestandsinteresses der Beteiligten grundsätzlich die Regeln über die fehlerhafte Gesellschaft anzuwenden. Die aus dem Geschäftsinhaber und allen stillen Gesellschaftern bestehende (stille) Gesellschaft ist nicht nur durch die Zahlung der Einlagen der stillen Gesellschafter in Vollzug gesetzt worden. Es widerspräche dem Charakter der vorliegenden Gestaltung als einer auf Dauer angelegten und tatsächlich vollzogenen Leistungsgemeinschaft in Form einer Gesellschaft, für welche die Beteiligten Beiträge erbracht und Werte geschaffen, die Gewinn-

9.5 Rückabwicklung einer stillen Beteiligung

chancen genutzt und gemeinschaftlich das Risiko getragen haben, wenn Maßnahmen, die nach Invollzugsetzung der Gesellschaft auf der Grundlage des zum jeweiligen Zeitpunkt maßgeblichen Gesellschafterbestands getroffen worden sind, mit rückwirkender Kraft geändert werden müssten, weil ein einzelner (oder mehrere) Anleger im Wege eines Schadensersatzanspruches die Rückgängigmachung seiner Beteiligung begehrt.

Die Anwendung der Grundsätze der fehlerhaften Gesellschaft ist nicht nur im Verhältnis zu der aus des Geschäftsinhabers und allen stillen Gesellschaftern bestehenden Gesellschaft, sondern auch in Bezug auf den aus dem Beitrittsvertrag hergeleiteten Schadensersatzanspruch gegen den Geschäftsinhaber geboten, mit dem der klagende Gesellschafter so gestellt werden will, als habe er sich nicht als stiller Gesellschafter beteiligt (gegen einen Rückabwicklungsanspruch bei der mehr-24 gliedrigen atypisch stillen Gesellschaft mit teils unterschiedlicher Begründung und unter unterschiedlichen Voraussetzungen auch *K. Schmidt* in MüKoHGB § 230 Rn. 133 ff., *Westermann*, Handbuch Personengesellschaften, Rn. 221b ff. ders. VGR 2009, 145 (165 f.); *Wälzholz* DStR 2003, 1533 (1535); *Hey* NZG 2004, 1097 (1098); *Armbrüster/Joos* ZIP 2004, 189 (192); *Bayer/Riedel* NJW 2003, 2567 (2572) Fn. 56; für eine Beschränkung des Ersatzanspruchs auf das ‚Eigenvermögen' des Geschäftsinhabers *Konzen*, FS H. P. Westermann, 2008, 1133 (1153 f.), gegen eine Differenzierung zwischen Schadensersatzansprüchen und anderen Nichtigkeitsfolgen *Schäfer* ZHR 2006, 373 (391 ff.), der sich allerdings grundsätzlich gegen die Anwendung der Lehre von der fehlerhaften Gesellschaft auf die stille Gesellschaft wendet; vgl. ferner MüKoBGB/Ulmer/ Schäfer § 705 Rn. 359 f.; *Schäfer* in § 105 Rn. 329 f.; *Soergel/Hadding/Kießling* § 705 Rn. 92; zur Anwendung der Grundsätze der fehlerhaften Gesellschaft auf Anleger, die bis zur Eintragung als Kommanditisten im Handelsregister als atypische stille Gesellschafter unter entsprechender Anwendung der Regelungen des Kommanditgesellschaftsvertrags beteiligt sein sollten, vgl. BGH 18.7.2013 IX ZR 198/10, ZIP 2013, 1533 Rn. 29).

Die Inhaberin des Handelsgewerbes iSd § 230 HGB und nicht die aus allen stillen Gesellschaftern und dem Geschäftsinhaber bestehende Gesellschaft ist rechtlich Adressatin des nach Beendigung des fehlerhaften Gesellschaftsverhältnisses gegebenen Abfindungs- oder Auseinandersetzungsanspruchs. Bei einer isolierten Betrachtung, die allein auf die rechtliche Trennung zwischen der nach außen handelnden Beklagten und der lediglich als Innengesellschaft bestehenden (stillen) Gesellschaft zwischen der Beklagten und allen stillen Gesellschaftern abstellt, bliebe jedoch unberücksichtigt, dass die Regelungen über den Bestand der einzelnen Beteiligungen einschließlich der Rechtsfolgen ihrer Beendigung im Gesellschaftsvertrag der aus allen stillen Gesellschaftern und der Beklagten bestehenden Gesellschaft vereinbart und die Bestimmungen über Auseinandersetzung und Abfindung beim Ausscheiden eines stillen Gesellschafters mit Blick auf die Gesamtheit aller stillen Gesellschafter getroffen sind. Auch im Hinblick auf die Vermögenszuordnung würde eine auf bloße Rechtsbeziehungen jeweils zwischen den einzelnen stillen Gesellschaftern und dem Geschäftsinhaber bezogene Betrachtungsweise den wirtschaftlichen Gegebenheiten der

Teil 1 116m, 116n 9 Kündigung der stillen Gesellschaft und Auseinandersetzung

vorliegenden Gestaltung nicht gerecht. Als Schuldnerin der im atypisch stillen Gesellschaftsvertrag geregelten Abfindungs- und Auseinandersetzungsansprüche kommt demgemäß auch nur der Geschäftsinhaber in Betracht. Gleichwohl ist das rechtlich dem Geschäftsinhaber zustehende stille Gesellschaftskapital bei einer wirtschaftlichen Betrachtung der aus dem Geschäftsinhaber und allen stillen Gesellschaftern gebildeten gesellschaftsrechtlichen Gestaltung zuzuordnen. In diesem Gebilde hat der Geschäftsinhaber eine der einer Komplementärin einer Kommanditgesellschaft vergleichbare Stellung inne, die stillen Gesellschafter sind Kommanditisten gleichgestellt.

116m Wegen der Verzahnung der einzelnen Beteiligungen sowohl miteinander als auch mit dem rechtlich dem Geschäftsinhaber zustehenden Vermögen einschließlich des durch die Einlagen der stillen Gesellschafter eingeworbenen Kapitals, die durch die zwischen dem Geschäftsinhaber und allen stillen Gesellschaftern gebildete (Innen)Gesellschaft bewirkt wird, unterscheidet sich die vorliegende Konstellation auch von der Inanspruchnahme von Initiatoren, Gründungsgesellschaften oder sonstigen Personen, die für Mängel des Beitritts eines (stillen) Gesellschafters zu einer (stillen) Gesellschaft verantwortlich sind. In diesen Fällen sind die Vermögenmassen, aus denen mit gegen diese Personen gerichteten Schadensersatzansprüchen Befriedigung begehrt wird, rechtlich und wirtschaftlich selbstständig und unterliegen keiner der vorliegenden Gestaltung vergleichbaren gesellschaftsrechtlichen Bindung unter Einbeziehung sämtlicher Anleger. Die gesellschaftsrechtliche Verknüpfung der Rechtsbeziehungen aller stillen Gesellschafter zu dem Geschäftsinhaber und zueinander lässt es auch nicht zu, in dem Umstand, dass es bei einer gehäuften Inanspruchnahme des Geschäftsinhabers durch stille Gesellschafter zu einem Gläubigerwettlauf kommen kann, lediglich eine bei jeder Gläubigerkonkurrenz mögliche Folge zu sehen. Bei einer wie hier durch tatsächliche Invollzugsetzung einer fehlerhaften Gesellschaft bewirkten gesellschaftsrechtlichen Bindung gebietet es schon die gesellschafterliche Treuepflicht, dass jedenfalls die gesellschaftsrechtlichen Abfindungs- und Auseinandersetzungsansprüche der einzelnen (ggf. fehlerhaft) Beigetretenen nur im Wege einer geordneten Auseinandersetzung geltend gemacht werden können. Aus diesem Grund kann nach der Rechtsprechung des Senats sogar dann eine Verpflichtung des einzelnen Gesellschafters zur Zahlung seiner Einlage trotz arglistiger Täuschung bestehen, wenn die Gesellschaft nach Aufdeckung des Betrugs abgewickelt wird, weil die Erfüllung der Einlagepflicht in einem solchen Fall der einheitlichen Verteilung der Vermögensverluste aller getäuschten Gesellschafter dient (BGH 6.2.1958, BGHZ 26, 330 (336)).

116n Aus den soeben genannten Gründen führt die Anwendung der Grundsätze der fehlerhaften Gesellschaft zwar dazu, dass ein Anleger bei einer Gestaltung wie der vorliegenden nicht im Wege des Schadensersatzes Rückgängigmachung seiner Beteiligung verlangen kann. Er ist allerdings – auch unabhängig von einer (fehlerhaft) vereinbarten Befristung – berechtigt, das stille Gesellschaftsverhältnis unter Berufung auf den (behaupteten) Vertragsmangel durch sofort wirksame Kündigung nach § 234 Abs. 1 HGB, § 723 BGB mit der Folge zu beenden, dass ihm gegebenenfalls ein nach den gesellschaftsvertraglichen

Regeln zu berechnender Abfindungsanspruch zusteht (vgl. BGH 3.7.2013, ZIP 2013, 1761 Rn. 23 mwN). Dabei ist ein etwaiger auf einer Pflichtverletzung des Geschäftsinhabers bei dem Beitritt des stillen Gesellschafters beruhender Schadensersatzanspruch dergestalt zu berücksichtigen, dass sich der geschädigte Anleger seinen Abfindungsanspruch anrechnen lassen muss und daher allenfalls Ersatz eines den Abfindungsanspruch übersteigenden Schadens verlangen kann (vgl. BGH 29.6.1970, BGHZ 55, 5 (10)).

Bei der mehrgliedrigen stillen Gesellschaft ist wegen des oben dargelegten vorrangigen Interesses der Mitgesellschafter an einer geordneten Abwicklung die weitere Einschränkung geboten, dass ein über den nach gesellschaftsrechtlichen Regeln zu berechnenden Abfindungsanspruch hinausgehender Schadensersatzanspruch des stillen Gesellschafters die gleichmäßige Befriedigung der Abfindungs- oder Auseinandersetzungsansprüche der übrigen stillen Gesellschafter nicht gefährden darf. Solange eine Schmälerung solcher Ansprüche anderer Anleger droht, ist der einzelne Anleger an der Durchsetzung eines auf Pflichtverletzungen im Zusammenhang mit dem Beitritt gestützten Schadensersatzanspruchs gegen den Geschäftsinhaber gehindert (vgl. dazu *Konzen* FS H.P. Westermann, 2008, 1133 (1153 f.)). Eine solche Gefährdung des schutzwürdigen Interesses der übrigen Anleger an einer geordneten Abwicklung droht nicht, wenn und soweit das Vermögen des Geschäftsinhabers im Zeitpunkt der Entscheidung über den Schadensersatzanspruch eines einzelnen Anlegers sowohl die zu diesem Zeitpunkt bestehenden (hypothetischen) Abfindungs- oder Auseinandersetzungsansprüche aller stillen Gesellschafter als auch den Schadensersatzanspruch des betreffenden Anlegers deckt. Das ist der Fall, wenn bei einer auf diesen Zeitpunkt bezogenen fiktiven Auseinandersetzungsrechnung der gesamten mehrgliedrigen stillen Gesellschaft das Vermögen des Geschäftsinhabers ausreichen würde, um die hypothetischen Abfindungs- oder Auseinandersetzungsansprüche aller stillen Gesellschafter vollständig sowie den auf die den eigenen Abfindungsanspruch übersteigende Ersatzleistung gerichteten Schadensersatzanspruch des klagenden Anlegers ganz oder teilweise zu befriedigen. Ist dies nicht der Fall, kommt gleichwohl zumindest eine Feststellung des Schadensersatzanspruchs dem Grund und der Höhe nach in Betracht, da hierdurch die (hypothetischen) Abfindungs- oder Auseinandersetzungsansprüche der anderen stillen Gesellschafter nicht gefährdet werden.

Ist die Gesellschaft zwischen allen stillen Gesellschaftern tatsächlich aufgelöst und bestehen nach Beendigung der Auseinandersetzung zwischen dem Geschäftsherrn und allen stillen Gesellschaftern keine Auseinandersetzungsansprüche mehr, so stehen die Grundsätze der fehlerhaften Gesellschaft einem verbleibenden, ggf. dem Grunde und dem Betrag nach bereits festgestellten Schadensersatzanspruch eines geschädigten Anlegers gleichfalls nicht mehr entgegen. In dem zuletzt genannten Fall mag es zwar zu einem „Wettlauf zwischen geschädigten Anlegern mit ihren gegen den Geschäftsinhaber gerichteten Schadensersatzansprüchen kommen. Die Mitgesellschafter stehen sich dabei jedoch nicht als solche, sondern lediglich als wie auch sonst miteinander konkurrierende Gläubiger eines Schuldners gegenüber. Aus diesem Grunde genügt es für den

Wegfall des sich aus den Grundsätzen der fehlerhaften Gesellschaft ergebenden Hindernisses auch, wenn das verbleibende Vermögen des Geschäftsinhabers im Zeitpunkt der Entscheidung über den gegen ihn gerichteten Schadensersatzanspruch neben diesem die (bestehenden und hypothetischen) Abfindungs- oder Auseinandersetzungsansprüche der übrigen stillen Gesellschafter deckt. Es ist dagegen nicht erforderlich, dass es auch ausreicht, um vergleichbare Schadensersatzansprüche anderer (getäuschter) stiller Gesellschafter zu befriedigen.

9.6 Tod des stillen Gesellschafters

117 Stirbt der stille Gesellschafter einer Rückabwicklung, hat dieses auf das stille Gesellschaftsverhältnis keinen Einfluss. In seine Rechte treten die Erben ein (§ 235 Abs. 2 HGB). Der Gesellschaftsvertrag kann jedoch hier etwas anderes vorsehen.

9.7 Auflösung der stillen Gesellschaft im Falle der Insolvenz des Geschäftsinhabers

118 Mit der Insolvenz des Geschäftsinhabers (GmbH) wird das stille Gesellschaftsverhältnis aufgelöst (BGH 21.3.1983, GmbHR 1984, 37, OLG Brandenburg 9.6.2004, GmbHR 2004, 1390).

Der stille Gesellschafter kann seine Einlage – soweit sie nicht durch Verluste aufgezehrt ist – als Insolvenzgläubiger geltend machen. Nur in besonders gelagerten Ausnahmefällen (wie Rangrücktritt, atypische stille Beteiligung bei wirtschaftlicher Stellung eines Kommanditisten) ist es ihm verwehrt, seine Forderung geltend zu machen (BGH 21.3.1983, GmbHR 1984, 32).

Ist der stille Gesellschafter mit seiner Einlage noch rückständig, hat er die rückständige Einlage bis zu dem Betrag, der zur Deckung seines Anteils am Verlust erforderlich ist, zur Insolvenzmasse einzuzahlen. Ist er am Verlust gar nicht beteiligt, hat er nichts mehr einzubezahlen (OLG Brandenburg 9.6.2004, GmbHR 2004, 1390). Ein Rangrücktritt kann eine freiwillige Gleichstellung eines Darlehens bzw. einer stillen Beteiligung mit haftendem Kapital sein, dieser ist nicht notwendig beschränkt auf die geleistete Einlage, sondern ist auch für die rückständige Einlage möglich mit der Folge, dass deren Zahlung ohne Rücksicht auf § 236 Abs. 2 HGB in die Masse verlangt werden kann (OLG Brandenburg 9.6.2004, GmbHR 2004, 1390).

9.8 Auseinandersetzung

119 Nach Auflösung der stillen Gesellschaft findet die Auseinandersetzung statt. Grundsätzlich hat der stille Gesellschafter Anspruch auf Auszahlung seines Guthabens in Geld, § 235 Abs. 1 HGB. Das gilt auch dann, wenn er andere Leistungen erbracht haben sollte. Der Anspruch bezieht sich nicht auf seine ursprüngliche Einlage, sondern auf den letzten Kapitalkontostand.

9.8 Auseinandersetzung 120–123a **9.1**

120 Besteht in einer Gesellschaft dauerhaft eine Unterbilanz, ohne dass auch eine insolvenzrechtliche Überschuldung vorliegt, können die Gesellschafter aufgrund der gesellschaftlichen Treuepflicht gehalten sein, Maßnahmen zu ergreifen, um stille Reserven aufzulösen, wenn nur so der Abfindungsanspruch des ausgeschiedenen Gesellschafters ohen Verletzung des § 30 GmbHG erfüllt werden kann (BGH 13.2.2006, GmbHR 2006, 531).

121 Grundsätzlich ist die stille Gesellschaft noch an schwebenden Geschäften beteiligt. Eine solche Beteiligung kann jedoch vertraglich ausgeschlossen werden.

122 Das Auseinandersetzungsguthaben ist grundsätzlich erst nach der Auseinandersetzung fällig. Nach der Rechtsprechung kann jedoch, soweit keine abweichenden Vereinbarungen getroffen worden sind, der ausgeschiedene stille Gesellschafter ausnahmsweise Rückzahlung schon ohne Auseinandersetzung fordern, wenn vor Beendigung der Auseinandersetzung mit Sicherheit feststeht, dass er jedenfalls einen bestimmten Betrag verlangen kann. Die Frage, ob dem ausgeschiedenen stillen Gesellschafter mindestens die von ihm geleistete Einlage zusteht, hängt davon ab, ob er auch am Verlust beteiligt ist oder nicht. Ist dieser nicht am Verlust beteiligt, so kann das Auseinandersetzungsguthaben nicht niedriger sein als die geleistete Einlage.

123 Bei der echten stillen Beteiligung ist Grundlage die Handelsbilanz.

Im Falle des Ausscheidens eines typischen stillen Gesellschafters, der nur an den Erträgen des Unternehmens beteiligt ist, ist eine Gewinnermittlungsbilanz zu erstellen (MüKoHGB/*K. Schmidt* HGB § 235 Rn. 18).

Ist der stille Beteiligte nicht am Verlust der Gesellschaft beteiligt, kann er jedoch ohne vorhergehende Auseinandersetzung seine Einlage zurückfordern, wenn die stille Gesellschaft beendet ist (BGH 28.2.1995, DStR 1995, 1844).

Ist jemand einer stillen Gesellschaft beigetreten, ohne dass der Gesellschaftsvertrag bereits volle Wirksamkeit entfalten sollte, dann führt eine außerordentliche Kündigung des Stillen zu einem Anspruch auf Rückzahlung seiner Einlage, ohne dass es der Erstellung einer Auseinandersetzungsbilanz bedarf (BGH 13.4.1995, DStR 1995, 1315).

Handelt es sich jedoch um eine atypische stille Beteiligung mit Beteiligung an den stillen Reserven, ist eine Vermögensbilanz aufzustellen, in der auch die Beteiligung an den stillen Reserven zu berücksichtigen ist.

123a Die Ermittlung des Auseinandersetzungsguthabens des atypisch stillen Gesellschafters, der schuldrechtlich am Gesellschaftsvermögen beteiligt ist, über einen Treuhänder in der Geschäftsführung mitwirkt und durch diesen die Informations- und Kontrollrechte gem. § 716 BGB ausübt, bestimmt sich nach anderen Grundsätzen. Der Geschäftsinhaber ist verpflichtet, dem Ausscheidenden das zu zahlen, was er bei der Auseinandersetzung erhalten würde, wenn die Gesellschaft zur Zeit seines Ausscheidens tatsächlich aufgelöst worden wäre. Dazu bedarf es der Aufstellung einer Abschlussbilanz (Vermögensbilanz) in die nicht nur die Buchwerte, sondern die wirklichen Werte des Betriebsvermögens einzustellen sind; darüber hinaus ist er an den offenen Rücklagen und an dem Geschäftswert beteiligt.

Der atypisch stille Gesellschafter wird also nicht mit dem ggf. berichtigten Buchwert seiner Einlage abgefunden, sondern erhält ein Auseinandersetzungsguthaben, das sich von dem eines Gesellschafters einer OHG nicht unterscheidet und dessen Wert sich nach dem tatsächlichen Geschäftswert bestimmt (*Blaurock* 14.45, 16.14; MüKoHGB/*K. Schmidt* HGB § 235 Rn. 55 ff., 60). Der ausscheidende atypisch stille Gesellschafter hat daher einen Anspruch auf eine Auseinandersetzungsbilanz.

Hinsichtlich der Bewertung der stillen Reserven können jedoch besondere Vereinbarungen getroffen werden.

124 Besteht die Einlage lediglich in Form von Dienstleistungen, kann grundsätzlich kein Ersatz verlangt werden (§ 733 Abs. 2 S. 3 BGB; Palandt/Sprau BGB § 733 Rn. 10). Abweichende Vereinbarung ist jedoch möglich (Palandt/Sprau BGB § 733 Rn. 10).

125 Die Ersatzpflicht kann sich daraus ergeben, dass die geleisteten Dienste bewertet und als Einlage verbucht werden (*Baumbach/Hopt* HGB § 235 Rn. 1).

Zweckmäßig ist jedoch eine ausdrückliche Regelung. Handelt es sich bei den stillen Gesellschaftern um Gesellschafter der GmbH, ist eine solche Vereinbarung unter dem Gesichtspunkt der verdeckten Gewinnausschüttung zu prüfen.

126 Grundsätzlich ist das Guthaben in Geld auszuzahlen (§ 235 Abs. 1 HGB). Auf die Art der Einlage ist nicht abzustellen. Es kann jedoch auch hier eine andere Vereinbarung getroffen werden, insbesondere wenn der stille Gesellschafter eine Sacheinlage in das Vermögen der GmbH geleistet hat.

9.9 Beendigung der stillen Beteiligung durch Umwandlung in Stammkapital

127 Eine stille Beteiligung kann in der Weise in Stammkapital umgewandelt werden, dass die GmbH ihr Stammkapital durch Erhöhungsbeschluss erhöht, der stille Gesellschafter das stille Beteiligungsverhältnis kündigt und im Auseinandersetzungsfalle sein Guthaben in die Gesellschaft als Einlage einbringt. Es handelt sich bei Einbringung einer Forderung um eine Sachgründung, die den Vorschriften über die Sachgründung unterliegt; vgl. auch *Schulze zur Wiesche* GmbHR 1984, 320 ff. und *Sudhoff/Sudhoff* GmbHR 1984, 47 (79).

Die stille Beteiligung, das gilt auch für die atypische, ist als innere Gesellschaft nicht insolvenzfähig; insolvenzfähig ist nur der Handelsgewerbetreibende (hier die GmbH); BGH 9.2.1981 – II ZR 38/80, NJW 1981, 2251; *Scholz* GmbHG Vor § 64 Rn. 46, 47 ff.

127a Hat der stille Gesellschafter das stille Beteiligungsverhältnis gekündigt, um an einer Kapitalerhöhung der Handelsgewerbetreibenden GmbH durch Erwerb eines Anteils mitells Sacheinlage teilzunehmen und kommt die Kapitalerhöhung nicht zustande, steht ihm ein Rücktrittsrecht zu. Nach dem Rücktritt kann der Übernehmer verlangen, dass die infolge der Übertragung erloschene Beteiligung neu begründet wird (BGH 3.11.2015, GmbHR 2015, 1315).

10 Stille Beteiligung im Insolvenzfalle

10.1 Stiller Beteiligter als Insolvenzgläubiger

Der stille Beteiligte ist im Falle der Insolvenz der GmbH Insolvenzgläubiger. **128**
Die stille Gesellschaft selbst ist, da sie kein Vermögen bilden kann, nicht insolvenzfähig (*Geißler* GmbHR 2008, 515).
   In der Überschuldensbilanz der GmbH ist der Rückzahlungsanspruch eines stillen Gesellschafters grundsätzlich zu passivieren. Hiervon kann grundsätzlich nur Abstand genommen werden, wenn der Stille eine Rangrücktrittsvereinbarung getroffen hat (KG Berlin 17.11.2009, GmbHR 2010, 761).
   Seine Einlage kann der Stille jedoch nur, soweit sie den Betrag des auf ihn fallenden Anteils am Verlust übersteigt, als Insolvenzforderung geltend machen. Der Anteil des stillen Gesellschafters an der Insolvenzmasse ist also zunächst mit dem Kapitalkonto zu verrechnen. Hinsichtlich des verbleibenden Restguthabens (§ 236 Abs. 1 HGB) ist der stille Gesellschafter Insolvenzgläubiger. Der stille Gesellschafter ist insolvenzantragsberechtigt. Der Insolvenzantrag eines nachrangigen Gläubigers ist auch dann zulässig, wenn dieser im eröffneten Verfahren keine Befriedigung erwarten darf (BGH 23.9.2010, GmbHR 2010, 1217)
   Eine Rückforderung bestand nach bisherigem Recht nicht, wenn die stille **128a**
Beteiligung eine an sich dringend gebotene Eigenkapitalaufstockung ersetzen sollte. Das wäre der Fall, wenn Gesellschafter, anstatt das Stammkapital zu erhöhen, der Gesellschaft lediglich Mittel in Form einer stillen Einlage zur Verfügung stellen. Ist das der Fall, hat der stille Gesellschafter, der gleichzeitig GmbH-Gesellschafter ist, kein Rückforderungsrecht im Insolvenzfalle.
   Stille Einlagen können Insolvenzforderungen begründen (§ 236 Abs. 1 HGB), dies aber nur, soweit es sich um eine typisch stille Einlage handelt (*Scholz* GmbHG Vor § 64 Rn. 126 ff.).
   Der stille Gesellschafter hat den Anspruch nach § 174 InsO anzumelden.
   Bei der GmbH & Still waren die §§ 32a ff. GmbHG entsprechend anzuwenden. Danach konnte eine eigenkapitalersetzende atypisch stille Einlage im Insolvenzverfahren der GmbH nicht zurückgefordert werden (BGH Urt. v 7.11.1988 – II ZR 46/88, NJW 1989, 982, 1992, 3035, *Glanegger/Güroff* HGB § 236 Rn. 1). Bei der typisch stillen Beteiligung galt dies nur, soweit § 236 Abs. 1 abbedungen ist, was wegen des dispositiven Charakters selbstverständlich möglich ist. Die Abbedingung beinhaltet praktisch einen Rangrücktritt der stillen Einlage.
   Zur Feststellung der Überschuldung einer GmbH müssen auch typische stille **129**
Einlagen jedenfalls dann passiviert werden, wenn sie nach § 236 HGB Insolvenzantrag begründen *Scholz* GmbHG Vor § 64 Rn. 126 ff.; BGH NJW 1983, 1855).
Bei einer typisch stillen Beteiligung bedarf es eines Rangrücktritts, wenn die Rückzahlungsverbindlichkeit im Überschuldensstatus übergangen werden soll (BGHZ 83, 341 (344 ff.); *Scholz* GmbHG § 63 Rn. 24 mwN). Bei der atypisch

stillen Beteiligung, bei der der stille Gesellschafter vermögensmäßig einem Kommanditisten gleichgestellt ist, ist ein Ausweis der stillen Beteiligung als Passivposten nicht erforderlich (*Scholz/K. Schmidt* GmbHG Vor § 64 Rn. 126 ff.).

Die Verlustbeteiligung der stillen Gesellschaft reicht allein nicht aus, um die Passivierung der um die Verlustbeteiligung gekürzten stillen Einlage auszuschließen (insbesondere → Rn. 76e).

130 Nach dem MoMiG § 39 Abs. 1 Nr. 5 InsO nF ist jedes Gesellschafterdarlehen nachrangig. Voraussetzung ist also nicht mehr, ob das Darlehen kapitalersetzenden Charakter hat, weil es zu einem Zeitpunkt gewährt wurde, indem sich die GmbH bereits in der Krise befand oder mit Eintritt der Krise das Darlehen weiter gewährt wurde.

Somit ist jedes Gesellschafterdarlehen nachrangig, gleichgültig, ob ein Nachrang vereinbart wurde oder nicht. Dies gilt grundsätzlich auch für die stille Beteiligung eines Stammgesellschafters einer GmbH. Ist mit Gesellschaftsgründung eine stille Beteiligung vereinbart worden, ist jedoch eine Nachrangigkeit nicht gegeben. Der stille Gesellschafter, der nicht gleichzeitig Stammgesellschafter der GmbH ist, ist in § 6 der Insolvenz als gleichberechtigter Gläubiger zu behandeln.

10.2 Weitere Darlehen und stille Beteiligungen eines stillen Gesellschafters

131 Der typisch stille Gesellschafter ist nicht Gesellschafter der GmbH iSd GmbHG. Er fällt nicht unter die Vorschrift des § 39 Abs. 1 Nr. 5 InsO. Er hat der Gesellschaft kein Eigenkapital überlassen.

Seine Einlage wird grundsätzlich als Fremdkapital behandelt. Gewährt er der Gesellschaft weitere Finanzhilfe in der Form von Darlehen und weitere stille Beteiligung, sind diese Finanzhilfen nicht von § 39 Abs. 1 Nr. 5 InsO betroffen. Diese sind somit im Insolvenzfalle nicht nachrangig zu befriedigen.

10.3 Die atypisch stille Beteiligung in der Insolvenz

132 Die Einlage eines atypisch stillen Gesellschafters ist im Insolvenzverfahren als Eigenkapital der Gesellschaft zu behandeln.

Nach dem Urteil des BGH (28.6.2012, GmbHR 2012, 1182) entspricht der atypisch stille Gesellschafter einer GmbH & Co. KG entspricht mit seinen Ansprüchen wirtschaftlich dem Gläubiger eines Gesellschafterdarlehens, wenn in einer Gesamtbetrachtung seine Stellung nach dem Beteiligungsvertrag der eines Kommanditisten im Innenverhältnis weitgehend angenähert ist. Der Nachrang seiner Ansprüche in der Insolvenz der Geschäftsinhaberin kann danach jedenfalls eintreten, wenn im Innenverhältnis das Vermögen der Geschäftsinhaberin und die Einlage des Stillen als gemeinschaftliches Vermögen behandelt werden, die Gewinnermittlung wie bei einem Kommanditisten stattfindet, die Mitwirkungsrechte des Stillen in der GmbH & Co. KG der Beschlusskompetenz eines

10.4 Die typisch stille Beteiligung

Kommanditisten in Grundlagenangelegenheiten jedenfalls in ihrer schuldrechtlichen Wirkung gleichkommen und die Informations- und Kontrollrechte des Stillen denen eines Kommanditisten nachgebildet sind.

Stille Einlagen mit Einlagencharakter bestehen zB dann, wenn die Beteiligung im Innenverhältnis wie eine Gesamthandsbeteiligung verabredet ist, dh der stille Beteiligte wirtschaftlich in der Weise am Vermögen beteiligt ist, als er im Falle der Beendigung der stillen Beteiligung nicht seine Einlage, sondern im Verhältnis seiner Gewinnbeteiligung auch an den stillen Reserven einschl. Firmenwert beteiligt wird, oder im Falle von Gesellschafterbeteiligungen die stille Beteiligung an die GmbH-Beteiligung gekoppelt ist. In diesen Fällen ist eine Geldmachung der stillen Beteiligung als Insolvenzforderung nicht möglich (BGH 9.2.1981 – II ZR 38/80, NJW 1981, 2251; *Scholz* GmbHG Vor § 64 Rn. 126 ff.).

Nach der bisherigen Rechtsprechung zu den §§ 30 f. GmbHG die Eigenkapitalersatzregelungen angewandt, in denen der stille Gesellschafter ähnlich wie die GmbH-Gesellschafter die Geschichte der Gesellschaft bestimmen kann, sowie am Vermögen und Ertrag beteiligt ist, ohne dass eine Mitgliedschaft bei der jeweiligen Kapitalgesellschaften dabei zwingende Voraussetzung ist (BGH 7.11.1988, BGHZ 106, 7 (10 ff.), NJW 1989, 982, BGH 13.12.2006, DStR 2006, 860 HansOLG Hamburg 13.10.1989, NJW-RR 1991, 105 (106 f.); *Blaurock/Kauffeld* Rn. 17.110 ff. und 17.18, *K. Schmidt* im MüKoHGB § 230 Rn. 170 ff. *Schön* ZGR 1990, 220 ff. (239 f.), *Mock* DStR 2008, 1645).

Im Falle der atypisch stillen Gesellschaft ist der atypisch stille Gesellschafter unabhängig davon, ob er gleichzeitig als Stammgesellschafter an der GmbH unmittelbar beteiligt ist, als Gesellschafter einer Gesellschaft, bei der kein persönlich haftender Gesellschafter eine natürliche Person ist und deren persönlich haftenden Gesellschaftern auch keine Gesellschaften mit einer natürlichen Person als persönlich haftener Gesellschafter gehört. Die atypisch stille Beteiligung fällt somit unter den Begriff des Eigenkapitals und stellt somit keine Fremdverbindlichkeit der GmbH dar. Im Sinne des § 39 Abs. 1 Nr. 5 ist der atypisch stille Gesellschafter als Gesellschafter zu behandeln. Hat der atypisch stille Gesellschafter der GmbH weitere Finanzhilfen in der Form von Darlehen und weitere stille Beteiligungen gewährt, so sind diese im Falle der Insolvenz der GmbH als nachrangig zu behandeln (*Mock* DStR 2008, 1645 (1647)) zumindest was die Darlehensgewährung durch den stillen angeht).

10.4 Die typisch stille Beteiligung bei gleichzeitiger unmittelbarer Beteiligung an der GmbH als Stammgesellschafter

Ist ein Gesellschafter der GmbH gleichzeitig an dieser als typisch stiller Gesellschafter beteiligt, so ist im Falle der Insolvenz die stille Beteiligung noch nachrangig gegenüber den Insolvenzgläubigern zu behandeln. Das heißt, die stille Beteiligung kann erst zurückgezahlt werden, wenn die übrigen Insolvenzgläubiger befriedigt sind. Dies gilt jedoch nicht, wenn die Beteiligung an der GmbH, 10 vH oder weniger beträgt.

Hat der stille Gesellschafter Gewinnanteile und im Falle weiterer Darlehen Zinsen nicht entnommen, ist davon auszugehen, dass sich die Einlage des Stillen entsprechend erhöht hat, bzw. diese als Darlehen der Kapitalgesellschaft überlassen haben mit der Folge, dass sich die Nachrangigkeit im Falle einer Insolvenz sich auf diese Beträge erteckt (*Mock* DStR 2008, 1645 f.).

10.5 Stiller Beteiligter als Schuldner

136 Hat der stille Beteiligte seine Einlage nicht oder nur teilweise geleistet, hat er sie bis zu dem Betrag, welcher zur Deckung seines Anteils am Verlust erforderlich ist, zur *Insolvenzmasse* einzuzahlen (§ 236 Abs. 2 HGB).

Soweit der Stille Gesellschafter seine Einlage noch nicht geleistet hat, braucht er nur einen auf seine Verlustbeteiligung entfallenden Anteil einzuzahlen.

Ist er jedoch am Verlust nicht beteiligt, braucht er keine Zahlung in die Insolvenzmasse zu leisten (RGZ 84, 436).

Ist die stille Einlage aufgrund einer im letzten Jahr vor der Eröffnung der Insolvenz getroffenen Vereinbarung ganz oder teilweise an den stillen Gesellschafter zurückgewährt worden, oder ist ihm sein Anteil am entstandenen Verlust aufgrund einer solchen Abrede ganz oder teilweise erlassen worden, so kann der Insolvenzverwalter die Rückgewähr oder den Erlaß nach § 136 InsO (früher § 237 HGB) anfechten. Es begründet keinen Unterschied, ob die Rückgewähr oder der Erlaß unter Auflösung der Gesellschaft stattfand (Ausnahme Abs. 2). Die Anfechtung richtet sich in diesem Falle nach §§ 129 ff. InsO. Der Anspruch des Insolvenzverwalters besteht auf Wiedereinzahlung der stillen Einlage.

Das bedeutet jedoch nicht, dass die stille Beteiligung mit dem Haftkapital gleichgestellt werden soll. Auch bei Rückforderungen kann der stille Gesellschafter seinen Anspruch aus der stillen Beteiligung zur Insolvenztabelle anmelden. Die Vorschrift des § 236 Abs. 2 HGB § 135 Abs. 1 Nr. 2 InsO. soll nur eine bevorzugte Befriedigung verhindern.

10.6 Anfechtung der Rückzahlung der Einlage eines stillen Gesellschafters durch den Insolvenzverwalter

137 Nach § 135 Abs. 1 Nr. 2 InsO ist eine Rechtshandlung, die für die Forderung eines Gesellschafters auf Rückgewähr eines Darlehens iSd § 39 Abs. 1 Nr. 5 oder für eine gleichgestellte Forderung Befriedigung gewährt hat, wenn die Handlung im letzten Jahr vor dem Eröffnungsantrag oder nach diesem Antrag vorgenommen worden ist.

Da die stille Beteiligung eines Gesellschafter der GmbH eine gleichgestellte Forderung iSd § 39 Abs. 1 Nr. 5 InsO darstellt, ist die Rückgwähr der Einlage an einen Stillen, der gleichzeitig Stammgesellschafter der GmbH ist, innerhalb der Jahresfrist anfechtbar. Maßgebend ist der Zeitpunkt der Rückgewähr und

10.6 Anfechtung der Rückzahlung der Einlage eines stillen Gesellschafters

nicht der Zeitpunkt der Vereinbarung. Der stille Gesellschafter wird insofern gegenüber dem Darlehensgeber schlechter gestellt als bei der stillen Beteiligung in der Regel eine feste Laufzeit vorgegeben ist und im Falle einer unbestimmten Laufzeit einer Kündigung zum Ende des Kalenderjahres möglich ist.

Beispiel 1:
A ist Gesellschafter der X-GmbH mit einer Beteiligung von 25 vH gleichzeitig hat er im Jahre 01 eine typisch stille Beteiligung mit einer Laufzeit bis zum 31.12.2009 vereinbart. Die Einlage ist am 31.12.2009 vertragsgemäß zurückgezahlt worden. Am 30.6.2010 beantragte die X-GmbH das Insolvenzverfahren.

Beispiel 2:
Wie zuvor, jedoch mit dem Unterschied, dass die stille Beteiligung auf unbestimmte Zeit geschlossen wurde. A hat am 30.6.2008 diese stille Beteiligung zum 31.12.2008 gekündigt. Am 1.7.2009 beantragt die X-GmbH die Einleitung des Insolvenzverfahrens.

Nach der Gesetzesbegründung (BT-Drs. 16/6140, 136) soll es hinsichtlich der Forderung als Rechtshandlung, die einem Gesellschafterdarlehen „wirtschaftlich" entsprechen bei der bisherigen Rechtslage bleiben, dass eine entsprechende Qualifizierung trotz der von der Rechtsprechung bereits herausgebildeten Fallgruppen im Einzelfall mit Unsicherheiten verbunden sein kann (Blaurock/Kauffeld Rn. 17.60).

Hat der Gesellschafter der GmbH seine stille Einlage, gleich aus welchem Grunde, innerhalb des letzten Jahres vor Insolvenzeröffnung erhalten, so kann die Rückgewähr oder der Erlass der Einlage vom Insolvenzverwalter angefochten werden. Die Anfechtung ist jedoch ausgeschlossen, wenn die Insolvenz in Umständen seinen Grund hat, die erst nach der Rückzahlung der Einlage oder des Erlasses der Einlage eingetreten sind (§ 236 HGB).

Die Anfechtung ist ausgeschlossen, wenn ein Eröffnungsgrund (drohende oder eintretende Zahlungsunfähigkeit, bei juristischen Personen und Gesellschaftern durch persönliche Haftung einer natürlichen Person nach Überschuldung erst nach einem Abschluss der Vereinbarung entstanden ist (§ 136 Abs. 2 InsO). Diese Modifizierung des bisherigen § 237 Abs. 2 HGB soll die Vorschrift leichter handhabbar machen (*Obermüller/Hess*, Rn. 280).

Somit steht außer Zweifel, dass die typisch stille Beteiligung dem Gesellschafterdarlehen gleichgestellt ist. Ist der typisch stille Gesellschafter gleichzeitig Stammgesellschafter der handelsgewerbetreibenden GmbH mit einer Beteiligung von mehr als 10%, sind die Rückzahlungen innerhalb der Jahresfrist vor Antragstellung des Insolvenzverfahrens anfechtbar.

§ 136 InsO sind Vereinbarungen über die Rückzahlung von stillen Beteiligungen innerhalb der Jahresfrist anfechtbar, unabhängig davon, ob der stille Gesellschafter gleichzeitig Stammgesellschafter der GmbH ist.

11 Gründung einer GmbH & Still

11.1 Abschluss des Vertrages durch Geschäftsführer

138 Grundlage für die stille Beteiligung an einer GmbH ist der Gesellschaftsvertrag. Der Abschluss des Gesellschaftsvertrages ist eine Angelegenheit der Vertretung der Gesellschaft. Der Gesellschaftsvertrag ist daher grundsätzlich von den Geschäftsführern für die GmbH abzuschließen.

Ist der stille Beteiligte gleichzeitig Geschäftsführer, bedarf es grundsätzlich der Befreiung vom Verbot des Selbstkontrahierens (§ 181 BGB). Mit der Unterzeichnung des Vertrages durch die Geschäftsführer hat der Vertrag grundsätzlich Wirksamkeit erhalten.

139 Ob der Abschluss eines stillen Beteiligungsvertrages der Zustimmung der übrigen Gesellschafter bedarf, ist in der Literatur sehr umstritten. Eine höchstrichterliche Rechtsprechung zu dieser Frage ist bisher nicht vorhanden.

Der Abschluss eines stillen Beteiligungsvertrages bedeutet einen nicht unerheblichen Eingriff in die Rechte der Gesellschafter der GmbH. Grundlegende Änderungen bedürfen der Zustimmung des stillen Gesellschafters. Das gilt insbesondere für die Änderung der Firma oder des Unternehmensgegenstandes, für eine Sitzverlegung, Umwandlung der Rechtsform, Veräußerung und Liquidation eines Unternehmens. Somit können die Gesellschafter ohne Zustimmung des stillen Gesellschafters nicht mehr in diesen Fragen allein entscheiden.

140 Der Stille Beteiligungsvertrag kann den Kodex der zustimmungspflichtigen Geschäfte auch noch erweitern.

Wegen des starken Eingriffs in die Rechte der GmbH und ihrer Gesellschafter wird man hier die Zustimmung der Gesellschafter fordern müssen. Völlig ungeklärt ist, ob die Zustimmung mit einfacher Mehrheit, qualifizierter Mehrheit von 3/4 oder einstimmig zu erfolgen hat.

Die Zustimmung wäre implizit gegeben, wenn sich alle Gesellschafter der GmbH gleichzeitig als stille Gesellschafter beteiligen würden.

Als Gesellschafterbeschluss bedürfte dieses der Protokollierung durch einen anwesenden Notar (für einfache Schriftform: *Blaurock/Hey* GmbHR 2001, 1101).

11.2 Mangel im Innenverhältnis

141 Inwieweit ein Geschäftsführer einen stillen Beteiligungsvertrag abschließen kann, bestimmt sich nach dem Umfang der Geschäftsführung. Die GmbH-Satzung kann die Geschäftsführungsbefugnis der Geschäftsführer einschränken. Sie kann bestimmte Rechtsgeschäfte an die Zustimmung der Gesellschafterversammlung binden.

Bedarf die Kreditaufnahme der Zustimmung der Gesellschafterversammlung, gilt dies auch für den Abschluss eines stillen Beteiligungsvertrages. Gleiches

11.2 Mangel im Innenverhältnis

gilt, wenn in der Satzung steht, dass alle Rechtsgeschäfte, die über den Rahmen des laufenden Geschäftsbetriebes hinausgehen, der Zustimmung bedürfen.

In der Regel wird davon auszugehen sein, dass die Geschäftsführer im Innenverhältnis aus eigener Machtvollkommenheit kein stilles Beteiligungsverhältnis zur GmbH begründen können. Eine Überschreitung der Kompetenzen führt nicht zur Unwirksamkeit des stillen Gesellschaftsvertrages, in der Regel nur zu Schadensersatz (*Blaurock/Jung* Rn. 12.19). Es müssen hier besondere Umstände hinzukommen, um eine Nichtigkeit herbeizuführen.

Das gilt insbesondere für die atypische stille Beteiligung, weil hierdurch auch das Gesellschaftsverhältnis der GmbH berührt werden kann. Es werden nämlich einem Dritten weitgehende Rechte eingeräumt, die die Rechte der Gesellschaft und auch der Gesellschafter beschneiden können. **142**

Grundsätzlich ist für die Zustimmung zum Abschluss des stillen Beteiligungsvertrages einfache Mehrheit erforderlich. Die Satzung kann auch eine andere Mehrheit vorsehen. **143**

Unabhängig hiervon wird man jedoch Einstimmigkeit verlangen müssen, wenn jeder einzelne Gesellschafter der GmbH hierdurch eine wesentliche Verschlechterung seiner Rechtsposition erfährt.

Der Geschäftsführer kann daher grundsätzlich mit einem Dritten eine stille Gesellschaft gründen (*Scholz* GmbHG § 35 Rn. 48; *Eder* GmbH-Handbuch I Rn. 699; *Blaurock/Jung* Rn. 9.61 f.). Die Wirksamkeit einer solchen Vereinbarung hängt daher grundsätzlich nicht davon ab, dass die Gesellschafter zustimmen. **144**

Nach Ansicht des Schrifttums (*MHdBStG/Bossenberger* 1991, § 7 Rn. 34; *H. Schneider/Rauch* DB 1989, 713 (715)) bedarf es jedoch der Zustimmung der Gesellschafter, wenn durch die Gründung der stillen Beteiligung das Gewinnbeteiligungsrecht wesentlich beeinträchtigt wird.

ME ist eine Zustimmung der Gesellschafter **in jedem Falle** erforderlich, wenn das Gesellschaftsverhältnis **atypisch** ausgestaltet wird. Das gilt insbesondere, wenn der Stille Gesellschafter neben der Beteiligung am Handelsbilanzgewinn auch an den stillen Reserven (also auch an der Substanz) beteiligt wird.

Das gleiche dürfte zutreffen, wenn der stille Gesellschafter Mitwirkungsrechte erhält. Wird dem stillen Gesellschafter das Widerspruchsrecht des § 164 Abs. 2 HGB eingeräumt, so dass er allen Rechtsgeschäften, die die laufende Geschäftsführung übersteigen, widersprechen kann, so ist der stille Gesellschafter in der Lage, jeden Gesellschafterbeschluss zu blockieren. Daher bedarf es hier mE der Zustimmung der Gesellschafter der GmbH zur Einräumung einer Beteiligung. In besonders schweren Fällen wird der stille Beteiligungsvertrag von Anfang an nichtig sein. **145**

Ist der stille Gesellschafter gleichzeitig Gesellschafter der GmbH, wird stets Nichtigkeit die Folge sein. Hat der Geschäftsführer lediglich seine durch Satzung eingeschränkte Kompetenz überschritten, wird der Vertrag Gültigkeit behalten, allerdings mit einer Schadensersatzverpflichtung der Geschäftsführer. **146**

11.3 Eintragungspflicht der GmbH & Still

147 In der Literatur (vgl. *Schmidt-Ott* GmbHR 2001, 182, GmbHR 2002, 784, *Weige* GmbHR 2002, 778) ist umstritten, ob der stille Beteiligungsvertrag als Teilgewinnabführungsvertrag in das Handelsregister einzutragen ist. Dies wird in der Literatur für die AG & Still bejaht.

Die bislang wohl herrschende Meinung lehnt für den Regelfall die Eintragungspflicht der GmbH & Still ab (*Schmidt-Ott* GmbHR 2001, 182; *Blaurock* FS Großfeld, 1999, 83 (90); *Carle* KÖSDI 1999, 12190, *Schlitt/Beck* NZG 2001, 688 (690)). Nach dem Urteil des OLG Celle 22.9.1999, AG 2000, 280, ist die stille Beteiligung an einer AG als Teilgewinnabführungsvertrag nach § 292 Abs. 1 Nr. 2 AktG in das HR einzutragen. Je nach Ausgestaltung des stillen Beteiligungsvertrages soll hingegen nach einer vordringenden Gegenansicht (*Weigl* DStR 1999, 1568, *Schulte/Waechter* GmbHR 2002, 189, *Mertens* AG 2000, 32 ff. vgl. auch *Habersack/Emmerich* § 292, Rn. 29d) der stille Beteiligungsvertrag eintragungspflichtig sein.

Das wird insbesondere bei der GmbH & atypisch Still bejaht.

148 Bei der **typischen** Beteiligung an einer GmbH liegt mE **keine Gewinnabführung** vor, weil es sich hier um eine Vergütung für eine Kapitalüberlassung handelt und zwischen der GmbH und dem Stillen kein Abhängigkeitsverhältnis besteht. Da es sich hier um eine Vergütung handelt, ist bei der GmbH eine Betriebsausgabe gegeben und keine Gewinnabführung. Das OLG München hat im Beschluss v. 17.3.2011, GmbHR 2011, 487 den Standpunkt vertreten, dass ein Vertrag, mit dem sich eine GmbH verpflichtet, einen Teil ihres Gewinns an den stillen Gesellschafter abzuführen nicht im Handelsregister eingetragen werden kann.

148a Die **atypisch** stille Beteiligung weist wegen der Einflussmöglichkeit des stillen Gesellschafters auf die GmbH und infolge seiner Sonderrechte gegenüber den Rechten der Gesellschafter der GmbH neben der Teilgewinnabführung auch Züge eines **Beherrschungsvertrages** aus, so dass zumindest ein Interesse besteht, der Öffentlichkeit diese Verflechtung bekannt zu machen.

148b Die GmbH & Co. KG wird als solche im Handelsregister eingetragen, ein vom stillen Gesellschafter weitgehend beherrschendes Unternehmen soll anonym bleiben. Es sprechen daher viele Gründe dafür, eine Eintragungspflicht eines Gesellschaftsvertrages über atypisch stille Beteiligung an einer GmbH als Teilgewinnabführungs- und Beherrschungsvertrages zu **bejahen**.

In das Handelsregister eintragungsfähig sind nur Tatsachen, deren Eintragung gesetzlich angeordnet oder zugelassen ist. Andere Tatsachen können nur eingetragen werden, wenn Sinn und Zweck des Handelsregisters dies erfordern und damit ein erhebliches Bedürfnis des Rechtsverkehrs besteht (vgl. BGH 14.2.2012 – II ZB 15/11, NZG 2012, 385). Von daher ist mit Rücksicht auf die strenge Formalisierung des Registerrechts bei gesetzlich nicht angeordneten Eintragungen Zurückhaltung geboten. Dass die Eintragung für Dritte von wirtschaftlichem oder rechtlichem Interesse ist, genügt damit nicht. In Anbetracht dessen ist deshalb auch die Eintragung eines von der GmbH mit zwei stillen Gesellschaf-

11.4 Unwirksamkeit des stillen Beteiligungsvertrages

Der stille Beteiligungsvertrag ist nichtig, wenn er auf unlautere Weise zustande gekommen ist und der stille Beteiligte bewusst zum Nachteil der Gesellschaft gehandelt hat, dh wenn er Kenntnis von der Kompetenzüberschreitung der Geschäftsführer hatte und bewusst zum Nachteil der Gesellschaft oder der Gesellschafter gehandelt hat.

Aus diesem Grunde werden sich in aller Regel stille Gesellschafter, die gleichzeitig GmbH-Gesellschafter sind, nicht auf die Gültigkeit des Vertrages berufen können.

Insbesondere wird der stille Beteiligungsvertrag von Anfang an unwirksam sein, wenn ein beherrschender Gesellschafter einer GmbH mit dieser einen stillen Beteiligungsvertrag abschließt, der eine Absenkung des Gewinns durch den stillen Gesellschafter bewirkt bzw. ihm als stiller Gesellschafter Mitwirkungsrechte einräumt, die ihn in die Lage versetzen, unter Umgehung von Gesellschafterbeschlüssen seinen Willen durchzusetzen.

11.5 Einräumung einer stillen Beteiligung an Gesellschafter und Treuepflicht

Gesellschaftsvertragliche Bestimmungen dürfen grundsätzlich nicht zum Nachteil einzelner Gesellschafter ohne deren Zustimmung abgeändert werden. Es bedarf hierzu der Einstimmigkeit oder zumindest der betroffenen Gesellschafter. Ein Mehrheitsgesellschafter darf daher grundsätzlich nicht die Position der übrigen Gesellschafter durch Ausnutzung seiner Stimmehrheit verschlechtern.

Beispiel:
A ist mit 51 vH an der X-GmbH beteiligt. Er möchte gerne seine Position festigen. Auf sein Betreiben und mit der Mehrheit seiner Stimme wird mit ihm ein stilles Beteiligungsverhältnis begründet. Hier wird vereinbart, dass bestimmte Rechtshandlungen nur mit seiner Zustimmung vorgenommen werden können.
Oder A, mit 51 vH beteiligt, möchte gerne eine höhere Gewinnbeteiligung, die nicht seinem Beteiligungsverhältnis entspricht, erreichen. Da er die Zustimmung der übrigen Gesellschafter nicht erhält, beschließt die Gesellschafterversammlung, in der er die Mehrheit hat, mit ihm ein atypisches stilles Beteiligungsverhältnis zu begründen, wonach er ua 50 vH des Gesamtgewinnes der X-GmbH erhalten soll, ohne dass er als stiller Gesellschafter die entsprechende Gegenleistung, die eine Gewinnbeteiligung von 50 vH rechtfertigt, erbringt.

Stille Beteiligungsverträge mit Gesellschaftern der GmbH, die eine Benachteiligung der übrigen Gesellschafter beabsichtigen, sind daher mE unwirksam, zumindest anfechtbar. Gleiches gilt, wenn der Mehrheitsgesellschafter Angehörige oder sonst ihm nachstehende Personen vorgeschoben hat.

11.6 Schadenersatzverpflichtung der Gesellschafter gegenüber Gesellschaft aus der Gründung

151 Der Geschäftsführer und die handelnden Gesellschafter machen sich der Gesellschaft gegenüber schadenersatzfplichtig, wenn sie im Rahmen der Begründung eines stillen Beteiligungsverhältnisses Verfügungen treffen, die sich auf das zum Erhalt des Stammkapitals notwendige Vermögen negativ auswirken.

12 Entstehung und Beendigung einer GmbH & Still durch Vorgänge, die unter das Umwandlungsrecht fallen

12.1 Grundsätze

Die GmbH & Still, gleichgültig, ob typisch oder atypisch, kann selbst nicht – weder als Übertragende noch als Übernehmende – Rechtsträger eines Umwandlungsvorganges sein. Rechtsträger eines Umwandlungsvorganges können uneingeschränkt Personenhandelsgesellschaften wie OHG oder KG, begrenzt eine Einzelperson (als übernehmender Rechtsträger im Rahmen einer Verschmelzung, als übertragender Rechtsträger bei der Ausgliederung) und eingeschränkt die GbR sein. Eine stille Gesellschaft ist nicht Inhaber des Vermögens des Handelsgewerbes, sondern nur der Handelsgewerbetreibende selbst, an dem die stille Beteiligung besteht. Somit kann nur der Handelsgewerbetreibende Rechtsträger einer Umwandlung sein.

152

12.2 Übergang des Vermögens auf eine GmbH & Still

12.2.1 Verschmelzung

Eine Personenhandels- oder Partnerschaftsgesellschaft kann im Rahmen einer Verschmelzung als übertragender Rechtsträger auf eine GmbH verschmolzen werden, § 3 Abs. 1 Nr. 1 UmwG (Näheres s. *Semler/Stengel* § 3 Rn. 14 ff.). Besteht an einer Personengesellschaft eine stille Beteiligung und wird die Personengesellschaft auf andere Rechtsträger verschmolzen, zB auf eine GmbH, so besteht die stille Beteiligung im Wege der Gesamtrechtsnachfolge grundsätzlich an dem übernehmenden Rechtsträger fort, es sei denn, es ist ein stiller Beteiligungsvertrag vereinbart, wonach das stille Beteiligungsverhältnis im Falle der Umwandlung beendet wird. Die Pflichten aus dem stillen Beteiligungsverhältnis gehen auf den übernehmenden Rechtsträger über.

153

12.2.2 Übergang durch Spaltung

Die Spaltung ist der umgekehrte Fall einer Verschmelzung. Ein Rechtsträger kann in verschiedene übernehmende Rechtsträger ausgespalten werden. Spaltungsrechtsträger kann auch eine Personengesellschaft sein, die ihr Vermögen auf verschiedene Rechtsträger (zB GmbH) aufspaltet. Besteht an dem übertragenden Rechtsträger eine stille Beteiligung, muss der stille Beteiligungsvertrag auch eine Regelung darüber enthalten, wie die stille Beteiligung auf die einzelnen Rechtsträger übergeht. Diese kann mit nur einem übernehmenden Rechtsträger fortgeführt werden, sich aber auch auf alle Nachfolgegesellschaften gleichmäßig verteilen (§ 126 Abs. 1 Nr. 9 UmwG). UU sind den stillen Gesellschaftern Sicherheiten zu leisten; dies ergibt sich daraus, dass § 133 iVm § 125

154

UmwG gilt und dieser auf § 22 UmwG verweist (Semler/Stengel/*Seulen* UmwG § 133 Rn. 119 ff.).

12.2.3 Übergang eines Einzelunternehmens durch Ausgliederung

155 Ein Einzelkaufmann kann aus seinem Vermögen seinen Betrieb ausgliedern und im Wege der Gesamtrechtsnachfolge unter Ausschluss der Liquidation auf einen übernehmenden Rechtsträger, zB eine GmbH, übertragen (§§ 3, 123 Abs. 3, 124, §§ 152 ff. UmwG). Ist an dem Einzelunternehmen ein stiller Gesellschafter beteiligt, besteht die stille Gesellschaft an der GmbH als übernehmenden Rechtsträger weiter. Sollte eine Vereinbarung über den Gewinnanteil nicht getroffen sein, ist der Gewinnanteil nicht um die Körperschaftsteuer der GmbH zu mindern, denn der stille Gesellschafter darf durch die Rechtsänderungen keine Einbuße erfahren.

12.2.4 Formwechsel

156 Die GmbH & Still kann auch durch Formwechsel entstehen, soweit die stille Beteiligung an einer Personengesellschaft bestanden hat, die durch Formwechsel in eine GmbH umgewandelt wurde (§§ 190 ff. UmwG).

12.3 Beendigung der GmbH & Still durch Umwandlung

157 Es kommen hier die Verschmelzung der GmbH auf eine Personengesellschaft als Rechtsträger in Betracht. In diesem Falle wird die stille Beteiligung mit der Personengesellschaft fortgeführt.

Hier ist auch die Verschmelzung der GmbH auf den alleinigen Gesellschafter möglich.

Wird das Vermögen der GmbH durch Spaltung auf mehrere Rechtsträger übertragen, hat der Spaltungsvertrag zu regeln, in welchem Umfange die stille Beteiligung auf einen Rechtsträger übergeht. Die GmbH kann auch durch Formwechsel auf eine Personengesellschaft übergehen, in diesem Falle wird das mit der GmbH begründete stille Gesellschaftsverhältnis mit der Personengesellschaft fortgesetzt.

13 Die Aktiengesellschaft & atypisch Still

13.1 Grundsätze

Die stille Beteiligung kann auch zu einer Aktiengesellschaft begründet werden, denn das Aktiengesetz lässt grundsätzlich eine stille Beteiligung am Unternehmen der AG zu.

Hier bietet sich die kleine Aktiengesellschaft an.

Die Aktiengesellschaft unterscheidet sich von der GmbH ua dadurch, dass sie mit einem größeren Kapital (50.000 EUR statt 25.000 EUR) ausgestattet sein muss. Die Aktiengesellschaft hat anstelle der Geschäftsführer, denen von den GmbH-Gesellschaftern Weisungen erteilt werden können, den Vorstand und daneben den Aufsichtsrat, der die Geschäftsführung überwacht; die Gesellschafterversammlung ist die Vertretung der Gesellschafter. Der Vorstand wird vom Aufsichtsrat bestellt. Gesetzliche Vertreter der GmbH hingegen sind die Geschäftsführer, die von den Gesellschaftern bestellt werden und denen die Gesellschafterversammlung Weisungen erteilen kann.

158

13.2 Vertragsabschluss

Der stille Beteiligungsvertrag wird grundsätzlich mit dem Vorstand als gesetzlichem Organ der AG abgeschlossen; dieser ist nach außen vertretungsberechtigt. Inwieweit der Vorstand im Innenverhältnis dazu befugt ist, hängt von dessen Ausgestaltung ab.

159

13.3 Satzungsregelungen

So kann in der Satzung festgelegt sein, dass die AG als Handelsgewerbetreibende stille Beteiligungen eingehen kann.

160

Ist es Zweck der Aktiengesellschaft, bisherige Einzelunternehmen bzw. Personengesellschaften durch Sacheinlage zu erwerben und diese nach außen hin fortzuführen, wobei jedoch die bisherigen Inhaber im Innenverhältnis die eingebrachten Betriebe weiterhin führen, ist es zweckmäßig, diese Zielrichtung bereits in der Satzung zum Ausdruck zu bringen.

Beispiel:
Eine Gruppe vom Einzelhandlern will ihre bisherige gewerbliche Tätigkeit unter einem Dachunternehmen führen. Hier bietet sich die Rechtsform einer kleinen Aktiengesellschaft an. Die bisherigen Einzelhändler übertragen ihren Gesellschaftsbetrieb auf die AG in der Form der atypisch stillen Beteiligung. Die Beteiligung beschränkt sich jeweils auf den eingebrachten Betrieb, der im Innenverhältnis von den bisherigen Inhabern geführt wird.

In Erfüllung ihrer Einlageverpflichtung übertragen sie ihren Betrieb auf die AG. Im stillen Beteiligungsvertrag wird die Gewinnbeteiligung ausdrücklich auf den eingebrachten Betrieb begrenzt und die Einbringenden werden zum Geschäftsführer bestellt unter Beschränkung auf den eingebrachten Betrieb (die im Außenverhältnis als Zweigstellen-Prokura deklariert wird). Der stille Gesellschafter hat im Falle der Beendigung des stillen Beteiligungsverhältnisses das Recht auf Rückübertragung des eingebrachten Betriebes.

Auch Freiberufler haben die Möglichkeit, nach außen hin ihren Beruf im Rahmen einer Aktiengesellschaft auszuüben, wenn die berufsrechtlichen Voraussetzungen gegeben sind, in dem sie im Innenverhältnis ihre bisherige Praxis weiterführen.

Ist es Zweck einer Aktiengesellschaft, lediglich nach außen einen Gewerbebetrieb zu führen oder einen freien Beruf auszuüben, so ist dies bereits in der Satzung festzulegen.

13.4 Die Begründung einer atypisch stillen Beteiligung als Unternehmens- und Teilgewinnabführungsvertrag

161 Der Abschluss eines Vertrages über eine atypisch stille Beteiligung greift stark in die Rechte der gesetzlichen Organe (Vorstand, Aufsichtsrat und Gesellschafterversammlung) ein. Grundlegende Änderungen, Änderung des Unternehmenszweckes, Veränderung des Kreises der Gesellschaft, Kapitalerhöhungen, Aufgabe von Geschäftszweigen, Ausgliederungen usw bedürfen der Zustimmung des stillen Gesellschafters.

Außerdem kann der stille Beteiligungsvertrag dem stillen Gesellschafter auch noch Sonderrechte einräumen, also Rechte, die ein Aktionär nicht hat. Der stille Gesellschafter kann aufgrund seines Sonderrechtsverhältnisses Beschlüsse der Gesellschafter blockieren (zur GmbH vgl. *Blaurock* Rn. 594, *Bachmann/Veil* ZIP 1999, 348, *Weigl* DStR 1999, 1568). Daher unterliegt der atypisch stille Beteiligungsvertrag den Regeln des Unternehmensvertrages.

161a Nach überwiegender Rechtsansicht unterliegt der stille Beteiligungsvertrag den Regeln eines Teilgewinnabführungsvertrages § 294 AktG (OLG Celle 22.9.1999, AG 2000, 280). Somit bedeutet der atypisch stille Beteiligungsvertrag nicht nur der Zustimmung der Gesellschafterversammlung mit 3/4-Mehrheit und deren Protokollierung von einem anwesenden Notar, sondern auch der Eintragung dieses Vertrages in das Handelsregister (BGH 29.11.2004, DStR 2005, 295, 21.7.2003, BGHZ 156, 38243, Hüffer/Koch AktG § 292 Rn. 15).

Die Einräumung einer stillen Beteiligung an dem Handelsgewerbe einer AG bedarf nach Ansicht des BGH (18.9.2012, DNotI-Report 2013, 16 = BeckRS 2012, 25500) zu deren Wirksamkeit der Eintragung in das Handelsregister, §§ 294, 295 AktG. Dies dürfte auch für die stille Beteiligung an einer GmbH gelten (so auch *Hamminger* NWB 2013 Heft 4, 218).

13.5 Schlussbetrachtung

Handelt es sich um einen begrenzten Teilnehmerkreis, so wird sich die Gründung einer GmbH & Still als günstiger erweisen. Vorstandsmitglieder einer Aktiengesellschaft unterliegen im Gegensatz zu den GmbH-Geschäftsführern nicht der Sozialversicherungspflicht. Dient die Kapitalgesellschaft lediglich als Deckmantel für eine gemeinsame Beteiligung am wirtschaftlichen Verkehr, handelt es sich aber innerbetrieblich um einen eigenverantwortlich eingebrachten, bisher selbständig geführten Betrieb, wird sich die kleine Aktiengesellschaft als günstiger erweisen.

Steuerlich ist es jedoch unerheblich, ob der Handelsgewerbetreibende eine AG oder GmbH ist. Das Steuerrecht kennt nur eine Kapitalgesellschaft & atypisch Still.

14 Stille Beteiligungen an einer Unternehmergesellschaft mit beschränkter Haftung

163 Das MoMiG hat eine neue Gesellschaftsform für Kleinunternehmer geschaffen. § 5a GmbHG nF, um diesen auch eine Haftungsbeschränkung zu ermöglichen. Diese muss ein Mindestkapital von 1 EUR ausweisen. Sie ist auch nur als Bargründung zulässig.

Da es sich hierbei um einen Handelsgewerbetreibenden handelt, ist auch an der Unternehmung der Unternehmergesellschaft eine stille Beteiligung möglich, jedenfalls soweit es sich um dritte Personen handelt. Beteiligt sich der Gesellschafter bzw. die Gesellschafter der UG an dieser still, so ist diese stille Beteiligung meines Erachtens als eine verdeckte Einlage zu behandeln, mit der Folge, dass der Gewinnanteil der stillen den Gewinn der UG nicht mindern darf, mit der Folge, dass der jährlich eine Zulage (§ 5a Abs. 3 GmbHG) zuzuführende Betrag von 25 vH vom Gewinn unter Einschluss des Gewinnanteils zu berechnen ist. ME ist die Einlage als stiller Gesellschafter im Falle der Insolvenz als Eigenkapital zu behandeln, zumindest jedoch als Gesellschafterdarlehen bzw. als sonstige Forderung iSd § 39 Abs. 1 Nr. 5 InsO als nachrangig zu behandeln.

Teil 2
Steuerliche Behandlung der GmbH & Still

1 Einleitung

Das Einkommensteuerrecht unterscheidet zwischen der typischen und der atypischen stillen Beteiligung. **164**

Liegt eine typische stille Beteiligung vor, hat der Gesellschafter Einkünfte aus Kapitalvermögen (§ 20 Abs. 1 Nr. 4 EStG).

Die Gewinnansprüche des stillen Beteiligten stellen bei der Kapitalgesellschaft Betriebsausgaben dar.

Im Falle einer atypischen stillen Gesellschaft hat der stille Gesellschafter, ebenso wie die GmbH, Einkünfte aus Gewerbebetrieb. Zwischen Gesellschafter und Gesellschaft liegt eine Mitunternehmerschaft vor, deren Einkünfte gesondert festgestellt werden. Voraussetzung ist jedoch, dass ein stilles Beteiligungsverhältnis an der GmbH steuerlich anerkannt wird, was jedoch kritisch zu prüfen ist, wenn GmbH-Gesellschafter sich gleichzeitig als stille Gesellschafter beteiligen oder die stille Beteiligung von Familienangehörigen eines Gesellschafters gehalten wird.

Die stille Beteiligung kann begründet werden mit Nicht-GmbH-Gesellschaftern, den GmbH-Gesellschaftern, mit Angehörigen von GmbH-Gesellschaftern und sogar mit dem Alleingesellschafter einer Einpersonen-GmbH.

Wegen eines natürlichen Interessenkonfliktes ist die Begründung eines stillen Gesellschaftsverhältnisses steuerlich unproblematisch; anders ist jedoch die Sachlage, wenn stille Gesellschaften mit GmbH-Gesellschaftern und/oder deren Angehörigen begründet werden, weil hier oft außerbetriebliche Erwägungen mit einfließen. Korrekturen erfolgen hier über das Institut der verdeckten Gewinnausschüttung.

2 Steuerliche Anerkennung der GmbH & Still

2.1 Grundsätze für die steuerliche Anerkennung

165 Was die Anerkennung von Gesellschaftsverhältnissen angeht, folgt das Steuerrecht grundsätzlich dem bürgerlichen Recht; vgl. *Schulze zur Wiesche* Vereinbarungen mit Familienangehörigen, 7. Aufl., S. 80 ff.; S. 106 ff.; BFH 29.1.1976, BStBl. II 76, 324; BFH 8.2.1979, BB 1979, 717; 28.11.1973, BStBl. II 74, 289. Liegt bürgerlich-rechtlich ein wirksames stilles Beteiligungsverhältnis vor, wird dieses grundsätzlich auch steuerlich anerkannt. Nicht anerkannt wird eine stille Beteiligung, wenn sie nur zum Schein abgeschlossen worden ist und auch nicht tatsächlich durchgeführt wird. Besondere Anforderungen ergeben sich bei Familienangehörigen.

2.2 Stille Beteiligung von Gesellschaftern der GmbH an dieser

166 Grundsätzlich ist auch eine stille Beteiligung von Gesellschaftern an ihrer GmbH neben ihrer GmbH-Beteiligung möglich. Die unentgeltliche Zuwendung einer typischen und atypisch stillen Beteiligung ist grundsätzlich mit dem Abschluss des Gesellschaftsvertrages zivilrechtlich wirksam vollzogen (BGH 29.11.2011, BGHZ 191, 354; BFH 17.7.2014 – IV R 52/11, GmbHR 2014, 1278 = BeckRS 2014, 96085). Voraussetzung hierfür ist, dass neben dem Gesellschaftsvertrag weitere Rechtsbeziehungen bestehen, die außerhalb des GmbH-Vertrages geregelt sind. Die Rechtsprechung geht grundsätzlich davon aus, dass ein Gesellschafter mit der Gesellschaft wie ein fremder Dritter in Rechtsbeziehungen treten kann BFH 6.2.1980, BStBl. II 80, 477; 16.12.1992, BStBl. II 93, 792. Handelt es sich um beherrschende Gesellschafter, ist Voraussetzung, dass die Verträge eindeutig und nicht manipulierbar sind. Auch dürfen Verträge mit Gesellschaftern mit beherrschender Stellung nicht mit Rückwirkung abgeschlossen werden.

Beispiel:
A, der mit 60 vH an der X-GmbH beteiligt ist, schließt mit der GmbH am 10.6.2001 einen Vertrag über die Begründung eines stillen Gesellschaftsverhältnisses ab. Der Vertrag soll bereits ab 1.1.2001 wirksam sein. Das stille Beteiligungsverhältnis wird erst zum 10.6.2001 steuerlich wirksam.

167 Unabhängig von der Höhe der Beteiligung bedarf es zur Begründung eines stillen Beteiligungsverhältnisses eines Gesellschafters einer Vereinbarung, die erkennen lässt, dass weitere Rechtsbeziehungen außerhalb des Gesellschaftsverhältnisses begründet werden sollen (BFH 9.12.1976, BStBl. II 77, 155).

Es handelt sich hier um eine grundsätzliche Voraussetzung für die einkommensteuerliche Berücksichtigung von besonderen schuldrechtlichen Beziehungen zwischen einer GmbH und ihren Gesellschaftern überhaupt, die neben das

2.3 Gesellschaftsvertrag als Grundlage für ein stilles Beteiligungsverh. 168

sich aus dem GmbH-Vertrag ergebende Rechtsverhältnis treten soll. Dies gilt nach Ansicht des BFH insbesondere, wenn ein Gesellschafter einer GmbH Leistungen zugunsten der GmbH, wie zB Bargeldzuschüsse, Sachzuwendungen, die Überlassung von Sachgütern zur Nutzung, Dienstleistungen und Haftungsübernahmen in seiner Eigenschaft als Gesellschafter der GmbH ohne besonderes Entgelt, also in Form verdeckter Einlage, erbringen kann. Ein besonderes Rechtsverhältnis zur Gesellschaft ist hiernach nur anzuerkennen, wenn der Gesellschafter diese Leistungen wie ein fremder Dritter der Gesellschaft gegenüber erbringt. Hierzu ist von vornherein eine eindeutige und klare Vereinbarung notwendig. Es reicht somit für eine typische oder atypische stille Beteiligung des Gesellschafters an einer GmbH am Unternehmen dieser GmbH nicht aus, dass der Gesellschafter zugunsten der GmbH bestimmte Leistungen erbracht hat, etwa die Verpflichtung, über seine Stammeinlage hinaus Zahlungen an die GmbH zu leisten, bestimmte Geschäfte der GmbH zu führen oder die Bürgschaft für einzelne Verbindlichkeiten der GmbH übernommen zu haben. Die Vereinbarung muss klar erkennen lassen, dass eine stille Beteiligung gewollt ist. Erforderlich ist daher grundsätzlich eine schriftliche Vereinbarung, aus der klar hervorgeht, dass neben dem Gesellschaftsverhältnis aufgrund des GmbH-Vertrages ein zusätzliches stilles Beteiligungsverhältnis begründet werden soll. Dieses Vertragsverhältnis muss die Voraussetzungen für eine stille Beteiligung erfüllen. Für die steuerliche Anerkennung ist ferner Voraussetzung, dass dieses Gesellschaftsverhältnis auch so durchgeführt wird, wie es vereinbart worden ist.

2.3 Gesellschaftsvertrag als Grundlage für ein stilles Beteiligungsverhältnis

Für die Anerkennung als stille Gesellschaft reicht es nicht aus, dass eine Vereinbarung mit der GmbH des Inhalts vorliegt, dass außerhalb des Gesellschaftsverhältnisses ein selbständiges Vertragsverhältnis zur Gesellschaft begründet werden soll. Hierbei kommt es jedoch nicht auf die Bezeichnung des Vertrags an. Für die bürgerlich-rechtliche Qualifikation eines Vertragsverhältnisses bietet die Bezeichnung durch die Parteien lediglich einen Anhalt, maßgebend ist der von den Parteien zum Ausdruck gebrachte Rechtsfolgewille (vgl. BFH 10.2.1978, BStBl. II 78, 256). Hinsichtlich der Abgrenzung zwischen einem partiarischen Darlehen und einer stillen Gesellschaft hat der BFH wie folgt ausgeführt: „Die Abgrenzung zwischen partiarischen Darlehen und stiller Gesellschaft ist unter umfassender Berücksichtigung des Gesellschaftszwecks und der wirtschaftlichen Ziele der Vertragsparteien zu nehmen. Maßgebend ist, ob die Parteien ohne jeden gemeinsamen Zweck lediglich ihre eigenen Interessen verfolgen und ihre Beziehungen ausschließlich durch die Verschiedenheit ihrer Interessen bestimmt werden (= partiarisches Darlehen) oder ob die Parteien sich durch den Vertrag zur Erreichung eines gemeinsamen Zweckes verbunden haben und ihre schuldrechtlichen Beziehungen ein gesellschaftliches Element in sich tragen (= dann stille Beteiligung); (vgl. Entscheidungen *BGH* v. 10.6.1965, DB 1965, 1589 und v. 9.2.1967, DB 1977, 544)."

168

Für die Frage, ob ein partiarisches Darlehen vorliegt oder eine stille Gesellschaft, ist von besonderer Bedeutung, ob es sich um ein Vertragsverhältnis zwischen der Kapitalgesellschaft und dem sie beherrschenden Gesellschafter handelt. Im Hinblick auf dessen besondere Einwirkungsmöglichkeiten auf die Kapitalgesellschaft sowie auf die Identität der Interessen des Gesellschafters und seiner Gesellschaft liegt es dann nahe, eine gesellschaftsrechtliche Verbindung und nicht eine bloße Darlehensgewährung anzunehmen. Allerdings reicht die Beherrschung der Gesellschaft durch den Gesellschafter allein nicht aus, um in der Kapitalgewährung an die Gesellschaft eine stille Beteiligung zu sehen. Denn auch die Kapitalüberlassung durch den beherrschenden Gesellschafter kann derart gestaltet sein, dass sich die Beteiligten nur als Kreditgeber und Kreditnehmer gegenüberstehen (vgl. BFH 21.6.1983, BStBl. II 83, 563). Wie bereits ausgeführt, kommt es jedoch nicht auf die Bezeichnung an. Auch die Begründung formal rein obligatorischer Beziehungen in der Form eines Pachtvertrages oder eines Anstellungsvertrages oder Darlehensüberlassungsvertrages kann eine Mitunternehmerschaft begründen (vgl. BFH 28.11.1979, BStBl. II 80, 266; 31.1.1961, BStBl. III 61, 168; 18.3.1964, BStBl. III 64, 429; 1.2.1973, BStBl. II 73, 307; 27.2.1980, BStBl. II 81, 210; 19.2.1981, BStBl. II 81, 602; 28.10.1981, BStBl. II 82, 186).

169 Die Vereinbarung eines Gesellschaftsverhältnisses zwischen zwei oder mehreren Personen bedarf keiner besonderen Form. Sie kann auch mündlich oder auch durch konkludentes gleichgerichtetes Handeln erfolgen (BFH 27.2.1980, BStBl. II 80, 210). Allerdings ist hier zu bemerken, dass zwischen einer GmbH und ihrem beherrschenden Gesellschafter klare Vereinbarungen in Schriftform vorliegen müssen. Jedoch ist der Inhalt eines Gesellschaftsverhältnisses nicht gesetzlich festgelegt. Es kann von den Vertragsschließenden frei ausgestaltet werden. Sofern durch das Gesellschaftsverhältnis zB eine Mitunternehmerschaft begründet werden soll, muss Gegenstand des Gesellschaftsverhältnisses das Betreiben eines gemeinsamen Gewerbes sein. Nicht notwendig ist, dass dieses gemeinsame Handeln nach außen hin in Erscheinung tritt; erheblich ist im Innenverhältnis die einheitliche und gemeinsame Bindung, die auf das gemeinsame Betreiben ausgerichtet ist, was bei einer Innengesellschaft, die gesetzlich nicht normiert ist (vgl. BFH 19.2.1981, BStBl. II 81, 602; 28.10.1981, BStBl. II 82, 186), der Fall ist. Die Förderung des gemeinsamen Zwecks kann auf verschiedene Weise erfolgen: in der Leistung von Diensten, in der Überlassung von Kapital und in der Überlassung von Wirtschaftsgütern zur Nutzung. Allerdings darf die Überlassung nicht lediglich schuldrechtliche Beziehungen im Rahmen eines Leistungsaustausches, wie eine Nutzungsüberlassung gegen eine Pacht, sondern muss sich als ein Beitrag zur Erreichung eines gemeinsamen Zwecks darstellen. Nicht notwendig, dass die Gesellschaft gemeinsames Vermögen hat, das den Gesellschaftern zur gesamten Hand zusteht. Es ist zulässig, dass die Gesellschafter zur Erfüllung des gemeinsamen Zweckes eigenes Vermögen einsetzen (vgl. auch *Schulze zur Wiesche* DB 1982, 919). Bei vertraglich vereinbarten Diensten ist ein Gesellschaftsverhältnis anzunehmen, wenn dem Dienstleistenden Überwachungs- und Mitspracherechte eingeräumt worden sind. Das gilt insbesondere dann, wenn jemand sein Beschäftigungsverhältnis durch eigene Mitentscheidung in den Gesellschaftsorganen maßgebend bestimmen kann (vgl. BFH 11.12.1980, BStBl. II 81, 310). Für den Abschluss eines Gesellschaftsvertrages reicht jede ausdrückliche und stillschweigende Vereinbarung aus, einen gemeinsamen Zweck auf der Basis der Gleichberechtigung zu verfolgen (BFH 29.1.1976, BStBl. II 76, 332; 27.2.1980, BStBl. II 81, 210; 11.12.1980, BStBl. II 81, 310; 28.10.1981, BStBl. II 82, 186; 28.1.1982, BStBl. II 82, 389; 19.2.1981, BStBl. II 81, 602). Liegt jedoch zwischen einem beherrschenden Gesellschafter oder sogar alleinigen Gesellschafter und der GmbH keine klare Vereinbarung vor, ist im Zweifel anzunehmen, dass er die Leistung gegenüber der Gesellschaft im Rahmen des GmbH-Vertrages erbracht hat.

2.4 Steuerliche Anerkennung der Einräumung von stillen Beteiligungen an minderjährige Familienangehörige eines Gesellschafters einer GmbH

Steuerlich wird ein stilles Beteiligungsverhältnis nur anerkannt, wenn mit der Einlage der stillen Beteiligung auch die Übertragung einer Einkunftsquelle verbunden ist. Bei Rechtsgeschäften zwischen dem Gesellschafter einer Personengesellschaft, das gilt auch für den Gesellschafter einer Kapitalgesellschaft, sind Rechtsgrundsätze der Rechtsprechung (BFH 13.6.1989, BStBl. II 89, 720) hinsichtlich der steuerlichen Anerkennung von Verträgen mit Familienangehörigen anzuerkennen, wenn der Schenker (des Darlehens) der stillen Beteiligung beherrschender Gesellschafter ist.

Ist der Vater beherrschender Gesellschafter einer GmbH, sind die Grundsätze über die steuerliche Anerkennung von Familiengesellschaften anzuerkennen, wenn er mit seinen Kindern stille Beteiligungen zur GmbH begründet (BFH 13.6.1989, BStBl. II 89, 720).

Wird die stille Beteiligung von Kindern dadurch begründet, dass der Vater eine bereits bestehende stille Beteiligung abtritt oder ein Gesellschafterdarlehen an die Kinder abtritt, welches in eine stille Beteiligung umgewandelt wird, kommt es darauf an, dass sowohl die Schenkung als auch die stille Beteiligung bürgerlich wirksam wird. Bilden Schenkung und Begründung der stillen Beteiligung eine wirtschaftliche Einheit, bewirkt die Ungültigkeit des einen Rechtsvorganges auch die Ungültigkeit des anderen Rechtsvorganges (BFH 18.12.1990, BB 1991, 1316; 18.12.1990, DB 1991, 1092; 12.2.1992, BStBl. II 92, 468). Wird einem Minderjährigen eine Beteiligung an einer Gesellschaft geschenkt, muss er grundsätzlich auch die Verfügungsgewalt über die Quelle als eigene Einkünfte erhalten. Grundsätzlich werden daher Verträge mit Familienangehörigen nur anerkannt, wie sie klar und eindeutig sind, ernsthaft gewollt und auch tatsächlich durchgeführt werden. Verträge mit Familienangehörigen, das gilt auch für die Einräumung einer stillen Beteiligung, werden daher steuerlich grundsätzlich nur dann erkannt, wenn folgende Voraussetzungen vorliegen:

– die Vereinbarungen müssen ernsthaft gewollt sein
– sie müssen tatsächlich durchgeführt und

– unter Bedingungen abgeschlossen werden, wie sie auch unter fremden Dritten abgeschlossen würden.

Ein Gesellschaftsvertrag zwischen nahen Angehörigen wird steuerlich nur berücksichtigt, wenn die Vereinbarung in der gesetzlich vorgeschriebenen Form zustande gekommen ist und sowohl nach ihrer inhaltlichen Gestaltung als auch nach ihrer Durchführung dem zwischen Fremden üblichen entspricht (BFH 21.9.1989, BFH/NV 1990, 692, vgl. auch BFH 17.7.2014, BFHE 246, 349; 12.5.2016 – IV R 29/13, GmbHR 2016, 7111 = BeckRS 2016, 95216)

2.4.1 Begriff der Schenkung

172 Der Begriff der Schenkung stimmt grundsätzlich mit dem bürgerlich-rechtlichen Begriff der Schenkung iSd §§ 516 ff. BGB überein. Eine Schenkung ist jedoch auch dann anzunehmen, wenn den minderjährigen Kindern für den Erwerb der Beteiligung Darlehen gewährt werden, unter Bedingungen, die wirtschaftlich gesehen einer Schenkung gleichkommen (vgl. BFH 5.7.1979, BB 1979, 1483). Das wäre der Fall, wenn eine GmbH, an der der Vater als Alleingesellschafter beteiligt ist, den Kindern des Gesellschafters Darlehen gewährt, mit dem Zweck, dass diese sich an der GmbH still beteiligen, und die Darlehensbedingungen und die Bedingungen der stillen Beteiligung so aufeinander abgestimmt sind, dass das Darlehen aus den Erträgen der stillen Beteiligung verzinst und rückgezahlt werden kann.

2.4.2 Bürgerlich-rechtliche Wirksamkeit des Vertrages

173 Verträge mit Familienangehörigen, insbesondere wenn es sich um minderjährige Kinder handelt, werden steuerlich nur anerkannt, wenn die Verträge bürgerlich-rechtlich wirksam sind. Die Einräumung einer stillen Beteiligung bedarf der notariellen Form. Nach dem Urteil des BFH (8.8.1979, BStBl. II 79, 768) reicht ein privatschriftlicher Vertrag nicht aus, um eine stille Beteiligungsgesellschaft entstehen zu lassen. Bei der stillen Gesellschaft ist ein dinglicher Vollzug mit der Möglichkeit der Heilung wegen der lediglich obligatorischen Beziehungen nicht möglich. Der Schenker ist dem Beschenkten bezüglich der Vermögens- und Gewinnbeteiligung sowie bezüglich der Rechte lediglich schuldrechtlich verpflichtet. Hierin erschöpft sich nach Ansicht des BFH 8.8.1979, BStBl. II 79, 768) die dem Beschenkten gegenüber abgegebene Zusage der stillen Beteiligung. Die schuldrechtliche Verpflichtung bedarf daher nach Ansicht des BFH, soweit sie unentgeltlich eingegangen ist, gem. § 518 Abs. 1 S. 1 BGB der notariellen Beurkundung.

174 Ist der Vater gleichzeitig Geschäftsführer der GmbH, bedarf es bei Minderjährigen gem. § 1909 BGB grundsätzlich der Bestellung eines Ergänzungspflegers für den Abschluss des Gesellschaftsvertrages. Es ist jedoch hierbei zu beachten, dass für jeden Minderjährigen ein besonderer Abschlusspfleger bestellt werden muss (BFH 1.2.1973, BStBl. II 73, 309). Die Ergänzungspflegschaft gilt lediglich für den Vertragsabschluss, nicht jedoch für die Dauer der Minderjährigkeit (BFH

2.4 Steuerliche Anerkennung der Einräumung von stillen Beteilig.   175–178   **2.4**

29.1.1976, BStBl. II 76, 328). Die Änderung des Gesellschaftsverhältnisses bzw. die vorzeitige Kündigung eines stillen Gesellschaftsvertrages bedürfen allerdings eines Vertragsabschlusses mit einem Ergänzungspfleger.

Grundsätzlich bedarf der Vertragsabschluss auch der vormundschaftlichen   **175**
Genehmigung (BFH 19.9.1974, BStBl. II 75, 141). Eine vormundschaftliche Genehmigung nach § 1822 Nr. 3 BGB ist jedoch dann nicht erforderlich, wenn es sich um eine einmalige Kapitalbeteiligung handelt und eine Beteiligung am Verlust ausgeschlossen ist (Palandt/*Götz* BGB § 1822 Rn. 9; aA Staudinger/*Engler* BGB § 1822 Rn. 64). In allen anderen Fällen bedarf es jedoch einer vormundschaftlichen Genehmigung (BFH 28.11.1973, BStBl. II 74, 289). Die zivilrechtliche Rückwirkung der vormundschaftlichen Genehmigung eines Vertrages über den Erwerb einer stillen Beteiligung durch einen Minderjährigen wird auch steuerlich berücksichtigt, wenn die vormundschaftliche Regelung unverzüglich nach Abschluss des Gesellschaftsvertrages beantragt und in angemessener Frist erteilt ist (BFH 8.11.1972, BStBl. II 73, 289; 1.4.1973, BStBl. II 73, 307). Ist das nicht der Fall, wird die Gesellschaft erst mit dem Tag der vormundschaftlichen Genehmigung anerkannt.

Die formelle Unwirksamkeit eines Gesellschaftsverhältnisses kann bei Min-   **176**
derjährigen nicht durch faktischen Vollzug geheilt werden (BFH 8.11.1972, BStBl. II 73, 287; 1.2.1973, BStBl. II 73, 307). Fehlen die vorgenannten Voraussetzungen, wird das stille Beteiligungsverhältnis nicht anerkannt.

Allgemeines Erfordernis für die steuerliche Berücksichtigung ist die Ernst-   **177**
haftigkeit der getroffenen Vereinbarungen, für die es mindestens ein Indiz ist, dass die Vereinbarungen in einer Form abgeschlossen worden sind, die Zweifel an ihrer zivilrechtlichen Wirksamkeit nicht aufkommen lässt (BFH 19.9.1974, BStBl. II 75, 141; 19.12.1979, BStBl. II 80, 242). Dies gilt insbesondere auch für die Vereinbarung stiller Gesellschaften zwischen Eltern und Kindern (vgl. BFH 20.2.1975, BStBl. II 75, 569; 8.8.1974, BStBl. II 75, 34). Gleiches muss gelten, wenn der Handelsgewerbetreibende eine GmbH ist, deren beherrschender Gesellschafter der Vater der stillen Beteiligten ist. Ein stiller Beteiligungsvertrag ist mangels Mitwirkung von Ergänzungspflegern (§ 1909 BGB) schwebend unwirksam (§ 181 BGB; BFH 28.11.1973, BStBl. II 74, 289). Die Begründung einer stillen Gesellschaft bedeutet für Kinder nicht deshalb nur einen rechtlichen Vorteil, weil sie allenfalls verlieren könnten, was sie zuvor geschenkt erhalten hatten. Der Nachteil für die Kinder liegt darin, dass Beträge, die zuvor in ihr Vermögen gelangt waren, in das Vermögen eines anderen übertragen wurden (§ 230 HGB), und zwar mit allen Risiken des Kapitalverlustes, die mit einer derartigen Übertragung verbunden sind.

2.4.3 Ernsthaftigkeit der Vereinbarungen

Vereinbarungen mit Familienangehörigen werden steuerlich nur anerkannt,   **178**
wenn sie ernsthaft gewollt und nicht nur für das Papier vereinbart sind. Stimmt die förmliche Vereinbarung nicht mit dem überein, was die Vertragschließenden tatsächlich wollen, ist die Vereinbarung als Scheingeschäft iSd des § 117 BGB

unwirksam. Verbirgt sich hinter dem formell vereinbarten Rechtsgeschäft ein anderes Rechtsgeschäft, hat dieses im Zweifel wegen mangelnder Form auch keine Gültigkeit, insbesondere wenn es mit Minderjährigen abgeschlossen ist. Die Ernsthaftigkeit eines Vertrages wird von der Rechtsprechung in Zweifel gezogen, wenn die formellen Voraussetzungen für die Wirksamkeit eines Vertrages nicht vorgelegen haben (BFH 19.12.1979, BStBl. II 80, 242).

2.4.4 Eindeutigkeit der Vereinbarungen

179 Verträge mit Familienangehörigen, gleichgültig ob minderjährig oder nicht, müssen einen eindeutigen Inhalt haben und dürfen nicht manipulierbar sein (BFH 29.1.1976, BStBl. II 76, 324). Der Inhalt der Vereinbarungen muss also von vornherein klar festgelegt sein. Das gilt nicht nur hinsichtlich der Gesellschafterrechte, insbesondere aber im Hinblick auf die Gewinnbeteiligung des stillen Gesellschafters. Ist der Schenker beherrschender Gesellschafter der GmbH, bedeutet dieses, dass die Vereinbarung eindeutig und klar und von vornherein bestimmt sein muss. Insbesondere muss die Bemessungsgrundlage zumindest durch Auslegung klar zu ermitteln sein. Ist das nicht der Fall, wird die Stille Beteiligung mit dem Angehörigen des beherrschenden Gesellschafters nicht anerkannt. Sind aufgrund der steuerlich nicht anzuerkennenden Verträge Gewinnzahlungen erfolgt, sind diese als vGA an den beherrschenden Gesellschafter zu behandeln. (BFH 4.12.1991, BStBl. II 92, 360; 22.2.1989; BStBl. II 89, 631; 27.7.1988, BStBl. II 89, 57).

2.4.5 Tatsächliche Durchführung des Gesellschaftsverhältnisses

180 Nur tatsächlich durchgeführte Gesellschaftsverhältnisse werden steuerlich anerkannt, wenn es sich um Beteiligungen von Familienangehörigen eines Gesellschafters handelt (BFH 17.10.1951, BStBl. III 51, 232; 24.7.1969, BStBl. II 69, 619; 1.2.1972, BStBl. II 73, 307; 8.8.1979, BStBl. II 79, 768). An einer tatsächlichen Durchführung wird es in der Regel mangeln, wenn die buchhalterischen Voraussetzungen wie Einräumung der Kapitalkonten an die Gesellschafter nicht gegeben sind und die Gesellschafter in Wirklichkeit nicht die Rechte haben, die ihnen vertragsmäßig eingeräumt worden sind, und wenn ihre Verfügungsrechte über den Anteil und den Gewinn so beschnitten sind, dass die Beschenkten keine Eigentumsrechte ausüben können. Eine tatsächliche Durchführung des Gesellschaftsverhältnisses wird daher idR gegeben sein, wenn folgende Voraussetzungen erfüllt sind:

– selbständige Führung von Gesellschafterkonten für die minderjährigen Kinder,
– die Verwaltung der Anteile der Kinder als Fremdvermögen,
– Kündigungsrecht der Kinder als Gesellschafter,
– keine totale Entnahmebeschränkungen der Gewinngutschriften,
– Auszahlung der Gewinngutschrift.

2.4 Steuerliche Anerkennung der Einräumung von stillen Beteilig. 181–185 **2.4**

Auch bei der stillen Gesellschaft mit einer GmbH sind für die stillen Gesellschafter selbständige Kapitalkonten zu führen. Es muss durch die selbständige Kontenführung dokumentiert werden, dass ein Eigentumswechsel stattgefunden hat. **181**

Eine Durchführung des Gesellschaftsverhältnisses mit der Konsequenz, dass der Minderjährige Eigentümer des Anteils geworden ist, ist nach Ansicht des BFH (3.11.1976, BStBl. II 77, 206) auch dann nicht gegeben, wenn der Vater als gesetzlicher Vertreter weiterhin die volle Verfügungsmacht über den Anteil hat. Die Verwaltung der Beteiligungen durch die Eltern hat sich im Rahmen der Vermögensfürsorge zu halten, insbesondere sind die Einschränkungen für die Verwendung der Einkünfte des Kindesvermögens (§ 1649 BGB) zu beachten. Kann der Beschenkte nicht über seinen Anteil mit Erreichen der Volljährigkeit verfügen, wird im allgemeinen eine Durchführung des Gesellschaftsverhältnisses auch zu verneinen sein, wenn die Verfügungsbeschränkung weit über das Volljährigkeitsalter hinausgeht (vgl. hierzu BFH 29.1.1976, BStBl. II 76, 324; 29.1.1976, BStBl. II 76, 328; 29.1.1976, BStBl. II 76, 233; 29.1.1976, BStBl. II 76, 374; 6.4.1979, BB 1979, 1823; 8.2.1979, BB 1979, 717). **182**

Nach einem Urteil des BFH (25.6.1981, BStBl. II 81, 779) wird ein als Kommanditist aufgenommenes Kind nicht zum Mitunternehmer, wenn es bis zur Vollendung des 28. Lebensjahres von der Verwaltung seiner Kommanditbeteiligung ausgeschlossen ist. Ob die im Gesellschaftsvertrag vereinbarte Übertragung dieser Verwaltungsrechte auf den Vater zivilrechtlich wirksam ist, hat dafür keine Bedeutung. Ebenso ist unerheblich, dass dem Vater die elterliche Vermögensvorsorge zustand; hieraus hätte er keine gleichartigen Verwaltungsrechte erlangt. **183**

Die Durchführung eines Gesellschaftsverhältnisses wird auch dann zu verneinen sein, wenn im Gesellschafts- bzw. Schenkungsvertrag der Ausschluss eines Kündigungsrechts vereinbart worden ist. Das gilt insbesondere dann, wenn das Kündigungsrecht einseitig zu Lasten des Beschenkten eingeschränkt worden ist, die GmbH jedoch die Möglichkeit einer jederzeitigen Kündigung besitzt, insbesondere wenn der Vater, also der Schenker, Hauptgesellschafter der GmbH und deren Geschäftsführer ist (vgl. für die Personengesellschaften BFH 3.5.1979, BStBl. II 79, 515; 8.2.1979, BB 1979, 717; 5.7.1979, BB 1979, 1483; vgl. auch BFH 6.7.1995, DB 1995, 2454 Kündigungsklauseln). Kündigungsklauseln, die es dem Berechtigten ermöglichen, den nahen Angehörigen jederzeit ohne Angabe von Gründen aus der Gesellschaft hinauszukündigen, sind von der Rechtsprechung seit jeher in dem Sinne gewertet worden, dass der nahe Angehörige nicht als Mitunternehmer anzusehen ist (BFH 6.7.1995, DB 1995, 2454; 29.4.1981, BStBl. II 81, 663; 15.10.1981, BStBl. II 82, 342), und zwar auch dann, wenn das Kündigungsrecht erstmals nach Ablauf einer längeren Zeit ausgeübt werden kann (BFH 9.10.1986, BFH/NV 1987, 567), und unbeschadet des Umstandes, dass die Hinauskündigungsklausel in der vertraglich vereinbarten Formel möglicherweise zivilrechtlich unwirksam ist (BFH 29.4.1981, BStBl. II 81, 663; 6.7.1995, DB 1995, 2454). **184**

Das Gewinnbezugsrecht, eines der wesentlichsten Rechte des stillen Gesellschafters, darf nicht durch Entnahmebeschränkungen ausgehöhlt werden (BFH **185**

6.7.1995, DB 1995, 2454). Der stille Gesellschafter, der nicht am Vermögen der Gesellschaft beteiligt ist, muss grundsätzlich seinen vollen Gewinn entnehmen können. Gewisse Einschränkungen können jedoch sachlich geboten sein. So kann zB sachlich geboten sein, dass der stille Beteiligte seinen Gewinnanteil für eine gewisse Zeit gegen feste Verzinsung der Kapitalgesellschaft zur Nutzung überlässt. Vereinbarungen, die gestatten, dass der stille Gesellschafter lediglich den zur Steuerzahlung notwendigen Betrag, soweit er auf den Gewinnanteil entfällt, entnehmen darf, werden steuerlich nicht anerkannt. Handelt es sich jedoch bei der eingeräumten Beteiligung um eine atypische stille Beteiligung, bei der der stille Beteiligte auch am Vermögen der GmbH beteiligt ist, wird man umfangreichere Entnahmebeschränkungen zulassen können.

186 Der Gewinnanteil muss in die tatsächliche Verfügungsmacht des stillen Gesellschafters gelangen. Ein Vertrag über eine stille Beteiligung zwischen Familienangehörigen ist daher nur dann durchgeführt, wenn die Gewinnanteile entweder ausbezahlt werden oder im Falle einer Gutschrift eindeutig bis zur Auszahlung jederzeit abrufbar gutgeschrieben bleiben; vgl. auch BFH 6.7.1995, DB 1995, 2459. Ein Darlehensvertrag steht der Auszahlung nur dann gleich, wenn er zivilrechtlich wirksam zustande kommt. Hierbei ist § 181 BGB zu beachten (BFH 18.10.1989, BStBl. II 90, 68).

2.4.6 Vertragsabschluss unter Bedingungen wie mit Dritten

187 Ein Gesellschaftsverhältnis – das gilt auch für das stille Beteiligungsverhältnis – wird steuerlich nur anerkannt, wenn es unter Bedingungen abgeschlossen worden ist, wie es auch zwischen fremden Dritten zustande gekommen wäre (BFH 5.7.1979, BB 1979, 1483; 6.4.1979, BStBl. II 79, 620; 8.4.1979, BB 1979, 717; 3.5.1979, BStBl. II 79, 515; 19.12.1979, BStBl. II 80, 242).

Sie müssen inhaltlich dem unter fremden Dritten Üblichen entsprechen und auch wie unter Fremden vollzogen werden (BFH 9.7.1987, BStBl. II 88, 245; 31.5.1989, BStBl. II 90, 10; 18.10.1989, BStBl. II 90, 68; 21.2.1991, FR 1991, 525).

Nur auf diese Weise kann sichergestellt werden, dass die Vertragsbeziehungen tatsächlich im betrieblichen Bereich §§ 4f. EStG und nicht in einem privaten Bereich wurzeln (§ 12 EStG). Wird eine stille Beteiligung geschenkt, so ist die Begründung der stillen Beteiligung kein betrieblicher, sondern dem Grunde nach ein privater Anlass. Dennoch hat die Rechtsprechung des BFH (BFH 18.10.1989, BStBl. II 90, 68; 10.8.1988, BStBl. II 89, 137; 4.6.1991, BStBl. II 91, 838; 7.11.1990, BStBl. II 91, 291) im Zusammenhang mit der Darlehensschenkung die Betriebsausgabenabzugsfähigkeit anerkannt, wenn die Darlehen dem zwischen fremden Dritten Vereinbarten entsprechen. Diese Rechtsprechung ist zwar nicht uneingeschränkt auf die stille Beteiligung übertragbar (BFH 31.5.1989, BStBl. II 90, 10; 12.2.1992, BStBl. II 92, 468), insbesondere auch was die Besicherung angeht (BFH 18.12.1990, BB 1991, 1315; 18.12.1990, BB 1991, 1316; 18.12.1990, DB 1991, 1097; 18.12.1990, BStBl. II 91, 882).

2.4 Steuerliche Anerkennung der Einräumung von stillen Beteilig. 188–191 **2.4**

188 Wendet ein Steuerpflichtiger seinen minderjährigen Kindern Geldbeträge zu mit der Auflage, diese ihm sogleich wieder als Einlage im Rahmen einer typisch stillen Gesellschaft zur Verfügung zu stellen, sind die Gewinnanteile bei der Ermittlung der Einkünfte der GmbH als Gewerbebetrieb jedenfalls nicht als Betriebsausgabe abziehbar, wenn eine Verlustbeteiligung ausgeschlossen ist (BFH 21.10.1992, BStBl. II 93, 289).

Im Falle einer GmbH & Still bedeutet dies, dass der Stpfl. seinen minderjährigen Kindern Geldbeträge schenkt mit der Maßgabe, diese Beträge der GmbH in Form von stillen Beteiligungen zur Verfügung zu stellen, indem diese mit der GmbH stille Beteiligungsverträge abschließen.

189 Einem Fremdvergleich hält eine stille Beteiligung nicht stand, wenn dem stillen Gesellschafter alle Rechte genommen werden, die üblicherweise mit einer stillen Beteiligung verbunden sind, so das Recht auf Information gemäß § 233 HGB und das Recht auf Gewinn, das nicht ausgeschlossen werden kann (§ 231 Abs. 2 Hs. 2 HGB). Wird letzteres praktisch durch Entnahmebeschränkungen ausgehöhlt, so dass der Handelsgewerbetreibende über diese weiter langfristig verfügen kann, liegt keine Veröensübertragung in der Form der Einräumung einer stillen Beteiligung vor (vgl. auch BFH 21.2.1991, FR 1991, 525).

190 Entspricht die Rechtstellung der schenkweise in das väterliche Unternehmen aufgenommenen Kinder dem Regelstatus des HGB, so steht der fehlenden Sicherung des in mehreren Jahresraten zu tilgenden Auseinandersetzungsguthabens eine steuerliche Anerkennung der stillen Gesellschaft nicht entgegen (BFH 31.5.1989, BStBl. II 90, 10).

Hält sich die Ausgestaltung des Vertragsverhältnisses an das Regelstatut, liegen Kapitaleinkünfte iSd § 20 Abs. 1 Nr. 4 EStG vor (BFH 11.4.1973, BStBl. II 73, 528).

2.4.7 Konsequenzen aus der Nichtanerkennung der Vermögensübertragung

191 Wird die Schenkung einer stillen Beteiligung steuerlich nicht anerkannt, wird der Vorgang so behandelt, als sei er überhaupt nicht vollzogen worden. Wird ein stilles Beteiligungsverhältnis aus dem Grunde nicht anerkannt, weil die Bedingungen nicht eindeutig sind und die Vereinbarungen nicht klar erkennen lassen, ob es sich um eine Leistung im Rahmen des bestehenden Gesellschaftsverhältnisses handeln soll oder um eine zusätzliche Vereinbarung, führt das dazu, dass die an den Gesellschafter gezahlte Gewinnbeteiligung bei der Gesellschaft steuerlich nicht als Betriebsausgabe anerkannt wird und beim Gesellschafter nicht als Einnahme angesetzt werden darf. Soweit die Vergütungen tatsächlich gezahlt worden sind, kann es sich evtl. beim Gesellschafter um einen wiederkehrenden Bezug handeln. Jedenfalls darf die aufgrund einer nicht rechtlich einwandfreien Vereinbarung gezahlte Gewinnbeteiligung den körperschaftsteuerlichen Gewinn der GmbH nicht mindern. Gleiches gilt, wenn die Mittel für die stille Beteiligung aus dem Gesellschaftsvermögen stammen, die Vermögensverfügung als solche aber nicht anerkannt wird. Soweit es sich bei der Vermögensverfügung jedoch um eine verdeckte Gewinnausschüttung handelt, siehe dort. Hat der Vater als Schenker die Mittel aus seinem Privatvermögen aufgebracht oder infolge Umbuchung einer bereits ebenfalls für ihn bestehenden stillen Beteiligung, wird am uU die Gewinnbeteiligungen der Kinder als Gewinnbeteiligungen des Vaters ansehen müssen, sofern auch er stiller Gesellschafter der GmbH ist. Es ist jedoch zu beachten, dass für den Fall, dass der Vater selbst beherrschender Gesellschafter ist, mit ihm und der GmbH eindeutige Verträge, die eine stille Beteiligung zum Gegenstand haben, vorliegen müssen. Ist das nicht der Fall, wird man die an den Vater gezahlten Ausschüttungen aufgrund der sogenannten stillen Beteiligung diesem zwar zurechnen, jedoch als verdeckte Gewinnausschüttungen behandeln müssen, weil den Ausschüttungen ein steuerrechtlich anerkanntes Rechtsverhältnis nicht zugrunde liegt. Nähere Einzelheiten siehe unter Kap. 4.5, verdeckte Gewinnausschüttungen.

3 Typische und atypische stille Beteiligung

3.1 Grundsätze

Nach § 20 Abs. 1 Nr. 4 hat der stille Gesellschafter Einkünfte aus Kapitalvermögen, vorausgesetzt, dass er nicht als Mitunternehmer anzusehen ist, § 15 Abs. 1 Nr. 2 geht § 20 Abs. 1 Nr. 4 EStG vor. **192**

Der stille Gesellschafter ist als gewerblicher Mitunternehmer anzusehen, wenn die stille Gesellschaft am Unternehmen eines Handelsgewerbes besteht und er im Rahmen des Gesellschaftsverhältnisses ein Mitunternehmerrisiko trägt und Mitunternehmerinitiative entfalten kann (BFH *GrS* 25.6.1984, BStBl. II 84, 751; 12.11.1985, BStBl. II 86, 311 (314)). Er muss den Rechten eines Kommanditisten vergleichbare Befugnisse und – regelmäßig – bei Beendigung der Gesellschaft einen Anspruch auf Beteiligung am tatsächlichen Zuwachs des Gesellschaftsvermögens unter Einschluss der stillen Reserven und eines Geschäftswerts haben (vgl. auch OFD Erfurt 23.10.2003, GmbHR 2004, 209). **193**

Das Mitunternehmerrisiko stellt sich in der Regel als Beteiligung am Gewinn und Verlust dar (*Schwedhelm* S. 72), wobei die Rechtsprechung unter Gewinn den Totalgewinn während des Bestehens der stillen Beteiligung versteht (also nicht den offen ausgewiesenen Handelsbilanzgewinn, sondern die Vermögenszuwächse während der gesamten Zeit des Bestehens der Gesellschaft. Nach § 4 Abs. 1 EStG ist Gewinn das positive Ergebnis eines Vermögensvergleichs zu Beginn und Ende eines Zeitabschnitts. **194**

Das Steuerrecht hat hinsichtlich der Zuordnung der Einkünfte eigene Merkmale. Es folgt somit, was die Zuordnung angeht, nicht notwendigerweise der bürgerlich-rechtlichen Betrachtung, sondern der wirtschaftlichen (*Ruppe* in Tipke Übertragung von Einkunftsquellen S. 7 ff., 16, 18/28).

Der Begriff Mitunternehmerschaft ist ein steuerrechtlicher (*Messmer* StbJb 1972/73, 127 ff.; *Herrmann/Heuer/Raupach* § 15 EStG Anm. 65; *Woerner* BB 1975, 645; *Döllerer* DStZ 1974, 211 ff.). Das Vorliegen einer Mitunternehmerschaft wird bei einer OHG oder KG vorausgesetzt, wenn die vertragliche und auch tatsächliche Stellung nach dem Regelstatut des HGB dem eines persönlich haftenden Gesellschafters oder Kommanditisten entspricht (BFH 21.2.1974, BStBl. II 74, 404; 28.11.1974, BStBl. II 75, 498; 29.1.1976, BStBl. II 76, 324; *Schmidt* EStG § 15 Rn. 58a). Bei den anderen Gesellschaftsformen, wie der Gesellschaft des bürgerlichen Rechts, der stillen Gesellschaft und der Unterbeteiligung, ist er gesondert zu prüfen. Das gilt auch für die stille Beteiligung an einer GmbH. Voraussetzung ist die Beteiligung an einem Handelsgewerbe. Diese ist bei einer GmbH kraft Rechtsform stets gegeben. Der BFH (5.7.1978, BStBl. II 78, 644; 9.12.1976, BStBl. II 77, 155; 15.12.1992, BB 1993, 1194) hat verschiedentlich die Rechtsansicht vertreten, dass auch ein Gesellschafter einer GmbH Mitunternehmer der GmbH sein könne. Ausgangslage für die Beurteilung sind die vertrag- **195** lichen Vereinbarungen und die Art der Durchführung (BFH 19.12.1979, BStBl. II 80, 242; 19.3.1974, BStBl. II 75, 141; 20.2.1975, BStBl. II 75, 569; 8.8.1974, BStBl. II 75, 34). Insbesondere, was die Unternehmerinitiative angeht, wird man es vielfach auf die tatsächliche Ausgestaltung abstellen müssen.

196 Weicht ein Gesellschaftsverhältnis, das als stilles Gesellschaftsverhältnis bezeichnet wird, wesentlich vom Regelstatut des HGB ab (atypische stille Gesellschaft), weil der Gesellschafter entweder wirtschaftlich gesehen am Vermögen beteiligt ist oder seine Gesellschafterstellung weit ausgedehnt wird, wird man in der Regel eine Mitunternehmerschaft bejahen müssen, mit der Folge, dass auch der stille Gesellschafter gewerbliche Einkünfte hat (BFH 5.7.1978, BStBl. II 78, 644; 8.11.1985, BStBl. II 86, 311; *Schmidt* EStG § 15 Rn. 58a; *Knobbe-Keuk* Bilanz und Unternehmensteuerrecht § 9 Abs. 2, S. 359; *Ruban* DStZ 1995, 639).

197 Der Begriff Mitunternehmerschaft ist in § 15 Abs. 1 Nr. 2 EStG nicht definiert, sondern wird vorausgesetzt. § 15 Abs. 1 EStG spricht von Gesellschaften, bei denen die Gesellschafter als Mitunternehmer anzusehen sind. Voraussetzung für eine einkommensteuerliche Mitunternehmerschaft ist jedoch nicht, dass der Gesellschaftsvertrag zivilrechtlich wirksam zustande gekommen ist (BFH 1.7.2010, GmbHR 2010, 1168). Ein stiller Gesellschafter, der über Mitwirkungsrechte und Kontrollrechte verfügt, wie sie auch einem Kommanditisten zustehen, der bis zur Höhe seiner Einlage am Verlust des Unternehmens teilnimmt und dem für den Zeitpunkt seines Ausscheidens eine nach dem Ertragswert des Unternehmens zu bemessende Abfindung zugesagt ist, ist Mitunternehmer (BFH 1.7.2010, GMbHR 2010, 1168).

Nach der in der Literatur (*Messmer* StBJb 1972/73, 127 ff.; *Herrmann/Heuer/Raupach* § 15 EStG Anm. 65; *Costede* StuW 1983, 308; *ders.* StuW 1977, 208; *Bormann* Inf. 1984, 25; *Kreischer* StWa 1983, 184; *Neubert* DB 1983, 630; *Schulze zur Wiesche* GmbHR 1979, 33 (34 ff., 62 ff.)) und Rechtsprechung (BFH 8.11.1972, BStBl. II 73, 287; 10.8.1978, BStBl. II 79, 74; 5.7.1978, BStBl. II 78, 644; 1.2.1973, BStBl. II 73, 309) gängigen Definition setzt der Begriff eines Unternehmers (Mitunternehmer).

– Beteiligung am Gewinn und Risiko und
– Unternehmerinitiative

voraus.

198 Beide Merkmale müssen vorliegen, um eine Mitunternehmerschaft zu begründen. Allerdings können sie unterschiedlich ausgeprägt sein. Ist die Mitunternehmerinitiative sehr stark ausgeprägt, so sind an das Mitunternehmerrisiko geringere Anforderungen zu stellen, insbesondere kann auf die Beteiligung an den stillen Reserven verzichtet werden. So hat der BFH (20.11.1990, DB 1991, 1052; 11.12.1990, DB 1991, 1054) die Rechtsansicht vertreten, dass bei besonders starker Ausprägung der Entfaltungsmöglichkeit von Mitunternehmerinitiative ein Unternehmerrisiko auch ohne Beteiligung an den stillen Reserven angenommen werden kann. Die beiden Urteile betrafen die stille Beteiligung eines Gesellschafter-Geschäftsführers der Komplementär-GmbH bei einer GmbH & Co KG, der als solcher auch die Geschäfte der KG führt, auch wenn er nicht

3.1 Grundsätze   198a, 198b **3.1**

an den stillen Reserven beteiligt ist. Im Falle des Urteils v. 20.11.1990 war der Steuerpflichtige nicht beherrschend an der GmbH beteiligt. Er überließ jedoch der GmbH als wesentliche Grundlage sein Erbbaurecht. Diese Grundsätze gelten jedoch auch, wenn der beherrschende Gesellschafter einer GmbH deren alleiniger Geschäftsführer ist und sich an dieser auch noch als stiller Gesellschafter mit einer erheblichen Vermögenseinlage unter Vereinbarung einer hohen Gewinnbeteiligung sowie der Verpflichtung, die Belange bestimmter Geschäftspartner persönlich wahrzunehmen, beteiligt hat. Auch in diesem Falle handelt es sich um eine atypische stille Beteiligung.

Risikobeteiligung setzt dann keine Gewinnbeteiligung voraus, wenn der Gewinn der übrigen neben der gewinnunabhängigen Tätigkeitsvergütung nicht ins Gewicht fällt.

Die Gewinnerzielungsabsicht muss sowohl auf der Ebene des Handelsgewerbetreibenden als auch auf der Ebene des stillen Gesellschafters gegeben sein (BFH 5.7.2002, BFH/NV 2002, 1447).

Mitunternehmer in diesem Sinne ist nach ständiger Rechtsprechung des **198a** BFH auch, wer sich am Betrieb eines anderen als atypisch stiller Gesellschafter bzw. diesem ähnlicher Innengesellschafter beteiligt (BFH 12.5.2016 – IV R 27/13 Rn. 21). Beteiligt sich eine natürliche Person atypisch still am Gewerbe einer Kapitalgesellschaft, so sind folglich für die atypisch stille Gesellschaft als selbständiges Subjekt der Gewinnerzielung, Gewinnermittlung und Einkünftequalifikation die vom Inhaber des Handelsgeschäfts (der Kapitalgesellschaft) und dem atypisch stillen Gesellschafter gemeinschaftlich erzielten Einkünfte nach § 179 Abs. 2 S. 2, § 180 Abs. 1 S. 1 Nr. 2 Buchst. a AO gesondert und einheitlich festzustellen (vgl. BFH-Urteil 21.10.2015 – IV R 43/12, BStBl II 2016, 517 Rn. 24, mwN, dort für die Beteiligung einer Personengesellschaft an einer Kapitalgesellschaft).

Mitunternehmer ist derjenige Gesellschafter, der kumulativ Mitunternehmerinitiative entfalten kann und Mitunternehmerrisiko trägt (zB BFH-Urteil **198b** 21.10.2015 – IV R 43/12, BStBl II 2016, 517 Rn. 30, mwN). Mitunternehmerinitiative bedeutet dabei vor allem Teilnahme an unternehmerischen Entscheidungen, wie sie zB Gesellschaftern oder diesen vergleichbaren Personen als Geschäftsführern, Prokuristen oder anderen leitenden Angestellten obliegen. Ausreichend ist indes schon die Möglichkeit zur Ausübung von Gesellschafterrechten, die wenigstens den Stimm-, Kontroll- und Widerspruchsrechten angenähert sind, die einem Kommanditisten nach dem HGB zustehen oder die den gesellschaftsrechtlichen Kontrollrechten nach § 716 Abs. 1 BGB entsprechen (BFH-Urteil 21.10.2015 – IV R 43/12, BStBl II 2016, 517 Rn. 30).

3.2 Beteiligung am Risiko

199 Mitunternehmerrisiko trägt, wer gesellschaftsrechtlich oder diesem Status wirtschaftlich vergleichbar am Erfolg oder Misserfolg eines gewerblichen Unternehmens teilnimmt. Dieses Risiko wird regelmäßig durch Beteiligung am Gewinn und Verlust sowie an den stillen Reserven des Anlagevermögens einschließlich eines Geschäftswerts vermittelt (Beschluss des Großen Senats des BFH 25.6.1984, BFHE 141, 405, BStBl II 1984, 751, unter C.V.31 cc und C.V.3.c; vgl. auch BFH 30.6.2005, BFH/NV 2005, 1994, unter 1., und BFH Urt. v. 21.10.2015 – IV R 43/12, BStBl II 2016, 517 Rn. 30). Die angesprochenen Merkmale können im Einzelfall mehr oder weniger ausgeprägt sein und ein geringeres mitunternehmerisches Risiko kann durch eine besonders starke Ausprägung des Initiativrechts ausgeglichen werden und umgekehrt. Beide Merkmale müssen jedoch vorliegen. Ob dies der Fall ist, ist unter Berücksichtigung aller die rechtliche und wirtschaftliche Stellung einer Person insgesamt bestimmenden Umstände zu würdigen (zB BFH-Urteil 21.10.2015 – IV R 43/12, BStBl II 2016, 517 Rn. 30 mwN).

199a Diese Grundsätze gelten auch für die stille Beteiligung am Unternehmen einer GmbH (BFH 9.12.2002, BFH/NV 2003, 601, unter 11.1.). Ein stiller Gesellschafter an einer GmbH ist nur Mitunternehmer, wenn in seiner Person beide Merkmale (Mitunternehmerrisiko und -initiative) vorliegen.

199b Das volle Mitunternehmerrisiko eines stillen Gesellschafters ist im Regelfall dadurch gekennzeichnet, dass das Unternehmen im Innenverhältnis (dh mit schuldrechtlicher Wirkung) auf gemeinsame Rechnung und Gefahr des Geschäftsinhabers sowie des stillen Gesellschafters geführt wird. Der Stille muss daher nicht nur am laufenden Unternehmenserfolg beteiligt sein; darüber hinaus müssen die Regelungen des Gesellschaftsvertrags die Gewähr dafür bieten, dass er (grundsätzlich) im Falle der Beendigung des Gesellschaftsverhältnisses entsprechend seinem Gewinnanteil Anspruch auf den Zuwachs der stillen Reserven des Betriebsvermögens einschließlich des Zuwachses an dem – nach den üblichen Methoden des Geschäftsverkehrs ermittelten – Firmenwert hat (BFH 9.12.2002 – VIII R 20/01, BFH/NV 2003, 601, unter 11.2.a mwN).

199c Bleibt das Mitunternehmerrisiko des stillen Gesellschafters –etwa mangels einer in die steuerrechtliche Beurteilung einzubeziehenden Beteiligung am Firmenwert – hinter der Rechtsstellung zurück, die das HGB dem Kommanditisten zuweist, so kann nur dann von einem atypisch stillen Gesellschaftsverhältnis ausgegangen werden, wenn bei Würdigung der Gesamtumstände seine Möglichkeit zur Entfaltung von Mitunternehmerinitiative besonders stark ausgeprägt ist (vgl. BFH 9.12.2002 – VIII R 20/01, BFH/NV 2003, 601, unter 11.2.15).

3.2.1 Beteiligung am Gewinn

199d Nach dem Urteil des BFH (5.7.1978, BStBl. II 78, 644) ist ein stiller Gesellschafter auch entscheidend am Risiko beteiligt, wenn er der Hauptkapitalgeber ist und zu mehr als 50 vH am Gewinn beteiligt ist. In einem solchen Falle hängt

3.2 Beteiligung am Risiko

sein persönliches Risiko im Wesentlichen vom Erfolg des Unternehmens ab. Das vorgenannte Urteil ist zwar zu einer stillen Beteiligung an einer GmbH & Co KG ergangen, wobei noch zu berücksichtigen ist, dass der nunmehrige stille Gesellschafter vorher Kommanditist war. Das Risiko wird mE aber nicht geringer, wenn er nicht an einer GmbH & Co KG, sondern an einer GmbH als Stiller beteiligt ist. Das gilt insbesondere dann, wenn der stille Gesellschafter im Falle einer Insolvenz einzelnen Gläubigern gegenüber auf seine Rechte als Insolvenzgläubiger verzichtet hat oder er diesen seine stille Beteiligung an der GmbH zur Sicherheit abgetreten oder sonst irgendwie noch Bürgschaften übernommen hat. Vielfach ist auch im Gesellschaftsvertrag vereinbart worden, dass der stille Gesellschafter auf die Rückzahlung seiner Einlage verzichtet, wenn ein Insolvenzgrund gegeben ist. In solchen Fällen hat sich der stille Gesellschafter in stärkerem Maße mit dem Schicksal der Kapitalgesellschaft verbunden als ein normaler Kapitalgeber. Nicht Voraussetzung für die Annahme einer Risikobeteiligung ist jedoch die Beteiligung am Verlust. Sie ist aber ein wichtiges Indiz.

Nach Ansicht des BFH (11.12.1980, BStBl. II 81, 3) liegt ein erhebliches unternehmerisches Risiko eines Geschäftsführers einer GmbH & Co KG bei geschenkten Beteiligungen vor, wenn dessen wirtschaftliche Position entscheidend von der wirtschatlichen Lage des Unternehmens abhängt. Dies zeige sich insbesondere darin, wenn die Höhe der Einkünfte mit dem Geschäftserfolg der KG eng verknüpft war, dass der Geschäftsführer nach dem Vertrag keine Gewinnbeteiligung hatte, was im übrigen ohne Bedeutung war, da die KG wegen der Höhe der an den Geschäftsführer zu leistenden Tätigkeitsvergütung einschl. der Zuführungen zu den Pensionsrückstellungen keinen die Tätigkeitsvergütung übersteigenden Gewinn erzielen konnte (vgl. auch BFH 27.5.1993, DB 1994, 125).

3.2.2 Beteiligung am Verlust

Ein Merkmal für die Risikobeteiligung ist die Beteiligung am Verlust (*Schwedhelm* S. 76): Die Beteiligung am Verlust ist beim Gesellschafter einer OHG immer gegeben; er haftet für die Schulden seines Unternehmens nicht nur mit seiner Einlage, sondern auch mit seinem Privatvermögen (§ 128 HGB). Das gilt auch dann, wenn eine Beteiligung am Verlust im Gesellschaftsvertrag ausgeschlossen ist. Auch der stille Gesellschafter ist grundsätzlich am Verlust beteiligt, jedoch wird seine Verlustbeteiligung vielfach im Gesellschaftsvertrag ausgeschlossen. Die Verlustbeteiligung verstärkt das Unternehmerrisiko, ein Ausschluss des Verlustes stellt jedoch eine Mitunternehmerschaft nicht in Frage, wenn die übrigen Merkmale für eine Mitunternehmerschaft vorliegen. Entscheidend für die Beurteilung sind die Gesamtumstände (vgl. hierzu BFH 24.4.1980, BStBl. II 80, 690). Nach dem vorgenannten Urteil wird auch durch den Ausschuss einer Verlustbeteiligung das Unternehmerrisiko eines Gesellschafters wesentlich vermindert. Für die steuerliche Beurteilung kommt es allein auf die Teilhabe an dem inneren Wert, der in den Bilanzansätzen nicht zum Ausdruck kommt, an, da es im Steuerrecht allein um die Erfassung des gesamten Gewinns einer Mitunternehmerschaft geht, insbesondere auch um den Gewinn, der bei der Beendigung der Tätigkeit anfällt. Ist ein Gesamthänder zwar juristisch am Vermögen beteiligt, nicht jedoch an den inneren Werten (stillen Reserven), liegt im steuerlichen Sinne keine Vermögensbeteiligung vor. So hat der BFH (29.4.1981, BStBl. II 81, 663; 10.8.1978, BStBl. II 79, 74) eine Vermögensbeteiligung abgelehnt, wenn die Beteiligung an den stillen Reserven für jeden Fall der Beendigung der Mitunternehmerschaft ausgeschlossen worden ist. Nicht jedoch schädlich ist die Buchwertklausel, wenn sie sich hier auf den Fall der Kündigung durch den Gesellschafter beschränkt, weil eine Beteiligung an den stillen Reserven immer noch gegeben ist, wenn die Gesellschaft liquidiert wird. Eine Vermögensbeteiligung liegt nicht vor, wenn das Gesellschaftsverhältnis zeitlich begrenzt ist und eine andere Möglichkeit einer Auflösung der stillen Reserven ausgeschlossen ist (BFH 10.8.1978, BStBl. II 79, 74). Bei den sog. Filmfinanzierungsgesellschaften liegt keine atypische stille Beteiligung der Darlehensgeber vor, wenn die Verwertungsrechte keine längere Laufzeit als die Darlehenshingabe haben und daher keine Beteiligung an den stillen Reserven zu erwarten ist (BFH 22.1.1981, BStBl. II 81, 424). Ist eine Beteiligung von vornherein befristet und ist für diesen Zeitraum der Beteiligung einschl. des Ausscheidens aus dem Gesellschaftsverhältnis kein nennenswerter Gewinn objektiv zu erwarten, so ist eine Beteiligung am Risiko und auch am Vermögen nicht gegeben (BFH 10.11.1977, BStBl. II 78, 15).

Bei geschenkten Beteiligungen wird die stille Gesellschaft nur anerkannt, wenn die Verlustbeteiligung nicht ausgeschlossen ist.

3.2.3 Beteiligung am Vermögen

201 Der stille Gesellschafter hat ein ausreichendes Mitunternehmerrisiko idR nur, wenn ihm bei Beendigung der Gesellschaft ein Anspruch auf Beteiligung am tatsächlichen Zuwachs des Gesellschaftsvermögens unter Einschluss der stillen Reserven und eines Geschäftswerts zusteht (vgl. BFH 13.7.1993, BStBl. II 1994, 243, 15.12.1992, BStBl. II 1994, 702, 31.8.1999, GmbHR 2000, 293).

202 Wie bereits ausgeführt, ist eine Beteiligung am Vermögen rechtlich beim stillen Gesellschafter nicht gegeben, weil er nicht Gesamthänder ist. Er kann aber obligatorisch so gestellt werden, als sei er am Vermögen der Gesellschaft beteiligt (*Schwedhelm* S. 80). Er muss im Falle der Beendigung des Gesellschaftsverhältnisses oder im Falle der Liquidation an den Vermögenszuwächsen im Verhältnis zu seiner Gewinnbeteiligung während des Bestehens der stillen Beteiligung beteiligt werden (BFH 6.7.1995, DB 1995, 2454).

Das wäre der Fall, wenn er im Falle der Beendigung des Gesellschaftsverhältnisses neben der Rückzahlung seiner Einlage auch anteilig an den stillen Reserven beteiligt wird. Eine Beteiligung am Vermögen ist mE auch dann gegeben, wenn der stille Gesellschafter, der am Handelsbilanzgewinn beteiligt ist und auch sonst eine verhältnismäßig starke Stellung hat, der Kapitalgesellschaft Sonderbetriebsvermögen überlassen hat. In diesem Falle ist er am Vermögen der Mitunternehmerschaft beteiligt, aber nur in Form von Sonderbetriebsvermögen. Nach der Rechtsprechung des BFH kommt es allerdings nicht so entscheidend

3.2 Beteiligung am Risiko 203–204a **3.2**

auf die Vermögensbeteiligung an, wenn der Teilhaber erheblichen Einfluss auf die Geschäftsführung hat (BFH 11.12.1980, BStBl. II 81, 310).

Auf die Beteiligung am Substanzwert kann jedoch ausnahmsweise verzichtet werden, wenn der stille Gesellschafter gleichzeitig beherrschender Gesellschafter der GmbH und deren alleiniger Geschäftsführer ist. Ob dies auch zwingend ist, wenn der stille Gesellschafter nur Minderheitsgesellschafter der GmbH ist, oder überhaupt nicht an der GmbH beteiligt ist, hierzu hat der BFH keine Stellung bezogen. Vielmehr wird es auch hier auf die Gesamtumstände ankommen. Sind ihm aufgrund der stillen Beteiligung Rechte, wie sie einem Kommanditisten zustehen, eingeräumt worden und ist er der alleinige Geschäftsführer und hat er die Kapitalgesellschaft neben der stillen Beteiligung wesentliche Grundlagen zur Nutzung überlassen, wird er als Mitunternehmer anzusehen sein (BFH 15.12.1992, BB 1993, 1994; *Schmidt* EStG § 15 Rn. 58d). **203**

3.2.4 Beteiligung am Geschäftswert

Im Falle einer stillen Beteiligung reicht eine Beteiligung an den stillen Reserven der Anlagegüter nicht aus, um eine Mitunternehmerschaft zu begründen. Der Firmenwert muss in die Abfindung mit einbezogen werden (BFH 6.7.1995, DB 1995, 2454). Eine Beteiligung am Vermögen ist auch dann zu verneinen, wenn eine Berechnung des Firmenwerts nicht erfolgt, der Ausscheidende lediglich eine pauschalierte Abfindung erhält (BFH 25.6.1981, BStBl. II 82, 59). Die Beteiligung am Firmenwert ist Voraussetzung für die Anerkennung einer stillen Gesellschaft als atypische stille Gesellschaft (BFH 25.6.1981, BStBl. II 81, 668). Eine Beteiligung am Firmenwert ist nicht gegeben, wenn der Ausscheidende lediglich pauschal über den Nominalwert seiner Beteiligung abgefunden wird und diese Pauschalabfindung gleichzeitig eine Abfindung der stillen Reserven und des Firmenwertes enthält (vgl. hierzu BFH 29.4.1981, BStBl. II 81, 663). Insbesondere ist der Geschäftswert nach den verkehrsüblichen Berechnungsmethoden zu ermitteln. Die Vereinbarung einer hiervon abweichenden Globalabfindung genügt nicht (BFH 25.6.1981, BStBl. II 81, 779). Nach Ansicht des BFH bietet eine Globalabfindung keine Gewähr, dass der stille Gesellschafter entsprechend seinem Gewinnanteil auch am Zuwachs des Geschäftswertes Anteil hat. Für die Ermittlung des Geschäftswertes bestehen Berechnungsmöglichkeiten, die auch im Geschäftsverkehr bei der Bewertung von Unternehmen gebraucht werden (vgl. BFH 24.4.1980, BStBl. II 80, 96; insbes. BFH 27.5.1993, DB 1994, 125). **204**

Der BFH hat die Ermittlung des Geschäftswertes nach der Schätzmethode nach → Rn. 96 ff. ErbStR 2003 nach dem Stuttgarter Verfahren zugelassen, wenn im Unternehmen nur durchschnittliche oder geringe Erträge zu erwarten sind (BFH v. 7.12.1989 IV R 79/88, BFH/NV 1991, 364).

Er hat angenommen, dass der Geschäftswert bei einer Bewertung nach dem sog. Stuttgarter Verfahren nur zu einem Drittel erfasst sei, wenn die Unternehmensrendite den für die Bewertung angenommenen Normalzinssatz übersteigt (vgl. BFH 18.5.1988, BStBl. II 1988, 822). Nach dem Urteil des BFH (21.1.1993 – XI R 33/92, BFH/NV 1994, 12) kann die Wertermittlung nach dem sog. Stutt- **204a** garter Verfahren, das auf vorsichtigen Annahmen und Schätzungen beruht, als Grundlage zur Bestimmung des für die Bemessung der Einkommensteuer relevanten gemeinen Werts herangezogen werden, soweit dies nicht aus besonderen Gründen im Einzelfall zu offensichtlich unrichtigen Ergebnissen führt. Auch in der Literatur wird angenommen, dass eine Abfindung, die nach dieser Methode errechnet worden ist, jedenfalls bis zum Jahr 1992 in der Nähe des vollen wirtschaftlichen Werts des Anteils gelegen habe (vgl. *Heller* GmbHR 1999, 594 (596), BFH 31.8.1999, GmbHR 2000, 293). Ist die Unternehmensinitiative stark ausgeprägt, kommt jedoch dieser Streitfrage keine Bedeutung zu (BFH 31.8.1999, GmbHR 2000, 293). Steht dem stillen Gesellschafter im Gesellschaftsvertrag bei Auflösung der stillen Gesellschaft ein Auseinandersetzungsguthaben zu, das auf einer stichtagsbezogenen Bewertung beruhen soll und die Bewertung des Unternehmens dabei nach dem Ertragswertverfahren erfolgen soll, sind die Anforderungen, die die Rechtsprechung an die Bejahung des Mitunternehmerrisikos stellen, gegeben. In den nach dem Ertragsrechtsverfahren ermittelten Unternehmenswert fließen sowohl der Geschäftswert (Firmenwert) als auch die stillen Reserven mit ein. Die Unternehmensbewertung nach dem Ertragswert dient ebenso wie die Bewertung nach dem Substanzwert oder nach dem Liquidationswert der Ermittlung des Verkehrswertes des Unternehmens. Der Ertragswert orientiert sich an den künftig zu erwartenden Erträgen aufgrund einer Prognose, die auf einer Rückschau auf die letzten fünf Jahre aufbaut. Der Ertragswert ist dann ein bestimmtes Vielfaches der zu erwartenden Jahreserträge (vgl. hierzu auch BFH 1.7.2010, GmbHR 2010, 1169)

3.3 Mitbestimmung

205 Mitbestimmung bedeutet Teilhabe an den wichtigen unternehmerischen Entscheidungen (BFH GrS 25.6.1984, BStBl. II 84, 751; BFH 8.11.1988, BFH/NV 1989, 527; vgl. auch *Schmidt* EStG § 125 Rn. 58a).

Nach *Schwedhelm* (S. 41) stellt die Geschäftsführung ein Indiz für die Mitunternehmerschaft dar.

206 Nach der Rechtsprechung des BFH (29.1.1976 – IV R 73/73, BStBl. II 76, 332) kommt der Unternehmerinitiative eines Gesellschafters erhebliche Bedeutung zu. Die Geschäftsführerstellung allein macht jedoch den stillen Gesellschafter noch nicht zum Mitunternehmer (*Söffing* FR 1982, 333, *Paulick* GmbHR 1982, 337; aA *Fichtelmann* GmbH & Still, S. 85, *Blaurock* BB 1992, 1975). Im Urteil hat der BFH (29.1.1976 – IV R 73/73, BStBl. II 76, 332) für Personengesellschaften den Rechtsstandpunkt vertreten, dass eine Mitunternehmerschaft auch zu einem Dritten vorliegen könne, der seine Rechtsbeziehungen zur Gesellschaft lediglich durch einzelne obligatorische Rechtsbeziehungen gestaltet hat, ohne Gesellschafter zu sein, zB durch Abschluss eines Anstellungsvertrages oder eines Miet- und Pachtvertrages, in dem er der Gesellschaft gegen einen Mietzins Wirtschaftsgüter zur Verfügung gestellt hat. In dem dem BFH vorliegenden Fall war der Betreffende alleiniger Geschäftsführer und am Gewinn der Gesellschaft

beteiligt. Auf die vermögensmäßige Beteiligung kam es dem BFH hierbei nicht an. Entscheidend war auch hier, dass der Gesellschafter eigene Unternehmerinitiative entfalten kann. In dem BFH-Urteil v. 5.7.1978 (DB 1978, 1552) war der strittige stille Gesellschafter vor der Umwandlung seiner Beteiligung Kommanditist der GmbH & Co KG. Abgesehen von der stillen Beteiligung war er weder an der GmbH noch an der GmbH & Co KG als Kommanditist beteiligt. Er war jedoch, von der Kapitalbeteiligung her gesehen, der Hauptgesellschafter und zu mehr als der Hälfte am Gewinn des gesamten Unternehmens beteiligt, sowie alleiniger Geschäftsführer der GmbH; daneben standen ihm als stillem Gesellschafter die Rechte aus § 716 BGB zu. Bereits diese Rechte, die über Informationsrechte eines stillen Gesellschafters nach § 232 Abs. 1 HGB oder eines Kommanditisten nach § 166 HGB hinausgehen (vgl. § 233 Abs. 2 HGB), reichen nach der Rechtsprechung aus, um eine Mitunternehmerinitiative der Gesellschafter bejahen zu können (vgl. BFH 5.10.1989, BFH/NV 1991, 319, 31.8.1999, GmbHR 2000, 293).

Darüber hinaus hat der BFH aber bei der Entscheidung, ob und in welchem Ausmaß einem Gesellschafter Mitunternehmerinitiative zusteht, nicht ausschließlich auf die dem Gesellschafter unmittelbar aufgrund des Gesellschaftsvertrages zustehenden Rechte abgestellt. Vielmehr sind bei der Beurteilung des Ausmaßes der Unternehmerinitiative, die ein Gesellschafter entfalten kann, auch sonstige Umstände einzubeziehen. Deshalb hat der BFH einen im Rahmen der Würdigung des Gesamtbildes der Verhältnisse erheblichen Einzelumstand darin gesehen, dass der (stille) Gesellschafter als der alleinige Geschäftsführer der (Komplementär-)GmbH aufgrund dieser Stellung tatsächlich in besonders großem Umfang Mitunternehmerinitiative entfalten konnte (BFH 16.12.1997, BStBl. II 1998, 480 (484), 15.12.1992, BStBl. II 1994, 702, 31.8.1999, GmbHR 2000, 293).

Außerdem bedurften alle Maßnahmen der Geschäftsführung, die über den laufenden Rahmen hinausgingen, seiner Zustimmung. In den Gründen führt der BFH aus, dass der stille Gesellschafter aufgrund seines Vertrages die rechtliche und tatsächliche Möglichkeit hatte, in starkem Maße auf die Geschicke des Unternehmens der Klägerin Einfluss zu nehmen. Dieser Einflussmöglichkeit komme das Gewicht einer Unternehmerinitiative zu. Zu berücksichtigen sei dabei einmal der Handlungsspielraum des stillen Gesellschafters als allein vertretungsberechtigter Geschäftsführer der GmbH, hinzu treten die Rechte, die sich daraus ergeben, dass Handlungen, die über den gewöhnlichen Geschäftsbetrieb hinausgehen, seiner Zustimmung bedürfen. Diese Rechtsstellung gehe dadurch wesentlich über die eines stillen Gesellschafters hinaus, der im Regelfall nur beanspruchen kann, dass der Inhaber nicht ohne seine Zustimmung wesentliche Grundlagen des Gewerbebetriebes ändert (BGH 25.9.1963, BB 1963, 1277). Der BFH hat aus diesem Grunde eine Mitunternehmerschaft angenommen, weil er faktisch im Unternehmen der KG das entscheidende Wort spreche. Das vorgenannte Urteil ist zwar zur GmbH & Co KG ergangen, enthält mE jedoch auch entscheidende Gesichtspunkte für die Mitunternehmerschaft zu einer Kapitalgesellschaft. Besteht die stille Beteiligung an der GmbH unmittelbar, ist im allgemeinen eine Mitunternehmerschaft zu verneinen, wenn der stille Gesellschafter nicht am Vermögen der Gesellschaft beteiligt ist und ihm lediglich die Kontrollrechte eines stillen Gesellschafters nach § 338 HGB zustehen (vgl. auch BFH 27.5.1993, DB 1994, 125). Erfährt jedoch die Position des Gesellschafters durch seine stille Beteiligung eine erhebliche Verstärkung, ist auch hier eine Mitunternehmerschaft zu bejahen, wenn dieser Einflussnahme Unternehmerinitiative zukommt. Stehen dem stillen Gesellschafter aufgrund des stillen Gesellschaftsvertrages die Rechte nach § 716 BGB zu, so stehen ihm als einzelnem Gesellschafter Kontroll- und Einflussrechte zu, die normalerweise ein GmbH-Gesellschafter und auch ein stiller Gesellschafter nicht hat. Das gilt insbesondere dann, wenn darüber hinaus alle wichtigen Geschäfte, die über den normalen Rahmen hinausgehen, der Zustimmung dieses Gesellschafters bedürfen. Der Gesellschafter hat somit als Einzelperson die Rechte, die normalerweise, vorausgesetzt dass es im Gesellschaftsvertrag so vereinbart ist, der Gesellschafterversammlung als Organ der Gesellschaft zukommen. Werden aufgrund eines stillen Gesellschaftsvertrages die Rechte des GmbH-Gesellschafters auch für den Fall, dass er nicht mehr Geschäftsführer sein sollte, über die stille Beteiligung erheblich erweitert, so wie es nur bei einem Gesellschafter einer Personengesellschaft möglich ist, besteht zwischen der GmbH und ihrem Gesellschafter neben dem Gesellschafterverhältnis eine Mitunternehmerschaft. Das hat zur Folge, dass auch hinsichtlich der Gewinnbeteiligung des stillen Gesellschafters gewerbliche Einkünfte vorliegen, die gesondert festzusetzen sind. Die verstärkte Einflussnahme über die stille Beteiligung kann somit eine Mitunternehmerschaft begründen.

207 Einem stillen Gesellschafter kommt Unternehmerinitiative zu, wenn er im Innenverhältnis etwa die gleichen Rechte hat wie ein Kommanditist. Das ist der Fall, wenn er das Recht hat, Rechtshandlungen, die über den Rahmen der laufenden Geschäfte hinausgehen, zu widersprechen oder ihm sonst Rechte eingeräumt werden, wie sie nur Gesellschaftern zukommen, wie Zustimmung bei Änderung des Unternehmenszwecks, Aufnahme neuer Gesellschafter usw.

208 Nach einem Urteil des BFH (28.1.1982, BB 1982, 971) kann jedoch ein atypischer stiller Gesellschafter Mitunternehmer auch der sein, der zwar nicht am Verlust, an den stillen Reserven und am Geschäftswert beteiligt ist, jedoch wie ein Unternehmer auf das Schicksal des Unternehmens Einfluss nehmen kann, zB wenn dem stillen Gesellschafter die Geschäftsführung des Unternehmens überlassen ist. Ist die Unternehmerinitiative sehr stark ausgeprägt, kann auf die Beteiligung am Wertzuwachs des Unternehmens einschl. eines Firmenwertes verzichtet werden (BFH 12.11.1985, BStBl. II 86, 311 (314); 15.12.1992, BB 1993, 1194). Ist der stille Gesellschafter, der nach dem Gesellschaftsvertrag im Falle seines Ausscheidens lediglich den Nominalbetrag seiner Einlage zurückerhält, beherrschender Gesellschafter der GmbH und gleichzeitig Geschäftsführer, ist er stets als Mitunternehmer anzusehen (BFH 15.12.1992, BB 1993, 1194).

208a Für die Annahme einer besonders stark ausgeprägten Mitunternehmerinitiative genügt es nach ständiger Rechtsprechung – zuletzt BFH 13.7.2017, IV R 41/14 GmbHR 2017, 1348 – nicht, dass die Kontrollbefugnisse des § 233 HGB beispielsweise im Sinne der Rechte nach § 716 BGB ausgedehnt werden (vgl. hierzu und zum Folgenden BFH-Urteil 9.12.2002 – VIII R 20/01, BFH/NV 2003, 601, unter II.21 aa, mwN). Erforderlich ist vielmehr, dass dem Stillen – sei es als Geschäftsführer, sei es als Prokurist oder leitender Angestellter – Aufgaben der Geschäftsführung, mit denen ein nicht unerheblicher Entscheidungsspielraum und damit auch Einfluss auf grundsätzliche Fragen der Geschäftsleitung verbunden ist, zur selbständigen Ausübung übertragen werden; der stille Gesellschafter muss wie ein Unternehmer auf das Schicksal des Unternehmens Einfluss nehmen können. Dies kann zwar auch bei Einräumung umfassender Weisungsrechte zu bejahen sein. Nicht ausreichend sind hingegen bloße Zustimmungsvorbehalte oder nur faktische – dh rechtlich nicht abgesicherte – Möglichkeiten der Einflussnahme auf die Unternehmensführung.

Die rechtlichen Grundlagen für die personenbezogen auf den einzelnen Mitunternehmer zu betrachtende Mitunternehmerinitiative müssen grundsätzlich in dem Unternehmen selbst angelegt sein. In seinem Urteil (BFH 28.1.1982 – IV R 197/79, BStBl. II 1982, 389, unter 2., das das FG seiner angegriffenen Entscheidung zugrunde gelegt hat, hat der erkennende Senat deshalb ausgeführt, dass es für die Annahme, dass ein stiller Gesellschafter wie ein Unternehmer auf das Schicksal des Unternehmens und damit auch seiner eigenen Erfolgsbeteiligung Einfluss nehmen könne, genüge, dass er im Unternehmen die Stellung eines Geschäftsführers einnehme, die er aufgrund des Gesellschaftsverhältnisses selbständig und aus eigenem Recht bekleide. In seinem Urteil vom 15.10.1998 (BStBl. II 1999, 286) hat der Senat unter 1.1. für eine – auch im Streitfall vorliegende – GmbH & Still hinsichtlich der Beurteilung, ob eine besonders stark ausgeprägte Mitunternehmerinitiative eines stillen Gesellschafters und damit eine Mitunternehmerschaft iSd § 15 Abs. 1 S. 1 Nr. 2 EStG gegeben ist, darauf abgestellt, dass in jenem Streitfall die Weisungsbefugnis der stillen Gesellschafter gegenüber der GmbH „im Vertrag über die stille Gesellschaft ohne Beschränkungen, dh umfassend, eingeräumt worden" sei. Danach sind für die Gewichtung der Mitunternehmerinitiative eines stillen Gesellschafters grundsätzlich die gesellschaftsvertraglichen Vereinbarungen der stillen Gesellschaft selbst heranzuziehen; ihnen kommt regelmäßig besonderes Gewicht zu.

3.4 Gesamtbetrachtung

Allerdings hat der VIII. Senat des BFH aus der gebotenen Gesamtbildbetrachtung gefolgert, dass bei einer GmbH & Still die Möglichkeit des stillen Gesellschafters zur Entfaltung einer besonders stark ausgeprägten Mitunternehmerinitiative nicht nur anhand des Gesellschaftsvertrags der stillen Gesellschaft zu beurteilen sei, sondern dass sich diese auch aus seiner Stellung als Gesellschafter und Geschäftsführer der GmbH ergeben könne (BFH 20.11.1990, BFHE 163, 336, unter 5.a, für den stillen Gesellschafter einer GmbH & Co. KG, der zugleich Gesellschafter und Geschäftsführer der Komplementär-GmbH ist; BFH 14.10.2003, BFH/NV 2004, 188, unter 3.). Die Möglichkeit der Entfaltung einer stark ausgeprägten Mitunternehmerinitiative infolge der Geschäftsführertätigkeit werde auch nicht dadurch beeinflusst, dass die übrigen Gesellschafter der GmbH die Möglichkeit hätten, dem Geschäftsführer durch Gesellschafterbeschluss die Geschäftsführung zu entziehen. Solange dies nicht geschehe, habe der Geschäftsführer die Möglichkeit der Entfaltung einer stark ausgeprägten Mitunternehmerinitiative (BFH 20.11.1990 – VIII R 10/87, BFHE 163, 336, unter 5.e). Demnach kann sich bei einer GmbH & Still – ähnlich wie bei einer GmbH & Co. KG– die starke Ausprägung einer Mitunternehmerinitiative auch aus der Stellung als Organ der GmbH ergeben, denn der GmbH-Geschäftsführer, der zugleich stiller Gesellschafter ist, wird über die GmbH – formal gesehen nur mittelbar – als stiller Gesellschafter „im Dienst der Personengesellschaft" tätig (vgl. BFH 15.12.1998, BFH/NV 1999, 773, unter 21 aa, dort für eine GmbH & Co. KG, bei der ein Kommanditist zugleich Geschäftsführer der Komplementär-GmbH ist). Während dies bei einer GmbH & Co. KG jedenfalls insoweit gilt, als sich derUnternehmensgegenstand der Komplementär-GmbH auf die Geschäfte der Personegesellschaft beschränkt(BFH 15.12.1998, BFH/NV 1999, 773) ist bei der GmbH & still deren Gegenstand regelmäßig mit dem des Inhabers des Handelsgewerbes identisch (BFH 13.7.2017 – IV R 41/14, BStBl. II 2017, 1133):

208d Die Teilnahme eines Gesellschafters am Erfolg oder Misserfolg eines gewerblichen Unternehmens setzt voraus, dass dieser zugunsten der Gesellschaft sein eigenes Vermögen belastet, sei es in Gestalt einer Haftung gegenüber Gläubigern der Gesellschaft, sei es durch Erbringung eines sein Vermögen belastenden Gesellschafterbeitrags (BFH 13.7.2017 – IV R 41/14, BStBl. II 2017, 1133). Ein solcher Beitrag kann in der Übernahme einer Bar- oder Sacheinlage, aber auch in der unentgeltlichen Überlassung von Anlagevermögen zur Nutzung (Nutzungseinlage) oder einem (Forderungs-) Verzicht auf ein Entgelt für im Interesse der Gesellschaft tatsächlich geleistete Arbeit bestehen. Nur ein derartiger Einsatz persönlichen Vermögens kann Anknüpfungspunkt für ein eigenes unternehmerisches (Verlust-)Risiko des Gesellschafters sein. Der bloße Verzicht auf eine spätere Gewinnbeteiligung reicht hingegen nicht aus, selbst wenn darin zivilrechtlich ein ausreichender Gesellschafterbeitrag zu sehen sein sollte (so etwa Jung in *Blaurock* Rn. 7.14). Wird nämlich beispielsweise eine gesellschaftsvertraglich vereinbarte Einlage eines Gesellschafters allein dadurch „erbracht", dass künftige Gewinnanteile auf diese Einlage angerechnet werden, so stellt sich dies aus der Sicht des Gesellschafters wirtschaftlich als bloßes „Nullsummenspiel" dar, das kein unternehmerisches Risiko des Gesellschafters in der Gestalt des Verlusts eigenen, zur Verfolgung der unternehmerischen Ziele der Gesellschaft eingesetzten Vermögens begründet. In einer solchen Situation ist ein Mitunternehmerrisiko grundsätzlich – dh vorbehaltlich der Würdigung anderer von dem Gesellschafter gegenüber der Gesellschaft eingegangener Verpflichtungen – zu verneinen.

Wird die Rechtsform der GmbH & Still für einen Immobilien verwaltende Publikumsgesellschaft gewählt, kann in der Regel davon ausgegangen werden, dass die stillen Gesellschafter allein schon wegen fehlender Mitunternehmerinitiative nicht als Mitunternehmer anzusehen sind.

Gleiches gilt auch für Mitarbeiterbeteiligungen, weil sie auch wenn sie an den Wertsteigerung beteiligt sisein sollen, aufgrund ihres Arbeitsverhälnissses in der Regel keine Mitunternehmeriniative entfalten können.

3.5 Die faktische Mitunternehmerschaft

Mitunternehmerschaft setzt grundsätzlich ein Gesellschaftsverhältnis voraus, (BFH 25.6.1984, BStBl II 1984 S. 751; 11.12.1980, BStBl. II 1981, 310, 27.2.1980, BStBl II 1981, 2106; 19.2.1981, BStBl II 1981, 602; BFH 28.10.1981, BStBl. II 1982,186; BFH 28.1.1982, BStBl. II 1982, 389; 18.3.1982, BStBl II 1982 S. 546; 24.7.1984, BStBl. II 1985, 85,; 22.1.1985, BStBl. II 1985, 363 wobei jedoch Gesellschaftsverhältnisse auch in verdeckter Form in lediglich obligatorische Rechtsverhältnisse wie Dienstvertrag, Pachtvertrag und Darlehnsvertrag gekleidet werden können. Auf die formalrechtliche Ausgestaltung eines Vertragsverhältnisses kommt es nicht an, allein auf den Inhalt des Vertrages. So können Gesellschaftsverhältnisse auch in Form eines Leistungsaustausches gekleidet werden. UU kann auch die Übernahme einer Bürgschaft ein atypisch stilles Beteiligungsverhältnis begründen (BFH 16.12.2003, GmbHR 2004, 973).

208e

Diese vorgenannte Rechtsprechung ist teilweise von Literatur und Verwaltung falsch interpretiert worden. So sind rein obligatorische und faktische Rechtsbeziehungen von Personen als Mitunternehmerschaft umgedeutet worden (vgl. auch *Schulze zur Wiesche* Mitunternehmerschaft auf nichtgesellschaftsrechtlicher Grundlage, DB 1982, 919).

Die Lehre von der sog. faktischen Mitunternehmerschaft ist von der Rechtsprechung abgelehnt worden, doch betont auch die neuere Rechtsprechung, (Vgl. auch Schulze zur Wiesche Mitunternehmerschaft auf nichtgesellschaftsrechtlicher Grundlage, DB 1982, 919) dass uU ein Gesellschaftsverhältnis sich auch hinter einem Dienstvertrag, einem Darlehns- oder Nutzungsüberlassungsvertrag verbergen kann, wenn die Auslegung des Vertrages ergibt, dass sich das Rechtsverhältnis nicht im Rahmen eines bloßen Leistungsaustausches erschöpft, sondern sich dahinter ein gemeinsamer Zweck, insbesondere gleichgerichtete und nicht gegengerichtete Interessen verbergen (BFH 5.6.1986, BStBl. II 1986, 802; 22.10.1987, BStB1 II 1988 S. 62)

Allerdings kann der Geschäftsführer einer GmbH auf Grund seiner Geschäftsführerstellung allein kein Gesellschaftsverhältnis begründen, weil der Geschäftsführer einer GmbH kraft seiner Stellung als Organ stets seine Interessen verfolgt und nicht gemeinsame (insbesondere BFH 22.10.1987, BStBl. II 1988 5.6 BFH 22.1.1985, BStBl. II 1985, 363).

208f

Auch wird der Sohn eines Gewerbetreibenden, der die Stellung eines Prokuristen einnimmt und hierdurch an unternehmerischen Entscheidungen teilnimmt, nicht zu einem Mitunternehmer auch dann, wenn er durch Stehenlassen von Gehaltsteilen als Darlehen erhebliches Eigenkapital im Betrieb gebunden hat BFH 24.7.1984, BStBl. II 1985,84).

Ein Steuerpflichtiger, der lediglich als Geschäftsführer einer Familien GmbH & Co. KG fungiert, an der lediglich seine Ehefrau und seine Kinder beteiligt sind, und der dem Betrieb wesentliche Betriebsgrundlagen verpachtet hat, ist nicht als Mitunternehmer anzusehen. Eine Ausnahme gilt nur dann, wenn er für diese Leistungen keine angemessene Vergütung erhält, sondern ebenso wie die Gesellschafter am Gewinn des Unternehmens beteiligt ist. BFH 22.1.1985, BStBl. II 1985, 363 Allerdings können Mitunternehmerinitiative und Unternehmerrisiko ein Anzeichen für das Vorliegen eines Gesellschaftsverhältnisses sein (BFH 2.9.1985, BStBl. II 1986, 10).

Die Annahme einer verdeckten Mitunternehmerschaft setzt ein gemeinsames Handeln zu einem gemeinsamen Zweck einander gleichgeordneter Personen voraus. Mitunternehmerinitiative und -risiko dürfen nicht lediglich auf einzelne Schuldverhältnisse als gegenseitige Austauschverträge zurückzuführen sein. Die Begründung von Risiken aus derartigen Austauschverhältnissen unter Vereinbarung angemessener und leistungsbezogener Entgelte begründet noch kein gesellschaftsrechtliches Risiko (BFH 2.9.1985, BStBl. II 1986, 10).

Hat jedoch der Vater als Geschäftsführer der Gesellschaft erhebliche Betriebsmittel in der Form von Darlehen oder in der Form von Verpachtung von Wirtschaftsgütern (Grundstücke, Patente) zur Verfügung gestellt und sind die Gesellschafter hauptsächlich Familienmitglieder, ist davon auszugehen, dass der Vater seine Leistung nicht im Rahmen von Einzelrechtsverhältnissen (Arbeitsverhältnis, Darlehens- und Pachtverhältnis) erbringt, sondern als Beitrag um ein gemeinsames Ziel zu verfolgen. Der Vater ist in diesem Falle Mitunternehmer iSd § 15 Abs. 1 NL 2 EStG. Er ist jedoch nicht Gesamthänder, da die Rechtsgrundlage für das Gesellschaftsverhältnis eine Innengesellschaft ist. Nach einem Urteil des BFH (2.9.1985, BStBl. II 1986, 10) liegt eine Mitunternehmerschaft vor, wenn der Vater und bisherige Einzelgewerbetreibende sein bisheriges Einzelgeschäft in eine GmbH & Co. KG einbringt, mit der als Gesellschafter der GmbH seine Ehefrau und als Kommanditisten der KG seine Kinder beteiligt sind, jedoch unter Zurückbehaltung des wesentlichen Betriebsvermögens, das er an die GmbH & Co. KG verpachtet hatte, wenn er der alleinige Geschäftsführer der Komplementär-GmbH ist und weiterhin das Sagen in der Gesellschaft hat und der von, der Gesellschaft erwirschaftete Ertrag ihm im Wesentlichen zugute kommt.

Voraussetzung ist, dass derjenige, der formalrechtlich Nichtgesellschafter ist, auf partnerschaftlicher Grundlage gemeinsam mit den Gesellschaftern das Unternehmen betreibt.

Die Rechtsbeziehungen zwischen sog. verdeckten oder faktischen Mitunternehmer und den übrigen Gesellschaftern wären als Innengesellschaft (BFH 13.7.1993, BStBl. II 1994, 282) oder als stille Gesellschaft (BFH 6.7.1995, BB 1996, 670) qualifizieren. Es fragt sich ob die Grundsätze des BFH v. 24.4.2014 (DStR 2014, 1384) auf die Fälle der verdeckten Mitunternehmerschaft anwenden, wonach die atypische stille Beteiligung an dem Betrieb einer Personengesellschaft eine selbständige Mitunternehmerschaft begründen. Im Falle der verdeckten Mitunternehmerschaft wird kein formalrechtliches Beteiligungsverhältnis an dem Betrieb der Personengesellschaft begründet. Das Gemeinsame Betreiben ergibt sich hier aus einem Bündel von Leistungen in die Gesamthandsgemeinschaft zur Erreichung eines gemeinsamen Zweckes auf der Grundlage von Einzelrechtsverhältnissen Der verdeckte Mitunternehmer entwickelt innerhalb der Personengesellschaft Unternehmerinitiative, mit der Folge, dass er als Mitunternehmer und Mitgesellschafter der Mitunternehmergemeinschaft anzusehen ist und keine selbständige Mitunternehmerschaft mit der Personengesellschaft begründet.

3.6 Einpersonen-GmbH & Still

Auch der alleinige Gesellschafter einer GmbH kann gleichzeitig deren stiller Gesellschafter sein (*Schwedhelm* S. 14). Voraussetzung ist jedoch, dass die Rechtsbeziehungen zwischen der GmbH und ihrem Gesellschafter und der GmbH und dem stillen Gesellschafter klar abgegrenzt sind. Die Tatsache, dass ein Alleingesellschafter einer GmbH gleichzeitig deren stiller Gesellschafter ist, reicht jedoch nicht aus, um hier eine atypische stille Beteiligung zu begründen. Nach dem Urteil des BFH (21.6.1983, DB 1983, 1743) schließt die Beherrschung der Gesellschaft nicht die Möglichkeit einer typischen stillen Gesellschaft aus. Dieser Umstand allein führt entgegen der Ansicht von *Knobbe-Keuk* (StuW 1982, 201 (221)) und *Paulick* (GmbHR 1983, 237) in jedem Falle zu einer atypischen stillen Gesellschaft und damit zu einer Mitunternehmerschaft iSv § 15 Nr. 2 EStG mit der Folge von Einkünften aus Gewerbebetrieb. Die zivilrechtlichen Formen der Beteiligung sind auch für das Steuerrecht grundsätzlich bindend. Sie dürfen nicht miteinander vermischt werden. Die stille Beteiligung begründet bei der Einpersonen-GmbH nur dann eine Mitunternehmerschaft, wenn der Alleingesellschafter über die stille Beteiligung Rechte erhalten würde, die er sonst nicht haben würde. Das ist der Fall, wenn sein Interesse an dem Unternehmen als stiller Gesellschafter mindestens ebenso groß ist wie sein Interesse als GmbH-Gesellschafter. Ein atypisches stilles Beteiligungsverhältnis wird daher dann gegeben sein, wenn seine Beteiligung am Risiko und Gewinn als stiller Gesellschafter größer ist als das Risiko der GmbH, wenn sein Kapitaleinsatz als stiller Gesellschafter an der Unternehmung der GmbH größer als sein Interesse als GmbH-Gesellschafter. In diesem Falle unterscheidet sich sein Risiko nicht von dem eines Unternehmers bzw. Mitunternehmers (vgl. hierzu *Schulze zur Wiesche* GmbHR 1983, 202; mE ein bisschen zu weitgehend *Costede* StuW 1983, 3088).

Nunmehr ist durch die Rechtsprechung klargestellt, dass der alleinige Gesellschafter einer Einpersonen-GmbH & Still hinsichtlich der stillen Beteiligung stets als atypischer stiller Gesellschafter und damit als Mitunternehmer anzusehen ist, wenn er gleichzeitig deren Geschäftsführer ist.

Ist er nicht gleichzeitig Geschäftsführer, sondern bedient sich eines fremden Geschäftsführers, kommt es auf den Einzelfall an. Hierbei kommt es jedoch nicht darauf an, ob er tatsächlich einen Einfluss auf die Geschäftsführung ausübt oder sich lediglich auf die Rolle eines Geschäftsführers beschränkt, allein darauf an, ob er die rechtliche Möglichkeit hat, auf die Geschäftsführung einzuwirken. Da der alleinige Gesellschafter die rechtliche Möglichkeit in der Regel stets haben wird, wird man auch in diesem Fall eine atypische GmbH & Still annehmen können mit der Folge, dass das Rechtsverhältnis steuerlich als Personengesellschaft anzusehen ist, BFH 15.12.1992, BB 1993, 1194.

Nach dem BFH-Urteil (13.7.2017 – IV R 41/14, BStBl. 2018, II 15) reicht jedoch eine starke Mituntrnehmeriniative auf grund Geschäftsführerstellung in der GmbH als Handelsgewerbetreibende nicht für eine Mitungernehmerstellung aus, wenn der gleichzeitige stille Gesellschafter nicht neben der GmbHanteile auch eigenes Vermögen belasstet.

3.7 Die Vermögen verwaltende GmbH & atypisch Still

210a Nach § 15 Abs. 3 Nr. 2 EStG gilt als Gewerbebetrieb in vollem Umfang die mit Einkünfteerzielungsabsicht unternommene Tätigkeit einer Personengesellschaft, die keine Tätigkeit i.S.d. § 15 Abs. 1 Nr. 1 EStG ausübt und bei der ausschließlich eine oder mehrere Kapitalgesellschaften persönlich haftende Gesellschafter sind und nur diese oder Personen, die nicht Gesellschafter sind, zur Geschäftsführung befugt sind. Da die GmbH bei der GmbH & atypisch Still alleiniger Geschäftsinhaber ist und das Geschäft betreibt, ist sie Gewerbetreibender kraft Gepräges auch wenn sie lediglich als Vermögensverwalter eigenen Vermögens tätig ist. Die stille Geasellschft als solche ist handlungsunfähig und daher nicht in der Lage, eigene Geschäftsführer zu bestellen. Das, trifft auch für die gewerbliche Personengesellschaft (GmbH & Co KG) zu, die Komplementärin einer anderen Personengesellschaft ist, und diese gewerblich prägt. Somit ist die GmbH atypisch Still als auch die GmbH & Co.KG atypisch Still stets gewerblich tätig (kritisch *Blaurock/Levedag* Rn. 22.15). Hat hat jedoch im Falle einer GmbH & Co KG atypisch Still, die KG neben der Komplementär-GmbH Dritte zur Geschäftsführung der KG und der KG & Still bestellt, so ist jedoch diese nicht gewerblich geprägt.

3.8 Zusammenfassung

211 Die stille Beteiligung an einer GmbH ist also als eine atypische stille Beteiligung anzusehen, wenn sie dem stillen Gesellschafter mehr Recht einräumt, als nach § 335 HGB vorgesehen sind. Das wäre der Fall, wenn der stille Gesellschafter nicht nur am Gewinn beteiligt ist, sondern obligatorisch auch am Vermögen, indem er im Falle der Beendigung des Gesellschaftsverhältnisses an den stillen Reserven beteiligt und auch im Falle der laufenden Veräußerung von Betriebsvermögen an den hierbei aufgelösten stillen Reserven Anteil hat. Die stille Beteiligung begründet auch dann eine Mitunternehmerschaft, wenn durch Kontrollrechte und Mitbestimmungsrechte die Stellung des stillen Gesellschafters erheblich über die Stellung als GmbH-Gesellschafter und auch eines echten stillen Gesellschafters erweitert wird, mit der Folge, dass alle wichtigen Entscheidungen nicht ohne seine Zustimmung getroffen werden können. Allerdings darf die Mitgliedschaft des stillen Gesellschafters in der GmbH nicht in die Beurteilung

3.8 Zusammenfassung

der Frage einbezogen werden, ob die stille Gesellschaft mitunternehmerischer Natur ist (*Costede* StuW 1993, 309).

Eine Unternehmerinitiative kann auch dadurch begründet werden, dass der stille Gesellschafter im Rahmen der stillen Beteiligung der Gesellschaft Wirtschaftsgüter zur Verfügung stellt, die eine wesentliche Grundlage des Betriebes der GmbH darstellen und dem Stillen über diese Nutzungsüberlassung eine gewichtige Stellung zukommt.

Darüber hinaus kann die Höhe der stillen Beteiligung und die Gewinnbeteiligung von entscheidender Bedeutung sein. Steht die stille Beteiligung in keinem Verhältnis zum Gesamtkapital und ist auch der stille Gesellschafter zu mehr als der Hälfte am Gesamtgewinn des Unternehmens beteiligt, ist auch dieser Umstand für die Frage, ob eine atypische stille Beteiligung vorliegt, zu berücksichtigen. In der Regel wird man eine atypische stille Beteiligung annehmen können, wenn neben der Gewinn- und Risikobeteiligung entweder eine Beteiligung am Vermögen vorliegt oder der stille Gesellschafter über seine stille Beteiligung entscheidend die Geschicke des Unternehmens mitbestimmt. Liegen die genannten Voraussetzungen nicht vor, ist der stille Beteiligte als Kapitalgeber zu behandeln, mit der Folge, dass er Einkünfte aus Kapitalvermögen (§ 20 Abs. 1 Nr. 4 EStG) hat. Beteiligt sich der beherrschende Gesellschafter und alleinige Geschäftsführer mit einer erheblichen Vermögenseinlage und Vereinbarung einer hohen Gewinnbeteiligung, so handelt es sich um eine atypisch stille Gesellschaft – Mitunternehmerschaft, Mitunternehmerinitiative und Mitunternehmerrisiko, liegen in diesem Falle regelmäßig vor (BFH 26.11.2003, GmbHR 2004, 436).

4 Typische stille Beteiligung im EStG

4.1 Grundsätze

212 Halten sich die Vereinbarungen an das Regelstatut der §§ 230 ff. HGB, wird der stille Beteiligte nicht als Gewerbetreibender, sondern als Kapitalgeber betrachtet (*Blaurock/Levedag* Rn. 20.59 ff.). Die Gewinnbeteiligung stellt ein Entgelt für die Kapitalnutzung dar, ausgenommen, wenn der beherrschende Gesellschafter-Geschäftsführer gleichzeitig stiller Beteiligter ist (BFH 15.12.1992, BB 1993, 1199).

Der stille Gesellschafter hat Einkünfte aus Kapitalvermögen iSd § 20 Abs. 1 Nr. 4 EStG, sofern sich die stille Beteiligung in seinem Privatvermögen befindet. Gewährt die GmbH dem stillen Beteiligten sonstige Vorteile (wie freies Tanken, Zurverfügungstellung von Handwerkern), werden diese nach § 20 Abs. 2 dem Gewinnanteil hinzugerechnet.

Hier wird zu unterscheiden sein, ob lediglich eine stille Beteiligung gegeben oder der Stille gleichzeitig Gesellschafter der GmbH ist. Im letzten Falle werden die sonstigen Vorteile als verdeckte Gewinnausschüttungen behandelt werden müssen. Befindet sich die stille Beteiligung in einem Betriebsvermögen, so hat der stille Teilhaber Einkünfte aus Gewerbebetrieb.

Die GmbH, die die stille Beteiligung zur Stärkung ihres Betriebskapitals aufgenommen hat, hat grundsätzlich in Höhe des Gewinnanspruchs Betriebsausgaben, da diese Ausgaben betrieblich veranlasst sind. Sie erfahren bei der GmbH die gleiche Behandlung wie Darlehenszinsen.

213 Seit dem 1.1.2009 gilt folgendes:

Die Gewerbesteuer ist nicht mehr, wie bis dahin, als Betriebsausgabe zu behandeln. Sie darf den Gewinn der Kapitalgesellschaft nicht mindern (§ 4 Abs. 5b EStG nF).

Der Abzug der Gewinnansprüche an die stillen Beteiligten ist durch § 4 EStG nF iVm § 8a KStG nF eingeschränkt worden.

Der Körperschaftsteuersatz der Kapitalgesellschaft ist von 25 vH auf 15 vH abgesenkt worden.

Die Gewinnbeteiligung des stillen Beteiligten unterliegt weiterhin einer Kapitalertragsteuer von 25 vH. Diese hat Abgeltungscharakter und ist daher endgültig (§ 32d Abs. 1 EStG nF). Eine Berücksichtigung von Werbungskosten (zB Zinsen für Fremdfinanzierung und Verlustübernahme ist nicht mehr möglich.

214 Ist jedoch der stille Gesellschafter gleichzeitig Stammgesellschafter mit einem Stammanteil von mindestens 10 vH des Nennkapitals der Kapitalgesellschaft, hat die einbehaltene Kapitalertragsteuer keinen Abgeltungscharakter. In diesem Falle unterliegen die Erträge aus der stillen Beteiligung der tariflichen Einkommensteuer.

4.2 Behandlung der stillen Beteiligung bei der GmbH

Im Rahmen der Veranlagung können auch die mit den Erträgen in Zusammenhang stehenden Werbungskosten (bei Darlehenszinsen, Verlustübernahmen) Berücksichtigung finden.

4.2 Behandlung der stillen Beteiligung bei der GmbH

Die stille Beteiligung ist in der Bilanz der GmbH als Fremdverbindlichkeit zu behandeln. Da die Einlage des stillen Gesellschafters in das Vermögen des Inhabers des Handelsgewerbes übergeht (§ 230 Abs. 1 HGB) und die mit einem solchen Innengesellschaftsverhältnis verbundenen Vermögensrechte des Stillen sich darauf beschränken, dass er während des Bestehens der Gesellschaft am Ergebnis des Unternehmens beteiligt ist und nach Auflösung der Gesellschaft sein Guthaben in Geld verlangen kann (§ 235 HGB), geht der BFH in StRspr davon aus, dass die typisch stille *Beteiligung* trotz ihres gesellschaftsrechtlichen Charakters „wie eine Kapitalforderung" zu behandeln und für Zwecke des Bewertungsrechts nach den Grundsätzen des § 12 BewG anzusetzen ist (BFH 2.2.1973, BStBl. II 1973, 472 = GmbHR 1973, 134 mwN). Hiermit übereinstimmend hat der BFH die Vermögenseinlage des stillen Gesellschafters wirtschaftlich als einen „qualifizierten Kredit" angesehen, der in der Bilanz des Geschäftsinhabers als Fremdkapital („sonstige Verbindlichkeit"; § 266 Abs. 3 HGB) zu passivieren ist (BFH 6.3.2003 – XI R 46/01, BStBl. 2003, 656).

4.2.1 Gewinnbeteiligung als Betriebsausgabe

Hat die GmbH eine stille Beteiligung aufgenommen, stellen die Verpflichtungen der GmbH, die wesentlich in der Gewährung der Gewinnbeteiligungen bestehen, Betriebsaufwand dar. Dies gilt unabhängig davon, ob die stillen Gesellschafter gesellschaftsfremde Personen, Angehörige eines Gesellschafters oder die GmbH-Gesellschafter selbst sind. Die an die GmbH-Gesellschafter gezahlte Gewinnbeteiligung für deren stille Beteiligung stellt daher grundsätzlich eine Betriebsausgabe dar, die das körperschaftsteuerpflichtige Einkommen mindert.

Beispiel:
Gewinn der GmbH 100.000 EUR
Gewinnbeteiligung des stillen Gesellschafters 20.000 EUR
Gewinn 100.000 EUR
./. Gewinnbeteiligung
stiller Gesellschafter 20.000 EUR
Einkommen der GmbH 80.000 EUR
Tarifbelastung 15 vH 12.000 EUR
Ohne Gewinnbeteiligung wäre die körperschaftsteuerliche Tarifbelastung 15.000 EUR.

Ist der stille Gesellschafter gleichzeitig GmbH-Gesellschafter, kann eine verdeckte Gewinnausschüttung gegeben sein, soweit die Gewinnbeteiligung unangemessen ist. Das gleiche gilt, wenn die stillen Gesellschafter einem Gesellschafter nahestehende Personen sind.

4.2.2 Höhe des Gewinnanspruchs

217 Die Höhe des Gewinnanspruchs des Stillen richtet sich nach der vertraglichen Vereinbarung. Die handelsrechtliche Bemessungsgrundlage ist auch für das Steuerrecht maßgebend, BFH 22.5.1990, BStBl. II 90, 965.

218 Die Berechnungsgrundlage für den Gewinnanspruch muss eindeutig und klar sein. Ist im Vertrag ein vH-Satz vom „Handelsbilanzgewinn" vereinbart, sind die Körperschaftsteuer und die nichtabziehbaren Steuern als Betriebsausgaben berücksichtigen. Unklar ist der Begriff Steuerbilanzgewinn oder „der nach steuerlichen Grundsätzen ermittelte Gewinn". Die Vereinbarung muss deutlich erkennen lassen, ob der Gewinn vor Körperschaftsteuer oder nach Abzug der Körperschaftsteuer zugrunde zu legen ist (BFH 1.7.1992, GmbHR 1992, 816; 24.5.1989, BStBl. II 89, 800; 29.4.1992, BStBl. II 92, 817).

Hierbei muss berücksichtigt werden, dass sich der steuerliche Gewinn ab 2009 insofern ändert, als die Gewerbesteuer nicht mehr als Betriebsausgabe abzugsfähig ist (§ 4 Abs. 5b EStG). Ist die Beteiligung am Handelsbilanzgewinn vereinbart worden, so ändert sich hinsichtlich der Höhe der Gewinnbeteiligung des stillen nichts. Ist jedoch als Bemessungsgrundlage für den Gewinnanspruch des stillen Gesellschafters der Steuerbilanzgewinn vereinbart worden, so hat sich dieser ab 1.1.2009 geändert. Der stille Beteiligte hätte in diesem Falle einen höheren Gewinnanspruch.

Da der Gewinnanspruch nach § 8 Nr. 1c GewStG nF mit 25 vH dem gewerblichen Gewinn hinzugerechnet wird, wird dies eine weitere Erhöhung des Gewinnanspruchs des typisch stillen Gesellschafters bedeuten. Der verbleibende Gewinn der Kapitalgesellschafter würde sich nicht unerheblich mindern, zu Gunsten des stillen Gesellschafters. Wird der bisherige vH-Satz der Gewinnbeteiligung beibehalten, könnte das zu einer unangemessenen Gewinnbeteiligung des typisch stillen Gesellschafters führen. Ist der stille Gesellschafter gleichzeitig Stammgesellschafter der Kapitalgesellschaft, kann der Gewinn, soweit er nach einem Fremdvergleich unangemessen ist, zu einer verdeckten Gewinnausschüttung führen. Es wird daher dringend geraten, im Falle einer Beteiligung vom Steuerbilanzgewinn die Vereinbarung zu überprüfen, indem entweder die Beteiligung am Handelsbilanzgewinn festgeschrieben wird, oder die prozentuale Beteiligung am Gewinn herabgesetzt wird.

219 Bei unangemessener Vereinbarung liegt steuerrechtlich nur hinsichtlich des angemessenen Teils eine Betriebsausgabe vor. Auch sonstige freiwillige Vorteile an stille Gesellschafter stellen Betriebsausgaben dar, soweit diese Vorteile wirtschaftlich begründet sind, sofern sie auch gesellschaftsfremden Personen gewährt würden. Willkürliche Leistungen sind jedoch nicht abzugsfähig, BFH 24.7.1990, BFH/NV 1991, 35. Der Gewinn ist entsprechend zu erhöhen, BFH 6.11.1991, BFH/NV 1992, 452.

Ist der stille Gesellschafter gleichzeitig Gesellschafter der GmbH, ist der Gewinnanspruch bei der GmbH nur insoweit als Betriebsausgabe anzuerkennen, als er betrieblich veranlasst ist. Soweit eine betriebliche Veranlassung nicht ge-

4.2 Behandlung der stillen Beteiligung bei der GmbH

geben ist, sind die Gewinnansprüche als verdeckte Gewinnausschüttungen zu behandeln (→ Rn. 204 ff.).

Auch im Falle einer betrieblichen Veranlassung ist die Zinsschranke § 8a KStG nF iVm § 4h EStG nF zu beachten.

Ist der stille Gesellschafter gleichzeitig beherrschender Gesellschafter der GmbH, ist eine betriebliche Veranlassung nur gegeben, wenn die Vereinbarung über den Gewinnanspruch eindeutig und klar und von vornherein bestimmt ist (BFH 11.12.1985, BFH/NV 1986, 632; 28.10.1987, BStBl. II 88, 301; 2.3.1988, BStBl. II 88, 786; 22.2.1989, BStBl. II 89, 631).

Wird im Rahmen eines solchen Vertrages einem nahen Angehörigen eine Gewinnbeteiligung eingeräumt, die einem fremden Dritten nicht gewährt werden würde, so wird bei der einkommensteuerrechtlichen Würdigung im allgemeinen ein angemessener Gewinnanteil als betrieblich veranlasst angesehen; steht die vereinbarte Gewinnbeteiligung allerdings außer jedem Verhältnis zur erbrachten Leistung, so ist anzunehmen, dass der Vereinbarung im ganzen keine betriebliche Veranlassung zugrunde liegt (BFH 21.9.1989; BFH/NV 1990, 692).

4.2.3 Die Zinsschranke des § 4h

4.2.3.1 Grundsätze

Nach § 4h EStG iVm § 8a KStG nF sind Zinsaufwendungen eines Betriebes nur noch in Höhe der Zinserträge voll als Betriebsausgaben abzugsfähig (*Töben/Fischer* Zinsschranke für Kapitalgesellschaften, GmbHR 2007, 32; *Dörr/Geibel/Fehling* Die neue Zinsschranke, NWB, Fach 4, 5199; *Kohlruss* Steuersatzspreizungen bei Familienunternehmen, das Zusammenspiel von Abgeltungssteuer und Zinsschranke, GmbHR 2007, 1133), darüber hinaus nur bis zur Höhe von 30 vH des um die Zinsaufwendungen und um die nach § 6 Abs. 2 S. 1 EStG (GWG) und den Sammelposten nach § 6 Abs. 2a S. 2 EStG und den Absetzungen nach § 7 EStG erhöhten, sowie um die Zinserträge verminderten maßgeblichen Gewinns. Zinsaufwendungen, die nicht abgezogen werden dürfen, sind in die folgenden Jahre vorzutragen. Die erhöhten Zinsaufwendungen dieser Jahre beeinflussen jedoch nicht den maßgeblichen Gewinn. Ausgenommen von diesen Abzugsbeschränkungen sind Betriebe, deren Zinsaufwendungen nach Verrechnung mit den Zinserträgen weniger als 3 Mio. EUR betragen.

Die Zinsschranke ist erstmals für Wirtschaftsjahre anzuwenden, die nach dem 25.5.2007 (Tag des Beschlusses des Deutschen Bundestages über das Unternehmensteuerreformgesetz 2008) beginnen und nicht vor dem 1.1.2008 enden (§ 52 Abs. 12d EStG, § 34 Abs. 6a S. 3 KStG, Schr. BdF 4.7.2008 – IV C 7 S. 2742a/07/10001, Rn. 1).

4.2.3.2 Betrieb iSd § 4h EStG

222 § 4h EStG ist eine Gewinnermittlungsvorschrift und beschränkt den Betriebsausgabenabzug für Zinsaufwendungen eines Betriebes. Voraussetzung sind Einkünfte des Betriebs aus Land- und Forstwirtschaft, Gewerbebetrieb oder selbständiger Arbeit (Schr. BdF 4.7.2008 – IV C 7 S. 2742a/07/10001, Rn. 2).

Eine Kapitalgesellschaft hat grundsätzlich nur einen Betrieb im Sinne der Zinsschranke. Nach § 8a Abs. 1 S. 4 KStG ist § 4h EStG auf Kapitalgesellschaften, die ihre Einkünfte durch den Überschuss der Einnahmen über die Werbungskosten ermitteln (§ 2 Abs. 2 Nr. 2 EStG), sinngemäß anzuwenden (Schr. BdF IVC 7.27420/07/10001, Rn. 7).

4.2.3.3 Kapitalforderungen/Fremdkapital

223 Die Zinsschranke erfasst grundsätzlich nur Erträge und Aufwendungen aus der Überlassung von Geldkapital (Zinserträge und Zinsaufwendungen im engeren Sinne) und nicht solche aus der Überlassung von Sachkapital. Fremdkapital im Sine des § 4h EStG sind damit alle als Verbindlichkeit passivierungspflichtigen Kapitalzuführungen in Geld, die nach steuerlichen Kriterien nicht zum Eigenkapital gehören. Hier gehört ua auch die typisch stille Beteiligung (Schr. BdF 4.7.2008 – IV C 7 S. 2742a/07/10001, Rn. 11).

Ist Gegenstand eine Nutzungsüberlassung in Form einer stillen Beteiligung, fallen die Aufwendungen (Mietzahlungen, Pachtzahlungen) nicht unter die Abzugsbeschränkungen der § 4h EStG, § 8a KStG.

4.2.3.4 Zinsaufwendungen/Zinserträge

224 Zinsaufwendungen im Sinne der Zinsschranke sind Vergütungen für Fremdkapital (§ 4h Abs. 3 S. 2 EStG); Zinserträge im Sinne der Zinsschranke sind Erträge aus Kapitalforderungen jeder Art (§ 4h Abs. 3 S. 3 EStG). Hierzu gehören auch Zinsen zu einem festen oder variablen Zinssatz, aber auch Gewinnbeteiligungen (Vergütungen für partiarische Darlehen, typisch stille Beteiligungen, Genussrechte und Gewinnschuldverschreibungen) und Umsatzbeteiligungen. Zinsaufwendungen bzw. Zinserträge sind auch Vergütungen, die zwar nicht als Zins berechnet werden, aber Vergütungscharakter haben (zB Damnum, Disagio, Vorfälligkeitsentschädigungen, Provisionen und Gebühren, die an den Geber des Fremdkapitals gezahlt werden) (Schr. BdF 4.7.2008 – IV C 7 S. 2742a/07/10001, Rn. 15).

Die Zinsschranke unterliegen nur solche Zinsaufwendungen und Zinserträge, die den maßgeblichen Gewinn bzw. das maßgebliche Einkommen gemindert oder erhöht haben. Insbesondere nicht abziehbare Zinsen, die gemäß § 8 Abs. 3 S. 2 KStG als verdeckte Gewinnausschüttungen das Einkommen einer Körperschaft nicht gemindert haben, sind keine Zinsaufwendungen im Sinne des § 4h Abs. 3 S. 2 EStG.

4.2.3.5 Steuerliches EBITDA

Die Zinsaufwendungen eines Betriebes sind in Höhe des Zinsertrages abziehbar, darüber hinaus ist der Abzug auf 30% des um die Zinsaufwendungen und um die Zinserträge verminderten maßgeblichen Gewinn bzw. des maßgeblichen Einkommens begrenzt (sog. steuerliches EBITDA).

Bei Körperschaften tritt an die Stelle des maßgeblichen Gewinns das nach den Vorschriften des EStG und des KStG mit Ausnahme der §§ 4h, 10d EStG und § 9 Abs. 1 S. 1 Nr. 2 KStG ermittelte Einkommen. Das steuerliche EBITDA einer Körperschaft wird insbesondere durch verdeckte Gewinnausschüttungen erhöht und durch Dividenden und Veräußerungsgewinne vermindert, soweit diese nach § 8b KStG steuerfrei sind:

Einkommen der Körperschaft im Sinne des § 8 Abs. 1 KStG vor Anwendung des § 4h EStG
./. Zinserträge
+ Zinsaufwendungen
+ Abschreibungen nach § 6 Abs. 2 und 2a sowie § 7 EStG
+ Verlustabzug im Sinne von § 10d EStG (Verlustrück- und vortrag)
+ Spendenabzug im Sinne von § 9 Abs. 1 S. 1 Nr. 2 KStG
= steuerliches EBITDA
(Schr. BdF 4.7.2008 – IV C 7 S. 2742a/07/10001, Rn. 41)

Das steuerliche EBITDA ist betriebsbezogen zu ermitteln. Zinsaufwendungen, Zinserträge, Abschreibungen und Anteile am maßgeblichen Gewinn, die in das steuerliche EBITDA einer Mitunternehmerschaft einfließen, finden deshalb beim Mitunternehmer nicht nochmals Berücksichtigung (Schr. BdF 4.7.2008 – IV C 7 S. 2742a/07/10001, Rn. 42).

Hält ein Gesellschafter einer vermögensverwaltenden Personengesellschaft seine Beteiligung im Betriebsvermögen (sog. Zebragesellschaft), kommt die Zinsschranke auf der Ebene des Gesellschafters zur Anwendung. Zinsaufwendungen, Zinserträge und Abschreibungen der Personengesellschaft und die Beteiligungseinkünfte sind anteilig beim Gesellschafter im Rahmen seiner Gewinneinkünfte zu berücksichtigen (Schr. BdF 4.7.2008 – IV C 7 S. 2742a/07/10001, Rn. 43).

4.2.3.6 Zinsvortrag

Die nicht abziehbaren Zinsaufwendungen eines Veranlagungszeitraums sind nach § 4h Abs. 1 S. 2 EStG in die folgenden Wirtschaftsjahre vorzutragen (Zinsvortrag). Sie erhöhen die Zinsaufwendungen dieser Wirtschaftsjahre und können dazu führen, dass im Vortragsjahr die Freigrenze nach § 4h Abs. 2 S. 1 Buchstabe a EStG überschritten wird (Schr. BdF 4.7.2008 – IV C 7 S. 2742a/07/10001, Rn. 46).

Nach § 4h Abs. 5 EStG geht ein nicht verbrauchter Zinsvortrag bei Aufgabe oder Übertragung des Betriebs unter. Bei Aufgabe oder Übertragung eines Teilbetriebs geht der Zinsvortrag anteilig unter. Als Aufgabe eines Teilbetriebs gilt auch das Ausscheiden einer Organgesellschaft aus dem Organkreis (Schr. BdF 4.7.2008 – IV C 7 S. 2742a/07/10001, Rn. 47).

Der Zinsvortrag ist gemäß § 4h Abs. 4 S. 1 EStG gesondert festzustellen. Der Feststellungsbescheid ist für jeden Betrieb an den Betriebsinhaber (Personengesellschaft, Körperschaft) zu richten, bei Einzelunternehmern an diesen unter Bezeichnung des Betriebes. Bei Personengesellschaften ist diese selbst Adressat des Feststellungsbescheids, nicht die Mitunternehmer. Bei Betrieben gewerblicher Art ist der Feststellungsbescheid an dessen Rechtsträger unter Bezeichnung des Betriebes zu richten.

4.2.3.7 Konzernzugehörigkeit

227 Die Zinsschranke setzt grundsätzlich eine Konzernabhängigkeit voraus. Liegen die Voraussetzungen einer Konzernabhängigkeit vor, greift die Zinsschranke erst dann, wenn die Eigenkapitalquote des vergütenden Betriebes die Eigenkapitalquote des Gesamtkonzern um mindestens 1 vH unterschreitet. Die Eigenkapitalquote ermittelt sich als Verhältnis des Eigenkapitals zur Bilanzsumme (§ 4h Abs. 2 S. 1 Buchstabe c S. 3 EStG, Schr. BdF 4.7.2008 – IV C 7 S. 2742a/07/10001, Rn. 69).

Für die Anwendung der Escape-Klausel ist auf die Eigenkapitalquote am vorangegangenen Abschlussstichtag abzustellen (§ 4h Abs. 2 S. 1 Buchstabe c S. 1 EStG). Bei Neugründung eines Betriebes wird ausnahmsweise auf das Eigenkapital in der Eröffnungsbilanz abgestellt. Die Eigenkapitalquote des Betriebs ist mit der Eigenkapitalquote des Konzerns am vorangegangenen Abschlussstichtag zu vergleichen. Der Konzernabschluss wird nicht um den neu gegründeten Betrieb erweitert (Schr. BdF 4.7.2008 – IV C 7 S. 2742a/07/10001, Rn. 70).

Weicht der Abschlussstichtag des Betriebs vom Abschlussstichtag des Konzerns ab, ist für den Vergleich der Eigenkapitalquoten derjenige Abschluss des Betriebes maßgeblich, der in den Konzernabschluss eingegangen ist. Es kann sich dabei um einen Zwischenabschluss handeln (vergleiche zB bei Abschlüssen nach dem Handelsgesetzbuch § 299 Abs. 2 HGB).

Für den Eigenkapitalvergleich sind der bestehende Konzernabschluss und der bestehende Abschluss des Betriebes zugrunde zu legen. Die für den Eigenkapitalvergleich erforderlichen Korrekturen von Eigenkapital und Bilanzsumme des Konzernabschlusses oder/und des Abschlusses des Betriebes sind außerhalb des Abschlusses in einer Nebenrechnung vorzunehmen (Schr. BdF 4.7.2008 – IV C 7 S. 2742a/07/10001, Rn. 71).

Hinsichtlich der Ermittlung der Eigenkapitalquote siehe Schr. BdF 4.7.2008 – IV C 7 S. 2742a/07/10001, Rn. 72–78.

4.2.3.8 Gesellschafterfremdfinanzierung

228 Unabhängig davon, ob eine Konzernabhängigkeit gegeben ist oder nicht, sind bei einer Körperschaft (GmbH) die Vergütungen für Fremdkapital, wenn die Grenze von 3 Mio. EUR erreicht worden ist, soweit sie nach Verrechnung mit den Zinserträgen 30 vH der maßgeblichen Gewinne übersteigen, nicht als

4.2 Behandlung der stillen Beteiligung bei der GmbH

Betriebsausgaben abzugsfähig, soweit sie an einem zu mehr als 25 vH unmittelbar oder mittelbar am Grund- oder Nennkapital beteiligten Anteilseigner, einem dieser nahe stehenden Person oder einem Dritten, der auf den zu mehr als einem viertel am Grund- oder Stammkapital beteiligtem Anteilseigner oder einem dieser nahe stehenden Person zurückgreifen kann, nicht mehr als 10 vH der Zinserträge übersteigenden Zinsaufwendungen der Körperschaft (GmbH) betragen und diese dies nachweist (*Dörr/Geibel/Fehling* Die neue Zinsschranke, NWB, Fach 4, 5199).

Fremdkapital in diesem Sinne ist auch eine stille Beteiligung. Somit fällt auch die Gewinnbeteiligung eines stillen Gesellschafters, der mit mehr als 25 vH am Stammkapital einer GmbH beteiligt ist unter dieses Betriebsausgabenabzugsverbot, wenn die Voraussetzungen des § 4h EStG und § 8a KStG vorliegen.

Beispiel 1:
A ist am Stammkapital der X-GmbH mit 30 vH beteiligt und hat dieser 10 Mio. EUR als stille Beteiligung gewährt und hierfür eine Gewinnbeteiligung von 1,2 Mio. EUR erhalten. Die Gesellschaft hat einen Gewinn iSd § 4h Abs. 1 EStG von 2 Mio. erwirtschaftet, in diesem sind keine Zinserträge enthalten.
Die Grenze von 1 Mio. EUR ist erreicht, somit kommt die Zinsschranke zur Anwendung. Somit sind nur 30 vH von 2 Mio. EUR als Betriebsausgaben anzuerkennen. Die weiteren 0,6 Mio. EUR Gewinnbeteiligung des stillen Gesellschafters bei der GmbH sind nicht als Betriebsausgabe abzugsfähig, sie sind vorzutragen.

Beispiel 2:
Wie zuvor, mit dem Unterschied, dass B von seinem Vater (A) 10 Mio. EUR in Form einer stillen Beteiligung an seiner GmbH erhalten hat.
Auch in diesem Fall wären nur 30 vH des maßgeblichen Gewinnes als Betriebsausgaben zu berücksichtigen.

4.2.4 Zeitpunkt der Verausgabung

Betriebsausgaben sind grundsätzlich im Zeitpunkt ihrer Verausgabung zu erfassen, also zu dem Zeitpunkt, in dem sie wirtschaftlich entstanden sind. Der Gewinnanspruch des stillen Gesellschafters entsteht grundsätzlich mit Ablauf des Geschäftsjahres, unabhängig von der Fälligkeit. Die Gesellschaft hat den Gewinnanspruch bereits in ihrer Jahresbilanz zu bilanzieren, obwohl er, je nachdem was die Bemessungsgrundlage ist – der Gewinn vor Körperschaftsteuer oder nach Abzug der Körperschaftsteuer –, der Höhe nach uU erst mit dem Ausschüttungsbeschluss feststeht. Im letzten Falle ergibt sich der Gewinnanspruch des stillen Gesellschafters erst aus der endgültigen Schlussbilanz.

4.2.5 Verlustbeteiligung

Ist der stille Gesellschafter am Verlust beteiligt, mindert sich entsprechend auch der Verlust der Gesellschaft.

Beispiel:
A ist an der X-GmbH mit einer Einlage von 200.000 EUR beteiligt. Die Gewinn- und Verlustbeteiligung beträgt 20 vH. Die Gesellschaft hat einen Verlust von 400.000 EUR.

Der Verlust der Gesellschaft mindert sich um eine Verlustbeteiligung von 20 vH.

von	400.000 EUR
um	80.000 EUR
auf	320.000 EUR

Der Ausgleich wird dadurch geschaffen, dass der Verlust von 80.000 EUR vom Kapitalkonto des stillen Gesellschafters abgebucht wird.
Kontostand   120.000 EUR

Nach § 232 Abs. 2 HGB nimmt der stille Gesellschafter nur bis zur Höhe seines Kapitalkontos am Verlust teil. Das bedeutet, dass der stille Gesellschafter einen durch Verluste verursachten Fehlbetrag nicht abdecken muss. Da steuerlich dem stillen Gesellschafter ein negatives Kapitalkonto zuzurechnen ist, das er durch Verrechnung mit künftigen Gewinnen auszugleichen hat, wird der Verlustanteil insoweit nicht mehr wie bisher dem Geschäftsinhaber zugerechnet (BFH 23.7.2002, BB 2002, 2317).

Beispiel:
Wie zuvor:

Kapitalkonto beträgt	120.000 EUR
der Verlust des Folgejahres beträgt	800.000 EUR
davon entfallen auf A	160.000 EUR
Kapitalkonto A nach Verrechnung	./. 40.000 EUR

ME darf die GmbH in diesem Falle keine Forderung gegenüber A in Höhe von 40.000 EUR ausweisen, da sie nicht in kurzer Zeit realisierbar ist und rechtlich nicht besteht.
Der Verlust in Höhe von 40.000 EUR müsste daher der GmbH zugerechnet werden.

Es wird vielfach die Ansicht vertreten, dass auch der stille Gesellschafter ein negatives Kapitalkonto haben könne, weil die Regel des HGB der des Kommanditisten entspricht.

Der Verlust der GmbH würde sich um die Verlustbeteiligung mindern, ohne dass dies in der Bilanz seinen Niederschlag findet, soweit der Verlust über die Minderung der Einlage hinausgeht. Man käme im Vergleich zur Kommanditgesellschaft bei der Insolvenz der GmbH zu einem ungerechten Ergebnis, weil der Kommanditist im Falle eines negativen Kapitalkontos die Differenz als Veräußerungsgewinn nach § 16 Abs. 1 EStG zu versteuern hat und der stille Gesellschafter, der die Einkünfte aus Kapitalvermögen hat, keinen Veräußerungsgewinn hat. § 15a EStG sieht das Verbot eines negativen Kapitalkontos bei einem Kommanditisten vor, nicht jedoch beim stillen Gesellschafter.

ME ist eine Verlustübernahme über das Kapitalkonto hinaus als Werbungskosten nicht möglich, da der Werbungskostenbegriff einen Aufwand voraussetzt. Soweit jedoch der stille Gesellschafter den Verlust nicht trägt, kann er ihm auch nicht als Aufwand zugerechnet werden (so auch *Döllerer* BB 1981, 1317).

Der Verlust der Gesellschaft mindert sich daher nicht um den anteiligen Verlust, der das Kapitalkonto des stillen Gesellschafters übersteigt.

231 Künftige Gewinne sind so lange dem Kapitalkonto des stillen Gesellschafters gutzuschreiben, bis die ursprüngliche Einlage wieder erreicht ist.

Das EStG hat insofern eine Klarstellung gebracht (§ 20 Abs. 1 Nr. 4 S. 2 EStG), als § 15a EStG für stille Gesellschaften entsprechend gilt. Hiernach dürfen Verluste einem Kommanditisten, das gilt auch für den stillen Gesellschafter, nur insoweit zugerechnet werden, als sie das negative Kapitalkonto nicht übersteigen. Der einem Kommanditisten zuzurechnende Anteil am Verlust der Kommanditgesellschaft darf weder mit anderen Einkünften aus Gewerbebetrieb noch mit Einkünften aus anderen Einkunftsarten ausgeglichen werden, soweit ein negatives Kapitalkonto des Kommanditisten entsteht oder sich erhöht. Es darf insoweit auch nicht nach § 10d abgezogen werden. Soweit der Verlust nach Absatz 1 nicht ausgeglichen oder abgezogen werden darf, mindert er die Gewinne, die dem Kommanditisten in späteren Wirtschaftsjahren aus seiner Beteiligung an der Kommanditgesellschaft zuzurechnen sind. Diese Vorschriften gelten entsprechend für die stille Beteiligung.

Es fragt sich, ob sich der Verlust der GmbH bereits schon im Zeitpunkt der Entstehung des Verlustes um die Verlustbeteiligung des stillen Beteiligten mindert, oder erst dann, wenn der stille Gesellschafter den Verlust durch Verrechnung mit den Gewinnen trägt.

ME trägt die Gesellschaft den Verlust so lange voll, bis eine Umbuchung auf das Kapitalkonto oder Gewinnkonto des stillen Gesellschafters erfolgen kann.

Hat sich der Verlust bei der Kapitalgesellschaft durch den Verlustrückgang nach § 10d EStG voll ausgewirkt, erhöht sich später der Gewinn der Gesellschaft infolge der Verrechnung der vergangenen Verluste mit künftigen Gewinnen.

4.3 Behandlung des Gewinnanspruchs des stillen Gesellschafters beim Gesellschafter selbst

4.3.1 Zurechnung der Einkünfte

Handelt es sich um eine typische stille Beteiligung, hat der stille Gesellschafter Einkünfte aus Kapitalvermögen, soweit die stille Beteiligung nicht zu einem gewerblichen Betriebsvermögen gehört. Ist jedoch die stille Beteiligung Betriebsvermögen eines anderen Betriebes des Gesellschafters, liegen Betriebseinnahmen vor. Betriebseinnahme stellt die Bruttoausschüttung ohne Berücksichtigung der einzubehaltenden Kapitalertragsteuer dar. Ist jedoch eine KapGes an einer anderen KapGes als typisch stiller Gesellschafter beteiligt, können Verluste aus der stillen Beteiligung nur nach Maßgabe des § 10d mit Gewinnen aus dieser Beteiligung verrechnet werden, § 20 Abs. 1 Nr. 4 EStG idF des StVergAbG.

Der Gewinnanspruch ist bereits mit Abschluss des Geschäftsjahres der schuldenden Kapitalgesellschaft entstanden (BFH 27.3.2012, GmbHR 2012, 764 = BeckRS 2012, 95099). Gehört der Gewinnanspruch zu einem Betriebsvermögen, ist er mit diesem Zeitpunkt bereits zu bilanzieren, auch wenn die genaue Höhe des Gewinnanspruchs sich erst aufgrund der Bilanzerstellung bei der Kapitalgesellschaft ergibt. Sofern die Bilanzfeststellung bei der Kapitalgesellschaft vor der Bilanzaufstellung bei dem Einzelunternehmen bzw. der Personengesellschaft oder einem anderen Unternehmen erfolgt, ist der Gewinnanspruch zu bilanzieren (wertaufhellende Tatsache).

234 Zum Betriebsvermögen ist die stille Beteiligung auch dann zu rechnen, wenn der stille Gesellschafter wesentlich an der GmbH beteiligt ist (daher Stimmenmehrheit hat) und der GmbH Wirtschaftsgüter zur Verfügung gestellt hat, die eine der wesentlichen Betriebsgrundlagen bilden (Betriebsaufspaltung). Stellt also ein wesentlich beteiligter Gesellschafter im Rahmen einer Betriebsaufspaltung der Gesellschaft noch Mittel in Form eines stillen Gesellschaftsverhältnisses zur Verfügung, ist die stille Beteiligung als Betriebsvermögen anzusehen, da auch nach herrschender Ansicht (*Herrmann/Heuer/Raupach* EStG § 15 Rn. 13e; BFH 14.11.1969, BStBl. II 70, 302; *Wendt* GmbHR 1973, 538) der vom Gesellschaftr gehaltene GmbH-Anteil als ein Betriebsvermögen angesehen wird. Auch in diesem Falle ist der Gewinnanspruch dem Gesellschafter mit seiner Entstehung zuzurechnen und als Betriebseinnahme zu behandeln.

235 Das gleiche gilt, wenn die stille Beteiligung zu einem Betriebsvermögen einer inländischen Zweigniederlassung eines ausländischen beschränkt steuerpflichtigen Unternehmens gehört.

4.3.2 Zufluss des Gewinnanspruchs

236 Gehört die stille Beteiligung zum Privatvermögen eines Gesellschafters, handelt es sich hierbei um Einkünfte aus Kapitalvermögen iSd § 20 Abs. 1 Nr. 4 EStG. Nach § 11 EStG sind diese Einkünfte erst mit dem Zufluss beim Gesellschafter zu erfassen. Zufluss bedeutet Verschaffung der wirtschaftlichen Verfügungsmacht (*Herrmann/Heuer/Raupach* EStG § 11 Rn. 5). Das ist frühestens der Zeitpunkt der Erstellung der Bilanz, spätestens jedoch der Tag, an dem der Gewinnanspruch dem Konto des Gesellschafters gutgeschrieben oder auf andere Weise ihm ausgezahlt oder mit anderen Ansprüchen verrechnet worden ist. Wird der Gewinnanspruch des stillen Beteiligten dem Gesellschafter nicht ausgezahlt, sondern der Gesellschaft in Form eines Darlehens belassen oder zur Erhöhung der stillen Beteiligung verwendet, ist mit der Umbuchung auf das Darlehenskonto bzw. auf das Beteiligungskonto der Gewinn zugeflossen.

237 Gewinnanteile des stillen Gesellschafters, die der Wiederauffüllung seiner durch Verlust geminderten Einlage dienen, sind Einnahmen aus Kapitalvermögen (BFH 2.4.1990, BStBl. II 91, 142; vgl. BFH 24.1.1990, BFH/NV 1991, 683). Die zur Auffüllung der Einlage verwendeten Beträge fließen dem stillen Gesellschafter mit Gutschrift auf seinem Einlagekonto zu. Dem steht nicht entgegen, dass der stille Gesellschafter den gutgeschriebenen Betrag infolge Wiederauffüllung der durch Verluste geschmälerten Einlage nicht abrufen kann (BFH 24.1.1990, BFH/NV 1991, 683).

4.3.3 Zeitpunkt des Zuflusses

238 Zeitpunkt des Zuflusses ist frühestens der Tag der Bilanzaufstellung bei der GmbH. Dieser ist spätestens jedoch mit der Gutschrift auf dem Konto bzw. mit der Barauszahlung an den Gesellschafter erfolgt. Ist ein Fälligkeitszeitpunkt

4.3 Behandlung des Gewinnanspruchs des stillen Gesellschafters

vereinbart worden, ist es frühestens der Fälligkeitstag. Hat der stille Gesellschafter keinen beherrschenden Einfluss auf die Gesellschaft, so gilt im Zweifel der Tag des tatsächlichen Zuflusses, also Gutschrift auf dem Konto, Scheckzahlung oder Barzahlung als Zeitpunkt der Vereinnahmung (§ 116 EStH). Fraglich ist jedoch, wann der Zufluss beim beherrschenden oder sogar Alleingesellschafter erfolgt ist. Bei einem beherrschenden Gesellschafter hat die Rechtsprechung im allgemeinen den Zufluss vorverlegt (BFH 30.4.1974, BStBl. II 74, 541). Im allgemeinen wird der beherrschende bzw. Alleingesellschafter über einen Anspruch schon verfügen können, wenn er entstanden ist. Der Dividendenanspruch bei einer Kapitalgesellschaft ist bereits mit Beschlussfassung entstanden, nicht erst mit Ablauf des Wirtschaftsjahres, für das der Dividendenabschluss gilt (vgl. BFH 30.4.1974, BStBl. II 74, 541, *Schulze zur Wiesche* StBp 1978, 123). Werden einem beherrschenden Gesellschafter Sondervergütungen gewährt, so sind diesem die Sondervergütungen bereits zugeflossen, wenn der Anspruch als solcher entstanden ist, weil die Gesellschaft diesen Anspruch schon im Entstehungszeitpunkt zu bilanzieren hat und somit die Behandlung als Aufwand bei der Gesellschaft und die Behandlung als Einnahme beim Gesellschafter zeitlich nicht auseinanderfallen sollen, mit der Folge, dass sie sich in verschiedenen Wirtschaftsjahren auswirken (BFH 22.5.1973, BStBl. II 83, 815). Diese Grundsätze sind aber beim Gewinnanspruch des stillen Gesellschafters, auch wenn er beherrschender Gesellschafter der GmbH ist, nicht anzuwenden, weil zwar der Anspruch auf Gewinn mit Ablauf des Geschäftsjahres der GmbH entstanden ist, dieser aber erst im Zeitpunkt der Bilanzaufstellung konkretisiert wird. Der beherrschende Gesellschafter wird also frühestens im Zeitpunkt der Bilanzaufstellung über den vollen Gewinnanspruch verfügen können. Insofern gilt der Gewinnanspruch ihm mit Bilanzaufstellung als zugeflossen, unabhängig von der tatsächlichen Auszahlung (§ 116 EStH).

4.3.4 Kapitalertragsteuer als Abgeltungssteuer

Nach § 43 Abs. 1 Nr. 3 EStG unterliegen die Gewinne einer stillen Beteiligung an einem Handelsgewerbe der Kapitalertragsteuer. Die Beteiligung eines stillen Gesellschafters an einer GmbH stellt eine stille Beteiligung an einem Handelsgewerbe dar, weil die GmbH kraft Rechtsform ein Handelsgewerbe betreibt. Die Kapitalertragsteuer beträgt 25 vH des Kapitalertrages, wenn der Gläubiger die Kapitalertragsteuer trägt (s. auch BMF Schr. v. 9.10.2012, z. Einzelfragen zur Abgeltungssteuer, Rn. 4).

Handelt es sich bei dem stillen Gesellschafter um eine beschränkt steuerpflichtige Person, so gilt mit der Einbehaltung der Kapitalertragsteuer die inländische Einkommensteuer als abgegolten (§ 50 Abs. 5 EStG). Sofern ein Doppelbesteuerungsabkommen eine niedrigere Quellensteuer als 25 vH vorsieht, hat der beschränkt Steuerpflichtige insoweit einen Erstattungsanspruch.

Die Kapitalertragsteuer hat die Kapitalgesellschaft im Zeitpunkt des Zuflusses beim Berechtigten einzubehalten und abzuführen (vgl. § 44 EStG). Die Kapitalertragsteuer entsteht in dem Zeitpunkt, in dem die Kapitalerträge dem

Gläubiger zufließen. In diesem Zeitpunkt hat der Schuldner der Kapitalerträge den Steuerabzug für Rechnung des Gläubigers der Kapitalerträge vorzunehmen.

242 Ist bei Einnahmen aus der Beteiligung an einem Handelsgewerbe als stiller Gesellschafter in dem Beteiligungsvertrag über den Zeitpunkt der Ausschüttung keine Vereinbarung getroffen, so gilt der Kapitalertrag am Tag nach der Aufstellung der Bilanz oder einer sonstigen Feststellung des Gewinnanteils des stillen Gesellschafters, spätestens jedoch 6 Monate nach Ablauf des Wirtschaftsjahres, für das der Kapitalertrag ausgeschüttet oder gutgeschrieben werden soll, als zugeflossen (§ 44 Abs. 3 EStG).

243 Die Kapitalertragsteuer hat grundsätzlich seit dem 1.1.2009 Abgeltungscharakter (§ 32d Abs. 1 EStG nF).

Das bedeutet, dass mit dem Einbehalt durch den Schuldner der Erträge die Steuer auf diese Erträge abgegolten ist, sie in die Veranlagung des Empfängers nicht mehr einbezogen werden. Die Kapitalertragsteuer ist somit endgültig. Diese Regelung gilt grundsätzlich auch für die stille Beteiligung, es sei denn, es liegen die Ausnahmetatbestände des § 32d Abs. 2 EStG nF vor.

Daher hat grundsätzlich auch die einbehaltene Kapitalertragsteuer bei einem stillen Gesellschafter am Unternehmen einer GmbH Abgeltungscharakter. Dies gilt ausnahmslos für einen stillen Gesellschafter, der nicht gleichzeitig Stammgesellschafter der GmbH ist oder an dieser mit weniger als 10 vH beteiligt ist.

Nach dem neu eingefügten § 32d Abs. 2 Nr. 3 EStG idF des Jahressteuergesetzes 2008 kann jedoch auf Antrag für Kapitalerträge iSd § 20 Abs. 1 Nr. 1 und 2 EStG aus einer Kapitalgesellschaft, wenn der Steuerpflichtige im Veranlagungszeitraum, für den der Antrag erstmals gestellt wird, unmittelbar oder mittelbar
a) zu mindestens zu 25 vH an der Kapitalgesellschaft beteiligt ist oder
b) zu mindestens 1 vH an der Kapitalgesellschaft beteiligt und beruflich für diese tätig ist,
eine Veranlagung durchgeführt werden.

Insoweit finden die Vorschriften § 3 Nr. 40 S. 2 und § 20 Abs. 6 und Abs. 9 EStG keine Anwendung.

Im Gegensatz zu § 32d Abs. 6 EStG werden hier die tatsächlichen Werbungskosten im Rahmen der Einkünfteermittlung berücksichtigt.

Steuerpflichtige, die mit mindestens 25 vH an der Kapitalgesellschaft beteiligt sind oder deren Beteiligung von mindestens 1 vH im wirtschaftlichen Zusammenhang mit einer beruflichen Tätigkeit steht, werden den steuerpflichtigen gleichbehandelt, die eine Kapitalbeteiligung im Betriebsvermögen haben. In diesen Fällen geht das Halten der Beteiligung über eine reine Geldanlage hinaus.

Der mit mindestens 25 vH beteiligte Gesellschafter ist wie ein Mitunternehmer unternehmerisch tätig und kann einen gewissen Einfluss auf die Unternehmensführung ausüben. In dem anderen Fall stärkt die Beteiligung eine berufliche Tätigkeit.

Beispiel:
A ist Gesellschafter der X-GmbH. Seine Beteiligung beträgt 20 vH. Er ist gleichzeitig deren Geschäftsführer. Die Beteiligung stellt nicht nur eine Geldanlage dar. Sie ist zudem eine Voraussetzung für die Anstellung als Geschäftsführer.

4.3 Behandlung des Gewinnanspruchs des stillen Gesellschafters

4.3.4.1 Behandlung der Gesellschafter, die nicht oder nur mit einem Anteil von unter 10 vH beteiligt und gleichzeitig Stammgesellschafter sind

Da es sich bei der Kapitalertragsteuer um eine Abgeltungssteuer handelt, die von den Bruttoeinnahmen erhoben wird, können die tatsächlichen Werbungskosten keine Berücksichtigung mehr finden (§ 20 Abs. 9 S. 1 EStG nF). Dies gilt auch dann, wenn der stille Gesellschafter beantragt, wegen der tatsächlich niedrigeren Tarifbelastung die Einkünfte aus der stillen Beteiligung in die Einkommensteuerveranlagung einzubeziehen (§ 32d Abs. 6 EStG). Dem stillen Gesellschafter stehen daher nur die Pauschale von 801 EUR für alle Kapitaleinkünfte zu. **244**

Die tatsächlichen Werbungskosten können daher nur von den Steuerpflichtigen geltend gemacht werden, die von der Steuerabgeltung ausgenommen sind. Das ist der Fall:
– wenn Gläubiger und Schuldner einander verwandte Personen sind
– wenn sie von einer Kapitalgesellschaft oder Genossenschaft an einen Anteilseigner gezahlt werden, der zu mindestens 10 % an der Gesellschaft oder Genossenschaft beteiligt ist. Dies gilt auch, wenn der Gläubiger der Kapitalerträge eine dem Anteilseigner nahestehende Person ist.

Ist der stille Gesellschafter nicht gleichzeitig am Stammkapital beteiligt oder hält lediglich einen Anteil von weniger als 10 vH, hat die Kapitalertragsteuer von 25 vH Abgeltungscharakter. Sie ist endgültig. Sie beeinflusst auch die Einkommensteuerveranlagung nicht über einen Progressionsvorbehalt. Auf der anderen Seite werden tatsächliche Werbungskosten nicht mehr berücksichtigt. Hat der stille Beteiligte zur Finanzierung der stillen Beteiligung einen Kredit aufgenommen, kann er die mit dem Erwerb im Zusammenhang stehenden Kreditzinsen nicht mehr als Werbungskosten geltend machen.

Beispiel:
A ist an einer X-GmbH mit 5 vH am Stammkapital beteiligt. Er erhält in 03 für 02 eine Dividende von 60.000 EUR, gleichzeitig ist er als stiller Gesellschafter mit 1 Mio. EUR beteiligt. Die Gewinnbeteiligung hieraus betrug in 02 100.000 EUR, die 03 seinem Bankkonto gutgeschrieben wurde.
A hat Einnahmen in Höhe von 60.000 EUR nach § 20 Abs. 1 Nr. 1 EStG
                         von 100.000 EUR nach § 20 Abs. 1 Nr. 4 EStG

Sie unterliegen jeweils einer Abgeltungssteuer von 25 vH.

25 vH von 60.000 EUR   = 15.000 EUR
25 vH von 100.000 EUR = 25.000 EUR
zusammen   = 40.000 EUR

Ist der stille Gesellschafter aufgrund des Gesellschaftsvertrages entsprechend seiner Gewinnbeteiligung bereit, die Verluste zu übernehmen, hat er zwar Werbungskosten. Er kann aber die tatsächlichen Werbungskosten nicht geltend machen. § 20 Abs. 9 S. 1 EStG nF. Gleiches gilt, wenn er die stille Einlage fremdfinanziert hat und daher die Kreditzinsen durch die Leistung der Einlage veranlasst sind. **245**

4.3.4.2 Stille Beteiligung bei mindestens 10 vH Beteiligung am Stammkapital

246 Ist der Stille Gesellschafter mit mindestens 10 vH am Stammkapital einer GmbH beteiligt, unterliegen die Erträge aus der stillen Beteiligung nicht der Abgeltungssteuer. Das hat zur Folge, dass die Erträge aus dem GmbH-Anteil selbst der Abgeltungssteuer von 25 vH unterliegen, die Erträge aus der stillen Beteiligung voll in die Veranlagung einbezogen werden. Das hat jedoch den Vorteil, dass hinsichtlich der stillen Beteiligung Werbungskosten geltend gemacht werden können (*Schulze zur Wiesche* Die Besteuerung der Erträge aus Kapitalbeteiligung ab dem 1.1.2009, GmbHR 2008, 649). Die Erträge aus der stillen Beteiligung unterliegen nicht dem Teileinkünfteverfahren.

Beispiel 1:
A ist an der X-GmbH mit 10 vH beteiligt. Die Dividende betrug 100.000 EUR, Werbungskosten 2.000 EUR. Außerdem war er mit 1 Mio. EUR still beteiligt. Gewinnanteil hieraus 120.000 EUR, Werbungskosten 10.000 EUR.
Die Dividende in Höhe von 100.000 EUR unterliegt ohne jeden Abzug der Abgeltungssteuer von 25 vH 25.000 EUR. Die Einkünfte aus der stillen Beteiligung § 20 Abs. 1 Nr. 4 EStG sind in Höhe von 120.000 EUR ./. 10.000 EUR Werbungskosten = 110.000 EUR in die Veranlagung einzubeziehen.

Beispiel 2:
A ist mit 100.000 EUR an der X-GmbH (= 10 vH) beteiligt. Dividende 10 vH = 10.000 EUR. Gleichzeitig ist er als stiller Gesellschafter mit einer Einlage von 500.000 EUR beteiligt. Diese hat er voll mit einem Kredit von 500.000 EUR fremdfinanziert, Gewinnbeteiligung beträgt 12 vH = 60.000 EUR. Die Kreditzinsen betragen 8 vH = 40.000 EUR.
Auf die Dividende entfällt eine Abgeltungssteuer von 25 vH = 2.500 EUR.

Der Gewinnanteil aus der stillen Beteiligung ist nach § 32d Abs. 2 Nr. 1 Buchstabe b EStG zu veranlagen. Die Einkünfte betragen hieraus 60.000 EUR ./. 40.000 EUR, Werbungskosten = 20.000 EUR.

Die einbehaltene Kapitalertragsteuer ist in diesen Fällen dem Charakter nach eine Einkommensteuervorauszahlung. Die einbehaltene Kapitalertragsteuer wird auf die Einkommensteuer angerechnet.

Ist von einer Kapitalgesellschaft einem Angehörigen eines Gesellschafters, dessen Beteiligung am Stammkapital mindestens 10 vH beträgt, der Kapitalgesellschaft eine stille Beteiligung eingeräumt worden, so unterliegt dessen Gewinnanteil als stiller Gesellschafter nicht der Abzugssteuer. Die Einkünfte sind im Rahmen seiner Veranlagung zu ermitteln.

Das Wahlrecht ab einer Beteiligung von 25 vH oder einer Beteiligung von 1 vH im Zusammenhang mit einer Berufstätigkeit schließt die typische stille Beteiligung nicht mit ein.

Beispiel 1:
A ist mit 25 vH an der X-GmbH beteiligt und hat sich gleichzeitig an dieser mit einer Einlage von 200.000 EUR still beteiligt. Der Gewinnanteil aus der stillen Beteiligung betrug in 03 16.000 EUR. Als Gewinnausschüttung aus der Stammbeteiligung erhielt er 30.000 EUR.
Der Gewinnanteil aus der stillen Beteiligung unterliegt nicht der Abgeltungssteuer von 25 vH. Dieser in Höhe von 16.000 EUR ist in die Veranlagung mit einzubeziehen.

4.3 Behandlung des Gewinnanspruchs des stillen Gesellschafters

Beispiel 2:
A ist mit 5 vH an der X-GmbH beteiligt und gleichzeitig deren Geschäftsführer. Er ist mit einer Einlage von 100.000 EUR typisch still beteiligt. A kann hinsichtlich der Gewinnausschüttungen aus der Stammeinlage die Veranlagung wählen.
  Der Gewinnanteil aus der stillen Beteiligung unterliegt der Abgeltungssteuer, weil seine Beteiligung am Nennkapital unter 10 vH beträgt (§ 32d Abs. 1 Nr. 1b EStG).

4.3.4.3 Die stille Beteiligung am Betrieb einer GmbH im Betriebsvermögen

Der stille Gesellschafter hat die stille Beteiligung in seiner Bilanz nicht als Beteiligung, sondern als Kapitalforderung auszuweisen (BFH 27.3.2012, GmbHR 2012, 764). Demgemäß sind nach der Rspr. Ausschüttungsansprüche, die sich unmittelbar aus den Vertragsbedingungen ergeben, auch dann phasenkongruent zu aktivieren, wenn deren exakte Höhe erst noch unter Ausübung von Ermessens- und Beurteilungsspielräumen berechnet werden muss (BFH 18.5.1994, BStBl. II 1995, 54; *Buciek* in Blümich EStG § 5 Rn. 281). Nichts anderes kann für Gewinnansprüche eines stillen Gesellschafters gelten, wenn diese im Einklang mit § 232 Abs. 1 HGB auf den Schluss des Geschäftsjahres berechnet und – vorbehaltlich des Ausgleichs eines negativen Kontos – von ihm entnommen werden können.

247

  Dieser hat keine Beteiligung (vgl. § 266 Abs. 2 A.III.2 HGB), sondern die Einlage als forderungsähnliche sonstige Ausleihung iSv § 266 Abs. 2 A.III.6 HGB auszuweisen (gleicher Ansicht zB *Krumm* in Blümich EStG § 5 Rn. 740 „Stille Beteiligung"; *Kessler/Reitsam* DStR 2003, 269 [271]).

  Befindet sich der GmbH-Anteil und auch die stille Beteiligung in einem Betriebsvermögen, so unterliegen die Einkünfte sowohl aus dem Anteil als auch aus der stillen Beteiligung zwar der Kapitalertragsteuer § 43a EStG, die jedoch, soweit es die Dividende betrifft, keinen Abgeltungscharakter hat. Die Dividende der GmbH unterliegt nach § 3 Nr. 40 EStG dem Teileinkünfteverfahren. Die Erträge aus der GmbH-Beteiligung sind nur mit 60 vH als Betriebseinnahmen zu berücksichtigen. 40 vH der Erträge sind steuerfrei. Die mit diesen Erträgen zusammenhängenden Betriebsausgaben sind ebenfalls nur zu 60 vH zu berücksichtigen (§ 3c Abs. 2 EStG). Das Abzugsverbot für Betriebsausgaben, soweit sie mit steuerfreien Einnahmen im Zusammenhang stehen, gilt nur für den steuerfreien Teil der Gewinnausschüttungen der GmbH, nicht jedoch für sonstige Leistungen an die GmbH, zB für Teilwertabschreibungen von sonstigen Forderungen gegenüber der GmbH (BFH 18.4.2012, GmbHR 2012, 867 und GmbH 2012, 860).

248

  Nicht dem Teileinkünfteverfahren unterliegen die Erträge aus der stillen Beteiligung. Sie sind in voller Höhe als Betriebseinnahmen zu berücksichtigen. Hat der stille Gesellschafter zur Finanzierung der stillen Beteiligung ein Darlehen aufgenommen, so kann er die Zinsen voll als Betriebsausgaben absetzen. Nicht jedoch, wenn ein Darlehen zur Finanzierung der GmbH-Beteiligung aufgenommen hat. Hier können nur 60% als Betriebsausgaben berücksichtigt werden (§ 3c EStG). Hat der stille Gesellschafter im Rahmen seiner unternehmerischen

Tätigkeit der GmbH ein Darlehen gewährt, kann er dieses auf den Teilwert abschreiben. Jedoch sind Betriebsausgaben des stillen Beteiligten, die nicht im Zusammhang mit den Erträgen des GmbH-Anteils stehen, voll als Betriebsausgaben bzw. Werbungskosten zu berücksichtigen. So BFH 18.4.2012, GmbHR 2012, 860. Mangels wirtschaftlichen Zusammenhanges mit nach § 3 Nr. 40 EStG dem Teileinkünfteverfahren unterliegenden Einkünften unterliegen entgegen BMF-Schr. 8.11.2010, BStBl. I 2010, 1292 Nr. 2 kommt ein Abzugsverbot iSd § 3 C Abs. 2 EStG nicht in Betracht (BFH 18.4.2012, GmbHR 2012, 867 und GmbH 2012, 860)

Betriebsausgaben des stillen Gesellschafters, die mit steuerfreien Einkünften im Zusammenhang stehen, sind insoweit nach § 3c EStG nicht als Betriebsausgaben abzugsfähig. Im Falle der GmbH & atypisch Still betrifft dies im Wesentlichen die Beteiligung an der GmbH im Sonderbetriebsvermögen des atypisch stillen Gesellschafters. Da die Gewinnausschüttungen der GmbH dem Teileinkünfteverfahren nach § 3 Nr. 40 EStG unterliegen und daher in Höhe von 40 vH steuerbefreit sind, sind die Betriebsausgaben, soweit sie mit den Gewinnausschüttungen in Zusammenhang stehen, entsprechend um 40 % zu kürzen.

Hat der atypisch stille Gesellschafter der GmbH den Erwerb der GmbH-Beteiligung fremdfinanziert, so sind die Kreditzinsen nur in Höhe von 60 % als Betriebsausgaben abzugsfähig. Hat der atypisch stille Gesellschafter die stille Beteiligung mit einer Darlehnsaufnahme finanziert, so stehen die Kreditzinsen mit der GmbH-Beteiligung nicht in unmittelbarem Zusammenhang und daher auch nicht in unmittelbarem Zusammenhang mit den Gewinnausschüttungen der GmbH. Sie mindern daher lediglich den Gewinnanteil als stiller Gesellschafter. Im Falle einer atypisch stillen Gesellschaft handelt es sich bei den Kreditzinsen um Sonderbetriebsausgaben.

Hat der atypisch stille Gesellschafter neben seiner atypisch stillen Beteiligung der GmbH ein Darlehn gewährt, so unterliegen Substanzverluste von im Betriebvermögen gehaltenen Gesellschafterdarlehen aufgrund von Wertminderungen, wie sie durch Teilwertabschreibungen abgebildet werden, nicht dem Abzugsverbot, BFH 18.4.2012, GmbHR 2012, 867. Gleiches gilt für substanzbezogene Wertminderungen von Rückgriffsforderungen aus der Inanspruchnahme aus im Betriebsvermögen gehaltenen Bürgschaften zugunsten der GmbH (BMF 8.11.2010 BStBl. I 2010, 1292). Diese Grundsätze gelten auch entsprechend im Fall des Verzichtes auf ein nicht mehr werthaltiges Gesellschafterdarlehen (BFH 18.4.2012, GmbHR 2012, 860).

Beispiel 1:
A ist Einzelunternehmer. In seinem Betriebsvermögen befindet sich eine Beteiligung an der X-GmbH in Höhe von 50 vH. Zusätzlich hat er der X-GmbH Kapital in Höhe von 500.000 EUR in der Rechtsform einer stillen Beteiligung zugeführt. Die X-GmbH hat an A eine Dividende von 20.000 EUR ausgeschüttet. Auf Grund der stillen Beteiligung sind ihm 50.000 EUR überwiesen worden. Die Gewinnbeteiligung aus der stillen Beteiligung ist angemessen.

Die Dividende ist nur in Höhe von 60 vH = 12.000 EUR als Beteiligungserträge zu erfassen. Die Gewinnbeteiligung in Höhe von 50.000 EUR aus der stillen Beteiligung hingegen ist in voller Höhe als Beteiligungsertrag zu erfassen.

4.3 Behandlung des Gewinnanspruchs des stillen Gesellschafters

Beispiel 2:
Wie zuvor. Mit dem Unterschied, dass die Gewinnbeteiligung 80.000 EUR beträgt, von der jedoch nur 50.000 EUR angemessen sind.

In diesem Falle wären 30.000 EUR aus der Gewinnbeteiligung als verdeckte Gewinnausschüttung der GmbH zu behandeln, mit der Folge, dass sich die Ausschüttungen der GmbH von 20.000 EUR auf 50.000 EUR erhöhen, die dem Teileinkünfteverfahren unterliegen. Betriebseinnahmen sind somit 60 vH von 50.000 EUR = 30.000 EUR.

Die restlichen 50.000 EUR aus der stillen Beteiligung wären voll anzusetzen.

4.3.5 Behandlung von Verlusten

4.3.5.1 Verlust der Einlage

Sofern die Beteiligung zum Privatvermögen gehört, werden Vermögensverluste grundsätzlich nicht berücksichtigt. Wird demnach die GmbH insolvent und erleidet der stille Gesellschafter hinsichtlich der stillen Beteiligung einen Insolvenzausfall, so kann er die Vermögensverluste grundsätzlich nicht als Einkommensverluste geltend machen (*Tillmann* Handbuch III Tz. 415; *Post*, S. 59; *Herrmann/Heuer/Raupach* § 20 EStG Anm. 34i; *Blaurock/Levedag* Rn. 22.261.; *Felix* Steuerkongreßrelustübernahmen, zu denen der stille Gesellschafter aufgrund des Gesellschaftsvertrages verpflichtet ist (*RFH* 23.5.1933, RStBl. 33, 1078; FG Düsseldorf 31.1.1957, EFG 1957, 363, *Tillmann* Handbuch III S. 914; *Herrmann/Heuer/Raupach* § 20 EStG Anm. 182; aA *Böttcher/Zartmann/Faut* Stille Gesellschaft und Unterbeteiligung 1985, S. 257; *Conradi* in Littmann/Bitz/Pust EStG § 20 Rn. 205; *Fichtelmann* GmbH & Still, S. 57, *Söffing* FR 1982, 445, *Geurts* in Bordewin/Brandt EStG § 20 Rn. 277

Einkommensteuerlich werden Verluste bis zur Höhe der Einlage in dem Jahr berücksichtigt, in dem die Bilanz des Unternehmens aufgestellt und das Einlagenkonto des stillen Gesellschafters gemindert wird (BFH 23.2.2007, BFH/NV 2007, 1118). Der Verlust muss von der Einlage tatsächlich abgebucht werden (BFH/NV 2007, 858; BFH 28.1.2014 – VIII R 5/11, BStBl. 2015 II S. 194) Aus dem forderungsähnlichen Charakter des stillen Gesellschaftsverhältnisses ergibt sich zum anderen, dass – in Fällen übereinstimmender Wirtschaftsjahre – auch die auf den stillen Gesellschafter entfallenden Verlustanteile dessen Betriebsvermögen phasengleich mindern. Auch insoweit kommt es nicht auf den Zeitpunkt der Berechnung und Abbuchung des Verlusts an; maßgeblich ist vielmehr, dass gemäß § 252 Abs. 1 Nr. 4 HGB die zum Bilanzstichtag (rechtlich oder wirtschaftlich) entstandenen Verluste unter Berücksichtigung der bis zur Bilanzaufstellung bekannt gewordenen (wertaufhellenden) Umstände im Abschluss des stillen Gesellschafters auszuweisen sind (vgl. BFH 20.8.2003, BStBl. II 2003, 941 = GmbHR 2004, 134, betreffend Forderungsbewertung). Der stille Gesellschafter hat deshalb auch im Streitfall zu Recht den von der X-AG für das Wirtschaftsjahr 2002/03 ermittelten Verlustanteil (197.500 EUR) in seinen auf den 30.6.2003 erstellten Abschluss übernommen. Entgegen der Stellungnahme des BW ist es für die phasengleiche Übernahme des Verlustanteils ohne Bedeutung, ob der Wert der mitgliedschaftlichen Rechte des stillen Gesellschafters iSv § 6 Abs. 1 Nr. 2 S. 2 EStG 2002 infolge der zugewiesenen Verluste voraussichtlich dauernd gemindert wird (gleicher Ansicht zB *Groh* DB 2004, 68; *Groh* BB 1993, 1882; *Schoor/Natschke* Die GmbH & Still im Steuerrecht, 4. Aufl., Rn. 308; *Kempf/Balgar* in Lüdicke/Kempf/Brink, Verluste im Steuerrecht, S. 90; *Kulosa* in Schmidt K. § 6 Rn. 330 „Stille Beteiligung"). Denn ebenso wie ein für den stillen Gesellschafter berechneter Gewinnanteil nicht die Bewertung der bisherigen Forderung betrifft, sondern den Forderungsbestand aus dem kreditähnlichen Verhältnis erhöht, hat umgekehrt ein auf den stillen Gesellschafter entfallender Verlustanteil zur Folge, dass sich der Bestand seiner Forderung gegenüber dem Geschäftsinhaber mindert. Der Verlustanteil des stillen Gesellschafters ist deshalb – gleich dem Fall der teilweisen Tilgung. Nichts anderes kann für die Bilanz des stillen Gesellschafters gelten; auch dieser hat keine Beteiligung (vgl. § 266 Abs. 2 A III 2 HGB), sondern die Einlage als forderungsähnliche sonstige Ausleihung LS. v. § 266 Abs. 2 A.III.6 HGB auszuweisen (gleicher Ansicht zB *Krumm* in Blümich EStG § 5 Rn. 740 „Stille Beteiligung"; *Kessler/Reits*am DStR 2003, 269 [271]).

Ein Teil der Literatur stellt es darauf ab, ob nach der Vertragsgestaltung der stille Gesellschafter am Verlust beteiligt ist.

ME ist zu unterscheiden zwischen dem Verlust, der sich aus der Bilanzaufstellung des Insolvenzverwalters ergibt, und der Restforderung, die der Dritte als Insolvenzforderung geltend machen kann. Soweit es sich um den Verlust handelt, der seine Einlage mindert, liegen Werbungskosten vor, soweit aber die Restforderung in der Insolvenz ausfällt, handelt es sich jedoch um einen Vermögensverlust, der nicht als Werbungskosten zu berücksichtigen ist.

Gehört jedoch die Beteiligung zu einem Betriebsvermögen, so kann der stille Gesellschafter grundsätzlich Forderungsausfälle hinsichtlich der stillen Beteiligung durch eine Teilwertabschreibung bzw. Wertberichtigungen berücksichtigen.

4.3.5.2 Verlustbeteiligung als Werbungskosten

250 Soweit es sich um stille Gesellschafter handelt, die nicht oder mit weniger als 10 vH Stammgesellschafter sind, würden Werbungskosten mit einem Pauschbetrag von 801 EUR berücksichtigt. Tatsächliche Werbungskosten können nicht mehr geltend gemacht werden und somit auch nicht Verluste. Die folgenden Ausführungen gelten daher nur für stille Gesellschafter, die mit mindestens 10 vH Stammgesellschafter sind.

251 Fällt die stille Beteiligung unter den Anwendungsbereich der Abgeltungssteuer, stellt sich vor dem Hintergrund des Werbungskostenabzugsverbotes die Frage, ob Verluste des stillen Gesellschafters berücksichtigt werden können Die Finanzverwaltung lässt trotz des Abzugsverbotes zum Abzug zu (BMF 22.12.2009, BStBl. I 2010, 94 Tz. 4). Zur Begründung wird angeführt, es handle sich hier nicht um Werbungkosten, sondern um negative Einnahmen (Brinkmann StBp 2011, 213; *Dinkelbach* DB 2009, 870; *Kleinmanns* DStR 2010, 2359; *Rockoff/Weber* DStR 2010, 363 *Blaurock/Levedag* Rn. 22.240 ff.)). Die Fi-

4.3 Behandlung des Gewinnanspruchs des stillen Gesellschafters

nanzverwaltung hat mit dem Schreiben v. 18.1.2016 Ihre bisherige Auffassung wieder bestätigt.

Hienach gehört zu den Einkünften aus Kapitalvermögen auf Grund einer Beteiligung an einem Handelsgewerbe als stiller Gesellschafter der dem stillen Gesellschafter zugewiesene Gewinn oder der unter Berücksichtigung der §§ 15a, 15b EStG zuzurechnende Verlust. Wird dem stillen Gesellschafter im Rahmen der Auseinandersetzung sein Guthaben zugewiesen, werden bei der Ermittlung des Gewinns iSd § 20 Abs. 4 EStG die als laufende Einkünfte berücksichtigten Gewinn- oder Verlustanteile, die das Auseinandersetzungsguthaben erhöht oder gemindert haben, vom Gewinn abgerechnet oder dem Gewinn hinzugerechnet.

Beispiel:
A beteiligt sich im Jahr 2009 als typisch stiller Gesellschafter an dem Einzelunternehmen des B mit einer Einlage von 100.000 EUR. Auf den stillen Gesellschafter entfallen in den Jahren 2010 und 2011 jeweils Verluste in Höhe von 10.000 EUR. Die Verluste werden jeweils von der Einlage des stillen Gesellschafters abgebucht.
Im Jahr 2012 erhält er sein Auseinandersetzungsguthaben in Höhe von 80.000 EUR

Lösung:
Die laufenden Verlustanteile können unabhängig davon, ob der stille Gesellschafter eine nahestehende Person iSd § 32d Abs. 2 Nummer 1 EStG ist, als Verlust iSd § 20 Abs. 1 Nummer 4 EStG berücksichtigt werden.
Durch die Vereinnahmung des Auseinandersetzungsguthabens erzielt A Einkünfte iSd § 20 Abs. 2 S. 1 Nummer 4 iVm Abs. 2 S. 2 EStG. A erzielt einen Gewinn iSd § 20 Abs. 4 S. 1 EStG in Höhe von 0 EUR (Einlage 100.000 EUR abzüglich Auseinandersetzungsguthaben in Höhe von 80.000 EUR zuzüglich Verlust in Höhe von 20.000 EUR).

Ist der stille Gesellschafter aufgrund des Gesellschaftsvertrages zur Verlustübernahme im Verhältnis seiner Gewinnbeteiligung zum Gesamtgewinn verpflichtet, so ist die Verlustübernahme als Werbungskosten bei den Einkünften aus dem Kapitalvermögen zu berücksichtigen (vgl. zuletzt BFH 28.1.2014, GmbHR 2014, 894). Gehört die stille Beteiligung zum Privatvermögen, so ist der Verlust erst im Zeitpunkt des Abflusses (§ 11 EStG) zu berücksichtigen. Verlustübernahme ist bei ihm als Aufwand in dem Zeitpunkt abgeflossen, in dem die Verlustübernahme mit seinem Beteiligungskonto verrechnet wurde, also dieses in Höhe der Verlustübernahme eine Minderung erfahren hat. Dies erfolgt in der Regel mit der Aufstellung der Bilanz. Zu diesem Zeitpunkt wird der auf ihn entfallende Verlust seinem Kapitalkonto belastet. Verlustanteile eines typisch stillen Gesellschafters sind nicht zu berücksichtigen, bevor der Jahresabschluss des Geschäftsinhabers festgestellt und der Verlustanteil des stillen Gesellschafters berechnet worden ist (BFH 10.11.1987, BStBl. II 1988, 186). Verlustanteile eines typisch stillen Gesellschafters dürfen steuerrechtlich erst dann als Werbungskosten berücksichtigt werden, wenn der Geschäftsinhaber den Jahresabschluss festgestellt hat und der Verlustanteil des stillen Gesellschafters auf der Ebene der Gesellschaft berechnet und von seiner Einlage tatsächlich abgebucht worden ist. (BFH 28.1.2014, GmbHR 2014, 894) Hinzu kommen muss für den Regelfall, dass die Verlustanteile von der Einlage des stillen Gesellschafters abgebucht worden sind (BFH 28.5.1997, BStBl. II 1997, 724, BFH/NV 1998, 300; zum Streitstand vgl. *L. Schmidt/Weber Grellet* § 20 Rn. 82). Die darüberhinausgehenden Verluste sind – als lediglich verrechenbare Verluste iSv § 15a EStG – gesondert festzustellen (§ 15a Abs. 4 EStG, BFH 7.8.2002, BStBl II 1994, BStBl 1994 II, 785, BFH/NV 2002, 1577). Ist eine KapGes als typisch stiller Gesellschafter an einer anderen KapGes beteiligt, sind Verluste, die sich aus der Verlustbeteiligung ergeben, vom Ausgleich mit den übrigen Einkunftsarten ausgeschlossen

Die Aufwendung entsteht nicht erst im Zeitpunkt der Wiederauffüllung der Einlage.

254 Ist der stille Gesellschafter am Verlust des Geschäftsinhabers beteiligt, so ist ihm der Verlustanteil steuerrechtlich nicht nur bis zum Verbrauch seiner Einlage, sondern auch in Höhe seines negativen Einlagekontos zuzurechnen. Spätere Gewinne sind zunächst mit den auf diesem Konto ausgewiesenen Verlusten zu verrechnen (BFH 23.7.2002, BB 2002, 2317).

Die Zurechnung erfolgt beim stillen Gesellschafter (*Dötsch* in Kirchhof/Söhn/Mellinghoff EStG § 20 Rn. F 177, F 78, mwN; *Harenberg* in Herrmann/Heuer/Raupach, ESt-/KStG, Komm., § 20 EStG Anm. 641). Sie führt über die Verweisung in § 20 Abs. 1 Nr. 4 S. 2 EStG auf § 15a EStG dazu, dass für den stillen Gesellschafter ein negatives Einlagekonto zu bilden und der auf diesem Konto ausgewiesene Verlust jährlich zum Bilanzstichtag als verrechenbarer Verlust gesondert festzustellen ist (vgl. auch – für Einkünfte aus Vermietung und Verpachtung BFH 15.10.1996, BStBl. II 1997, 250).

255 Die später beim stillen Gesellschafter anfallenden Gewinnanteile sind nach Einkommensteuerrecht nicht mehr, wie nach der früheren Rechtslage, stets Einnahmen bei den Einkünften des stillen Gesellschafters aus Kapitalvermögen und beim Geschäftsinhaber Aufwand, der die Abrechnungsperiode belastet, in der er entstanden ist; vielmehr sind sie zunächst erfolgsneutral mit dem negativen Einlagekonto zu verrechnen. Als Einnahmen bei den Einkünften aus Kapitalvermögen sind sie erst nach Auffüllung des negativen Einlagekontos zu erfassen; denn die Wiederauffüllung des positiven Einlagekontos bewirkt nicht nur den Zufluss der Gewinnanteile (§§ 8, 11 Abs. 1 EStG), sondern gleichzeitig auch die Erfüllung der Einlageverpflichtung des stillen Gesellschafters (Gewinnverwendung, vgl. dazu BFH 24.1.1990, BStBl. II 1991, 147).

256 Verlustanteile eines typisch stillen Gesellschafters sind nicht zu berücksichtigen, bevor der Jahresabschluss des Geschäftsinhabers festgestellt und der Verlustanteil des stillen Gesellschafters berechnet worden ist (BFH 10.11.1987 – VIII R 53/84, BStBl. II 1988, 186). Hinzu kommen muss für den Regelfall, dass die Verlustanteile von der Einlage des stillen Gesellschafters abgebucht worden sind (BFH 28. 5. 1997 – VIII R 25/96, BStBl. II 1997, 724 in BFH/NV 1998, 300; vgl. *Schmidt/Weber Grellet* § 20 Rn. 82). Die Abbuchung als Voraussetzung der steuerrechtlichen Berücksichtigungsfähigkeit der Verluste entfällt jedoch, soweit durch den Verlustanteil ein negatives Einlagekonto entsteht. Hier gilt, wie ausgeführt, das Abflussprinzip nicht. Der Verlustanteil entsteht mit seiner Berechnung nach § 232 Abs. 1 HGB auf der Grundlage des Jahresabschlusses des Geschäftsinhabers. In welcher Form die Gesellschafter das negative Einlagekonto für steuerliche Zwecke führen – zB als Verlustsonderkonto *Zutt* in GK-HGB,

4.3 Behandlung des Gewinnanspruchs des stillen Gesellschafters

§ 232) oder entsprechend seinem Charakter als „Merkposten" formlos –, bleibt ihnen überlassen (vgl. auch – für die KG – BFH 14.6.1994, BStBl. II 1995, 246).

Der Verlust der Beteiligung des Gesellschafters hat zwei Auswirkungen auf die GmbH & Still. Einmal mindert sich die Einlage der stillen Gesellschafter, zum anderen mindert sich der Verlust der GmbH.

Ist ein typischer stiller Gesellschafter nach dem Gesellschaftsvertrag auch am Verlust eines Unternehmens beteiligt und ist das Geschäftsergebnis des Unternehmens negativ, so handelt es sich bei den auf die Beteiligung entfallenden Verlusten um Werbungskosten bei den Einkünften aus Kapitalvermögen des stillen Gesellschafters (*RFH* 23.5.1933, RStBl. 33, 1078; 15.1.1936, RStBl. 36, 554; FG Düsseldorf, Senate in Köln, 31.1.1957, EFG 1957, 363; *Herrmann/Heuer/Raupach* EStG § 20 Rn. 162). Das durch die Pflicht zur teilweisen Verlustübernahme bedingte erhöhte Risiko des stillen Gesellschafters wird durch einen entsprechend hohen Anteil am Gewinn des Unternehmens ausgeglichen; es ist davon auszugehen, dass dieser Anteil ohne die Verlustübernahme von den Vertragsparteien niedriger angesetzt worden wäre (FG München 5.11.1980, BB 1981, 1315). Unerheblich für die Behandlung als Werbungskosten ist, dass die Verluste nach § 232 Abs. 2 HGB grundsätzlich zunächst die Einlage des stillen Gesellschafters mindert. Es handelt sich hierbei lediglich um eine Verrechnung der gegenseitigen Ansprüche des stillen Gesellschafters auf Rückzahlung der Einlage und des Unternehmens auf anteilige Verlustübernahme. Hingegen sind Verluste an der Einlage, die ihren Rechtsgrund nicht in der gesellschaftsvertraglichen Verpflichtung zur Verlustübernahme haben, Vermögensverluste, die nicht als Werbungskosten geltend gemacht werden können (*Blaurock* Handbuch der stillen Gesellschaft, S. 331; *Herrmann/Heuer/Raupach* EStG § 20, 162; *Geurts* in Bordewin/Brandt EStG § 20 Rn. 277).

Der Zeitpunkt, in dem die Verluste einkommensteuerrechtlich wirksam werden, bestimmt sich nach § 11 Abs. 2 EStG. Als Zeitpunkt der Leistung kommt vor Auflösung und Auseinandersetzung der stillen Gesellschaft in Betracht das Jahr der Verlusttilgung durch Nachschusszahlung oder durch Verrechnung mit künftigem Gewinn (vgl. hierzu *Littmann* EStG § 20 Rn. 47; *Geurts* in Bordewin/Brandt § 20 EStG Anm. 277). Weiter käme in Betracht das Jahr der Aufrechnung bzw. Verrechnung der Verluste mit der Einlage durch Abbuchung (so *Herrmann/Heuer/Raupach* EStG § 11 Rn. 75); ebenso das Jahr, in dem die Bilanz des Unternehmens, an dem der stille Gesellschafter beteiligt ist, aufgestellt bzw. festgestellt wird. Das FG München 5.11.1980, BB 1981, 1315 hat die Frage des Abflusses offengelassen. Nach *Döllerer* (Anm. zum og Urteil, BB 1981, 1317) setzt der Abfluss von Werbungskosten in Gestalt des Anteils am Verlust des stillen Gesellschafters voraus, dass dieser Verlust festgestellt ist und die Einlage des stillen Gesellschafters gemindert hat. Daher könne der Abfluss zeitlich nicht vor Feststellung der Bilanz des Unternehmens liegen, in der der Verlust ausgewiesen und die Einlage des stillen Gesellschafters gemindert ist.

4.3.5.3 Verlustausgleich im Jahr der Entstehung des Verlustes

259 Verluste aus der stillen Beteiligung dürfen nicht mit positiven Einkünften anderer Einkunftsarten ausgeglichen werden, Sie können jedoch innerhalb der Einkunftsart Kapitalvermögen ausgeglichen werden. Sie dürfen auch nicht nach § 10d abgezogen werden. Sie mindern jedoch die Einkünfte, die der Steuerpflichtige in den folgenden Veranlagungszeiträumen erzielt.

4.3.5.4 Berücksichtigung von Verlusten bei beschränkt Steuerpflichtigen

260 Handelt es sich jedoch um beschränkt steuerpflichtige Gesellschafter, kann eine Verlustbeteiligung als Werbungskosten nicht berücksichtigt werden, da bei beschränkt Steuerpflichtigen Einkünfte aus Kapitalvermögen in eine Veranlagung nicht einbezogen werden und eine Kapitalertragsteuer lediglich von den Einnahmen berechnet wird. Bei beschränkt Einkommensteuerpflichtigen wirkt sich daher eine Verlustbeteiligung auf deren Gesamteinkünfte nicht aus. Es besteht daher bei ihnen nicht die Möglichkeit, Verluste mit anderen Einkünften auszugleichen, noch die Möglichkeit eines Verlustausgleiches, wenn es sich bei der stillen Beteiligung bei ihnen um Einkünfte aus Kapitalvermögen handelt. Handelt es sich bei den stillen Gesellschaftern um beschränkt Steuerpflichtige, ist es daher zweckmäßig, bei diesen eine Verlustbeteiligung auszuschließen, weil sie sich steuerlich bei diesen nicht auswirkt.

4.3.5.6 Einschränkung des Verlustabzuges bei Kapitalgesellschaften als stille Gesellschafter

261 Nach § 15 Abs. 4 S. 6, § 20 Abs. 1 Nr. 4 S. 2 EStG sind Verluste aus stillen Beteiligungen von Kapitalgesellschaften an Kapitalgesellschaften nur unter den Voraussetzungen des § 10d EStG mit Gewinnen aus derselben Innengesellschaft verrechenbar. Die Vorschrift soll verhindern das Verluste einer Kapitalgesellschaft mit Hilfe von stillen Gesellschaften auf eine andere Kapitalgesellschaft übertragen werden können.

4.3.5.7 Beschränkung des Verlustausgleichs und des Verlustabzuges nach § 15a EStG

262 *4.3.5.7.1 Allgemeine Grundsätze*

. Nach § 15a EStG darf der einem Kommanditisten zuzurechnende Anteil am Verlust der Kommanditgesellschaft weder mit anderen Einkünften aus Gewerbebetrieb noch mit Einkünften aus anderen Einkunftsarten ausgeglichen werden, soweit ein negatives Kapitalkonto des Kommanditisten entsteht oder sich erhöht. Er darf insoweit auch nicht nach § 10d abgezogen werden. Die Vorschrift des § 15a ist nach § 20 Abs. 1 Nr. 4 EStG auch auf Anteile des stillen Gesellschafters am Verlust des Betriebes sinngemäß anzuwenden. Die Regelung des § 15a EStG wird für den stillen Gesellschafter an einer GmbH in der

Regel nur geringe Bedeutung haben, soweit es sich hierbei nicht um Abschreibungsgesellschaften handelt. Bei der Anwendung des § 20 Abs. 1 Nr. 4 Hs. 2 EStG ist davon auszugehen, dass es sich hier nicht um eine Regelung handelt, die die Ermittlung der Einkünfte betrifft, sondern um eine Regelung, die den Ausgleich eines Werbungskostenüberschusses mit positiven anderen Einkünften betrifft. Die Vorschrift des § 15a EStG berührt ebenfalls nicht die Ermittlung der Einkünfte aus der Beteiligung an einer gewerblichen Mitunternehmerschaft. Der Verlust verbleibt auch steuerlich weiterhin dem Gesellschafter, lediglich mit der Einschränkung, dass er nicht mehr ausgleichsfähig, sondern mit künftigen Gewinnen aus dieser Beteiligung verrechenbar ist.

4.3.5.7.2 Das Kapitalkonto als Bestimmung des Verlustausgleichsvolumens

Bei der Bestimmung des Ausgleichsvolumens des stillen Gesellschafters ist ebenso wie beim Kommanditisten einer KG von der tatsächlich in das Betriebsvermögen des Inhabers des Handelsgewerbes (hier die GmbH) erbrachten Einlage auszugehen (BFH 28.1.2014, GmbHR 2014, 894). Bei der Bestimmung des nach § 15a Abs. 1 S. 1 EStG ausgleichsfähigen Verlusts ist neben der im Gesellschaftsvertrag vereinbarten und erbrachten festen Einlage auch ein in der Bilanz des Geschäftsinhabers auf dem Darlehenskonto des stillen Gesellschafters ausgewiesenes Guthaben zu berücksichtigen, wenn es nach den Bestimmungen des Gesellschaftsvertrags bei der Berechnung des Ausgleichsanspruchs mit dem Verlustkonto zu saldieren war (BFH 28.1.2014, GmbHR 2014, 894).

Ist die Einlage nur zum Teil geleistet, so kann auch nur der tatsächlich geleistete Teil der Einlage als Verlustausgleichsvolumen anerkannt werden. Der Umstand, dass der stille Gesellschafter der GmbH noch zur Erbringung einer weiteren Einlage verpflichtet ist, ermöglicht keinen Verlustausgleich über den Betrag des bereits tatsächlich geleisteten Teils der Einlage hinaus, und zwar selbst dann nicht, wenn der Inhaber des Betriebes in seiner Bilanz einen Anspruch auf rückständige Einlage gegen den stillen Gesellschafter aktiviert hat (vgl. *Bordewin* FR 1982, 269). Auch ein Kommanditist kann bei unmittelbarer Anwendung des § 15a EStG eine Einlageverpflichtung gegenüber der KG nicht in das Verlustausgleichsvolumen einbeziehen.

Die im Innenverhältnis gegenüber der KG bestehende Einlageverpflichtung, die „ausstehende Einlage" des Kommanditisten oder eine entsprechende sonstige Forderung der Gesellschaft gegenüber dem betreffenden Gesellschafter, reicht hierfür nicht aus (BFH 29.8.1996, BFHE 182, 26; 3.12.2002, BFH/NV 2003, 894). Dies gilt entsprechend für die Einlage eines atypisch stillen Gesellschafters (BFH 10.7.2001,103, BStBl II 2002, 339) und ebenso eines BGB-Innengesellschafters (BFH 5.2.2002, BFHE 198, 101, BStBl. II 2002, 464, mit Anmerkung von HG, DStR 2002, 1089, BFH v. 16.10.2007).

Die Leistung einer Einlage durch den typisch stillen Gesellschafter ist nach denselben Grundsätzen zu beurteilen. Dem Gesellschaftsvermögen muss etwas von außen zugeflossen sein, was den bilanziellen Unternehmenswert mehrt, also die Aktiva des Unternehmens erhöht oder die Passiva mindert und dadurch das „Kapitalkonto" beeinflusst.

Der BFH hat die Frage offengelassen, ob sich aufgrund der durch das Kapitalgesellschaften- und Co-Richtlinie-Gesetz (KapCoRiLiG) vom 24.2.2000 (BGBl. 2000 I 154) neu eingeführten Vorschrift des § 264c HGB, die nach Art. 48 Abs. 1 S. 1 des Einführungsgesetzes zum Handelsgesetzbuch (EGHGB) grundsätzlich erst für Jahresabschlüsse für nach dem 31.12.1999 beginnende Geschäftsjahre anzuwenden ist, eine dahingehende abweichende steuerrechtliche Würdigung in Betracht zu ziehen sein könnte, dass bereits die als Forderung zu aktivierende „bedungene" Einlage nunmehr auch die Höhe des „Kapitalkontos" des stillen Gesellschafters und damit das Verlustausgleichsvolumen mitbestimmt. Die in § 20 Abs. 1 S. 1 Nr. 4 S. 2 EStG angeordnete nur sinngemäße Anwendung des § 15a EStG müsste auch in diesem Fall das die Überschussrechnung konstituierende Abflussprinzip nach § 11 Abs. 2 EStG berücksichtigen, wonach der dem stillen Gesellschafter über den Betrag seiner tatsächlich geleisteten Einlage hinaus zugewiesene Verlustanteil gleichwohl nicht zu einem Abfluss von Werbungskosten führen kann (ausführlich *Dötsch* in Kirchhof/Söhn/Mellinghoff EStG § 20 Rn. F 153, 165 und 171–171b).

265 Da nach § 20 Abs. 1 Nr. 4 S. 2 EStG die Regelung in § 15a EStG nur sinngemäß anzuwenden ist und zwangsläufig auch nur sinngemäß – mangels einer Steuerbilanz und eines danach auszuweisenden Kapitalkontos, wie es bei einer unmittelbaren Anwendung des § 15a EStG vorausgesetzt wird (vgl. BFH 7.10.2004 – IV R 50/02, BFH/NV 2005, 533) – anwendbar ist, muss die Berechnung des Kapitalkontos bei einer Gesellschaft mit gewerblichen Einkünften angeglichen werden (vgl. auch *Dötsch* in Kirchhof/Söhn/Mellinghoff EStG, § 20 Rn. F 155). Maßgebend kann nicht das sich aus einer Steuerbilanz abzuleitende Kapitalkonto sein. Vielmehr ist das „Kapitalkonto" jedes Gesellschafters eigenständig zu ermitteln, wobei von den von den einzelnen Gesellschaftern geleisteten Einlagen auszugehen ist. Diese Einlagen sind um spätere Einlagen sowie um positive Einkünfte der Vorjahre zu erhöhen und um Entnahmen und negative Einkünfte des Vorjahres zu vermindern (vgl. auch BFH 15.10.1996, BStBl. II 1997, 259). Nach der Rechtsprechung bleibt es den Gesellschaftern überlassen, in welcher Form sie das negative Einlagenkonto für steuerliche Zwecke führen, zB als Verlustkonto oder entsprechend seinem Charakter formlos als „Merkposten" (vgl. BFH 23.7.2002, BStBl. II 2002, 858; kritisch *Kuck* DStR 2003, 235; grundsätzlich ablehnend *Groh* DB 2004, 668).

Für den stillen Gesellschafter ist ein negatives Einlagenkonto zu bilden und der darauf ausgewiesene Verlust jährlich zum Bilanzstichtag als verrechenbarer Verlust gesondert festzustellen (BFH 23. 7. 2002 – VIII R 36/01, BStBl. II 2002, 858).

4.3.5.7.3 Berücksichtigung von Sonderbetriebsvermögen

266 § 15a Abs. 1 EStG versteht unter dem Begriff Kapitalkonto des Kommanditisten das Kapitalkonto in der Gesamthandelsbilanz bzw. entsprechend bei der GmbH & Still das stille Beteiligungskonto bei der GmbH. Das hat zur Folge, dass bei der Bestimmung des Verlustausgleichsvolumens das sog. Sonderbetriebsvermögen

4.3 Behandlung des Gewinnanspruchs des stillen Gesellschafters

des Kommanditisten nicht zu berücksichtigen ist, und zwar die positiven ebensowenig wie die negativen Wirtschaftsgüter des Sonderbetriebsvermögens. Das gleiche gilt für den atypischen stillen Gesellschafter (§ 15a Abs. 5 Nr. 1 EStG). Die typische stille Beteiligung kennt jedoch kein Sonderbetriebsvermögen. Hat ein stiller Gesellschafter der Gesellschaft neben seiner stillen Beteiligung auch ein Darlehen gewährt, so ist dieses Rechtsverhältnis grundsätzlich selbständig zu behandeln, gleiches gilt, wenn der stille Gesellschafter der GmbH umfangreiches Betriebsvermögen verpachtet hat. Die Einlage des stillen Gesellschafters erhöht sich hierdurch nicht. Eine sinngemäße Anwendung des § 20 Abs. 4 Nr. 4 EStG auch hinsichtlich des sog. Sonderbetriebsvermögens bewirkt, dass auch Darlehen und sonstige Wirtschaftsgüter, die der stille Gesellschafter dem Betrieb zur Nutzung überlässt, das Verlustausgleichsvolumen nicht erhöhen, und dass Verbindlichkeiten des stillen Gesellschafters, die in wirtschaftlichem Zusammenhang mit den vorgenannten Wirtschaftsgütern stehen, das Verlustausgleichsvolumen nicht mindern; insbesondere wird ein vom stillen Gesellschafter zur Finanzierung seiner Einlage aufgenommenes Darlehen das Verlustausgleichsvolumen nicht mindern. Die Finanzverwaltung (BMF 9.2.1981, BStBl. I 81, 76) vertrat die Auffassung, dass die sinngemäße Anwendung des § 15a EStG bei den Einkünften aus Vermietung und Verpachtung sicherstellen solle, dass negative Einkünfte aus Vermietung und Verpachtung aus der Beteiligung an vermögensverwaltenden Kommanditgesellschaften hinsichtlich der Ausgleichsmöglichkeit mit anderen positiven Einkünften soweit wie möglich Verlusten aus der Beteiligung an gewerblich tätigen Kommanditgesellschaften gleichgestellt werden. Das bedeutet ua, dass das Verlustausgleichsvolumen für negative Einkünfte aus Vermietung und Verpachtung bei Fremdfinanzierung der Kommanditanteile in Höhe der Fremdfinanzierung nicht gemindert werden. Die Einlage eines Mitunternehmers besteht in der Leistung in das Gesamthandsvermögen und in den sonstigen Beiträgen des Gesellschafters, die nicht dem Gesamthandsvermögen zuzurechnen sind. Der stille Gesellschafter, insbesondere, wenn er nur kapitalmäßig beteiligt ist und daher Einkünfte aus Kapitalvermögen hat, hat nur seine Einlage als stiller Gesellschafter in das Unternehmen des Handelsgewerbetreibenden (hier der GmbH) geleistet. Andere Leistungen hat er nicht als stiller Gesellschafter erbracht. Sie können somit nicht seiner Einlage = Kapitalkonto hinzugerechnet werden. Das gilt mE auch für negatives Sonderbetriebsvermögen. Der stille Gesellschafter, der seine Einlage voll geleistet hat, unabhängig aus welchen Mitteln, riskiert seine Einlage gänzlich. Die Verluste werden ihm insoweit auch voll zugerechnet.

4.3.5.7.4 Eigene Werbungskosten des stillen Gesellschafters

Nach § 15a EStG bezieht sich das Verbot des Verlustausgleichs nur auf den Handelsbilanzverlust, also auf den Verlustanteil des Gesellschafters am Verlust des Unternehmens. Betroffen von dem Verbot des Verlustausgleichs und -abzugs ist nur der Verlust, der mit dem Kapitalkonto verrechenbar ist. In entsprechender Anwendung der Vorschrift des § 15a auf die typische stille Beteiligung ist nur der Verlustausgleich ausgeschlossen für Verluste, die das Kapitalkonto des stillen Gesellschafters gemindert haben oder nicht mehr mindern können, weil das Kapitalkonto negativ geworden ist. Entstehen dem stillen Gesellschafter originär Werbungskosten in Form von Darlehenszinsen, Prozeßkosten, Besprechungen mit der GmbH im Hinblick auf die Gewinnbeteiligung, so muss er diese Werbungskosten unabhängig vom Stand seines Einlagekontos grundsätzlich in dem Jahr abziehen, in dem sie geleistet worden sind (vgl. § 11 Abs. 2 EStG. Soweit jedoch die Gewinne aus der stillen Beteiligung dem Steuerabzug unterliegen, dürften diese Werbungskosten dem Abzugsverbot unterliegen (§ 20 Abs. 9 EStG)

4.3.5.7.5 Erweiterter Verlustausgleich

268 Haftet ein Kommanditist am Bilanzstichtag den Gläubigern der Gesellschaft aufgrund des § 171 Abs. 2 HGB, so können Verluste eines Kommanditisten auch über die Einlage hinaus bis zur Höhe des Betrags, um den die im Handelsregister eingetragene Einlage des Kommanditisten dessen geleistete Einlage übersteigt, ausgeglichen oder abgezogen werden, soweit durch den Verlust ein negatives Kapitalkonto entsteht oder sich erhöht. Allerdings setzt § 15a EStG die Eintragung des Bestehens der Haftungsbeschränkung im Handelsregister voraus. Da jedoch ein stiller Gesellschafter niemals im Handelsregister eingetragen wird, insbesondere dann nicht, wenn es sich um einen typischen stillen Gesellschafter handelt, ist diese Vorschrift des § 15a EStG auch nicht sinngemäß auf die stille Beteiligung anzuwenden (vgl. auch *Bordewin* FR 1982, 272).

4.3.5.7.6 Einlage des stillen Gesellschafters

269 Die (Kommandit)Einlage ist iSv § 15a Abs. 1 S. 2 EStG „geleistet", wenn sie tatsächlich erbracht ist. Die im Innenverhältnis gegenüber der GmbH bestehende Einlageverpflichtung, die „ausstehende Einlage" des Stillen reicht hierfür nicht aus (BFH-Beschluss 14.12.1995 – IV R 106/94, DStRE 1997, 240, BFH 14.12.1995, BStBl. II 1996, 226, 16.12.1997, BFH/NV 1998, 576 eines BGB-Innengesellschafters, BFH 10.7.2001, BStBl. II 2002, 339). Die Leistung einer Einlage durch den typisch stillen Gesellschafter ist nach diesen Grundsätzen zu beurteilen. Dem Gesellschaftsvermögen muss etwas von außen zugeflossen sein, was den bilanziellen Unternehmenswert mehrt, also die Aktiva des Unternehmens erhöht oder die Passiva mindert und so Einfluss auf das „Kapitalkonto" nimmt (BFH 14.12.1995 – IV R 106/94, BFHE 182, 26, DStRE 1997, 240, und im BFHE 196, 103, BStBl. II 2002, 339, unter II. 2. b bb der Gründe; zur Ermittlung des Kapitalkontos bei Einkünften aus Kapitalvermögen vgl. BFH 15.10.1996, BStBl. II 1997, 250).

Eine Schuldübernahme führt nicht zu einem erweiterten Verlustausgleich. Eine Erweiterung ist nur für Kommanditisten vorgesehen. Der Verlustausgleich ist auf den Umfang der geleisteten Einlage beschränkt (BFH 5.2.2002, BStBl. II 2002, 454, DStR 2002, 1085, 28.1.2014, GmbHR 2014, 894).

4.3 Behandlung des Gewinnanspruchs des stillen Gesellschafters

4.3.5.7.7 Verrechnung von Verlusten mit künftigen Gewinnen

Vertritt man den Standpunkt, dass Verluste des Betriebes dem stillen Gesellschafter nur bis zur Höhe seiner Einlage zugerechnet werden können und daher Verluste, die zu einer negativen Einlage führen werden, nicht dem stillen Gesellschafter, sondern dem Inhaber des Betriebes zuzurechnen sind, ergäbe sich keine Verrechnung mit künftigen Gewinnen. Jedoch werden Verluste des Betriebes, die zum negativen Einlagekonto führen oder ein solches erhöhen, dann dem stillen Gesellschafter zugerechnet, wenn und soweit eine persönliche Haftung des stillen Gesellschafters für die Verbindlichkeiten des Betriebes besteht, zB aufgrund einer Bürgschaft. Ebenfalls werden jedoch Verluste, die zu einem negativen Kapitalkonto im steuerlichen Sinne führen, weil die Einlage refinanziert ist, dem stillen Gesellschafter zugerechnet, wenn man der Auffassung der Verwaltung folgen sollte. Verlustanteile, die hiernach dem stillen Gesellschafter mit steuerlicher Wirkung über den Betrag seiner Einlage hinaus zugerechnet werden, können in sinngemäßer Anwendung des § 15a Abs. 1 EStG im Jahr ihrer Entstehung nicht mit den positiven Einkünften des stillen Gesellschafters ausgeglichen werden. Infolgedessen wird der Werbungskostenüberschuss insoweit beim stillen Gesellschafter zu einem verrechenbaren Werbungskostenüberschuss, der mit späteren Anteilen des stillen Gesellschafters am Gewinn des Betriebes verrechnet wird.

4.3.5.7.8 Behandlung von Einlageminderungen

Soweit ein negatives Kapitalkonto des Kommanditisten durch Entnahmen entsteht oder sich erhöht (Einlageminderung) und soweit nicht aufgrund der Entnahmen eine nach § 15a Abs. 1 S. 2 EStG zu berücksichtigende Haftung besteht oder entsteht, ist dem Kommanditisten der Betrag der Einlageminderung als Gewinn hinzuzurechnen. Diese Vorschrift ist sinngemäß auch auf den typischen stillen Gesellschafter anzuwenden, nicht jedoch insoweit, als es die zu berücksichtigende Haftung betrifft. Die Gewinnzurechnung darf jedoch den Betrag der Anteile am Verlust der Gesellschaft nicht übersteigen, der im Wirtschaftsjahr der Einlageminderung und in den vorangegangenen elf Jahren ausgleichsfähig gewesen wäre. Hierunter fallen insbesondere Rückzahlungen von Darlehen und Einlagenherabsetzungen, nicht jedoch die Rückzahlung von Einlagen, soweit hiermit gleichzeitig eine Herabsetzung der Hafteinlage verbunden ist. Der verrechenbare Verlust ist auch im Hinblick auf die stille Beteiligung durch einen Feststellungsbescheid festzustellen und für jedes Jahr fortzuschreiben.

4.3.6 Behandlung von Schuldzinsen

Soweit der Gewinnanteil des stillen Gesellschafters dem Steuerabzug unterliegt, sind ab dem 1.1.2009 Schuldzinsen als Werbungskosten nicht mehr abziehbar (§ 20 Abs. 9 EStG).

4.3.7 Sparerfreibetrag

273 Kapitaleinkünfte, hierzu zählt auch die typische stille Beteiligung, sind bis zu einem Betrag von 801 EUR für den Steuerpflichtigen im Falle der Zusammenveranlagung bis zu 1.602 EUR im Kalenderjahr steuerfrei.

Beispiel:
A ist Alleingesellschafter der X-GmbH, deren Stammkapital 50.000 EUR beträgt. Die Gesellschafterdarlehen betragen 200.000 EUR. Hiervon überträgt A jeweils 50.000 EUR auf seine vier Kinder, die es in der Form von typischen stillen Beteiligungen an die GmbH wieder zurückgewähren. Die Kinder sind jeweils mit 10 vH am Gesamtgewinn beteiligt. Der Gewinn beträgt 60.000 EUR, hiervon entfallen jeweils 6.000 EUR auf die vier Kinder. Die Gesellschaft schüttet auf das Kapitel 12 vH aus.

Körperschaft
Gewinn   60.000 EUR
Abzüglich
Anspruch stiller Beteiligter   24.000 EUR

Einkommen
15 vH KSt   36.000 EUR   5.400 EUR KSt

Gesellschafter A   Einkommensteuer
Ausschüttung   6.000 EUR
Sparerfreibetrag   ./. 801 EUR
KapEst 25 vH   v. 5.199 EUR   1.299 EUR

Stille Gesellschafter
Gewinnanspruch   24.000 EUR
Sparerfreibeträge   3.204 EUR
                                          20.796 EUR

Grundfreibetrag   0 EUR

Da Einkünfte und Bezüge der Kinder jeweils 7.664 EUR nicht übersteigen, sind die Kinderfreibeträge der Eltern nicht gefährdet. Die steuerliche Gesamtbelastung beträgt lediglich 6.699 EUR ESt/KSt.

4.4 Vergütungen aus anderen Rechtsbeziehungen seitens der GmbH

274 Ein GmbH-Gesellschafter kann auch der GmbH gegenüber wie ein Dritter in Rechtsbeziehungen treten. Sei es, dass er gegenüber der Gesellschaft eine freiberufliche Tätigkeit ausübt, sei es, dass er mit der Gesellschaft einen Darlehensvertrag abschließt oder dass er der Gesellschaft Wirtschaftsgüter wie Grundstücke, Patente usw zur Nutzung überlässt. Diese Rechtsverhältnisse sind grundsätzlich voneinander unabhängig zu beurteilen.

4.4 Vergütungen aus anderen Rechtsbeziehungen seitens der GmbH

4.4.1 Anstellungsvertrag

Ist ein Gesellschafter einer GmbH und stiller Gesellschafter gleichzeitig Geschäftsführer der GmbH, so sind die Rechtsverhältnisse grundsätzlich voneinander getrennt zu sehen. Beide Rechtsverhältnisse sind so unabhängig voneinander zu betrachten, dass die Unausgeglichenheit des einen Rechtsverhältnisses nicht bei der Prüfung der Bedingungen des anderen mit zu berücksichtigen ist (BFH 14.2.1978, BStBl. II 78, 427; 29.4.1992, BStBl. II 92, 851; 1.7.1992, BStBl. II 92, 975; 2.12.1992, BStBl. II 93, 311; 19.5.1993, BFH/NV 1994, 124; 5.10.1994, BStBl. II 95, 549).

Beispiel:
A ist Gesellschafter der X-GmbH und gleichzeitig stiller Gesellschafter. Die Gewinnbeteiligung als stiller Gesellschafter ist im Verhältnis zur Rendite zu niedrig, das Geschäftsführergehalt ist jedoch unangemessen hoch.

Nach Ansicht der Rechtsprechung ist bei der Prüfung der Frage, ob das Geschäftsführergehalt angemessen ist, nicht die Gewinnbeteiligung mit einzubeziehen, es sei denn, beide Vereinbarungen nehmen aufeinander Bezug.

Ist der Gesellschafter ein beherrschender Gesellschafter, ist darauf zu achten, dass die Vereinbarungen eindeutig und klar und von vornherein bestimmt sind. Ist das nicht gegeben, sind die Vergütungen als aus dem Gesellschaftsverhältnis veranlasst anzusehen (BFH 22.2.1989, BStBl. II 89, 475; 22.2.1989, BStBl. II 89, 631; 14.3.1989, BStBl. II 89, 633; 12.4.1989, BStBl. II 89, 639; 26.4.1989, BStBl. II 89, 673; 24.5.1989, BStBl. II 89, 800). Das gilt auch für Nebenabreden, insbesondere für Tantiemevereinbarungen (BFH 14.3.1989, BStBl. II 89, 633; 12.4.1989, BStBl. II 89, 636; 24.5.1989, BStBl. II 89, 800; 28.6.1989, BStBl. II 89, 854; 26.2.1992, BStBl. II 92, 611).

Wird dem Gesellschaftergeschäftsführer eine Pensionszusage erteilt, darf die Gesellschaft, wenn es sich um einen beherrschenden Gesellschafter mit mehr als 50 vH Beteiligung handelt, nur eine Rückstellung, berechnet auf einen Beginn des Pensionsalters vom vollendeten 65. Lebensjahr an, bilden. Diese Rechtsprechung ist zwischenzeitlich vom BFH aufgegeben worden (28.4.1982, DB 1982, 1544).

Rückstellungen darüber hinaus sind als verdeckte Gewinnausschüttungen zu behandeln.

4.4.2 Darlehensgewährungen

Gewährt ein stiller Gesellschafter, der gleichzeitig GmbH-Gesellschafter ist, neben seiner stillen Beteiligung der Gesellschaft ein Darlehen, wird in der Regel neben dem stillen Gesellschaftsverhältnis ein neues Rechtsverhältnis, nämlich das der Darlehensgewährung, begründet. Die Darlehensgewährung ist unabhängig von der stillen Beteiligung zu betrachten. Der Gesellschafter hat daher neben den Gewinnansprüchen aus der Gewinnbeteiligung ebenfalls Kapitaleinkünfte aus Darlehen.

4.4.3 Nutzungsüberlassungen

279 Das gleiche trifft zu, wenn ein stiller Gesellschafter der Gesellschaft Wirtschaftsgüter zur Verfügung gestellt hat, es sei denn, dass die Zurverfügungstellung von Wirtschaftsgütern Gegenstand auch des stillen Gesellschaftsvertrages war. Auch im Rahmen eines stillen Gesellschaftsverhältnisses können Sacheinlagen und Nutzungseinlagen erfolgen. Die Vergütung besteht in diesem Falle in der Gewinnbeteiligung. Die Überlassung von Wirtschaftsgütern durch den stillen Gesellschafter ist jedoch als unabhängiges Rechtsverhältnis zu beurteilen, wenn hinsichtlich dieser Nutzungsüberlassung ein selbständiger Miet- und Pachtvertrag abgeschlossen worden ist oder im Falle der Überlassung eines Patentes ein Lizenzvertrag. Diese Rechtsverhältnisse sind grundsätzlich unabhängig von dem stillen Gesellschaftsverhältnis zu betrachten, sofern es sich hier nicht um eine atypische stille Beteiligung handelt. Hat der Gesellschafter der Gesellschaft Wirtschaftsgüter des Anlagevermögens zur Verfügung gestellt, so hat er, soweit es sich um Grundstücke, grundstücksgleiche Rechte, Sachgesamtheiten oder die Überlassung von Rechten handelt, Einkünfte aus Vermietung und Verpachtung (§ 21 Abs. 1 EStG). Handelt es sich um sonstige bewegliche Wirtschaftsgüter, kommen allenfalls sonstige Einkünfte iSv § 22 EStG in Betracht.

4.5 Verdeckte Gewinnausschüttung

4.5.1 Begriff der verdeckten Gewinnausschüttung

280 Der BFH (22.2.1989, BStBl. II 89, 475; 22.2.1989, BStBl. II 89, 631) definiert die verdeckte Gewinnausschüttung iSd § 8 Abs. 1 S. 3 EStG als eine bei der Kapitalgesellschaft eingetretene Vermögensminderung oder verhinderte Vermögensmehrung, die durch das Gesellschaftsverhältnis veranlasst ist, sich auf die Höhe des Einkommens auswirkt und in keinem Zusammenhang mit einer offenen Ausschüttung steht.

281 Bei einem beherrschenden Gesellschafter ist eine Veranlassung durch das Gesellschaftsverhältnis auch dann anzunehmen, wenn es an einer klaren und von vornherein abgeschlossenen Vereinbarung darüber fehlt, ob und in welcher Höhe ein Entgelt von der Kapitalgesellschaft gezahlt werden soll.

So wird die stille Beteiligung eines GmbH-Gesellschafters an dem Unternehmen der GmbH nur der Besteuerung zugrunde gelegt, wenn ein solches Gesellschaftsverhältnis klar und eindeutig vereinbart ist und die Vereinbarungen auch tatsächlich durchgeführt werden.

Insbesondere müssen auch die Vergütungen von vornherein erkennen lassen, nach welcher Bemessungsgrundlage die Vergütung berechnet werden soll (BFH 26.4.1989, BFH/NV 1990, 63).

Das bedeutet für ein stilles Gesellschaftsverhältnis und einen beherrschenden GmbH-Gesellschafter, dass die Bemessungsgrundlage für den Gewinnanspruch des Stillen klar definiert sein muss. So kann Bemessungsgrundlage der „Handelsbilanzgewinn" sein, nicht jedoch „der nach steuerlichen Grundsätzen ermittelte

4.5 Verdeckte Gewinnausschüttung

Gewinn" oder der „Steuerbilanzgewinn". Die Vereinbarungen müssen erkennen lassen, ob die Körperschaftsteuer und die sonstigen nichtabziehbaren Steuern im Gewinn enthalten oder bereits abgezogen sind.

Das Fehlen einer klaren Vereinbarung führt dazu, dass das stille Beteiligungsverhältnis nicht anerkannt wird, die Auszahlungen als verdeckte Gewinnausschüttungen an den GmbH-Gesellschafter behandelt werden (BFH 22.2.1989, BStBl. II 89, 631).

Darüber hinaus liegt im Fall einer stillen Gesellschaft eine vGA vor, wenn die Vergütung selbst zwar klar und eindeutig vereinbart ist, die Gewinnbeteiligung als solche im Verhältnis zum Kapital unangemessen ist. **282**

Ist der Gesellschafter der GmbH ein beherrschender, gelten die vorgenannten Grundsätze auch für stille Gesellschafter, die Angehörige eines beherrschenden Gesellschafters sind. **283**

Die Verträge werden nur anerkannt, wenn sie klar, eindeutig und von vornherein bestimmt sind. Im Falle der Nichtanerkennung dieser stillen Beteiligungen werden die Gewinnansprüche der stillen Beteiligten dem körperschaftsteuerlichen Einkommen § 8 Abs. 3 KStG wieder hinzugerechnet. Dem Gesellschafter der GmbH werden die Gewinnanteile an die Stillen erst mit Auszahlung an diese zugerechnet.

Sie geschehen vielfach in der Form, dass die Ausschüttungen in ein anderes Rechtsgeschäft gekleidet werden. Somit stellt jede Vorteilsgewährung an einen Gesellschafter oder eine diesem nahestehende Person, die ein gewissenhafter ordentlicher Geschäftsleiter einem Nichtgesellschafter unter sonst gleichen Umständen nicht gewährt haben würde, eine verdeckte Gewinnausschüttung dar.

Wird eine stille Gesellschaft mit Gesellschaftsfremden eingegangen, ist davon auszugehen, dass die Leistungen der Gesellschaft und die des stillen Gesellschafters aufgrund eines natürlichen Interessenkonfliktes ausgeglichen sind. **284**

Das ist aber nicht immer der Fall, wenn ein stilles Beteiligungsverhältnis mit Gesellschaftern oder Angehörigen eines Gesellschafters begründet wird. Es besteht hier mangels eines Interessenkonfliktes vielfach die Gefahr, dass eine Vereinbarung, die einen Leistungsaustausch zum Gegenstand hat, zu Lasten des Vermögens der Gesellschaft geht, weil sie zu sehr das Interesse des Gesellschafters berücksichtigt. In Höhe einer unangemessenen Leistung ist in diesem Falle eine verdeckte Gewinnausschüttung gegeben.

4.5.2 Behandlung der verdeckten Gewinnausschüttung

4.5.2.1 Grundsätze

Verdeckte Gewinnausschüttungen iSv 4.5.1 mindern das Einkommen der Körperschaft nicht, § 8 Abs. 3 S. 2 KStG. Sie werden außerhalb der Bilanz dem körperschaftsteuerlichen Einkommen hinzugerechnet. **285**

Seit dem Übergang vom Anrechnungsverfahren zum Halbeinkünfteverfahren (StSenkG) ist die Ausschüttung für die Körperschaftsteuer ohne Belang. VGA, die das Einkommen der Körperschaft berührt haben, sind dem Einkommen der Körperschaft wieder hinzuzurechnen. Die körperschaftsteuerliche Belastung von 25 vH ist endgültig und unabhängig vom Abfluss bei der Kapitalgesellschaft (vgl. auch *J. Hey* GmbHR 2001, 1).

Die Behandlung der Ausschüttung beim Gesellschafter hängt davon ab, ob der Gesellschafter eine natürliche Person ist oder wiederum eine Kapitalgesellschaft. Ist der Gesellschafter eine natürliche Person, so unterliegt die Ausschüttung dem Teileinkünfteverfahren, dh der Wert der vGA wird beim Gesellschafter nur zu 60 vH angesetzt.

Ist der Gesellschafter wiederum eine Kapitalgesellschaft, ist die verdeckte Gewinnausschüttung bei dieser unter den Voraussetzungen des § 8b KStG steuerfrei.

4.5.2.2 Zurechnung zum körperschaftsteuerpflichtigen Einkommen

286 § 8 Abs. 3 S. 2 KStG bestimmt, dass auch verdeckte Gewinnausschüttungen sowie Ausschüttungen jeder Art auf Genussrechte, mit denen das Recht auf Beteiligung am Gewinn und am Liquiditätserlös der Kapitalgesellschaft verbunden ist, das Einkommen nicht mindern.

287 Liegt eine vGA vor, ist die vGA dem Einkommen der Körperschaft hinzuzurechnen. Dies geschieht nach Ansicht der Rechtsprechung (*Lang* in Arthur/Anderson Komm. KStG § 8 Rn. 705, BFH 29.6.1994, GmbHR 1994, 894) außerhalb der Bilanz. Die Finanzverwaltung hat acht Jahre gebraucht, um sich dem anzuschließen (BMF 28.5.2002, DStR 2002, 617).

288 Die vGA ist in dem Wirtschaftsjahr zu erfassen, in dem die Leistung, für die die Vergütung gezahlt werden soll, erbracht ist. Es kommt daher hier nicht darauf an, wann eine Vermögensminderung abgeflossen ist, sondern allein darauf, wann die Leistung erbracht wurde, für die die Vergütung gezahlt worden ist (*Scheffler* BB 2002, 543, *Schiffers* GmbHR 2002, 885).

Beispiel 1:
A ist Geschäftsführer der X-GmbH und gleichzeitig deren stiller Gesellschafter. Geschäftsjahr ist das Kalenderjahr. Entsprechend einer steuerlich nicht anzuerkennenden Tantiemevereinbarung sollte A eine Tantieme von 60.000 EUR für das Jahr 01 erhalten, die erst im April 01 ausgezahlt worden ist. Die vGA ist bereits für die Einkommensermittlung der Körperschaft 01 zu berücksichtigen.

Beispiel 2:
Aufgrund einer Pensionszusage, die die X-GmbH ihrem Gesellschafter-Geschäftsführer gemacht hat, hat die X-GmbH im Jahre 01 die bereits vorhandene Pensionsrücklage mit 80.000 EUR erhöht. Die Pensionszusage ist steuerlich nicht anzuerkennen.

Obwohl der Vorteil dem Gesellschafter-Geschäftsführer erst dann zufließt, wenn er in den Ruhestand geht, ist die vGA in 01 zu erfassen und das Einkommen der GmbH um 80.000 EUR zu erhöhen.

4.5.2.3 Tarifbesteuerung

Tarifbesteuerung 15 vH.

289 Nach § 25 Abs. 1 KStG idF des UntStRG 2008 beträgt die Körperschaftsteuer 15 vH (bisher 25 vH) des zu versteuernden Einkommens.

4.5.3 Einzelfälle der verdeckten Gewinnausschüttung

4.5.3.1 Verdeckte Gewinnausschüttung bei Nichtanerkennung des Gesellschaftsverhältnisses

Wie bereits ausgeführt (→ Rn. 166), setzt die steuerliche Anerkennung einer stillen Beteiligung eines Gesellschafters der GmbH voraus, dass aus den Vereinbarungen eindeutig hervorgeht, dass neben dem Gesellschaftsverhältnis noch ein stilles Beteiligungsverhältnis begründet worden ist.

Hat ein Gesellschafter aufgrund eines steuerlich nicht anzuerkennenden stillen Beteiligungsverhältnisses eine Gewinngutschrift erhalten, ist diese für die zahlende Gesellschaft nicht betrieblich veranlasst, ihr Einkommen ist daher um die Gewinngutschrift zu erhöhen. Verdeckte Gewinnausschüttungen dürfen das körperschaftsteuerpflichtige Einkommen nicht mindern. Beim Gesellschafter handelt es sich um eine verdeckte Gewinnausschüttung, die bei diesem als Einkünfte aus Dividendeneinkünften (§ 20 Abs. 1 Nr. 1 iVm § 20 Abs. 2 EStG) zu erfassen ist.

Beispiel:
Gewinn der X-GmbH = 100.000 EUR.
A hat als stiller Gesellschafter eine Gutschrift von 20.000 EUR erhalten (= 20 vH). Das Beteiligungsverhältnis wird steuerlich nicht anerkannt.
Das körperschaftsteuerpflichtige Einkommen beträgt:

Behandlung GmbH
Einkommen	100.000 EUR
+ vGA	20.000 EUR
Körperschaftsteuer 15 vH	15.000 EUR

Behandlung Gesellschafter
vGA	20.000 EUR
Kapitalertragsteuer 25 vH =	5.000 EUR

Wird ein Gesellschaftsverhältnis mit Kindern eines Gesellschafters nicht anerkannt, sind die aufgrund der Gewinnbeteiligung an diese gezahlten Gewinne dem Gesellschafter als verdeckte Gewinnausschüttung zuzurechnen.

4.5.3.2 Stille Beteiligung als verdecktes Eigenkapital

Die Einlage des stillen Gesellschafters kann verdecktes Stammkapital darstellen, wenn die stille Beteiligung an die Stelle einer zwingend gebotenen Eigenkapitalzuführung seitens der Gesellschafter getreten ist. Eine Unterkapitalisierung der Gesellschaft reicht allein nicht aus. Auch die Tatsache, dass das Kapital nur zu einem Viertel eingezahlt ist, reicht im allgemeinen noch nicht aus, um bei Darlehensgewährungen verdecktes Stammkapital anzunehmen. Das gilt auch für die stille Beteiligung (vgl. *Fichtelmann* GmbH & Still, S. 45). Für die Frage verdeckter Einlagen kann § 32a GmbHG ein Anhaltspunkt sein. Das Vorliegen der Voraussetzung kapitalersetzender Darlehen rechtfertigt allein noch nicht, steuerlich eine verdeckte Einlage anzunehmen (*Paulick* GmbHR 1982, 237; *Tillmann* GmbHR 1981, 17; *Fichtelmann* GmbH & Still, S. 75).

Wann jedoch eine dringend gebotene Eigenkapitalzuführung gegeben ist, lässt sich nicht aufgrund von Richtsätzen ermitteln. Es kommt hier auf den Einzelfall an. Um verdecktes Stammkapital annehmen zu können, wird im Zweifel ein Missbrauch von Formen und Gestaltungen vorliegen müssen (§ 42 AO). Wird eine Unterkapitalisierung dadurch beseitigt, dass die Gesellschafter der Gesellschaft Darlehen zur Verfügung stellen oder Mittel in Form einer stillen Beteiligung, wird in der Regel kein verdecktes Stammkapital gegeben sein. Eine verdeckte Einlage wird man auch dann nicht ohne Weiteres annehmen können, wenn die stille Beteiligung so ausgestaltet wird, dass sie den Dritten und Gläubigern gegenüber wie eine Eigenkapitalerhöhung wirkt. Das wäre der Fall, wenn die Gesellschafter hinsichtlich der stillen Beteiligung auf die Insolvenzrechte verzichten, indem vereinbart wird, dass die stille Beteiligung allen Insolvenzgläubigern nachgeht (hier *Kreischer* StWa 1983, 184). Das gleiche gilt, wenn im Gesellschaftsvertrag der stillen Beteiligung vereinbart worden ist, dass die stillen Gesellschafter auf ihr Rückforderungsrecht verzichten, wenn ein Insolvenzgrund eingetreten ist.

Verdecktes Eigenkapital könnte jedoch in Betracht kommen, wenn die Gesellschafter auf Druck der Hausbank nicht ihr Stammkapital erhöhen, sondern der Gesellschaft eine stille Beteiligung gewähren und die Rechte aus der stillen Beteiligung der Hausbank zur Sicherung der Kredite abtreten. Steuerlich hat dies zur Folge, dass die Ausschüttungen auf diese stille Beteiligung keine Betriebsausgaben mehr darstellen, sondern den körperschaftsteuerlichen Gewinn der Gesellschaft erhöhen. Da die Ausschüttungen nicht aufgrund eines Gewinnverteilungsbeschlusses erfolgen, ist in einem solchen Falle eine verdeckte Gewinnausschüttung gegeben, die jedoch im Prinzip keine andere Behandlung erfährt als die offene Ausschüttung.

Keine verdeckte Einlage liegt jedoch vor, wenn ein Gesellschafter der Kapitalgesellschaft Wirtschaftsgüter zum Gebrauch oder zur Nutzung ohne Entgelt oder gegen unangemessenen niedriges Entgelt überlassen hat. Als verdeckte Einlagen sind nur Wirtschaftsgüter geeignet, die das Vermögen der Kapitalgesellschaft vermehrt haben, entweder durch den Ansatz oder die Erhöhung eines Aktiv-Postens oder die Verminderung eines Passiv-Postens. Die Tatsache, dass die Kapital-Gesellschaft Aufwendungen spart, reicht dazu nicht aus (BFH 22.11.1983, BB 1984, 513).

Auch Zahlungen an den Geschäftsführer einer GmbH, damit dieser auch künftige Tantiemenansprüche verzichtet, stellen keine verdeckten Einlagen dar (BFH 22.11.1983, BB 1984, 514).

Die verdeckte Einlage ist nicht die Umkehrung einer verdeckten Gewinnausschüttung (BFH 22.11.1983; BB 1984, 513)

4.5.3.3 Verdeckte Gewinnausschüttung durch Höherbewertung von Einlagen

Ist Gegenstand der Einlage eine Sach- oder Nutzungseinlage, kann dem Gesellschafter oder einer diesem nahestehenden Person ein Vorteil insofern zugewendet werden, als seine Einlage überbewertet worden ist.

Beispiel:
A bringt als stiller Gesellschafter ein bebautes Grundstück in die GmbH ein. Der gemeine Wert des Grundstücks beträgt 200.000 EUR, das Grundstück wird jedoch mit 300.000 EUR als Einlage bewertet. Die Gesellschaft verpflichtet sich, ihm diese nach Beendigung des Gesellschaftsverhältnisses zurückzuzahlen. Er erhält eine Gewinnbeteiligung von 30 vH, die dem Kapitalkonto von 300.000 EUR entspricht.

Im vorliegenden Fall ist eine verdeckte Gewinnausschüttung in 2-facher Form gegeben, einmal in Höhe der überbewerteten Einlage in Höhe von 100.000 EUR, zum anderen in der auf der überhöhten Beteiligung basierenden Gewinnbeteiligung von 10 vH.

4.5.3.4 Verdeckte Gewinnausschüttung in der Form der überhöhten Gewinnbeteiligung

Grundsätzlich werden alle Vereinbarungen zwischen Gesellschaft und ihren Gesellschaftern anerkannt. Sie müssen jedoch unter Bedingungen stehen, wie sie zwischen Gesellschaftsfremden auch vereinbart worden wären, vgl. auch *Schmidt* EStG § 15 Rn. 58d.

Zur Ermittlung der angemessenen Gewinnverteilung zwischen einer GmbH und daran beteiligter stiller Gesellschafter ist das Gesamtunternehmen der GmbH nach der sog. indirekten Methode zu bewerten. Der Unternehmenswert entspricht danach dem arithmetischen Mittel des Ertrags- und Substanzwertes.

Verluste der stillen Gesellschaft dürfen dabei ergänzend als umsatzaufhellender Umstand bei der Schätzung des Ertragswertes berücksichtigt werden. Der Substanzwert setzt sich aus den wirklichen Werten der vorhandenen Wirtschaftsgüter zusammen, die auch bei Grundstücken mit dem Teilwert anzusetzen sind. Bei einer im Zuge einer Betriebsaufspaltung (BFH 12.12.1990, BFH/NV 1992, 53) entstandenen Betriebskapitalgesellschaft ist eine Ertragsbewertung anhand in der Vergangenheit erzielter Ergebnisse möglich und durchführbar. Es ist dabei auf die Erträge des Unternehmens abzustellen, den die Betriebskapitalgesellschaft weiterführt, BFH 5.12.1990, BFH/NV 1991, 841.

Hat sich ein Gesellschafter gleichzeitig als stiller Gesellschafter an einer GmbH beteiligt, wird der Gewinnanspruch aufgrund der stillen Beteiligung steuerlich nur anerkannt, soweit er angemessen ist, daher auch einem fremden Dritten unter sonst gleichen Umständen gezahlt werden würde. Hierbei ist das stille Beteiligungsverhältnis für sich zu betrachten. Hat der Gesellschafter von der Gesellschaft noch weitere Vergütungen erhalten, sind diese, wie bereits ausgeführt, grundsätzlich nicht in die Angemessenheitsprüfung mit einzubeziehen, es sei denn, der stille Beteiligungsvertrag nimmt auf das andere Verhältnis Bezug.

297 Soweit der Gewinnanspruch des stillen Gesellschafters unangemessen ist, wird er als Vorteilsgewährung aufgrund seiner Stellung als Gesellschafter der GmbH angesehen.

Da es sich hier nicht um eine offene Ausschüttung handelt, ist sie insoweit als eine verdeckte Gewinnausschüttung zu behandeln. Bei der Prüfung der Angemessenheit ist von einer angemessenen Kapitalverzinsung auszugehen, wobei die Kapitalmarktsituation und die finanzielle Situation des Unternehmens zu berücksichtigen sind. Hierbei darf das jeweilige Interesse, nämlich das der Gesellschaft, neue Mittel aufzunehmen, und das Interesse des Gesellschafters, Geld anzulegen, nicht unberücksichtigt bleiben. Es sind strenge Maßstäbe anzulegen, wenn die Gesellschaft selbst keinen Kapitalbedarf hatte, das Interesse der Geldanlage des Gesellschafters aber stark war. Inwieweit eine Gewinnvereinbarung unangemessen ist, lässt sich nur im Einzelfall entscheiden. Die Angemessenheit ist nicht für jeden Veranlagungszeitraum neu zu beurteilen, vielmehr sind die Verhältnisse im Zeitpunkt der Eingehung des stillen Gesellschaftsverhältnisses maßgebend.

Nach dem vorgenannten Urteil sind folgende **Grundsätze** für die **Angemessenheit der Gewinnbeteiligung von stillen Gesellschaftern, die gleichzeitig Gesellschafter der GmbH sind**, zu beachten:

1. Die steuerrechtliche Beurteilung der Gewinnbeteiligung hat zunächst die Abhängigkeit der Gewinnanteile der stillen Gesellschafter von dem Unternehmensgewinn und die grundsätzlich freie Gestaltungsmöglichkeit der Gesellschafter zu berücksichtigen.

2. Sie hat zu erfassen, ob die Gewinn-(Verlust-)Verteilung den wirtschaftlichen und finanziellen Verhältnissen des Unternehmens, den Verhältnissen der Gesellschafter zu der Gesellschaft und der Gesellschaft untereinander, sowie den Beiträgen der einzelnen Gesellschafter für die Erreichung des Gesellschaftszwecks und zur Erzielung des Ertrags des Unternehmens in angemessener Weise Rechnung trägt, oder ob hinsichtlich der Gewinn- und Verlustanteile der einzelnen Gesellschafter offenbare Missverhältnisse bestehen.

3. Als bedeutsame Bewertungskriterien für die Angemessenheit der Gewinnbeteiligung sind zu berücksichtigen:
   a) die von den Gesellschaftern erbrachten Kapitalleistungen,
   b) die eingegangenen Risiken,
   c) der Arbeitseinsatz der Gesellschafter,
   d) die Ertragsaussichten des betriebenen Unternehmens.

   Daneben können
   e) einige der für die Gewinnverteilung der GmbH & Co KG aufgestellten Merkmale,
   f) die vorhandenen Geschäftsbeziehungen,
   g) die Dringlichkeit des Kapitalbedarfs,
   h) die wirtschaftliche Bedeutung der Finanzierung durch die Einlage

   zu berücksichtigen sein.

4.5 Verdeckte Gewinnausschüttung

298 Haben die Gesellschafter eine den Verhältnissen auf dem Kapitalmarkt entsprechende Verzinsung gewählt, so kann davon ausgegangen werden, dass damit der Kapitaleinsatz angemessen verzinst wird. Dann scheidet ein nochmaliger Ansatz zur Beurteilung, ob der Restgewinn angemessen verteilt wird, grundsätzlich aus. Andernfalls wird die Verzinsung der Kapitalleistungen bei der Verteilung des Restgewinnes regelmäßig zu berücksichtigen sein.

299 Das Verlustrisiko erfasst nicht nur das Risiko im Sinne des Verlustes des eingesetzten Kapitals, sondern auch das Ertragsausfallrisiko. Dieses Risiko, das auch nicht durch das Kontrollrecht gem. § 233 HGB gemindert wird, ist für die Würdigung der Angemessenheit der Gewinnbeteiligung zu berücksichtigen.

300 Für die Angemessenheit der Restgewinnverteilung ist es erforderlich, den Wert der Einlagen der stillen Gesellschafter und den Gesamtwert des Unternehmens der GmbH zu ermitteln und das sich nach diesen Werten ergebende Verhältnis bei der Beurteilung der Angemessenheit zu berücksichtigen.

Der Unternehmenswert ist entsprechend den Grundsätzen, welche die Rechtsprechung gelegentlich zur Ermittlung eines Geschäftswertes in Anwendung der sog. indirekten Methode aufgestellt hat, zu ermitteln (BFH 11.10.1960, BStBl. III 60, 509; 7.10.1970, BStBl. II 71, 69; 17.1.1973, BStBl. II 73, 418; 8.12.1976, BStBl. II 77, 467; 25.1.1979, BStBl. II 79, 302; hierzu auch *Bitsch* GmbHR 1983, 56).

4.5.3.5 Unangemessene Gewinnbeteiligung bei Gesellschaftsverhältnissen mit Angehörigen

301 Nach der Rechtsprechung ist bei einer stillen Beteiligung eine Gewinnbeteiligung bis 15 vH berechnet vom Wert des Anteils, als angemessen anzusehen, wenn der stille Gesellschafter auch am Verlust beteiligt ist, bei Verlustausschuss nur eine solche von 12 vH (vgl. auch BFH 9.6.1994, BFH/NV 1995, 103). Nach dem Urteil des BFH (6.2.1980, BStBl. II 80, 477) sind jedoch die zu den stillen Beteiligungen von Familienangehörigen ergangenen Urteile nicht auf die GmbH & Still anwendbar.

Bei der Familiengesellschaft wird die Privatsphäre (§ 12 EStG) berührt, im Falle der verdeckten Gewinnausschüttung das Gesellschaftsverhältnis. Insofern ist die Ausgangslage bei einer stillen Beteiligung an einer Kapitalgesellschaft eine andere.

Ist ein Familienmitglied eines Gesellschafters an der GmbH als stiller Gesellschafter beteiligt, ist eine unangemessene Gewinnbeteiligung grundsätzlich als eine Vorteilsgewährung an den Gesellschafter anzusehen. Es liegt somit eine Verfügung der Gesellschaft zugunsten eines Gesellschafters vor. Der Gewinn der Gesellschaft ist daher um die unangemessene Gewinnbeteiligung zu erhöhen, die der Körperschaftsteuer unterliegt. Sie ist aber gleichzeitig als eine Gewinnausschüttung an den Gesellschafter zu behandeln. Der Gesellschafter hat daher den unangemessenen Teil als Einkünfte aus Kapitalvermögen zu versteuern. Soweit diese jedoch zivilrechtlich aufgrund der Gewinnbeteiligung dem Angehörigen zusteht, liegt bei ihm eine Einkommensverwendung vor, die grundsätzlich unter das Abzugsverbot des § 12 Nr. 2 EStG fällt, es sei denn, die Merkmale des § 12

EStG (unentgeltliche Überlassung) liegen nicht vor. Die Grundsätze über die Beteiligung von Familienangehörigen können nur insoweit angewandt werden, als der Vater als Schenker ebenfalls als stiller Beteiligter an der Kapitalgesellschaft beteiligt ist, Teile seiner stillen Beteiligung auf seine Kinder überträgt und die Gewinnbeteiligung der Kinder im Verhältnis zu der des Vaters unangemessen sind.

Beispiel:
A ist mit 100 vH Gesellschafter der X-GmbH. Stammkapital 200.000 EUR (gemeiner Wert 500.000 EUR). Er hat mit jeweils 100.000 EUR seine beiden Söhne S und T als stille Gesellschafter mit 25 vH Gewinnbeteiligung beteiligt. Jeweils 10 vH Gewinnbeteiligung wären angemessen gewesen. Der Gewinn 1979 beträgt 100.000 EUR. Davon entfielen jeweils 25.000 EUR, zusammen 50.000 EUR, auf S und T. körperschaftsteuerliches Einkommen der GmbH 50.000 EUR.

Das körperschaftsteuerliche Einkommen ist um jeweils 15.000 EUR = 30.000 EUR auf 80.000 EUR zu erhöhen.

KSt Einkommen GmbH
lt. Erklärung   50.000 EUR
zuzüglich vGA   30.000 EUR
                            80.000 EUR
KSt 15 vH   12.000 EUR

Gesellschafter
A
vGA   30.000 EUR
KapEst 25. vH   7.500 EUR
Sohn S
Aus stiller Beteiligung
§ 20 Abs. 1 Nr. 4   10.000 EUR
kein Teileinkünfteverfahren
Sohn T
Aus stiller Beteiligung
§ 20 Abs. 1 Nr. 4   10.000 EUR
kein Teileinkünfteverfahren

4.5.3.6 Verdeckte Gewinnausschüttungen in anderen Fällen

302 Darüber hinaus können bei der GmbH & Still auch verdeckte Gewinnausschüttungen in der Weise erfolgen, dass bei den übrigen Rechtsverhältnissen die Bedingungen für die GmbH unangemessen sind, zB unangemessenes Geschäftsführergehalt, unangemessene Pacht, unangemessene Lizenzgebühr, unangemessene Darlehenszinsen.

4.6 Stille Beteiligung von beschränkt Steuerpflichtigen

303 Stille Beteiligungen beschränkt Steuerpflichtiger erfahren keine andere Behandlung als die der Inländer, § 8a KStG gilt in dem nunmehr eingeschränkten Umfang für Inländer und beschränkt Steuerpflichtigen gleichermaßen.

4.7 Kapitalersetzende Leistung als verdecktes Eigenkapital

Nach einem Urteil des BFH (5.2.1992, BStBl. II 92, 532) sind Darlehen in der Handelsbilanz grundsätzlich als Fremdkapital zu passivieren. Sie sind geeignet, eine Zinsverbindlichkeit entstehen zu lassen, die ebenfalls in der Handelsbilanz zu Lasten des Gewinns zu passivieren ist.

Für den Ansatz eigenkapitalersetzender Darlehen und der dadurch ausgelösten Zinsverbindlichkeit in der Steuerbilanz gilt der Maßgeblichkeitsgrundsatz. Darlehen, die ein Gesellschafter seiner überschuldeten Kapitalgesellschaft gewährt, werden im Regelfall kein steuerliches Eigenkapital der Kapitalgesellschaft auslösen. Es gibt keine gesetzliche Vorschrift, die ein bestimmtes Verhältnis von Eigenkapital und Gesellschafterfremdkapital vorschreibt. Die Verwaltung hat sich dieser Rechtsprechung angeschlossen.

Besondere Bedeutung hatte die Frage, inwieweit Gesellschafterdarlehen, stille Beteiligungen als verdecktes Eigenkapital zu behandeln sind, für beschränkt Steuerpflichtige, weil diese nicht zur Körperschaftsteueranrechnung berechtigt waren und somit in Höhe der Ausschüttungsbelastung die Steuer endgültig ist. Aus diesem Grunde wurde vielfach seitens beschränkt steuerpflichtiger Gesellschafter der steuerliche Nachteil der Nichtanrechenbarkeit der Körperschaftsteuer dadurch umgangen, dass diese der Kapitalgesellschaft Kapital in der Form von Darlehen oder stillen Beteiligungen gewährten, BMF 16.9.1992, BStBl. I 92, 653. Zur kapitalersetzenden stillen Beteiligung vgl. auch *Schwedhelm* S. 30.

Leistungen eines Gesellschafters an die Kapitalgesellschaft können verdecktes Eigenkapital darstellen. Die Verwaltung hat durch Erlass versucht, die Voraussetzung für die Annahme eines verdeckten Eigenkapitals zu regeln, dem nach Ansicht der Rechtsprechung (BFH 5.2.1992, BStBl. II 92, 653) jedoch die Rechtsgrundlage fehlte.

4.8 GmbH & Co KG und fehlgeschlagene Mitunternehmerschaft

Wie bereits ausgeführt, hat der BFH in mehreren Urteilen (8.2.1979, BStBl. II 79, 405; 15.10.1981, BStBl. II 82, 343; 29.4.1981, BStBl. II 81, 663) den Rechtsstandpunkt vertreten, dass der Gesellschafter einer Kommanditgesellschaft **nicht schlechthin** als **Mitunternehmer** anzusehen ist, sondern nur dann, wenn er auch die einzelnen Voraussetzungen für eine Mitunternehmerschaft erfüllt. Ist der Gesellschafter einer Kommanditgesellschaft nicht als Mitunternehmer anzusehen, ist seine Beteiligung an der Kommanditgesellschaft steuerlich als ein Darlehen oder als eine stille Beteiligung zu behandeln, mit der Folge, dass der Gesellschafter nicht Einkünfte aus Gewerbebetrieb nach § 15 EStG, sondern Einkünfte aus Kapitalvermögen nach § 20 Abs. 1 Nr. 4 EStG hat. Das gilt nicht nur für Familiengesellschaften, sondern insbesondere auch für die GmbH & Co KG, bei denen eine befristete Beteiligung mit Buchwertklausel vorgesehen ist und die Rechte der Gesellschafter auf die Kontrollrechte begrenzt sind, also das Widerspruchsrecht des § 164 HGB hinsichtlich Handlungen der Geschäftsführer, die die laufenden Geschäfte übersteigen, ausgeschlossen worden ist. Erfüllen die Kommanditisten einer GmbH & Co KG demnach nicht die Voraussetzungen für eine Mitunternehmerschaft, so sind sie als stille Gesellschafter zu behandeln. Dh die in die Gesellschaft eingezahlte Einlage ist nicht als Kapital der Gesellschaft zu behandeln, sondern als stille Einlage der Gesellschafter. Dies gilt insbesondere dann, wenn alle Kommanditisten als stille Gesellschafter zu behandeln sind. In diesem Falle wird die Komplementär-GmbH als Einzelunternehmer behandelt; nur sie hat Einkünfte aus Gewerbebetrieb. Der Gewinn ist ihr in vollem Umfange als körperschaftsteuerliches Einkommen zuzurechnen. Allerdings sind die Gewinnansprüche der steuerlich als stille Gesellschafter zu behandelnden Kommanditisten als Betriebsausgaben abzugsfähig. Der Gewinn der GmbH ist also in diesem Falle um die Gewinnansprüche der Kommanditisten = stillen Gesellschafter zu mindern. In der Bilanz der Komplementär-GmbH sind diese Gewinnansprüche als Verbindlichkeiten gegenüber den stillen Gesellschaftern zu behandeln, dh die Gewinnansprüche der sog. stillen Gesellschafter mindern den Gewinn der Komplementär-GmbH zum Schluss des abgelaufenen Geschäftsjahres.

Den Gesellschaftern jedoch sind die Gewinne nicht für das Kalenderjahr **zuzurechnen**, in das der Schluss des Wirtschaftsjahres fällt, für das die Gewinne festgestellt worden sind, sondern erst im Zeitpunkt des Zuflusses. Das ist frühestens der Zeitpunkt, in dem der Gewinn festgestellt ist und dieser den Gesellschaftern zur Verfügung steht. Die Gesellschafter müssen die wirtschaftliche Verfügungsgewalt über diesen Gewinn erlangt haben. In der Regel reicht die Gutschrift auf ein Privatkonto bei der Gesellschaft aus, über das die Gesellschafter verfügen können. Soweit der Gewinn in vollem Umfange den Gesellschaftern gutgeschrieben wird, bestehen hier durch die steuerliche Andersbehandlung der GmbH & Co KG keine Schwierigkeiten. Anders ist jedoch die Rechtslage, wenn der Gewinn der Gesellschaft nicht in vollem Umfange den Gesellschaftern zur Verfügung steht.

Wird der Gewinn zunächst einmal mit ausstehenden Einlagen verrechnet, ist er insoweit den Gesellschaftern wirtschaftlich **zugeflossen**, als die Gesellschafter nunmehr von einer Verbindlichkeit, nämlich zur Erbringung der Einlage, befreit worden sind. Ist im Gesellschaftsvertrag vereinbart worden, dass ein Teil der Gewinne der Gesellschaft als Darlehen verbleiben soll, wobei die Darlehen verzinst werden und entweder kündbar oder zeitlich befristet sind, ist der Gewinn insoweit auch in die wirtschaftliche Verfügungsgewalt der Gesellschafter gelangt. Anders ist jedoch die Rechtslage, wenn Gewinnanteile Rücklagenkonten zugeführt werden sollen. Sind die Gewinne Sonderkonten der Gesellschafter gutgeschrieben worden mit der Folge, dass sich durch diese Zuschreibung die Pflichteinlage der Gesellschafter erhöht hat, ohne dass die Haftungseinlage erhöht worden ist, oder haben die Guthaben auf den Sonderkonten Darlehnscharakter, wird man auch die Gutschriften den Gesellschaftern zurechnen müssen mit der Folge, dass sich ihr Einlagekonto erhöht hat. Auch in diesem Fall wird man einen Zufluss bei den Gesellschaftern bejahen müssen. Anders ist jedoch die Rechtslage, wenn Gewinnanteile nicht den Gesellschaftern zugerechnet werden, sondern einer gesamthänderisch gebundenen Rücklage zugeführt werden. Im Falle einer Mitunternehmerschaft wären die Gewinnanteile, die einer gesamthänderisch gebundenen Rücklage zugeführt worden wären, entsprechend der Gewinnbeteiligung der Gesellschafter auf diese aufgeteilt worden.

Die **Rechtsprechung** des BFH hat in Frage der Gesellschaftsteuer eine Leistung aus dem Vermögen der Gesellschafter verneint, weil die Beträge aufgrund der Verpflichtung im Gesellschaftsvertrag ihnen nicht zugeflossen seien. Wenn man diese Grundsätze auf das Ertragsteuerrecht überträgt, wird man hier die wirtschaftliche Verfügungsmacht der einzelnen Gesellschafter über die Zuführungen zu einer gesamthänderisch gebundenen Rücklage verneinen müssen mit der Folge, dass insoweit die Gewinne der GmbH zuzurechnen wären und somit deren körperschaftsteuerpflichtiges Einkommen erhöhen.

Haben die Kommanditisten, die nicht als Mitunternehmer anzusehen sind, der Gesellschaft Darlehen zur Verfügung gestellt, stellen diese Darlehen **kein Sonderbetriebsvermögen** der Gesellschafter dar. Gleiches gilt, wenn die Gesellschafter der Gesellschaft ein Grundstück zur Nutzung überlassen haben. In diesem Falle handelt es sich nicht um Sonderbetriebsvermögen der Gesellschaft, sondern es sind die Rechtsverhältnisse, die hierdurch begründet sind, einzeln zu würdigen.

Bei der **fehlgeschlagenen Mitunternehmerschaft** ist jedoch zu berücksichtigen, dass die Gesellschafter zivilrechtlich Gesamthandseigentümer des Gesellschaftsvermögens sind. Das Gesellschaftsvermögen steht den Gesellschaftern zur gesamten Hand zu. Es ist ihnen daher steuerlich nach § 39 AO bruchteilsmäßig zuzurechnen. § 15 Abs. 1 Nr. 2 EStG als Sonderregelung wäre hier nicht anzuwenden. Die Tatsache, dass die Kommanditisten steuerlich nicht als Mitunternehmer anzusehen sind, berechtigt jedoch nicht, der GmbH als Einzelunternehmerin das ganze Unternehmensvermögen als wirtschaftlicher Eigentümerin zuzurechnen. Die Tatsache, dass die Gesellschafter kein Widerspruchsrecht haben und daher den Haftungen des Geschäftsführers nicht widersprechen können, sondern nur auf Kontrollrechte beschränkt sind, macht die GmbH als Gewerbetreibenden nicht zum wirtschaftlichen Eigentümer. Soweit es steuerlich, insbesondere für Sonder-AfA und Rücklagen nach § 6b EStG, auf die persönlichen Verhältnisse der Miteigentümer ankommt, sind auch diese zu berücksichtigen, und zwar auch dann, wenn sie nicht als Mitunternehmer anzusehen sind; ihre Stellung als Miteigentümer des Betriebsvermögens wird durch die Verneinung der Mitunternehmerschaft nicht berührt. Die Situation ist etwa mit der vergleichbar, dass ein Dritter einem Gewerbetreibenden gegen eine Nutzungsvergütung Wirtschaftsgüter überlässt. Die anteiligen Wirtschaftsgüter gelten als im Rahmen des stillen Beteiligungsverhältnisses überlassen, der Gewinnanteil stellt hier die Vergütung für die Überlassung dar.

5 Atypische stille Beteiligung an einer GmbH

5.1 Grundlagen der atypisch stillen Beteiligung

5.1.1 Betrieb der GmbH als Betrieb der Mitunternehmerschaft

309 Eine atypische stille Beteiligung an einer GmbH ist gegeben, wenn der stille Gesellschafter am Vermögen der GmbH beteiligt ist und ihm Unternehmerinitiative zukommt (vgl. 3.3).

Ist der Handelsgewerbetreibende im Innenverhältnis derart in seinen Rechten, sowohl hinsichtlich Vermögensrechte als auch hinsichtlich Unternehmensführung gegenüber dem stillen Gesellschafter eingeschränkt, dass er wirtschaftlich weder am Vermögen, noch am Gewinn beteiligt ist und im Innenverhältnis auch, was die Geschäftsführung anbetrifft, dem Willen des stillen Gesellschafter unterworfen ist und daher, was die Geschäftsführung anbetrifft, von der Zustimmung des stillen Beteiligten abhängig ist, ist er dennoch wegen der unbeschränkten Außenhaftung und alleinigen Vertretungsmacht als Mitunternehmer anzusehen (BFH 10.5.2007, DStR 2007, 2002).

In diesem Falle ist der stille Beteiligte als Mitunternehmer der Mitunternehmerschaft GmbH & Stille Gesellschaft anzusehen. GmbH und stiller Beteiligter bilden somit eine Mitunternehmerschaft, mit der Folge, dass sowohl die GmbH als auch deren stiller Gesellschafter gewerbliche Einkünfte haben. In der Literatur (*Herrmann/Heuer/Raupach* § 15 EStG Anm. 35a (2) E 204; *Sudhoff* BB 1969, 2072; *Felix* StKongr.Rep. 1971, 204aa; *Ebeling* StKongr.Rep. 1971, 206; *Schulze zur Wiesche* DB 1976, 408; *Fasold* GmbHR 1979, 63 und 64 wird vielfach die Ansicht vertreten, dass die atypische GmbH & Still in jeglicher Hinsicht einer GmbH & Co KG gleich zu behandeln sei. ME (vgl. DB 1976, 408) bestehen zwischen einer GmbH & Co KG und einer atypischen GmbH & Still erhebliche Unterschiede, die auch steuerlich Beachtung finden müssen.

Allerdings hat die Rechtsprechung des BFH die GmbH & Co. KG und die GmbH & atypisch Still hinsichtlich der Rechtsfolgen nahezu gleichgestellt (BFH 15.12.1998, GmbHR 1999, 423).

Liegt eine atypische stille Beteiligung vor, sind die GmbH und der stille Gesellschafter Mitunternehmer. Die GmbH führt in diesem Falle keinen Einzelbetrieb, sondern der Betrieb ist Gegenstand der Mitunternehmerschaft. Für die GmbH wird daher keine eigene Gewinnermittlung durchgeführt. Der Gewinn wird für die Mitunternehmerschaft festgestellt und auf die einzelnen Gesellschafter aufgeteilt; vgl. auch *Schmidt* EStG § 15 Rn. 58d.

310 Besteht zwischen dem stillen Gesellschafter und der GmbH eine Mitunternehmerschaft, führt den Betrieb nicht die GmbH, sondern die Mitunternehmerschaft. Die Bilanz der GmbH ist die Bilanz der Mitunternehmerschaft. Der Gewinn für die Mitunternehmerschaft ergibt sich aus der gesonderten Gewinnfeststellung für diese. Für die GmbH ist als Gesellschafter (Mitunternehmer) der

5.1 Grundlagen der atypisch stillen Beteiligung

Gewinn im Rahmen der gesonderten Feststellung zu ermitteln. Für die GmbH wird daher keine eigene Gewinnermittlung durchgeführt. Diese ergibt sich aus der gesonderten Feststellung für die Mitunternehmerschaft. Der Betrieb der GmbH ist daher steuerlich ein Betrieb der atypisch stillen Gesellschaft anzusehen.

Das schließt jedoch nicht aus, die stille Beteiligung auf eine oder einzelne Sparten des Betriebes zu begrenzen. In diesem Falle ist der Gewerbebetrieb der Mitunternehmerschaft auf diese Sparten begrenzt (BFH 6.12.1995, BStBl. II 1998, 685, 15.10.1998, BStBl. II 1999, 286).

Die atypisch stille Gesellschaft (GmbH & atypisch Still) ist Subjekt der Gewinnrechnung (BFH 26.11.1996, BB 1997, 1131.

Dies schließt jedoch nach Ansicht des BFH (15.10.1998, BStBl. II 1999, 286) nicht aus, in der stillen Gesellschaft, sofern sie die Merkmale einer Mitunternehmerschaft iSv § 15 Abs. 1 S. 1 Nr. 2 EStG erfüllt, eine „Personengesellschaft" iSv § 15 Abs. 3 EStG zu sehen (BFH 10.8.1994, BStBl. II 1995, 171, BStBl. II 1998, 328). Der Inhaber des Handelsgeschäftes wird, soweit seine Tätigkeit der Erreichung des im Vertrag über die stille Gesellschaft vereinbarten Gesellschaftszwecks dient, für die stille Gesellschaft tätig; sein Auftreten ist der Gesellschaft zuzurechnen und führt zur gemeinschaftlichen Verwirklichung der Tatbestandsmerkmale einer Einkunftsart.

Steuerrechtlich „gilt" deshalb die der atypisch stillen Gesellschaft zuzurechnende Tätigkeit des Inhabers des Handelsgeschäfts als Gewerbebetrieb der Gesellschaft (vgl. § 15 Abs. 3 EStG). Die atypisch stille Gesellschaft ist folglich selbständiges „Subjekt der Gewinnerzielung, Gewinnermittlung und Einkünftequalifikation" (BFH 26.11.1996, BStBl. II 1998, 328).

Damit lässt sich nach Ansicht des BFH (BFH 26.11.1996, BStBl. II 1998, 328) die Auffassung, dass GmbH-Anteile des stillen Gesellschafters eine GmbH und atypisch stillen Gesellschaft nicht als Sonder-BV anzusehen seien, weil es keinen „Betrieb" der atypisch stillen Gesellschaft gebe, sondern nur der Inhaber des Handelsgeschäfts im Rahmen seines Betriebs tätig werde, nicht vereinbaren. Der Inhaber des Handelsgeshäfts erbringt, soweit er zur Erreichung des Gesellschaftszwecks der stillen Gesellschaft tätig wird, einen im Gesellschaftsinteresse liegenden Beitrag, der der Geschäftsführung einer Komplementär-GmbH einer GmbH & Co KG vergleichbar ist.

Er ist zwar – anders als der Komplementär der KG – gesellschaftsrechtlich kein Organ der stillen Gesellschaft. Dies ändert aber nichts daran, dass auch sein Auftreten im Interesse der Gesellschaft liegt und daher als solches der Gesellschaft zugerechnet wird. Soweit ihm die dabei erzielten Einkünfte, die zunächst ebenfalls in vollem Umfang bei der Gesellschaft liegen und daher als solche der Gesellschaft zugerechnet werden, am Ende des Wirtschaftsjahres entsprechend dem gesellschaftsvertraglichen Verteilungsschlüssel anteilig zugerechnet werden, handelt es sich um einen Teil der gemeinschaftlichen Einkünfte iSv § 180 Abs. 1 Nr. 2 Buchst. a AO 1977 und nicht um originäre, im Rahmen eines eigenen einzelkaufmännischen Unternehmens erzielte Einkünfte.

Der Inhaber des Handelsgeschäfts wird daher nach gewandeltem steuerrechtlichen Verständnis der atypisch stillen Gesellschaft wie ein Organ für diese tätig. Dies gebietet es nach Auffassung des erkennenden Senats, den Anteil des Kommanditisten einer GmbH & Co KG an der Komplementär-GmbH und den Anteil des stillen Gesellschafters einer GmbH und atypisch stillen Gesellschafters an der GmbH hinsichtlich der Eigenschaft als Sonder-BV gleich zu behandeln.

311 Auch eine atypische stille Beteiligung an einer Vermögen verwaltenden GmbH ist möglich (*OFD Frankfurt* Verfügung v. 26.6.1996 – S 2241 A-37 – St II 21, BB 1996, 1701).

312 Grundlage für die GmbH-Feststellung der Mitunternehmerschaft ist die Bilanz und die Gewinn- und Verlustrechnung der GmbH.

Der Umfang des Gewinns aus der Mitunternehmerschaft ergibt sich aus § 15 Abs. 1 Nr. 2 EStG. Er setzt sich daher zusammen aus dem Anteil am Gewinn der GmbH und den Sondervergütungen der Gesellschafter. Der körperschaftsteuerliche Gewinnanteil der GmbH wird in der gesonderten Gewinnfeststellung ermittelt. Gleiches gilt für den Gewinn des stillen Gesellschafters bzw. der stillen Gesellschafter. Steuerpflichtig sind die GmbH und die stillen Gesellschafter, deren Gewinn zu ermitteln ist. Der festgestellte Gewinn der Mitunternehmerschaft ist gleichzeitig auch Grundlage für die Gewerbesteuer.

Eine einheitliche Mitunternehmerschaft wird steuerlich auch dann anzunehmen sein, wenn die GmbH mit mehreren Personen stille Beteiligungsverträge abgeschlossen hat (BFH 5.7.2002, BFH/NV 2002, 1447). Bürgerlich-rechtlich stellt jede stille Beteiligung eine selbständige Mitunternehmerschaft dar. Da jedoch der jeweilige Gesellschaftszweck auch das ganze Unternehmen berührt, das auf Rechnung und Gefahr aller Beteiligten geführt wird, wird man steuerlich ein Gemeinschaftsverhältnis aller stillen Gesellschafter annehmen. Ferner sind auch mehrere Personen an einer Quelle beteiligt, so dass der Gewinn nach §§ 180, 181 AO gesondert festzustellen ist.

5.1.2 Die Person des atypisch stillen Gesellschafters

313 Auch eine Kapitalgesellschaft kann atypisch stiller Gesellschafter einer anderen Kapitalgesellschaft sein. Diese begründet eine Mitunternehmerschaft zwischen den beiden Kapitalgesellschaften. Die Einkünfte dieser Mitunternehmerschaft werden einheitlich und gesondert festgestellt und entsprechend dem Gewinnverteilungsschlüssel beiden Kapitalgesellschaften zugerechnet, die bei diesen der Körperschaftsteuer unterliegen.

Beispiel:
Die X-GmbH hat sich an der Y-GmbH mit einer Bareinlage von 1 Mio. EUR und der Überlassung von Patenten und Know-how atypisch still beteiligt. Sie ist am Gewinn der Y-GmbH zur Hälfte beteiligt. Der Gewinn der Y-GmbH vor Steuern betrug im Jahre 01 1.2 Mio. EUR. Dieser Gewinn ist einheitlich und gesondert für die X-GmbH und die Y-GmbH als Mitunternehmerschaft festzustellen. Die Gewinnanteile in Höhe von 600.000 EUR sind jeweils dem körperschaftsteuerlichen Einkommen der beiden Gesellschaften zuzurechnen.

5.2 Umfang der gewerblichen Einkünfte

Auch Mitunternehmerschaften können sich atypisch still an einer Kapitalgesellschaft beteiligen. Das trifft auch für eine GmbH & atypisch Still zu. Es entsteht in diesem Falle eine doppelstöckige bzw. mehrstöckige Mitunternehmerschaft iSv § 15 Abs. 1 S. 1 Nr. 2 S. 2 EStG (→ Rn. 367 f.).

Beispiel:
A ist Gesellschaftergeschäftsführer der X-GmbH. Gleichzeitig ist er an der X-GmbH mit einer Einlage von 1 Mio. EUR atypisch Still beteiligt. Die X-GmbH ist wiederum mit einer Einlage von 2 Mio. EUR an der Y-GmbH atypisch still beteiligt, deren alleiniger Geschäftsführer A ist. Neben seinem Geschäftsführergehalt in Höhe von 300.000 EUR, bezieht er noch ein solches von der Y-GmbH in Höhe von 240.000 EUR. Die stille Beteiligung der X-GmbH an Y-GmbH bezieht sich auf deren gesamten Geschäftsbetrieb.
  Es liegt eine doppelstöckige Mitunternehmerschaft vor. A ist Mitunternehmer der X-GmbH & atypisch Still. Nach § 15 Abs. 1 S. 1 Nr. 2 S. 1 Hs. 2 EStG ist sein Geschäftsführergehalt als Sonderbetriebseinnahme seinem Gewinnanteil hinzuzurechnen. Die X-GmbH & atypisch Still ist Mitunternehmer der Y-GmbH & atypisch Still. Vergütungen, die A als Gesellschafter der Obergesellschaft von der Untergesellschaft (Y-GmbH & atypisch Still) für Leistungen an diese erhält, sind als dessen Sonderbetriebseinnahmen bei der Y-GmbH atypisch still zu behandeln. Das gilt insbesondere für das von der Y-GmbH gezahlte Geschäftsführergehalt.

5.2 Umfang der gewerblichen Einkünfte

5.2.1 Grundsätze, gesetzliche Grundlagen

Grundlage für den Umfang der Einkünfte aus Gewerbebetrieb ist § 15 EStG. Dieses gilt über § 7 KStG auch für Kapitalgesellschaften, soweit sie als Mitunternehmer an einer Personengesellschaft (Mitunternehmerschaft) beteiligt sind.
  Wird an dem Handelsgewerbe einer Kapitalgesellschaft eine atypisch stille Beteiligung begründet, entsteht zwischen der Kapitalgesellschaft und dem atypisch still Beteiligten eine selbständige Mitunternehmerschaft iSd § 15 Abs. 1 S. 1 Nr. 2 EStG (BFH 24.4.2014, DStR 2014, 1384).
  Der Gewerbebetrieb der GmbH wird für Rechnung der Mitunternehmerschaft geführt. Subjekt der Gewinnzurechnung ist somit die GmbH & atypisch still als Subjekt der Gewinnermittlung und – Feststellung, bei der die Gewinnanteile sowohl für die GmbH, als auch den atypisch still beteiligten ermittelt und festgestellt werden. Auch der Gewinn der GmbH als handelsgewerbetreibender wird als deren Gewinnanteil bei der GmbH & atypisch still ermittelt (vgl. *Blaurock/Levedag* Rn. 20.67 ff.).
  Nach dieser Vorschrift setzt sich der gewerbliche Gewinn eines Gesellschafters aus dem Gewinnanteil am Gewinn der Gesellschaft und den Sondervergütungen zusammen.
  Hierbei sind Sondervergütungen solche Vergütungen, die die Personengesellschaft aus betrieblichem Anlass ihren Gesellschaftern gezahlt hat und daher den Gewinn gemindert haben und den Gesellschaftern als gewerbliche Einnahme zugerechnet werden müssen, weil diese Vergütungen im Zusammenhang mit der Beteiligung stehen (BFH 1.3.2018 IV R 38/15 GmbHR 2018, 690 = BeckRS 2018, 9895).

Gewinnanspruch ist der Gewinnanteil, wie er sich aus der Steuerbilanz der GmbH ergibt. Der Handelsbilanzgewinn ist uU hier zu korrigieren. Werden für den stillen Gesellschafter Ergänzungsbilanzen geführt, weil er höhere Anschaffungskosten gehabt hat, als es seiner Nominalbeteiligung entspricht, sind auch die Gewinnauswirkungen aufgrund der Fortführung der Ergänzungsbilanz mit zu berücksichtigen.

5.2.2 Beschränkung der stillen Beteiligung auf eine bestimmte Tätigkeit

315 Ist nichts Besonderes vereinbart, besteht die stille Beteiligung an dem Handelsgewerbe, also an der gesamten Tätigkeit des Handelsgewerbetreibenden. In diesem Falle ist das gesamte Betriebsvermögen der GmbH Betriebsvermögen der Mitunternehmerschaft. Der atypische ist mit seiner vertraglichen Gewinnbeteiligungsquote am gesamten Ergebnis der GmbH beteiligt.

316 Die stille Beteiligung kann jedoch auf bestimmte Geschäftsbereiche beschränkt werden (BFH 6.12.1995, BStBl. II 1998, 685, 15.10.1998, BStBl. II 1999, 286). Ist ein Handelsgewerbetreibender auf verschiedenen Geschäftsfeldern tätig, können die stillen Beteiligungen auf jeweils einen Geschäftsbereich beschränkt werden. Ist die stille Gesellschaft eine mitunternehmerische, so sind jeweils verschiedene Mitunternehmerschaften gegeben, für die als selbständige Gewinnermittlungssubjekte der Gewinn ermittelt werden muss. Besteht eine atypisch stille Gesellschaft an einem bestimmten Geschäftsbereich der GmbH und hat die GmbH einen weiteren Geschäftsbereich, der aus dem stillen Beteiligungsverhältnis ausgenommen worden ist, dann ist die GmbH als Organ nicht nur für die atypisch stille Beteiligung tätig. Das führt dazu, dass die Anteile an der GmbH der atypisch stillen Gesellschafter nicht als Sonderbetriebsvermögen der Mitunternehmerschaft behandelt werden dürfen.

316a Werden bestimmte Erträge der GmbH aus dem stillen Beteiligungsvertrag ausgenommen, so handelt es sich hierbei nicht um Sonderbetriebseinnahmen, sondern sind diese nicht im Rahmen der stillen Beteiligung angefallen, sondern im Rahmen einer eigenen gewerblichen Tätigkeit der GmbH. Das wäre der Fall, wenn sich im Eigentum der GmbH Vermögenswerte befinden sollten, die nicht dem Gewerbebetrieb der GmbH dienen sollten. Die GmbH würde in diesem Falle eine eigene gewerbliche Tätigkeit aufgrund ihrer Rechtsform ausüben. Es ist auch im Zivilrecht anerkannt, dass eine stille Beteiligung auf einen oder auch einzelne Geschäftsbereiche eines Handelsgewerbes beschränkt werden kann. Diese wird grundsätzlich auch im Steuerrecht anerkannt. Nach der Rechtsprechung (BFH 6.12.1995, BStBl. II 1998, 685; 15.10.1998, BStBl. II 1999, 286); kann eine stille Beteiligung auf bestimmte Geschäftsbereiche beschränkt werden und können auf diese Weise verschiedene Mitunternehmerschaften entstehen. Nach dem Urteil des BFH (23.4.2009, BStBl. 2010, 40) führt eine Beteiligung an einzelnen Tätigkeiten des Unternehmens einer Personengesellschaft als Innengesellschaft nur dann zur Annahme eines eigenständigen Gewerbebetriebes, wenn der betroffene Geschäftsbereich von den weiteren Tätigkeitsfeldern des Unternehmens hinreichend

5.2 Umfang der gewerblichen Einkünfte 316a 5.2

abgegrenzt ist. Eine Mitunternehmerschaft bei der Beteiligung an den Erträgen eines Betätigungsfeldes eines Einzelunternehmens ist daher nur dann gegeben, wenn der Beteiligung an den Erträgen ein Beitrag zur Erzielung eines gemeinsamen Zweckes und kein Leistungsaustausch zugrunde liegt (BFH 24.4.2014, DStR 2014, 1384; 2.5.1984, BStBl. II 820; 26.11.1996, BStBl. 1998, 328). Ferner müssen die allgemeinen Voraussetzungen einer Mitunternehmerschaft vorliegen und muss sich das Geschäftsfeld, an dem die Innengesellschaft besteht, deutlich von übrigen Geschäftsfeldern des Gewerbetreibenden abgrenzen. Dieses zur Gewerbesteuer ergangene Urteil wird auch Auswirkungen auf die Abgrenzung von Sonderbetriebsvermögen und selbständiger Mitunternehmerschaft haben.

M.E. gilt dies nicht nur für Betriebssparten, sondern auch für regional abgegrenzte Zweigniederlassungen (Filialen), die den Charakter von Teilbetrieben haben. So ist es zulässig, dass bisherige Einzelunternehmer ihren Betrieb in eine GmbH gegen eine atypisch stille Beteiligung einbringen und die stille Beteiligung sich jeweils auf den eingebrachten Betrieb beschränkt.

Beispiel 1:
A, B, C und D gründen gemeinsam eine GmbH mit einem Stammkapital von 50.000 EUR, die bar erbracht werden. A, B, C und D, die bisher Einzelunternehmer waren, bringen jeweils diesen als atypisch stille Beteiligte ein, wobei die atypisch stille Beteiligung auf dem Gewinn des jeweils eingebrachten beschränkt bleibt. In diesem Fall entstehen vier selbständige Mitunternehmerschaften mit einer jeweils selbständigen unabhängigen Gewinnermittlung.
Der Gewinn der GmbH ergibt sich in diesem Falle aus den vier Einzelgewinnfeststellungen.

Beispiel 2:
Wie zuvor, jedoch mit dem Unterschied, dass die Einbringenden jeweils Personengesellschaften sind. In diesem Fall ändert sich nichts mit dem einzigen Unterschied, dass die jeweilige Mitunternehmerschaft bestehen bleibt, und jeweils diese um die neueintretende GmbH erweitert werden (Einbringung iSd § 24 UmwStG für die Altgesellschafter).

Möglich ist, dass die GmbH neben der Beteiligung von Mitunternehmerschaften eine unmittelbare Tätigkeit ausübt, weil an dieser keine atypisch stille Beteiligungen bestehen, insoweit wird begrenzt auf diese Tätigkeit steuerlich eine selbständige Gewinnermittlung durchgeführt.

In diesen Fällen wären jeweils für die verschiedenen Mitunternehmerschaften getrennte oder mehrere Gewinnermittlungen bei der GmbH als Handelsgewerbetreibenden durchzuführen:

a) Die Gewinnermittlung zur Ermittlung des Gewinns der atypisch stillen Gesellschaft
   Grundlage ist die Gewinnermittlung, die den Gewinnanspruch des stillen Beteiligten ermittelt. Dieser ist der Gewinnermittlung der atypisch stillen Gesellschaft wieder hinzuzurechnen. Dieser Gewinn ist der Gewinnverteilung zugrunde zu legen. Die Gewinnanteile der GmbH unterliegen der Körperschaftsteuer.

b) Die Gewinnermittlung der anderen Tätigkeit. Diese erfolgt bei der Kapitalgesellschaft. Das ermittelte Einkommen, einschl. des Gewinnanteils aus der Mitunternehmerschaft, unterliegt bei der GmbH der Körperschaftsteuer.

Teil 2 317   5 Atypische stille Beteiligung an einer GmbH

c) Die Gewinnausschüttungen der GmbH an den Gesellschafter, der gleichzeitig stiller Gesellschafter ist, sind jedoch Kapitaleinkünfte iSd § 20 Abs. 1 Nr. 1 EStG (BFH 6.12.1995, BStBl. 1998, 685; 15.10.1998, BStBl. II 1999, 286).

Beispiel:
A ist mit 50 vH an der X-GmbH beteiligt. Das Stammkapital beträgt 200.000 EUR. A ist an der X-GmbH mit einer Einlage von 500.000 EUR still beteiligt. Die GmbH hat zwei Geschäftsbereiche. Geschäftsbereich I und Geschäftsbereich II. Die stille Beteiligung ist auf den Geschäftsbereich I begrenzt. Der Gewinn des Geschäftsbereichs I beträgt 180.000 EUR, der des Geschäftsbereichs II 120.000 EUR. Die Gewinnbeteiligung des A beträgt 50 vH. Die GmbH schüttet insgesamt 20.000 EUR aus.

Gewinnermittlung	Geschäftsbereich I	Geschäftsbereich II
	180.000 EUR	
Anspruch des stillen Beteiligten 50 vH	90.000 EUR	
Gewinn	90.000 EUR	120.000 EUR
+ Gewinnanteil stiller Gesellschafter	+ 90.000 EUR	
Gewinn der X-GmbH & Atypisch Still	180.000 EUR	
Gewinnanteil GmbH	90.000 EUR	> 90.000 EUR
Körperschaftsteuerliches Einkommen		210.000 EUR
Gewinnanteil A	90.000 EUR	
Sonderbetriebseinnahme	10.000 EUR	

In gleicher Weise ist zu verfahren, wenn die Gesellschafter der GmbH als atypisch stille Gesellschafter jeweils an verschiedenen Sparten beteiligt waren. In diesem Falle wird auch jeweils der GmbH-Anteil nicht zum Sonderbetriebsvermögen gehören. In diesem Falle würden mehrere Mitunternehmerschaften bestehen.

Es liegt jedoch steuerlich eine Mitunternehmerschaft vor, wenn mehrere Gesellschafter zur Kapitalgesellschaft (GmbH) selbständige stille Beteiligungen begründet haben, aber am gleichen Gegenstand, dh entweder am gesamten Handelsgewerbe oder an mehreren einer Branche.

5.2.3 Gewinnermittlung bei einer Vielzahl von stillen Beteiligungen am selben Unternehmen

317 Haben sich verschiedene Personen jeweils einzeln als stille Gesellschafter an einem Unternehmen beteiligt, so liegen gleichwohl gemeinschaftliche Einkünfte aller Gesellschafter vor, sofern sich die stillen Gesellschafter am gesamten Betrieb des Inhabers des Handelsgeschäfts und nicht nur an einzelnen Betriebszweigen oder Geschäftsbereichen beteiligen. Diese gemeinschaftlichen Einkünfte sind einheitlich und gesondert festzustellen (BFH 5.7.2002, BFH/NV 2002, 1447).

Das gilt auch dann, wenn sie sich „jeweils einzeln" nach dem Vertrag über die stille Gesellschaft als stille Gesellschafter an dem Handelsgewerbe der GmbH beteiligt haben (vgl. BFH 15.10.1998, BStBl. II 1999, 286; 9.3.1994, BFH/NV 1995, 28).

5.2 Umfang der gewerblichen Einkünfte 317a, 317b **5.2**

Voraussetzung ist jedoch, dass sich die stillen Gesellschafter jeweils am gesamten Betrieb des Inhabers der Handelsgesellschaft beteiligt haben und nicht nur an einzelnen Betriebszweigen oder Geschäftsbereichen und dass demgemäß eine Verteilung des gesamten Gesellschaftsgewinns im Verhältnis der Kapitalanteile Einlagen aller Gesellschafter vorgesehen ist.

Sind jedoch mehrere stille Gesellschafter gleichzeitig an einem Gesellschaftszweig oder Geschäftsbereich beteiligt, dürfte dies entsprechend für die Gewinnermittlung dieses Geschäftszweiges gelten (*Schulze zur Wiesche* DStZ 2014, 719).

Mitunternehmerrisiko trägt, wer gesellschaftsrechtlich oder diesem Status **317a** wirtschaftlich vergleichbar am Erfolg oder Misserfolg eines gewerblichen Unternehmens teilnimmt. Dieses Risiko wird regelmäßig durch Beteiligung am Gewinn und Verlust sowie an den stillen Reserven des Anlagevermögens einschließlich eines Geschäftswerts vermittelt (Beschl. d. Großen Senats des BFH 25.6.1984, BFHE 141, 405, BStBl II 1984, 751, unter C.V.3.1 cc und C.V.3.c; vgl. auch BFH 30.6.2005, BFH/NV 2005, 1994, unter 1., und BFHE 252, 193, BStBl II 2016, 517 Rn. 30). Die angesprochenen Merkmale können im Einzelfall mehr oder weniger ausgeprägt sein und ein geringeres mitunternehmerisches Risiko kann durch eine besonders starke Ausprägung des Initiativrechts ausgeglichen werden und umgekehrt. Beide Merkmale müssen jedoch vorliegen. Ob dies der Fall ist, ist unter Berücksichtigung aller die rechtliche und wirtschaftliche Stellung einer Person insgesamt bestimmenden Umstände zu würdigen (zB BFH 21.10.2015 – IV R 43/12, BFHE 252, 193, BStBl II 2016, 517 Rn. 30, mwN).

Diese Grundsätze gelten auch für die stille Beteiligung am Unternehmen einer GmbH (BFH 9.12.2002 – VIII R 20/01, BFH/NV 2003, 601, unter II.1.). Ein stiller Gesellschafter an einer GmbH ist nur Mitunternehmer, wenn in seiner Person beide Merkmale (Mitunternehmerrisiko und -initiative) vorliegen.

Das volle Mitunternehmerrisiko eines stillen Gesellschafters ist im Regelfall **317b** dadurch gekennzeichnet, dass das Unternehmen im Innenverhältnis (dh mit schuldrechtlicher Wirkung) auf gemeinsame Rechnung und Gefahr des Geschäftsinhabers sowie des stillen Gesellschafters geführt wird. Der Stille muss daher nicht nur am laufenden Unternehmenserfolg beteiligt sein; darüber hinaus müssen die Regelungen des Gesellschaftsvertrags die Gewähr dafür bieten, dass er (grundsätzlich) im Falle der Beendigung des Gesellschaftsverhältnisses entsprechend seinem Gewinnanteil Anspruch auf den Zuwachs der stillen Reserven des Betriebsvermögens einschließlich des Zuwachses an dem – nach den üblichen Methoden des Geschäftsverkehrs ermittelten – Firmenwert hat (BFH 9.12.2002 – VIII R 20/01, BFH/NV 2003, 601, unter I.1.2.a mwN).

Bleibt das Mitunternehmerrisiko des stillen Gesellschafters – etwa mangels einer in die steuerrechtliche Beurteilung einzubeziehenden Beteiligung am Firmenwert – hinter der Rechtsstellung zurück, die das HGB dem Kommanditisten zuweist, so kann nur dann von einem atypisch stillen Gesellschaftsverhältnis ausgegangen werden, wenn bei Würdigung der Gesamtumstände des Streitfalls seine Möglichkeit zur Entfaltung von Mitunternehmerinitiative besonders stark ausgeprägt ist (vgl. BFH 9.12.2002 – VIII R 20/01, BFH/NV 2003, 601, unter II.2.15).

317c Mitunternehmerrisiko trägt, wer gesellschaftsrechtlich oder diesem Status wirtschaftlich vergleichbar am Erfolg oder Misserfolg eines gewerblichen Unternehmens teilnimmt. Dieses Risiko wird regelmäßig durch Beteiligung am Gewinn und Verlust sowie an den stillen Reserven des Anlagevermögens einschließlich eines Geschäftswerts vermittelt (Beschluss des Großen Senats des BFH 25.6.1984, BStBl II 1984, 751, unter C.V.31 cc und C.V.3.c; vgl. auch BFH 30.6.2005, BFH/NV 2005, 1994, unter 1., und in BStBl II 2016, 517 Rn. 30).

Die angesprochenen Merkmale können im Einzelfall mehr oder weniger ausgeprägt sein und ein geringeres mitunternehmerisches Risiko kann durch eine besonders starke Ausprägung des Initiativrechts ausgeglichen werden und umgekehrt. Beide Merkmale müssen jedoch vorliegen. Ob dies der Fall ist, ist unter Berücksichtigung aller die rechtliche und wirtschaftliche Stellung einer Person insgesamt bestimmenden Umstände zu würdigen (zB BFH 21.10.2015, IV R 43/12, BStBl II 2016, 517 Rn. 30, mwN).

Diese Grundsätze gelten auch für die stille Beteiligung am Unternehmen einer GmbH (BFH 9.12.2002, BFH/NV 2003, 601, unter 11.1.). Ein stiller Gesellschafter an einer GmbH ist nur Mitunternehmer, wenn in seiner Person beide Merkmale (Mitunternehmerrisiko und -initiative) vorliegen.

317d Das volle Mitunternehmerrisiko eines stillen Gesellschafters ist im Regelfall dadurch gekennzeichnet, dass das Unternehmen im Innenverhältnis (dh mit schuldrechtlicher Wirkung) auf gemeinsame Rechnung und Gefahr des Geschäftsinhabers sowie des stillen Gesellschafters geführt wird. Der Stille muss daher nicht nur am laufenden Unternehmenserfolg beteiligt sein; darüber hinaus müssen die Regelungen des Gesellschaftsvertrags die Gewähr dafür bieten, dass er (grundsätzlich) im Falle der Beendigung des Gesellschaftsverhältnisses entsprechend seinem Gewinnanteil Anspruch auf den Zuwachs der stillen Reserven des Betriebsvermögens einschließlich des Zuwachses an dem – nach den üblichen Methoden des Geschäftsverkehrs ermittelten – Firmenwert hat (BFH 9.12.2002 – VIII R 20/01, BFH/NV 2003, 601, unter I.1.2.a mwN).

317e Bleibt das Mitunternehmerrisiko des stillen Gesellschafters – etwa mangels einer in die steuerrechtliche Beurteilung einzubeziehenden Beteiligung am Firmenwert – hinter der Rechtsstellung zurück, die das HGB dem Kommanditisten zuweist, so kann nur dann von einem atypisch stillen Gesellschaftsverhältnis ausgegangen werden, wenn bei Würdigung der Gesamtumstände des Streitfalls seine Möglichkeit zur Entfaltung von Mitunternehmerinitiative besonders stark ausgeprägt ist (vgl. BFH 9.12.2002 – VIII R 20/01, BFH/NV 2003, 601, unter 11.2.15).

317f Da die Aufgliederung einer Personengesellschaft durch Innengesellschaften in selbständig gewerbliche Mitunternehmerschaften zu einer Vervielfältigung des Gewerbesteuerfreibetrages führt, hat der BFH im Urteil (23.4.2009, BStBl. II 2010, 40) die Voraussetzungen für die selbständige gewerbliche Beteiligung gegenüber dem Außengesellschafter enger gezogen. Der Geschäftsbetrieb einer in mehrere Geschäftsbereiche gegliederten GmbH kann somit durch Begründungen von atypisch stillen Beteiligungen an jeweils einem Geschäftsbetrieb des

5.2 Umfang der gewerblichen Einkünfte

Handelsgewerbebetriebes der GmbH in mehrere selbständige Mitunternehmerschaften aufgespalten werden(Schulze zur Wiesche DStZ 2014, 719).

In diesem Falle müssen für jeden auf eine selbständige Mitunternehmerschaft ausgegliederten Geschäftsbereich eine eigene Gewinnermittlung durchgeführt werden. Die von der GmbH dem Teilbereich überlassenen Wirtschaftsgüter sind Betriebsvermögen der Mitunternehmerschaft, die mangels Gesamthandseigentums kein eigenes Betriebsvermögebesitzt. Da der Handelsgewerbetreibende Alleineigentümer des Betriebes und damit des Betriebsvermögens ist, ist bei der GmbH als Inhaber des Gewerbebetriebes die Bildung von Sonderbetriebsvermögen begrifflich nicht möglich. Soweit die GmbH für die Überlassene Betriebseinrichtung eine Nutzungsgebühr in Rechnung stellt, handelt es sich um einen Vorabgewinn, der den verteilungsfähigen Gewinn mindert.

Stellt der atypisch stille Gesellschafter der Mitunternehmerschaft Nutzungsgüter zur Verfügung, die in seinem Eigentum verbleiben, handelt es sich hierbei um Sonderbetriebsvermögen des atypisch stillen gesellschafters bei der GmbH & atypisch Still.

Ist eine GmbH in mehrere Teilbetriebe gegliedert und werden an jedem der Geschäftsbereiche atypisch stille Beteiligungen begründet, so sind diese Geschäftsbereiche jeweils als selbständige Mitunternehmerschaften zu behandeln, für die getrennte Gewinnermittlungen durchzuführen sind (BFH 23.4.2009, BStBl. II 2010, 40; 1.7.2010, GmbHR 2010, 1169 vgl. auch Schulze zur Wiesche DstZ 2014, 719.). **317g**

Werden an einem Geschäftsbereich mehrere atypisch stille Beteiligungen begründet, handelt es sich hierbei grundsätzlich um voneinander unabhängige Beteiligungsverhältnisse, die jedoch durch vertragliche Vereinbarung zu einer einheitlichen Innen-KG gebündelt werden können. Da diese Gesellschaftsverhältnisse den gleichen Zweck zum Gegenstand haben und somit ein gemeinschaftliches Interesse unterstellt werden kann, liegt eine einheitliche Mitunternehmerschaft aller atypisch stillen Beteiligten mit der GmbH (Innen-KG) an dem Geschäftsbereich vor, der Gegenstand der stillen Beteiligungen ist.

5.2.4 Behandlung der Sondervergütungen eines Gesellschafters im Rahmen der Mitunternehmerschaft

Da die GmbH & atypisch Still eine Personengesellschaft iSd § 15 Abs. 1 Nr. 2 EStG ist, ist § 15 Abs. 1 S. 1 Hs. 2 EStG auch auf Vergütungen anzuwenden, die der atypisch stille Gesellschafter von der GmbH für Leistungen, die ihren Grund im Gesellschaftsverhältnis haben, erhält (BFH 15.12.1998, GmbHR 1999, 423). **318**

Die dem atypisch stillen Gesellschafter seitens der GmbH gewährten Vergütungen, sind bei dieser, soweit angemessen, als Betriebsausgaben zu behandeln, und dem Gesellschafter in einer Sonder-GuV als Sonderbetriebseinnahme wieder hinzuzurechnen. M.E. ist die Rechtsprechung zur Gewinnermittlung von Personengesellschaften auch auf das Verhältnis einer Kapitalgesellschaft zu einem atypischen Unterbeteiligten anzuwenden, wonach die von der Personengesellschaft gewährten Sondervergütungen im Sonderbereich wieder hinzuzurechnen sind. So ist ein der Personengesellschaft gewährtes Darlehen bei dieser als Verbindlichkeit auszuweisen, in der Sonderbilanz des Gesellschafters als Forderung gegen die Gesellschaft auszuweisen. Nach § 15 Abs. 1 Nr. 2 EStG sind diese Gewinnanteile als gewerblicher Gewinn des Mitunternehmers zu erfassen (BFH 23.5.1979, BStBl. II 79, 763; 15.10.1980, BStBl. II 81, 84; 24.3.1983, BStBl. II 83, 598; *Fichtelmann* GmbH & Still, S. 88).

319   Ebenso gehören zum gewerblichen Gewinn Vergütungen für Tätigkeiten im Dienste der Gesellschaft (BFH 23.5.1979, BStBl. II 79, 757, BStBl. II 79, 763). Sinn der Vorschrift ist es, den Gesellschafter einer Personengesellschaft nicht anders zu behandeln als den Einzelunternehmer. Leistungen, die ein Einzelunternehmer für sein Unternehmen selbst erbringt, stellen bei ihm keine Betriebsausgaben dar, *Schwedhelm* S. 104 ff.

320   Anders ist es bei einer Personengesellschaft. Hier können Leistungen eines Gesellschafters für die Gesellschaft als gesellschaftsvertragliche Verpflichtung geregelt werden oder als Leistungsaustausch, wie mit einem Gesellschaftsfremden. Die unterschiedliche bürgerrechtliche Ausgestaltung von Rechtsbeziehungen zwischen der Gesellschaft und ihren Gesellschaftern soll jedoch nicht zu unterschiedlicher steuerlicher Behandlung führen.

Nach dem Wortlaut des § 15 Abs. 1 Nr. 2 EStG ist jede Vergütung für Tätigkeiten im Dienste der Gesellschaft den gewerblichen Einkünften hinzuzurechnen.

Die Rechtsprechung (vgl. BFH 23.5.1979, BB 1979, 1435) hat hier die Zurechnung von Vergütungen nur auf solche Leistungen eines Gesellschafters beschränkt, die einen gesellschaftlichen Beitrag darstellen.

321   Die Beitragsverpflichtung kann sich unmittelbar aus dem Gesellschaftsvertrag ergeben oder aus Vereinbarungen, zB aufgrund von Dienstverträgen, Werkverträgen oder Aufträgen. Handelt es sich bei der auf Grund eines Werk- oder Dienstvertrages oder Auftrages übernommenen Leistung wirtschaftlich um einen Beitrag, der im Gesellschaftsverhältnis seinen Grund hat, ist die Vergütung als eine solche für eine Tätigkeit im Dienste der Gesellschaft anzusehen (BFH 24.1.1980, BStBl. II 80, 269; 24.1.1980, BStBl. II 80, 275; 25.1.1980, BStBl. II 80, 275; 23.5.1979, BStBl. II 79, 757; 23.5.1979, BStBl. II 79, 763).

322   Aus der Rechtsprechung des BFH lassen sich folgende Grundsätze ableiten:
– § 15 Abs. 1 Nr. 2 EStG hat Vorrang vor den anderen Einkunftsarten, wenn die gewährte Vergütung auch die Voraussetzungen einer anderen Einkunftsart, wie zB aus freiberuflicher Tätigkeit, erfüllt (BFH 23.5.1979, BStBl. II 79, 767; 23.5.1979, BStBl. II 79, 763; 24.1.1980, BStBl. II 80, 267).
– Vergütungen, die eine Personengesellschaft ihrem Gesellschafter für die in § 15 Abs. 1 Nr. 2 EStG bezeichneten Leistungen gewährt, sind nur dann gewerbliche Einkünfte, wenn die Leistungsbeziehung durch das Gesellschaftsverhältnis veranlasst ist.
– Das Entgelt für Leistungen eines Gesellschafters zur Förderung des Gesellschaftszweckes an die Gesellschaft stellt unabhängig davon, ob eine vertragliche Verpflichtung aufgrund eines Gesellschaftsvertrages oder aufgrund

5.2 Umfang der gewerblichen Einkünfte

eines Sondervertrages wie zwischen Gesellschaftsfremden begründet wurde, gewerbliche Einkünfte iSd § 15 Abs. 1 Nr. 2 EStG dar.
- Das Leistungsmerkmal „Tätigkeit im Dienst der Gesellschaft" bezieht sich nicht nur auf die Leistungen von Diensten aufgrund eines Dienstvertrages, §§ 611 ff. BGB, sondern auch auf solche, die ohne Bindung an ein Arbeitsverhältnis die Herstellung eines Werkes, § 631 BGB, zum Gegenstand haben, oder auf ihn übertragene andere Geschäfte, § 675 BGB (BFH 23.5.1979, BStBl. II 79, 757; 23.5.1979, BStBl. II 79, 763; 12.7.1979, BStBl. II 79, 750; 30.11.1978, BB 1979, 197).

So hat die Rechtsprechung die Erstellung von Manuskripten durch Gesellschafter für eine GmbH & Co KG, die einen Verlag betreibt, als eine Beitragspflicht angesehen und die Autorenhonorare den gewerblichen Einkünften zugerechnet (BFH 30.11.1978, BStBl. II 79, 237; 23.5.1979, BStBl. II 79, 757).

Ebenfalls handelt es sich bei den Architektenleistungen eines Gesellschafters einer Bauträger-Gesellschaft um einen Beitrag, mit der Folge, dass die Architektenhonorare als gewerbliche Einkünfte anzusehen sind (BFH 23.5.1979, BStBl. II 79, 763). Das gilt auch dann, wenn der Gesellschafterarchitekt die Leistungen durch ein Architekturbüro erbringt, deren Teilhaber er ist. In Höhe seines Anteils am Gewinn liegen gewerbliche Einkünfte vor. **323**

Hat der geschäftsführende Gesellschafter einer GmbH die Steuerberatung gegen Honorarvereinbarung übernommen, so liegt ebenfalls ein Beitrag vor. Somit ist das Beratungshonorar den gewerblichen Einkünften des Gesellschafters hinzuzurechnen (BFH 24.1.1980, BStBl. II 80, 269). **324**

Haben Gesellschafter einer Privatbank Sparguthaben oder Festgelder unter Konditionen wie fremde Einleger überlassen, stellen die hierfür gutgeschriebenen Zinsen ebenfalls gewerbliche Einkünfte dar (BFH 25.1.1980, BStBl. II 80, 275). **325**

Wie letzteres Beispiel zeigt, wird der Begriff „Beitrag" sehr weit ausgelegt. Hierunter fällt praktisch jedes Rechtsgeschäft mit der Gesellschaft, das im Rahmen des Gesellschaftszwecks liegt und der Gesellschaft Gewinn bringt.

5.2.5 Behandlung der Vergütungen beim atypischen stillen Gesellschafter einer GmbH

Vergütungen der handelsgewerbetreibenden GmbH an den atypisch stillen Gesellschafter für dessen Leistungen an diese, die als solche Leistungen zu beurteilen sind, die im stillen Beteiligungsverhältnis ihre Ursachen haben, sind wie bei der Gesamthandsgemeinschaft als Sondervergütungen zu behandeln, obwohl sich das stille Gesellschaftsverhältnis von den gesamthänderischen Gesellschaften dadurch unterscheidet, dass die Leistungen an den Handelsgewerbetreibenden erfolgen. Die Leistungen an den Handelsgewerbetreibenden werden also nicht wie ein Leistungsaustausch unter Gesellschaftern behandelt. **326**

Die Leistungen an den Handelsgewerbetreibenden im Rahmen seines Unternehmens dienen dem gemeinsamen Zweck und sind daher der Leistung in ein

Gesamthandsvermögen gleich zu behandeln. Das gilt auch für *Dienst*leistungen an den Handelsgewerbetreibenden.

327 Hat sich im Gesellschaftsvertrag der stille Beteiligte verpflichtet, neben der Bareinlage weitere Leistungen zu erbringen, so handelt es sich um einen Beitrag, der im Zusammenhang mit dem Gesellschaftsverhältnis steht; hierzu auch *Schwedhelm* S. 104.

Beispiel:
Architekt A, beteiligt an der Bauträger GmbH als atypischer stiller Gesellschafter, verpflichtet sich im Gesellschaftsvertrag, neben seiner Einlage Architektenleistungen auf Honorarbasis zu entrichten.
In diesem Falle stellen die Architektenleistungen, die in der Planung und der Bauleitung bestehen, Beiträge dar, die als Vergütungen für Tätigkeiten im Dienste der Gesellschaft dem Gewinnanteil hinzuzurechnen sind (BFH 23.5.1979, BStBl. II 79, 63; 23.5.1979, BStBl. II 79, 767).

Gleiches dürfte gegeben sein, wenn der Gesellschafter ohne ausdrückliche Erwähnung im Gesellschaftsvertrag Leistungen erbringt, die für das Handelsgewerbe der GmbH typisch sind, was bei Architektenleistungen gegenüber einer Bauträgergesellschaft der Fall ist (BFH 30.11.1978, BStBl. II 79, 237; 23.5.1979, BStBl. II 79, 757).

Die Rechtslage dürfte die gleiche sein, wenn der atypische stille Gesellschafter einer GmbH, die einen Verlag betreibt, Manuskripte zur Veröffentlichung erstellt (BFH 30.11.1978, BStBl. II 79, 237; 23.5.1979, BStBl. II 79, 757).

Soweit es sich um für das Gewerbe der GmbH typische Leistungen handelt, wird man die an den stillen Gesellschafter hierfür gewährten Vergütungen den gewerblichen Einkünften hinzurechnen müssen.

Beispiel:
A ist Gesellschafter und atypischer Gesellschafter eines graphischen Betriebes. Er hat gleichzeitig mit der GmbH einen Vertrag des Inhalts abgeschlossen, dass er sich verpflichtet, die künstlerischen Entwürfe auf Honorarbasis anzufertigen. A will hierfür die Steuervergünstigung für freiberufliche Nebentätigkeit in Anspruch nehmen.

Die graphischen Entwürfe stehen in unmittelbarem Zusammenhang mit der wesentlichen Tätigkeit der GmbH. Da A gleichzeitig atypischer stiller Gesellschafter ist, stehen die Leistungen in unmittelbarem Zusammenhang mit dem Gesellschaftsverhältnis, auch wenn auf dieses nicht ausdrücklich Bezug genommen worden ist.

Auch die übrigen in § 15 Abs. 1 Nr. 2 EStG aufgeführten Vergütungen für Darlehen und Nutzungsüberlassungen sind als ein Entgelt für Beiträge der Gesellschafter in das Gesellschaftsvermögen anzusehen.

Inzwischen sind auch die Geschäftsführervergütungen der GmbH an atypisch stille Beteiligte als Sondervergütung iSd § 15 Abs. 1 S. 1 Nr. 2 S. 1 Hs. 2 EStG zu behandeln (BFH 15.10.1998, BStBl. II 1999, 286).

5.3 Gewinnermittlung und Betriebsvermögen

5.3.1 Grundzüge der Gewinnermittlung

Grundlage für die Gewinnermittlung der Mitunternehmerschaft sind § 4 Abs. 1, § 5 Abs. 1 EStG (BFH 11.3.1992, DStR 1992, 1197; 23.10.1990, FR 1991, 11). Hiernach ist der Gewinn grundsätzlich durch Vermögensvergleich zu ermitteln, das gilt grundsätzlich sowohl für die Gewinnermittlung bei der GmbH als auch hinsichtlich der Sondervergütungen nach § 15 Abs. 1 Nr. 1 S. 1 Nr. 2 Hs. 2 EStG.

Die atypisch stille Gesellschaft als solche betreibt – anders als die Personenhandelsgesellschaft – zwar kein gewerbliches Unternehmen. Eine zivilrechtliche Tätigkeit der atypisch stillen Gesellschaft gibt es nicht. Tätig ist nur der Inhaber des Handelsgeschäfts. Allerdings führt der Geschäftsinhaber die Geschäfte im Innenverhältnis für alle Gesellschafter entsprechend der für sie geltenden Gemeinschaftsordnung; sie sind deshalb entsprechend der Gemeinschaftsordnung auch allen Gesellschaftern einheitlich zuzurechnen. Darauf stellt das Einkommensteuerrecht in § 15 Abs. 1 Nr. 2 und Abs. 3 EStG 2002 ab und danach wird auch eine atypisch stille Gesellschaft im Sinne dieser Regelungen gewerblich tätig. Sie ist selbständiges Subjekt der Gewinnermittlung und Einkünftequalifikation (vgl. zB BFH 26.11.1996, BStBl II 1998, 328; 5.2.2002, BStBl II 2002, 464; BFH 5.7.2002, BFH/NV 2002, 1447; 26.6.2014 – III R 24/13, BStBl. 2015, II 886; Schmidt/Wacker, EStG, 36. Aufl., § 15 Rn. 347). Ob es vor diesem Hintergrund einer „eigenen" Steuerbilanz der atypisch stillen Gesellschaft bedarf, mag dahinstehen. Jedenfalls ist eine Gesamtbilanz der atypisch stillen Gesellschaft aus der Handels- und Steuerbilanz des Geschäftsinhabers abzuleiten (vgl. zu alledem zB Bolk in Kirchhof/Nieskens [Hrsg.] FS Wolfram Reiß, 2008, 449 (466 ff.), mwN). Auf dieser Basis gibt es aber nur einen einheitlichen Vermögensvergleich und einen Gewinn oder Verlust der Gesellschaft und dem sind, wie gesagt, alle Beteiligten unterworfen (s. allgemein Ohr. Korn Steuerrecht kurzgefasst 2011, 428; Pfirrmann, Die Einkommensteuerrechtssubjektivität der Personengesellschaft unter besonderer Berücksichtigung des Verhältnisses zwischen Steuerrecht und Zivilrecht, 2002, S. 182 ff. Dies gilt auch für eine mehrgliedrige GmbH & atypisch still, wobei es gleichgültig, ob die atypisch stillen Gesellschaften, sebständig nebeneinander stehen oder aufgrund einer besondren gessellscaftlichen Vereinbarung mit der GmbH als handelsgewerbenden eine Einheit bilden.Beziehen mehrere Personen Einkünfte us dergleichen Quelle, sind die Einfünfte aus dieser Quelle einheitlich für alle Beteiligten festzustellen (§§ 179, 180 AO. Auch → Rn. 580 und 588). Hat sich jedoch die handelsgewerbetreibende GmbH bestimmte Gewinnquellen vorbehalten, zB in der Weise, dass die Gewinnbeteiligung des Stillen auf einen Geschäftszweig begrenzt worden ist, ist für die atypisch stille Gesellschaft als Mitunternehmerschaft und die eigene Geschäftstätigkeit der GmbH jeweils eine getrennte Gewinnermittlung durchzuführen. Sind an mehreren Geschäftszweigen jeweils atypisch stillen beteiligungen vereinbart worden, ist für jede Mitunternehmerschaft als selbständigen Gewinnermittlungssubjekt eine Gewinnermittlung durchzuführen (→ Rn. 315, 317 ff.).

Der Gewinn für die Gesamthand bzw. bei der stillen Gesellschaft des Betriebs des Handelsgewerbetreibenden (hier GmbH) ist für beide Komponenten grundsätzlich getrennt zu ermitteln, was dazu führt, Forderungen und Verbindlichkeiten grundsätzlich getrennt auszuweisen. Es besteht hier ein Saldierungsverbot.

329 Grundlage für die Gewinnermittlung ist das Betriebsvermögen der Mitunternehmerschaft. Es besteht einerseits aus dem Betriebsvermögen der GmbH und dem Sonderbetriebsvermögen. Im Falle der Begründung einer atypisch stillen Mitunternehmerschaft an einem Geschäftsbereich besteht das Betriebsvermögen aus dem von der GmbH an diesen überlassenen Betriebsvermögen und dem Sonderbetriebsvermögen des atypisch stillen Gesellschafters. Der BFH leitet den Begriff des Sonderbetriebsvermögens nicht aus § 15 Abs. 1 S. 1 Nr. 2 Hs. 2 EStG ab, sondern unmittelbar aus § 4 Abs. 1 EStG (7.7.1992, FR 1992, 688; 7.4.1992, BStBl. II 93, 21; 11.3.1992, BStBl. II 92, 797; 23.1.1992, BStBl. II 92, 721). Hiernach gehören alle Wirtschaftsgüter, die dem Betrieb unmittelbar dienen, zum Betriebsvermögen, dh die Wirtschaftsgüter, die der Gesamthand oder dem Handelsgewerbetreibenden hier GmbH) gehören, und solche, die den einzelnen Gesellschaftern bzw. den atypischen stillen Gesellschaftern gehören (Sonderbetriebsvermögen I; BFH 18.12.1991, BStBl. II 92, 585; 23.5.1991, BStBl. II 91, 800; 23.10.1990, FR 1991, 11).

330 Wirtschaftsgüter, die lediglich die Gesellschafterstellung der Beteiligung fördern, sind als Sonderbetriebsvermögen II zu qualifizieren (BFH 6.5.1986, BStBl. II 86, 838).

331 Nach der neueren Rechtsprechung des BFH (23.5.1979, BStBl. II 79, 763; 10.7.1980, BStBl. BStBl. I 2016, 763; BFH GrS 10.11.1980, BStBl. II 81, 164; BFH 24.3.1983, BStBl. II 83, 598) setzt sich der Gesamtgewinn einer Mitunternehmerschaft aus zwei Komponenten zusammen, einmal dem Gewinn der Personengesellschaft aufgrund der Handelsbilanz und aus den Sondervergütungen der Gesellschafter, die unabhängig von der Bilanz der Personengesellschaft zu ermitteln sind. Die beiden Komponenten ergeben den Gesamtgewinn der Personengesellschaft (vgl. *Döllerer* DStZ/A 1975, 211 ff.: *ders.* DStZ 1982, 207; *ders.* DStZ 1983, 179; *Schulze zur Wiesche,* Gewinnermittlung und Gewinnfeststellung bei Personengesellschaften, 1982, S. 20 ff.). Hiernach bilden die Sondervergütungen an den Gesellschafter, wenn sie auf einer vertraglichen Grundlage beruhen, für die Personengesellschaft Betriebsausgaben. Sie sind jedoch beim Gesellschafter als Sonderbetriebseinnahmen wieder hinzuzurechnen mit der Folge, dass sich die Sonderbetriebseinnahmen des Gesellschafters bei der Gesamtermittlung nicht auswirken. Personengesellschaft iSd Ertragsteuerrechts ist jedoch auch die atypische stille Gesellschaft, auch dann, wenn die atypische stille Beteiligung an einer Kapitalgesellschaft besteht. Die Kapitalgesellschaft und der atypisch stille Beteiligte sind als Personengesellschaft zu behandeln. Somit gelten die Grundsätze des BFH für die Gesamthandsgemeinschaften grundsätzlich auch für die atypischen stillen Beteiligungen an Kapitalgesellschaften. Da die atypische stille Beteiligung jedoch kein Gesamthandsvermögen begründet, sondern die Einlage

5.3 Gewinnermittlung und Betriebsvermögen

des stillen Gesellschafters, unabhängig ob typisch oder atypisch, in das Vermögen des Gewerbetreibenden übergeht, ist die Bilanz der GmbH gleichzeitig die Bilanz der atypischen stillen Gesellschafter.

5.3.2 Betriebsvermögen der GmbH & Still

5.3.2.1 Grundsätze

Zum Betriebsvermögen der GmbH & Still rechnen das Betriebsvermögen des Handelsgewerbetreibenden (GmbH). Dieses ist Grundlage für die Gewinnermittlung des Gewinnanteils. Zum Sonderbetriebsvermögen I gehören Wirtschaftsgüter, die dem Betrieb dienen, aber einem Gesellschafter bzw. dem oder den atypischen stillen Gesellschaftern gehören.

Die Einlage des atypisch stillen Gesellschafters in das Vermögen der handelsgewerbetreibenden GmbH bedeutet jedoch nicht, dass der Inhaber des Handelsgewerbes für die Dauer des Bestehens der atypisch stillen Gesellschaft ertragsteuerlich über kein eigenes Vermögen mehr verfügt. Der Umstand, dass die Begründung einer atypisch stillen Geselllschaft ertragsteuerlich wie eine Einbringung des Betriebs des Inhabers des Handelsgewerbes in die stille Gesellschaft iS des § 24 UmwStG zu würdigen ist, führt vielmehr dazu, dass der Inhaber des Handelsgewerbes nunmehr vergleichbar dem persönlich haftenden Gesellschafter einer KG als Mitunternehmer an der atypisch stillen Gesellschaft beteiligt ist. Ihm sind ertragsteuerlich die dem Betriebsvermögen der atypisch stillen Gesellschaft zuzurechnenden Wirtschaftsgüter entsprechend seinem Anteil zuzurechnen. Er erzielt aus der mitunternehmerischen Beteiligung an der atypisch stillen Gesellschaft Einkünfte nach § 15 Abs. 1 Satz 1 Nr. 2 Satz 1 EStG. Dies setzt ein eigenes, von dem der atypisch stillen Gesellschaft zu trennendes Vermögen voraus. Ist Inhaber des Handelsgewerbes, wie im Streitfall, eine Kapitalgesellschaft (hier: eine GmbH), so handelt es sich bei dem eigenen Vermögen um Betriebsvermögen. Denn eine Kapitalgesellschaft verfügt mangels außerbetrieblicher Sphäre nich über Privatvermögen. Auch wenn zivilrechtlich nur ein einziges Gesellschaftsvermögen des Inhabers des Handelsgewerbes besteht, in das der (atypisch) still Beteiligte nach § 230 des Handelsgesetzbuchs (HGB) seine Einlage leisten muss, ist ertragsteuerlich für die Dauer des Bestehens der atypisch stillen Gesellschaft demnach von einem mitunternehmerischen Betriebsvermögen der atypisch stillen Gesellschaft und einem davon zu unterscheidenden eigenen Vermögen des Inhabers des Handelsgewerbes auszugehen (BFH 1.3.2018 IV R 38/15 GmbHR 2018, 690 = BeckRS 2018, 9895).

5.3.2.2 Der Betrieb der GmbH als Grundlage für die Mitunternehmerschaft

Die atypische Mitunternehmerschaft als Innengesellschaft unterscheidet sich dadurch von der Personenhandelsgesellschaft (OHG, KG), dass sie kein Gesamthandsvermögen kennt, dass der atypische stille Gesellschafter nicht Miteigentümer des Betriebsvermögens wird.

Grundlage für die Mitunternehmerschaft ist somit der Betrieb des Handelsgewerbetreibenden.

In diesen gehören alle Wirtschaftsgüter, die dem Handelsgewerbetreibenden gehören bzw. in dessen wirtschaftlichem Eigentum stehen. Besteht die atypisch stille Beteiligung an einem Geschäftsbereixch ist Grundlage für die Mitunternehmerschaft das dem Geschäftszweig dienende Betriebsvermögen.

5.3.2.3 Sonderbetriebsvermögen

5.3.2.3.1 Sonderbetriebsvermögen I

334 Wirtschaftsgüter der atypischen stillen Gesellschafter, die dem Betrieb der GmbH dienen, gehören zum Sonderbetriebsvermögen I des Gesellschafters. Hierzu gehören insbesondere der GmbH vom Gesellschafter überlassene Betriebsgrundstücke. Ist der stille Gesellschafter gleichzeitig beherrschender Gesellschafter der GmbH und stellt das Grundstück, was die Regel ist, eine wesentliche Grundlage dar, hat nach Rechtsprechung des BFH das Sonderbetriebsvermögen Vorrang vor der Betriebsaufspaltung.

Darüber hinaus kommt auch die Überlassung von Wirtschaftsgütern des beweglichen Anlagevermögens und die Überlassung von immateriellen Wirtschaftsgütern wie Patenten, Know-hows in Betracht. Stellt der atypische stille Gesellschafter der Gesellschaft neben der stillen Beteiligung Darlehen zur Verfügung, gehören auch diese zum Sonderbetriebsvermögen.

5.3.2.3.2 Sonderbetriebsvermögen II

335 Zum Sonderbetriebsvermögen II gehören alle Wirtschaftsgüter, die der Beteiligung bzw. der Gesellschafterstellung dienen.

Ist der stille Gesellschafter gleichzeitig an der GmbH beteiligt, gehört sein Anteil an der GmbH zu seinem Sonderbetriebsvermögen II; BFH 28.6.1989, BStBl. II 89, 824; 23.1.1992, BStBl. II 92, 721; 1.7.2010, GmbHR 2010, 1169). Ist der atypisch stille Gesellschafter gleichzeitig an der GmbH beteiligt, gehört der GmbH-Anteil zum Sonderbetriebsvermögen II der atypisch stillen Mitunternehmerschaft (BFH 1.7.2010; GmbHR 2010, 1169, vgl. auch Schulze zur Wiesche GmbH & Still 3. Aufl. 2009 Rn. 318a), es sei denn, dass die GmbH noch an einer anderen als der im Gesellschaftsinteresse liegenden Geschäftstätigkeit von nicht ganz untergeordneter Bedeutung nachgeht (BFH 12.11.1989, BStBl. II 1986, 55; 15.10.1998, BStBl. II 1999, 286; BFH 1.7.2010; GmbHR 2010, 1169).

5.3.2.3.3 Verbindlichkeiten im Zusammenhang mit der Beteiligung

336 Zum negativen Sonderbetriebsvermögen gehören Verbindlichkeiten, die im Zusammenhang mit dem Erwerb der stillen Beteiligung oder Wirtschaftsgüter stehen, die der GmbH zur Nutzung überlassen worden sind.

Ist der Erwerb des GmbH-Anteils mittels Darlehen finanziert worden, gehört auch dieses zum Sonderbetriebsvermögen II; BFH 18.12.1991, BStBl. II 92, 585.

5.3.2.3.4 Behandlung der GmbH-Anteile als Sonderbetriebsvermögen

Ist der Atypisch stille Gesellschafter gleichzeitig Stammgesellschafter der GmbH, gehören seine GmbH-Anteile grundsätzlich zu seinem Sonderbetriebsvermögen bei der GmbH & atypisch still (23.4.2009, BStBl. 2010, 40) Ist jedoch die atypisch stille Beteiligung auf einen Geschäftsbereich beschränkt, ist die GmbH weiterhin eigengewerblich tätig. In diesem Fall rechnen Rechtsprechung und Verwaltung die Anteile des atypisch stillen Gesellschafters nicht zu seinem Sonderbetriebsvermögen.

Im Gegensatz zur GmbH & Co KG ist bei der GmbH & atypisch stets davon auszugehen dass der GmbH Anteil des Stillen stets zu den wesentlichen Grundlagen des Mitunternehmeranteils der atypisch stillen Gesellschafters gehört. Ist der atypisch stille Gesellschafter gleichzeitig am Stammkapital der GmbH beteiligt gehört der Anteil des atypisch stillen Gesellschafters an der GmbH nicht zu dessen Sonderbetriebsvermögen, wenn die GmbH eine eigene betriebliche Tätigkeit, außerhalb der Mitunternehmerschaft ausübt. Das ist der Fall, wenn die Mitunternehmerschaft nur auf einen oder einzelne Geschäftsbereiche beschränkt ist, und somit die Handelsgewerbetreibende GmbH außerhalb der Mitunternehmerschaften einen eigenen Geschäftsbetrieb unterhält

Ist der stille Gesellschafter nicht gleichzeitig Gesellschafter der GmbH, gehören die Anteile an der GmbH grundsätzlich zum Privatvermögen der Gesellschafter, wenn sie nicht aus anderen Gründen zu irgendeinem Betriebsvermögen gehören. Fraglich ist die Behandlung der GmbH-Anteile jedoch, wenn der stille Gesellschafter gleichzeitig Gesellschafter der GmbH ist; hierzu auch *Schwedhelm* S. 103/104; *Blaurock* BB 1992, 1977. Im Falle der GmbH & Co KG (BFH 14.8.1975, BStBl. II 76, 80) hat die Rechtsprechung den Standpunkt vertreten, dass die Anteile des Gesellschafters an der GmbH dessen Sonderbetriebsvermögen darstellen (Nds. FG 27.2.1996, in NWB Eilnachrichten F. 1, 228). Zur Begründung führte der BFH im Urt. v. 15.11.1967 (BStBl. II 68, 152) aus, dass die GmbH für die Begründung dieser Gesellschaftsform notwendig sei und die GmbH dem Gesellschafter dazu diene, die Gesellschaftsrechte auszuüben.

Als Wirtschaftsgut, das der Beteiligung des Mitunternehmers dient, kommt auch die Beteiligung an einer Kapitalgesellschaft in Betracht, wenn sie unmittelbar zur Begründung oder Stärkung der Beteiligung des Gesellschafters an der Mitunternehmerschaft eingesetzt wird. Dies hatte die Rechtsprechung (BFH 31.10.1989, BStBl. II 1990, 677; 7.3.1996, BFH/NV 1996, 736) bisher stets hinsichtlich des Anteils des Kommanditisten einer GmbH & Co KG an der Komplementär-GmbH angenommen. Der GmbH-Anteil des Kommanditisten stärkt dessen Stellung als Mitunternehmer als solche, weil er durch die Wahrnehmung seiner Rechte aus der Beteiligung an der Komplementär-GmbH die Möglichkeit einer Einflussnahme auf die KG erweitert. Ob dies auch für die GmbH & atypisch Still gilt, war bisher noch nicht höchstrichterlich entschieden, jedoch im Schrifttum umstritten. Ein Teil der Literatur (vgl. *L. Müller* StbJb 1973/74, 203 (252); *Costede* StuW 1983, 308 f.; *Lempenau* StbJB 1982/83, 201 (226); *Schwedhelm*, Die GmbH & Still als Mitunternehmerschaft, 1987, S. 102 ff.;

Carlé KÖSDI 1987, 7035 (7037)) lehnt die Behandlung des GmbH-Anteils als Sonder-BV grundsätzlich ab, weil sich die GmbH & Still als reine Innengesellschaft grundsätzlich von der GmbH & Co KG unterscheidet (*Schulze zur Wiesche* DB 1976, 408 (411); *ders.* GmbHR 1979, 62 (63); *Döllerer* DStR 1985, 295; *Gassner/Pöllath* JbFSt 1985/1986, 353 (369); *Blaurock* BB 1992, 1969 (1977); *Blaurock/Levwedag* Rn. 22.42; *Straub* DB 1990, 1302 (1303); FG Köln 20.2.1997, EFG 1997, 676 = DStZ 1994, 113 (115)).

339   Teilweise wird sie von der Vergleichbarkeit mit der GmbH & Co abhängig gemacht. Teilweise wird auch die Ansicht vertreten, dass der GmbH-Anteil eines atypischen stillen Gesellschafters und der Anteil der Kommanditisten einer GmbH & Co KG an einer Komplementär-GmbH hinsichtlich der Sonder-BV-Eigenschaft gleich zu behandeln sind (*Grieger* BB 1966, 808 (809); *Fasold* GmbHR 1970, 155 (157); *Neubert/Weinländer* DB 1983, 630 (632); *Barten/Kaminski* GmbHR 1985, 160; *Wassermeyer* JbFSt 1985/1986, 353 (370); *Stutzmann* StBp 1993, 31 (34); *Kleine* JbFSt 1994/1995, 148 (157 f.); *Horn/Maertins* GmbHR 1995, 816 (818); *L. Schmidt*, EStG, 36. Aufl., § 15 Rn. 358; *Wehrheim* DStR 1998, 1533 (1534); Niedersächsisches FG 27.2.1996, GmbHR 1997, 41).

340   Der BFH (15.10.1998, BStBl. II 1999, 286; 1.7.2010, GmbHR 2010, 1169) hat dazu entschieden, dass der GmbH-Anteil eines atypisch stillen Gesellschafters als Sonder-BV zu behandeln sei. Er sieht zwar die zivilrechtlichen Unterschiede zur GmbH & Co KG, insbesondere dass die stille Gesellschaft anders als eine KG (§ 161 Abs. 2 iVm § 124 HGB) zivilrechtlich nicht nach außen hin auftritt, zivilrechtlich lediglich aus dem im Betrieb des Handelsgewerbes berechtigt und verpflichtet werde (§ 230 Abs. 2 HGB) und es zivilrechtlich daher keine Tätigkeit der stillen Gesellschaft gebe. Er ist aber trotzdem der Ansicht, dass die GmbH & atypisch Still steuerlich wie eine GmbH & Co KG zu behandeln ist. Die stille Gesellschaft umfasst in der Regel das ganze Unternehmen des Handelsgewerbetreibenden. Sie kann jedoch auf einen Geschäftsbereich oder mehrere Geschäftsbereiche beschränkt werden (Schulze zur Wiesche, GmbH & Still, 5. Aufl. Rn. 369, insbesondere auch BFH 23.4.2009, DStRE 2009, 916). Voraussetzung ist jedoch, dass der betroffene Geschäftsbereich von den weiteren Tätigkeitsfeldern der Unternehmensbereiche hinreichend abgegrenzt ist (BFH 23.4.2009, DStRE 2009, 916).

Ist der übrige Geschäftsbereich, der nicht von der atypisch stillen Beteiligung betroffen ist, nicht von untergeordneter Bedeutung, gehört die Beteiligung des atypisch stillen Gesellschafters an der GmbH nicht zu dessen Sonderbetriebsvermögen (BFH 1.7.2010, GmbHR 2010, 1169).

Ist an mehreren Geschäftsbereichen jeweils eine stille Gesellschaft begründet worden, die die Voraussetzungen einer Mitunternehmerschaft erfüllen, handelt es sich um jeweils selbständige Mitunternehmerschaften, mit der Folge, dass die jeweiligen GmbH Anteile der atypisch stillen Gesellschaften nicht zu deren Sonderbetriebsvermögen gehören.

Sind jedoch die stillen Gesellschafter gleichzeitig auch gleichberechtigte Geschäftsführer der GmbH und besteht die atypisch stille Gesellschaft jeweils an dem Geschäftsbereich, den diese als Geschäftsführer der GmbH betreuen, ist es jedoch

5.3 Gewinnermittlung und Betriebsvermögen

fraglich, ob es sich hierbei um selbständige Mitunternehmerschaften handelt, weil hier das Interesse weit über die GmbH Geschäftsführung hinausgeht und auch die Willensbildung in allen stillen Beteiligungen einheitlich ist. In diesem Falle wären die einzelnen atypisch stillen Gesellschaften als eine einheitliche Mitunternehmerschaft zu behandeln. Auch wechselseitige Beteiligungen an rechtlich von einander unabhängigen Beteiligungen, können zu Sonderbetriebsvmögen von Anteilen des jeweiligen atypisch stillen Gesellschafters führen, wenn die Mitunternehmerschaften wirtschaftlich und vermögensmäßig eng verbunden sind.

Beispiel
Die Eheleute A und B sind jeweils an einer GmbH zu 100 % beteiligt, A an der X-GmbH und B an der Y-GmbH. A ist gleichzeitig an der Y-GmbH als atypisch stiller Gesellschafter beteiligt, und B entsprechend an der X-GmbH. Beide Mitunternehmerschaften sind eng mit einander verbunden. Die GmbH-Anteile sind jeweils dem Sonderbetriebsvermögen der aypisch stillen Beteiligungen zuzurechnen.

5.3.2.3.5 Wertansatz des Sonderbetriebsvermögens

Hat das Sonderbetriebsvermögen bereits einem anderen Betrieb des Mitunternehmers gedient, so darf dieser das Wirtschaftsgut mit seinem bisherigen Buchwert in der Sonderbilanz fortführen.

Hat der Mitunternehmer das Sonderbetriebsvermögen mit betrieblichen Mitteln angeschafft oder hergestellt, so ist dieses mit Anschaffungs- oder Herstellungskosten zu bilanzieren. Befand sich der Gegenstand des Sonderbetriebsvermögens bisher im Privatvermögen des Mitunternehmers, ist dieser mit den Einlagewert (§ 6 Abs. 1 Nr. 5 EStG) einzulegen.

Er ist daher mit Teilwert, höchstens aber mit den Anschaffungskosten einzulegen, wenn er innerhalb der letzten 3 Jahre angeschafft oder hergestellt worden ist. Die Werte sind zu jedem Bilanzstichtag fortzuführen. Aus der Ergänzungsbilanz ergibt sich der Gewinn.

Die Sonderbetriebseinnahmen, soweit sie privat vereinnahmt worden sind, sind als Entnahmen zu behandeln. Die Betriebsausgaben, die im Zusammenhang mit dem Sonderbetriebsvermögen aus privaten Mitteln gezahlt werden, werden als Einlagen behandelt.

Daneben ist ergänzend zur Gewinn- und Verlustrechnung der GmbH eine ergänzende Gewinn- und Verlustrechnung für die Sonderbetriebseinnahmen und -ausgaben zu erstellen.

5.3.3 Gewinnermittlung

5.3.3.1 Grundsätze

Die Gewinnermittlung erfolgt für die GmbH und das Sonderbetriebsvermögen getrennt. Sie erfolgt auch für das Sonderbetriebsvermögen durch Vermögensvergleich. Für das Sonderbetriebsvermögen ist grundsätzlich eine eigene Buchführung zu erstellen (BFH 11.3.1992, DStR 1992, 1197). Eine Gewinnminderung durch Teilwertabschreibung auf eine im Betriebsvermögen gehaltene atypisch stille Beteiligung kommt nicht in Betracht (BFH 1.7.2010, GmbHR 1168).

5.3.3.2 Bilanz der GmbH

5.3.3.2.1 Handelsbilanz als Grundlage

346 Grundlage für die Gewinnverteilung und damit für den Gewinnanteil der GmbH und für den des atypischen stillen Gesellschafters ist die Bilanz und Gewinn- und Verlustrechnung der GmbH (BFH 2.5.1984, BStBl. II 84, 820; vgl. BFH 13.7.1993, DB 1994, 188).

346a Nach dem Schreiben des BdF GZ IV C 6-S2133-b/17/10004Dok 2017/09114052 zur Übermittlung einer E-Bilanz wird für die Dauer des Bestehens der atypisch stillen Gesellschaft das Unternehmen dem Umfang der begründeten atypisch stillen Beteiligung entsprechend ertragsteuerlich vollumfänglich oder teilweise der atypisch stillen Gesellschaft zugeordnet (vgl. hierzu ua BFH 26.11.1996, BStBl. II 1998, 328; 25.6.2014, BStBl II 2015 S. 141; 18.6.2015, BStBl II S. 935 und 8.12.2016, BStBl II 2017 S. 538). Gemäß § 5b Abs. 1 EStG ist der Inhalt der Bilanz sowie der Gewinn- und Verlustrechnung (nachfolgend: E-Bilanz) des Betriebs des Inhabers des Handelsgewerbes wie folgt zu übermitteln.

In dem Fall einer atypisch stillen Beteiligung an dem gesamten Unternehmen des Inhabers des Handelsgewerbes ist eine E-Bilanz für den Betrieb nur zu der Erklärung zur gesonderten und einheitlichen Feststellung der atypisch stillen Gesellschaft mit allen für eine Mitunternehmerschaft relevanten Berichtsbestandteilen und Angaben zu übermitteln. Die gemäß § 5b Abs. 1 EStG bestehende Verpflichtung zur Übermittlung einer E-Bilanz zu der Steuererklärung des Inhabers des Handelsgewerbes für einen Gewerbebetrieb, den der Inhaber des Handelsgewerbes ertragsteuerlich neben dem der atypisch stillen Gesellschaft zuzuordnenden Betrieb unterhält, bleibt unberührt (zB Gewerbebetrieb kraft Rechtsform nach § 8 Abs. 2 KStG in Fällen der GmbH & atypisch still und bei Personengesellschaften im Sinne des § 15 Abs. 3 EStG).

346b Zu der Erklärung zur gesonderten und einheitlichen Feststellung der atypisch stillen Gesellschaft ist eine E-Bilanz mit allen für eine Mitunternehmerschaft relevanten Berichtsbestandteilen und Angaben für den Teil des Betriebs zu übermitteln, der auf Grund der begründeten atypisch stillen Beteiligung ertragsteuerlich der atypisch stillen Gesellschaft zugeordnet wird. Zu der Steuererklärung des Inhabers des Handelsgewerbes ist in diesen Fällen eine E-Bilanz für den Teil des Betriebs zu übermitteln, der dem Inhaber des Handelsgewerbes auch ertragsteuerlich weiterhin zugeordnet wird.

Entsprechendes gilt in den Fällen, in denen mehrere atypisch stille Beteiligungen an dem gesamten Unternehmen, einem Teil des Unternehmens oder verschiedenen Teilen des Unternehmens bebestehen

Es wird nicht beanstandet, wenn der Inhalt der Bilanz sowie der Gewinn- und Verlustrechnung des Betriebs, soweit dieser ertragsteuerlich der atypisch stillen Gesellschaft zugeordnet wird, für Wirtschaftsjahre, die vor dem 1.1.2018 begonnen haben, zu der Steuererklärung des Inhabers des Handelsgewerbes übermittelt wird.

5.3 Gewinnermittlung und Betriebsvermögen

Während der Gewinnanteil des stillen Gesellschafters für die handelsrechtliche Gewinnermittlung eine Betriebsausgabe darstellt, trifft dies für die steuerliche Gewinnermittlung nicht zu. Der Gewinnanspruch des atypischen Gesellschafters ist Bestandteil des Gewinns der Mitunternehmerschaft. Daher ist in der Steuerbilanz der GmbH der Gewinnanteil des atypischen stillen Gesellschafters hinzuzurechnen. Ebenfalls ist die Beteiligung des stillen Gesellschafters im Gegensatz zur Handelsbilanz in der Steuerbilanz als Eigenkapital der Mitunternehmerschaft anzusetzen. Der Gewinnanspruch des atypischen stillen Gesellschafters ist daher nicht als Sondergewinn außerhalb der Bilanz der GmbH wieder hinzuzurechnen. Der Gewinnanspruch des atypischen stillen Gesellschafters darf in der Bilanz der GmbH nicht als Betriebsausgaben hinzugerechnet werden; somit ist die Handelsbilanz der GmbH steuerlich zu korrigieren (BFH 2.5.1984, BStBl. II 84, 820).

Nach Ansicht der Rechtsprechung (BFH 2.5.1984, BStBl. II 84, 820; *Blaurock* BB 1992, 1969 (1977) Blaurock/Levedag Rn. 22, 41; hierzu auch *Knobbe-Keuk* § 9 II S. 362) stellt somit der Gewerbebetrieb des Handelsgewerbetreibenden nicht dessen Sonderbetriebsvermögen dar, der Betrieb des Handelsgewerbetreibenden hat somit die gleiche Funktion wie das Gesamthandsvermögen einer Personengesellschaft. Steuerlich stellt daher der Betrieb des Handelsgewerbetreibenden das Gesellschaftsvermögen dar, also das Vermögen, das die Grundlage für die gemeinsame Gewinnerzielung ist.

Somit ergeben sich bei der atypischen stillen Beteiligung zwischen der Handelsbilanz des Handelsgewerbetreibenden folgende Abweichungen:

- die Beteiligung des stillen Gesellschafters, die in der Handelsbilanz des Handelsgewerbetreibenden als Verbindlichkeit ausgewiesen ist, ist in der Steuerbilanz als Eigenkapital des Unternehmens zu behandeln.
- Ebenso mehrt der Gewinnanteil des stillen Gesellschafters das Betriebsvermögen.
- Der Gewinnanteil darf nicht als Verbindlichkeit ausgewiesen werden und den Gewinn der Gesellschaft mindern.
- Bilanz und Gewinn- und Verlustrechnung sind zu korrigieren. Es erfolgt nicht eine Hinzurechnung im Sonderbereich.

Beispiel:
B ist an der X-GmbH mit einer Einlage von 400.000 EUR beteiligt. Es war vorgesehen, dass er im Falle der Beendigung des stillen Beteiligungsverhältnisses auch an den stillen Reserven beteiligt sein sollte. Ferner hat er im Innenverhältnis die Rechtsstellung eines Kommanditisten. B war am Steuerbilanzgewinn der GmbH mit 20 vH beteiligt.

A hatte für sein Unternehmen zum 31.12.2003 folgende Bilanz erstellt:

HB-Bilanz GmbH

Aktiva	2.000.000 EUR	Stammkapital	800.000 EUR
		Stille Beteiligung	400.000 EUR
		Gewinnanspruch stiller Gesellschafter	80.000 EUR
		Gewinn	320.000 EUR
		sonst. Verbindlichk.	400.000 EUR
Gesamt	2.000.000 EUR		2.000.000 EUR

Teil 2   349   5 Atypische stille Beteiligung an einer GmbH

Steuerbilanz der Mitunternehmerschaft

Aktiva	2.000.000 EUR	Kapital X-GmbH	800.000 EUR
		Kapital A	400.000 EUR
		Gewinn	400.000 EUR
		Verbindl.	400.000 EUR

Gesonderte Gewinnfeststellung

Gesamtgewinn	Gewinn X-GmbH 80 vH	Gewinn B 20 vH
400.000 EUR	320.000 EUR	80.000 EUR
(unbelegt)		

5.3.3.2.2 Gewerbesteuer

349 Seit 2009 sind die Gewerbesteuerzahlungen nicht mehr als Betriebsausgabe abzugsfähig, dh die Gewerbesteuer ist dem Gewinn wieder hinzuzurechnen. Schuldner der Gewerbesteuer ist die Personengesellschaft. Die Personengesellschaft schuldet daher auch die auf die Sonderbetriebseinnahmen eines Gesellschafters entfallende Gewerbesteuer.

Zu den Sonderbetriebseinnahmen des Gesellschafters rechnen auch die Dividendenausschüttungen der handelsgewerbetreibenden GmbH. Nach § 3 Nr. 40 (Teileinkünfteverfahren) sind die Gewinnausschüttungen der Kapitalgesellschaft, bei Anteilen im Betriebsvermögen zu 60 vH als Betriebsausgaben anzusetzen. Durch die Hinzurechnungsvorschriften des § 8 Nr. 5 GewStG ist der steuerfreie Teil für Zwecke der Gewerbesteuer wieder hinzuzurechnen.

Beispiel:
A ist an der X-GmbH mit einem Anteil von 50 vH und gleichzeitig mit einer Einlage von 500.000 EUR deren atypisch stiller Gesellschafter und mit 25 vH am Gewinn der GmbH in Höhe von 400.000 EUR beteiligt.

Die GmbH schüttete insgesamt 100.000 EUR an A aufgrund seiner Beteiligung am Grundkapital aus. A erhielt ein Geschäftsführergehalt von 120.000 EUR im Geschäftsjahr. Der Gesamtgewinn der GmbH & atypisch Still ermittelt sich wie folgt:

Handelsbilanzgewinn der GmbH	400.000 EUR
Sonderbetriebseinnahme	
Geschäftsführergehalt	120.000 EUR
Gewinnausschüttungen 60 vH v. 100.000 EUR	60.000 EUR
	580.000 EUR
Gewerbesteuer geschätzt	
15 vH v. 580.000 EUR	
+ 40.000 EUR steuerfreier Gewinn	
620.000 EUR	93.000 EUR
Steuerlicher Gesamtgewinn	673.000 EUR
Sonderbetriebseinnahmen	180.000 EUR
Restgewinn (493.000 EUR)	
Hiervon 25 vH	123.250 EUR
Gewinnanteil A	303.250 EUR

5.3 Gewinnermittlung und Betriebsvermögen

5.3.3.2.3 Die Zinsschranke § 4h EStG (→ Rn. 221ff.)

Soweit es die Einlage des atypisch stillen Gesellschafters betrifft, wird diese ertragsteuerlich als Eigenkapital behandelt und somit die Vergütung dem Gewinn wieder hinzugerechnet. Zinsaufwendungen, die im Inland steuerpflichtige Sondervergütungen eines Mitunternehmers im Sinne des § 15 Abs. 1 Nr. 2 EStG sind, stellen weder Zinsaufwendungen der Mitunternehmerschaft noch Zinserträge des Mitunternehmers dar. Zinsaufwendungen und -erträge, die Sonderbetriebsausgaben oder -einnahmen sind, werden der Mitunternehmerschaft zugeordnet (Schr. BdF 4.7.2008 – IV C 7 S. 2742a/07/10001, Rn. 19). Eine vermögensverwaltend tätige Personengesellschaft ist kein Betrieb im Sinne der Zinsschranke, es sei denn, ihre Einkünfte gelten kraft gewerblicher Prägung nach § 15 Abs. 3 Nr. 2 EStG als Gewinneinkünfte. Das gilt auch für eine atypische GmbH & Still, die vermögensverwaltend betrieben oder für eine GmbH atypisch still, die Bestandteil eines Konzerns ist.

Eine Mitunternehmerschaft hat nur einen Betrieb im Sinne der Zinsschranke. Zum Betrieb der Mitunternehmerschaft gehört neben dem Gesamthandsvermögen auch das Sonderbetriebsvermögen von Mitunternehmern im Sinne des § 15 Abs. 1 S. 1 Nr. 2 und Abs. 3 EStG (Schr. BdF 4.7.2008 – IV C 7 S. 2742a/07/10001, Rn. 6).

Bestehen die atypisch stillen Beteiligungen an jeweils einer Sparte des Betriebes einer GmbH, so liegen entsprechend viele Mitunternehmerschaften vor, mit der Folge, dass für jede Mitunternehmerschaft der für die Zinsschranke im Sinne von § 4h maßgebliche Gewinn ermittelt werden muss. Ist das nicht der Fall, werden die handelsgewerbetreibende GmbH und die GmbH & atypisch Still als ein Unternehmen behandelt (siehe Schr. BdF 4.7.2008 – IV C 7 S. 2742a/07/10001, Rn. 66 zur GmbH & Co. KG). Eine Gesellschafterfremdfinanzierung kommt bei der GmbH & atypisch Still nicht in Betracht, da die Betriebsausgabe bei der GmbH & Still korrespondierend beim Gesellschafter als Sonderbetriebsseinnahme behandelt wird und somit auch die Vergütung an den Gesellschafter sich bei der Ermittlung des Gesamtgewinns nicht so gewinnbringend ausgewirkt hat (Schr. BdF 4.7.2008 – IV C 7 S. 2742a/07/10001, Rn. 51).

Bei Personenunternehmen ist maßgeblicher Gewinn der nach den Vorschriften des EStG mit Ausnahme von § 4h Abs. 1 EStG ermittelte steuerpflichtige Gewinn (§ 4h Abs. 3 S. 1 EStG):

Steuerpflichtiger Gewinn vor Anwendung des § 4h EStG
./. Zinserträge
+ Zinsaufwendungen
+ <u>Abschreibungen nach § 6 Abs. 2 und 2a sowie § 7 EStG</u>
  (Schr. BdF 4.7.2008 – IV C 7 S. 2742a/07/10001, Rn. 40)
= steuerliches EBITDA

Die Ermittlung der nichtabziehbaren Aufwendungen erfolgt betriebsbezogen. Nicht abziehbare Aufwendungen sind den Mitunternehmern auch dann nach dem allgemeinen Gewinnverteilungsschlüssel hinzuzurechnen, wenn es sich um Zinsaufwendungen aus dem Sonderbetriebsvermögen handelt (Schr. BdF 4.7.2008 – IV C 7 S. 2742a/07/10001, Rn. 51).

Bei der GmbH & atypisch Still ist der Gewinnverteilungsschlüssel zwischen GmbH und dem atypisch stillen Gesellschafter maßgebend, auch wenn dieser der GmbH nicht unerhebliches Sonderbetriebsvermögen überlassen hat. Bei Ausscheiden eines Mitunternehmers aus einer Gesellschaft geht der Zinsvortrag anteilig mit der Quote unter, mit der der ausgeschiedene Mitunternehmer an der Gesellschaft beteiligt war (siehe Schr. BdF 4.7.2008 – IV C 7 S. 2742a/07/10001, Rn. 52 mit Beispiel).

Somit hat der Gewinnanteil des atypisch stillen Gesellschafters den Gewinn der atypisch stillen Gesellschaft als Mitunternehmerschaft nicht gemindert. Dennoch kann auch die atypisch stille Gesellschaft als selbständiges Gewinnerzielungssubjekt von § 4h berührt werden, wenn es sich hierbei um eine nachgelagerte Personengesellschaft handelt oder die GmbH & atypisch Still als Konzernspitze fungiert, wenn über Fremdkapitalgewährungen innerhalb eines Konzern Gewinne verschoben werden.

5.3.3.2.4 Überentnahmen durch den atypisch stillen Gesellschafter

351 Nach § 4 Abs. 4a EStG sind betrieblich veranlasste Schuldzinsen im Falle von Überentnahmen dennoch nicht als Betriebsausgaben abzugsfähig. Dies gilt auch für Entnahmen des atypisch stillen Gesellschafters. Im Gegensatz zum Kommanditisten steht einem stillen Gesellschafter kein Entnahmerecht zu. Der stille Gesellschafter hat lediglich Anspruch auf seinen Gewinnanteil. Im Falle von Verlusten hat er keinen Anspruch. Es kommt hier auf die tatsächlichen Verhältnisse an.

Unter einer Überentnahme versteht das Gesetz den Betrag, um den die Entnahme die Summe des Gewinns und der Einlagen übersteigt.

Beispiel:
Der Gewinnanspruch des stillen Gesellschafters beträgt in 01 50.000 EUR, die Einlage 10.000 EUR, die Entnahmen 100.000 EUR. Die Übernahme ermittelt sich wie folgt:

Entnahme	100.000 EUR
abzügl. Gewinnanspruch	50.000 EUR
abzügl. Einlage	10.000 EUR
Überentnahme	50.000 EUR

Die nicht abziehbaren Schuldzinsen werden typisiert mit 6 % der Überentnahme des Wirtschaftsjahres zuzüglich der Entnahmen der vorangegangenen Wirtschaftsjahre und abzüglich der Beträge, um die in den vorangegangenen Wirtschaftsjahren der Gewinn oder die Einlage die Entnahmen überstiegen haben. Das wären in vorliegendem Beispiel 2.400 EUR. Dieser Betrag ist um 2.050 EUR zu mindern (BMF-Schreiben 17.11.2005, BStBl. I 2005, 1019 Tz. 19 ff.)

Die Regelung des § 4 Abs. 4a EStG ist eine betriebsbezogene Zurechnung. Der Hinzurechnungsbetrag ist daher auch für jede einzelne Mitunternehmerschaft zu ermitteln. Der Begriff Überentnahme sowie die ihn bestimmenden Merkmale

5.3 Gewinnermittlung und Betriebsvermögen

(Einlage, Entnahme, Gewinn und ggf. Verluste) ist dagegen gesellschafterbezogen auszulegen (BFH 29.3.2007, BStBl. II 2008, 420). Die Übernahmen bestimmen sich nach dem Anteil des einzelnen Mitunternehmers am Gesamtgewinn der Mitunternehmerschaft (Anteil am Gewinn der Gesellschaft einschließlich Ergänzungsbilanzen zuzüglich/abzüglich seines im Sonderbetriebsvermögen erzielten Ergebnisses) und der Höhe seiner Einlagen und Entnahmen (einschließlich Sonderbetriebsvermögen) (BMF-Schr. 7.5.2008, BStBl. I 2008, 588 Tz. 30). Der Kürzungsbetrag 2.050 EUR ist gesellschafterbezogen anzuwenden Er ist auf die einzelnen Mitunternehmer entsprechend ihrer Schuldzinsenquote aufzuteilen (BFH 29.3.2007 BStBl. II 2008, 420)

5.3.3.2.5 Behandlung der Rechtsgeschäfte mit Gesellschaftern

Bei der Gewinnermittlung werden die Rechtsbeziehungen zwischen der GmbH sowohl zwischen den GmbH-Gesellschaftern als auch den stillen Gesellschaftern wie zwischen fremden Dritten behandelt, wenn sie unter Bedingungen stehen, wie sie zwischen diesen auch zustande gekommen wären (BFH 10.12.1992, BB 1993, 1119).

Ist der stille Gesellschafter gleichzeitig beherrschender Gesellschafter der GmbH, fehlt es an der betrieblichen Veranlassung von Vergütungen an diesen, wenn die Bedingungen nicht klar, eindeutig, von vornherein vereinbart sind und zwischen Dritten unüblich wären.

In diesem Falle wären die den Gesellschaftern gezahlten Vergütungen als privat veranlasst, nicht als Betriebsausgaben abzugsfähig und als verdeckte Gewinnausschüttungen zu behandeln, wenn das Leistungsverhältnis zwischen Gesellschaft und Gesellschafter nicht ausgeglichen ist. Der unangemessene Teil der von der GmbH mit dem Gesellschafter vereinbarten Vergütung ist als verdeckte Gewinnausschüttung zu behandeln.

Eine Gehaltsvereinbarung, die einem Fremdvergleich standhält, ist bei der GmbH als Betriebsausgaben zu behandeln und mindert den verteilungsfähigen Gewinn. Gleiches gilt für Darlehenszinsen, Miet- und Pachtzahlungen (BFH 7.7.1992, FR 1992, 776; 16.12.1992, FR 1993, 292). Dies gilt aber nur, soweit der stille Gesellschafter gleichzeitig Gesellschafter der GmbH ist oder Angehöriger eines beherrschenden Gesellschafters der GmbH ist.

5.3.3.2.6 Ergänzungsbilanzen

Ergänzungsbilanzen kommen in der Regel bei der atypisch stillen Beteiligung nicht in Betracht, beim Handelsgewerbetreibenden nicht, weil er sein bisheriges Einzelunternehmen fortführt und der stille Gesellschafter formalrechtlich nicht am Unternehmen beteiligt ist, handelsrechtlich nicht zur Aufdeckung der stillen Reserven verpflichtet ist. Er hätte jedoch eine von der Handelsbilanz abweichende Steuerbilanz zu erstellen, wenn er steuerlich ein Wahlrecht hätte (§ 24 UmwStG oder steuerlich eine Buchwerteinbringung zwingend wäre, § 6 Abs. 5 S. 3 EStG).

Beispiel:
Der atypisch stille Gesellschafter A überträgt auf die X-Gesellschaft ein Grundstück, das in dem Betrieb des Einbringenden mit 100.000 EUR aktiviert ist, es wird jedoch mit dem Teilwert von 300.000 EUR als Einlage bewertet. Der atypische stille Gesellschafter A möchte jedoch eine Realisierung der stillen Reserven vermeiden, er kann die in der Bilanz der X-GmbH aufgedeckten stillen Reserven durch eine negative Ergänzungsbilanz wieder neutralisieren.

Bilanz der X-GmbH
Grund u. Boden   300.000 EUR   Verbindlichkeiten
                                         stille Beteiligung   300.000 EUR

negative Ergänzungsbilanz A
Minderkapital   200.000 EUR   Minderwert
                                         Grundstück   200.000 EUR

Auch für den Fall, dass der stille Beteiligte an eine dritte Person eine Vermittlungsprovision für die Beteiligung zu zahlen hätte, wären diese Aufwendungen in einer Ergänzungsbilanz zu aktivieren.

5.3.3.3 Behandlung der stillen Gesellschaftern gewährten Sondervergütungen

5.3.3.3.1 Grundsätze

354 Zu den Sonderbetriebseinnahmen gehören die Geschäftsführergehälter und Vergütungen soweit sie für Tätigkeiten im **Dienste der Gesellschaft** gewährt werden. Im Dienste der Gesellschaft bedeutet, dass sie von der Mitunternehmerschaft (Personengesellschaft) bei der stillen Gesellschaft vom Handelsgewerbetreibenden aus betrieblicher Veranlassung gewährt worden ist. Sondervergütungen sind solche die im Interesse der Gesellschaft, also aufgrund betrieblicher Veranlassung gezahlt worden sind. Sind in den Vergütungen verdeckte Gewinnausschüttungen enthalten, so können sie insoweit nur als Beteiligungserträge behandelt werden, vgl. auch *Knobbe-Keuk* Bilanz- und Unternehmenssteuerrecht 9. Aufl. § 9 II, S. 363. Stehen mit der Geschäftsführerzahlung oder der sonstigen Dienstleistung Aufwendungen im Zusammenhang, die von der Mitunternehmerschaft (hier GmbH) nicht vergütet werden, sind diese als Sonderbetriebsausgaben zu sehen, die den Sondergewinn mindern.

355 Hat der atypische stille Gesellschafter der GmbH Wirtschaftsgüter, die in seinem Eigentum stehen, zur Nutzung gegen Miete oder Pacht überlassen, so sind die im Zusammenhang mit der Überlassung des Wirtschaftsgutes stehenden Aufwendungen (AfA, Hypothekenzinsen, GrESt, öffentliche Abgaben, Reparaturen usw) Betriebsausgaben, die den Gewinn mindern.
Der Sondergewinn ist durch Betriebsvermögensvergleich zu ermitteln.
Die Vergütungen sind nicht erst mit der Vereinnahmung als Sonderbetriebseinnahmen zu behandeln, sondern bereits im Zeitpunkt der Bewirkung der Leistung (Entstehung des Anspruchs).
Das Stehenlassen von Vergütungen iSd § 15 Abs. 1 S. 1 Nr. 2 Hs. 2 EStG führt nicht dazu, dass die Einnahmen noch nicht zu erfassen sind. Auch noch nicht ge-

5.3 Gewinnermittlung und Betriebsvermögen

zahlte Vergütungen sind bereits als Betriebseinnahmen zu erfassen, auf den Zufluss kommt es bei der Gewinnermittlung durch Vermögensausgleich nicht an.

Aufwendungen, die nicht mit Vergütungen im Zusammenhang stehen, können dennoch Sonderbetriebsausgaben sein, wenn sie mit der GmbH-Beteiligung im Zusammenhang stehen, zB Überprüfung der Bilanz durch einen Buchprüfer, Rechtsstreitigkeiten aus dem Gesellschaftsverhältnis. Diese stehen mit den Beteiligungsverträgen aus der GmbH im Zusammenhang und sind daher dort als Betriebsausgaben zu berücksichtigen.

Hat der atypisch stille Gesellschafter dem Handelsgewerbetreibenden gegenüber eine Leistung erbracht, für die er von dieser eine Vergütung erhalten hat, so ist diese Vergütung seinem Gewinnanteil hinzuzurechnen. Dies gilt insbesondere in den Fällen, in denen der atypisch stille Gesellschafter von der GmbH für die Geschäftsführung eine Vergütung erhält oder im Verhältnis zur GmbH in einem Anstellungsverhältnis steht oder für die Erstellung des Jahresabschlusses eine Vergütung erhält.

355a

Unter Heranziehung der Grundsätze der korrespondierenden Bilanzierung ist in Höhe des in der Rückstellung abgebildeten zukünftigen Aufwands für die Erstellung des Jahresabschlusses durch den atypisch stillen Gesellschafter in dessen Sonder(mitunternehmer)bilanz bei der GmbH & atypisch Still eine Forderung in gleicher Höhe zu aktivieren. Denn die zurückgestellten Aufwendungen für den Jahresabschluss sind einem Dienst- oder Auftragsverhältnis der handelsgewerbetreibenden GmbH zuzuordnen und die hiermit verbundene Vergütung ist – ungeachtet des Zeitpunkts ihres Zuflusses oder ihrer bilanzrechtlichen Konkretisierung – als Gegenleistung des atypisch stillen Gesellschafters für die Tätigkeit im Dienste der atypisch stillen Gesellschaft zu werten. Die Aktivierung kann in diesem Fall nicht mit dem Hinweis unterbleiben, dass eine Erfassung einer Forderung des atypisch stillen Gesellschafters nach den allgemeinen Grundsätzen ordnungsgemäßer Buchführung nicht zulässig sei. Denn nur durch die korrespondierende Aktivierung einer Forderung wird im Streitfall die von § 15 Abs. 1 Satz 1 Nr. 2 Satz 1 Halbsatz 2 und Satz 2 EStG angestrebte Gleichstellung des (mittelbaren) Mitunternehmers mit dem Einzelunternehmer erreicht. Denn ein Einzelunternehmer könnte für den Aufwand der eigenen künftigen Arbeitsleistung keine Rückstellung bilden. Die Vorziehung des künftigen Aufwands für die Erstellung des Jahresabschlusses wäre mithin für einen Einzelunternehmer ausgeschlossen (BFH 21.12.2017 IV R 44/14).

5.3.3.3.2 Gewinnausschüttungen der GmbH

Die Gewinnausschüttungen der GmbH stellen Sonderbetriebseinnahmen des Mitunternehmers dar, soweit der stille Beteiligte gleichzeitiger Gesellschafter ist und die Anteile zu seinem Sonderbetriebsvermögen gehören. Sie sind Betriebseinnahmen bereits mit dem Ausschüttungsbeschluss, da mit diesem Zeitpunkt der Gewinnanspruch als Gläubigerrecht entstanden ist. Auf den tatsächlichen Zufluss kommt es nicht an. Betriebseinnahme ist die Bruttoausschüttung einschließlich der einbehaltenen Kapitalertragsteuer. Nach § 3 Nr. 40 EStG unterlie-

356

gen die Ausschüttungen dem Teileinkünfteverfahren (60 vH der Betriebseinnahmen). Die einbehaltene Kapitalertragsteuer hat hier keinen Abgeldungscharakter. Dies gilt auch für verdeckte Gewinnausschüttungen.

Beispiel:
A ist atypisch stiller Gesellschafter der X-GmbH und gleichzeitig deren Gesellschafter. Der Anteil beträgt 25 %. Sein Gewinnanteil aus der stillen Beteiligung betrug 40.000 EUR. Die GmbH hat 60.000 EUR Gewinn ausgeschüttet. Davon entfallen 15.000 EUR auf A.

Gewinnermittlung
Gewinnanteil
§ 15 Abs. 1 S. 1 Nr. 2
Satz 1 Hs. 1   40.000 EUR
Sonderbetriebseinnahmen
Ausschüttung der X-GmbH
15.000 EUR
Teileinkünfteverfahren   9.000 EUR

Gewinn aus der
Mitunternehmerschaft   49.000 EUR

Die einbehaltene KapESt von 25 vH auf 9.000 EUR = 2.250 EUR wird im Rahmen der Veranlagung auf die Einkommensteuer angerechnet.

Für die Behandlung der Ausschüttungen als Sonderbetriebseinnahme ist es grundsätzlich gleichgültig, ob es sich um auf Grund eines Gewinnverteilungsbeschlusses offene oder um verdeckte Gewinnausschüttungen handelt.

Zu den Sonderbetriebseinnahmen gehören grundsätzlich auch Kapitalrückzahlungen und die Gewinne aus der Veräußerung von GmbH-Anteilen.

357 Betriebsausgaben, die nicht in einem wirtschaftlichen Zusammenhang mit nach § 3 Nr. 40 EStG dem Teileinkünfteverfahren unterliegenden Einkünften stehen, unterliegen entgegen dem BMF-Schr. 8.11.2010, BStBl. I 2010, 1292 Nr. 2 nicht dem Abzugsverbot des § 3c Abs. 2 S. 1 EStG (BFH 18.4.2012, GmbHR 2012, 860 (867)) Betriebsausgaben des stillen Gesellschafters, die mit steuerfreien Einkünften im Zusammenhang stehen, sind insoweit nach § 3c EStG nicht als Betriebsausgaben abzugsfähig. Im Falle der GmbH & atypisch Still betrifft dies im Wesentlichen die Beteiligung an der GmbH im Sonderbetriebsvermögen des atypisch stillen Gesellschafters. Da die Gewinnausschüttungen der GmbH dem Teileinkünfteverfahren nach § 3 Nr. 40 EStG unterliegen und daher in Höhe von 40 vH steuerbefreit sind, sind die Betriebsausgaben, soweit sie mit den Gewinnausschüttungen in Zusammenhang stehen, entsprechend um 40 % zu kürzen.

Hat der atypisch stille Gesellschafter der GmbH den Erwerb der GmbH-Beteiligung fremdfinanziert, so sind die Kreditzinsen nur in Höhe von 60 % als Betriebsausgaben abzugsfähig. Hat hingegen der atypisch stille Gesellschafter den Erwerb der stillen Beteiligung mit einer Darlehnsaufnahme finanziert, so stehen die Kreditzinsen mit der GmbH-Beteiligung nicht in unmittelbarem Zusammenhang und daher auch nicht in unmittelbarem Zusammenhang mit den Gewinnausschüttungen der GmbH. Sie mindern daher den Gewinnanteil als atypisch stiller Gesellschafter, der nicht dem Teileinkünfteverfahren unterliegt.

5.3 Gewinnermittlung und Betriebsvermögen

Im Falle einer atypisch stillen Gesellschaft handelt es sich bei den Kreditzinsen um Sonderbetriebsausgaben.

Hat der atypisch stille Gesellschafter neben seiner atypisch stillen Beteiligung der GmbH ein Darlehn gewährt, so unterliegen Substanzverluste von im Betriebvermögen gehaltenen Gesellschafterdarlehen aufgrund von Wertminderungen, wie sie durch Teilwertabschreibungen abgebildet werden, nicht dem Abzugsverbot (BFH 18.4.2012, GmbHR 2012, 860) Gleiches gilt für substanzbezogene Wertminderungen von Rückgriffsforderungen aus der Inanspruchnahme aus im Betriebsvermögen gehaltenen Bürgschaften zugunsten der GmbH (BFH Beschl. v. 8.11.2010 – I R 106/09, BStBl. 2014, II 759) Diese Grundsätze gelten auch entsprechend im Fall des Verzichtes auf ein nicht mehr werthaltiges Gesellschafterdarlehen (BFH 18.4.2012, GmbHR 2012, 860).

5.3.3.3.3 Geschäftsführergehalt

Geschäftsführervergütungen derjenigen stillen Gesellschafter, die zugleich Geschäftsführer der GmbH sind, sind als Sondervergütung iSd § 15 Abs. 1 Nr. 2 Hs. 2 EStG im Rahmen der mitunternehmerischen Beteiligung an der GmbH & Still einzustufen (*Herrmann/Heuer/Raupach* § 15 EStG Anm. 35a (2); *Blaurock/Levedag* Rn. 22.52; *Felix* StB. Kongr.Rep. 1971, 207 (224); *Tillmann* in GmbH-Handbuch III Rn. 947;).

358

Die Gründe, aus denen das Geschäftsführergehalt des Kommanditisten bei einer GmbH & Co KG als Sondervergütung iSd § 15 Abs. 1 Nr. 2 Hs. 2 EStG behandelt wird, treffen trotz gewisser struktureller Unterschiede der Gesellschaften gleichermaßen auf das Geschäftsführergehalt des atypisch stillen Gesellschafters einer GmbH & Still zu. Dieser hat ebenso wie der Kommanditist eine Doppelstellung inne. Beide fördern durch ihre Tätigkeit den gemeinsamen Zweck der jeweiligen Mitunternehmerschaft. Dann ist es folgerichtig, auch die Tätigkeitsvergütungen gleichermaßen unter § 15 Abs. 1 Nr. 2 Hs. 2 EStG zu subsumieren.

Dementsprechend hat der BFH (22.5.1990, BStBl. II 1990, 965) auch nicht beanstandet, dass bei einer GmbH & Still die Tätigkeitsvergütungen, die an die stillen Gesellschafter gezahlt wurden, die gleichzeitig geschäftsführende Gesellschafter der GmbH waren, dem steuerlichen Gesamtgewinn der atypisch stillen Gesellschaft hinzugerechnet worden sind.

Es ist zwar richtig, dass die atypisch stille Gesellschaft als Innengesellschaft nicht nach außen in Erscheinung tritt (§ 230 HGB) und es im zivilrechtlichen Sinne eine Tätigkeit der stillen Gesellschaft nicht gibt. Doch wird für die Besteuerung nicht auf das Außenverhältnis, sondern darauf abgestellt, dass die Gesellschafter im Innenverhältnis auf Grund des Gesellschaftsvertrages als Mitunternehmer einen gemeinsamen Zweck verfolgen. Der tätige Gesellschafter führt die Geschäfte für alle Gesellschafter entsprechend der für die stille Gesellschaft geltenden Gemeinschaftsordnung; sie sind deshalb entsprechend dieser Gemeinschaftsordnung auch allen Gesellschaftern einheitlich zuzurechnen. So betrachtet wird auch eine atypisch stille Gesellschaft gewerblich tätig (vgl. BFH 26.11.1996,

BStBl. II 1998, 328). Die atypisch stille Gesellschaft ist hiernach selbständiges „Subjekt der Gewinnerzielung, Gewinnermittlung und Einkünftequalifikation" (BFH 12.11.1985, BStBl. II 1986, 311).

359 Das Geschäftsführergehalt ist, soweit der Vertrag zivilrechtlich zustande gekommen ist und bei beherrschenden Gesellschaftern die Grundsätze der Anerkennung von Verträgen mit beherrschenden Gesellschaftern beachtet worden sind, die Bezüge den angemessenen Rahmen nicht übersteigen, betrieblich veranlasst und daher eine Betriebsausgabe, die das körperschaftsteuerliche Einkommen der GmbH mindert. Bei Mitunternehmerschaften in der Form von Personenhandelsgesellschaften sind sie als Sonderbetriebseinnahmen wieder hinzuzurechnen. Der BFH behandelt jedoch die Geschäftsführergehälter nicht als Sonderbetriebseinnahmen, wenn die Komplementär-GmbH einen eigenen Geschäftsbetrieb hat. Bei der GmbH & Still als Innengesellschaft liegt der Betrieb bei der GmbH als Handelsgewerbebetrieb. Der Geschäftsführer der GmbH führt die Geschäfte der GmbH im Fremdinteresse, nicht im eigenen Interesse oder im gemeinschaftlichen Interesse der Gesellschafter einer Personengesellschaft.

360 Im Falle der GmbH & Co KG hat der BFH (2.8.1960, BStBl. III 60, 408; 15.11.1967, BStBl. II 68, 152; 21.3.1968, BStBl. II 68, 579; 21.4.1971, BStBl. II 71, 816; 11.3.1970, BStBl. II 70, 588) die Tätigkeitsvergütung an den Geschäftsführer, der gleichzeitig Kommanditist ist, als eine Vergütung im Rahmen des Gesellschaftsverhältnisses angesehen, und zwar auch für den Fall, dass die GmbH neben der Geschäftsführertätigkeit eine eigene gewerbliche Tätigkeit ausübt (BFH 15.10.1975, BStBl. II 76, 188). Bei der GmbH & Still ist in der Regel jedoch davon auszugehen, dass der gesamte Geschäftsbetrieb bei der GmbH und nicht bei der durch das stille Gesellschaftsverhältnis begründeten Sonderrechtsbeziehung liegt. Der Gesellschafter-Geschäftsführer, der gleichzeitig atypischer stiller Gesellschafter ist, ist in erster Linie Geschäftsführer der GmbH, die alleine nach außen hin als Gewerbetreibender auftritt. Bei einer Innengesellschaft bedarf es einer Geschäftsführung nicht.

Ist der atypisch stille Gesellschafter Geschäftsführer der GmbH, gehört sein Geschäftsführergehalt zu seinen Sonderbetriebseinnahmen, sofern die GmbH nicht einen eigenen Geschäftsbetrieb unterhält (23.4.2009, BStBl. 2010, 40) Das ist der Fall, wenn die atypisch stille Gesellschaft nur auf einen Geschäftsbereich der GmbH beschränkt ist und die Mitunternehmerschaft nur einen Teilbereich der unternehmerischen Tätigkeit der GmbH als Handelsgewerbetreibenden erfasst. Voraussetzung ist jedoch hier dass die Geschäftsführertätigkeit auf die gesamte Tätigkeit der GmbH erstreckt. Ist die Geschäftsführertätigkeit jedoch auf den Bereich der GmbH & atypisch still begrenzt, zB durch eine Prokura, die lediglich auf den Geschäftsbereich der GmbH & atypisch still begrenzt ist, werden mE Einkünfte iSd § 15 Abs. 1 S. 1 Nr. 2 S. 1 Hs. 2 EStG vorliegen.

5.3.3.3.4 Pensionszusagen

361 Die steuerliche Behandlung der Pensionszusagen und der damit verbundenen Rückstellungen hängt davon ab, ob man die Rechtsbeziehungen eines atypi-

5.3 Gewinnermittlung und Betriebsvermögen 361

schen stillen Gesellschafters als Geschäftsführer der GmbH unabhängig von der stillen Beteiligung betrachten kann. Behandelt man den atypischen stillen Gesellschafter-Geschäftsführer einer GmbH & Co KG gleich (hinsichtlich weiterer Einzelheiten *Schulze zur Wiesche* GmbHR 1976, 85 ff.; BFH 22.3.1972, BStBl. II 72, 501; 29.7.1970, BStBl. II 70, 761; 25.9.1968, BStBl. II 69, 810; 20.6.1974, BStBl. II 74, 694; 23.1.1980, DB 1980, 1052) können Pensionszusagen steuerlich nicht anerkannt werden. Sie sind jedoch bei der GmbH als Betriebsausgaben zu behandeln, soweit die rechtlichen Voraussetzungen für eine solche gegeben sind, von vornherein zugesagt sind und den angemessenen Rahmen nicht übersteigen. Sie sind jedoch dem atypisch stillen Gesellschafter als Sonderbetriebseinnahmen wieder hinzuzurechnen. Sollte man die Ansicht vertreten, dass Geschäftsführergehälter dieses atypischen Beteiligten anzuerkennen sind, gelten die Ausführungen zu 4.4.1 entsprechend.

So hat diese für die sich aus der zusätzlich ergebenen Verpflichtung in ihrer Steuerbilanz nach Maßgabe des § 6a EStG eine Pensionsrückstellung zu bilden (BdF 29.1.2008, BStBl. I 2008, 312 Rn. 3/13).

Für die Zeit nach dem vertraglich vorgesehenen Eintritt des Versorgungsfalls sind die laufenden Pensionsleistungen auf Gesellschaftsebene als Betriebsausgaben abziehbar und die gebildete Rückstellung anteilig gewinnerhöhend aufzulösen. Entfällt die Verpflichtung und ist die Rückstellung deshalb im vollen Umfang aufzulösen (zB im Falle des Todes des Gesellschafters ohne Hinterbliebenenversorgung), entsteht auf Gesellschaftsebene ein außerordentlicher, allen Gesellschaftern zugute kommender Ertrag (BdF 29.1.2008 BStBl I 2008 312 Rn. 3/13).

Der aus der Zusage begünstigte atypisch stille Gesellschafter hat gemäß § 15 Abs. 1 S. 1 Nr. 2 EStG in seiner Sonderbilanz eine Forderung auf künftige Pensionsleistungen zu aktivieren.

Nach der Rechtsprechung des BFH (1.12.1997, BStBl. II 2008, 174) führt eine Pensionszusage zugunsten eines Gesellschaftergeschäftsführers zu einer zu passivierenden Verpflichtung, der auf Gesellschafterebene eine korrespondierende Forderung gegenüberstehe, wobei die Frage offengelassen wurde, ob diese Forderung in einer Sonderbilanz nur bei dem durch Zusage begünstigte Gesellschafter oder anteilig bei allen Gesellschaftern erfasst werden muss.

Später hat der BFH in seinen Urteilen vom 14.2.2006, BStBl. II 2008, 182 und vom 30.3.2006, BStBl. II 2008, 171 entschieden, dass der zur Pensionsrückstellung korrespondierende Aktivposten ausschließlich in der Sonderbilanz des begünstigten Gesellschafters zu aktivieren ist.

Hat eine GmbH ihrem Gesellschaftergeschäftsführer, der gleichzeitig deren atypisch stiller Gesellschafter ist, eine Pensionszusage erteilt, die der bei der Gesellschafter passivierten Pensionsverpflichtung entspricht, so ist diese in der Sonderbilanz des atypisch stillen Gesellschafters zu aktivieren. (korrespondierende Bilanzierung, Schr. BdF 4.7.2008 – IV C 7 S. 2742a/07/10001, Rn. 14, 15).

Laufende Pensionsleistungen sind als Sonderbetriebseinnahmen beim begünstigten Gesellschafter zu erfassen. Entsprechend den unterschiedlichen Rechtsgrundlagen, die an noch beteiligte Gesellschafter gezahlt werden (§ 15 Abs. 1

S. 1 Nr. 2 EStG), und Pensionsleistungen an ehemalige Gesellschafter § 15 Abs. 1 S. 2 EStG zu unterscheiden (Schr. BdF 4.7.2008 – IV C 7 S. 2742a/07/10001, Rn. 6, 14).

362 Soweit ein Geschäftsführer einer GmbH sich nachträglich in Form einer atypischen stillen Beteiligung an der GmbH beteiligt hat, bleiben die bis zum Zeitpunkt der Begründung des stillen Gesellschaftsverhältnisses gebildeten Pensionsrückstellungen hiervon unberührt.

363 Nach diesem Zeitpunkt zugeführte Pensionsrückstellungen bleiben zwar bei der GmbH als Verbindlichkeiten bestehen und erhöhen den Aufwand der GmbH. Sie sind aber außerhalb der Bilanz als Sonderbetriebseinnahmen dem Gesellschafter als Gewinn zuzurechnen und als Entnahme zu behandeln.

Von vornherein unzulässige Pensionszusagen sind jedoch als verdeckte Gewinnausschüttungen zu behandeln.

5.3.3.3.5 Miet- und Pachteinnahmen

364 Hat ein atypischer Gesellschafter in Form eines Miet- und Pachtvertrages der GmbH Wirtschaftsgüter zur Nutzung überlassen, handelt es sich hierbei um Sonderbetriebsvermögen des Gesellschafters. Es kommt hier insbesondere die Nutzungsüberlassung von Grund und Boden mit Gebäuden in Betracht.

Die Einlage in das Betriebsvermögen erfolgt im Zeitpunkt der Nutzungsüberlassung, sofern sich das Wirtschaftsgut vorher im Privatvermögen befunden hat.

Hat der Mitunternehmer der GmbH ein Wirtschaftsgut überlassen, das sich im Miteigentum befindet, gilt nur der Anteil am Wirtschaftsgut als eingelegt. Tritt der stille Gesellschafter der GmbH gegenüber als alleiniger Vermieter auf, gilt uU hinsichtlich der ihm nicht gehörenden Anteile das Nutzungsrecht als überlassen, wenn der Überlassende eine gesicherte Rechtsposition hatte. Die gesicherte Rechtsposition ist in diesem Falle höchstens mit einem Teilwert anzusetzen. Dieser richtet sich nicht nach den Kosten, sondern höchstens mit dem Teilwert anzusetzen. Dieser richtet sich nicht nach den Kosten, sondern höchstens nach den ersparten Aufwendungen.

Beispiel:
A ist atypischer stiller Gesellschafter der X-GmbH. Er hat der Gesellschaft ein Grundstück überlassen, das im Miteigentum seiner Ehefrau steht.

A hat lediglich seine Miteigentumshälfte an dem Grundstück als Sonderbetriebsvermögen eingebracht (BFH 24.11.1978, BStBl. II 79, 366; 26.1.1978, BStBl. II 78, 299). Sofern er hinsichtlich der Nutzung des Anteils der Ehefrau eine gesicherte Rechtsposition erhalten hat, liegt die Einlage eines immateriellen Wirtschaftsgutes (Nutzungsrecht) vor (BFH 31.10.1978, BStBl. II 79, 401; 16.11.1977, BStBl. II 78, 386; 13.10.1976, BStBl. II 77, 540).

Hat ein stiller Gesellschafter ein Grundstück, das er aufgrund eines Nießbrauchs nutzen darf, zur Nutzung überlassen, so gilt der Nießbrauch als in das Sonderbetriebsvermögen eingelegt.

5.3 Gewinnermittlung und Betriebsvermögen

Hinsichtlich dieses Sonderbetriebsvermögens hat der Gesellschafter eine Sonderbilanz aufzustellen.

In der Sonderbilanz des Gesellschafters sind alle Verbindlichkeiten und Vermögensveränderungen, die im Zusammenhang mit dem Sonderbetriebsvermögen angefallen sind, auszuweisen.

Die Erträge aus diesem Sonderbetriebsvermögen sind ebenfalls durch Vermögensvergleich zu ermitteln.

Beispiel:
A hat der X-GmbH ein bebautes Geschäftsgrundstück zur Nutzung gegen monatliche Pacht von 3.000 EUR überlassen.
Einlagewert Grund u. Boden   60.000 EUR
Gebäude 240.000 EUR
im Zusammenhang mit der Anschaffung stehende Hypothek 100.000 EUR, 6 vH Zinsen, 2 vH Tilgung.
Sonstige Gebäudeaufwendungen 2.000 EUR.
A hat im Zeitpunkt der Einlage folgende Eröffnungsbilanz seines Sonderbetriebsvermögens zu erstellen:

Aktiva		Passiva	
Grund u. Boden	60.000 EUR	Kapital	200.000 EUR
Gebäude	240.000 EUR	Hypothek	100.000 EUR
Bilanzsumme	300.000 EUR		300.000 EUR

Bilanz per 31.12.

Aktiva		Passiva		
Grund u. Boden	60.000 EUR	Kapital		
Gebäude		1.1.	200.000 EUR	
Ansatz 1.1. 240.000		PE./.	36.000 EUR	
./. AfA 4.800		NE +	10.000 EUR	
Ansatz 31.12.	235.200 EUR	Gewinn	+ 23.000 EUR	
		31.12.		197.200 EUR
		Hypothek		
		1.1.	100.000 EUR	
		Tilg.	2.000 EUR	98.000 EUR
	295.200 EUR			295.200 EUR
Ergänzende G u. V				
Gebäudeunkosten	2.000 EUR	Einnahmen		36.000 EUR
Hypothekenzinsen	6.000 EUR			
Gebäude-AfA	4.800 EUR			
Gewinn	23.200 EUR			23.200 EUR
	36.000 EUR			36.000 EUR

5.3.3.3.6 Darlehen

365 Nach § 15 Abs. 1 Nr. 2 EStG sind auch Darlehenszinsen, die ein Mitunternehmer erhalten hat, den gewerblichen Einkünften hinzuzurechnen. Hat der atypische stille Beteiligte der Gesellschaft ein Darlehen gewährt oder hat er seine Gewinngutschriften der GmbH gegen Zinsen als Darlehen überlassen, sind diese Zinsen seinen gewerblichen Einkünften hinzuzurechnen. Das gilt auch dann, wenn das Darlehen aus einer Zeit herrührt, wo der Darlehensgeber noch nicht atypischer stiller Gesellschafter war. Hier bedarf es keiner Aufstellung einer besonderen Sonderbilanz, da sich die Darlehenszinsen und das Darlehen aus der Bilanz der GmbH ergeben (vgl. BFH 8.12.1982, BStBl. II 83, 570; 25.1.1980, BStBl. II 80, 275).

5.3.3.3.7 Lizenzen

366 Eine Patentnutzung kann Gegenstand einer Einlage sein. Soweit das Patent nicht in das Eigentum der GmbH übergeht, wird es aufgrund der Nutzungsüberlassung Sonderbetriebsvermögen des Überlassenden.

Die GmbH hat jedoch wirtschaftliches Eigentum an dem Patent erworben, wenn das stille Beteiligungsverhältnis für eine längere Zeit, als die Nutzungsdauer des Patentes beträgt, eingegangen ist. In diesem Falle könnte die GmbH den Eigentümer hinsichtlich der Geltendmachung der Eigentumsrechte während der ganzen Nutzungsdauer ausschließen.

Ist das Patent bzw. die Patentnutzung nicht Gegenstand der Einlage selbst, ist es aber Bestandteil des Gesellschaftsverhältnisses, sei es ausdrücklich oder auf Grund der Auslegung, gehört das Patent ebenfalls zum Sonderbetriebsvermögen des atypisch stillen Beteiligten.

Die Einnahmen aus der Patentüberlassung stellen daher gewerbliche Einkünfte dar.

Handelt es sich um ein im eigenen Unternehmen hergestelltes Patent, ist dieses mangels Anschaffungskosten und Einlage aus dem Privatvermögen nicht bilanzierungsfähig. Die Bilanzierungsfähigkeit ist jedoch nicht Voraussetzung für die Zugehörigkeit eines Wirtschaftsgutes zum Betriebsvermögen. Die Lizenzeinnahmen sind dennoch als Sonderbetriebseinnahmen zu erfassen.

Handelt es sich um eine Einlage aus dem Privatvermögen, hat die Bilanzierung grundsätzlich zum Teilwert zu erfolgen (uU Anschaffungs- oder Herstellungskosten). Der Einlagewert ist entsprechend der Nutzungsdauer des Rechts abzusetzen. Bei Patenten ist im allgemeinen von einer Nutzungsdauer von 8 Jahren auszugehen.

Beispiel:
A überlässt der X-GmbH ein Patent (Einlagewert 50.000 EUR) zur Nutzung gegen Lizenz. Nutzungsdauer 5 Jahre.

Lizenzeinnahmen 01 36.000 EUR

5.3 Gewinnermittlung und Betriebsvermögen

Bilanz zum 1.1.

Aktiva			Passiva	
50.000			Kapital	50.000 EUR

Aktiva			Passiva	
Patent	50.000 EUR		Kapital	
AfA	10.000 EUR	40.000 EUR	1.1.	50.000 EUR
			PE	./. 36.000 EUR
			Gewinn	+ 26.000 EUR
			Kap. 31.12.	40.000 EUR
Bilanzsumme		40.000 EUR		40.000 EUR
AfA	10.000 EUR		Einnahmen	36.000 EUR
Gewinn	26.000 EUR			
	36.000 EUR			36.000 EUR

Die Gewinnermittlung vollzieht sich daher in folgender Weise:
HB-Gewinn der GmbH
+ Körperschaftsteuervorauszahlung
+ Körperschaftsteuerrückstellung
+ Gewerbesteuerrückstellung
+ Nicht abzugsfähige Betriebsausgaben
+ Gewinnanteil stille Gesellschaft
StB Gewinn GmbH & Still
+ Sonderbetriebsgewinn
einheitlicher Gewinn der Mitunternehmerschaft.

5.3.3.4 Die Doppel- bzw. mehrstöckige GmbH & atypisch Still

5.3.3.4.1 Anteile an atypisch stiller Gesellschaft im Betriebsvermögen einer GmbH & atypisch Still

Handelsrechtlich stellt die Beteiligung an einer Personengesellschaft einen Vermögensgegenstand dar, der grundsätzlich mit den Anschaffungskosten zu aktivieren ist. Steuerrechtlich erscheint die Beteiligung wegen der Transparentsgrundsatzes aber als Anteil an den Aktiva und Passiva der Personengesellschaft, der durch das Kapitalkonto des Gesellschafters in der Bilanz der Personengesellschaft repräsentiert wird (BFH 25.2.1991, BStBl. II 1991, 691; 1.7.2010, GmbHR 2010, 1169). Die Beteiligung wird nicht als Wirtschaftsgut iSd § 6 Abs. 5 Nr. 2 EStG aktiviert. Es kommt deshalb auch keine Gewinnminderung durch Abschreibung auf einen aktiven Bilanzposten in Betracht (BFH 6.11.1985, BStBl. II 1986, 333; 1.7.2010, GmbHR 2010, 1169).

5.3.3.4.2 Sondervergütungen an Gesellschafter der GmbH & atypisch Still als Obergesellschaft

368 Nach § 15 Abs. 1 S. 1 Nr. 2 S. 2 EStG steht der mittelbar über eine oder mehreren Personengesellschaften beteiligte Gesellschafter dem unmittelbaren Gesellschafter gleich. Er ist als Mitunternehmer des Betriebs der Gesellschaft anzusehen, an der er mittelbar beteiligt ist, wen er und die Personengesellschaften, die seine Beteiligung vermitteln, jeweils als Mitunternehmer der Betriebe der Personengesellschaften anzusehen sind, an denen sie unmittelbar beteiligt sind (BFH v 21.12.2017 IV R 44/14; *Schulze zur Wiesche* DStZ 2017, 784). Hat der atypisch stille Gesellschafter einer GmbH & Still, die wiederum an einer anderen Personengesellschaft als Mitunternehmer beteiligt ist, dieser gegenüber Leistungen erbracht, für die er von dieser eine Vergütung erhält, so sind diese bei der Beteiligungsgesellschaft als Sonderbetriebseinnahmen zu behandeln. Es kann sich bei der Untergesellschaft wiederum um eine GmbH & atypisch Still handeln.

Beispiel:
A ist Gesellschaftergeschäftsführer der X-GmbH. Gleichzeitig ist er an der X-GmbH mit einer Einlage von 1 Mio. EUR atypisch still beteiligt Die X-GmbH ist wiederum mit einer Einlage von 2 Mio. EUR an der Y-GmbH atypisch still beteiligt, deren alleiniger Geschäftsführer A ist. Neben seinem Geschäftsführergehalt in Höhe von 300.000 EUR, bezieht er noch ein solches von der Y-GmbH in Höhe von 240.000 EUR. Die stille Beteiligung der X-GmbH an Y-GmbH bezieht sich auf deren gesamten Geschäftsbetrieb.

Es liegt eine doppelstöckige Mitunternehmerschaft vor. A ist Mitunternehmer der X-GmbH & atypisch Still. Nach § 15 Abs. 1 S. 1 Nr. 2 S. 1 Hs. 2 EStG ist sein Geschäftsführergehalt als Sonderbetriebseinnahme seinem Gewinnanteil hinzurechnen. Die X-GmbH & atypisch Still ist Mitunternehmer der Y-GmbH & atypisch Still. Vergütungen, die A als Gesellschafter der Obergesellschaft von der Untergesellschaft (Y-GmbH & atypisch Still) für Leistungen an diese erhält, sind als dessen Sonderbetriebseinnahmen bei der Y-GmbH atypisch Still zu behandeln. Das gilt insbesondere für das von der Y-GmbH gezahlte Geschäftsführergehalt.

5.3.3.4.3 Die atypisch stille Beteiligung an einer Komplementär-GmbH

368a Besteht an einem Anteil eines Gesellschafters einer Personengesellschaft eine Unterbeteiligung nach Art einer atypisch stillen Gesellschaft, so bilden der Hauptbeteiligte und der atypisch Unterbeteiligte eine selbständige Mitunternehmerschaft. Das gilt nicht nur für den Anteil eines Kommanditisten, sondern auch für die stille Beteiligung an dem Anteil des Komplementärs an der Mitunternehmerschaft. Die Komplementär-GmbH, zivilrechtlich Gesellschafter der Personengesellschaft hält im Innenverhältnis ihre Beteiligung als Komplementär für die GmbH – atypisch still & Co KG. Mitunternehmer iSd § 15 Abs. 1 S. 1 Nr. 2 Hs. 2 EStG ist somit die GmbH & atypisch still. Es liegt somit ertragsteuerlich eine doppelstöckige Personengesellschaft mit der GmbH & atypisch still als Obergesellschaft und der GmbH atypisch still & Co KG als Untergesellschaft vor. Die KG übt die gewerbliche Tätigkeit aus, und ist somit Subjekt der

5.3 Gewinnermittlung und Betriebsvermögen 368b **5.3**

Gewinnermittlung Auf der Ebene der KG wird der Gewinnanteil der GmbH & atypisch still festgestellt (*Blaurock/Levedag* Rn. 24.45 ff.).

Diese Feststellung ist Grundlage für die Gewinnermittlung der GmbH & atypisch still und somit für die Aufteilung des Gewinns auf die GmbH und dem atypisch stillen Gesellschafter.

Hat der atypisch stille Gesellschafter der Komplementär-GmbH von der KG Vergütungen für Tätigkeit, Darlehn- und Nutzungsüberlassungen erhalten, ist der atypisch stille Gesellschafter der Obergesellschaft hinsichtlich dieser Vergütungen, wie ein Mitunternehmer der Untergesellschaft zu behandeln (§ 15 Abs. 1 Nr. 2 S. 2 EStG) Dies gilt nur hinsichtlich der Sondervergütungen (*Schulze zur Wiesche* DStZ 2017, 784; ders. DB 2015, 1487; ders. StBp 2015, 221)

Beispiel
An der X-GmbH & Co KG sind die X-GmbH als Komplementär, B und C als Kommanditisten beteiligt. Am Gewinn und Vermögen ist die Komplementär-GmbH mit 20 % und B und C jeweils mit 40 % beteiligt. A ist an der X-GmbH als atypisch stiller Gesellschafter mit 50 % beteiligt. A hat der KG ein Patent zur Nutzung überlassen. Außerdem ist er zum Geschäftsführer der KG bestellt worden. Der Gewinn der KG betrug 1 Mio. EUR. A hat ein Geschäftsführergehalt von 120.000 EUR und Lizenzgebühren von 80.000 EUR erhalten.

Gewinnermittlung der X-GmbH atypisch still & Co KG

Gewinn lt. Handelsbilanz 1.000.000 EUR
Sonderbetriebseinnahmen A
Geschäftsführergehalt   120.000 EUR
Lizenzgebühren   80.000 EUR
                              200.000 EUR
Gesamtgewinn   1.200.000 EUR

Gewinnverteilung
GmbH & Co KG	X-GmbH	B	C	A
Gewinn 1.200.000 EUR				
Sondergew. 200.000 EUR				200.000 EUR
Restgew. 1.000.000 EUR	200.000 EUR	400.000 EUR	400.000 EUR	
Summe	0 EUR	200.000 EUR	400.000 EUR	400.000 EUR	200.000 EUR

Gewinnermittlung GmbH & atypisch still
Gewinnanteil aus KG   200.000

Gewinnverteilung
GmbH   A
200.000 EUR   100.000 EUR 100.000 EUR

5.3.3.4.4 Die GmbH & Co KG atypisch stille Gesellschaft

Beteiligt sich ein Dritter an dem Handelsgewerbe einer Personenhandelsgesellschaft als atypisch stiller Gesellschafter wird er nicht Gesellschafter der Personenhandelsgesellschaft, sondern begründet mit dieser eine selbständige Gesellschaft (Mitunternehmerschaft) deren Gesellschafter die Personenhandelsgesellschaft und der atypisch stille Gesellschafter sind (Schulze zur Wiesche DStZ 2017, 784, ders. DB 2015, 1487; ders. StBp 2015, 221). Nach der Rechtsprechung des BFH (24.4.2014, DStR 2014, 1384) liegt in diesem Falle eine doppelstöckige 368b

Personengesellschaft (Mitunternehmerschaft) vor. Das trifft auch für die GmbH & Co KG zu, wenn an dem Handelsgewerbe der GmbH & Co KG eine atypisch stille Gesellschaft (GmbH & Co KG atypisch still) begründet wird. Nach dem Urteil des BFH (24.4.2014, DStR 2014, 1384) liegt auch dann eine selbständige Mitunternehmerschaft vor, wenn der atypisch stille Gesellschafter an der KG als Kommanditist beteiligt ist. Eine Gewinnbeteiligung, einschließlich Beteiligung an den stillen Reserven, reicht nach herrschender Rechtsauffassung für eine Mitunternehmerstellung nicht aus, der Atypisch stille Gesellschafter muss im Rahmen der Mitunternehmerschaft ein gewisses Maß an Unternehmerinitiative entwickeln können Da der atypisch stille Gesellschafter bei gleichzeitiger Kommanditistenstellung, seine Mitwirkungsrechte bei der Personenhandelsgesellschaft KG geltend macht, vermittelt die gleichzeitige atypisch stille Beteiligung in der Regel keine zusätzlich Rechte. Es sei denn, dass die Rechte der Kommanditisten nach § 164 Abs. 2 HGB beschränkt sind, jedoch im Vertrag über die atypisch stille Beteiligung diesen Sonderrechte eingeräumt worden sind. Aber auch diese Rechte wird er unmittelbar gegenüber der GmbH & Co KG geltend machen, so dass die atypisch stille Beteiligung nicht für Mitunternehmerinitiativen geeignet ist.

368c Die Unterbeteiligung am Betrieb einer GmbH & Co KG führt dazu, dass ertragsteuerlich der Gewerbebetrieb von der Untergesellschaft geführt wird und das gesamte Betriebsvermögen der Obergesellschaft auf die Untergesellschaft übergegangen ist.

Die Gewinnermittlung wird somit von der Obergesellschaft (GmbH & Co KG) auf die Untergesellschaft (GmbH & Co KG atypisch still) verlagert.

Da jedoch handelsrechtlich sich der Gewinnanteil des atypisch stillen Gesellschafters aus der Handelsbilanz der Personenhandelsgesellschaft ergibt, ist auch diese maßgeblich für die Gewinnermittlung der Untergesellschaft. Der Gewinn der Personenhandelsgesellschaft ist um den Gewinnanteil des atypisch stillen Beteiligten zu erhöhen, der in der Handelsbilanz als Betriebsausgabe behandelt wurde. Die Wertdifferenzen aus den eventuellen Ergänzungsbilanzen der Gesellschafter der Obergesellschaft sind hierbei zu berücksichtigen.

368d Gleiches gilt für die von den Gesellschaftern der Obergesellschaft an diese überlassenen Wirtschaftsgüter, weil der Betrieb nunmehr von der Untergesellschaft geführt wird (§ 15 Abs. 1 S. 1 Nr. 2 S. 2 EStG). Soweit die Gesellschafter der Obergesellschaft für ihre Geschäftsführung eine Vergütung erhalten haben, sind diese ebenfalls als Sonderbetriebseinnahmen bei der Untergesellschaft zu behandeln.

Der Gewinnanteil der Obergesellschaft am Gewinn der Untergesellschaft wird bei der Untergesellschaft festgestellt. Gleiches gilt für die Sonderbetriebseinnahmen der Gesellschafter der Obergesellschaft, weil sie hinsichtlich dieser wie Gesellschafter der Untergesellschaft zu behandeln sind.

Die Gewinnanteile der Gesellschafter der Obergesellschaft sind bei dieser auf der Grundlage deren Gewinnanteils am Gewinn der Untergesellschaft zu ermitteln.

5.3 Gewinnermittlung und Betriebsvermögen

Beispiel

An der A GmbH & Co KG-KG sind die A-GmbH als Komplementär und B und C als Kommanditisten zu je 1/3 beteiligt. A-GmbH erhält als Komplementär einen Gewinnvoraus von 10 vH.

B ist an der A GmbH & Co-KG zusätzlich als atypisch stiller Gesellschafter mit 20% am Gewinn der KG beteiligt. C hat der KG das Betriebsgrundstück zur Nutzung überlassen. Die jährlichen Pachteinnahmen betragen 60.000 EUR. Die A GmbH & Co KG weist in 03 einen Gewinn von 1,2 Mio. EUR aus.

Gewinnermittlung der KG & atypisch Still

Handelsbilanzgewinn	1.200.000 EUR
Sondergewinn	
Nutzungsüberlassung C	60.000 EUR
Steuerlicher Gewinn	1.260.000 EUR

Gewinnverteilung

KG & atyp. St.		KG	B	C
HB.Gew.	1.200.000	960.000	240.000	60.000
SonderGew.	60.000			
	1.260.000	960.000	240.000	60.000

Gewinnfeststellung und -verteilung KG
Gewinnanteil aus KG & atypisch Still 960.000
Gewinnverteilung

KG		A-GmbH	B	C
Gewinnanteil	960.000			
Gewinnvoraus 10%		96.000	96.000	
Restgewinn	864.000	288.000	288.000	288.000
Summe		384.000	288.000	288.000

Eine Doppel- oder mehrstöckige Personengesellschaft hängt nicht davon ab, ob die Obergesellschaft die nachgelagerten Personengesellschaften tatsächlich beherrscht und wirtschaftlich betrachtet diese eine Einheit bilden.

368e Voraussetzung ist jedoch, dass der Gesellschafter der Obergesellschaft als Mitunternehmer zu qualifizieren ist. Das setzt auf der Ebene der Gesellschafter voraus, dass diese Mitunternehmerrisiko tragen und Mitunternehmerinitiative entfalten können, die Obergesellschaft eine gewerbliche selbst einen Gewerbebetrieb unterhält. Nicht erforderlich ist es, dass die Personengesellschaft ein Gewerbe ausübt, als Mitunternehmer einer gewerblichen Personengesellschaft ist die Obergesellschaft selbst Gewerbetreibender. Eine leitende Tätigkeit ist nicht erforderlich. Die Rechtsform der Mitunternehmerschaft ist unerheblich. Entscheidend ist, dass es sich hier um eine solche iSd § 15 Abs. 1 S. 1 Nr. 2 EStG handelt. Die Rechtsform einer Gesamthandsgemeinschaft ist nicht erforderlich, § 15 Abs. 1 S. 1 Nr. 2 S. 2 EStG enthält eine Sonderregelung hinsichtlich des Sonderbetriebsvermögens. Dieses wird der Untergesellschaft zugeordnet, die es letztlich nutzt. Bisher war durch die höchstrichterliche Rechtsprechung noch nicht geklärt, ob diese Regelung nur das Sonderbetriebsvermögen I betrifft oder auch das Sonderbetriebsvermögen II. Nunmehr hat der BFH (12.10.2016,

GmbHR 2017, 425) klargestellt, dass die Vorschrift § 15 Abs. 1 S. 1 Nr. 2 S. 2 EStG auch das Sonderbetriebsvermögen II mit einbezieht.

5.3.3.4.5 Sonderbetriebsvermögen der Obergesellschaft.

368f Hat die Obergesellschaft eine im Eigentum er Obergesellschaft verbliebenes Wirtschaftsgut einer Untergesellschaft überlassen, so gehört dieses zum Sonderbetriebsvermögen des Gesellschafters bei der Untergesellschaft Dies gilt auch für Vergütungen jeder Art für Leistungen, die die Obergesellschaft der Untergesellschaft erbracht hat. Ausgenommen hiervon sind Vergütungen im Warenverkehr. Hat die Obergesellschaft die Beteiligung an der Untergesellschaft mittels eines Krediets erworben, ist dieser bei der Untergesellschaft als negatives Sonderbetriebsvermögen zu erfassen.

5.3.3.4.6 Sonderbetriebsvermögen des mittelbaren Gesellschafters bei der Untergesellschaft.

368g Nach § 15 Abs. 1 S. 1 Nr. 2 S. 2 EStG steht der mittelbar über eine oder mehrere Personengesellschaften beteiligte Gesellschafter dem unmittelbar beteiligten Gesellschafter gleich. Er ist als Mitunternehmer des Betriebs der Gesellschaft anzusehen, an der er mittelbar beteiligt ist, wenn er und die Personengesellschaften, die seine Beteiligung vermitteln, jeweils als Mitunternehmer der Betriebe der Personengesellschaften anzusehen sind, an denen sie unmittelbar beteiligt sind. Außerhalb ihres Anwendungsbereichs lässt die Vorschrift des § 15 Abs. 1 S. 1 Nr. 2 S. 2 EStG die Mitunternehmerstellung der Obergesellschaft an der Untergesellschaft unberührt; der auf die Obergesellschaft entfallende Anteil am Gesamtgewinn der Untergesellschaft ist ihr nach allgemeinen Grundsätzen zuzurechnen (BFH 3.2.2010, BFH/NV 2010, 1492).

Dabei muss der mittelbar beteiligte Gesellschafter Mitunternehmer der Personengesellschaft sein, welche die Beteiligung vermittelt; die vermittelnde Personengesellschaft muss ihrerseits als Mitunternehmerschaft anzusehen sein (BT-Drs. 12/1506, 171; Schmidt/Wacker, EStG, 35. Aufl., § 15 Rn. 613). Grundsätzlich ist dafür erforderlich, dass ihre Gesellschafter in ihrer Verbundenheit als Personengesellschaft ein gewerbliches Unternehmen (BFH 9.12.2002, BStBl. II 2003, 294; § 15 Abs. 1 S. 1 Nr. 1 EStG) betreiben,

§ 15 Abs. 1 S. 1 Nr. 2 S. 2 EStG ist auch dann anzuwenden, wenn das der Untergesellschaft von dem Gesellschafter der Obergesellschaft überlassene Wirtschaft bereits zum Betriebsvermögen des Überlassenden gehört (BFH 12.10.2016, GmbHR 2017, 425). Was der Fall ist, wenn das überlassene Wirtschaftsgut zum Sonderbetriebsvermögen II gehört.

5.3 Gewinnermittlung und Betriebsvermögen 368h, 368i **5.3**

1. Sachleistungen

Hat der Gesellschafter einer Obergesellschaft der Untergesellschaft, an der die **368h**
Obergesellschaft beteiligt ist, ein Grundstück zur Nutzung überlassen, so sind
die Erträge hieraus der Untergesellschaft als Sonderbetriebseinnahmen zuzurechnen (§ 15 Abs. 1 S. 1 Nr. 2 S. 2 EStG).

Der Überlassende ist hinsichtlich der Grundstücksübertragung wie ein Mitunternehmer zu behandeln. Nach dem Urteil des BFH (§ 15 Abs. 1 S. 1 Nr. 2 S. 2 EStG wird der mittelbare Gesellschafter nur hinsichtlich der Grundstücksüberlassung wie ein Mitunternehmer behandelt. Er wird nicht Mitunternehmer der Untergesellschaft. Das heißt, die Erträge werden dem gewerblichen Gewinn der Untergesellschaft zugerechnet.

Der Überlassende hat insoweit einen Sondergewinn, der bei der Unterge- **368i**
sellschaft festzustellen ist (*Littmann/Bitz/Pust* EStG § 15 Rn. 88a; Stuhrmann in
Blümich EStG § 15 Rn. 535; Wacker in Schmidt L. EStG § 15 Rn. 612). Dieses
Sonderbetriebsvermögen ist somit nicht Bestandteil eines Mitunternehmeranteils, weder bei der Untergesellschaft, noch beim Anteil bei der Obergesellschaft. Obwohl es der Beteiligung an der Obergesellschaft dient und somit dem
Sonderbetriebsvermögen II zuzurechnen wäre, hat sich der Gesetzgeber dahin
entschieden, dass es als Sonderbetriebsvermögen der Untergesellschaft, dem
es unmittelbar dient, zuzurechnen ist (Sonderbetriebsvermögen I). Somit hat
der Gesetzgeber im Konfliktfall dem Sonderbetriebsvermögen I den Vorrang
eingeräumt.

Auch im Falle einer doppelstöckigen Personengesellschaft, dh bei einer Beteiligung einer Personengesellschaft (Obergesellschaft) an einer anderen Personengesellschaft (Untergesellschaft), kann nach Ansicht des BFH (12.10.2016, GmbHR 2017, 425) für den Gesellschafter der Obergesellschaft Sonderbetriebsvermögen II bei der Untergesellschaft gebildet werden. Dies war bisher noch offen (so auch Schmidt L./*Wacker*, EStG § 15 Rn. 617; Rätke in Herrmann/Heuer/Raupach EStG § 15 Rn. 633; *Reiß* in Kirchhof § 15 Rn. 345; *Bäuml/Meyer* in Kanzler/Kraft/Bäuml EStG § 15 Rn. 318; U. Förster DB 2011, 2570 (2571); Ley Kölner Steuerdialog – KÖSDI – 2010, 17148 (17154); Mückl DB 2009, 1088 (1091); Beekmann, Ertragsteuerliche Behandlung der doppelstöckigen Personengesellschaft, 2007, S. 49; Seer StuW 1992, 35 (44)). Die von der Gegenansicht (Brandenberg Jahrbuch der Fachanwälte für Steuerrecht – JbFSt – 2006/2007, 316 (322); *Schulze zur Wiesche* FR 1999, 14 (16 f.); Rödder Steuerberater-Jahrbuch – StbJb – 1994/1995, 295 (303 f.); A. Söffing DStZ 1993, 587 (590); ablehnend für die Beteiligung an der Komplementärin der Untergesellschaft G. Söffing FR 1992, 185 (188)).

Beispiel:
An der X-KG ist A als Kommanditist beteiligt. Im Betriebsvermögen der X-KG befindet sich eine Beteiligung an der Y-KG. A ist Mehrheitsgesellschafter der Z-GmbH, die mit der Y-KG rege Geschäftsbeziehungen unterhält und auch der Y-KG das Betriebsgrundstück verpachtet hat. Die Beteiligung des A an der Z-GmbH ist, da sie den Betrieb der Y-KG fördert, als Sonderbetriebsvermögen II der Y-KG zu behandeln

2. Gesellschafterdarlehen

368j Hat die Obergesellschaft den Untergesellschaften ein Darlehen gewährt, so sind diese Darlehen bei den jeweiligen Untergesellschaften als Sonderbetriebsvermögen der Obergesellschaft zu behandeln, und die von den Untergesellschaften an die Obergesellschaft gezahlten Schuldzinsen und daher bei diesen als Betriebsausgaben behandelten Schuldzinsen, wiederum als Sonderbetriebseinnahmen des Gesellschafters dem Gewinn wieder hinzuzurechnen (BFH 12.2.2014 – IV R 22/10, BStBl. II 2014, 621). Der BFH geht in seinem Urteil davon aus, dass es sich bei den von der Muttergesellschaft im Rahmen eines Cash-Pools übernommenen Negativsalden um Gesellschafterdarlehen iSd § 15 Abs. 1 S. 1 Nr. 2 S. 1 Hs. 2 EStG handelt, nach dem dem Urteil zugrundeliegenden Sachverhalt wohl unstreitig.

Beispiel:
Die KG I ist Gesellschafterin der KG II, diese wiederum Gesellschafterin der X GmbH & Co KG. Die X-GmbH & Co KG ist an der Y-GmbH und der Z-GmbH beteiligt. Zwischen diesen besteht ein Organschaftsverhältnis, deren Organträger die X-GmbH & Co KG ist. Die KG I hat der X-GmbH & Co KG ein Darlehen von 100 Mio. gewährt, das diese für Einlageerhöhungen in die beiden Organgesellschaften verwendet hat, die KG I hat das Darlehen mittels Kreditaufnahmen finanziert.

Das Darlehen ist bei der X-GmbH als Verbindlichkeit zu behandeln, aber gleichzeitig als Sonderbetriebsvermögen II der KG I zu behandeln. Die Zinszahlungen der X-GmbH & Co KG sind entsprechend als Betriebsausgaben und im Betriebsvermögen der KG I als Sonderbetriebsvermögen, dem steuerlichen Gesamtgewinn der X-GmbH & Co KG wieder hinzuzurechnen. Der aufgenommene Bankkredit ist bei der X-GmbH & Co KG als negatives Sonderbetriebsvermögen Ii zu behandeln und entsprechend die Zinsen für Kredit als Sonderbetriebsausgaben, die mit den Zinseinnahmen im Sonderbereich zu verrechnen sind.

Vielfach besteht zwischen der Obergesellschaft und ihren Untergesellschaften eine sog. Cashpoolvereinbarung, wonach der gesamte Zahlungsverkehr der verbundenen Unternehmen über ein einheitliches bei der Obergesellschaft geführten Bankkonto läuft.

3. Vereinbarung eines Cashpools

368k Der Cashpool hat grundsätzlich Kontokorrentcharakter, der der Verrechnung der positiven und negativen Salden der einzelnen Tochtergesellschaften und der Muttergesellschaft dient (Schulze zur Wiesche, steuerliche Behandlung eines Cash-Pools bei mehrstöckigen Personengesellschaften. Kontoüberziehungen innerhalb eines solchen Pools haben in der Regel kurzfristigen Charakter und sind daher nicht als Darlehen zu qualifizieren. Sie dienen nicht der Kapitalnutzung, sondern der Schaffung von Liquidität innerhalb des Unternehmensverbundes um überschüssige Liquidität anderen Unternehmen des Verbundes kurzfristig zu überlassen. Durch das Cashpooling wird bewirkt, dass infolge des internen Kontenausgleichs Bankkreditaufnahmen möglichst reduziert werden. Der Cashpool ist in der Regel nicht darauf angelegt, längerfristige Kredite an die einzelnen

5.4 Gewinnverteilung auf die Gesellschafter

Gesellschaften des Verbundes zu gewähren. Er geht grundsätzlich davon aus, dass die Negativsalden kurzfristig innerhalb des üblichen Zahlungszieles wieder ausgeglichen werden (*Schulze zur Wiesche* DStZ 2017, 784).

Gegenstand eines Cash-Pools ist lediglich eine Zahlungsvereinbarung, die den Zweck verfolgt, alle Zahlungsbewegungen zwischen den einzelnen Tochtergesellschaften und der Muttergesellschaft über ein gemeinsames Konto laufen zu lassen, Liquiditätsüberschüsse einzelner Tochtergesellschaften im Unternehmensverbund zu nutzen, um die Kosten des Geldverkehrs niedrig zu halten, in dem die Liquiditätsüberschüsse einzelner Gesellschaften Zahlungsrückstände anderer Gesellschaften innerhalb des Unternehmensverbundes abdecken. Das Cashpooling schließt jedoch nicht aus, dass durch eine fortlaufende Übernahme der Negativsalden einer Tochtergesellschaft durch die Muttergesellschaft es zu einer längerfristigen Kreditgewährung kommt

Der ertragsteuerliche Darlehensbegriff ist nicht auf das Vereinbarungsdarlehn beschränkt, sondern erfasst jede Form der Überlassung von Fremdkapital zur Nutzung. Voraussetzung ist jedoch, dass bei dem Geber der Wille der Nutzungsüberlassung von Kapital an den Kapitalnehmer vorhanden ist. Dies ist jedoch nicht der Fall, wenn der Kreditnehmer zur Zahlung nicht in der Lage ist. Der Cashpool ist nicht darauf angelegt, Kredite an die einzelnen Gesellschaften des Verbundes zu gewähren. Er geht grundsätzlich davon aus, dass die Negativsalden kurzfristig innerhalb des üblichen Zahlungszieles wieder ausgeglichen werden. Kurzfristige Überlassung von Liquidität ist nicht als ein Gesellschafterdarlehn iSv § 15 Abs. 1 S. 1 Nr. 2 S. 2 Hs. 2 EStG zu behandeln (*Wacker in* L. Schmidt, EStG § 15 Rn. 594). Es muss eine längerfristige Kapitalüberlassung beabsichtigt sein. Ein Gesellschafterdarlehn ist mE jedoch zu bejahen, wenn für die jeweiligen Verbundgesellschaften ein Überziehungslimit festgesetzt worden ist, mit der Folge, dass die Kontoüberziehungen der einzelnen Verbundgesellschaften als Gesellschafterdarlehen der Muttergesellschaft an diese qualifiziert werden können.

Dient jedoch das Cashpooling der Kapitalausstattung einzelner Tochtergesellschaften (Untergesellschaften) aus Liquiditätsüberschüssen der übrigen Verbundunternehmen, ist in der Überentnahme der Negativsalden durch die Muttergesellschaft ein Gesellschafterdarlehen der Muttergesellschaft an die Tochtergesellschaft (Untergesellschaft) zu erblicken. Hierbei ist es gleichgültig, ob es sich um eigene Liquiditätsüberschüsse der Muttergesellschaft (Obergesellschaft) oder um solche des Konzernverbundes handelt, sofern diese der Muttergesellschaft aufgrund des Cash-Pools zur Verfügung standen

5.4 Gewinnverteilung auf die Gesellschafter

5.4.1 Grundsätze

Der gesondert für die Mitunternehmerschaft festgestellte Gewinn, der sich aus dem Gewinn der GmbH vor Abzug der Körperschaft- und sonstigen nicht abziehbaren Steuern, den Gewinnanteilen aus der stillen Beteiligung, den Sondervergütungen, den Nutzungsüberlassungen usw zusammensetzt, ist grundsätzlich entsprechend den bürgerlich-rechtlichen Vereinbarungen auf die Gesellschafter zu verteilen. Der einheitliche Gewinn und die entsprechende Gewinnverteilung ist Grundlage für die Besteuerung der Mitunternehmer. Das gilt sowohl für den körperschaftsteuerlichen Gewinn der GmbH als auch für den der Einkommensteuer unterliegenden Gewinn der übrigen Gesellschafter.

370 Die Gewinnbeteiligung bezieht sich nur auf den Gewinn des Handelsgewerbetreibenden (GmbH), nicht auf das Sonderbetriebsvermögen.

371 Bei der Gewinnverteilung ist zu unterscheiden zwischen dem Gewinnvoraus und der Verteilung des Restgewinns. Ein Gewinnvoraus dürfte im Rahmen eines stillen Gesellschaftsverhältnisses insbesondere bei der atypischen GmbH & Still nicht üblich sein.

372 Grundlage für die Gewinnverteilung ist das Handelsrecht. Hier räumt das Gesellschaftsrecht dem Vertragsrecht Vorrang ein (*Schwedhelm* S. 73). Das Steuerrecht legt grundsätzlich die handelsrechtliche Gewinnverteilung bei der Besteuerung der Gesellschafter zugrunde. Insbesondere dann, wenn die Vereinbarungen mit Ausschaltung eines Interessengleichaufs zwischen fremden Dritten zustande gekommen sind.

Sind jedoch Gesellschafter der GmbH gleichzeitig atypisch stille Gesellschafter bzw. Angehörige eines Gesellschafters, ist ein Interessenkonflikt weitgehend ausgeschaltet.

373 Steuerlich wird hier eine Gewinnverteilung nur anerkannt, wenn sie betrieblich, also durch die Höhe der vom Gesellschafter zu leistenden Beiträge veranlasst ist (BFH *GrS* 10.11.1980, BStBl. II 81, 164; 22.5.1990, BStBl. II 90, 965).

Sind die von den Gesellschaftern zu leistenden Beiträge nicht die Bemessungsgrundlage für die Gewinnverteilung, ist die Gewinnverteilung privat veranlasst. Bezogen auf das Verhältnis GmbH und Stille Gesellschafter bedeutet dies, dass ein Gewinnverzicht seitens der GmbH vorliegt, wenn sie zugunsten des stillen Gesellschafters, sei es, dass er deren Gesellschafter oder der Angehörige eines Gesellschafters ist, einer Gewinnverteilung, die zu ihren Lasten geht, zugestimmt hat. Insoweit liegt in der Gewinnverteilung eine vGA vor.

374 Ist der stille Gesellschafter gleichzeitig beherrschender Gesellschafter der GmbH, ist darauf zu achten, dass die Vereinbarung über den Gewinnanspruch eindeutig und klar und von vornherein bestimmt ist.

Nicht klar ist der Steuerbilanzgewinn nach Abzug der Körperschaftsteuer, weil hieraus nicht hervorgeht, ob lediglich die Tarifbelastung abzuziehen ist oder die Körperschaftsteuer nach Herstellung der Ausschüttungsbelastung.

Ist die Bemessungsgrundlage für den Gewinnanspruch des Stillen unklar, wird das stille Gesellschaftsverhältnis, insbesondere die Vereinbarung über den Gewinnanspruch, steuerlich nicht anerkannt, mit der Folge, dass der gesamte Gewinn der GmbH zuzurechnen ist und daher der Körperschaftsteuer unterliegt. Die Auszahlungen an den Gesellschafter sind als Ausschüttungen der GmbH an den Gesellschafter zu behandeln. Klar und eindeutig ist die Bemessungsgrundlage für den Gewinnanspruch, wenn sich die Berechnungsgrundlage durch einfache Rechenoperationen ermitteln lassen. So ist der Begriff „Gewinn" unklar. „Handelsbilanzgewinn" ist eindeutig. Nicht eindeutig jedoch ist der Be-

5.4 Gewinnverteilung auf die Gesellschafter

griff „Steuerbilanzgewinn" oder die Bezeichnung der „nach steuerrechtlichen Grundsätzen ermittelten Gewinne". Klar ist die Vereinbarung des Steuerbilanzgewinns vor Abzug der Körperschaftsteuer und der nicht abziehbaren Steuern.

Gegenstand des BFH-Urteils (18.6.2015, BStBl. II 2015, 935; Schulze zur Wiesche/Ottersbach GmbH & Co KG Rn. 736 ff.) war die Gewinnverteilungsvereinbarung einer GmbH & atypisch still. Die GmbH, die Betriebsinhaber war, hatte auf eine Gewinnbeteiligung verzichtet.

374a Nach dem BFH-Urteil ist der gesellschaftsvertraglich festgelegten Gewinnverteilung grundsätzlich steuerrechtlich zu folgen (BFH 16.9.2014, BFH/NV 2015, 191, mwN; Beschl. d. Großen Senats des BFH 10.11.1980, BStBl. II 1981, 164, unter C.I.2)

Das gilt auch dann, wenn die Gesellschafter ihrer Gewinnverteilung fehlerhafte Tatsachen oder Rechtsansichten zugrunde gelegt haben, sofern sie die Gewinnverteilungsabrede tatsächlich durchführen. Weil für Zwecke der Besteuerung insoweit allein an den wirtschaftlich tatsächlich verwirklichten Sachverhalt angeknüpft wird (§ 41 Abs. 1 S. 1 AO), ist in einem solchen Fall auch ohne Bedeutung, ob und ggf. inwieweit die durchgeführte Gewinnverteilungsabrede rechtlich angreifbar wäre. Für die Gewinnverteilung zwischen dem Inhaber des Handelsgewerbes und dem atypisch stillen Gesellschafter gelten aber Besonderheiten, wenn Inhaber des Handelsgewerbes eine Kapitalgesellschaft und der stille Gesellschafter zugleich Gesellschafter der Kapitalgesellschaft ist oder einem solchen nahesteht.

Der oben dargestellte Grundsatz erfährt Einschränkungen, wenn für die Gewinnverteilung nicht allein die Verhältnisse der Gesellschafter in der atypisch stillen Gesellschaft und insbesondere Beiträge zum Gesellschaftszweck maßgebend sind, sondern die Verteilung von anderen Beziehungen zwischen den Gesellschaftern beeinflusst ist, die ihre Grundlage nicht im stillen Gesellschaftsverhältnis haben (*Schulze zur Wiesche* GmbH & Still, 5. Aufl., Rn. 375 ff.): Dies können verwandtschaftliche, aber auch wirtschaftliche Beziehungen außerhalb des stillen Gesellschaftsverhältnisses sein. Der Einfluss, den diese Beziehungen auf die Gewinnverteilung nehmen, muss korrigiert werden. Insoweit handelt es sich nämlich um die Verwendung bereits erzielter Einkünfte, die die Zurechnung des erzielten Einkommens nicht beeinflussen kann. Da die Gewinnverteilung bei einer GmbH & atypisch Still strukturell mit derjenigen bei einer GmbH & Co. KG vergleichbar ist, gelten die vom Senat (BFH 15.11.1967, BStBl. II 1968, 152; 23.8.1990, BStBl. II 1991, 172) für die Gewinnverteilung bei einer GmbH & Co. KG aufgestellten Rechtsgrundsätze bei einer Gesellschaft in der Rechtsform einer GmbH & atypisch still entsprechend. Insbesondere dann, wenn sich der alleinige Gesellschafter einer GmbH an dieser zugleich als atypisch stiller Gesellschafter beteiligt, kann die Gewinnverteilung der atypisch stillen Gesellschaft durch das Gesellschaftsverhältnis der GmbH beeinflusst sein, so dass die vertragliche „Gewinnverteilung« für Zwecke der Zurechnung der Einkünfte einer Korrektur bedarf.

5.4.2 Unangemessene Gewinnverteilung innerhalb der atypischen stillen Beteiligung

375 Die Grundsätze des BFH zur unangemessenen Gewinnverteilung bei Familienpersonengesellschaften sind auf die GmbH & Still nicht ohne Weiteres übertragbar. Es kommt hier entscheidend darauf an, wer zugunsten eines anderen und zu seinen Lasten verfügt. Verzichtet die GmbH zugunsten des atypischen stillen Gesellschafters oder der atypischen stillen Gesellschafter auf einen Teil des ihr zustehenden Gewinns, so liegt eine verdeckte Gewinnausschüttung vor. Das gleiche gilt, wenn der Gewinnanspruch des atypisch stillen Beteiligten von vornherein unangemessen hoch angesetzt worden ist gegenüber dem der GmbH verbleibenden Gewinn. Die Grundsätze über die verdeckte Gewinnausschüttung werden auch dann anzuwenden sein, wenn nicht die GmbH-Gesellschafter, jedoch ihre Familienangehörigen stille Gesellschafter der GmbH geworden sind. Die Grundsätze über die angemessene Gewinnverteilung bei Familienpersonengesellschaften werden nur dann anzuwenden sein, wenn neben der GmbH ein weiterer atypischer stiller Gesellschafter zugunsten anderer atypischer stiller Gesellschafter auf einen angemessenen Anteil am Gewinn verzichtet. Das wäre der Fall, wenn der Hauptgesellschafter gleichzeitig atypischer stiller Gesellschafter der GmbH ist und seinen Kindern weitere atypische stille Beteiligungen an der GmbH geschenkt hat. In diesen Fällen ist zu prüfen, inwieweit der Gewinnanteil der GmbH bzw. der des Schenkers angemessen ist. Was den Gewinnanteil der GmbH betrifft, sind die Grundsätze des BFH über die verdeckte Gewinnausschüttung anzuwenden, soweit es jedoch den Gewinnanteil des Schenkers betrifft, sind die Grundsätze des BFH hinsichtlich der Familienpersonengesellschaft anzuwenden. Soweit die Gewinnverteilung auf außerbetrieblichen Erwägungen beruht (§ 12 Nr. 2 EStG), ist dieser Gewinn dem Schenker zuzurechnen (*Schulze zur Wiesche* DStZ 2017, 451).

376 Die gleichen Grundsätze werden anzuwenden sein, wenn der Hauptgesellschafter an der atypischen stillen Beteiligung an der Kapitalgesellschaft Familienangehörige unterbeteiligt hat. In diesen Fällen muss im Hinblick auf die Gewinnbeteiligung der Unterbeteiligten geprüft werden, ob die Gewinnverteilung betrieblich veranlasst ist oder teilweise auf außerbetrieblichen Erwägungen beruht. Beruht die Gewinnverteilung auf außerbetrieblichen Erwägungen, ist nach § 12 EStG der Gewinn, soweit er auf außerbetrieblichen Erwägungen beruht, dem Schenker zuzurechnen.

5.4.2.1 Gewinnverzicht der GmbH als verdeckte Gewinnausschüttung

377 Für die Frage, wie unangemessene Gewinnverteilung zwischen der GmbH und dem atypischen stillen Gesellschafter zu beurteilen sind, ist es unerheblich, ob es sich hierbei um eine echte oder um eine atypische stille Beteiligung handelt. Da es sich hier um eine Innengesellschaft handelt, ist die Gewinnverteilungsvereinbarung nicht eine Vereinbarung der Gesellschafter untereinander wie bei einer Personengesellschaft, sondern jeweils eine Vereinbarung mit der GmbH

5.4 Gewinnverteilung auf die Gesellschafter

als Handelsgewerbetreibenden. Das gilt auch dann, wenn mehrere atypische stille Beteiligungen bestehen. Rechtsbeziehungen werden hier lediglich zu der GmbH als Gewerbetreibender geknüpft. Werden zwischen der GmbH und dem atypischen stillen Gesellschafter Vereinbarungen getroffen, die zu einem unangemessen niedrigen Gewinn für die GmbH führen, liegt von Seiten der GmbH eine Gewinnausschüttung an ihren Gesellschafter vor. Die Sachlage ist auch hier anders als bei der GmbH & Co KG, weil bei der atypischen GmbH & Still die GmbH nicht lediglich Geschäftsführer der Personengesellschaft, sondern selbst Geschäftsinhaber mit vollem alleinigen Risiko ist. Infolgedessen wäre die Gewinnverteilung unangemessen, wenn die Geschäftsführung das Risiko nicht berücksichtigen würde. Der Einsatz des Kapitals kann daher nicht allein Maßstab für die Gewinnverteilung zwischen der GmbH und ihrem stillen Gesellschafter sein (*Schulze zur Wiesche* DStZ 2017, 451).

Gleiche Grundsätze werden anzuwenden sein, wenn nicht der GmbH-Gesellschafter selbst, sondern dessen Angehörige atypische stille Gesellschafter sind. Verzichtet die GmbH aufgrund des Gesellschaftsverhältnisses des GmbH-Gesellschafters den Angehörigen gegenüber auf eine angemessene Verteilung des Handelsbilanzgewinns, so liegt eine verdeckte Gewinnausschüttung gegenüber dem Gesellschafter vor. Soweit die Angehörigen einen unangemessenen Gewinnanspruch erhalten, ist insoweit der Gewinn als verdeckte Gewinnausschüttung dem GmbH-Gesellschafter zuzurechnen. Eine verdeckte Gewinnausschüttung liegt dann vor, wenn der Vorteil dem Gesellschafter oder einem Angehörigen bzw. einer nahestehenden Person gewährt wird, wenn der Gesellschafter hieraus selbst irgendeinen Vorteil hat. Allerdings ist zu beachten, dass die Zustimmung des Gesellschafters einer Kapitalgesellschaft zur verdeckten Gewinnausschüttung an einen Mitgesellschafter nicht für sich allein zur Annahme einer mittelbaren verdeckten Gewinnausschüttung an den zustimmenden Gesellschafter führt. Das gilt insbesondere dann, wenn an der GmbH mehrere Gesellschafter beteiligt sind und atypische stille Beteiligungsverhältnisse zu den Angehörigen eines Gesellschafters begründet werden. Sofern die Gewinnverteilungsvereinbarungen unangemessen sind, können die unangemessenen Teile nicht dem anderen Gesellschafter zugerechnet werden (vgl. BFH 29.9.1981, BStBl. II 82, 248).Die Gewinnverteilung bei einer GmbH & Co. KG aufgestellten Rechtsgrundsätze gelten bei einer Gesellschaft in der Rechtsform einer GmbH & atypisch still entsprechend. Insbesondere dann, wenn sich der alleinige Gesellschafter einer GmbH an dieser zugleich als atypisch stiller Gesellschafter beteiligt, kann die Gewinnverteilung der atypisch stillen Gesellschaft durch das Gesellschaftsverhältnis der GmbH beeinflusst sein, so dass die vertragliche „Gewinnverteilung" für Zwecke der Zurechnung der Einkünfte einer Korrektur bedarf. Das ist etwa dann der Fall, wenn die GmbH im Interesse des stillen Gesellschafters auf eine Gewinnbeteiligung verzichtet, die ihr unter Fremden eingeräumt worden wäre. Dieser Verzicht darf auf den Gewinnanteil der GmbH nach § 15 Abs. 1 S. 1 Nr. 2 EStG keinen Einfluss haben (vgl. BFH in BStBl. II 1968, 152; 9.6.1994, BFH/NV 1995, 103; 24.3.1998, BStBl. II 1998, 578) Der GmbH wird bei der gesonderten und einheitlichen Feststellung der Einkünfte der Mitunternehmerschaft gemäß § 179 Abs. 2 S. 2, § 180 Abs. 1 Nr. 2 Buchst. a der angemessene Gewinnanteil zugerechnet, denn die Korrektur der Gewinnverteilung findet im Rahmen der Verteilung des Gewinns der Mitunternehmerschaft statt Zwar nimmt die GmbH mit dem Verzicht auf den erreichbaren Gewinnanteil den Verzicht auf eine Vermögensmehrung in Kauf und wendet gleichzeitig ihrem Gesellschafter im Hinblick auf das Gesellschaftsverhältnis außerhalb der Gewinnverteilung einen Vermögensvorteil zu. Eine dadurch eintretende Minderung des Einkommens der Kapitalgesellschaft würde ertragsteuerlich die Voraussetzungen einer vGA iSd § 8 Abs. 3 S. 2 KStG erfüllen. Infolge der Korrektur der Gewinnverteilung auf der Ebene der Mitunternehmerschaft kommt es jedoch nicht zu der von § 8 Abs. 3 KStG vorausgesetzten Minderung des Einkommens der Kapitalgesellschaft. Denn der für die GmbH festgestellte Gewinnanteil ist in festgestellter Höhe bei der Veranlagung der Kapitalgesellschaft anzusetzen (§ 182 Abs. 1 Nr. 2 Buchst. a (Zuletzt BFH 12.2.2015, BFH/NV 2015, 1075, mwN). Die einem atypisch stillen Gesellschafter gegenüber vorgenommene VGA führt bei diesem zu einer Sonderbetriebseinnahme iSd § 15 Abs. 1 S. 1 Nr. 2 EStG im Rahmen der atypisch stillen Gesellschaft. Diese ist, wenn der stille Gesellschafter eine natürliche Person ist, nach dem Teileinkünfteverfahren gemäß § 3 Nr. 40 S. 1 Buchst. d EStG zu 40 vH steuerfrei. Hat die GmbH im Interesse des atypisch stillen Gesellschafters verzichtet, erfolgt Korrektur der Gewinnverteilung zu Gunsten der GmbH auf der Ebene der Mitunternehmerschaft. Der Gewinnverzicht gilt als Ausschüttung der GmbH an den atypisch stillen Gesellschafter und ist bei der Gewinnfeststellung der Mitunternehmerschaft als Sonderbetriebseinnahme des Gesellschafters zu behandeln und unterliegt dem Teileinkünfteverfahren. Die einem atypisch stillen Gesellschafter gegenüber vorgenommene VGA führt bei diesem zu einer Sonderbetriebseinnahme iSd § 15 Abs. 1 S. 1 Nr. 2 EStG im Rahmen der atypisch stillen Gesellschaft. Diese ist, wenn der stille Gesellschafter eine natürliche Person ist, nach dem Teileinkünfteverfahren gemäß § 3 Nr. 40 S. 1 Buchst. d EStG zu 40 vH steuerfrei.

Im Falle einer GmbH & atypisch still ist bei einer Gewinnverschiebung von der GmbH auf den atypisch stillen Gesellschaft in der Regel davon auszugehen, dass diese nicht betrieblich veranlasst ist, sondern ihre Ursache im Gesellschaftsverhältnis hat.

Beispiel:
A ist alleiniger Gesellschafter der X-GmbH, deren Stammkapital 50.000 EUR beträgt. Gleichzeitig ist an dieser mit einer Einlage von 10.000 EUR als atypisch stiller Gesellschafter beteiligt. Seine Gewinnbeteiligung als stiller Gesellschafter beträgt 75 %. Aus einer früheren Unternehmung hat er einen Verlustvortrag von 2 Mio. EUR Er beabsichtigt diesen mit dem Gewinnanteil als stiller Gesellschafter zu verrechnen. Hier steht das gesellschaftliche Interesse hinsichtlich der Gewinnverteilung im Vordergrund. Die Fremdübliche der Gewinnbeteiligung des atypisch stillen ist nicht gewahrt.

5.4 Gewinnverteilung auf die Gesellschafter

5.4.2.2 Unangemessene Gewinnverteilung aufgrund von Verzichten anderer Mitgesellschafter

Ist der Schenker der atypischen stillen Beteiligungen gleichzeitig atypisch stiller Beteiligter und verzichtet er zugunsten der übrigen atypisch stillen Beteiligten auf eine angemessene Gewinnbeteiligung, so ist der Gewinn dem Schenker zuzurechnen, soweit die Gewinnverteilung auf außerbetrieblichen Gründen beruht. Die Grundsätze des GrS (29.5.1972, BStBl. II 73, 5) zur Angemessenheit der Gewinnbeteiligung sind in diesem Falle anzuwenden (vgl. BFH 29.3.1973, BStBl. II 73, 489; 4.6.1973, BStBl. II 73, 866; 13.3.1980, DB 1980, 1722; 29.5.1972, BStBl. II 73, 5; 26.6.1974, BStBl. II 74, 616; 29.9.1973, BStBl. II 74, 51). Bei der atypischen stillen Beteiligung ist vom gemeinen Wert des Anteils auszugehen, wobei der Abfindungsanspruch des atypischen stillen Beteiligten im Falle seines Ausscheidens die Obergrenze darstellt. Grundsätzlich ist die Gewinnbeteiligung von 15 vH, berechnet vom gemeinen Wert des Anteils, noch als angemessen anzusehen. Ist die Verlustbeteiligung ausgeschlossen, so wird nur eine Gewinnbeteiligung von 12 vH vom gemeinen Wert des Anteils als angemessen anzusehen sein (vgl. BFH 29.3.1973, BStBl. II 73, 650; 27.9.1973, BStBl. II 74, 51). Bestand bei einer Familienpersonengesellschaft die Kapitalbeteiligung des stillen Gesellschafters nicht aus einer Schenkung des Unternehmers und ist der stille Gesellschafter am Verlust beteiligt, ist idR eine Gewinnverteilungsabrede angemessen, die im Zeitpunkt der Vereinbarung bei vernünftiger kaufmännischer Beurteilung eine durchschnittliche Rendite bis zu 35 vH des tatsächlichen Werts der stillen Beteiligung erwarten lässt (BFH 16.12.1981, FR 1982, 331). Bei einer Nichtbeteiligung ist eine Gewinnbeteiligung bis zu 25 vH vom tatsächlichen Wert des Anteils als angemessen erachtet worden (BFH 14.2.1973, BStBl. II 73, 395). Diese Grundsätze sind mE dann anzuwenden, wenn die unangemessene Gewinnbeteiligung zu Lasten der Gewinnbeteiligung des Schenkers als atypisch stiller Beteiligter geht. Gleiches gilt, wenn der Schenker an seiner atypischen stillen Beteiligung seinen Angehörigen Unterbeteiligungen eingeräumt hat. In diesen Fällen sind auch die Grundsätze über die Angemessenheit der Gewinnbeteiligung bei Familienpersonengesellschaften anzuwenden.

5.4.3 Verteilung außerbilanzieller Gewinnzurechnung

Die Wahl eines handelsrechtlichen Gewinnverteilungsschlüssels ändert nichts daran, dass sich die Zurechnung steuerlicher Mehrgewinne, die aus der Anwendung des § 160 AO herrühren, nach dem Steuerrecht richtet. Denn die Handelsbilanz, der naturgemäß die gesamten außerbilanziellen Zurechnungen fremd sind, kann kein Maßstab für die Verteilung von Gewinnen sein, die aufgrund des Gesetzes ausschließlich für Zwecke der Besteuerung maßgeblich sind. Haben deshalb die Gesellschafter einer atypischen stillen Gesellschaft keine Regelung getroffen, die das Finanzamt verpflichtet, einen steuerlichen Mehrgewinn in bestimmter Weise den Gesellschaftern zuzurechnen (so etwa durch Festlegung eines betragsmäßig gleich bleibenden Gewinnanteils des atypischen stillen Gesellschafters, Zugrundelegung es Bilanzgewinnes für die Gewinnverteilung oder konkrete Abrede für

Teil 2 381   5 Atypische stille Beteiligung an einer GmbH

anfallende steuerliche Mehrgewinne), so ist es notwendig und sachgerecht, dass das Finanzamt die steuerliche Zurechnung der Einkünfte ebenfalls entgegen dem von den Gesellschaftern auf den Handelsbilanzgewinn bezogenen Verteilungsschlüssel vornimmt (so FG Hessen 13.11.1994, EFG 1996, 97). Die *OFD Frankfurt* (25.1.1996, DB 1996, 605) hat diese Rechtsansicht vertreten, wonach steuerliche Mehrgewinne entsprechend dem handelsrechtlichen Gewinnverteilungsschlüssel auch auf steuerliche Mehrgewinne anzuwenden sind.

5.4.4 Gewinnfeststellung und Gewinnverteilung anhand eines Beispiels

381 **Beispiel:**

A, der am Stammkapital der X-GmbH von 2.000.000 EUR mit 40 vH = 800.000 EUR beteiligt ist, ist gleichzeitig deren atypischer stiller Gesellschafter mit einer Einlage von 1.000.000 EUR und als solcher am Handelsbilanzgewinn der Gesellschaft mit einem Drittel beteiligt. Als Geschäftsführer der GmbH erhält er ein Gehalt von 80.000 EUR. Ferner hat er der GmbH aufgrund eines Mietvertrages ein Grundstück für jährlich 60.000 EUR zur Nutzung überlassen.

Grund und Boden hatten einen Buchwert von 80.000 EUR, das Gebäude einen von 420.000 EUR. Die Gebäude-AfA betrug 10.000 EUR, sonstige Aufwendungen beliefen sich auf 2.000 EUR.

Auf dem Grundstück lastete eine mit 100.000 EUR valutierte Hypothek, die Hypothekenzinsen betrugen 6.000 EUR.

Der Handelsbilanzgewinn der Gesellschaft in 02 betrug 300.000 EUR. Die Gesellschaft hatte bereits 80.000 EUR KSt – Vorauszahlungen geleistet. Die KSt -Rückstellung 20.000 EUR, der Gewinnanspruch des stillen Gesellschafters 150.000 EUR. A hatte den Anteil für 800.000 EUR erworben.

X-GmbH	Handelsbilanzgewinn	300.000 EUR
	Gewinnanteil StG	150.000 EUR
	KSt-Vorauszahlungen	80.000 EUR
	KSt-Rückstellung	20.000 EUR
	Steuerbilanzgewinn der GmbH	550.000 EUR
	Sondergewinnermittlung	131.600 EUR
	Gesamtgewinn der Mitunternehmerschaft	681.600 EUR

Sonderbetriebsvermögen

Grund u. Boden		80.000 EUR	Kapital 1.1.	1.210.000 EUR
Gebäude	430.000 EUR		PE	./. 140.000 EUR
./. AfA	10.000 EUR	420.000 EUR	NE	+ 8.000 EUR
GmbH-Anteil		800.000 EUR	Gewinn	131.600 EUR
Dividendenanspruch		9.600 EUR	Hypothek	100.000 EUR
		1.309.600 EUR		1.309.600 EUR

5.5 Behandlung der verdeckten Gewinnausschüttungen

Sonder G. u. V.

AfA	10.000 EUR	Mieteinnahmen	60.000 EUR
Betriebsausgaben (Haus)	2.000 EUR	Dividenden	9.600 EUR
Hypotheken	6.000 EUR	Geschäftsführergehalt	80.000 EUR
Gewinn	131.600 EUR		
	149.600 EUR		149.600 EUR

Gewinnverteilung

	X-GmbH	A	Gesamt
Handelsbilanz-Gewinn	300.000 EUR	150.000 EUR	450.000 EUR
Nichtabzugsfähige Steuern	100.000 EUR		100.000 EUR
Sonderbetriebseinnahmen		131.600 EUR	131.600 EUR
	400.000 EUR	281.600 EUR	681.600 EUR

Der körperschaftsteuerliche Gewinn der GmbH beträgt		400.000 EUR
Gewinn des A § 15 Abs. 1 S. 1 Nr. 2		281.600 EUR

5.4.5 Der Gewinnanteil als Grundlage für die Besteuerung der Mitunternehmer

Der Gewinnanteil und die eventuellen Sondervergütungen, die sich aufgrund der gesonderten Gewinnfeststellung ergeben, sind die Grundlage für die Besteuerung der Gesellschafter.

Für die GmbH ergibt deren Gewinnanteil die Grundlage für das körperschaftsteuerliche Einkommen. Die hierbei festgestellte verdeckte Gewinnausschüttung ist dem körperschaftsteuerlichen Einkommen hinzuzurechnen.

Der Gewinnanteil des atypischen stillen Gesellschafters, der sich aus der Steuerbilanz der GmbH ergibt, stellen gewerbliche Einkünfte des atypischen stillen Gesellschafters dar, soweit es sich hierbei um natürliche Personen handelt.

5.5 Behandlung der verdeckten Gewinnausschüttungen

Wie bereits ausgeführt, werden verdeckte Gewinnausschüttungen an die Gesellschafter ebenfalls im Rahmen der gesonderten Gewinnfeststellung festgestellt. Eine verdeckte Gewinnausschüttung an den stillen Gesellschafter ist gegeben, wenn der Gewinnanteil des stillen Gesellschafters unangemessen hoch ist. Hinsichtlich der Differenz zur angemessenen Gewinnverteilung liegt eine verdeckte Gewinnausschüttung vor (bezüglich des Begriffs der verdeckten Gewinnausschüttung wird verwiesen auf → Rn. 204 ff.). Ebenfalls liegt eine verdeckte Gewinnausschüttung seitens der GmbH vor, wenn die an die Gesellschafter gewährten Vergütungen für Sonderleistungen nicht deren Leistungen entsprechen. Das wäre der Fall, wenn das dem stillen Gesellschafter gewährte Geschäftsführergehalt einschließlich Tantiemen unangemessen hoch ist oder Miet- und Pachtzahlungen für überlassene Wirtschaftsgüter überhöht sind oder Lizenzen, die an den Gesellschafter gezahlt werden, nicht dem Wert der Erfindung entsprechen.

384 Die Einkommenserhöhung aufgrund verdeckter Gewinnausschüttungen führt grundsätzlich zu einer Tarifbelastung von 25 vH. Diese ist endgültig und unabhängig von der Ausschüttung.

Abfluss bedeutet Verlust der Verfügungsmacht durch die GmbH. Der Abfluss ist noch nicht mit der Einbuchung als Verbindlichkeit gegenüber dem Gesellschafter erfolgt. Da die Ansprüche des atypischen stillen Gesellschafters gegen die GmbH zum Sonderbetriebsvermögen führen, kommt es hier nicht auf Zufluss, sondern auf die Entstehung des Anspruchs als Gläubiger an. Dieser unangemessene Teil wird als Ausschüttung an den Stammgesellschafter angesehen und unterliegt nicht der Abgeltungssteuer. Da sich der Anteil im Betriebsvermögen befindet, werden entsprechend dem Teileinkünfteverfahren 60 vH der VGA als Sonderbetriebseinnahmen behandelt.

385 Erhalten stille Gesellschafter aus Gründen des Verwandtschaftsverhältnisses zu einem Gesellschafter eine unangemessen hohe Gewinnbeteiligung, so stellt der unangemessene Teil eine verdeckte Gewinnausschüttung in Form eines Gewinnverzichtes dar (die GmbH & Co KG, vgl. BFH 15.11.1967, BStBl. II 68, 152). Die Grundsätze des BFH über die Anerkennung der Gewinnbeteiligung bei Familiengesellschaften sind nicht auf die vGA zu übertragen.

5.6 Verlustübernahme durch den atypisch stillen Gesellschafter

5.6.1 Grundsätze

386 Hinsichtlich der Verlustbeteiligung gelten die gleichen Grundsätze wie bei der typischen stillen Gesellschaft. Ist eine Vereinbarung über die Verlustübernahme nicht getroffen worden, ist im Zweifel der stille Gesellschafter am Verlust beteiligt. Wie bereits ausgeführt, ist zwar die Verlustbeteiligung ein Indiz für die atypische stille Beteiligung, also für die Mitunternehmerschaft, nicht jedoch eine der notwendigen Voraussetzungen für die Mitunternehmerschaft. Ist die Verlustbeteiligung nicht ausgeschlossen, nimmt der atypische stille Gesellschafter in Höhe seiner Einlage am Verlust der GmbH teil, und zwar im Verhältnis seiner Gewinnbeteiligung.

Nach § 15 Abs. 4 S. 6 EStG idF des Entwurfes zum StVergAbG sollten Verluste aus stillen Gesellschaften, Unterbeteiligungen oder sonstigen Innengesellschaften an Kapitalgesellschaften, bei denen der Gesellschafter oder Beteiligte als Mitunternehmer anzusehen ist, unter den Voraussetzungen des § 10d nur mit Gewinnen, die der Gesellschafter oder Beteiligte in dem unmittelbar vorangegangenen Veranlagungszeitraum oder in den folgenden Veranlagungszeiträumen aus der selben Unterbeteiligung oder Innengesellschaft bezieht, verrechenbar sein.

Nach der endgültigen Gesetzesfassung gilt dies nur für Kapitalgesellschaften, die atypisch still an andern Kapitalgesellschaften beteiligt und als deren Mitunternehmer anzusehen sind, § 15 Abs. 4 S. 6 idF des StVerg-AbG.

5.6 Verlustübernahme durch den atypisch stillen Gesellschafter

Entsprechendes gilt für Verluste aus typisch stillen Beteiligungen an Kapitalgesellschaften (§ 20 Abs. 1 Nr. 4 S. 2 EStG idF des StVergAbG).

Da der atypische stille Gesellschafter seinen Gewinn durch Vermögensvergleich ermittelt, ist der Verlust grundsätzlich in dem Kalenderjahr zu berücksichtigen, in das das Wirtschaftsjahr fällt, in dem der Verlust ausgewiesen worden ist. Auf den Zeitpunkt der Feststellung der Bilanz bzw. auf den Zeitpunkt der Verrechnung mit dem Kapitalkonto des stillen Gesellschafters kommt es daher nicht an. Der Verlust ist dem atypisch stillen Gesellschafter bereits mit Ablauf des Wirtschaftsjahres zuzurechnen, unabhängig davon, wann der Verlust festgestellt worden ist und wann die Verrechnung mit dem Kapitalkonto stattgefunden hat. Der atypisch stille Gesellschafter ist verpflichtet, aus den künftigen Gewinnen sein Kapitalkonto auf den bedungenen Stand wieder aufzufüllen. Der Verlust ist auch dem atypisch stillen Beteiligten grundsätzlich nur bis zur Höhe seines Kapitalkontos zuzurechnen (siehe Ausführungen zur typisch stillen Beteiligung). Sollte aus irgendwelchen Gründen die Verlustbeteiligung über das Kapitalkonto hinausgehen, so ist dem atypisch stillen Beteiligten der Verlust weiterhin zuzurechnen. Die Verlustzurechnung wird durch das Verbot des Verlustausgleiches und des Verlustabzuges, was die ertragsteuerlichen Auswirkungen betrifft, eingeschränkt (§ 15a Abs. 5 EStG). § 15a Abs. 1 S. 1, Abs. 2 und S. 3, 1, 2 und 4 sowie Abs. 4 EStG gelten sinngemäß für andere Unternehmer, soweit deren Haftung der eines Kommanditisten vergleichbar ist, insbesondere für stille Gesellschafter einer stillen Gesellschaft iSd § 230 HGB, bei der der Stille als Unternehmer bzw. Mitunternehmer anzusehen ist.

5.6.2 Das Kapitalkonto des atypischen stillen Gesellschafters

Der einem Kommanditisten zuzurechnende Anteil am Verlust der Kommanditgesellschaft darf weder mit anderen Einkünften aus Gewerbebetrieb noch mit Einkünften aus anderen Einkunftsarten ausgeglichen werden, soweit ein negatives Kapitalkonto des Kommanditisten entsteht oder sich erhöht; er darf insoweit auch nicht nach § 10d abgezogen werden. Das Kapitalkonto iSd § 15a EStG ist das steuerliche Kapitalkonto des atypischen stillen Gesellschafters bei der GmbH, einschließlich eventueller Ergänzungsbilanzen. Seit der neuen Rechtsprechung des BFH sind Sonderbetriebsvermögen, zusätzliche Darlehen nicht dem Kapital iSd § 15a EStG hinzuzurechnen.

Umgekehrt mindert sich das Kapital auch nicht um zur Finanzierung der Beteiligung aufgenommene Darlehen.

Beispiel:
A hat sich an der X-GmbH mit einer Einlage von 500.000 EUR als stiller Gesellschafter beteiligt. Diese Beteiligung hat er mit einem Darlehen in Höhe von 500.000 EUR finanziert. Im ersten Jahr wird ihm ein Verlust von 300.000 EUR zugerechnet.

Der Verlust ist voll ausgleichsfähig, denn das steuerliche Kapitalkonto weist auch nach Verlustverteilung einen positiven Wert aus.

Das Kapitalkonto ist nicht um das aufgenommene Darlehen zu mindern (BFH 14.5.1981, BStBl. II 82, 167; 14.5.1991, BStBl. II 92, 64 und 182; BMF

20.2.1992, BStBl. I 92, 123; *Kolbeck* DB 1992, 2056). Bei der Ermittlung des Kapitals des atypisch stillen Beteiligten sind zwar im Gegensatz zur typischen stillen Beteiligung Darlehensüberlassungen und Nutzungsüberlassungen als ertragsteuerliches Eigenkapital und Darlehnsaufnahmen Eigenkapital mindernd zu berücksichtigen.

Maßstab für die Beschränkung des Verlustabzuges nach § 15a EStG ist jedoch des handelsrechtliche Kapital Soweit sich jedoch zusätzliches Eigenkapital aus den Sonderbilanzen ergibt, erhöht sich nicht der steuerliche Verlustabzug. Umgekehrt mindert jedoch negatives Sonderbetriebsvermögen das handelsrechtliche Kapitalkonto, das Bemessungsgrundlage für die Beschränkung des Verlustabzuges ist. Hat ein atypisch stiller Beteiligter seine Beteiligung durch ein Darlehen finanziert, so ist sein Kapitalkonto nicht um dieses Darlehen zu mindern, auch wenn in der Bilanz der GmbH die volle Einlage ausgewiesen ist. Maßstab ist die eingezahlte atypisch stille Einlage, nicht die vereinbarte, für den Fall dass diese noch nicht voll geleistet worden ist.

§ 15a Abs. 1 S. 2 ist jedoch nach § 15a Abs. 5 EStG nicht anzuwenden. Für den atypischen stillen Gesellschafter ergibt sich daher durch Bürgschaftsübernahmen und Schuldübernahmen keine Erweiterung der Haftung, weil eben die Eintragung seiner Haftungsbeschränkung im Handelsregister nicht möglich ist.

5.6.3 Behandlung von Sonderbetriebsausgaben

389 Das Verlustausgleichsverbot und Abzugsverbot bezieht sich nur auf den Handelsbilanzverlust, der mit dem Kapitalkonto zu verrechnen ist. Er bezieht sich jedoch nicht auf tatsächlich abgeflossene Betriebsausgaben.

Hat ein atypischer stiller Gesellschafter seine atypische stille Beteiligung mit einem Darlehen erworben, mindert dieses Darlehen nicht seinen steuerlichen Kapitalanteil. Die für das Darlehen gezahlten Schuldzinsen sind nicht vom Abzugsverbot betroffen. Sie können als Sonderbetriebsausgaben als Verluste aus Gewerbebetrieb bei den übrigen positiven Einkünften ausgeglichen werden. Das gleiche gilt für den Verlustrücktrag und Verlustvortrag.

5.6.4 Verrechnung mit künftigen Gewinnen

390 Das Verbot des Verlustausgleichs und des Verlustabzugs führt nicht zu einer Änderung der Verlustzurechnung. Der Verlust wird auch dem atypisch stillen Gesellschafter, und nicht der GmbH, zugerechnet, soweit der stille Gesellschafter diesen nicht mit anderen Einkünften ausgleichen darf. Die Verluste vergangener Jahre werden mit künftigen Gewinnen verrechnet.

391 Einlagen eines atypisch stillen Gesellschafters, die er zum Ausgleich eines negativen Kapitalkontos geleistet hat und die nicht durch ausgleichsfähige Verluste verbraucht wurden, sog. vorgezogene Einlagen sind geeignet, die Verluste späterer Wirtschaftsjahre als ausgleichsfähig zu qualifizieren (BFH 20.9.2007, BStBl. II 2008, 118).

5.6.5 Behandlung von Kapitalherabsetzungen iSd § 15a Abs. 3 EStG

Nach § 15a Abs. 3 EStG ist dem Kommanditisten der Betrag der Einlageminderung als Gewinn zuzurechnen, soweit ein negatives Kapitalkonto des Kommanditisten durch Entnahmen entsteht oder sich erhöht (Einlageminderung) und soweit nicht aufgrund der Entnahmen eine nach Abs. 1 Satz 2 zu berücksichtigende Haftung besteht oder entsteht. Im Gegensatz zum Kommanditisten entsteht nicht durch Rückzahlung der Einlage bei gleichzeitiger Eintragung der Haftungsminderung eine erweiterte Haftung des atypischen stillen Gesellschafters. Der atypische stille Gesellschafter ist den Gläubigern gegenüber nicht verpflichtet, bei Herabsetzung seiner Einlage den zurückbezahlten Betrag uU wieder zu erstatten. Infolgedessen ist bei der Herabsetzung der atypischen stillen Einlage der Wert der Entnahmen dem Gewinn hinzuzurechnen. Der hiernach anzurechnende Betrag darf den Betrag der Anteile am Verlust der Kommanditgesellschaft – hier der GmbH – nicht übersteigen, der im Wirtschaftsjahr der Einlageminderung und in den 10 vorangegangenen Wirtschaftsjahren ausgleichs- oder abzugsfähig gewesen ist. Die hiernach anzurechnenden Beträge mindern die Gewinne, die dem atypischen stillen Gesellschafter im Wirtschaftsjahr der Zurechnung oder in späteren Wirtschaftsjahren aus seiner Beteiligung an der GmbH zuzurechnen sind.

392

5.6.6 Fortschreibung des verrechenbaren Verlustes

Der hiernach nicht ausgleichs- oder abzugsfähige Verlust eines Kommanditisten, vermindert um die nach § 15a Abs. 2 EStG abzuziehenden und vermehrt um die nach § 15a Abs. 3 EStG hinzuzurechnenden Beträge (verrechenbarer Verlust), ist jährlich gesondert festzustellen. Dabei ist von dem verrechenbaren Verlust des vorangegangenen Wirtschaftsjahres auszugehen. Zuständig für den Erlass des Feststellungsbescheides ist das für die gesonderte Feststellung des Gewinns und Verlustes der Gesellschaft zuständige Finanzamt, also das für die GmbH zuständige Finanzamt.

393

5.7 Vergünstigungen des nicht entnommenen Gewinnes, § 34a EStG

5.7.1 Grundsätze

Um Einzelgewerbetreibende und Personengesellschaften den Kapitalgesellschaften gleichzustellen, regelt § 34a EStG die Besteuerung nicht entnommener Gewinne. Hiernach können Steuerpflichtige den Antrag stellen, nicht entnommene Gewinne ganz oder teilweise mit einem Steuersatz von 28,25 % zu berechnen (hierzu Joh. *Hey*, Unternehmensreform: das Konzept des § 34a EStG, DStR 2007, 929, *Blaurock/Levedag* Rn. 22.88; *Schulze zur Wiesche,* Die Folgen der Entlastung des nicht entnommenen Gewinns für die Ertragsbesteuerung der PersG, DB 2007, 1610, *Thiel/Sterner,* Entlastung der Personenunternehmen durch Begünstigung des nicht entnommenen Gewinns, DB 2007, 1099, *Pohl,* Außer-

394

bilanzielle Korrekturen bei der Ermittlung des nicht entnommenen Gewinns nach § 34a EStG, BB 2007, 2483, Schreiben BdF 11.8.2008, BStBl. I 2008). Bei Mitunternehmeranteilen ist Anpruchsberechtigter der einzelne Mitunternehmer. Da es sich bei der GmbH & Still um eine Personengesellschaft iSd § 15 Abs. 1 Nr. 2 EStG handelt, kann der atypisch stille Gesellschafter grundsätzlich den Antrag stellen, nicht entnommene Gewinne nach einem Steuersatz von 28,25 % zu besteuern. Sind mehrere atypisch stille Gesellschafter vorhanden, kann jeder Mitunternehmer, soweit es sich hierbei um eine natürliche Person handelt, den Antrag unabhängig voneinander stellen.

Allerdings kann der atypisch stille Gesellschafter den Antrag nur stellen, wenn sein Gewinnanteil mindestens 10 vH vom Gesamtgewinn beträgt oder 10.000 EUR übersteigt (Schr. BdF. 11.8.2008, BStBl. I 2008 Rn. 9).

Die Vergünstigung ist betriebs- und personenbezogen ausgestaltet (*Gesetzesbegründung* zu Nr. 23 zu § 34a neu) BT-Drs. 16/4841, 62). Ob die Voraussetzungen für Steuerermäßigung erfüllt sind, ist für jeden Betrieb oder Mitunternehmeranteil des Steuerpflichtigen gesondert zu prüfen. Damit wird demjenigen Steuerpflichtigen eine Vergünstigung gewährt, der durch den Verzicht auf die private Verwendung von Gewinnen seinem Betrieb oder Mitunternehmeranteil erwirtschaftetes Kapital weiterhin zur Verfügung stellt und damit die Eigenkapitalbasis seines Betriebes nachhaltig stärkt.

5.7.2 Nicht entnommener Gewinn

395 Der nicht entnommene Gewinn des Betriebes oder Mitunternehermanteils ist der nach § 4 Abs. 1 S. 1 oder § 5 EStG ermittelte Gewinn, vermindert um den positiven Saldo der Entnahmen und Einlagen des Wirtschaftsjahres (§ 34a Abs. 2 EStG, *Pohl* Außerbilanzielle Korrekturen bei der Ermittlung des nicht entnommenen Gewinns nach § 34a EStG, BB 2007, 2483, BdF. Schr. 11.8.2008, BStBl. I 2008 Rn. 11, 21).

Beispiel 1:
A ist atypischer Gesellschafter der X-GmbH.
Gewinnanteil 03   200.000 EUR
Einlagen   30.000 EUR
Entnahmen   120.000 EUR
Gewinnanteil 03   200.000 EUR
Positiver Saldo
PE/NE./.   90.000 EUR
Begünstigter Gewinn   110.000 EUR

Steuerfreie Gewinnanteile (zB Auslandsgewinne, steuerfreie Einkünfte) sind aufgrund ihrer Steuerfreiheit nicht Gegenstand der Gewinnthesaurierung. Steuerfreie Einkünfte sind jedoch in dem nicht entnommenen Gewinn enthalten, Entnahmen werden daher vorrangig von den steuerfreien Gewinnanteilen des laufenden Wirtschaftsjahres abgezogen. Im Ergebnis steht dem Steuerpflichtigen dadurch ein erhöhtes Theasaurierungsvolumen zur Verfügung (*Begr. BT-Drs.* 16/4841, 65, *Pohl* Außerbilanzielle Korrekturen bei der Ermittlung des nicht entnommenen Gewinns nach § 34a EStG, BB 2007, 2385)

5.7 Vergünstigungen des nicht entnommenen Gewinnes, § 34a EStG

Beispiel 2:
A erzielt als atypisch stiller Gesellschafter der X-GmbH im Jahre 08 einen Gewinn von 100.000 EUR. Darin ist ein steuerfreier Gewinn von 40.000 EUR enthalten. Die Entnahmen betrugen 60.000 EUR. Einlagen sind nicht erfolgt.
  Die Entnahmen in Höhe von 60.000 EUR sind zunächst einmal mit den steuerfreien Einnahmen in Höhe von 40.000 EUR zu verrechnen. Der übersteigende Betrag von 20.000 EUR mindert den steuerpflichtigen Gewinn von 60.000 EUR, so dass der begünstigte nicht entnommene Gewinn 40.000 EUR beträgt.

Soweit im Gewinn nicht abzugsfähige Betriebsausgaben enthalten sind, die außerbilanziell dem Gewinn wieder hinzugerechnet werden müssen § 4 Abs. 5 EStG, kann für diese die Steuerermäßigung nicht in Anspruch genommen werden (*Pohl* Außerbilanzielle Korrekturen bei der Ermittlung des nicht entnommenen Gewinns nach § 34a EStG, BB 2007, 2385). Denn diese Beträge sind tatsächlich verausgabt und daher nicht entnahmefähig. Hierzu gehört insbesondere die Gewerbesteuer, die ab 2008 nicht als Betriebsausgabe abzugsfähig ist. Diese und die übrigen nicht abzugsfähigen Betriebsausgaben werden somit als nicht begünstigter Gewinn Tarif besteuert.

Ist Gegenstand der Begünstigung ein Mitunternehmeranteil – hierzu rechnet auch die atypisch stille Beteiligung an einer GmbH – so umfasst dieser nicht nur den Gewinnanteil am Gesellschaftsvermögen, sondern auch das Sonderbetriebsvermögen (*Schulze zur Wiesche* DB 2007, 1610). Das ergibt sich daraus, dass der Gesetzgeber hier den Begriff Mitunternehmeranteil verwendet (*Thiel/Sterner* Entlastung der Personenunternehmen durch Begünstigung des nicht entnommenen Gewinns, DB 2007, 1102). Grundlage ist hier der Gewinnanteil iSd § 15 Abs. 1 S. 1 Nr. 2 EStG, der die Sondervergütungen eines Mitunternehmers mit erfasst. Das bedeutet, dass die Sondervergütungen für Geschäftsführung und sonstigen Tätigkeiten, Darlehenszinsen und Vergütungen für Nutzungsüberlassung dem Gewinnanteil wieder hinzugerechnet werden müssen und, soweit diese Vergütungen an den Gesellschafter ausgezahlt worden sind, als Entnahme behandelt werden müssen. Auf der anderen Seite sind Gesellschafterdarlehn an die Gesellschaft als Einlagen zu behandeln.

Eine Entnahme liegt jedoch noch nicht vor, wenn die Sondervergütungen einem bei der Gesellschaft geführten Konto gutgeschrieben werden (Gutschrift auf dem bei der Gesellschaft geführten Privatkonto), die Vergütungen müssen den Bereich des Gesellschaftsvermögens verlassen haben, also entweder bar ausgezahlt oder einem privaten Bankkonto eines Gesellschafters überwiesen werden (*Gragert/Wißborn* NWB Fach 3, 14621).

5.7.3 Der Begünstigungsbetrag

Der Begünstigungsbetrag ist der auf Antrag begünstigte Gewinn. Enthält der Antrag keine Begrenzung, entspricht der Begünstigungsbetrag dem nicht entnommenen Gewinn, andernfalls dem im Antrag genannten Betrag. Der nach § 34 Abs. 2 EStG ermittelte Betrag bildet die Obergrenze (*BT-Drs.* 16/4841, 63).

5.7.4 Der nachversteuerungspflichtige Betrag

398 Der nachversteuerungspflichtige Betrag wird aus dem Begünstigungsbetrag entwickelt. Der Begünstigungsbetrag ist um die bereits entrichtete ermäßigte Steuer von 28,25 vH und dem darauf entfallenden Solidaritätszuschlag zu mindern. Dies gilt nicht für Nebenleistungen zB Zinsen und Versäumniszuschläge (*BT-Drs.* 16/4841, 63/64).

Der nachversteuerungspflichtige Betrag ist jährlich zum Ende des Veranlagungszeitraums fortzuschreiben. Er erhöht sich, wenn soweit für nicht entnommene Gewinne die Steuerermäßigung beantragt wird. Er mindert sich, wenn es infolge Entnahmen über den laufenden Gewinn hinaus zu einer Nachversteuerung kommt.

Ebenfalls kommt es zu einer Erhöhung oder Minderung des nachversteuerungspflichtigen Betrages, wenn auf Grund von Buchwertübertragungen iSd § 6 Abs. 5 S. 1–3 EStG der hieraus resultierende nachversteuerungspflichtige Betrag auf Antrag mit übertragen wird. Der Nachversteuerungsbetrag zum Ende eines Veranlagungsjahres wird jährlich durch einen gesonderten Verwaltungsakt festgestellt.

5.7.5 Durchführung der Nachversteuerung

399 Wird der im laufenden Wirtschaftsjahr nicht entnommene Gewinn jedoch in späteren Jahren entnommen, entfällt der Begünstigungsgrund und es ist eine Nachversteuerung mit einem Steuersatz von 25 vH, zuzüglich Solidaritätszuschlag, durchzuführen. Der Nachversteuerungsbetrag ergibt sich, wenn der Saldo der Entnahmen (§ 6 Abs. 1 Nr. 4 EStG) und Einlagen (§ 6 Abs. 1 Nr. 5 EStG) des laufenden Wirtschaftsjahres den in diesem Wirtschaftsjahr erzielten Gewinn (einschließlich der steuerfreien Gewinnanteile) übersteigt. Damit legt § 34a Abs. 2 EStG zugleich die Verwendungsreihenfolge in der Weise fest, dass durch den positiven Saldo der Entnahmen und der Einlagen vorrangig der laufende Gewinn vermindert wird. Es ergibt sich somit folgende Verwendungsreihenfolge:

(1) Positiver steuerfreier Gewinn des laufenden Jahres
(2) Positiver steuerpflichtiger Gewinn des laufenden Jahres
(3) Nicht entnommene und nach § 34a EStG begünstigte Gewinne der Vorjahre (= nachversteuerungspflichtiger Gewinn der Vorjahre)
(4) Nichtentnommene, mit dem persönlichen Steuersatz versteuerte Gewinne der Vorjahre; steuerfreie Gewinne der Vorjahre

Eine Nachversteuerung ist durchzuführen, soweit zum Ende des vorangegangenen Veranlagungszeitraums ein nachversteuerungspflichtiger Betrag nach § 34a Abs. 3 EStG festgestellt wurde. Ist ein solcher nicht festgestellt, kann auch keine Nachversteuerung erfolgen. Ist ein solcher festgestellt, ist eine Nachversteuerung nur insoweit möglich, als ein solcher festgestellt ist.

5.8 Steuerermäßigung nach § 35 EStG bei gewerblichen Personenges.   400 **5.8**

Beispiel 1:

Gewinnanteil des A an der GmbH	
Als atypisch stiller Gesellschafter	100.000 EUR
Entnahme	200.000 EUR
Nachversteuerungspflichtiger Betrag	50.000 EUR
Verrechnung mit lfd. Gewinn	100.000 EUR
Nachversteuerungsbetrag	100.000 EUR
Nachversteuerungspfl. Betrag	50.000 EUR
25 % Nachsteuer	12.500 EUR

Bei der Personengesellschaft werden der Gewinnanteil und die Sondervergütungen zu einem einheitlichen Gewinnanteil zusammengerechnet. Gewinne im Gesamthandsbereich mit Verlusten im Sonderbereich und umgekehrt miteinander saldiert. Gleiches geschieht mit den Entnahmen und den Einlagen.

Beispiel 2:

A ist atypisch stiller Gesellschafter der X-GmbH. Sein Gewinnanteil beträgt 50.000 EUR. Er hat von der Gesellschaft eine Sondervergütung von 10.000 EUR erhalten. Seine Geldentnahmen betrugen 90.000 EUR. Er hat seinen privaten Pkw zu 75 vH betrieblich genutzt, Anschaffungskosten 20.000 EUR. Außerhalb der Bilanz ist ein nachversteuerungspflichtiger Betrag 30.000 EUR festgestellt.

Gewinn	60.000 EUR
Entnahmen	90.000 EUR
Einlage	20.000 EUR
Positiver Saldo	70.000 EUR
Nachversteuerungsbetrag	10.000 EUR
Entwicklung Nachversteuerungsverpflichtungsbetrag	
1.1	30.000 EUR
Minderung	10.000 EUR
31.12.	20.000 EUR

5.8 Steuerermäßigung nach § 35 EStG bei gewerblichen Personengesellschaften

Dem atypisch stillen Gesellschafter einer GmbH steht hinsichtlich seines Gewinnanteils die Steuerermäßigung des § 35 Abs. 1 Nr. 2 EStG zu. Die tarifliche Einkommensteuer ist ab 2009 um das 3,8fache des jeweils für den dem Veranlagungszeitraum entsprechenden Erhebungszeitraum festgesetzten anteiligen Gewerbesteuermessbetrages zu ermäßigen. (*Blaurock/Levedag* Rn. 22.66 ff.) Der Abzug des Steuerermäßigungsbetrages ist auf die tatsächlich zu zahlende Gewerbesteuer beschränkt.   **400**

Der Ermäßigungshöchstbetrag ist wie folgt zu ermitteln:

Summe der positiven gewerblichen Einkünfte
+ geminderte tarifliche Steuer
Summe aller positiver Einkünfte

Gewerbliche Einkünfte iSd Sätze 1 und 2 sind die der Gewerbesteuer unterliegenden Gewinne und Gewinnanteile, soweit sie nicht nach anderen Vorschriften von der Ermäßigung nach § 35 ausgenommen sind.

401 Nach § 35 Abs. 3 EStG ist bei Mitunternehmerschaften iSd § 15 Abs. 1 S. 1 Nr. 2 und 3 EStG der Betrag des Gewerbesteuermessbetrages und der auf die einzelnen Mitunternehmer entfallende Anteil gesondert und einheitlich festzustellen. Der Anteil eines Mitunternehmers am Gewerbesteuermessbetrag richtet sich nach seinem Anteil am Gewinn der Mitunternehmerschaft nach Maßgabe des allgemeinen Gewinnverteilungsschlüssels.

Auf die Verteilung im Rahmen der einheitlichen und gesonderten Feststellung der Einkünfte aus Gewerbebetrieb kommt es dabei nicht an. Dies gilt auch für Fälle der atypisch stillen Gesellschaft. Für die Verteilung aufgrund des allgemeinen Gewinnverteilungsschlüssels ist grundsätzlich die handelsrechtliche Gewinnverteilung maßgeblich. Diese ergibt sich entweder aus den gesetzlichen Regelungen des HGB oder aus abweichenden gesellschaftsvertraglichen Vereinbarungen.

402 Bei der Ermittlung des Aufteilungsmaßstabes für den Gewerbesteuermessbetrag sind daher Vorabgewinne nach § 35 Abs. 3 S. 2 Hs. 2 EStG nicht zu berücksichtigen.

Dies gilt auch für Sondervergütungen iSd § 15 Abs. 1 S. 1 Nr. 2 EStG, die in ihrer Höhe nicht vom Gewinn abhängig sind, sowie die Ergebnisse aus Sonder- und Ergänzungsbilanzen.

403 Auch die Ergebnisse der Sonder- und Ergänzungsbilanzen werden entsprechend dem Gewinnverteilungsschlüssel auf alle Gesellschafter aufgeteilt, auch wenn sie nur einen oder einzelne Gesellschafter betreffen.

Da in dem der GewSt unterliegenden Gesamtgewinn auch die Sonderbetriebseinnahmen enthalten sind, führt dies dazu, dass auch die Entlastung nach § 35 EStG hinsichtlich der Sonderbetriebseinnahmen nicht dem Gesellschafter zukommt, dem diese zugeflossen sind, sondern diese auch nach dem Gewinnverteilungsschlüssel den einzelnen Gesellschaftern der GmbH atypisch still zu Gute kommt, so dass die Gesellschafter, bei denen keine Sonderbetriebseinnahmen anfallen, einen Anrechnungsvorteil haben.

404 Gewinnabhängige Vorabgewinnanteile sind für die Bemessung des Gewinnanteils eines Mitunternehmers am Gewerbsteuermessbetrages nicht zu berücksichtigen (so BFH 7.4.2009, BStBl. II 2010, 116 gegen BMF Schreiben 24.2.2009, BStBl. I 2009, 440; hinsichtlich der Anwendung des Beschlusses BMF-Schr. 22.12.2009, BFH 22.9.2011, BFH/NV 2011, 1120; BFH 30.5.2012 – IV B 114/11, BFH/NV 2012, 1440).

405 Die Ermittlung des Ermäßigungsbetrages für Mitunternehmer erfolgt in drei Schritten:

Schritt 1: Ermittlung des Ermäßigungsbetrages auf der Ebene der Gesellschaft.
Schritt 2: Verteilung des Ermäßigungsbetrages auf der Ebene der Gesellschafter.
Schritt 3: Ermittlung des Ermäßigungshöchstbetrages auf der Ebene der Gesellschafter.

In die Bemessungsgrundlage der Gewerbesteuer gehen auch die Ergebnisse von Sonder- und Ergänzungsbilanzen der Gesellschaft ein, so dass Aufwendungen und Erträge im Sonder- und Ergänzungsbereich eines Gesellschafters die

5.8 Steuerermäßigung nach § 35 EStG bei gewerblichen Personenges. 406–408

Gewerbesteuerbelastung der Gesellschaft und damit den handelsrechtlichen Gewinnanteil eines anderen Gesellschafter beeinflussen (sog. fremdbestimmte Steuerwirkungen).

Aus diesem Grunde werden häufig gesellschaftsvertragliche Regelungen getroffen, die dazu führen, dass im Verhältnis der Gesellschaft untereinander jeder Gesellschafter nicht nur seine Einkommensteuer, sondern auch die seinen Einkünften zuzuordnende Gewerbesteuer zu tragen hat.

Bei den gemischten Gesellschaften wie GmbH & Co KG und GmbH & atypisch Still ist zu berücksichtigen, dass den Kapitalgesellschaften die Steuerermäßigung nicht zusteht und daher insoweit, als diese am Gewinn beteiligt sind, die Steuerermäßigung ins Leere geht.

Bei der GmbH & atypisch Still jedoch führt dies sogar zu einem Anrechnungsverlust, weil die GmbH als Körperschaft die Ermäßigung nicht beanspruchen kann. Die Sonderbetriebseinnahmen des stillen Gesellschafters werden entsprechend dem Gewinnverteilungsschlüssel zwischen der stillen Gesellschaft und die handelsgewerbetreibende GmbH aufgeteilt.

Steuerfreie Erträge aufgrund des Teileinkünfteverfahrens wirken sich insofern aus, als sie die ihm zu versteuernden Einkommen enthaltenen gewerblichen Einkünfte ermäßigen. Sie haben jedoch keinen Einfluss auf den festgestellten Gewerbesteuermessbetrag, weil die Gewinnminderung nach § 3 Nr. 40 EStG durch die Hinzurechnung in § 8 Nr. 5 GewStG wieder kompensiert wird.

Beispiel:
A ist atypisch stiller Gesellschafter der X-GmbH und mit 30 vH am Gewinn der GmbH beteiligt. A hat von der GmbH auf seinen Anteil am Stammkapital eine Dividende von 100.000 EUR für 03 erhalten. Vom Gewinn der X-GmbH in Höhe von 524.500 EUR entfallen 150.000 EUR auf A als atypisch stiller Gesellschafter.

Gesamtgewinn der GmbH & atypisch Still	524.500 EUR
Sonderbetriebseinnahme 60 vH v. 100.000	60.000 EUR
	584.500 EUR
Hinzurechnung § 8 Nr. 5 GewStG	40.000 EUR
Gewerbesteuermessbetrag	624.500 EUR
Freibetrag § 11 Abs. 1 S. 3 GewStG	24.500 EUR
Anteiliger Messbetrag 30 vH	180.000 EUR
5 vH	9.000 EUR

Diese Wirkungen treten jedoch nicht ein, wenn die GmbH nicht am Gewinn beteiligt ist, sondern für ihre Tätigkeit eine feste Vergütung erhält. Auch eine Innengesellschaft kann so gestaltet werden, dass der nach außen hin auftretende Gesellschafter und alleinige Hafter im Innenverhältnis nicht am Vermögen beteiligt ist und keinen Gewinnanteil erhält (BFH 10.5.2007, DStR 2007, 2002).

Bei der gesonderten und einheitlichen Feststellung nach § 35 Abs. 2 S. 1 EStG sind nach § 35 Abs. 2 S. 5 EStG nur anteilige Gewerbesteuer-Messbeträge einzubeziehen, die aus einer Beteiligung einer Mitunternehmerschaft stammen. § 35 Abs. 2 S. 5 ist jedoch nicht auf Kapitalgesellschaften auch bei Vorliegen einer Organschaft entsprechend auf den anteiligen Gewerbesteuermessbetrag anzuwenden. Das gilt auch für den Fall, dass Erträge aus einer atypisch stillen Beteiligung einer Kapitalgesellschaft durch diese auf eine Personengesellschaft durchgeleitet werden (BFH 22.9.2011, BFH/NV 2011, 1120). Im Unteilsfalle ging es um die Erträge aus einer atypisch stillen Beteiligung einer GmbH, deren Gesellschafter eine Personen Gesellschaft mit natürlichen Personen als Gesellschafter handelte.

5.9 Beschränkt Steuerpflichtiger als atypischer stiller Gesellschafter

409 Bei der atypisch stillen Beteiligung am Handelsgewerbe einer GmbHG, die in unbeschränkter Steuerverpflichtung ist und ihre Betriebsstätte im Inland hat, stellt die Beteiligung an einer Personengesellschaft und damit auch an einer GmbH & atypisch Still, eine inländische Betriebsstätte dar. Ist der stille Gesellschafter auch Gesellschafter der GmbH, sind der Anteil an dieser als dessen Sonder-BV zu behandeln und gehören somit auch die Dividenden aus dem GmbH-Anteil zu den Betriebseinnahmen. Mit der einbehaltenen Kapitalertragsteuer ist die inländische Steuer nicht abgegolten, § 50 Abs. 5 S. 2 EStG. Auf die Dividenden ist jedoch das Teileinkünfteverfahren (§ 3 Nr. 40a EStG) anzuwenden.

Insbesondere hat der beschränkt Steuerpflichtige eine Betriebsstätte, wenn er als beherrschender Gesellschafter im Inland gelegene Wirtschaftsgüter der GmbH zur Nutzung überlassen hat (Betriebsaufspaltung). In diesem Fall gehört auch die stille Beteiligung zu seinem Betriebsvermögen, mit der Folge, dass der Gewinn aus der stillen Beteiligung als Betriebseinnahme zu behandeln ist.

Eine Betriebsstätte in diesem Sinne ist auch ein Mitunternehmeranteil iSd § 15 Abs. 1 S. 1 Nr. 2 EStG. Ist ein beschränkt Steuerpflichtiger Mitunternehmer einer inländischen Personengesellschaft, hat er inländische Einkünfte iSd § 49 Abs. 1 Nr. 2 EStG. Gehört zu der Personengesellschaft eine stille Beteiligung oder gehört eine stille Beteiligung zu seinem Sonderbetriebsvermögen, so hat der Stille Gesellschafter Sonderbetriebseinnahmen. Das gleiche gilt, wenn ein stiller Gesellschafter atypisch an einer GmbH beteiligt ist. In diesem Falle hat er als Mitunternehmer gewerbliche Einkünfte iSd § 49 Abs. 1 Nr. 2 iVm § 15 EStG. Die Gewinnausschüttung der GmbH, die Sonderbetriebseinnahmen seines Mitunternehmeranteils darstellt, unterliegt dem Teileinkünfteverfahren. Da die Einkünfte als SonderBE zu einer inländischen Betriebsstätte gehören, ist die Steuer auf die Dividende nicht durch die Kapitalertragsteuer abgegolten. Inwieweit jedoch die Dividenden aufgrund dieses Doppelbesteuerungsabkommens (DBA) dem anderen Staat (Wohnsitzstand) zu überlassen sind, hängt von dem jeweiligen DBA ab.

6 Stille Beteiligung und Betriebsaufspaltung

6.1 Betriebsaufspaltung

Eine Betriebsaufspaltung ist steuerlich dann gegeben, wenn ein wirtschaftlich einheitliches Unternehmen in zwei juristisch selbständige Gesellschaften aufgespalten ist. Eine Betriebsaufspaltung setzt jedoch nicht gleiche Beteiligungsverhältnisse bei diesen Gesellschaften voraus; es genügt vielmehr, dass die Person oder die Personen, die das Besitzunternehmen tatsächlich beherrschen, in der Lage sind, auch in der Betriebsgesellschaft ihren Willen durchzusetzen (BFH GrS 8.11.1971, BStBl. II 72, 63; vgl. auch *Blaurock/Levedag* Rn. 22, 102 ff.). **410**

Die Betriebsaufspaltung kommt in der Regel in der Form vor, dass eine Besitzgesellschaft das Betriebsvermögen hält, das sie jedoch an eine Betriebs-GmbH, die den Betrieb führt, verpachtet (vgl. hierzu im einzelnen BFH 2.8.1972, BStBl. II 72, 796; 18.10.1972, BStBl. II 73, 27; 23.11.1972, BStBl. II 73, 247; 20.9.1973, BStBl. II 73, 869; 21.5.1974, BStBl. II 74, 642; 14.8.1974, BStBl. II 75, 112; 11.12.1974, BStBl. II 75, 266; 15.5.1975, BStBl. II 75, 781; 29.7.1976, BStBl. II 76, 750). **411**

Costede (StuW 1977, 208 ff.) weist mit Recht darauf hin, dass zwischen der Betriebsaufspaltung und der stillen Beteiligung an einer GmbH, insbesondere in atypischer Form, eine enge Verwandtschaft besteht. Das gilt insbesondere dann, wenn den Gegenstand der stillen Beteiligung auch Sachwerte, nicht nur Bareinlagen darstellen. Bürgerlich-rechtlich unterscheidet sich die Betriebsaufspaltung von der stillen Beteiligung im Wesentlichen dadurch, dass durch die Verpachtung des Betriebsvermögens an die Betriebs-GmbH lediglich obligatorische Beziehungen, wenn auch von unbegrenzter Dauer, geknüpft werden. Bei der Betriebsaufspaltung wird kein neues Gesellschaftsverhältnis geschaffen. Die besondere Stellung des Gesellschafters ergibt sich lediglich aufgrund der beherrschenden Stellung bei beiden Gesellschaften. Eine Betriebsaufspaltung setzt voraus, dass die Besitzgesellschaften oder ein einzelner Gesellschafter der Gesellschaft mindestens eine der wesentlichen Betriebsgrundlagen zur Verfügung stellt, dass dieser Gesellschafter bzw. diese Gesellschafter auch mehrheitlich an der GmbH beteiligt sind und dort ihren Willen aufgrund der GmbH-Beteiligung durchsetzen können. Eine Mitunternehmerschaft zwischen Verpächter und Betriebsgesellschaft begründet jedoch eine Betriebsaufspaltung nicht, mit der Folge, dass der Gewinn der GmbH und der Gewinn der Verpachtungsgesellschaft bzw. des Verpachtungsunternehmens gesondert festgestellt werden. Im Gegensatz zur atypischen stillen Beteiligung erfolgt die Gewinnermittlung im Falle der Betriebsaufspaltung getrennt. Das verhindert jedoch nicht, dass für beide Gewerbebetriebe die stille Beteiligung, insbesondere in atypischer Form, und eine Betriebsaufspaltung miteinander vermischt werden können. Das gilt insbesondere dann, wenn ein beherrschender Gesellschafter, der gleichzeitig atypischer stiller Gesellschafter ist, der Gesellschaft gleichzeitig sogenanntes Sonderbetriebsvermögen zur Verfügung stellt, indem er dieses Betriebsvermögen der Gesellschaft verpachtet. In diesem Falle geht jedoch die Betriebsaufspaltung in die durch die atypische stille Beteiligung begründete Mitunternehmerschaft auf. In diesem Zusammenhang wird auf die folgenden Ausführungen zur atypischen stillen Beteiligung verwiesen.

412 Sind sowohl die Voraussetzungen einer Mitunternehmerschaft als auch die einer Betriebsaufspaltung erfüllt, hat die Betriebsaufspaltung gegenüber dem Sonderbetriebsvermögen Vorrang (BFH 23.4.1996, DB 1996, 2059).

413 Sind Eheleute Eigentümer des durch den beherrschenden Gesellschafter an die GmbH überlassenen Grundstücks, ist fraglich, ob die Verpachtung durch die Eheleute insgesamt als gewerbliche Tätigkeit anzusehen oder lediglich der Miteigentumsanteil als Sonderbetriebsvermögen des überlassenden Gesellschafters zu behandeln ist (hierzu *Schulze zur Wiesche* DB 1982, 1689 und GmbHR 1982, 261; *Störzinger* FR 1981, 82; *Wendt* GmbHR 1983, 20; *Fichtelmann* FR 1980, 138).

6.2 Stille Beteiligung eines beherrschenden Gesellschafters als Betriebsaufspaltung

6.2.1 Stille Beteiligung in Form einer Bareinlage

414 Die stille Beteiligung eines beherrschenden Gesellschafters führt nicht automatisch zu einer Betriebsaufspaltung. Hat ein typischer stiller Gesellschafter sich lediglich mit einer Bareinlage gegen Gewinnbeteiligung beteiligt, begründet diese typische stille Beteiligung keinen Gewerbebetrieb.

Die Einkünfte aus der stillen Beteiligung sind bei ihm als Einkünfte aus Kapitalvermögen iSd § 20 Abs. 1 Nr. 4 EStG zu behandeln.

6.2.2 Stille Beteiligung durch Überlassung von Wirtschaftsgütern

415 Besteht die stille Beteiligung eines beherrschenden Gesellschafters darin, dass dieser aufgrund eines Gesellschaftsvertrages Wirtschaftsgüter gegen Gewinnbeteiligung überlassen hat, die eine der wesentlichen Betriebsgrundlagen des Betriebes der GmbH darstellen, sind nach der Definition des BFH auch die Voraussetzungen für eine Betriebsaufspaltung (gleiche Meinungsbildung und die Überlassung einer wesentlichen Betriebsgrundlage) gegeben (vgl. *Schulze zur Wiesche* DStR 1993, 1844).

416 Da die Einkünfte im betrieblichen Bereich Vorrang vor den Einkünften im Privatvermögen haben, ist eine Nutzungsüberlassung wesentlicher Grundlagen an eine GmbH durch einen beherrschenden Gesellschafter als Betriebsaufspaltung zu qualifizieren, gleichgültig ob sie aufgrund eines Miet- oder Pachtvertrages oder auf Grund eines stillen Beteiligungsverhältnisses zustande kommt.

In diesem Falle gehören die Wirtschaftsgüter, deren Nutzung Gegenstand des stillen Beteiligungsverhältnisses ist, zu seinem Betriebsvermögen, sofern keine atypische stille Beteiligung anzunehmen ist (BFH 20.9.1973, BStBl. II 73, 869; 21.5.1974, BStBl. II 74, 613).

6.2 Stille Beteiligung eines beherrschenden Gesellschafters   417   **6.2**

Hinsichtlich des Begriffes der wesentlichen Grundlagen kann auf die Rechtsprechung zu § 16 EStG verwiesen werden (insbesondere BFH 30.10.1974, BStBl. II 75, 2342; 26.4.1979, BStBl. II 79, 557; 24.6.1969, BStBl. II 70, 17; 1.3.1983, BB 1983, 618).

Sie bilden im Gegensatz zum Sonderbetriebsvermögen einer Mitunternehmerschaft einen selbständigen Betrieb. Die Gewinnermittlung richtet sich nach § 141 AO. Bei dem Gewinnanteil aus der stillen Beteiligung handelt es sich im Falle der Betriebsaufspaltung um gewerbliche Einkünfte. Allerdings ist zu beachten, dass Tätigkeiten im Zusammenhang mit dieser gewerblichen Tätigkeit dem Gewerbebetrieb zuzurechnen sind (vgl. auch BFH 24.11.1978, BStBl. II 79, 366).

Beispiel:
A ist an der X-GmbH, deren Stammkapital 200.000 EUR beträgt, mit 60 vH beteiligt (AK 120.000 EUR). Darüber hinaus hat er der GmbH ein Patent überlassen, das eine wesentliche Grundlage des Betriebs bildet. Wert 160.000 EUR. Lizenzeinnahmen im Wirtschaftsjahr 44.000 EUR. Seine stille Beteiligung an der GmbH beträgt 200.000 EUR. Gewinnanteil im Wirtschaftsjahr 30.000 EUR. Ausschüttung im Wirtschaftsjahr 10 vH. Der Gewinn war zum Schluss des Kalenderjahres ausgezahlt.

Bilanz zum 1.1.

Aktiva		Passiva	
GmbH-Anteil	120.000 EUR	Kapital	480.000 EUR
Patent	160.000 EUR		
stille Beteiligung	200.000 EUR		
Bilanzsumme	480.000 EUR	Bilanzsumme	480.000 EUR

Bilanz zum 31.12.

Aktiva		Passiva		
GmbH-Anteil	120.000 EUR	Kapital 1.1		480.000 EUR
Patent 1.1		PE./.	65.000 EUR	160.000 EUR
Gewinn +	75.000 EUR			
AfA 20.000 EUR	140.000 EUR			
stille Beteiligung	200.000 EUR			
Gewinnanspruch				
stille Beteiligung	30.000 EUR			
Bilanzsumme	490.000 EUR	Bilanzsumme		490.000 EUR

G. u. V.

		Gewinnanteil	30.000 EUR
AfA Patent	20.000 EUR	Lizenzeinnahmen	44.000 EUR
Gewinn	75.000 EUR	Gewinnausschüttung GmbH § 3 Nr. 40 EStG	
		60 vH v. 12.000 EUR	7.200 EUR
Summe	81.200 EUR	Summe	81.200 EUR

6.3 Stille Beteiligung bei gleichzeitiger Nutzungsüberlassung

418 Hat ein beherrschender Gesellschafter einer Kapitalgesellschaft (GmbH) Wirtschaftsgüter, die eine wesentliche Grundlage des Betriebs der GmbH bilden, auf Grund eines Pachtvertrages dieser zur Nutzung überlassen, übt er eine gewerbliche Tätigkeit aus. Zu seinem Betriebsvermögen gehören daher alle Wirtschaftsgüter, die er der GmbH überlassen hat, das gilt auch für Darlehen (BFH 24.11.1978, BStBl. II 79, 366). Besteht neben der Nutzungsüberlassung eine Geldeinlage in Form einer stillen Beteiligung, gehört auch diese zu seinem Betriebsvermögen, mit der Folge, dass der Gesellschafter die stille Beteiligung in der Bilanz seines Einzelunternehmens auszuweisen hat. Die Gewinnansprüche aus der stillen Beteiligung stellen Betriebseinnahmen dar.

419 Ist der beherrschende Gesellschafter gleichzeitig deren Geschäftsführer, liegt jedoch eine atypische stille Beteiligung vor. Da jedoch das Sonderbetriebsvermögen Vorrang vor der Betriebsaufspaltung hat, wird der Betrieb der GmbH automatisch einer Mitunternehmerschaft überlassen mit der Folge, dass der bisherige Verpachtungsbetrieb (Besitzunternehmen) als Sonderbetriebsvermögen der neuen Mitunternehmerschaft zu behandeln ist. Da es sich um eine Betriebsfortführung in anderer Form handelt, ist zu Buchwerten zu übertragen.

6.4 Betriebsaufspaltung und atypische stille Beteiligung

420 Besteht zwischen der GmbH und ihrem Geldgeber eine atypische stille Beteiligung, ist zwischen der GmbH und dem atypisch stille Beteiligten eine Mitunternehmerschaft, dh ein Unternehmen gegeben. Wie bereits ausgeführt, besteht das Betriebsvermögen aus dem Betriebsvermögen der GmbH und dem Sonderbetriebsvermögen des stillen Gesellschafters, zu dem alle Wirtschaftsgüter gehören, die der stille Beteiligte der GmbH zur Nutzung überlassen hat. Dies gilt auch dann, wenn der stille Gesellschafter gleichzeitig beherrschend an der GmbH beteiligt ist. Im Falle der Mitunternehmerschaft liegt ein Betrieb vor, im Falle der Betriebsaufspaltung liegen zwei rechtlich getrennte Betriebe mit eigener Gewinnermittlung vor. Ist bereits durch die stille Beteiligung eine Mitunternehmerschaft mit der GmbH begründet, ist begrifflich eine Betriebsaufspaltung nicht mehr möglich, auch wenn die Nutzungsüberlassung aufgrund von Sondervereinbarungen außerhalb des stillen Beteiligungsverhältnisses beruht.

Der stille Gesellschafter hat hinsichtlich des Sonderbetriebsvermögens eine Sonderbilanz zu erstellen, und die Erträge aus dem Sonderbetriebsvermögen, die in gleicher Weise wie der Gewinn der GmbH zu ermitteln sind (nach § 5 EStG), sind Sonderbetriebseinnahmen des atypischen stillen Gesellschafters.

Beispiel:
A ist mit 60 % Gesellschafter der X-GmbH und deren Geschäftsführer. Er hat der X-GmbH im Jahre 01 ein Betriebsgrundstück, das eine wesentliche Betriebgrundlage der GmbH darstellt, zur Nutzung überlassen (Betriebaufspaltung). Da die GmbH einen weiteren Bedarf an Eigenmittel hatte, hat er der GmbH im Jahre 03 weiteres Kapital in der Form einer atypisch stillen Beteiligung zur Verfügung gestellt.

6.5 Organschaft und GmbH & atypisch Still

Mit der Begründung der Mitunternehmerschaft als Folge der atypisch stillen Beteiligung ist ertragsteuerlich der Geschäftsbetrieb der GmbH auf die Mitunternehmerschaft übergegangen. Die GmbH führt den Betrieb für Rechnung der Mitunternehmerschaft. Ertragsteuerlich liegt somit eine Einbringung des Betriebs der GmbH in die Mitunternehmerschaft X GmbH & atypisch Still iSd § 24 UmwStG vor. Somit ist auch die Betriebsaufspaltung beendet worden. Das Betriebsgrundstück ist somit Sonderbetriebsvermögen der Mitunternehmerschaft geworden. Die Übertragung hat zum Buchwert zu erfolgen § 6 Abs. 5 S. 2 EStG. Die Veräußerungssperre iSd § 6 Abs. 5 S. 4 EStG gilt für die Übertragung von einem anderen Betrieb in das Sonderbetriebsvermögen nicht.

Eine Zurechnung zum Sonderbetriebsvermögen erfolgt dann nicht, wenn das Betriebsgrundstück einer OHG oder GbR gehört, an der der beherrschende Gesellschafter mehrheitlich beteiligt ist und deren Geschäftsführer er ist. In diesem Falle stellt die Überlassung eine selbständige Tätigkeit der Personengesellschaft dar (so auch *Blaurock/Levedag* Rn. 22.105).

Beispiel:
A, B und C sind zu gleichen Teilen an der X-GmbH und an der Grundstücks-GbR beteiligt. Die GbR hat der X-GmbH das Betriebsgrundstück überlassen (wesentliche Betriebsgrundlage der X-GmbH). A hat sich an der X-GmbH atypisch still beteiligt. Mit der Gründung der atypisch stillen Gesellschaft ist eine Mitunternehmerschaft entstanden, deren Mitunternehmer A und die X-GmbH sind. Die X-GmbH hat ihren Betrieb in die Mitunternehmerschaft eingebracht § 24 UmwStG. Gleichzeitig ist der Anteil des A an der X-GmbH in dessen Sonderbetriebsvermögen eingelegt worden. Hinsichtlich der Überlassung des Betriebsgrundstücks an die Mitunternehmerschaft X-GmbH & atypisch Still liegen die Voraussetuzungen einer mitunternehmerischen Betriebsaufspaltung vor. Sollte auch B und C sich atypisch still an der X-GmbH beteiligt haben, so werden die Kapitalanteile jeweils in deren Sonderbetriebsvermögen bei der GmbH & atypisch Still gehalten. Sie werden nicht Betriebsvermögen der Grundstücks-GbR.

6.5 Organschaft und GmbH & atypisch Still

Die GmbH & Still kann, wenn es sich um eine typische stille Beteiligung handelt, wegen ihres forderungsrechtlichen Charakters nicht Organträger iSd § 14 KStG sein. Aber auch die Organträgerschaft einer GmbH & atypisch Still ist umstritten. Die GmbH & atypisch Still ist als reine Innengesellschaft nicht mit einer Personenhandelsgesellschaft nicht zu vergleichen. Sie tritt im Gegensatz zu diesen nach außen hin nicht in Erscheinung. Zivilrechtlich ist die GmbH als Handelsgewerbetreibender Organträger Die Voraussetzung für eine Organschaft werden lediglich zur GmbH begründet. ME kann daher die GmbH & atypisch Still als solche auch ertragsteuerlich nicht Organträger sein (vgl. auch *Schulze zur Wiesche* DStZ 2013, 621).

Organgesellschaften können nur Körperschaften sein. Da jedoch die GmbH & atypische Still ertragsteuerlich eine Mitunternehmerschaft ist, dürfte sie jedoch auch als Organgesellschaft nicht in Frage kommen (so FG Hamburg 26.10.2010, GmbHR 2011, 329). Eine GmbH, an der eine atypisch stille Beteiligung besteht kann nach der Entscheidung des FG Hamburg 26.10.2010, GmbHR 2011, 329 schon deshalb nicht Organträger sein, weil im Gegensatz zur typischen stillen Beteiligung deren Gewinnanspruch als Gewinn angesehen wird und somit der Gewinn nicht vollständig abgeführt wird. Das dürfte jedoch insbesondere dann zutreffen, wenn die GmbH-Gesellschafter gleichzeitig die atypisch stillen Gesellschafter sind, weil über diese Beteiligung die vollständige Gewinnabführung unterlaufen wird. Das gilt insbesondere dann, wenn der atypisch stille Beteiligte nicht am Verlust beteiligt ist und somit die Verluste von einer Körperschaft auf eine andere übertragen werden, und somit der § 15 Abs. 4 S. 6 EStG unterlaufen wird. Hier wäre § 42 AO zu beachten. Eine typisch stille Beteiligung an einer GmbH als Organgesellschaft dürfte einem Organschaftsverhältnis nicht im Wege stehen, weil in diesem Falle der Gewinnanspruch des Stillen als Betriebsausgaben der GmbH behandelt und daher der volle Gewinn abgeführt wird. Nach dem Beschluss des BFH (31.3.2011, GmbHR 2011, 836) ist die Voraussetzung der Abführung des „ganzen Gewinns" iSv § 14 Abs. 1 S. 1 KStG als Bedingung für eine Organschaft nicht erfüllt, wenn am Unternehmen einer Kapitalgesellschaft als potenzieller Organgesellschaft eine andere Person atypisch still beteiligt ist und sich diese Beteiligung nur auf einen sachlich abgegrenzten Teilbereich der Tätigkeitsfelder der Kapitalgesellschaft bezieht; insoweit ist unerheblich, ob der dem atypisch stillen Gesellschafter zustehende Gewinnanteil nach einem Abkommen zur Vermeidung der Doppelbesteuerung (DBA) in Deutschland von der Bemessungsgrundlage der Körperschaftsteuer ausgenommen werden muss.

421a Der „ganze Gewinn" einer Kapitalgesellschaft ist deren Gesamtgewinn; er wird von einer Abführungsverpflichtung nicht im vollem Umfang umfasst, wenn diese sich nur auf den Gewinn aus einer bestimmten Einrichtung oder einem bestimmten Betätigungsfeld erstreckt und die Gewinne aus anderen Einrichtungen oder Betätigungsfeldern ihr nicht unterliegen. Das gilt unabhängig davon, ob und in welcher Weise die von der Verpflichtung abgedeckte Gewinnquelle von anderen **Einkunftsquellen** der Kapitalgesellschaft abgegrenzt werden kann. Dass nach der BFH-Rechtsprechung unter bestimmten Voraussetzungen („tracking stock-Strukturen") eine stille Gesellschaft am Unternehmen einer Kapitalgesellschaft steuerrechtlich zum Vorliegen eines von der übrigen Betätigung der Kapitalgesellschaft abgesonderten – und in diesem Sinne „eigenständigen" – Gewerbebetriebs führen kann, ändert daran nichts.

Nach dem BMF-Schr. 20.8.2015 – IV C 2 – S 2770/12/10001-Dok. 2015 201/0717655, erkennt die Verwaltung eine ertragsteuerliche Organschaft nicht an, wenn der Organträger eine GmbH atypisch Still ist. ME muss man unterscheiden zwischen einer gewerblich tätigen und einer gewerblich geprägten Personengesellschaft. Übt die GmbH atypisch Still selbst eine gewerliche Tätigkeit aus, dürfte sie mE Organträger einer Organschft sein (vgl. auch *Suchanek* GmbHR 2015, 1031)

7 Die Unterbeteiligung an einem GmbH-Anteil

7.1 Die Unterbeteiligung an einem Gesellschaftsanteil

Die Unterbeteiligung an einem Gesellschaftsanteil eines Stammgesellschafters kann in 2 Formen auftreten. In der Form einer typischen Unterbeteiligung und in der Form einer atypisch stillen Unterbeteiligung. **422**

7.2 Die typische Unterbeteiligung

Leistet der Unterbeteiligte dem Stammgesellschafter eine Einlage mit der Verpflichtung, dass er an den Ausschüttungen, soweit er an der Stammeinlage prozentual beteiligt wird und er im Falle der Beendigung des Unterbeteiligungsverhältnisses seine Einlage zurückerhält, hat er Kapitaleinkünfte iSv § 20 Abs. 1 Nr. 7 KStG. **423**

7.2.1 Behandlung des Stammgesellschafters

Ist der Stammgesellschafter zu weniger als 10 vH an der GmbH beteiligt, hat die einbehaltene Kapitalertragsteuer den Charakter einer Abgeltungssteuer (§ 32d Abs. 1 EStG). Das bedeutet, dass ihm lediglich die Pauschale von 801 EUR zusteht und er darüber hinaus keine tatsächlich entstandenen Werbungskosten geltend machen kann und somit die an den Unterbeteiligten gezahlten Gewinnansprüche nicht einkünftemindernd berücksichtigen kann. **424**

Ist jedoch der Stammgesellschafter mit mindestens 10 vH am Nennkapital der GmbH beteiligt, hat die einbehaltene Kapitalertragsteuer keinen Abgeltungscharakter, somit kann er im Rahmen der ESt-Veranlagung auch die Gewinnbeteiligung des Unterbeteiligten als Werbungskosten geltend machen.

7.2.2 Behandlung des Unterbeteiligten

Der Unterbeteiligte hat grundsätzlich Einkünfte aus Kapitalvermögen (§ 20 Abs. 1 Nr. 7 EStG). Die einbehaltene Kapitalertragsteuer (§ 43a iVm § 32d Abs. 1 EStG hat grundsätzlich Abgeltungscharakter. Dies gilt nicht in den Fällen des § 32d Abs. 2 EStG. Dh wenn der Stammgesellschafter und Unterbeteiligte nahe stehende Personen sind. In diesem Fall hätte der Unterbeteiligte die Einkünfte aus der Unterbeteiligung in seiner ESt-Veranlassung mit einzubeziehen. **425**

7.3 Die atypisch stille Unterbeteiligung an einem GmbH-Anteil

7.3.1 Grundsätze

426 Ist der atypisch stille Unterbeteiligte an einem GmbH-Anteil als wirtschaftlicher Inhaber von Kapitalgesellschaften anzusehen, so erzielt er nach dem Urteil des BFH v. 18.5.2005 (GmbHR 2005, 1633) sowohl Einkünfte nach § 20 Abs. 1 Nr. 1 EStG (Gewinnanteile und sonstige Bezüge) als auch diejenigen nach § 17 EStG (Gewinne oder Verluste aus einer Anteilsveräußerung).

Beteiligt sich der Dritte als atypisch stiller nicht unmittelbar an einer GmbH, sondern an dem Anteil eines GmbH-Gesellschafters, hat er Einkünfte aus Kapitalvermögen gem. § 20 Abs. 1 Nr. 1 EStG selbst dann, wenn es sich um eine Einpersonen-GmbH handelt (wie im Urteilsfalle).

Die Unterbeteiligung an einer Beteiligung einer Kapitalgesellschaft ist kein Gewinnerzielungssubjekt, wie die mitunternehmerische Unterbeteiligung am Gesellschaftsanteil einer Personengesellschaft. Ertragsteuerlich setzt die Teilung einer Einkunftsquelle Annahme einer „atypischen" Unterbeteiligung an einem Kapitalgesellschaftsanteil die Erlangung des wirtschaftlichen Miteigentums (Inhaberschaft) aus den Anteilsrechten voraus. Nach § 20 Abs. 2a EStG erzielt Einkünfte aus Kapitalvermögen iSd § 20 Abs. 1 Nr. 1 und 2 EStG der Eigentümer. Anteilseigner ist derjenige, dem nach § 39 AO die Anteile an dem Kapitalvermögen iSd Abs. 1 Nr. 1 EStG im Zeitpunkt des Gewinnverteilungsbeschlusses zuzurechnen ist.

Dem wirtschaftlichen Eigentümer des Anteils sind die Einkünfte entsprechend seinem wirtschaftlichen Eigentum unmittelbar zuzurechnen. Besteht an einem Kapitalanteil ein Unterbeteiligungsverhältnis in der Weise, dass der Unterbeteiligte als wirtschaftlicher Eigentümer anzusehen ist, so ist dem Unterbeteiligten nach § 39 AO im Verhältnis des Unterbeteiligungsverhältnisses zum gesamten Anteil die Gewinnausschüttung zuzurechnen. Das bedeutet, dass die Dividenden aus dem Anteil unmittelbar dem wirtschaftlichen Inhaber des Anteils zugerechnet werden.

7.3.2 Wirtschaftliche Inhaberschaft

7.3.2.1 Voraussetzungen

427 Da es sich hier nicht um gewerbliche Einkünfte handelt, können die Grundsätze, die der BFH für die atypisch stille Beteiligung und auch die Unterbeteiligung an Gesellschaftsanteilen gewerblicher PersG entwickelt hat, wie Unternehmensrisiko und Unternehmerinitiative auf die wirtschaftliche Inhaberschaft hinsichtlich eines Anteils bzw. Bruchteils eines Anteils nicht übertragen werden. Die wirtschaftliche Inhaberschaft der Kapitalgesellschaftsanteile setzt voraus, dass der Berechtigte alle mit der Beteiligung verbundenen wesentlichen Rechte ausüben kann (BFH 17.2.2004, BStBl. II 2004, 651) Dies ist nicht nur für das Gewinnbezugsrecht (§ 29 GmbHG) sowie die Teilhabe am Risiko der Wertminderung und der Chance auf Wertsteigerung der Anteile, sondern gleichermaßen für die

7.3 Die atypisch stille Unterbeteiligung an einem GmbH-Anteil

aus der Beteiligung sich ergebenden Verwaltungsrechte – also insbesondere für die Stimmrechte (§ 47 GmbHG) – zu fordern (BFH 18.12.2001, BFH/NV 2002, 640; 15.7.1977, BStBl. II 1998, 152 (156) betreffend Treuhand; 16.5.1995, BStBl. II 1995, 870, BStBl. II 1988, 832 (834 f.); ebenso zu sonstigen Anteilsrechten gemäß § 24 Ziff. 2 LAG BFH 28.2.1963, BStBl. III 1963, 307).

Demgemäß ist auch die Frage danach, ob der an einem Kapitalgesellschaftsanteil Unterbeteiligte iSv § 39 Abs. 2 Nr. 1 AO 1977 die Stellung eines wirtschaftlichen Mitinhabers erlangt hat, nicht nach der in der kautelarjuristischen Praxis gängigen und in ihrem Bedeutungsgehalt variierenden Unterscheidung zwischen „typischer" und „atypischer" Unterbeteiligung zu beantworten (vgl. hierzu sowie zu weiteren Differenzierung nach atypischer Substanz- und atypischer Verwaltungs- oder Geschäftsführungsbeteiligung *Blaurock/Levedag* Rn. 31.1 ff.; *K. Schmidt* in MüKoHGB 2002, § 230 Rn. 208 f.). Maßgeblich ist vielmehr einzig und allein, ob die im jeweiligen Einzelfall getroffene Abrede – ungeachtet ihrer Bezeichnung – nach Inhalt und Vollzug den vorstehend genannten Zurechnungskriterien genügt.

7.3.2.2 Vermögensrechte

Die wirtschaftliche Inhaberschaft setzt voraus, dass die Unterbeteiligten entsprechend ihrer Quoten an den Vermögensrechten des Hauptbeteiligten einschließlich der Chance auf Wertsteigerung der Anteile, sowie des Risikos der Wertminderung beteiligt sind (BFH 18.5.2005, GmbHR 2005, 1633, vgl. auch *Schulze zur Wiesche* GmbHR 1986, 237, ders. GmbHR 2006, 630).

Dies gilt sowohl im Hinblick auf dessen Gewinnausschüttungsansprüche (BFH 17.2.2004, BStBl. II 2005, 46 (47)) als auch mit Blick auf die vom Hauptbeteiligten im Falle der Liquidation der GmbH oder Veräußerung eines GmbH-Anteils erzielten Erlöse. Ebenso müssen die Abfindungsansprüche der Unterbeteiligten bei Kündigung des Unterbeteiligungsvertrags unter Einschluss des auf den Hauptbeteiligten entfallenden Anteils an den stillen Reserven der GmbH bemessen werden (BGH 4.11.2002, DStR 2003, 563).

7.3.2.3 Verwaltungsrechte

Die Unterbeteiligten müssen auch die Mitgliedschaft des Hauptbeteiligten an der GmbH kennzeichnenden Verwaltungsrechte ausüben können. Dies gilt sowohl für die Auskunfts- und Einsichtsrechte (§ 51 GmbHG) als auch für die mit dem GmbH Anteil verbundenen Stimmrechte (§ 47 GmbH BFH 18.5.2005, GmbHR 2005, 1633, vgl. auch *Schulze zur Wiesche* GmbHR 1986, 237, *ders.,* Die atypische Unterbeteiligung an einem GmbH-Anteil, GmbHR 2006, 630).

Unerheblich ist hierbei nach stRspr des BFH, dass insbesondere das Stimmrecht im Verhältnis zur GmbH nur von Hauptbeteiligten ausgeübt werden kann und somit der Hauptbeteiligte lediglich im Innenverhältnis zu den Unterbeteiligten zur Wahrnehmung ihrer Interessen verpflichtet war (BFH 17.2.2004, BStBl. II 2005, 46 (47 f.); 17.2.2004, BStBl. II 2004, 651, BFHE DStBl. II 1988, 832 (834 f.)). Demgemäß bedarf es auch keiner Erörterung, ob der Verstoß gegen einen – grundsätzlich zulässigen (*Zöllner* in Baumbach/Hueck § 47 Rn. 77; *K. Schmidt* in MüKoHGB § 230 Rn. 232) – Stimmbindungsvertrag dann die Anfechtbarkeit des Gesellschafterbeschlusses auslöst, wenn die vertragliche Abrede sämtliche GmbH-Gesellschafter trifft (*Römermann* in Michalski GmbHG § 47 Rn. 532 ff.).

Die Unterbeteiligten müssen ihre Interessen gegenüber dem Hauptbeteiligten auch im Konfliktfall effektiv durchsetzen können. Zwar wird man Letzteres mit der Konstellation zweigliedriger Unterbeteiligungsgesellschaften dann verneinen müssen, wenn der Hauptbeteiligte im Rahmen der Abstimmung innerhalb dieser Gesellschaften über die Ausübung des Stimmrechts in der Gesellschafterversammlung der GmbH das Stimmgewicht aller Unterbeteiligten neutralisieren kann. Die Mitwirkung des Unterbeteiligten ist gewährleistet, wenn der Gesellschaftsvertrag ausdrücklich die Abstimmung zwischen dem Hauptbeteiligten und allen Unterbeteiligten nach den für die Gesellschafterversammlung der GmbH geltenden Bestimmungen unter der Annahme einer unmittelbaren Beteiligung aller Vertragsparteien i. H. ab jeweils wirtschaftlicher Beteiligung vorgesehen war. Demzufolge ist sichergestellt, dass die Unterbeteiligten – jedenfalls im Grundsatz – ihre Interessen entsprechend ihrer (schuldrechtlichen) Anteilsquoten zur Geltung bringen können.

429a Abweichendes ergibt sich für die Unterbeteiligung an Kapitalgesellschaftsanteilen nicht daraus, dass diese auf einer BGB-Innengesellschaft beruht, für die neben den §§ 705 ff. BGB uU auch die für stille Gesellschaften geltenden Vorschriften (§§ 230 ff. HGB) entsprechend anzuwenden sind (*K. Schmidt* in MüKoHGB Vor § 230 Rn. 99). Insbesondere kann aus dieser zivilrechtlichen Ausgangslage nicht abgeleitet werden, der Wechsel der wirtschaftlichen (Mit)Inhaberschaft an einem Kapitalgesellschaftsanteil auf den Unterbeteiligten sei nach den Merkmalen zu bestimmen, die den an einem Personengesellschaftsanteil Unterbeteiligten als Mitunternehmer kennzeichnen (Mitunternehmerrisiko und -initiative) mit der Folge, dass im Hinblick auf die Verwaltungs- und Mitwirkungsrechte (Mitunternehmerinitiative) ausreichend wäre, wenn dem an dem Kapitalanteil Unterbeteiligten gegenüber dem Hauptbeteiligten lediglich die Kontrollrechte des § 716 BGB oder diejenigen der § 233, § 166 HGB eingeräumt würden (vgl. aber zu gewerblichen Personengesellschaften (BFH 2.10.1997, BFHE 184, 418, BStBl. II 1998, 137; Schmidt L./*Wacker* EStG § 15 Rn. 369)).

7.3.2.4 Kündigung durch den Hauptbeteiligten

430 Ein Kündigungsrecht des Hauptbeteiligten gegenüber dem Unterbeteiligten steht eine wirtschaftliche Inhaberschaft eines Anteils nicht entgegen, das gilt insbesondere dann, wenn dem Unterbeteiligten ebenfalls das Kündigungsrecht zusteht, insbesondere dann, wenn dem Berechtigten der wirtschaftliche Erfolg aus der Weiterveräußerung zusteht (BFH 18.5.2005 – VIII R 34/01, BStBl. 2005, 857) und dieser hierbei vor allem den Substanzwert der Anteilsrechte realisiert (BFH 16.5.1995, BStBl. II 1995, 870, vgl. *A Schmidt/Weber-Grellet*, EStG § 17 Rn. 50 zu Kündigungsklauseln bei Mitunternehmeranteilen, vgl. BFH

7.3 Die atypisch stille Unterbeteiligung an einem GmbH-Anteil

7.11.2000, BStBl. II 2001, 186, zu wirtschaftlichem Eigentum aufgrund von Entschädigungsansprüchen s. (BFH 22.1.2004, BStBl. II 2004, 542; 14.5.2002, BStBl. II 2002, 741).

7.3.3 Folgerungen

Ist der atypisch Unterbeteiligte als wirtschaftlicher Eigentümer anzusehen, wird ihm der Anteil unmittelbar zugerechnet. Die Einkünfte unterliegen der Kapitalertragsteuer von 25 vH (§ 43 Abs. 1 Nr. 1 EStG). Mit dieser ist die Einkommensteuer abgegolten. Ein Werbungskostenabzug ist nicht möglich.

Bei einer Beteiligung am Stammkapital von mindestens 25 vH oder ab einer Beteiligung von 1 vH, wenn die Beteiligung mit einer beruflichen Tätigkeit im Zusammenhang steht, kann er die Einbeziehung in die Veranlagung wählen, mit der Folge, die Auszahlungen der Gewinnanteile an den typischen Unterbeteiligten als Werbungskosten absetzen kann. In diesem Falle ist das Teileinkünfteverfahren anzuwenden (§ 32d Abs. 2 Nr. 3 EStG nF).

7.3.3.1 Veräußerungsgewinne aus Veräußerung einer Unterbeteiligung

Während § 20 Abs. 2a S. 1 und 2 EStG (nunmehr Abs. 5) als Subjekt der Einkunftserzielung für die in § 20 Abs. 1 Nr. 1 EStG genannten Kapitaleinnahmen (Gewinnanteile aus Kapitalgesellschaftsanteilen) den Anteilseigner benennt und hierzu erläutert, dass als Anteilseigner derjenige anzusehen ist, dem der Kapitalgesellschaftsanteil nach den Grundsätzen des wirtschaftlichen Eigentums (§ 39 AO 1977) zuzurechnen ist, enthält § 17 EStG keine solche ausdrückliche Zurechnungsregel. Gleichwohl sind nach stRspr des BFH die Zurechnungsgrundsätze des wirtschaftlichen Eigentums auch im Rahmen der Besteuerung von Gewinnen aus der Veräußerung von Kapitalgesellschaftsanteilen zu beachten: fallen rechtliche und wirtschaftliche Inhaberschaft auseinander, ist letzterem Zurechnungsgrund – als Ausdruck dessen, dass das Ertragsteuerrecht vornehmlich an die wirtschaftlichen Gegebenheiten des in Frage stehenden Vorgangs anknüpft – der Vorrang gegenüber der zivilrechtlichen Rechtslage einzuräumen (vgl. § 39 Abs. 1 und 2 AO 1977; BFH 17.2.2004, BStBl. II 2004, 651m Anm. *Kleinert/Sedlaezek* mwN). Dies gilt nicht nur für die Bestimmung des Zeitpunkts der Veräußerung (BFH 17.2.2004, BFHE 205, 204, BStBl. II 2004, 651, GmbHR 2004, 904 m. Anm. *Kleinert/Sedlaezek*), sondern zB ferner dann, wenn die Kapitalgesellschaftsanteile zum Gesamthandsvermögen einer Personengesellschaft gehören (§ 39 Abs. 2 Nr. 2 Nr. 1 S. 2 AO 1977) oder Gegenstand einer – entgeltlichen oder unentgeltlichen – Treuhandabrede sind (§ 39 Abs. 2 Nr. 1 S. 2 AO 1977; hierzu ausführlich BFH 15.7.1997, BStBl. II 1998, 152). Nichts anderes gilt, wenn an den Anteilen Unterbeteiligungsrechte begründet werden, die nach Inhalt und tatsächlichen Vollzug dazu führen, dass die wirtschaftliche Inhaberstellung bezüglich eines Teils des vom Hauptbeteiligten gehaltenen Kapitalgesellschaftsanteil auf den Unterbeteiligten übergeht (ganz hM: vgl. zB Schmidt L./*Weber-Grellet* § 17 Rn. 50 f. Blaurock/*Levedag* Rn. 31, 53 ff.; *Holthaus* GmbHR 2002, 883; *Hörger* in Littmann/Bitz/Pust § 17 Rn. 70, 105;

Blümich, EStG § 17 Rn. 96, jeweils mwN; ebenso – implizit – BFH 27.3.2001, BFHE 195, 249, BStBl. II 2003, 638, GmbHR 2001, 675; zum wirtschaftlichen Miteigentum an Grundstücken vgl. BFH 18.7.2001, BStBl. II 2002, 278).

Veräußerungsgewinne aus der Veräußerung von Unterbeteiligungen an einer Kapitalgesellschaft unterliegen somit, sofern die Voraussetzungen einer wirtschaftlichen Inhaberschaft des Veräußernden gegeben sind, dem Teileinkünfteverfahren mit der Folge, dass sie nur mit dem ermäßigten Betrag (56 vH der tariflichen Steuer) anzusetzen sind (Veräußerungsgewinne iSd § 17 iVm § 3 Nr. 40a EStG). Bei unter 1 vH ist § 20 Abs. 2 Nr. 1 EStG anzuwenden. Diese Einkünfte unterliegen der Abgeltungssteuer von 25 vH.

7.3.4 Einzelfälle

7.3.4.1 Typische und atypische Unterbeteiligung an einem Kapitalanteil

Beispiel 1:
A ist alleiniger Gesellschafter der X-GmbH. B, C, D sind an dem Anteil des A mit jeweils 25 vH unterbeteiligt. Der Gewinn der X-GmbH nach Steuern betrug 600.000 EUR, 400.000 EUR werden ausgeschüttet.
a) Es liegt eine typische Unterbeteiligung vor.
b) Die Unterbeteiligten sind wirtschaftliche Inhaber.

a) Laufender Gewinn
Zu a)
Grundsätzlich ist mit der einbehaltenen KapESt von 25 vH die Einkommensteuer auf diese Kapitalerträge abgegolten. Er kann jedoch nach § 32d Abs. 2 Nr. 3 EStG den Antrag auf Veranlagung stellen, da die Beteiligung mindestens 25 vH beträgt. In diesem Falle ist das Teileinkünfteverfahren anwendbar.

Die Ausschüttungen in Höhe von 400.000 EUR werden in vollem Umfang A zugerechnet. A hat jedoch in Höhe von 300.000 EUR Werbungskosten, sofern die Überlassung nicht privat veranlasst ist (was der Fall wäre, wenn er die Unterbeteiligungen aufgenommen hätte, um einen Zugewinnausgleich finanzieren zu können).

Einnahmen aus Dividenden Teileinkünfteverfahren	240.000 EUR
Werbungskosten 300.000 EUR, § 3c EStG	180.000 EUR
Einkünfte aus § 20 Abs. 1 Nr. 1	60.000 EUR

B, C und D haben jeweils Einkünfte aus § 20 Abs. 1 Nr. 4 EStG (BFH 10.11.1987, BStBl. II 1988, 186).

Zu b)
Da B, C und D wirtschaftliche Inhaber eines Kapitalgesellschaftsanteils in Höhe des ihnen eingeräumten Bruchteils sind, wird ihnen der Anteil ertragsteuerlich nach § 39 AO in Höhe ihres Bruchteils unmittelbar zugerechnet.
A steht somit nur die Gewinnausschüttung 100.000 EUR zu.
B, C und D haben Einkünfte nach § 20 Abs. 1 Nr. 1 EStG.

Da alle vier Gesellschafter mit mindestens 25 vH am Nennkapital der X-GmbH beteiligt sind, ist jeder Gesellschafter berechtigt, den Antrag auf Veranlagung für sich zu stellen. In diesem Falle ist im Rahmen der Einkünfteermittlung das Teileinkünfteverfahren anzuwenden.

7.3 Die atypisch stille Unterbeteiligung an einem GmbH-Anteil

b) Ausschüttungen aus einer Rücklage nach § 27 KStG

Beispiel 2:
Wie zuvor. Die Ausschüttung erfolgt jedoch aus einer Kapitalrücklage
a) es besteht eine typische
b) eine atypische Unterbeteiligung.

Zu a)
A hat keine Kapitaleinkünfte iSd § 20 Abs. 1 Nr. 1, da die Ausschüttungen steuerbefreit ist.
Einkünfte aus § 20 Abs. 1 Nr. 1 = 0 EUR
Er ist auch nicht zu Werbungskostenabzug in Höhe von 300.000 EUR berechtigt, weil diese mit steuerfreien Einkünften im Zusammenhang stehen.
B, C und D haben Einkünfte iSv § 20 Abs. 1 Nr. 4 EStG in Höhe von jeweils 100.000 EUR.
Zu b)
A, B, C und D haben keine Einkünfte iSv § 20 Abs. 1 Nr. 1 EStG.

c) Veräußerung der Unterbeteiligung

Beispiel 3:
Wie zuvor. A kündigt die Unterbeteiligungen gegenüber B, C und D und zahlt jedem Unterbeteiligten neben der Rückzahlung der Einlage jeweils einen Betrag von 100.000 EUR.
Es liegt eine
a) typische
b) atypische Unterbeteiligung vor.

Zu a)
Im Falle einer typischen Unterbeteiligung ist nach § 20 Abs. 2 Nr. 7 ein Veräußerungsgewinn zu besteuern.

Einkünfte jeweils   100.000 EUR

Zu b)
Werden die aufgrund der Unterbeteiligung vermittelten Bruchteile am Kapital der Kapitalgesellschaft unmittelbar den Unterbeteiligten zugerechnet, liegt eine Veräußerung unter den dort genannten Voraussetzungen nach § 17 EStG vor. Der Veräußerungserlös unterliegt dem Teileinkünfteverfahren § 3 Nr. 40 = jeweils 60.000 EUR.

8 Begründung und Beendigung einer GmbH & Still

8.1 Die Gründung einer typischen GmbH & Still, bei der der Stille nicht als Mitunternehmer anzusehen ist

8.1.1 Grundsätze

434 Die typische GmbH & Still entsteht in der Regel in der Weise, dass einer bestehenden gewerblich tätigen GmbH weitere Finanzmittel nicht in der Form des Darlehens, sondern in der Form von stillen Beteiligungen zugeführt werden. Neben Barleistungen geschieht dies im Wege des Schütt-aus-hol-zurück-Verfahrens, in dem ausgeschüttete Gewinne wieder in Form von stillen Beteiligungen zurückgeholt werden (Muster: *v.d. Heydt* in MVHdB GesR I S. 1431 ff.). Hat der stille Gesellschafter mehr geleistet als die ausbedungene Einlage, so sind die Mehraufwendungen als zusätzliche Anschaffungskosten des stillen Gesellschafters in einer Ergänzungsbilanz festzuhalten, zB Maklerkosten, Notarkosten, unter Umständen auch ein Agio, soweit dieses nicht als Einlage zu werten ist. Die Anschaffungskosten der stillen Beteiligungen erscheinen in der Bilanz der GmbH, nur insoweit als sie der Einlage zuzurechnen ist.

8.1.2 Umwandlung von Gewinnvorträgen und Rücklagen

435 Die Begründung einer typischen GmbH & Still kann sich in der Weise vollziehen, dass Mittel der Gesellschaft für die stille Beteiligung verwandt werden. Das geschieht in der Weise, dass die für die stille Beteiligung erforderlichen Mittel durch handelsrechtlichen Gewinnverteilungsbeschluss ausgeschüttet werden, gleichzeitig mit den Gesellschaftern stille Beteiligungen vereinbart werden, die in der Weise erfüllt werden, dass die Ansprüche aus der Ausschüttung an den Gesellschafter an die GmbH abgetreten werden. Mit der Verrechnung der Ausschüttung mit der Einlageverpflichtung ist der ausgeschüttete Betrag bei der Gesellschaft abgeflossen. Da es sich hierbei um eine offene Ausschüttung aufgrund eines Gewinnverteilungsbeschlusses handelt, können die aufgrund des Übergangs vom Anrechnungsverfahren zum Teileinkünfteverfahren vorhandenen Körperschaftsteuerguthaben zur Zeit in Höhe 1/6 des Ausschüttungsbetrages mit der geschuldeten KSt verrechnet werden. Allerdings ist hier zu beachten, dass die KSt-Guthaben für die Jahre 2003 bis einschließlich 2005 eingefroren werden; ausgenommen sind hiervon Ausschüttungen vor dem 12.4.2003 und solche, die vor dem 21.11.2002 beschlossen wurden. Insgesamt ist die Übergangszeit auf 18 Jahre verlängert worden. Das jeweilige zum Ende eines Wirtschaftsjahres festgestellte Restguthaben ist jeweils auf die verbleibenden Jahre gleichmäßig aufzuteilen.

8.1.3 Behandlung eines Agio im Zusammenhang mit einer Sacheinlage

Das Agio, das nicht der Einlage zuzurechnen ist, ist in einer Ergänzungsbilanz des atypisch stillen Gesellschafters zu berücksichtigen. Es unterliegt nicht der Abnutzung, es mindert einen späteren Veräußerungs- oder Ausgabegewinn.

436

Das Agio ist auch nicht der GmbH & atypisch Still zuzurechnen, da es von der GmbH vereinnahmt ist und ist daher nicht als Gewinn der Mitunternehmerschaft auf alle Gesellschafter der Mitunternehmerschaft zu verteilen.

Zwar führt die Zahlung des Agio in das Vermögen der Kapitalgesellschaft und damit nach den Grundsätzen des Vermögensvergleichsgewinn § 4 Abs. 1 EStG zu einem höheren Unterschiedsbetrag, der nicht durch eine Einlage ausgeglichen wird. Gleichwohl folgt daraus kein Gewinn der von der Kapitalgesellschaft und dem atypisch stillen Gesellschafter gebildeten Mitunternehmerschaft (BFH 9.8.2010, GmbHR 2010, 1223).

Steht das vom atypisch stillen Gesellschafter zu leistenden Agio nach dem Gesellschaftsvertrag der Kapitalgesellschaft zu, geht dieses endgültig und ohne Rückzahlungsansprüchen in das Vermögen der Kapitalgesellschaft ein und erhöht auch nicht das Auseinandersetzungsguthaben des atypisch stillen Gesellschafters. Es ist somit nicht als eine Einlage des atypisch stillen Gesellschafters zu werten. Eine Einlage in die Kapitalgesellschaft können nur die Stammgesellschafter der Kapitalgesellschaft erbringen (BFH 9.8.2010, GmbHR 2010, 1223).

Sind die atypisch stillen Gesellschafter gleichzeitig Stammgesellschafter der Kapitalgesellschaft, könnte jedoch das Agio als eine verdeckte Einlage behandelt werden.

Da es sich hier nicht um eine steuerfreie Kapitalzuführung seitens der Stammgesellschafter handelt, ist die Zuführung von Vermögen in der Form des Agio nicht gewinnneutral, sondern ist der Kapitalgesellschaft der Gewinn zuzurechen, als Sonderagio, der allein der Kapitalgesellschaft zuzurechnen ist und nicht auf alle Gesellschafter der Mitunternehmerschaft zu verteilen ist.

Eigenkapitalvermittlungsprovisionen sind jedoch nicht zu aktivieren (BFH 14.11.2012 – I R 19/12, BB 2013, S. 1906)

8.2 Die Aufnahme eines atypisch stillen Gesellschafters in eine bereits tätige GmbH

Eine GmbH & atypisch Still kann auch in der Weise gegründet werden, dass Dritte oder Gesellschafter als atypisch stille Gesellschafter beteiligt werden. In diesem Falle bleibt die GmbH zwar als Körperschaftsteuerpflichtige Person erhalten, der Betrieb wird jedoch von einer Mitunternehmerschaft (einer Personengesellschaft als Innengesellschaft) geführt. Die GmbH überträgt somit ertragsteuerlich ihre Tätigkeit oder einen Teil ihrer Tätigkeit auf eine Personengesellschaft

437

Der atypisch stille Gesellschafter kann seine Einlage in der Form einer Bar- oder einer Sacheinlage erbringen. Bareinlage bedeutet Geldeinlage. Erbringt der stille Gesellschafter die Einlage in der Weise, dass ein Gesellschafterdarlehen in eine stille Beteiligung umgewandelt wird oder bringt er eine Forderung ein, liegt seitens des stillen eine Sacheinlage vor.

Darlehen, Forderungen sind nicht mit dem Nominalwert, sondern dem gemeinen Wert einzulegen (BFH 12.7.2012, GmbHR 2012, 1188).

Soweit der atypisch stille Gesellschafter auch an dem Gewinn der GmbH beteiligt ist, unterliegt der Gewinn aus der Veräußerung, Liquidation der Anteile oder aus einer Entnahme der Anteile in das Privatvermögen dem Teileinkünfteverfahren (§ 3 Nr. 40a u. b EStG). Er ist nicht Bestandteil des Veräußerungsgewinnes iSd § 34 Abs. 1 Nr. 2 EStG.

Haben sich die GmbH-Anteile bisher im Privatvermögen befunden, sind diese mit der Gründung der Gesellschaft in das Betriebsvermögen eingelegt. Der Einlagewert hängt davon ab, ob es sich um eine Beteiligung iSd § 17 EStG handelt oder nicht.

8.2.1 Die Einlage der GmbH bei Bareinlage des stillen Gesellschafters

8.2.1.1 Übertragung iSd §§ 3 ff. UmwStG

438 Mit der Begründung des atypisch stillen Beteiligungsverhältnisses wird das Handelsgewerbe der GmbH von einer Personengesellschaft geführt.

Der Vermögensübergang einer Kapitalgesellschaft auf eine Personengesellschaft wird nicht als eine Übertragung iSd §§ 3 ff. UmwStG behandelt.

Diese Vorschriften setzen voraus, dass das Vermögen der Kapitalgesellschaft durch Verschmelzung (§ 2 UmwG) oder Formwechsel (§ 190 UmwG) auf eine Personengesellschaft übergeht. Eine Verschmelzung setzt voraus, dass das Vermögen der übertragenden Kapitalgesellschaft auf die aufnehmende Personengesellschaft übergeht und dann erlischt.

Im Falle der Gründung einer GmbH & atypisch Still bleibt die GmbH bestehen und wird Mitunternehmerin einer Mitunternehmerschaft mit den stillen Gesellschaftern. Ferner kann eine atypisch stille Gesellschaft kein übernehmender Rechtsträger sein (§ 2 UmwG).

Eine formwechselnde Umwandlung scheidet insofern aus, als die GmbH nach außen hin Unternehmensträger bleibt und insofern kein Formwechsel stattgefunden hat.

Eine Verschmelzung iSd §§ 3 ff. UmwStG wäre gegeben, wenn eine GmbH mit einer anderen neu gegründeten oder bereits bestehenden GmbH & atypisch Still in der Weise verschmolzen würde, dass die übertragende GmbH mit der Eintragung der Verschmelzung untergeht und die Gesellschafter der übertragenden GmbH Gesellschafter der übernehmenden GmbH & atypisch Still werden.

8.2.1.2 Einbringung iSd § 24 UmwStG in eine atypisch stille Gesellschaft

§ 24 UmwStG setzt die Einbringung eines Betriebes, Teilbetriebes oder Mitunternehmeranteils in Personengesellschaften voraus, wobei der Einbringende Mitunternehmer wird.

439

Wird ein Betrieb oder Teilbetrieb oder ein Mitunternehmeranteil in eine Personengesellschaft eingebracht und wird der Einbringende Mitunternehmer der Gesellschaft, so gelten für die Bewertung des eingebrachten Betriebsvermögens § 24 Abs. 2–4 UmwStG. Die Personengesellschaft hat daher grundsätzlich die Wirtschaftsgüter mit dem gemeinen Wert zu übernehmen. Sie kann jedoch das eingebrachte Betriebsvermögen mit dem Buchwert oder einem höheren Wert, höchstens jedoch mit dem gemeinen Wert übernehmen, wenn das Besteuerungsrecht der Bundesrepublik Deutschland sichergestellt ist.

Ziel der Einbringungsmaßnahme muss eine Personengesellschaft als Übernehmende sein. Die Personengesellschaft ist nicht auf die Personenhandelsgesellschaft iSd HGB beschränkt. Personengesellschaft iSd Ertragsteuerrechts sind auch Gesellschaften bürgerlichen Rechts, die atypisch stille Gesellschaft, Innengesellschaften und Gemeinschaften, deren Gesellschafter bzw. Mitglieder als Mitunternehmer anzusehen sind (BFH 2.5.1984, BStBl. II 1984, 751). Voraussetzung ist, dass der Einbringende Mitunternehmer wird und aus dem eingebrachten Betriebsvermögen Betriebsvermögen der Personengesellschaft wird Daraus geht hervor: Die übernehmende Personengesellschaft muss nicht eine Gesamthandsgemeinschaft sein. Die Leistung muss nicht in das Gesamthandsvermögen erfolgen. Es reicht nach der Rechtsprechung (BFH 26.1.1994, BStBl. II 1994, 458) sogar aus, wenn einzelne wesentliche Grundlagen des bisherigen Betriebes in das Sonderbetriebsvermögen der Mitunternehmerschaft überführt werden.

440

Es steht damit außer Zweifel, dass auch eine GmbH & atypisch Still übernehmende Personengesellschaft iSd § 24 Abs. 1 UmwStG sein kann.

441

Die Aufnahme von atypisch stillen Gesellschaftern am Handelsgewerbe einer GmbH erfüllt diese Voraussetzungen.

442

Auch juristische Personen können Einbringende iSd § 24 UmwStG sein; *Fichtelmann* GmbH & Still Rn. 278).

443

Die atypisch stille Gesellschaft ist eine Personengesellschaft iSd § 24 UmwStG, § 15 Abs. 1 Nr. 2 EStG und die GmbH wird als handelsgewerbetreibender Gesellschafter (Mitunternehmer) der GmbH & atypisch Still.

Es liegt zwar im zivilrechtlichen Sinne keine Übertragung vor, denn der Betrieb bleibt Gesellschaftsvermögen der GmbH, aber der Betrieb der GmbH wird nicht im Alleininteresse der GmbH geführt, sondern im gemeinsamen Interesse der atypisch stillen Gesellschaft. Über die Gewinnbeteiligung und über eine Beteiligung an den stillen Reserven sind die atypisch stillen Gesellschafter am Betriebsvermögen der stillen Gesellschaft schuldrechtlich beteiligt.

Steuerrechtlich ist nach der Rechtsprechung des BFH (2.5.1984, BStBl. II 1984, 820) das Gesellschaftsvermögen der GmbH und die Bilanz der GmbH Grundlage für die Gewinnermittlung der GmbH & atypisch Still mit der Folge,

444

dass das Gesellschaftsvermögen der GmbH allen Mitunternehmern der GmbH & Still zuzurechnen ist.

8.2.1.2.1 Behandlung der GmbH als Einbringender

445 Einbringender ist in diesem Fall die GmbH. Ihr steht daher grundsätzlich ab 2009 ein Wahlrecht zwischen Buchwerteinbringung und Einbringung zu einem höheren Wert, höchstens jedoch dem gemeinen Wert zu.

Da der GmbH als Körperschaft nicht die Tarifbegünstigung nach § 34 EStG zusteht, kommt für sie praktisch nur die Buchwerteinbringung in betracht. Aber auch der atypisch stille Gesellschafter kann einen Betrieb einbringen. Dieser geht zwar zivilrechtlich in das Eigentum der GmbH über, aber auch dieser Betrieb wird künftig auf gemeinsame Rechnung geführt, so dass er als Betrieb der Mitunternehmerschaft behandelt wird.

Weist die einbringende GmbH ein negatives Kapital aus, so besteht nicht wie bei § 20 Abs. 2 UmwStG, ein Zwang der Aufstockung des Kapitals durch eventuell vorhandene stille Reserven. Bei der Einbringung iSd § 24 UmwStG kann ein negatives Kapital fortgeführt werden.

446 Wird die stille Gesellschaft nicht am gesamten Handelsgewerbe begründet, sondern nur hinsichtlich einer Branche oder eines Geschäftszweiges, liegt unter den Voraussetzungen eines Teilbetriebes ebenfalls eine Einbringung iSd § 24 UmwStG vor.

447 Ein Teilbetrieb setzt eine selbständige Organisation, getrennte Kunden, getrennte Gewinnermittlung usw voraus. getrennte Produkte allein reichen nicht aus. Erfüllt die Branche die Voraussetzungen eines Teilbetriebes, liegt eine Einbringung iSd § 24 Abs. 1 UmwStG vor.

448 Wie bereits ausgeführt, kann ein stilles Beteiligungsverhältnis auf einen Geschäftsbereich des Unternehmens beschränkt werden, allerdings unter der Voraussetzung, dass sich der Geschäftsbereich genügend von dem Gesamtunternehmen oder von den übrigen Geschäftsbereichen abgrenzt. Unter den Voraussetzungen des § 15 Abs. 1 S. 1 Nr. 2 EStG handelt es sich hierbei um eine selbständige Mitunternehmerschaft (BFH 6.12.1995, BStBl. 1998, 685; 15.10.1998, BStBl. II 1999, 286; 23.4.2009, DStRE 2009, 916; *Schulze zur Wiesche* DStZ 2009, 879; *ders.* StBp 2011, 190). Soweit bisheriges Betriebsvermögen der GmbH dem Geschäftsbereich zur Nutzung überlassen wird, gilt dieses als aus der GmbH entnommen und in die neue Mitunternehmerschaft eingelegt Die steuerliche Übertragung erfolgt steuerneutral, sofern die Voraussetzungen der §§ 24 UmwStG oder § 6 Abs. 5 S. 3 EStG vorliegen. Das bedeutet, dass die der neuen Mitunternehmerschaft überlassenen Wirtschaftgüter im Zeitpunkt des Übergangs einen Teilbetrieb darstellen, dem neuen Geschäftsbereich eine vollständige Einrichtung und Organisation überlassen werden muss. Es muss sich hier um eine aus eigenen Mitteln funktionsfähige Einheit handeln (UmwSt-E Tz. 15.02) Zwischen dem übertragenden Betriebsvermögen und dem vom Erwerber übernommenen Betriebsvermögen muss Identität bestehen. Ein im Aufbau befindlicher Teilbetrieb erfüllt die Voraussetzungen des § 24 UmwStG nicht

8.2 Die Aufnahme eines atypisch stillen Gesellschafters

(UmwSt-E Tz. 15.03). Vielfach lässt sich das Betriebsvermögen insbesondere Grundstücke nicht auf die einzelnen Geschäftsbereiche aufteilen, sodass eine Zuordnung auf die einzelnen Geschäftsbereiche nicht möglich ist.

449 Einbringender im Sinne des § 6 Abs. 5 S. 3 EStG kann auch eine Kapitalgesellschaft sein (Erlass Zweifelsfragen zu § 6 Abs. 5 S. 3 EStG vom 24.5.2011 TZ 8). Überlässt eine GmbH im Rahmen einer atypischen Gesellschaft dieser ein Einzelwirtschaftgut, erfolgt diese zum Buchwert, allerdings mit einer Veräußerungssperre von 3 Jahren. Die Verlängerung der Sperrfrist von drei Jahren auf 7 Jahre greift hier nicht, weil die Beteiligung am eingebrachten Wirtschaftgut sich nicht erhöht, sondern durch die Mitberechtigung des atypisch stillen Gesellschafters mindert.

Beispiel:
An der A-KG sind A.B.C zu gleichen Teilen beteiligt. A hat der Gesellschaft ein Patent zur Nutzung überlassen, das die Gesellschaft in einem neuen Geschäftszweig verwerten will. A schließt mit der Gesellschaft keinen üblichen Lizenzvertrag, sondern begründet mit der A-KG eine Innengesellschaft in der Form einer Atypisch stillen Gesellschaft, deren Gesellschafter die A-KG und A sind, die sich auf die Verwertung des Patentes in einem selbständigen Geschäftszweig beschränkt. Der Betrieb der A-KG soll in späterer Zeit auf die X-GmbH übertragen werden, in dem die Gesellschaft A, B, C ihre Mitunternehmeranteile an der A-KG auf die X-GmbH übertragen. Es ist vereinbart, dass die X-GmbH die atypisch stille Gesellschaft mit A fortführt.

Es handelt ist bei der A-KG und der Innengesellschaft ertragsteuerlich um zwei selbständige Mitunternehmerschaften. Durch die Einbringung der Mitunternehmeranteile in die X-GmbH ist diese Eigentümerin des Betriebsvermögens der A-KG geworden und damit auch Gesellschafterin der Innengesellschaft mit A geworden. Die Voraussetzungen einer Einbringung iSd § 20 Abs. 1 UmwStG liegen vor. § 24 UmwStG greift hier nicht, weil die Mitunternehmerschaft bereits bestand und nicht durch die Einbringung der Mitunternehmeranteile begründet wurde.

8.2.1.2.2 Behandlung des stillen Gesellschafters

450 Die Bareinlage des atypisch stillen Gesellschafters stellen für diesen Anschaffungskosten hinsichtlich eines Bruchteils am Betriebsvermögen des Handelsgewerbetreibenden dar. In der Regel wird diese mit seinem Einlagekonto bei der GmbH übereinstimmen. Waren seine Anschaffungskosten höher als seine buchmäßige Einlage, hat er den Mehrwert in einer Ergänzungsbilanz festzuhalten.

Ist der atypisch stille Gesellschafter bereits Gesellschafter der GmbH, ist seine Beteiligung an der GmbH als Sonderbetriebsvermögen des atypisch stillen zu behandeln.

Die im Zweifel als Privatvermögen behandelte Beteiligung gilt mit der Begründung der stillen Beteiligung als in das Sonderbetriebsvermögen des Gesellschafters eingelegt. Da in der Regel davon auszugehen ist, dass die Beteiligung mindestens 1 vH des Gesellschaftskapitals beträgt, liegt eine Beteiligung iSd § 17 EStG vor. Die Beteiligung an der Mitunternehmerschaft ist mit dem gemeinen Wert der übertragenden Wirtschaftsgüter zu bewerten.

a) Sacheinlage des stillen Gesellschafters

451 Sacheinlagen können Betriebe, Teilbetriebe, Mitunternehmeranteile sein (§ 24 UmwStG) oder auch Einzelwirtschaftsgüter sein. Auch eine Forderungsabtretung kann eine Sacheinbringung sein (BFH 24.4.2014 – IV R 18/10, BFH/NV 2014, 1516). Die steuerliche Behandlung hängt davon ab, ob diese sich in einem anderen Betrieb des Einbringenden befunden haben (§ 6 Abs. 5 S. 3 EStG) oder im Privatvermögen (§ 6 Abs. 1 Nr. 5). Hat sich die Einlage des stillen Gesellschafters im Privatvermögen befunden, hat die Einlage zum Teilwert zu erfolgen (§ 6 Abs. 1 Nr. 5 Buchst. a EStG).

b) Betriebe, Teilbetriebe, Mitunternehmeranteile als Sacheinlage der atypisch stillen Gesellschaft

452 Überträgt der atypisch stille Gesellschafter ebenfalls einen **Betrieb, Teilbetrieb, Mitunternehmeranteil** in Erfüllung seiner Einlageverpflichtung auf die handelsgewerbetreibende GmbH, wird die GmbH Eigentümerin des Betriebsvermögens. Steuerlich wird jedoch der eingebrachte Betrieb für Rechnung der Mitunternehmerschaft geführt und ist daher der Mitunternehmerschaft zuzurechnen. Folglich ist keine Einbringung in eine Kapitalgesellschaft iSd § 20 Abs. 1 UmwStG, sondern eine Einbringung in eine Mitunternehmerschaft gegeben § 24 UmwStG.

453 Es handelt sich hier um eine selbständige Einbringungsmaßnahme, dh das Wahlrecht des atypisch still Beteiligten kann unabhängig vom Wahlrecht der GmbH ausgeübt werden. So kann trotz Buchwerteinbringung der GmbH der einbringende atypisch stille Gesellschafter unter den Voraussetzungen des § 24 Abs. 2 S. 2 UmwStG den gemeinen Wert oder einem Zwischenwert wählen. Bringt der Einbringende ein immaterielles Wirtschaftsgut zB ein Patent in die GmbH als atypisch stille Beteiligung ein, kann es sich hierbei um einen gewerblichen oder freiberuflichen Betrieb handeln, wenn sich seine Tätigkeit auf die eine Erfindung bzw. auf die eingebrachten Erfindungen beschränkte, und somit die bisherige Betätigung beendet worden ist. Im Zweifel wird es sich hierbei um die Einbringung von Einzelwirtschaftsgütern handeln

c) Die Einbringung einzelner Wirtschaftsgüter in das Gesellschaftsvermögen als atypisch stille Beteiligung

454 Werden einzelne Wirtschaftsgüter aus einem anderen Betrieb des eintretenden atypisch stillen Gesellschafters oder aus dem Sonderbetriebsvermögen unentgeltlich oder gegen Gesellschaftsrechte eingebracht, so hat die Gesellschaft die Wirtschaftsgüter mit dem Buchwert zu übernehmen, § 6 Abs. 5 S. 3 EStG.

Nach dem Gesetzeswortlaut ist Tatbestandsmerkmal „die Übertragung in das Gesamthandsvermögen". Es wird daher in der Literatur (*Reiß* BB 2000, 1965, *van Lishaut* DB 2001, 1519, *Patt* in Herrmann/Heuer/Raupach, Steuerreform, § 6 R 133 aA *Schmidt/Glanegger* EStG § 6 Rn. 533, siehe *Wendt*, GmbHR 1983, 20) entsprechende Anwendung, FR 2002, 53 (58), teilweise die Ansicht vertreten, dass eine steuerneutrale Übertragung die Übertragung in das Gesamthandsvermögen voraussetzt. Sie ist daher der Ansicht, dass eine steuerneutrale Übertragung nur

8.2 Die Aufnahme eines atypisch stillen Gesellschafters

auf Gesamthandsgemeinschaften erfolgen könne, die atypisch stille Gesellschaft daher nicht Übernehmer des eingebrachten Betriebsvermögens sein könne.

ME ist die Folgerung nicht richtig; die Rechtsprechung des BFH (2.5.1984, BStBl. II 1984, 820) stellt das Betriebsvermögen der Handelsgewerbetreibenden im Falle einer atypisch stillen Gesellschaft dem Gesamthandsvermögen gleich. Auch im Falle einer GmbH & atypisch Stillen Gesellschaft ist das Gesellschaftsvermögen der GmbH Betriebsvermögen der steuerlichen Mitunternehmerschaft.

Der ertragsteuerlichen Gleichbehandlung von Innengesellschaften und Gesamthandsgemeinschaften gebietet es, dass die Sacheinbringung in das Vermögen eines Handelsgewerbetreibenden, die steuerlich als Mitunternehmerschaft behandelt wird, als Überführung in ein Gesamthandsvermögen gleichbehandelt wird Dies ist auch Ansicht der Verwaltung (Erlass Zweifelsfragen zur Anwendung des § 6 Abs. 5 EStG TZ 9).

Der Gesetzgeber verwendet in § 6 Abs. 5 EStG nicht den Begriff „Personengesellschaft", sondern „Mitunternehmerschaft". Unter diesen Begriff fallen nicht nur die Personenhandelsgesellschaften, sondern auch die Innengesellschaften, Unterbeteiligungen und atypisch stille Gesellschaft (BFH 2.5.1984, BStBl. II 1984, 820).

§ 6 Abs. 5 S. 1 und 2 EStG regelt die Übertragungen zwischen verschiedenen Betrieben und Sonderbetriebsvermögen eines Steuerpflichtigen. Im Satz 3 hat er die Fälle der Übertragung in das Gesellschaftsvermögen von Mitunternehmern und umgekehrt regeln wollen. Er hat hierbei ausdrücklich die Übertragung in das Gesamthandsvermögen angesprochen.

Da nach gefestigter Rechtsprechung (BFH 2.5.1984, BStBl. II 1984, 820, 15.10.1998, BStBl. II 1999, 286) und mittlerweile allgemeiner Rechtsüberzeugung das Betriebsvermögen des Handelsgewerbetreibenden einer atypisch stillen Gesellschaft oder Innengesellschaft dem Gesamthandsvermögen gleichzustellen ist, ist meines Erachtens durch die gesetzliche Formulierung „in das Gesamthandsvermögen" die Übertragung in das Vermögen des Handelsgewerbetreibenden mit abgedeckt, ohne dass es hier einer besonderen Erwähnung bedurfte, zumal nicht erkennbar ist, dass der Gesetzgeber die Übertragungen auf Gesamthandsgemeinschaften begrenzen wollte. Der sonst völligen Gleichbehandlung der nicht gesamthänderischen Mitunternehmerschaften mit den gesamthänderischen gebietet es, diese auch hinsichtlich der Übertragung von Einzelwirtschaftsgütern gleich zu behandeln.

Beispiel:
Die A-GmbH & Co KG hat Insolvenz angemeldet, der Geschäftsbetrieb hatte längere Zeit stillgelegen. Eine Investorengruppe will in der Rechtsform der X-GmbH die Produktion wieder aufnehmen, hierzu bedarf sie der Mitarbeit des bisherigen Inhabers, der sich jedoch nicht direkt an der GmbH wegen der Beschränkung des Verlustabzuges beteiligen will. Es wird vereinbart, dass A sich als atypisch stiller Gesellschafter an der X-GmbH beteiligt. Er bringt den Firmenwert der A-GmbH & Co KG sein Know-how, seine bisherige Geschäftsbeziehung in das Vermögen der GmbH ein. Die Sacheinlage wird mit 500.000 EUR auf seine stille Beteiligung angerechnet. A ist mit 20 vH an den stillen Reserven beteiligt.

Ferner ist er verpflichtet, seine Einlage aus den Verlustvorträgen auf 1 Mio. EUR aufzustocken. A hat das Recht, seine stille Einlage in eine GmbH-Beteiligung umzuwandeln.

Es liegt im vorliegenden Falle eine Sacheinlage vor. Gegenstand der Sacheinlage können auch immaterielle Wirtschaftsgüter sein, wie Geschäftsbeziehungen oder Know-how.

Für Einlagen immaterieller Wirtschaftsgüter gilt das Aktivierungsverbot des § 5 Abs. 2 EStG nicht. Es handelt sich hierbei um einlagefähige Wirtschaftsgüter. Kein einlagefähiges Wirtschaftsgut ist ein Verlustvortragspotential. Jedoch kann ein Gesellschafter im Gesellschaftsvertrag verpflichtet werden, dieses für Zwecke der Gesellschaft zu nutzen, in der Weise, dass er Gewinne, soweit sie infolge Verlustvortrag nicht mit Steuern belastet sind, nicht entnommen werden dürfen.

Die atypisch stille Beteiligung hat gegenüber der direkten GmbH-Beteiligung den Vorteil, dass die Verlustvorträge aus Gewerbebetrieb mit Einkünften aus Gewerbebetrieb voll ausgleichen kann. Im Falle einer direkten Beteiligung als Stammgesellschafter der GmbH hätte er im Falle der Abgeltungssteuer kein Verlustausgleichsvolumen.

456 Allerdings haftet er für die vereinbarte Einlage, soweit sie noch nicht geleistet ist, persönlich. Da er einen Teil seiner Einlage bereits geleistet hat und somit dem Gewinn und Vermögen des Handelsgewerbetreibenden beteiligt ist, ist er auch steuerlich als Mitunternehmer anzusehen, so dass eine Gewinnzurechnung erfolgt.

Wenn man der Rechtsansicht folgt, dass das Vermögen der GmbH dem Gesamthandsvermögen dieser Personengesellschaft bei einer GmbH & atypisch Still gleichzusetzen ist, ist § 6 Abs. 5 S. 3 auf alle Übertragungen zwischen der GmbH und Gesellschaft gegen Gewährung und Minderung von Gesellschaftsrechten und bei unentgeltlichen Übertragungen gleichzustellen.

457 Unter § 6 Abs. 5 S. 3 fallen daher folgenden Vorgänge:

1. Die Übertragung aus einem anderen Betriebsvermögen des atypisch stillen Gesellschafters in das Gesellschaftsvermögen der GmbH gegen Verrechnung auf dem stillen Beteiligungskonto, allerdings unter der Voraussetzung, dass das übertragene Wirtschaftsgut, wenn der stille Gesellschafter nur an den Erträgen einer Branche beteiligt ist, diesem Betriebsteil, der Grundlage der Mitunternehmerschaft ist, dient.
2. Der Erwerb des atypisch stillen Gesellschafters aus dem Gesellschaftsvermögen der GmbH gegen Minderung der Beteiligung als atypisch stiller Gesellschafter bei gleichzeitiger Überführung in ein anderes Betriebsvermögen des atypisch stillen Gesellschafters.
3. Die Übertragung aus dem Sonderbetriebsvermögen in das Gesellschaftsvermögen der GmbH gegen Erhöhung der atypisch stillen Beteiligung, wobei Sonderbetriebsvermögen aus einer anderen Mitunternehmerschaft, an der der atypisch stille Gesellschafter beteiligt ist, überführt werden kann. Voraussetzung ist auch hier, dass wenn die stille Beteiligung auf Erträge einer Branche begrenzt ist, die Gegenstand der Mitunternehmerschaft ist, die übertragenen

8.2 Die Aufnahme eines atypisch stillen Gesellschafters

Wirtschaftsgüter dieser überwiegend dienen, andernfalls ist eventuell gewillkürtes Betriebsvermögen gegeben.
4. Die Überführung aus dem Gesellschaftsvermögen der GmbH gegen Minderung der atypisch stillen Beteiligung, wobei das Wirtschaftsgut Sonderbetriebsvermögen der gleichen oder einer anderen Mitunternehmerschaft, an der der Gesellschafter beteiligt wird, werden muss.

Allerdings enthält § 6 Abs. 5 S. 4 EStG insofern eine „Steuerfalle", als die steuerfreie Buchwerteinbringung nicht gilt, soweit sich durch diese Übertragung der Anteil einer Körperschaft, Personenvereinigung oder Vermögensmasse an dem Wirtschaftsgut unmittelbar oder mittelbar erhöht. In diesem Falle ist bei der Übertragung insoweit der gemeine Wert anzusetzen.

Da die GmbH durch die Einbringung juristisch Volleigentümer, ertragsteuerlich in Höhe des Bruchteils der Beteiligung Eigentümer wird, tritt insoweit Gewinnrealisierung ein. Aus dem Grunde ist von einer Einbringung von Einzelwirtschaftsgütern in das Gesellschaftsvermögen der GmbH bei einer GmbH & atypisch Still abzuraten. Es ist daher zweckmäßig, die atypisch stille Beteiligung auf eine kleine Bareinlage zu beschränken und der Gesellschaft Wirtschaftsgüter mit erheblichen stillen Reserven nur zur Nutzung zu überlassen (Sonderbetriebsvermögen). Werden Einzelwirtschaftsgüter zB Patente, Know-hows, oder sonstige Urheberrechte als atypisch stille Einlage in eine GmbH eingebracht, so ist die Einbringung insoweit nicht Steuerneutral als die GmbH bruchteilmäßig an dem eingebrachten Wirtschaftsgut beteiligt ist § 6 Abs. 5 S. 5 EStG.

Beispiel:
A tritt als atypisch stiller Gesellschafter mit der Einlage eines Patentes in die X-GmbH ein. Entwicklungskosten des Patentes 100.000 EUR, gemeiner Wert = Teilwert 500.000 EUR. A wird mit 50% am Gewinn und Vermögen beteiligt. Die X-GmbH atypisch & Still hat das Patent mit einem Wert von 50.000 EUR (anteilige Anschaffungskosten) und 250.000 EUR (anteiliger Teilwert) = 300.000 EUR zu übernehmen.

d) Einbringung der GmbH-Anteile als Sonderbetriebsvermögen

Ist der Einbringende atypisch stiller Gesellschafter ebenfalls an der GmbH beteiligt, gilt diese als Sonderbetriebsvermögen II in das Betriebsvermögen des Gesellschafters als eingelegt. In diesem Zusammenhang wird auf die Ausführungen zu → Rn. 337 ff. und hinsichtlich auf deren Bewertung auf → Rn. 341 ff. verwiesen, sofern sich die atypisch stille Beteiligung auf den gesamten Ertrag des Unternehmens bezieht. Ist der übrige Geschäftsbereich, der nicht von der atypisch stillen Beteiligung betroffen ist, nicht von untergeordneter Bedeutung gehört die Beteiligung des atypisch stillen Gesellschafters an der GmbH nicht zu dessen Sonderbetriebsvermögen.

Ist an mehreren Geschäftsbereichen jeweils eine stille Gesellschaft begründet worden, die die Voraussetzungen einer Mitunternehmerschaft erfüllen, handelt es sich um jeweils selbständige Mitunternehmerschaften, mit der Folge, dass die jeweiligen GmbH Anteile der atypisch stillen Gesellschaften nicht zu deren Sonderbetriebsvermögen gehören.

Sind jedoch die stillen Gesellschafter gleichzeitig auch gleichberechtigte Geschäftsführer der GmbH und besteht die atypisch stille Gesellschaft jeweils an dem Geschäftsbereich, den diese als Geschäftsführer der GmbH betreuen, ist es jedoch fraglich, ob es sich hierbei um selbständige Mitunternehmerschaften handelt, weil hier das Interesse weit über die GmbH-Geschäftsführung hinausgeht und auch die Willensbildung in allen stillen Beteiligungen einheitlich ist. In diesem Falle wären die einzelnen atypisch stillen Gesellschaften als eine einheitliche Mitunternehmerschaft zu behandeln.

e) Eintritt eines Gesellschafters in eine bereits bestehende GmbH & atypisch Still

458a Tritt ein weiterer atypischer Gesellschafter in eine bereits bestehende atypisch stille Gesellschaft ein und leistet er eine Einlage in das Betriebsvermögen der atypisch stillen Gesellschaft, ist diese als eine Einbringung id § 24 UmwStG zu behandeln. Voraussetzung jedoch ist, dass die Leistung des eintretenden Mitunternehmers in das Betriebsvermögen der GmbH & atypisch Still erfolgt und der Eintretende einen neuen Mitunternehmeranteil erhält. Eine Einbringung ist hingegen nicht gegeben, wenn ein bestehender Anteil gegen ein Entgelt den Eigentümer wechselt. Im Urteilsfall ist zwar ein neuer Anteil entstanden, die Leistung des Erwerbers erfolgte jedoch in das eigene Vermögen der gewerbetreibenden GmbH. Ferner ist hier zu berücksichtigen, dass ein Rechtsformwechsel stattgefunden hat, weil die ursprünglich atypisch stille Gesellschaft durch den Beitritt eines neuen Gesellschafters eine sog. Innen-KG geworden ist.

Nach Ansicht des BFH (1.3.2018 – IV R 38/15 GmbHR 2008, 690 kann es jedoch dahingestellt sein, ob es sich bei der atypisch stillen Gesellschaft vor und nach dem Eintritt eines weiteren atypisch stillen Gesellschafters, um die nämliche Gesellschaft handelt und sich infolge einer Teilanteilsveräußerung lediglich die Beteiligungsverhältnisse geändert haben, oder ob die handelsgewerbetreibende GmbH und die atypisch stillen Gesellschafter, eine neue (zweite) atypisch stille Gesellschaft gegründet haben, in die der bisherige alleinige atypisch stille Gesellschafter und die handelsgewerbetreibende GmbH ihre Anteile an der bisherigen (alten) atypisch stillen Gesellschaft gegen Gewährung von Gesellschaftsrechten eingebracht haben. Denn dies würde am Vorliegen einer Teilanteilsveräußerung durch die GmbH, durch die sie einen steuerpflichtigen Veräußerungsgewinn erzielt hätte, nichts ändern. In einem sogenannten Mischfall – ein sonstiges Entgelt neben der Gewährung neuer Anteile – wäre mit dem gemeinen Wert anzusetzen. Würde man das sonstige Entgelt als einen selbständigen Vorgang ansehen, wäre, soweit die Leistung des Neueintretenden in des Gesellschaftsvermögens einfließen würde, als Einbringung nach § 24 UmwStG zu behandeln, das an einen Mitgesellschafter geleistete Entgelt jedoch als Veräußerung eines Bruchteils eines Anteils iS von § 16 Abs 1 Nr. 2 EStG behandelt werden (vgl BFH v. 1.3.2018 – IV R 38/14, GmbHR 2018, 690; s auch Rn. 476).

Der Frage, ob der Eintritt in eine bereits bestehende GmbH & atypisch Still, zur Begründung einer neuen Mitunternehmerschaft führt, bekommt dann Bedeutung, wenn einer der Altgesellschafter das Wahlrecht des § 24 Abs. 2 UmwStG ausüben will. Da die Rechtsprechung die mehrgliedrige atypisch stille

Gesellschaft als eine Innen-KG weitgehend wie eine KG behandelt, und somit auf die GmbH & atypisch Still weitgehend die Regelung über die GmbH & Co KG Anwendung finden, dürfte auch hier der Eintritt eines weiteren atypisch stillen Gesellschafters in die GmbH & atypisch Still gegen Einlage in deren Betriebsvermögen zu einer Gesellschaftsneugründung führen, mit der Folge, dass auch die Altgesellschafter in die neue Gesellschaft ihre Anteile an der alten untergehenden atypisch stillen Gesellschaft einlegen. Das Wahlrecht des § 24 Abs. 2 UmwStG stände ihnen daher zu.

8.3 Einbringung eines Einzelunternehmens oder einer Personengesellschaft in eine GmbH & Still

8.3.1 Problemstellung

Vielfach entsprechen die Kapitalkonten der Gesellschafter einer Personengesellschaft nicht der vermögensmäßigen und auch nicht der Gewinnbeteiligung.

Beispiel:
A und B sind Gesellschafter der A-OHG. Sie sind am Gewinn und Auseinandersetzungsguthaben je zur Hälfte beteiligt. A und B hatten bei der Gründung der Gesellschaft je 100.000 EUR eingezahlt. A und B beschließen, die OHG in eine GmbH umzuwandeln. Das Kapitalkonto des A beträgt 120.000 EUR, das des B 180.000 EUR. Würden die Gesellschafter entsprechend dem Verhältnis ihres letzten Kapitalkontostandes Geschäftsanteile an der neuen Gesellschaft erhalten, würden sich die Vermögensverhältnisse insofern verschieben, als A nunmehr an der GmbH mit 40 vH, B mit 60 vH beteiligt ist.

Umgekehrt würde A eine Vermögensmehrung erfahren, wenn A aufgrund seiner Vermögensbeteiligung 50 vH der Anteile = 150.000 EUR von 300.000 EUR und B ebenfalls lediglich 150.000 EUR = 50 vH von 300.000 EUR erhalten würde.

In diesem Falle bietet es sich an, hinsichtlich der Mehrbeteiligung des einen eine stille Beteiligung an der GmbH zu begründen.

Beispiel:

BV	300.000 EUR	Stammkapital	240.000 EUR
		Stille Beteiligung B	60.000 EUR
Summe	300.000 EUR	Summe	300.000 EUR

Gleiches bietet sich bei der Kommanditgesellschaft hinsichtlich der Privat- und Darlehenskonten an, wenn diese in eine GmbH umgewandelt werden sollte.

Besteht zwischen einer Personengesellschaft und einem ihrer Gesellschafter ein Darlehensverhältnis, wird das Darlehensverhältnis bei Umwandlung nach UmwG mit der GmbH als Rechtsnachfolger handelsrechtlich fortgesetzt. Die Gesellschafter haben die Möglichkeit, dieses Sonderrechtsverhältnis in ein stilles Gesellschaftsverhältnis umzuwandeln.

Insbesondere bietet sich die stille Beteiligung an einer GmbH bei Umwandlung einer Personengesellschaft in eine GmbH bei einem Sonderrechtsverhältnis zwischen der umgewandelten Personengesellschaft und einem ihrer Gesellschafter an.

Das gilt insbesondere bei Sonderbetriebsvermögen im Falle der Einbringung einer Personengesellschaft, wenn sie die Beteiligungsverhältnisse in der neuen GmbH gegenüber der Personengesellschaft nicht verändern sollen und der überlassende Gesellschafter nicht die Voraussetzung für eine Betriebsaufspaltung erfüllt.

460 Besteht an einer Personengesellschaft oder einem Einzelunternehmen, das in eine GmbH umgewandelt werden soll, bereits eine stille Beteiligung, geht dieses Rechtsverhältnis auf die GmbH als Rechtsnachfolger über. Das gilt sowohl für die typische stille Gesellschaft als auch für die atypische stille Gesellschaft. Bestand ein atypisch stilles Beteiligungsverhältnis, ist anstelle des bisherigen Einzelunternehmers eine GmbH-Mitgesellschafter, dh Mitunternehmer geworden. Was den Einzelunternehmer angeht, hat dieser seinen Betrieb in eine GmbH eingebracht und erfüllt daher die Voraussetzungen des § 20 Abs. 1 UmwStG. Da im Verhältnis zur atypisch stillen Gesellschaft lediglich ein Gesellschafterwechsel stattfindet, liegt hinsichtlich des atypisch stillen Gesellschafters keine Einbringung iSd § 24 UmwStG vor, wie das bei dem Neueintritt eines Gesellschafters in eine bereits bestehende Personengesellschaft angenommen wird.

Bei der Einbringung der stillen Beteiligung, die bisher an einer Personengesellschaft oder Einzelunternehmen bestand, ist darauf zu achten, dass wegen der Körperschaftsteuerpflicht der GmbH die Gewinnverteilungsabrede dementsprechend angepasst wird.

Aber auch für den Fall, dass ein bisheriges Einzelunternehmen oder eine Personengesellschaft in eine bereits bestehende GmbH eingebracht werden soll, bietet sich bei unterschiedlichen stillen Reserven ein stilles Gesellschaftsverhältnis an, wenn hinsichtlich der Beteiligungsverhältnisse keine wesentliche Verschiebung eintreten soll.

Allerdings ist nach der Rechtsprechung des BFH (16.2.1996, BStBl. II 1996, 1268) eine Einbringung iSd § 20 Abs. 1 UmwStG nur gegeben, wenn auch das Sonderbetriebsvermögen Eigentum der übernehmenden GmbH wird.

8.3.2 Umwandlung nach dem Umwandlungsgesetz
8.3.2.1 Rechtliche Voraussetzungen

461 Nach dem UmwG 1995 kann die Umwandlung einer Personengesellschaft oder eines Einzelunternehmens in eine GmbH im Wege der Verschmelzung, Spaltung, Ausgliederung und durch Formwechsel erfolgen.

1. Die A-OHG und die X-GmbH sollen in der Weise miteinander verschmolzen werden, dass die A-OHG auf die X-GmbH ihr Vermögen im Wege der Verschmelzung unter Ausschluss der Liquidation überträgt. Besteht an der OHG eine stille Beteiligung, wird diese mit der X-GmbH fortgesetzt, §§ 2 ff. UmwG, insbesondere für Verschmelzung unter Beteiligung von Personengesellschaften §§ 39 ff. UmwG.

2. Die A-OHG und die B-KG sollen in der Weise miteinander verschmolzen werden, dass die neugegründete X-GmbH beide Vermögen übernimmt. Sollte

8.3 Einbringung eines Einzelunternehmens

an beiden Gesellschaften eine stille Beteiligung bestehen, wird auch diese auf die GmbH übergehen. §§ 2, 39 ff. UmwG.
3. Eine Personengesellschaft wird in der Weise aufgespalten, dass die Teilvermögen jeweils auf eine GmbH als Rechtsnachfolger übergehen. Hinsichtlich einer eventuell stillen Beteiligung müßten in diesen Fällen Vereinbarungen getroffen werden, §§ 123 ff. UmwG.
4. Das Unternehmen eines Einzelunternehmers kann im Wege der Ausgliederung aus seinem übrigen Vermögen auf eine GmbH als übernehmenden Rechtsträger übertragen werden, § 123 Abs. 3, §§ 152 ff. UmwG.
Eine eventuell am Einzelunternehmen bestehende stille Beteiligung wird am Handelsgewerbe der übernehmenden GmbH fortgesetzt.
5. Eine Personengesellschaft kann auch im Wege des Formwechsels auf eine GmbH umgewandelt werden, §§ 190 ff. UmwG, insbesondere § 191 Abs. 1 Nr. 1, Abs. 2 Nr. 3, §§ 214 ff. UmwG.

Die Umwandlungen, die sich nach den Regeln des UmwG unter Beachtung der dort genannten Voraussetzungen vollziehen, erfolgen im Wege der Gesamtrechtsnachfolge. Hat an dem übertragenden Rechtsträger – gleichgültig, ob typisch oder atypisch – eine stille Beteiligung bestanden, wird diese am Handelsgewerbe des übernehmenden Rechtsträgers fortgesetzt.

Die stille Gesellschaft als reine Innengesellschaft selbst kann niemals Rechtsträger, weder als übertragender noch als übernehmender Rechtsträger, eines Umwandlungsvorgangs iSd UmwG sein. Der stille Gesellschafter kann nur im Wege der Einzelrechtsnachfolge Gesellschafter des übernehmenden Rechtsträgers werden.

Die an dem Anteil eines Gesellschafters der Personengesellschaft bestehenden 462 Rechte Dritter bestehen an dem an die Stelle tretenden Geschäftsanteil weiter.

Besteht an einem Gesellschaftsanteil eine Unterbeteiligung oder Nießbrauch, so bestehen diese Rechte an dem neuen GmbH-Anteil fort.

8.3.2.2 Behandlung der übrigen Rechtsverhältnisse

Da die GmbH in alle Rechte und Pflichten der Personengesellschaft eintritt, 463 gilt dieses auch hinsichtlich der Rechtsverhältnisse zwischen Gesellschaft und Gesellschafter.

Hat ein Gesellschafter der Personengesellschaft ein Grundstück verpachtet oder eine Lizenz an einem Patent überlassen, wird dieses Rechtsverhältnis grundsätzlich auch mit der GmbH fortgesetzt.

Das gleiche gilt auch für Darlehensverhältnisse. Hat ein Gesellschafter der Personengesellschaft ein Darlehen überlassen, besteht das Darlehensverhältnis mit der GmbH weiter.

8.3.2.3 Kapital

464 Die Einlagen der Gesellschafter der Personengesellschaft werden grundsätzlich Einlagen der Gesellschafter auf das Stammkapital. Es kann jedoch auch ein niedrigeres Stammkapital festgesetzt werden.

Die Festsetzung des Kapitals erfolgt im gleichzeitig abgeschlossenen Gesellschaftsvertrag, der eine Anlage des Umwandlungsbeschlusses darstellt. Hier kann vereinbart werden, dass ein Teil des bisherigen Eigenkapitals nicht in Nennkapital, sondern in eine Rücklage eingestellt werden soll.

8.3.2.3.1 Umwandlung eines Einzelunternehmens

465 Der bisherige Einzelunternehmer kann sein Unternehmen in der Weise auf eine GmbH übertragen, dass er das Einzelunternehmen aus seinem ganzen Vermögen ausgliedert und auf eine bereits bestehende oder neu gegründete GmbH überträgt, §§ 123 Abs. 3, 152 UmwG. Der Übergang erfolgt unter Ausschluss der Liquidation im Wege der Gesamtrechtsnachfolge. Bestand am Einzelunternehmen eine stille Beteiligung, geht diese auf den übernehmenden Rechtsträger über. Der Einzelgewerbetreibende kann aber selbst unabhängig davon mit der neu gegründeten GmbH einen stillen Beteiligungsvertrag abschließen.

8.3.2.3.2 Umwandlung einer OHG

466 Die Umwandlung einer Personengesellschaft in eine GmbH kann sich als Verschmelzung, §§ 2 ff. UmwG, als Spaltung, §§ 123 ff. UmwG, oder als Formwechsel, §§ 190 ff. UmwG, vollziehen.

Ist die GmbH der übernehmende Rechtsträger, muss der Verschmelzungsvertrag den Nennbetrag des Geschäftsanteils der übernehmenden GmbH, den die GmbH-Gesellschafter der übertragenden Personengesellschaft zuwenden, angeben.

Sonderrechte und Pflichten, die den Gesellschaftern in dem Zusammenhang gewährt werden, sind besonders festzustellen. Sind alle Gesellschafter bei den übertragenden Personengesellschaften zur Geschäftsführung berechtigt, bedarf es hier keines Geschäftsberichtes, §§ 8 Abs. 3, 41 UmwG.

Die Umwandlung einer Personengesellschaft kann auch durch Formwechsel erfolgen. Hierzu bedarf es eines Umwandlungsberichtes. Im Bericht, falls auf einen solchen nicht verzichtet wird, sind uU die künftigen Beteiligungsverhältnisse an der übernehmenden GmbH zu erläutern.

Der Umwandlungsbeschluss bedarf der Zustimmung der anwendenden Gesellschafter (Einstimmigkeit). Der Gesellschaftsvertrag kann jedoch eine Mehrheitsentscheidung vorsehen, die mindestens 3/4 der Stimmen der Gesellschafter betragen muss.

Der Umwandlungsbeschluss muss enthalten:
a) neue Rechtsform (GmbH)
b) Firma des Trägers der neuen Rechtsform
c) Beteiligungsverhältnis beim neuen Rechtsträger

d) Zahl, Art, Umfang der Anteile an der neuen Rechtsform
e) eventuelles Abfindungsangebot an weichende bisherige Gesellschafter §§ 207, 249 UmwG
f) Feststellung der Folgen des Formwechsels für Arbeitnehmer.

In diesem Zusammenhang kann mE eine GmbH & Still dadurch entstehen, dass widersprechenden Gesellschaftern der OHG als Abfindung eine stille Beteiligung an der GmbH eingeräumt wird (*Schulze zur Wiesche* GmbHR 1996, 749).

Stille Beteiligungen können im Zusammenhang mit der Umwandlung einer OHG in eine GmbH zu Spitzenausgleichen bei der Feststellung der Kapitalkonten bei der übernehmenden GmbH entsprechend den bisherigen Beteiligungsverhältnissen verwendet werden.

Bei der OHG werden, wenn im Gesellschaftsvertrag nichts anderes vereinbart ist, keine festen, sondern variable Kapitalkonten geführt, die in der Regel nicht mit der vermögensmäßigen Beteiligung und daher auch nicht mit dem Verhältnis der Gewinnbeteiligung übereinstimmen. Werden in einem solchen Falle die variablen Konten mit dem letzten Kontostand umgewandelt, würden sich die Beteiligungsverhältnisse ändern.

Beispiel:
A und B sind mit je 50 vH an der A-OHG beteiligt.
Die Kapitalkonten weisen in der der Umwandlung zugrunde liegenden Bilanz folgende Guthaben aus:
A = 220.000 EUR
B = 270.000 EUR
Bei einem Stammkapital von 490.000 EUR, wobei
A = 220.000 EUR
B = 270.000 EUR
übernehmen würden, würden sich die Beteiligungsverhältnisse erheblich zu Lasten des Gesellschafters A verschieben.

Es ist daher zweckmäßig, dass B den übersteigenden Betrag von 50.000 EUR entweder entnimmt oder hinsichtlich dieses Betrages eine Sondervereinbarung getroffen wird. Hier bietet sich ein Darlehensvertrag oder aber eine stille Beteiligung an.

Das hat den Vorteil, dass die Beteiligungsverhältnisse durch die Umwandlung selbst nicht berührt werden.

Das stille Beteiligungsverhältnis ist bereits mit der OHG zu begründen. Im Wege der Umwandlung geht auch das stille Beteiligungsverhältnis auf die GmbH als Gesamtrechtsnachfolger über. Es bestehen rechtliche Bedenken, wenn das stille Beteiligungsverhältnis von der GmbH als Teilentgelt gewährt wird. Es handelt sich hier um eine Sachgründung. Wenn die von der GmbH übernommenen Wirtschaftsgüter einen höheren Wert haben, als es dem Nominalwert der erworbenen Beteiligungen entspricht, ist der Mehrwert in eine Kapitalrücklage einzustellen.

8.3.2.3.3 Umwandlung einer KG in eine GmbH

467 Im Gegensatz zur OHG werden bei einer KG grundsätzlich für jeden Gesellschafter feste Kapitalkonten geführt. Stehengelassene Gewinne werden entweder Privatkonten, Darlehenskonten oder Kapitalkonten mit Rücklagencharakter zugeführt.

Wird eine KG in eine GmbH umgewandelt, werden von der Umwandlung in der Regel nur die Einlagekonten (Festkapitalkonten) betroffen. Die Festkapitalkonten entsprechen im Zweifel auch der vermögensmäßigen Beteiligung. Im Verhältnis der Festkapitalkonten werden den Gesellschaftern Gesellschaftsanteile am Stammkapital der neuen Gesellschaft gewährt.

Soweit hinsichtlich der Privatkonten keine Vereinbarungen bestehen, diese also jederzeit für den Gesellschafter verfügbar sind, handelt es sich auch um offene Verbindlichkeiten gegenüber den Gesellschaftern. Soweit die Guthaben Darlehenscharakter haben, wird das Darlehensverhältnis mit der GmbH fortgesetzt.

Gleiches gilt für die stille Beteiligung. Zweckmäßig ist es auch hier, den stillen Beteiligungsvertrag, der die Privat- und Darlehenskonten zum Gegenstand hat, bereits mit der KG abzuschließen, der im Wege der Gesamtrechtsnachfolge auf die KG übergeht.

Beispiel:
An der A-KG sind

A als Komplementär mit 20 vH
B als Kommanditist mit 40 vH
C als Kommanditist mit 40 vH

beteiligt.

Kapital	A	237.000 EUR
Kommanditist	B	300.000 EUR
	C	300.000 EUR

Privatkonten Kommanditist
| | B | 85.000 EUR |
| | C | 10.000 EUR |

Bei gleichem Beteiligungsverhältnis im Falle der Umwandlung in die A-GmbH würde das Stammkapital 750.000 EUR betragen.

Die Geschäftsanteile werden von

A in Höhe von	150.000 EUR
B in Höhe von	300.000 EUR
C in Höhe von	300.000 EUR

gehalten.

Hinsichtlich der weiteren Beträge müßten besondere Vereinbarungen mit der GmbH geschlossen werden.

Hier bietet sich uU die stille Beteiligung an.

8.3.3 Steuerliche Behandlung der Einbringung in eine GmbH & Still (§ 20 Abs. 1 UmwStG)

8.3.3.1 Grundlagen

Die Einbringung eines Betriebes oder Mitunternehmeranteils in eine GmbH fällt nicht unter § 16 Abs. 1 EStG, sondern unter die Spezialvorschrift des § 20 Abs. 1 Nr. 2 UmwStG, wenn die dort genannten Voraussetzungen erfüllt sind. Erste Voraussetzung ist hiernach, dass alle wesentlichen Betriebsgrundlagen des Gegenstandes der Einbringung in das Gesellschaftsvermögen der GmbH übertragen werden. Zweite Voraussetzung ist dass der Einbringende neue Gesellschaftsrechte an der aufnehmenden GmbH erhält. Es ist jedoch nicht notwendig dass die Gegenleistung ausschließlich in Gesellschaftsrechten besteht. Es können neben den Gesellschaftsrechten auch sonstige Leistungen gewährt werden. Diese sonstige Leistung ist jedoch mit ihrem gemeinen Wert anzusetzen. Eine sonstige Leistung in diesem Sinne kann auch eine stille Beteiligung sein. Wird im Zusammenhang mit einer Einbringung eines Unternehmens in eine GmbH gleichzeitig eine typische stille Gesellschaft vereinbart, so wird die Einbringung iSd § 20 Abs. 1 UmwStG nicht in Frage gestellt, wenn alle wesentliche Grundlagen einschließlich eventuellen Sonderbetriebsvermögens Gesellschaftsvermögen werden und der einbringende mit neu geschaffenen Gesellschaftsrechten Gesellschafter der übernehmenden GmbH wird Allerdings ist eine Buchwerteinbringung insoweit nicht möglich, als der Einbringende andere Leistungen als neu GmbH-Anteile erhält

468

Die Vereinbarung einer stillen Beteiligung neben den GmbH-Anteilen stellt ein zusätzliches Entgelt dar, dieses ist bei der Ermittlung des Übertragungsgewinns mit dem gemeinen Wert anzusetzen, § 20 Abs. 1 UmwStG.

Diese Besonderheit gilt auch für den Wertansatz hinsichtlich der übernommenen Wirtschaftsgüter. Diese müssen mindestens mit dem gemeinen Wert der neben den Gesellschaftsrechten gewährten Leistungen angesetzt werden. Das gilt insbesondere auch, wenn die stille Beteiligung ein Teilentgelt für die eingebrachten Wirtschaftsgüter darstellt.

Handelt es sich bei dem Entgelt für die Einbringung eines Betriebes ausschließlich um eine atypische stille Beteiligung, liegt eine Einbringung eines Betriebes in eine Mitunternehmerschaft vor, die unter die Vorschrift des § 24 UmwStG fällt.

8.3.3.2 Einbringung eines Betriebes in eine GmbH nach § 20 UmwStG

Die Einbringung eines Betriebes, Teilbetriebes oder Mitunternehmeranteils in eine GmbH gegen Gewährung von Gesellschaftsrechten ist unter den Voraussetzungen der §§ 20 ff. UmwStG erfolgsneutral, dh ohne Gewinnauswirkung. Soweit dem Einbringenden neue Stammrechte an der GmbH gewährt werden, liegen die Voraussetzungen einer Einbringung in eine Kapitalgesellschaft vor, was jedoch nicht ausschließt, dass seitens der übernehmenden GmbH auch andere Leistungen gewährt werden. Übersteigt deren Wert den gemeinen Wert, so hat

469

die GmbH das eingebrachte Betriebsvermögen mindestens mit gemeinem Wert den der anderen Wirtschaftsgüter zu übernehmen.

470 Ein anderes Wirtschaftsgut kann auch eine stille Beteiligung sein. Hierbei ist es grundsätzlich gleichgültig, ob es sich um eine typische oder atypische stille Beteiligung handelt, wobei bei der typischen stillen Beteiligung in der Regel der Nominalwert als gemeiner Wert anzusetzen ist.

Handelt es sich um eine atypisch stille Beteiligung, wird deren gemeiner Wert im Zweifel nicht dem Nominalwert entsprechen.

Grundsätzlich ist der eingebrachte Betrieb oder Mitunternehmeranteil mit dem gemeinen Wert anzusetzen. Abweichend kann auf Antrag des übernommenen Betriebsvermögens einheitlich mit dem Buchwert oder einem höheren Wert, höchstens jedoch mit dem gemeinen Wert angesetzt werden, wenn

1. sichergestellt ist, dass es später bei der übernehmenden Körperschaft der Besteuerung mit Körperschaftsteuer unterliegt,
2. die Passivposten des eingebrachten Betriebsvermögens die Aktivposten nicht übersteigen; dabei ist das Eigenkapital nicht zu berücksichtigen,
3. das Recht der Bundesrepublik Deutschland hinsichtlich der Besteuerung des Gewinns aus der Veräußerung des eingebrachten Betriebsvermögens bei der übernehmenden Gesellschaft nicht ausgeschlossen oder beschränkt wird.

471 Wie bereits ausgeführt (→ Rn. 315 f., 446), kann ein stilles Beteiligungsverhältnis auf einen Geschäftsbereich des Unternehmens beschränkt werden, allerdings unter der Voraussetzung, dass sich der Geschäftsbereich genügend von dem Gesamtunternehmen oder von den übrigen Geschäftsbereichen abgrenzt. Unter den Voraussetzungen des § 15 Abs. 1 S. 1 Nr. 2 EStG handelt es sich hierbei um eine selbständige Mitunternehmerschaft (BFH 6.12.1995, BStBl. 1998, 685; 15.1.1998, BStBl. II 1999, 286; 23.4.2009, DStRE 2009, 916; *Schulze zur Wiesche*, die GmbH & Still S. 126; *ders.* DStZ 2009, 879; *ders.* StBp 2011, 190). Soweit bisheriges Betriebsvermögen der GmbH dem Geschäftsbereich zur Nutzung überlassen wird, gilt dieses als aus der GmbH entnommen und in die neue Mitunternehmerschaft eingelegt.

472 Eine Bindung an die Handelsbilanz besteht nicht mehr (UmwSt-E v. 11.11.2011 IV C 2, S. 1978b/08 1000 1 v. 10.11.2016 BStBl. I 2016, 1252; BStBl. I 2011, 1314, Rn. 20.20).

Der Wert, mit dem die GmbH das Betriebsvermögen übernimmt, gilt für den Einbringenden als Veräußerungspreis und auch als Anschaffungskosten der Beteiligung. Der Einbringungsgewinn ist jedoch als Veräußerungs- bzw. Aufgabegewinn nur dann begünstigt, wenn das gesamte eingebrachte Betriebsvermögen mit eingebracht wird (§ 20 Abs. 4 UmwStG). Nicht begünstigt ist die Einbringung von Bruchteilen eines Anteils. Das wäre der Fall, wenn der Bruchteil nach § 20 Abs. 1 UmwStG eingebracht wird, jedoch ein anderer Bruchteil nach § 24 UmwStG in die GmbH & atypisch Still.

§ 20 UmwStG geht davon aus, dass neue Gesellschaftsrechte an der GmbH im Austausch gegen die Einbringung eines Betriebes, Teilbetriebes oder Mitunter-

8.3 Einbringung eines Einzelunternehmens

nehmeranteils gewährt werden. Nach Ansicht des BFH ist diese Vorschrift der des § 16 EStG nachgebildet.

Die Einbringung eines Betriebes, Teilbetriebes oder Mitunternehmeranteils ist nur gegeben, wenn deren wesentliche Grundlagen auf die GmbH übertragen werden. Dh es müssen alle wesentlichen Grundlagen des Aktivvermögens auf die GmbH als neuen Rechtsträger übergehen und der Einbringende als Gegenleistung neue Gesellschaftsrechte erhalten, wobei die Gegenleistung nicht ausschließlich in Gesellschaftsrechten bestehen muss. (UmwSt-E Tz. 20.06) Es können auch daneben andere Leistungen gewährt werden. Bei der Einbringung einer Personengesellschaft handelt es sich um die Einbringung von Mitunternehmeranteilen. Zum Mitunternehmeranteil iSd § 16 EStG gehört jedoch nicht nur der Anteil am Gesamthandsvermögen, sondern auch das Sonderbetriebsvermögen des Gesellschafters. (UmwSt-E TZ 20.11) Nach Ansicht der Verwaltung (*BMF* 16.6.1978, BStBl. I 78, 235 Tz. 248, nunmehr UmwSt-E TZ 20.11) allerdings in der Literatur (*Loos* UmwStG Rn. 909; *Herrmann/Heuer/ Raupach* UmwStG § 17 Rn. 17 ff.; *Schulze zur Wiesche* GmbHR 1978, 210) stark umstritten, liegt die Einbringung iSd § 20 UmwStG nur vor, wenn der gesamte Betrieb oder der Mitunternehmeranteil, wozu auch das Sonderbetriebsvermögen gehört, eingebracht wird.

Dies hat auch der BFH (16.2.1996, BB 1996, 1268) bestätigt. Danach liegen die Voraussetzungen des § 20 Abs. 1 UmwStG nur vor, wenn auch das Sonderbetriebsvermögen Gesellschaftsvermögen der übernehmenden GmbH wird. Das bedeutet, dass die GmbH rechtliche Eigentümerin des Sonderbetriebsvermögens zumindest aber wirtschaftlicher Eigentümer werden muss. Da Gegenstand der Einbringung bei der Umwandlung einer Personengesellschaft in eine GmbH steuerlich die einzelnen Mitunternehmeranteile sind, ist hiervon, wenn Sonderbetriebsvermögen vorhanden ist, nur der Mitunternehmeranteil, mit dem das Sonderbetriebsvermögen verknüpft ist, betroffen. Für eine Einbringung in eine Personengesellschaft iSd § 24 UmwStG reicht es hingegen aus, wenn wesentliche Grundlagen des bisherigen Betriebs bzw. Mitunternehmeranteils Sonderbetriebsvermögen der übernehmenden Personengesellschaft wird. Personengesellschaft iSd § 24 UmwStG ist auch die atypische stille Gesellschaft und damit auch die GmbH & Still atypisch. Der Gesellschafter, der Sonderbetriebsvermögen der umzuwandelnden Personengesellschaft überlassen hat, kann die erfolgsneutrale Übertragung in der Weise erreichen, dass dieser nicht Gesellschafter der GmbH, sondern mit seinem bisherigen Anteil an der Personengesellschaft atypisch stiller Gesellschafter wird, indem er seinen Anteil an der Gesamthand in eine atypisch stille Gesellschaft mit der GmbH einbringt. In diesem Falle würde das der GmbH überlassene bisherige Sonderbetriebsvermögen ebenfalls Sonderbetriebsvermögen der GmbH & atypisch Still als Personengesellschaft (*Schulze zur Wiesche* GmbHR 1996, 749).

Dies kann sich handelsrechtlich in der Weise vollziehen, dass die Gesellschafter der Personengesellschaft beschließen, die Personengesellschaft in eine Kapitalgesellschaft umzuwandeln, wobei der Gesellschafter, der dieser Sonderbetriebsvermögen überlassen hat, widerspricht und sich mit einer atypisch stillen

Beteiligung als Abfindung einverstanden erklärt. In diesem Falle könnte das gesamte Betriebsvermögen im Wege der Gesamtrechtsnachfolge auf die GmbH als übernehmenden Rechtsträger übertragen werden. Die GmbH würde hinsichtlich der Miet- und Pachtverträge in die Rechtsstellung der umgewandelten Personengesellschaft eintreten. Somit wäre das bisherige Sonderbetriebsvermögen der umgewandelten Personengesellschaft ebenfalls Sonderbetriebsvermögen der GmbH & atypisch Still als Mitunternehmerschaft (*Schulze zur Wiesche* GmbHR 1996, 749).

8.3.3.3 Übertragung von Sonderbetriebsvermögen gegen eine stille Beteiligung

474 § 20 Abs. 1 UmwStG findet im Falle von Sonderbetriebsvermögen nach Verwaltungsmeinung nur dann Anwendung, wenn auch dieses in das Eigentum der GmbH mit übergeht, wobei neben Gesellschaftsrechten auch andere Leistungen gewährt werden können. Nach der neueren Rechtsprechung des BFH v. 22.9.2011 (BStBl. II 2012, 10; 2.8.2012, DStR N 2012, 2118) können jedoch im Zusammenhang mit einer unentgeltlichen Übertragung eines Betriebes, Teilbetriebes oder Mitunternehmeranteils iSd § 6 Abs. 3 EStG entgegen der bisherigen Auffassung der Verwaltung Buchwertübertragungen im Sinne v. § 6 Abs. 5 EStG erfolgen. Nach Ansicht des I. Senates (25.11.2009, DStR 2010, 269) stehen Buchwertübertragungen iSd § 6 Abs. 5 EStG auch einer Einbringung iSd §§ 20, 24 UmwStG nicht entgegen, wenn im Vorfeld der Einbringung eines Mitunternehmeranteils in eine Kapitalgesellschaft wesentliche Betriebsgrundlagen aus dem Vermögensbereich der Mitunternehmerschaft ausgelagert werden und anschließend die Anteile an der Mitunternehmerschaft in eine Kapitalgesellschaft eingebracht werden. Ein Gestaltungsmissbrauch verneint der I. Senat, sofern die Übertragung auf Dauer erfolgt und deshalb andere wirtschaftliche Folgen auslöst als die Einbringung des betreffenden Wirtschaftsgutes in den Einbringungsvorgang (vgl. auch *Schulze zur Wiesche* DStR 2012, 2414). Die Übereignung bereitet gesellschaftsrechtlich insofern Schwierigkeiten, als sich bei Einbringung des Sonderbetriebsvermögens gegen Gesellschaftsrechte das Beteiligungsverhältnis zugunsten dieses Gesellschafters verschiebt. Es ist daher zweckmäßig, dass dem Einbringenden hierfür eine stille Beteiligung gewährt wird.

Der Gegenwert für das eingebrachte Sonderbetriebsvermögen kann auch in einer atypischen stillen Beteiligung bestehen. Die Wirtschaftsgüter wären mit dem gemeinen Wert zu übernehmen.

Da der Einbringende keine Vermögenseinbuße erleiden will, wird die stille Beteiligung dem Wert des Sonderbetriebsvermögens entsprechen müssen. Die GmbH wird daher für die bürgerlich-rechtliche Übertragung des Sonderbetriebsvermögens eine stille Beteiligung gewähren müssen, die dem Wert des Sonderbetriebsvermögens entspricht.

Beispiel:
A bringt seinen Mitunternehmeranteil, Buchwert 100.000 EUR, und sein Sonderbetriebsvermögen, Buchwert 100.000 EUR, Teilwert 400.000 EUR, ein. Er erhält hierfür eine stille Beteiligung von 400.000 EUR.

8.3 Einbringung eines Einzelunternehmens   474a–476 **8.3**

Eingebrachtes BV	500.000 EUR	GmbH-Anteil	100.000 EUR
		Stille Beteiligung	400.000 EUR
	500.000 EUR		500.000 EUR

Hier tritt gegenüber einer Darlehensgewährung keine andere steuerliche Wirkung ein. **474a**

Ein Veräußerungsgewinn von 300.000 EUR ist zu versteuern, und die Anschaffungskosten der Beteiligung betragen ebenfalls 100.000 EUR.

Es tritt auch dadurch keine Veränderung der steuerlichen Situation ein, dass die GmbH das Sonderbetriebsvermögen gegen eine stille Beteiligung von nominal 100.000 EUR übernimmt, sich aber verpflichtet, bei Beendigung des stillen Beteiligungsverhältnisses das Grundstück zum damaligen Übernahmewert von 100.000 EUR auf den stillen Gesellschafter zurück zu übereignen.

Der gemeine Wert wird im Zweifel bei entsprechender Ausstattung der Gewinnbeteiligung mit 400.000 EUR anzusetzen sein, so dass sich auch hier keine anderen steuerlichen Auswirkungen ergeben.

Für die steuerliche Beurteilung ist es gleichgültig, ob der steuerpflichtige eine typische oder atypisch stille Beteiligung erhält. Beide sind mit dem gemeinen Wert anzusetzen. Allerdings gehört die typisch stille Beteiligung zu seinem Privatvermögen. Als atypisch stiller Gesellschafter ist er Mitunternehmer, und somit auch der GmbH-Anteil als Sonderbetriebsvermögen II zu behandeln, mit der Folge dass die Ausschüttung der GmbH dem Teileinkünfteverfahren unterliegt Betriebsausgaben hinsichtlich der Beteiligung können zu 60 vH berücksichtigt werden (§ 3c Abs. 2 EStG).

8.3.3.4 Darlehens- und Privatkonten

Zum Betriebsvermögen gehören grundsätzlich nicht nur die Aktivposten, sondern auch die Passivposten, insbesondere die Verbindlichkeiten. Voraussetzung ist jedoch, dass das wesentliche Betriebsvermögen übertragen wird. Nicht notwendig ist, dass auch die Schulden auf die neue GmbH übertragen werden. Gesellschafterdarlehen und Privatkonten der Gesellschafter können daher als Verbindlichkeiten von der GmbH übernommen werden. Sie können auch in Eigenkapital oder stille Beteiligungen umgewandelt werden. **475**

8.3.3.5 Vereinbarung weiterer Entgelte neben der Überlassung von Geschäftsanteilen

Erhält der Einbringende neben den Geschäftsanteilen auch andere Wirtschaftsgüter, deren gemeiner Wert den Buchwert des eingebrachten Betriebsvermögens übersteigt, so hat die Kapitalgesellschaft das eingebrachte Betriebsvermögen mindestens mit dem gemeinen Wert der anderen Wirtschaftsgüter anzusetzen. Bei dem Ansatz des eingebrachten Betriebsvermögens dürfen die gemeinen Werte der einzelnen Wirtschaftsgüter nicht überschritten werden. **476**

Beispiel:
A und B bringen das Betriebsvermögen der A-OHG in die bereits bestehende X-GmbH ein.

Der Buchwert des eingebrachten Betriebsvermögens beträgt abzüglich Schulden 400.000 EUR, Teilwert 800.000 EUR. Die X-GmbH gewährt A und B neue Anteile von 400.000 EUR, außerdem eine Beteiligung, Buchwert 100.000 EUR (Nominalwert), gemeiner Wert 400.000 EUR. Das eingebrachte Betriebsvermögen ist mit 800.000 EUR zu bilanzieren.
Somit entsteht ein Übertragungsgewinn von 400.000 EUR.

8.3.3.6 Gewährung von stillen Beteiligungen als Teilentgelt für die Einbringung von Betrieben

477 Bringen die Gesellschafter einer Personengesellschaft ihre Mitunternehmeranteile in eine GmbH ein, liegen die Voraussetzungen des § 20 UmwStG nur vor, wenn auch das Sonderbetriebsvermögen soweit es zu den wesentlichen Betriebsgrundlagen gehört (BFH v. 29.11.2017 I R 7/16 GmbHR 2018, 644 = BeckRS 2017, 147061) Gesellschaftsvermögen der GmbH wird, was zur Folge hat, dass sich die Beteiligungsverhältnisse ändern. Es ist daher zweckmäßig, dass der Gesellschafter, der sein Sonderbetriebsvermögen in die GmbH mit einbringt, mit einer stillen Beteiligung abgefunden wird.

Beispiel:
Die Gesellschafter A und B bringen ihre Anteile an der A-OHG in die X-GmbH ein.

Letzte Bilanz der OHG

Grund u. Boden	20.000 EUR	Kap. A	100.000 EUR
Gebäude	80.000 EUR	Kap. B	100.000 EUR
Anlagevermögen	100.000 EUR	Verb.	150.000 EUR
Umlaufvermögen	150.000 EUR		
Bilanzsumme	350.000 EUR		350.000 EUR

Teilwerte
Grund u. Boden	70.000 EUR
Gebäude	130.000 EUR
Anlagevermögen	100.000 EUR
Umlaufvermögen	150.000 EUR
	450.000 EUR

A hat der Gesellschaft ein Grundstück überlassen.

Sonderbilanz
Grund u. Boden	10.000 EUR
Gebäude	60.000 EUR
	70.000 EUR
Gemeiner Wert	200.000 EUR

A überträgt dieses Sonderbetriebsvermögen ebenfalls auf die GmbH und erhält hierfür eine stille Beteiligung von 200.000 EUR und eine Gewinnbeteiligung von 20 vH.

Die Gesellschafter haben die Wahl zwischen dem Wertansatz, dem gemeinen Wert, dem Buchwert und einem Zwischenwert.

Wählen sie den Buchwert, hat die Gesellschaft die stille Beteiligung mit dem gemeinen Wert anzusetzen.

8.3 Einbringung eines Einzelunternehmens

Bilanz

Aktiva	550.000 EUR	Stammkapital	200.000 EUR
		Stille Beteiligung	200.000 EUR
		Verbindlichkeiten	150.000 EUR

Der Umwandlungsgewinn in Höhe von 130.000 EUR ist bei A nicht tarifbegünstigt. Es handelt sich um laufenden Gewinn § 20 Abs. 4 UmwStG.

8.3.3.7 Umwandlung von Kapital-, Darlehens- und Privatkonten in eine stille Beteiligung

Wird vereinbart, dass die Gesellschafter in Höhe der Darlehens- und Privatkonten eine Barzahlung erhalten, die jedoch der Gesellschaft weiter in der Form einer stillen Beteiligung überlassen wird, ist darin ein zusätzliches Entgelt für die Einbringung der Anteile zu sehen. Der gemeine Wert entspricht, soweit die stille Beteiligung mit einer Verzinsung von nicht mehr als 10 vH auf den Anteil ausgestattet ist, dem Nominalwert. Übersteigt die Gewinnbeteiligung auf den Nominalwert 10 vH ist das Übermaß zu verzinsen und dem Nominalwert hinzuzurechnen.

Beispiel:
Eine Personengesellschaft, bestehend aus A und B soll in eine GmbH umgewandelt werden.

Aktivvermögen	400.000 EUR	Kap. A	= 100.000 EUR
		Kap. B	= 100.000 EUR
		Darlehen A	= 50.000 EUR
		Darlehen B	= 25.000 EUR
		s. Verbindl.	= 125.000 EUR

Das Stammkapital der GmbH soll 200.000 EUR betragen. A und B übernehmen Anteile im Werte von 100.000 EUR.

Hinsichtlich der Darlehenskonten werden ihnen stille Beteiligungen von 50.000 EUR bzw. 25.000 EUR eingeräumt.

Aufgrund der Gewinnbeteiligung betragen die gemeinen Werte 70.000 EUR bzw. 35.000 EUR.

Eröffnungsbilanz der GmbH

Aktiva		Passiva	
Diverse	430.000 EUR	Stammkapital	200.000 EUR
		Stille Beteiligung A	70.000 EUR
		Stille Beteiligung B	35.000 EUR
		Sonstige Verbindl.	125.000 EUR
Bilanzsumme	430.000 EUR	Bilanzsumme	430.000 EUR

Der Übertragungsgewinn

	A	B
Wert der Anteile	100.000 EUR	100.000 EUR
Stille Beteiligung	70.000 EUR	35.000 EUR
Entgelt insgesamt	170.000 EUR	135.000 EUR
Buchwert des Mitunternehmeranteils	150.000 EUR	125.000 EUR
	20.000 EUR	10.000 EUR

Da die Übernahme nicht zum gemeinen Wert erfolgt ist, ist der Gewinn nicht begünstigt.

8.3.4 Einbringung eines Betriebes bzw. Mitunternehmeranteils in eine atypische GmbH & Still durch den atypisch stillen Gesellschafter § 24 Abs. 1 UmwStG

479 Wird ein Betrieb, ein Teilbetrieb oder ein Mitunternehmeranteil in eine Mitunternehmerschaft eingebracht, wozu auch die atypische GmbH & Still zählt, kann die Mitunternehmerschaft das Betriebsvermögen mit dem Buchwert, gemeinen Wert oder Zwischenwert übernehmen (§ 24 Abs. 1 und 2 UmwStG).

Das setzt jedoch voraus, dass die Einbringung des Betriebes, Teilbetriebes oder Mitunternehmeranteils ausschließlich gegen eine atypisch stille Beteiligung an der GmbH in deren Gesellschaftsvermögen erfolgt und dem Einbringenden keine Beteiligung am Stammkapital der GmbH gewährt wird.

Nach herrschender Ansicht erfüllt auch die Gründung einer atypischen Gesellschaft die Voraussetzungen einer Mitunternehmerschaft iSd § 15 Abs. 1 Nr. 2 EStG und damit auch des § 24 UmwStG, mit der Folge, dass die Personengesellschaft unter den Voraussetzungen, dass die Besteuerung durch die Bundesrepublik Deutschland gesichert ist, ein Wahlrecht hat, das eingebrachte Betriebsvermögen mit dem Buchwert, dem gemeinen Wert oder einem Zwischenwert zu übernehmen (§ 24 Abs. 2 S. 2 UmwStG). Personengesellschaft iSd § 24 UmwStG ist auch die atypische stille Gesellschaft. Der Begriff der Mitunternehmerschaft ergibt sich aus § 15 Abs. 1 Nr. 2 EStG (*Döllerer* DStR 1985, 295 (302); vgl. *Widmann/Mayer* UmwStG § 24 Rn. 7794; *Felix* Umwandlungsteuerpraktiken Rn. 177; *Fichtelmann* NWB F. 18, 2463 f.; *Schulze zur Wiesche* DB 1980, 1189 (1192) und DB 1986, 1744).

Hiernach sind alle Gesellschafter, bei denen die Gesellschafter die Voraussetzungen einer Mitunternehmerschaft erfüllen, als Mitunternehmer anzusehen. Weiter ist Voraussetzung, dass der Einbringende Mitunternehmer wird. § 24 UmwStG verwendet zwar nicht den Begriff der Veräußerung, sondern Einbringung. Da jedoch § 24 UmwStG in einem inneren Zusammenhang zu § 16 Abs. 1 EStG steht, muss es sich auf Seiten des Einbringenden um einen Veräußerungsvorgang handeln, bei dem das Entgelt für die Sacheinlage in Form eines Betriebes, Teilbetriebes in der Einräumung der Mitunternehmerstellung besteht.

480 Ist Gegenstand der Einbringung der Betrieb einer Personengesellschaft in eine GmbH oder in eine andere Personengesellschaft, bringen ertragsteuerlich die Gesellschafter der Personengesellschaft jeweils ihre Mitunternehmeranteile in den übernehmenden Rechtsträger ein. Jeder Mitunternehmeranteil stellt eine selbständige Einbringungsmaßnahme dar. Die Vorsetzungen für eine Einbringung iSd §§ 20 Abs. 1, 24 Abs. 1 UmwStG sind selbständig und unabhängig von einander zu prüfen. So können hinsichtlich eines Mitunternehmanteils die Voraussetzungen des §§ 20 Abs. 1 UmwStG, hinsichtlich eines anderen Mitunternehmeranteils die Voraussetzungen des § 24 Abs. 1 UmwStG vorliegen. Ferner kann das Wahlrecht hinsichtlich der Wertansätze unterschiedlich ausgeübt werden.

8.3 Einbringung eines Einzelunternehmens

Beispiel:
An der A-KG sind A, B und C zu gleichen Teilen beteiligt. C hat der KG ein Grundstück (Buchwert 500.000 EUR gemeiner Wert 1 Mio. EUR). zur Nutzung überlassen. Die A-KG soll in die A-GmbH umgewandelt werden. Das Grundstück soll nicht Gesellschaftsvermögen der A-GmbH werden. C möchte das Grundstück in die GmbH als atypisch stille Beteiligung einlegen

Zivilrechtlich wird in diesem Falle das gesamte Gesellschaftsvermögen, einschließlich des Sonderbetriebsvermögens, in die X-GmbH eingebracht, mit der Folge, dass auch das bisherige Sonderbetriebsvermögen in das Eigentum der aufnehmenden X-GmbH übergeht.

Das Sonderbetriebsvermögen wird jedoch nicht Betriebsvermögen der GmbH, sondern ist ertragsteuerlich als Betriebsvermögen der selbständigen Mitunternehmerschaft GmbH & atypisch Still anzusehen (BFH 26.11.1996; BStBl. 1998, 328; Blaurock/Lamprecht Rn. 23.69; *Reiß* in Kirchhof EStG § 15 Rn. 138). Die Einbringung erfüllt nicht die Voraussetzungen der Einbringung iSd § 20 Abs. 1 UmwStG, weil nicht alle wesentlichen Grundlagen des Betriebes der A-KG in das Betriebsvermögen der X-GmbH eingebracht wurden. Hinsichtlich der Begründung der atypisch stillen Mitunternehmerschaft sind die Voraussetzungen des § 24 UmwStG nicht gegeben, weil es sich hier um ein Einzelwirtschaftsgut handelt. Allerdings wäre eine Einbringung eines Einzelwirtschaftsgutes in die GmbH & atypisch Still als Mitunternehmerschaft iSd § 15 S. 1 Abs. 1 Nr. 2 EStG nach § 6 Abs. 5 S. 3 EStG möglich. Das beträfe jedoch lediglich das bisherige Sonderbetriebsvermögen. Eine der Einbringung der Mitunternehmeranteile in die X-GmbH vorgezogene Einbringung des Sonderbetriebsvermögens in eine GmbH & atypisch Still würde die Verwaltung unter Berücksichtigung der Gesamtplanrechtsprechung des BFH als Gestaltungsmissbrauch ansehen.

Es handelt sich hierbei jedoch um drei voneinander unanhängige Einbringungsmaßnahmen. Daher ist es möglich, dass A und B jeweils ihrem Mitunternehmeranteil in die GmbH einbringen und C seinen Mitunternehmeranteil in eine atypisch stille Gesellschaft mit der durch A und B gegründeten GmbH in der Weise einbringt, dass sein Anteil an der KG Gesellschaftsvermögen der GmbH wird und das Grundstück dieser Mitunternehmerschaft als Sonderbetriebsvermögen des C überlassen wird. Es liegt hier keine Einbringung im Sinne des § 20 UmwStG vor, weil C kein neues Gesellschaftsrecht an der GmbH erhält, jedoch Mitunternehmer einer GmbH & atypisch Still iSv § 24 UmwStG wird, weil der gesamte Mitunternehmeranteil des C Betriebsvermögen der A-GmbH & atypisch Still wird.

Da Gegenstand der Einbringung eines Mitunternehmeranteils auch Bruchteile eines Mitunternehmeranteils sein können, besteht auch die Möglichkeit, einen Bruchteil seines Mitunternehmeranteils nach § 20 UmwStG gegen Gesellschaftsrechte an der GmbH in diese einzubringen und einen weiteren Bruchteil als atypisch stille Beteiligung an der GmbH (GmbH & atypisch Still). Dies setzt jedoch voraus, dass das Betriebsgrundstück im Sonderbetriebsvermögen im Verhältnis der beiden Bruchteile jeweils mit übertragen werden muss. Ein Verhältnis 1:99 wäre hier theoretisch möglich.

484 Unbestritten sind die Voraussetzungen des § 24 UmwStG gegeben, wenn der atypische stille Gesellschafter Sacheinlagen aus einem Betriebsvermögen erbringt, die in das Eigentum des Handelsgewerbetreibenden gehen. Umstritten ist jedoch die Frage, ob der bisherige Einzelunternehmer, der sein Unternehmen in eine atypische stille Gesellschaft einbringt, also Alleineigentümer des Betriebsvermögens bleibt, ebenfalls ein Wahlrecht hat zwischen Buchwerteinbringung, Einbringung zum gemeinen Wert oder Zwischenwerteinbringung.

Da jedoch im Falle der GmbH & Still atypisch der Altgesellschafter eine Kapitalgesellschaft ist, erübrigt sich jedoch die Diskussion, da die GmbH als Kapitalgesellschaft die Steuervergünstigung des § 34 Abs. 1 EStG nicht in Anspruch nehmen kann.

Der Einbringende bringt zwar das Betriebsvermögen in die Mitunternehmerschaft ein und wird Mitunternehmer. Es fehlt jedoch an einem Veräußerungsvorgang. Ein entgeltliches Geschäft kann mE allein darin gesehen werden, dass er dem atypisch stillen Gesellschafter einen Anteil am Gewinn des Unternehmens einräumt, der ihm bisher allein zustand. Die Beteiligung an der künftigen stillen Reservenbildung stellt auch eine Vermögensbeteiligung dar. Die Befürworter der Anwendung des § 24 UmwStG auf den Handelsgewerbetreibenden können noch als Argument anführen, dass der BFH das Betriebsvermögen des Handelsgewerbetreibenden als Gegenstand der Gewinnermittlung für die Mitunternehmerschaft betrachtet, daher wirtschaftlich gesehen als das gemeinsame Betriebsvermögen ansieht. Handelsrechtlich hat jedoch keine Änderung der Zurechnung des Betriebsvermögens stattgefunden, so dass handelsrechtlich mE eine Wertaufstockung nicht zulässig ist.

Der Grundsatz der Maßgeblichkeit der Handelsbilanz ist von der Verwaltung aufgegeben worden (UmwSt-E Rn. 20.20) § 24 UmwStG ist jedoch nach Ansicht der Verwaltung (UmwSt-E Tz. 01.47) nicht anzuwenden auf die formwechselnde Umwandlung einer Personengesellschaft in eine Personengesellschaft sowie auf den Eintritt einer GmbH in eine bestehende Personengesellschaft ohne vermögensmäßige Beteiligung, weil an einem Übertragungsvorgang fehle, so dass ein Gewinn iSd § 16 nicht entstehen würde und eine Wertaufstockung nicht möglich sei (so auch BFH 21.6.1994, BStBl. II 1994, 856; 20.9.2007, BStBl. II 2008, 265). Zivilrechtlich liegt zwar kein Übertragungsvorgang vor, ertragsteuerlich geht jedoch dass Vermögen von einer Kapitalgesellschaft auf eine Mitunternehmerschaft über. ME sind daher die Voraussetzungen für ein Wahlrecht iSd § 24 Abs. 2 UmwStG gegeben. (verneinend bisher *Widmann/Mayer* UmwStG § 24 Rn. 7801; *Schmidt* EStG § 15 Rn. 586; bejahend. *Döllerer* DStR 1985, 295 (302); *Schulze zur Wiesche* DB 1986, 1744; BFH 2.5.1984, FR 1984, 535; *BMF* 26.11.1987, DB 1987, 2545).

485 Übernimmt die Mitunternehmerschaft das Betriebsvermögen zum Buchwert, entsteht beim Einbringenden kein Veräußerungsgewinn. Nicht notwendig ist der Ausweis in der Handelsbilanz mit Buchwert. Eine Buchwertausweisung ist auch dann gegeben, wenn sich der Buchwert erst aus der Zusammenrechnung aller positiven und negativen Ergänzungsbilanzen ergibt.

8.3 Einbringung eines Einzelunternehmens

Werden die Wirtschaftsgüter zum gemeinen Wert übernommen (Voraussetzung ist die Aufdeckung aller stillen Reserven einschließlich eines eventuell vorhandenen Firmenwertes), stellt die Differenz zwischen dem bisherigen Buchansatz und dem Ansatz zum gemeinen Wert bei der atypischen GmbH & Still den Übertragungsgewinn dar, der unter den engen Voraussetzungen und im Rahmen des § 16 Abs. 4 EStG steuerbefreit, darüber hinaus tarifbegünstigt ist, soweit die Einbringende eine natürliche Person ist.

486

Seit dem 1.1.1994 ist bei Teilwerteinbringung (ab 2009 Einbringung zum gemeinen Wert) der Einbringungsgewinn, soweit der Einbringende an der Personengesellschaft beteiligt wird, als laufender Gewinn behandelt und insoweit nicht mehr steuerbegünstigt. Ein Veräußerungsgewinn liegt nur noch in Höhe der Beteiligung des eintretenden Dritten vor.

Übernimmt die atypische GmbH & Still das Betriebsvermögen zu einem Zwischenwert, ist der Unterschiedsbetrag Wertansatz bei der GmbH & Still und dem Einbringenden (stiller Gesellschafter) als laufender Gewinn zu erfassen.

487

8.3.5 Einzelfälle

8.3.5.1 Umwandlung einer GmbH & Co KG in eine GmbH & Still

Wird eine GmbH & Co KG in eine GmbH & Still durch Umwandlung der Kommanditbeteiligung in eine stille Beteiligung umgewandelt, hat das handelsrechtlich das Erlöschen der Personengesellschaft zur Folge. Steuerrechtlich kommt es jedoch darauf an, ob die stille Beteiligung typisch oder atypisch ist.

488

8.3.5.1.1 Typische stille Beteiligung

Wird das Gesellschaftsverhältnis in der Form einer typischen stillen Beteiligung fortgeführt, ist eine Veräußerung des anteiligen Betriebsvermögens an die GmbH gegeben. Da hiermit die gewerbliche Tätigkeit der Kommanditisten endet, liegt die Veräußerung eines Anteils an einer Mitunternehmerschaft vor (§ 16 Abs. 1 Nr. 2 EStG).

489

Veräußerungspreis ist der Wert der stillen Beteiligung. Der Wert wird im allgemeinen dem Nominalwert der Beteiligung entsprechen. Ist daher die stille Beteiligung mit einer Gewinnbeteiligung ausgestattet, die eine höhere Kapitalverzinsung als 10 vH erwarten lässt, ist ein höherer Wert anzusetzen (gemeiner Wert).

Der Unterschiedsbetrag zum letzten Kapitalkontostand stellt den Veräußerungsgewinn dar, der steuerbefreit ist, soweit die Voraussetzungen des § 16 Abs. 4 EStG gegeben sind. Das setzt jedoch voraus, dass der Betrieb insgesamt zum Teilwert übernommen wurde.

Beispiel:
A ist Kommanditist der X-GmbH & Co KG. Er überträgt sein Kapitalkonto auf die X-GmbH, letzter Kontostand 300.000 EUR. Die GmbH zahlt ihm ein Entgelt in der Form, dass ihm eine stille Beteiligung in Höhe von 400.000 EUR am Handelsgewerbe der GmbH eingeräumt wird. A ist 56 Jahre alt und zu 80 vH an der Gesellschaft beteiligt gewesen. 20 vH hält die GmbH.

Der Anteil des A geht somit durch Anwachsung auf die GmbH über. Die GmbH wird durch Anwachsung Eigentümer des anteiligen Betriebsvermögens.

Veräußerungspreis ist der Wert der stillen Beteiligung =		400.000 EUR
letzter Buchkapitalkontostand		300.000 EUR
Veräußerungsgewinn		100.000 EUR
anteiliger Grenzbetrag	136.000 EUR	
steuerfrei (§ 16 Abs. 4 EStG)		45.000 EUR
steuerpflichtig, aber begünstigt nach § 34 Abs. 3 EStG		55.000 EUR

8.3.5.1.2 Umwandlung der Kommanditbeteiligung in eine atypische stille Beteiligung

490 Scheiden die Kommanditisten aus einer GmbH & Co KG in der Weise aus, dass sie ihre Anteile in die GmbH einbringen, nicht gegen Gesellschaftsrechte, sondern gegen Gewährung von atypischen stillen Beteiligungen, liegt keine Anteilsveräußerung vor, wenn sich die Gewinnbeteiligung und die Beteiligung am Liquidationserlös nicht ändert. In diesem Falle hat sich zwar bürgerlich-rechtlich die Gesellschaftsform geändert. Bürgerlich-rechtlich kann auch nicht von einer Identität gesprochen werden, da sich das Gesellschaftsverhältnis als solches grundlegend geändert hat (Übertragung des Gesamthandsvermögens auf die GmbH, Umwandlung von einer Außengesellschaft in eine Innengesellschaft). Steuerlich ist jedoch eine Mitunternehmerschaft bestehen geblieben. Haben sich die Gewinnbeteiligung und der Anteil an den stillen Reserven nicht geändert, wird die Mitunternehmerschaft nur in anderer Form fortgeführt, so dass die Veräußerung eines Mitunternehmeranteils iSd § 16 Abs. 1 Nr. 2 EStG nicht gegeben ist.

Die GmbH ist verpflichtet, die Buchwerte des übernommenen Betriebsvermögens fortzuführen (§ 6 Abs. 3 EStG). Die Kapitalkonten des nunmehr atypischen stillen Gesellschafters werden unverändert in der Form einer Sonderbilanz fortgeführt, so dass sich keine Gewinnrealisierung ergibt.

Es ist auch eine spätere Versteuerung der stillen Reserven sichergestellt. Sie tritt spätestens mit Beendigung des atypischen stillen Gesellschaftsverhältnisses ein.

8.3.5.2 Umwandlung von Pachtverhältnissen in ein stilles Beteiligungsverhältnis

8.3.5.2.1 Allgemeines

491 Lag bereits eine Betriebsaufspaltung vor, hat die Umwandlung des Pachtverhältnisses in ein stilles Beteiligungsverhältnis keinen Einfluss auf die Besteuerung.

Hat eine Betriebsaufspaltung nicht vorgelegen, bleiben die der GmbH überlassenen Wirtschaftsgüter Privatvermögen, soweit nicht ein atypisches stilles Beteiligungsverhältnis begründet worden ist.

8.3 Einbringung eines Einzelunternehmens

Abgesehen von dem Fall, dass wirtschaftlich weiter ein Pachtverhältnis anzunehmen ist, handelt es sich nunmehr um Einkünfte aus Kapitalvermögen (§ 20 Abs. 1 Nr. 4 EStG).

8.3.5.2.2 Umwandlung bei Betriebsaufspaltung

492 Wird das Pachtverhältnis, das Grundlage der Betriebsaufspaltung war, beendet und durch ein neues Rechtsverhältnis ersetzt, indem die Wirtschaftsgüter auf der Basis eines Gesellschaftsverhältnisses eine Nutzungsüberlassung gegen Gewinnbeteiligung begründen, liegt eine Betriebsaufgabe vor, wenn die bisher überlassenen Wirtschaftsgüter nicht mehr Betriebsvermögen sind. Handelt es sich hierbei um eine typische stille Beteiligung, ist der Überlassende nicht als Mitunternehmer anzusehen. Es fragt sich nur, ob die Überlassung auf Grund eines stillen Beteiligungsverhältnisses zu einer Entstrickung führt, wenn der Überlassende weiterhin beherrschender Gesellschafter ist. ME wird die gewerbliche Beteiligung des Überlassenden nicht ohne weiteres beendet, wenn das Pachtverhältnis in ein stilles Beteiligungsverhältnis umgewandelt wird und die überlassenen Wirtschaftsgüter weiterhin eine wesentliche Betriebsgrundlage der GmbH darstellen. Auf eine Aufgabeerklärung kommt es daher nicht an.

493 Ist der überlassende Gesellschafter als atypischer Beteiligter anzusehen, ist er Mitunternehmer der GmbH. Es findet im Falle der Buchwerteinbringung keine Gewinnrealisierung statt, da das bisherige Betriebsvermögen seines Einzelunternehmens jetzt Betriebsvermögen der Mitunternehmerschaft wird.

494 Die Vorschrift des § 24 Abs. 1 UmwStG ist auch in diesem Falle anzuwenden. Es liegt die Einbringung eines Einzelbetriebes in eine Mitunternehmerschaft vor. Es besteht somit für die Mitunternehmerschaft ein Wahlrecht, ob sie das Betriebsvermögen mit dem Buchwert, dem gemeinen Wert oder einem Zwischenwert übernimmt. Im Falle der Übernahme zum Buchwert wird kein Veräußerungsgewinn realisiert.

495 Übernimmt die Mitunternehmerschaft zum gemeinen Wert, stellt die Differenz zum bisherigen Buchwert den Veräußerungsgewinn dar, der, soweit die Voraussetzungen des § 16 Abs. 4 EStG vorliegen, steuerbefreit, darüber hinaus nach § 34 Abs. 1 und Abs. 3 EStG tarifbegünstigt ist.

Im Falle des Ansatzes zum Zwischenwert wird der Unterschiedsbetrag zum Buchwert als laufender Gewinn besteuert.

8.3.5.2.3 Umwandlung des Pachtverhältnisses in eine stille Beteiligung ohne eine vorausgegangene Betriebsaufspaltung

496 Lagen im Falle der Verpachtung die Voraussetzungen für eine Betriebsaufspaltung nicht vor, handelt es sich bei den überlassenen Wirtschaftsgütern grundsätzlich um Privatvermögen. Wird ein echtes stilles Beteiligungsverhältnis begründet, kann das in der Weise geschehen, dass die Grundstücke auf die GmbH übertragen und der Gegenwert in Form einer stillen Beteiligung gewährt wird oder in der Weise, dass auf die GmbH lediglich ein zeitlich begrenztes Nutzungsrecht übertragen wird. Die stille Beteiligung gehört zu seinem Privatvermögen.

Wird ein atypisches stilles Beteiligungsverhältnis begründet, gehören die überlassenen Wirtschaftsgüter zum Betriebsvermögen der GmbH und sind damit Betriebsvermögen der Mitunternehmerschaft. Es liegt keine Einlage im Sinne des § 6 Abs. 1 Nr. 5 vor, da es sich hier um einen Leistungsaustausch handelt. Das Wirtschaftsgut ist mit dem gemeinen Wert, der auch dem Wert der Gegenleistung entspricht, zu bewerten.

497 Die Wirtschaftsgüter sind grundsätzlich mit dem Teilwert einzulegen. Sind sie jedoch von dem Überlassenden innerhalb der letzten drei Jahre vor der Einbringung angeschafft worden, sind sie höchstens mit den Anschaffungs- oder Herstellungskosten zu bewerten (§ 6 Abs. 1 Nr. 5a EStG).

8.4 Veräußerung einer stillen Beteiligung

8.4.1 Veräußerung einer typischen stillen Beteiligung

498 Nach § 20 Abs. 2 Nr. 4 EStG nF werden auch die Gewinne aus der Veräußerung einer stillen Beteiligung als Kapitaleinkünfte behandelt. Diese unterliegen grundsätzlich einer Abgeltungssteuer von 25 vH.

Ist der stille Beteiligte gleichzeitig mit mindestens 10 vH am Stammkapital der Kapitalgesellschaft beteiligt, unterliegt der Veräußerungsgewinn der tariflichen Einkommensteuer. Gleiches gilt, wenn der stille Beteiligte ein Angehöriger eines Gesellschafters ist, der mit mindestens 10 vH am Stammkapital beteiligt ist.

Veräußerungsgewinn ist der Unterschied zwischen den Einnahmen aus der Veräußerung nach Abzug der Aufwendungen, die in unmittelbarem sachlichen Zusammenhang mit dem Veräußerungsgeschäft stehen und den Anschaffungskosten unabhängig vom Kapitalkontostand im Zeitpunkt der Veräußerung.

Zu den Anschaffungskosten rechnen auch nachträgliche Aufstockungen der stillen Beteiligung. Fraglich ist, wie stehengelassene Gewinne zu behandeln sind. Haben diese der Aufstockung der stillen Beteiligung gedient, müssen diese uU den Anschaffungskosten zugerechnet werden. Sind sie einem Privatkonto gutgeschrieben worden, über das der Stille jederzeit verfügen darf, sind sie dem Stillen zugeflossen und unterliegen mit dem Zufluss der Abgeltungssteuer von 25 vH.

Das gilt auch für den Fall, dass der Stille gleichzeitig Gesellschafter ist und die stille Beteiligung und die Beteiligung am Stammkapital zusammen mehr als 25 vH ergeben. Beide Beteiligungsformen müssen getrennt voneinander betrachtet werden (vgl. auch BFH 11.12.1981, BStBl. II 81, 465).

Lediglich im Falle des verdeckten Stammkapitals können die Beteiligung am Stammkapital und die stille Beteiligung als einheitliche Beteiligung behandelt und daher zusammengerechnet werden.

499 Gehört die stille Beteiligung zu einem Betriebsvermögen, so stellt die Veräußerung einer stillen Beteiligung an einer GmbH einen laufenden Geschäftsvorfall dar, der nicht unter § 16 Abs. 1 EStG fällt. Die stille Beteiligung, die sich im Betriebsvermögen befindet, stellt keinen Teilbetrieb iSd § 16 Abs. 1 EStG dar. Das gilt auch dann, wenn es sich hierbei um die einzige stille Beteiligung an der GmbH handelt.

8.4 Veräußerung einer stillen Beteiligung

Eine andere Beurteilung greift mE nur dann Platz, wenn der Gewerbetreibende gleichzeitig zu 100 % an der GmbH beteiligt ist und er die GmbH-Beteiligung zusammen mit der stillen Beteiligung veräußert. In diesem Falle müsste auch die Veräußerung der stillen Beteiligung als Veräußerung des Teilbetriebes gelten. Die Beteiligung an der GmbH und die stille Beteiligung sind mE insofern als eine Einheit zu sehen.

8.4.2 Veräußerung einer atypischen stillen Beteiligung

Wird die atypische stille Beteiligung an einer GmbH entgeltlich auf einen Dritten übertragen, ist die Veräußerung eines Mitunternehmeranteils iSd § 16 Abs. 1 S. 1 Nr. 2 EStG gegeben (*Reiß* in Kirchhof/Söhn EStG § 16 Rn. C 69). Der Veräußerungsgewinn wird ermittelt aus dem Unterschiedsbetrag des Veräußerungspreises abzüglich der Veräußerungskosten und dem letzten Buchansatz der Beteiligung (vgl. auch *Schulze zur Wiesche* BB 1982, 1974).

Hat der Steuerpflichtige das 55. Lebensjahr vollendet oder ist er im sozialversicherungsrechtlichen Sinne dauernd berufsunfähig, so wird der Veräußerungsgewinn auf Antrag zur Einkommensteuer nur herangezogen, soweit er 45.000 EUR übersteigt (§ 16 Abs. 4 S. 1 EStG). Dieser Freibetrag reduziert sich allerdings um den Betrag, um den der Veräußerungsgewinn 136.000 EUR übersteigt (§ 16 Abs. 4 S. 3). Das bedeutet, dass bei einem Veräußerungsgewinn von 181.000 EUR oder höher auch unter den bereits engen Voraussetzungen des § 16 Abs. 4 S. 1 EStG kein Freibetrag mehr in Anspruch genommen werden kann.

Der übersteigende Betrag ist nach § 34 Abs. 1 und Abs. 3 EStG auf Antrag tarifbegünstigt; nach Abs. 3 nur, soweit die dort genannten Voraussetzungen gegeben sind. Sind in dem veräußerten Mitunternehmeranteil Kapitalanteile enthalten, deren Veräußerungsgewinn nach § 3 Nr. 40a u. b EStG dem Halbeinkünfteverfahren unterliegt, ist der nicht freigestellte Betrag nicht tarifbegünstigt (§ 34 Abs. 2 Nr. 1 EStG). Ist der atypisch stille Gesellschafter gleichzeitig Gesellschafter der GmbH, so gehört der GmbH-Anteil als Sonderbetriebsvermögen zum Mitunternehmeranteil.

Zum Mitunternehmeranteil eines atypisch stillen Gesellschafters gehört nicht nur der Anteil am Betriebsvermögen der handelsgewerbetreibenden GmbH, soweit es wirtschaftlich dem atypisch stillen Gesellschafter zuzurechnen ist, sondern auch das Sonderbetriebsvermögen des atypisch stillen, wozu auch der Anteil am Nennkapital der GmbH gehört. Da der wirtschaftliche Geschäftsbetrieb im Eigentum der GmbH steht, und die GmbH nach außen hin das Geschäft betreibt, stellt der GmbH-Anteil eine wesentliche Grundlage der Mitunternehmerschaft des atypisch stillen Gesellschafter dar (BFH 4.7.2007, GmbHR 2007, 1112, *Schulze zur Wiesche*, Anteile an einer Betriebs-GmbH und an der Komplementär-GmbH als wesentliche Betriebsgrundlage, GmbHR 2008, 238).

Wird lediglich die stille Gesellschaft gekündigt gegen eine Abfindung oder diese auf einen Dritten übertragen, so führt dies zur Aufgabe des Mitunternehmeranteils, da der GmbH-Anteil somit Privatvermögen und somit entnommen wird, der ebenfalls unter den Voraussetzungen des § 16 Abs. 4 EStG begünstigt ist.

Allerdings unterliegt der Entnahmegewinn des Stammanteils dem Teileinkünfteverfahren § 3 Nr. 40 EStG. 60 vH des Entnahmegewinns. Hinsichtlich des Stammanteils an der GmbH unterliegen auch gewerbliche Einkünfte § 15 Abs. 1 Nr. 2 EStG der Tarifbesteuerung.

503 Ist der atypisch stille Gesellschafter gleichzeitig am Nennkapital der GmbH beteiligt, gehört der GmbH Anteil zum Sonderbetriebsvermögen der atypisch stillen als Gesellschaft.

Da die GmbH nach außen hin das Unternehmen führt und zivilrechtlich Eigentümer des Betriebsvermögens ist, wird es sich in der Regel bei dem GmbH-Anteil um eine wesentliche Betriebsgrundlage handeln mit der Folge, dass im Falle der Umwandlung der atypisch stillen Beteiligung in Nennkapital die Voraussetzungen einer Einbringung iSd § 20 Abs. 1 UmwStG nicht gegeben sein werden.

Die Umwandlung der GmbH & atypisch Still in eine GmbH ist daher in der Regel nicht steuerneutral möglich und führt daher zur Versteuerung der stillen Reserven (BFH 4.7.2007, hinsichtlich der Behandlung des GmbH-Anteils, jedoch → Rn. 524, GmbHR 2007, 1112).

8.5 Liquidation der GmbH

504 Wird die GmbH liquidiert, bedeutet dieses auch die Beendigung der stillen Beteiligung, denn Gesellschaftszweck der stillen Beteiligung ist die Beteiligung am Handelsgewerbe eines anderen. Bei Beendigung findet eine Auseinandersetzung statt. In diesem Falle sind 2 Veräußerungsgewinne notwendig. Es muss der Veräußerungsgewinn hinsichtlich des GmbH-Anteils und der stillen Beteiligung ermittelt werden.

8.5.1 Ermittlung des Liquidationsgewinns der GmbH

505 Der Liquidationsgewinn ergibt sich aus dem Unterschiedsbetrag zwischen der Ausschüttung aus dem Liquidationserlös und den Anschaffungskosten. Hierbei handelt es sich um Kapitaleinkünfte. Handelt es sich um eine Beteiligung von mindestens 1 vH, ist nach dem Teileinkünfteverfahren dieser mit 60 vH anzusetzen. 40 vH sind steuerfrei.

Die Beteiligungen von unter 1 vH ist der Veräußerungsgewinn als Kapitaleinkünfte zu behandeln. Nach § 32d EStG ist die einbehaltene Kapitalertragsteuer von 25 vH (§ 43a EStG) eine Abgeltungssteuer.

Gehört die Beteiligung zu einem Betriebsvermögen, so unterliegt der Liquidationsgewinn als Veräußerungsgewinn dem Teileinkünfteverfahren. Lediglich 60 vH werden als Betriebseinnahme angesetzt. Dies betrifft insbesondere dann zu, wenn der Stammgesellschafter gleichzeitig atypisch stiller Gesellschafter ist und die Stammanteile als Sonderbetriebsvermögen zu behandeln sind.

8.5.2 Rückwirkende Erfassung eines Einbringungsgewinns bei Erwerb der GmbH durch Einbringung

Für Anteile, die vor dem 12.12.2006 durch Einbringungen erworben wurden, ist die alte Vorschrift des § 21 Abs. 1 UmwStG aF anzuwenden, wonach der Veräußerungsgewinn entsprechend nach § 16 zu versteuern ist.

Für Anteile, die durch Einbringung nach dem 12.12.2006 entstanden sind, wird im Falle deren Veräußerung, neben der Versteuerung des Veräußerungsgewinns, ein Einbringungsgewinn nach § 22 UmwStG versteuert. Wird ein Betrieb, Teilbetrieb oder Mitunternehmeranteil in eine Kapitalgesellschaft eingebracht, ist ein Einbringungsgewinn festzustellen, dieser ist erst im Falle einer Veräußerung innerhalb einer Siebenjahresfrist zu versteuern. Einbringungsgewinn (I) ist der Betrag um den der gemeine Wert des übernommenen Betriebsvermögens den Wertansatz durch die übernehmende Kapitalgesellschaft nach Abzug der Übertragungskosten übersteigt. Er vermindert sich um jeweils ein Siebtel für jedes seit dem Einbringungszeitpunkt abgelaufenen Zeitjahr. Der Einbringungsgewinn gilt als nachträgliche Anschaffungskosten der erhaltenen Anteile.

Beispiel:
A hat seinen Betrieb in die X-GmbH eingebracht, gemeiner Wert 550.000 EUR, Buchwert 200.000 EUR. Er ist außerdem mit einer Einlage von 100.000 EUR typisch still an der X-GmbH beteiligt. Die Einbringung erfolgt am 1.1.2002. Am 2.5. veräußert er seinen Anteil für 700.000 EUR.

Feststellung des Einbringungsgewinns 1.1.		350.000 EUR
Ein Siebtel = 50.000 EUR		
	1.1. 300.000 EUR	
	1.1. 250.000 EUR	
	1.1. 200.000 EUR	
Die Anschaffungskosten der		
Beteiligung Buchwert		200.000 EUR
Zuzüglich Einbringungsgewinn		200.000 EUR
		400.000 EUR
Veräußerungspreis		700.000 EUR
Veräußerungsgewinn		300.000 EUR
Einkünfte iSd § 17		
60 vH		180.000 EUR
Einbringungsgewinn § 15		200.000 EUR
Sofern die stille Beteiligung zum		
Nominalwert zurückgezahlt wird		0 EUR

8.5.3 Auseinandersetzung einer typischen stillen Beteiligung

Wird das Gesellschaftsverhältnis beendet, hat der typische stille Gesellschafter lediglich einen Anspruch auf Rückerstattung seiner eventuell durch Verluste geminderten Einlage.

Erhält ein typischer stiller Gesellschafter bei Beendigung seiner Beteiligung eine Abfindung, deren Höhe den Betrag seiner Einlage übersteigt, gehört der Mehrwert grundsätzlich zu den Einkünften aus Kapitalvermögen (§ 20 Abs. 1

Nr. 4 und Abs. 2 Nr. 4 EStG; BFH 14.2.1984, BStBl. II 84, 580; 16.8.1995, BFH/ NV 1996, 125).

8.5.4 Auseinandersetzung einer atypischen stillen Beteiligung

509 Besteht mit der liquidierten GmbH ein atypisches stilles Beteiligungsverhältnis, wird durch die Beendigung der Tätigkeit der GmbH gleichzeitig die Mitunternehmerschaft beendet.

Die Beendigung der Mitunternehmerschaft durch die Einstellung des Geschäftsbetriebes der GmbH stellt gleichzeitig für den Mitunternehmer eine Betriebsaufgabe dar, die ebenfalls wie die Betriebsveräußerung nach § 16 Abs. 3 unter bestimmten Voraussetzungen (→ Rn. 358) begünstigt ist (§ 16 Abs. 4, § 34 Abs. 1 u. Abs. 3 EStG).

Das setzt aber voraus, dass sich die Liquidation der GmbH innerhalb eines kurzen zusammenhängenden Zeitraumes vollzieht, so dass der Vorgang als ein wirtschaftlich einheitlicher, nämlich der der Betriebsaufgabe, angesehen werden kann (BFH 25.6.1970, BStBl. II 70, 719).

Gewinne jedoch, die im laufenden Geschäftsverkehr erzielt werden, sind auch, soweit sie auf den atypischen stillen Gesellschafter entfallen, als laufender Gewinn nicht begünstigt. Soweit mit der Rückzahlung der Einlage der stille Gesellschafter einen Anteil an den stillen Reserven erhält, handelt es sich um Aufgabegewinn, der unter den Voraussetzungen des § 16 Abs. 4 EStG steuerbefreit und darüber hinaus nach § 34 Abs. 1 u. Abs. 3 EStG steuerbegünstigt ist.

Beispiel:
A ist ein atypischer stiller Beteiligter an der X-GmbH mit einer Einlage von 200.000 EUR. Er ist an den anteiligen stillen Reserven beteiligt; an der GmbH ist er jedoch nicht selbst beteiligt. Er hat der Gesellschaft einen Lagerplatz zur Nutzung überlassen (Buchwert 20.000 EUR, Verkehrswert 80.000 EUR). Die X-GmbH hat ihren Geschäftsbetrieb eingestellt. Mit Beendigung des Geschäftsverhältnisses erhält A seinen Anteil am laufenden Gewinn in Höhe von 30.000 EUR neben seiner Einlage in Höhe von 200.000 EUR, seinen Anteil an den stillen Reserven von 100.000 EUR. A war buchmäßig am Betriebsvermögen mit einem Drittel beteiligt, er war zum Zeitpunkt der Beendigung der Gesellschaft 56 Jahre alt.

Ermittlung des Aufgabegewinnes

30.000 EUR laufender Gewinn, § 15 Abs. 1 Nr. 2 EStG

Beteiligung an stillen Reserven		100.000 EUR
Gemeinwert. Grundstück	80.000 EUR	
Abzüglich Buchwert	20.000 EUR	60.000 EUR
Aufgabegewinn		160.000 EUR
Freibetragsermittlung		
Grenzbetrag	136.000 EUR	
Veräußerungsgewinn	160.000 EUR	
Übersteigender Betrag	24.000 EUR	
Freibetrag	45.000 EUR	
Kürzung	24.000 EUR	21.000 EUR
Stpfl. Veräußerungsgewinn		139.000 EUR
Halber Steuersatz nach § 34 Abs. 3 EStG		

Der Aufgabegewinn in Höhe von 139.000 EUR ist steuerpflichtig, aber nach § 34 Abs. 3 EStG unter den dort bestimmten Voraussetzungen tarifbegünstigt.

Ist der atypisch stille Gesellschafter jedoch gleichzeitig Stammgesellschafter **510** der GmbH, gehört dieser Anteil zu seinem Sonderbetriebsvermögen und es liegt daher insgesamt eine Aufgabe des Mitunternehmeranteils iSv § 16 Abs. 1 Nr. 2 EStG vor. § 34 gilt für den steuerpflichtigen Teil der Veräußerungsgewinne, die nach § 3 Nr. 40 Buchstabe b in Verb. Mit § 3c Abs. 2 teilweise steuerbefreit sind. Dh hinsichtlich des Veräußerungsgewinns hinsichtlich der GmbH-Anteile gilt die Steuervergünstigung des § 34 Abs. 1 und 3 EStG nicht.

Hat der atypisch stille Beteiligte den GmbH-Anteil durch Einbringung iSd **511** § 20 Abs. 1 UmwStG erworben, ist rückwirkend der Einbringungsgewinn zu versteuern.

Erfolgt die Einbringung unter dem gemeinen Wert, so entsteht ein Einbringungsgewinn, der jedoch erst steuerliche Auswirkungen hat, wenn der erworbene Anteil innerhalb von 7 Jahren veräußert wird.

Der Einbringungsgewinn wird zum Zeitpunkt der Einbringung festgestellt. Einbringungsgewinn idS ist der Betrag um den der gemeine Wert des eingebrachten Betriebsvermögens im Einbringungszeitraum nach Abzug der Kosten den Wert, mit dem die übernehmende Kapitalgesellschaft dieses eingebrachte Betriebsvermögen angesetzt hat, übersteigt. Der Einbringungsgewinn mindert sich jeweils um ein siebtel für jedes seit dem Einbringungszeitpunkt abgelaufene Zeitjahr. Der Einbringungsgewinn I gilt als nachträgliche Anschaffungskosten der erhaltenen Anteile.

Allerdings ist hier zu berücksichtigen, dass auch der Anteil am Stammkapital der GmbH als Sonderbetriebsvermögen Bestandteil des Mitunternehmeranteils ist.

8.6 Beendigung durch Rückerstattung der Einlage

8.6.1 Typische stille Beteiligung

Wird das stille Beteiligungsverhältnis durch Zeitablauf oder Kündigung beendet, **512** erhält der stille Beteiligte seinen Kapitalanteil zurück. Einkommensteuerlich ist eine Kapitalrückzahlung gegeben, die nicht zu Einkünften iSd § 2 Abs. 1 EStG führt. Erhält er mehr als seine Anschaffungskosten, ist der Mehrbetrag als Kapitaleinkünfte § 20 Abs. 2 Nr. 4 EStG zu behandeln.

8.6.2 Beendigung der atypischen stillen Beteiligung durch Kapitalrückzahlung

Wird die atypische stille Beteiligung durch Zeitablauf, zB Kündigung, beendet **513** und erhält der Gesellschafter sein Auseinandersetzungsguthaben ausgezahlt, liegt die Veräußerung der Mitunternehmerschaft vor, obwohl es hier nicht wie bei einer Gesamthandsgemeinschaft zu einer Anwachsung des Anteils eines Ausgeschiedenen an den verbleibenden Mitunternehmer kommt. Soweit die gewährte Abfindung den letzten Buchansatz der stillen Beteiligung übersteigt, ist ein Veräußerungsgewinn gegeben, der, soweit die Voraussetzungen des § 16 Abs. 4 EStG vorliegen, steuerbefreit, darüber hinaus nach § 34 Abs. 1 und Abs. 3 EStG unter den dort genannten Voraussetzungen tarifbegünstigt ist (vgl. *Schulze zur Wiesche* Betriebsveräußerungen, Gesellschafterwechsel Rn. 261).

Scheidet der stille Gesellschafter aus einer atypisch stillen Gesellschaft gegen Abfindung aus, so ist die an den ausscheidenden atypisch stillen Gesellschafter geleistete Abfindung wie die Abfindung für die Übertragung des Anteils an einer Personengesellschaft mit Gesamthandsvermögen zu behandeln.

Die Beendigung einer zweigliedrigen atypisch stillen Gesellschaft während eines Wirtschaftsjahres führt zur Bildung eines Rumpfwirtschaftsjahres (BFH 3.6.1997, BFH/NV 1997, 838).

514 Hatte der stille Beteiligte der GmbH Wirtschaftsgüter zur Nutzung überlassen, gelten diese grundsätzlich mit diesem Zeitpunkt als in das Privatvermögen überführt, auch wenn sie weiterhin an die GmbH verpachtet bleiben. Der Aufgabegewinn, der sich aus dem Unterschiedsbetrag zwischen dem letzten Buchansatz und dem gemeinen Wert dieser Wirtschaftsgüter ergibt, ist jedoch als Aufgabegewinn iSd § 16 Abs. 3 EStG begünstigt. Eine Ausnahme gilt, wenn die der GmbH überlassenen Wirtschaftsgüter die wesentlichen Grundlagen des Betriebes der GmbH darstellen und der Überlassende die Betriebsaufgabe nicht erklärt hat. In diesem Falle bilden die an die GmbH weiterverpachteten Wirtschaftsgüter Betriebsvermögen. Der Überlassende hat daher hinsichtlich der Pachteinnahmen gewerbliche Einkünfte. Eine Mitunternehmerschaft besteht jedoch nicht mehr.

8.7 Realteilung

8.7.1 Begriff

514a Seit dem Urt. v. 17.9.2015, BMF 20.12.2016, GmbHR 2017, 164 hält der BFH an der bisherigen Rechtsprechung, dass die Realteilung die Auflösung der der Mitunternehmerschaft voraussetzt, nicht mehr fest. Soweit Gegenstand der Abfindung ein Teilbetrieb oder ein Mitunternehmeranteil ist, hat die Verwaltung (BMF 20.12.2016, GmbHR 2017, 164) die Änderung der Rechtsprechung übernommen und den Realteilungserlass (BMF in BStBl. I 2006, 228, unter I.; *Crezelius FS* Klaus Korn, 273 (278 f.)) entsprechend überarbeitet.

Die Realteilung ist ein Sonderfall der Betriebs- bzw. der Anteilsaufgabe iSd § 16 Abs. 1 S. 1 EStG (BMF in BStBl. I 2006, 228, unter I.; *Crezelius* FS Klaus Korn, 273 (278 f.); *Reiß in* Kirchhof, Komm. EStG, § 16 Rn. 235; *Schmidt/Wacker*, EStG 24. Aufl., § 16 Rn. 535; *Wendt* FS Joachim Lang, 699 (704)).

Die Realteilung setzt daher voraus, dass die Voraussetzungen der Betriebsaufgabe bzw. einer Anteilsaufgabe vorliegen und der Realteiler die Voraussetzungen des § 16 Abs. 3 S. 2 EStG erfüllt (*Schulze zur Wiesche* DStZ 2017, 528, derselbe DStZ 2017, 528) Realteilung setzt voraus, dass das Betriebsvermögen

8.7 Realteilung

auf die einzelnen Gesellschafter aufgeteilt wird, die jeweils einen Teilbereich der Personengesellschaft fortführen. Die Gesellschafter setzen somit die gewerbliche Tätigkeit der Personengesellschaft in einem Teilbereich fort (Zur Entwicklung des Begriffs mit Nachweisen aus der Rechtsprechung BFH 20.9.2015, BStBl. II 2017, 37; *Schulze zur Wiesche* BB 2016, 1753).

514b Werden im Zuge der Realteilung einer Mitunternehmerschaft Teilbetriebe, Mitunternehmeranteile oder einzelne Wirtschaftsgüter in das jeweilige Betriebsvermögen der einzelnen Mitunternehmer übertragen, so sind bei der Ermittlung des Gewinns der Mitunternehmerschaft die Wirtschaftsgüter mit den Werten anzusetzen, die sich nach den Vorschriften über die Gewinnermittlung ergeben, sofern die Besteuerung der stillen Reserven sichergestellt ist; der übernehmende Mitunternehmer ist an diese Werte gebunden (§ 16 Abs. 3 S. 2 Hs. 1 und 2 EStG). Realteiler können nur natürliche Personen oder Mitunternehmerschaften sein, deren Gesellschafter natürliche Personen sind.

Mit Urteil v. 20.9.2015 (BStBl. II 2017, 37; Schulze zur Wiesche BB 2016, 1753) hat der BFH demgegenüber entschieden, dass die Anwendung der Grundsätze der Realteilung nicht die vollständige Auflösung der Mitunternehmerschaft voraussetzt, sondern auch in Betracht kommt, wenn (mindestens) ein Mitunternehmer unter Mitnahme von Gesellschaftsvermögen aus einer – unter den übrigen Mitunternehmern fortgesetzten – Mitunternehmerschaft ausscheidet. Die Realteilung iSd § 16 Abs. 3 S. 2 EStG sei ein Sonderfall der Betriebsaufgabe iSd § 16 Abs. 3 S. 1 EStG; diese erfasse neben der Aufgabe des Gewerbebetriebs als gleichrangigen Aufgabetatbestand die (vollständige) Aufgabe eines Mitunternehmeranteils oder des Anteils eines persönlich haftenden Gesellschafters einer KGaA. Insoweit werde das Ausscheiden eines Mitunternehmers unter Mitnahme von Gesellschaftsvermögen nicht mehr als Veräußerung eines Anteils, sondern als dessen Aufgabe beurteilt.

514c Nach neuerer Rechtsprechung finden die Regelungen über die Realteilung (§ 16 Abs. 3 S. 2–4 EStG) danach sowohl – wie bisher – bei Auflösung der Mitunternehmerschaft und Verteilung des Betriebsvermögens („echte Realteilung") als auch dann Anwendung, wenn (mindestens) ein Mitunternehmer unter Mitnahme von mitunternehmerischem Vermögen aus einer zwischen den übrigen Mitunternehmern fortbestehenden Mitunternehmerschaft ausscheidet („unechte Realteilung"). Ob im Einzelfall eine echte oder eine unechte Realteilung vorliegt, richtet sich also danach, ob die Mitunternehmerschaft aufgelöst wird (echte Realteilung) oder ob sie fortbesteht und nur (mindestens) ein Mitunternehmer unter Mitnahme von mitunternehmerischem Vermögen ausscheidet (unechte Realteilung) (BMF in BStBl. I 2006, 228, unter I.; *Crezelius* FS Klaus Korn, 273 (278 f.); *Reiß* in Kirchhof, Komm. EStG, § 16 Rn. 235; Schmidt L./*Wacker*, EStG § 16 Rn. 535; *Wendt* FS Joachim Lang, 699 (704)). Ob die Voraussetzungen für eine Realteilung vorliegen, richtet sich somit allein danach, ob der Realteiler diese erfüllt. Er muss in vollem Umfang aus der Gesellschaft ausscheiden und mit einem Teilbetrieb, einem Mitunternehmeranteil oder einzelnen Wirtschaftsgütern abgefunden werden und mit den im Wege der Realteilung erworbenen Wirtschaftsgütern den Betrieb fortführen. (Schulze zur Wiesche BB 2016, 1753)

8.7.2 Echte Realteilung

514d Eine echte Realteilung setzt voraus, dass die Mitunternehmerschaft in vollem Umfange aufgelöst wird und ihre gewerbliche Tätigkeit einstellt. Fraglich ist, ob eine zivilrechtliche Vollbeendigung mit Löschung im Handelsregister vorliegen und eine vollständige Verteilung des Gesellschaftsvermögens vorliegen muss. Es muss ein Beschluss über die Beendigung der Gesellschaft und die Verteilung des Vermögens gegeben sein (*Schulze zur Wiesche* BB 2016, 1753, ders. DStZ 2017, 528).

Auch im Falle einer GmbH & atypisch Still ist eine Realteilung iSd § 16 Abs. 3 S. 2 EStG möglich, wenn die Mitunternehmerschaft beendet wird durch Aufgabe des Geschäftsbetriebes durch die GmbH oder Auflösung der Mitunternehmerschaft zwischen der GmbH und dem atypisch stillen Gesellschafter. Voraussetzung ist, dass mindestens ein Gesellschafter (Mitunternehmer) der Mitunternehmerschaft einen Teilbetrieb, Mitunternehmeranteil oder ein Einzelwirtschaftsgut übernimmt und dieses in eien eigenen betrieb überführt. Da auch das Sonderbetriebsvermögen zum Betriebsvermögen gehört, wenn der atypisch stille Gesellschafter sein Sonderbetriebsvermögen, weiter betrieblich nutzt.

8.7.3 Unechte Realteilung

514e Nach neuerer Rechtsprechung finden die Regelungen über die Realteilung (§ 16 Abs. 3 S. 2–4 EStG) danach sowohl – wie bisher – bei Auflösung der Mitunternehmerschaft und Verteilung des Betriebsvermögens („echte Realteilung") als auch dann Anwendung, wenn (mindestens) ein Mitunternehmer unter Mitnahme von mitunternehmerischem Vermögen aus einer zwischen den übrigen Mitunternehmern fortbestehenden Mitunternehmerschaft ausscheidet („unechte Realteilung"). Ob im Einzelfall eine echte oder eine unechte Realteilung vorliegt, richtet sich also danach, ob die Mitunternehmerschaft aufgelöst wird (echte Realteilung) oder ob sie fortbesteht und nur (mindestens) ein Mitunternehmer unter Mitnahme von mitunternehmerischem Vermögen ausscheidet (unechte Realteilung). Die Verwaltung erkennt dies jedoch nur insoweit an, als Gegenstand der Übertragung ein Teilbetrieb oder ein Mitunternehmeranteil ist.

Die Voraussetzungen einer Realteilung liegen jedoch nicht vor, wenn ein Gesellschafter gegen Minderung seiner Beteiligung einen Teilbetrieb oder Mitunternehmeranteil oder sonstige wesentliche Betriebsgrundlagen übernimmt und als eignen Betrieb fortführt. Eine Buchwertübernahme kann hier eventuell nach § 6 Abs. 5 S. 3 EStG erfolgen.

Beispiel:
An der X GmbH atypisch Still sind A, B und C zu gleichen Teilen als atypisch stille Gesellschafter an der Gesellschaft beteiligt. C hat das gesellschaftsverhältnis gekündigt und scheidet aus der im Übrigen fortbestehenden GmbH & atypisch Still gegen Sachwertabfindung aus. Vorraussetzung für die steuerneutrale Übernahme ist jedoch die Überführung in einen eigenen Betrieb.

8.8 Beendigung der stillen Beteiligung durch Umwandlung dieser in Stammkapital der GmbH

Ein stilles Beteiligungsverhältnis kann auch in der Weise beendet werden, dass die Gesellschafter beschließen, das Stammkapital der GmbH zu erhöhen, gleichzeitig ein bestehendes stilles Beteiligungsverhältnis zu beenden und das Auseinandersetzungsguthaben mit der Einlageverpflichtung zu verrechnen.

8.8.1 Behandlung der typischen stillen Beteiligung

Handelt es sich bei der stillen Beteiligung um eine typische stille Beteiligung, vollzieht sich der Tauschvorgang in der privaten Sphäre. Hinsichtlich der aus der Kapitalerhöhung übernommenen neuen Anteile liegt ein entgeltlicher Erwerb vor. Das Entgelt besteht in der Verrechnung mit der Auseinandersetzungsforderung. Die Höhe dieser Forderung gilt als Anschaffungskosten dieser Beteiligung, was für § 23 EStG (Spekulationsgeschäft) und einer eventuellen Veräußerung von Kapitalanteilen iSv § 17 EStG Bedeutung haben kann. Sofern der Wert des aus der Kapitalerhöhung erworbenen Anteils höher ist als die beendete stille Beteiligung, entsteht ein Veräußerungsgewinn iSd § 20 Abs. 2 Nr. 4 EStG.

8.8.2 Umwandlung einer atypischen stillen Beteiligung in eine Beteiligung am Stammkapital

Mit der Aufgabe der stillen Beteiligung gegen Gesellschaftsrechte liegt grundsätzlich ein Veräußerungsvorgang iSd § 16 Abs. 1 EStG vor.

Handelt es sich jedoch hierbei um eine Einbringung eines Mitunternehmeranteils in eine GmbH gegen Gewährung neuer Gesellschaftsrechte iSd § 20 UmwStG, kann die übernehmende Kapitalgesellschaft den eingebrachten Mitunternehmeranteil entweder mit dem Buchwert, dem gemeinen Wert oder mit einem Zwischenwert ansetzen. Der von der übernehmenden GmbH gewährte Wertansatz gilt für den Einbringenden als Veräußerungspreis seines Mitunternehmeranteils und als Anschaffungskosten für die Beteiligung. Voraussetzung ist jedoch, dass der Einbringende die wesentliche Grundlage seines Mitunternehmeranteils mit überträgt. Zum Mitunternehmeranteil gehört auch sein Sonderbetriebsvermögen. Er hat daher, um die Voraussetzungen des § 20 Abs. 1 UmwStG zu erfüllen, grundsätzlich auch dieses auf die GmbH zu übertragen, es sei denn, es bleibt weiterhin infolge Betriebsaufspaltung Betriebsvermögen.

Zum Sonderbetriebsvermögen gehören jedoch auch die bereits bestehenden Anteile des Mitunternehmers an der GmbH.

Beispiel:
A ist atypischer stiller Gesellschafter der X-GmbH. Das Stammkapital der GmbH beträgt 400.000 EUR, die Rücklagen 200.000 EUR, der Nominalwert der stillen Beteiligung 200.000 EUR (Teilwert 300.000 EUR). A ist nicht Gesellschafter der GmbH. Die atypische Beteiligung soll in der Weise beendet werden, dass die X-GmbH das Stammkapital von 400.000 EUR auf 600.000 EUR erhöht und A die Geschäftsanteile übernimmt. Die Einlage wird durch Verrechnung mit dem Auseinandersetzungsguthaben erbracht.

Die Voraussetzungen des § 20 Abs. 1 UmwStG liegen vor, da A seinen Mitunternehmeranteil in einer bürgerlich-rechtlichen Form in die GmbH einbringt. Eine Anwachsung des Anteils des atypischen stillen Gesellschafters ist nicht möglich, da kein Gesamthandsvermögen vorliegt. Es geht auch in der Regel kein Betriebsvermögen über, da die Einlage des Stillen in das Vermögen der GmbH übergegangen ist. Wirtschaftlich gesehen überträgt er jedoch seinen Anteil an den stillen Reserven auf die GmbH, so dass mE ein Einbringungsvorgang iSd § 20 Abs. 1 UmwStG vorliegt.

Die GmbH ist daher berechtigt, die stille Beteiligung zum Buchwert, gemeinen Wert oder einem Zwischenwert zu übernehmen.

520 Übernimmt die GmbH die stille Beteiligung zum Buchwert, wird kein Veräußerungsgewinn realisiert; übernimmt sie diese zum gemeinen Wert, also unter Aufdeckung der auf die stille Beteiligung entfallenden stillen Reserven, stellt die Differenz zwischen Buchwert der stillen Beteiligung und dem Wertansatz nach Übernahme den Veräußerungsgewinn dar, der steuerbegünstigt ist (§ 16 Abs. 4, § 34 Abs. 1 und Abs. 3 EStG).

a) Übernahme zum Buchwert

Aktiva		Passiva	
Betriebsvermögen unverändert	800.000 EUR	Stammkapital	600.000 EUR
		Rücklagen	200.000 EUR
Bilanzsumme	800.000 EUR	Bilanzsumme	800.000 EUR

Kein Veräußerungsgewinn bei A.
Buchwert von 200.000 EUR gilt als Anschaffungskosten der GmbH-Beteiligung.

b) Übernahme zum gemeinen Wert

Aktiva		Passiva	
Betriebsvermögen unverändert	900.000 EUR	Stammkapital	600.000 EUR
		Rücklagen	300.000 EUR
Bilanzsumme	900.000 EUR	Bilanzsumme	900.000 EUR

Veräußerungsgewinn bei A
Übernahme durch die GmbH 300.000 EUR
Buchwert stille Beteiligung

Veräußerungsgewinn 100.000 EUR

521 Hat der stille Beteiligte Sonderbetriebsvermögen, muss auch dieses grundsätzlich mit in die GmbH eingebracht werden.

Die X-GmbH hat ein Stammkapital von 500.000 EUR, die Rücklagen betragen 200.000 EUR. A ist atypischer stiller Gesellschafter mit einer Einlage von 250.000 EUR, stille Reserven 450.000 EUR. Es entfallen 150.000 EUR auf das Sonderbetriebsvermögen.

A hat der GmbH ein unbebautes Grundstück, Buchwert 50.000 EUR, Teilwert 200.000 EUR, zur Nutzung überlassen.

Das stille Gesellschaftsverhältnis wird dadurch beendet, dass A als Gesellschafter in die GmbH eintritt.

8.8 Beendigung der stillen Beteiligung durch Umwandlung

Die Voraussetzungen des § 20 Abs. 1 UmwStG sind nur gegeben, wenn A auch sein Sonderbetriebsvermögen in die GmbH einbringt. Wegen der hohen stillen Reserven des Grundstücks wird A nicht mit einem Entgelt von nur 50.000 EUR Anteil einverstanden sein. Es wird daher eine Wertgegenüberstellung stattfinden müssen.

Wert der GmbH

Stammkapital	500.000 EUR	Wert des Grundstücks	200.000 EUR
Rücklagen	200.000 EUR		
stille Reserven	300.000 EUR		
	1.000.000 EUR		200.000 EUR

Verhältnis 5 : 1 A müsste für die Einbringung des Grundstücks 100.000 EUR Geschäftsanteil erhalten. Unter Berücksichtigung dieses Umstandes wird das Kapital um 350.000 EUR erhöht.

a) Übernahme zum Buchwert

Handelsrechtlich muss das Grundstück mindestens mit 100.000 EUR angesetzt werden, da bei Sachgründungen die übernommenen Sachwerte mindestens dem Buchwert der übernommenen Einlage entsprechen müssen.

HB

Betriebsvermögen	950.000 EUR	Stammkapital	500.000 EUR
+ Grundstück	100.000 EUR	Kapitalerhöhung	350.000 EUR
		Rücklagen	200.000 EUR
	1.050.000 EUR		1.050.000 EUR

StB

Betriebsvermögen	950.000 EUR	Stammkapital	500.000 EUR
Grundstück	50.000 EUR	Kapitalerhöhung	350.000 EUR
Ausgleichsposten	50.000 EUR	Rücklagen	200.000 EUR
	1.050.000 EUR		1.050.000 EUR

b) Wertansatz zum gemeinen Wert

Auch der Wertansatz zum gemeinen Wert ist möglich. Das setzt jedoch voraus, dass alle stillen Reserven, sowohl diejenigen, die auf der stillen Beteiligung als auch diejenigen, die auf den Sonderbetriebsvermögen beruhen, aufgelöst werden.

Aktiva		Passiva	
Betriebsvermögen	950.000 EUR	Nennkapital	850.000 EUR
Grundstück	200.000 EUR	Rücklagen alt	200.000 EUR
stille Reserven Anteil	150.000 EUR	Rücklagen neu	250.000 EUR
Bilanzsumme	1.300.000 EUR	Bilanzsumme	1.300.000 EUR

Ist der atypisch stille Gesellschafter ebenfalls Stammgesellschafter der GmbH, gehört der GmbH-Anteil zu seinem Sonderbetriebsvermögen II. § 20 Abs. 1 UmwStG setzt voraus, dass alle wesentlichen Betriebsgrundlagen der Mitunternehmeranteile in das Gesellschaftsvermögen der aufnehmenden GmbH gegen Gewährung neuer Gesellschaftsrechte übertragen werden.

Im Falle der GmbH & Still wird man im Gegensatz zur GmbH & Co. KG grundsätzlich davon ausgehen müssen, dass die GmbH-Anteile der atypisch stillen Gesellschafter zur wesentlichen Betriebsgrundlage deren Mitunternehmeranteils gehören.

Der BFH (25.11.2009, DB 2010, 310; *Schulze zur Wiesche* DB 2010, 638) hat in mehreren Urteilen die Ansicht vertreten, dass der Anteil eines Kommanditisten an der Komplementär-GmbH nur dann zu den wesentlichen Grundlagen gehört, wenn dieser die Stellung der Kommanditisten an der Kommanditgesellschaft stärkt. Dies ist der Fall, wenn der Kommanditist auch die Komplementär-GmbH beherrscht und somit auf die Geschäftstätigkeit der KG einen großen Einfluss ausübt, den er aufgrund seiner KG-Beteiligung nicht ausüben könnte. Dies trifft zwar auch auf die atypisch stille Gesellschaft zu. Die GmbH betreibt nach außen hin das Unternehmen zwar für gemeinsame Rechung der Mitunternehmerschaft und ist rechtlich Eigentümer des Betriebsvermögens.

Somit hat der GmbH-Anteil eines atypisch stillen Gesellschafters an einer Mitunternehmerschaft in der Rechtsform einer GmbH & atypisch Still als reine Innengesellschaft gegenüber der Komplementär-GmbH einer KG mit Gesamthandvermögen eine herausgehobene Bedeutung.

Das hat zur Folge, dass bei einer GmbH & Still die Umwandlung der stillen Beteiligung in einen Stammanteil nicht die Voraussetzungen einer Einbringung iSd § 20 Abs. 1 UmwStG erfüllt, weil der GmbH-Anteil an der aufnehmenden GmbH nicht auf die übergeht, sondern Privatvermögen der übertragenden Gesellschafter wird. Er könnte jedoch ebenfalls auf die GmbH übertragen werden in diesem Falle hätte die GmbH eigene Anteile erworben. Gehören zum Betriebsvermögen des eingebrachten Betriebs oder Teilbetriebes Anteile an der übernehmenden Gesellschaft, so werden diese Anteile, wenn sie in die Kapitalgesellschaft mit eingebracht werden, zu sog. eigenen Anteilen der Kapitalgesellschaft. Der Erwerb eigener Anteile durch die Kapitalgesellschaft unterliegt handelsrechtlichen Beschränkungen. Soweit die Anteile an der Kapitalgesellschaft mit eingebracht werden, würde der Einbringende dafür als Gegenleistung neue Anteile an der Kapitalgesellschaft erhalten.

In dieser Situation lässt es die Verwaltung zu, dass der Einbringende den unwiderruflichen Antrag stellt, die Anteile an der Kapitalgesellschaft nicht mit einzubringen. Der Einbringende muss sich in dem Antrag damit einverstanden erklären, dass die zurückbehaltenen Anteile an der übernehmenden Gesellschaft künftig in vollen Umfang als Anteile zu behandeln sind, die durch eine Sacheinlage erworben worden sind (erhaltene Anteile). Es ist in diesem Falle auch für diese Anteile § 22 UmwStG anzuwenden. Als Anschaffungskosten der erhaltenen Anteile (Alt- und Neuanteile) gilt der Wertansatz des eingebrachten Vermögens zuzüglich des Buchwertes der zurückbehaltenen Anteile (Erlass E Rn. 20.08).

Beispiel:
An der X-GmbH & atypisch Still sind A und B jeweils zu Hälfte als atypisch stille Gesellschafter beteiligt. Die atypisch stille Beteiligung beträgt jeweils 500.000 EUR. Das Stammkapital der X-GmbH, an der A und B ebenfalls je zur Hälfte beteiligt sind, beträgt

8.8 Beendigung der stillen Beteiligung durch Umwandlung

200.000 EUR. Der gemeine Wert des Betriebsvermögens beträgt 2.000.000 EUR. A und B sind als stille Gesellschafter jeweils zu 25 % an den stillen Reserven beteiligt.

Die atypisch stille Gesellschaft soll in der Weise beendet, dass die X-GmbH ihr Stammkapital von 200.000 EUR um 200.000 EUR auf 400.000 EUR, deren Anteile von A und B je zur Hälfte gegen Verrechnung mit der stillen Beteiligung übernommen werden sollen. Der Differenzbetrag in Höhe von 800.000 EUR soll der Kapitalrücklage zugeführt werden. Die X-GmbH soll ertragsteuerlich das Vermögen der GmbH & Still zum Buchwert übernehmen.

Die Voraussetzungen einer Buchwerteinbringung sind gegeben, wenn beide Gesellschafter ihre jeweiligen Mitunternehmeranteile einbringen. Zu den wesentlichen Betriebsgrundlagen gehört auch der GmbH-Anteil. Es handelt sich hier um zwei selbständige Einbringungsvorgänge. Da die Gesellschaft für beide Einbringungen den Antrag auf Buchwertfortführung gestellt hat, und die übrigen Voraussetzungen gegeben sind, kann die X-GmbH das Betriebvermögen der GmbH & atypisch Still zum Buchwert übernehmen. A und B können den unwiderruflichen Antrag stellen, ihre GmbH-Anteile (Altanteile) im Sonderbetriebsvermögen nicht mit einzubringen. In diesem Falle sind die zurückbehaltenen Anteile als durch Sacheinlage erworbene Anteile zu behandeln.

Möglich wäre jedoch die Gründung einer weiteren GmbH, auf die die GmbH & atypisch Still ihr Vermögen überträgt. Dies kann im Wege der Verschmelzung erfolgen, da es sich bei der GmbH & atypisch Still um eine reine Innengesellschaft handelt und daher übertragender Rechtsträger des Vermögens nur die GmbH ist.

Steuerlich bringen die Gesellschafter der Mitunternehmerschaft ihre Mitunternehmeranteile in die GmbH ein, die sowohl die GmbH-Anteile als auch die Anteile an der atypisch stillen Gesellschaft erfassen (§ 20 Abs. 1 UmwStG). Hier muss jedoch berücksichtigt werden, falls die übertragende GmbH & atypisch Still über erhebliches Grundvermögen verfügt, dass Grunderwerbsteuer anfällt.

9 Übrige Steuerarten

9.1 Gewerbesteuer der GmbH & Still

9.1.1 Einleitung

525 Der Gewerbesteuer unterliegt jeder stehende Gewerbebetrieb, soweit er im Inland betrieben wird (§ 2 Abs. 1 GewStG). Unter Gewerbebetrieb ist ein gewerbliches Unternehmen iSd EStG zu verstehen. Nach § 2 Abs. 2 Nr. 1 GewStG gilt als Gewerbebetrieb stets in vollem Umfang die Tätigkeit der offenen Handelsgesellschaften, Kommanditgesellschaften, bei denen die Gesellschafter als Unternehmer (Mitunternehmer) des Gewerbebetriebs anzusehen sind. Auch die atypische stille Gesellschaft ist eine Gesellschaft iSv § 2 Abs. 2 Nr. 1 GewStG, bei der der Gesellschafter als Unternehmer (Mitunternehmer) des Gewerbebetriebs anzusehen ist (so BFH 28.1.1982, BStBl. II, 82, 239; 22.1.1981, BStBl. II 81, 424; 22.6.1983, FR 1984, 22; vgl. Lenski/Steinberg/*Stäuber*, Loseblatt, § 2 GewStG, aktualisierte Neukommentierung Anm. 99; Blaurock/*Lamprecht* Rn. 24.1,). Schuldner der Gewerbesteuer sind jedoch die Mitunternehmer (BFH 22.6.1983, BStBl. II 1983, 747). Mangels einheitlicher Firma sind die Mitunternehmer im einzelnen im Gewerbesteuerbescheid zu bezeichnen.

Besonderheiten ergeben sich, wenn die typische stille Beteiligung zu einem Betriebsvermögen gehört. Das kann gegeben sein, wenn der stille Beteiligte selbst Gewerbetreibender ist oder wenn die stille Beteiligung im Rahmen einer Betriebsaufspaltung gewährt wird. In diesem Falle ist der Gesellschafter ebenfalls als Gewerbetreibender anzusehen.

9.1.2 Typische stille Beteiligung

9.1.2.1 GmbH als Gewerbesteuerpflichtige

526 Die GmbH unterliegt kraft Rechtsform, unabhängig ob sie ein Gewerbe betreibt, der Gewerbesteuer. Bemessungsgrundlage für die Gewerbesteuer ist der Gewerbeertrag (§ 7 GewStG) und das Gewerbekapital.

9.1.2.2 Ermittlung des Gewerbeertrags

9.1.2.2.1 Körperschaftsteuerlicher Gewinn als Grundlage des Gewerbeertrags

527 Es ist daher grundsätzlich vom körperschaftsteuerpflichtigen Einkommen unter Berücksichtigung der Hinzurechnungen (§ 8 GewStG) und der Kürzungen (§ 9 KStG) auszugehen. Es ist jedoch hierbei zu berücksichtigen, dass körperschaftsteuerpflichtiges Einkommen und Gewerbeertrag nicht identisch sind. Der Gewerbeertrag wird grundsätzlich selbständig ermittelt, wenn auch vom körperschaftsteuerpflichtigen Einkommen auszugehen ist. Die Vorschriften

9.1 Gewerbesteuer der GmbH & Still   528–530 **9.1**

über die Einkommensermittlung sind nur insoweit nicht anzuwenden, als sie ausdrücklich auf die Einkommensteuer (Körperschaftsteuer) beschränkt sind oder ihre Nichtanwendung sich unmittelbar aus dem Gewerbesteuergesetz oder aus dem Wesen der Gewerbesteuer ergibt (Abschn. 39 Abs. 1 GewStR).

Im Unterschied zu einem Einzelgewerbebetrieb oder zu den Personengesellschaften gehört bei einer Kapitalgesellschaft zum steuerpflichtigen Gewerbeertrag auch der Veräußerungsgewinn, es sei denn, dass es sich um den Gewinn aus der Veräußerung eines Anteils an einer Personengesellschaft handelt (Abschn. 40 Abs. 2 Sätze 1, 3 GewStR). Eine Veranlagung zur Gewerbesteuer kann unterbleiben, wenn der Gewinn offensichtlich im Einzelfall 1.000 EUR nicht übersteigt (Abschn. 43 Satz 3 GewStR). **528**

9.1.2.2.2 Hinzurechnungen nach § 8 GewStG

Besteht an einer Kapitalgesellschaft (GmbH) eine stille Beteiligung, ist grundsätzlich der Gewinnanteil des stillen Gesellschafters dem nach § 7 GewStG ermittelten Gewerbeertrag wieder hinzuzurechnen (BFH 21.5.2014 – I R 41/13, BFH/NV 2014, 1908). Darüber hinaus ist die Bemessungsgrundlage durch die Erweiterung der Hinzurechnungen nach § 8 GewStG angehoben worden. Nach § 8 Nr. 1c GewStG ist ein Viertel der Gewinnanteile des stillen Gesellschafters dem Gewinn aus Gewerbebetrieb wieder hinzuzurechnen, soweit die Gesamtsumme der Hinzurechnungen nach § 8 Nr. 1 den Betrag von 100.000 EUR übersteigt (Blaurock/*Lamprecht* Rn. 24.75). **529**

Der Begriff Gewinnanteile des stillen Geseilschafters" umfasst alle gewinnabhängigen Bezüge des stillen Gesellschafters, die nach den Vorstellungen der Beteiligten den Charakter einer Gegenleistung für die vom stillen Gesellschafter in Erfüllung des Gesellschaftsverhältnisses erbrachten Leistungen haben (BFH 1.6.1978, BStBl II 1978, 570; 21.5.2014 – l R 41/13, BFH/NV 2014, 1908) Ersetzt indes nicht notwendig einen tatsächlich erwirtschafteten Gewinn voraus, sondern erfasst auch Mindestbeträge, die in Höhe eines bestimmten Prozentsatzes der Vermögenseinlage in Verlustjahren an den stillen Gesellschafter zu zahlen sind. Die Hinzurechnung ist in einem solchen Fall vorzunehmen, weil der Mindestbetrag ein Entgelt für die Bereitstellung von Fremdkapital darstellt und deshalb die gewerbesteuerrechtliche Gleichbehandlung mit Darlehenszinsen geboten ist (BFH 17.2.1972, BStBl II 1972, 586.

9.1.2.2.3 Behandlung des Verlustanteils

Bei Beteiligung des stillen Gesellschafters am Verlust mindert der Verlustanteil den Verlust der GmbH. Dem Objektcharakter der Gewerbesteuer entspricht es jedoch, auch für diesen Fall § 8 Nr. 3 GewStG anzuwenden. Die Zurechnung des Verlustanteils des stillen Gesellschafters erhöht somit den Verlust der GmbH, so dass eine niedrigere Gewerbesteuer anfällt (so auch OFD Hamburg 2.3.1960, DB 1960, 425, 1198; Fichtelmann GmbH & Still, S. 36; Post/Hoffmann, S. 73). **530**

9.1.2.2.4 Steuermesszahl und Steuermessbetrag

531 Bei der Berechnung der Gewerbesteuer nach dem Gewerbeertrag ist von einem Steuermessbetrag auszugehen (§ 11 GewStG). Dieser beträgt ab 2009 3,5 vH des Gewerbeertrags. Der Gewerbeertrag ist auf volle 50 EUR nach unten abzurunden (§ 11 Abs. 1 S. 3 GewStG) und bei natürlichen Personen sowie Personengesellschaften (Mitunternehmerschaften) um einen Freibetrag von 24.500 EUR zu kürzen (§ 11 Abs. 1 S. 3 Nr. 1 GewStG). Insofern erfährt die GmbH gegenüber natürlichen Personen und Personengesellschaften eine erhebliche Benachteiligung.

Das gilt grundsätzlich auch für die stille Beteiligung an einer GmbH. Die GmbH & Still in typischer Form bringt somit gegenüber der GmbH keine gewerbesteuerliche Entlastung (s. 4. Teil).

9.1.3 Atypische stille Gesellschaft

9.1.3.1 Atypische stille Beteiligung als selbständiger Gewerbesteuerpflichtiger

532 Steuerschuldner ist grundsätzlich der Unternehmer, § 5 Abs. 1 S. 1 GewStG. In den Fällen des § 2 Abs. 2 Nr. 1 GewStG ist Steuerschuldner die Gesellschaft (§ 5 Abs. 1 S. 3 GewStG; Lenski/Steinberg 5. Aufl., § 2 GewStG Anm. 99). Ist der Zweck der atypischen stillen Gesellschaft darauf gerichtet, die gesamte unter der Firma des Inhabers des Handelsgeschäfts ausgeübte gewerbliche Tätigkeit gemeinsam (als Mitunternehmer) mit dem Inhaber des Handelsgeschäfts auszuüben, liegt daher nur ein einziger Gewerbebetrieb vor, und zwar der des Inhabers des Handelsgeschäfts (vgl. BFH 6.12.1995, BStBl II 1998, 685 und 23.4.2009, BStBl II 2010, 40).

Sind an einer GmbH mehrere Personen atypisch beteiligt, besteht grundsätzlich ein Gewerbebetrieb. Auch bei mehreren atypisch stillen Beteiligungen an einem Gewerbebetrieb besteht gewerbesteuerlich grundsätzlich nur ein Betrieb, wenn der vertragliche Zweck der atypisch stillen Gesellschaft auf eine gemeinschaftliche Ausübung der gesamten gewerblichen Tätigkeit des Inhabers des Handelsgeschäftes ausgerichtet ist. Sind die dem Inhaber des Handelsgeschäfts und den einzelnen atypisch stillen Gesellschaften zuzurechnenden Tätigkeiten als ein einziger Gewerbebetrieb zu beurteilen, ist an den Inhaber des Handelsgeschäfts nur jeweils ein Gewerbesteuermessbescheid und ein Gewerbebesteuerbescheid zu richten. Der Freibetrag für den Gewerbeertrag nach § 11 Abs. 1 GewStG kann in diesen Fällen auch bei der Beteiligung mehrerer atypisch stiller Gesellschafter nur einmal gewährt werden (BFH 8.2.1995, BStBl. II 1995, 764, OFD Erfurt 23.10.2003, GmbHR 2004, 209). Anders jedoch, wenn die stillen Beteiligten jeweils lediglich am Gewinn eines Geschäftszweigs beteiligt sind. Bestehen mehrere atypisch stille Gesellschaften an jeweils gesondert geführten Geschäftsbereichen eines Gewerbebetriebs, ist nach der Rechtsprechung des BFH vom Vorliegen einer entsprechenden Anzahl von Gewerbebetrieben auszugehen. In der Folge sind für jeden Gewerbebetrieb eigene Bescheide zu erlassen (BFH

9.1 Gewerbesteuer der GmbH & Still

6.12.1995, BStBl. II 1998, 685 = GmbHR 1996, 378; Abschn. 35 Abs. 2 S. 5 und 6 GewStR 98). Außerdem ist für jeden Gewerbebetrieb der Freibetrag und der Staffeltarif des § 11 GewStG zu berücksichtigen (OFD Erfurt 23.10.2003, GmbHR 2004, 209, BFH 6.12.1995, BB 1996, 677). ME steht jedem Betrieb ein Freibetrag von 24.500 EUR gemäß § 11 Abs. 1 S. 3 Nr. 1 GewStG zu (so auch *Eisolt/Götte*, Die neue Zurechnungsbesteuerung, NWB Fach 5, 1659, *Blaurock*, Rn. 2422,).

533 Die Personengesellschaft, bei der die Gesellschafter als Mitunternehmer anzusehen sind, wird auch iSd Gewerbesteuer grundsätzlich als Steuerrechtssubjekt angesehen (vgl. BFH 12.11.1985, BStBl. II 86, 311). Diese Voraussetzungen treffen grundsätzlich auch für die atypische stille Beteiligung zu.

Steuergegenstand nach § 2 Abs. 1 S. 1 GewStG ist jeder stehende Gewerbebetrieb, soweit er im Inland betrieben ist. Bei einer Personenhandelsgesellschaft erfüllt die Einheit der Gesellschafter die Voraussetzungen für einen Gewerbebetrieb (vgl. auch Ruban DStZ 1995, 643).Die atypische stille Gesellschaft als solche betreibt – anders als die Personenhandelsgesellschaft – kein gewerbliches Unternehmen. Eine Tätigkeit der atypisch stillen Gesellschaft gibt es nicht. Tätig ist nur der Inhaber des Handelsgewerbes, nur dieser betreibt ein gewerbliches Unternehmen iSd § 15 EStG, auch wenn das Ergebnis dieser Beteiligung wegen der schuldrechtlichen Beteiligung des stillen Gesellschafters einkommensteuerrechtlich zum Teil diesem zugerechnet wird (BFH 12.11.1985, BStBl.II 1986, 311).

534 Die atypische stille Gesellschaft ist auch nicht Subjekt der Gewinnermittlung (BFH GrS 25.6.1984, BStBl. II 1984, 751).

Sachlich gewerbesteuerpflichtig ist jedoch die atypisch stille Gesellschaft als Mitunternehmerschaft, da deren Tätigkeit in vollem Umfange als Gewerbebetrieb gilt (vgl. Abschn. 35 Abs. 2 GewStR), nicht die GmbH (BFH 25.10.1995, BFH/NV 1996, 506).

Betreibt eine Personengesellschaft als Inhaber eines Handelsgewerbes, an dem sich ein anderer atypisch still beteiligt, ein gewerbliches Unternehmen iSd § 15 EStG, unterhält sowohl die atypisch stille Gesellschaft, der dieses Unternehmen für die Dauer ihres Bestehens zugeordnet wird, als auch die Personengesellschaft jeweils einen selbständigen Gewerbebetrieb. Der Inhaber des Handelsgewerbes hat für jeden dieser Gewerbebetriebe jeweils eine eigenständige Gewerbesteuererklärung abzugeben

534a Betreibt eine Personengesellschaft als Inhaber eines Handelsgewerbes, an dem sich ein anderer als atypisch stiller beteiligt, ein gewerbliches Unternehmen iSd § 15 EStG, so unterhält nach Ansicht des BFH (8.12.2016, GmbHR 2017, 326) sowohl die atypisch stille Gesellschaft, der dieses Unternehmen für die Dauer ihres Bestehens zugeordnet wird, als auch die Personengesellschaft jeweils einen selbständigen Gewerbebetrieb.

Wie bereits ausgeführt, ist die Entstehung einer atypisch stillen Gesellschaft ertragsteuerlich wie eine Einbringung des Betriebs des Inhabers des Handelsgewerbes in die stille Gesellschaft iSd § 24 UmwStG zu würdigen, soweit der Betrieb des Inhabers des Handelsgewerbes ertragsteuerlich der atypisch stillen

Gesellschaft zugeordnet wird. Handelt es sich beim Inhaber des Handelsgewerbes, an dem sich ein anderer atypisch still beteiligt, um eine Personengesellschaft, entsteht durch die Errichtung der stillen Gesellschaft jedoch eine doppelstöckige Struktur mit der Personengesellschaft als Obergesellschaft und der atypisch stillen Gesellschaft als Untergesellschaft (BFH v. 24.4.2014 IV R 34/10, BFHE 245, 253). Da die Tätigkeit von Personengesellschaften, bei denen die Gesellschafter als Mitunternehmer anzusehen sind, nach § 2 Abs. 1 S. 2 GewStG auch gewerbesteuerlich als Gewerbebetrieb anzusehen ist, liegen in dieser Situation auch zwei (unterschiedliche) Gewerbebetriebe vor.

Ist eine GmbH in Mehrere Teilbetriebe (Geschäftsbereiche) gegliedert, und werden an jedem der Geschäftsbereiche atypisch stille Gesellschaften begründet, so entstehen jeweils selbständige Mitunternehmerschaften, die auch jeweils der GewSt unterliegen.

Beispiel.
An der X-GmbH, deren Gesellschafter A, B und C zu gleichen Teilen Gesellschafter sind, ist in 3 Teilbetriebes gegliedert. Die Gesellschafter beschließen, dass jeder Gesellschaft, an dem Geschäftsbereich, für den er zuständig ist, eine atypisch stille Gesellschaft begründet.

Es entstehen hier drei selbständige Mitunternehmerschaften, die der gewerbsteuer unterliegen. Der Gewerbesteuerfreibetrag beträgt bei natürlichen Personen- und Personengesellschaften 24.500 EUR.

9.1.3.2 Ermittlung des Gewerbeertrags

535 Da die atypische stille Gesellschaft handelsrechtlich und steuerrechtlich kein Gesellschaftsvermögen (Betriebsvermögen) hat, kann für sie auch kein Betriebsvennögensvergleich (§ 4 Abs. 1, § 5 EStG) durchgeführt werden. Handelsrechtlich und steuerrechtlich gibt es nur einen Vermögensausgleich und einen Gewinn oder Verlust des Inhabers der Handelsgesellschaft und einen Anteil des atypischen stillen Gesellschafters an diesem Gewinn oder Verlust.

536 Ausgangspunkt ist der einkommensteuerliche Gewinn (§ 15 Abs. 1 S. 1 Nr. 2 EStG). Hiernach ist dem Körperschaftsteuerpflichtigen Einkommen der Gewinnanteil des atypischen Stillen wieder hinzuzurechnen (vgl. auch *Bormann* Inf. 1984, 28). Ebenso sind dem gewerblichen Gewinn die Vergütungen für Tätigkeiten im Dienste der Gesellschaft, Darlehen und Nutzungsüberlassungen hinzuzurechnen. Soweit jedoch die GmbH-Anteile zum Betriebsvermögen gehören, weil die atypischen stillen Gesellschafter gleichzeitig Gesellschafter der GmbH sind, wird die Ausschüttung wieder dem gewerblichen Gewinn hinzugerechnet. Die Hinzurechnungen bei Anteilen beschränkt sich nicht auf dem nach § 3 Nr. 40 EStG steuerpflichtigen Teil der Dividenden. Nach § 8 Abs. 1 Nr. 6 ist auch der nach § 3 Nr. 40 EStG steuerfreie Teil hinzuzurechnen. Die gewerbesteuerliche Doppelbelastung wird jedoch durch § 9 Nr. 2 GewStG ausgeschlossen (vgl. auch *Bormann* Inf. 1984, 28).

537 Bei einer Mitunternehmerschaft in Form der atypisch stillen Gesellschaft wird das gewerbliche Unternehmen im Innenverhältnis auch auf Rechnung und Gefahr des Stillen geführt. Diese Überlegung rechtfertigt es (so *Ruban* DStZ 1995, 643), dem atypisch stillen Gesellschafter die Tätigkeit des Geschäftsinhabers

9.1 Gewerbesteuer der GmbH & Still

auch gewerbesteuerlich zuzurechnen. Da der Gewinn des Geschäftsinhabers im Innenverhältnis gemeinschaftlich mit dem stillen Gesellschafter erzielt wird, kann insoweit von einem Gewerbebetrieb der atypisch stillen Gesellschaft gesprochen werden (*Döllerer* StbJb 1987/88, 2891, 302 ff.). Eine Hinzurechnung nach § 8 Abs. 3 GewStG des Gewinnanteils des Stillen erübrigt sich, weil bei der atypisch stillen Gesellschaft Gewinnanteile und die Sondervergütungen des Stillen nach § 15 Abs. 1 Nr. 2 EStG den steuerlichen Gewinn nicht mindern dürfen (BFH 12.11.1985, BStBl. II 86, 311; *Ruban* DStZ 1995, 637; aA – mE zu Unrecht – *Winkeljohann/Halfer* DB 1994, 2471). Da die GmbH & atypisch Still eine Mitunternehmerschaft ist, ist nach § 11 Abs. 1 S. 3 Nr. 1 GewStG der abgerundete Gewerbeertrag bei natürlichen Personen und Personengesellschaften um einen Freibetrag von 24.500 EUR höchstens in Höhe des abgerundeten Gewerbeertrags zu kürzen (so weiter *Ruban* DStZ 1995, 1637; aA *Winkeljohann/Halfer* DB 1994, 2471; *Cosiede* St. Kongr. Rep. 1987, 239).

Die Rechtsprechung des BFH (22.6.1983, FR 1984, 22) behandelt Außen- und Innengesellschaften gleich. Der Steuerbescheid ist an alle Gesellschafter zuzustellen. ME ist es unerheblich, ob die atypische stille Beteiligung zu einer natürlichen Person, Personengesellschaft oder zu einer Kapitalgesellschaft begründet wird. Ein Teil der Literatur sieht nur die GmbH als Gewerbesteuerpflichtigen an (*Goller* DStR 1982, 485; aA *Neubert/Weinländer* DB 1983, 630; *Hölzel* S. 64, *Bormann* Inf. 1984, 25). **538**

War der Gewerbeertrag der Mitunternehmerschaft in den Vorjahren negativ, kann dieser nach Maßgabe des § 10a GewStG abgezogen werden. Nach Bormann (Inf. 1984, 28) stellt sich in diesem Zusammenhang die Frage, ob auch nicht ausgeglichene Verluste der GmbH vor Begründung der atypisch stillen Gesellschaft berücksichtigungsfähig sind. Der Verlustvortrag setzt Unternehmergleichheit und Unternehmensgleichheit voraus (vgl. Abschn. 66 Abs. 1 Satz 3 iVm Abschn. 67, 68 GewStR). Diese sind gegeben, weil die GmbH weiterhin Inhaber des Betriebes geblieben ist, die atypische GmbH & Still keinen eigenen kennt. Ihr Gewerbebetrieb ist auf die Mitunternehmerschaft übergegangen, die sie fortführt, und sie verwaltet nur noch ihre Beteiligung. Somit ist eine Änderung des Unternehmens eingetreten, die zu einem Ausschluss des Verlustabzuges führt. Das Unternehmen der GmbH wird von der atypisch stillen Gesellschaft, die nach außen hin nicht in Erscheinung tritt, unverändert fortgeführt, so dass insoweit eine Unternehmensgleichheit zu bejahen ist. Jedoch ist nach Ansicht von Bormann (Inf. 1984, 28) die Mitunternehmerschaft ein selbständiges Gewerbesteuersubjekt, so dass die Vermutung naheliegt, dass eine Änderung beim Gewerbetreibenden eingetreten ist, die zum Ausschluss des Verlustabzuges führen würde. **539**

Die Kürzung des Gewerbeertrags setzt nach ständiger Rechtsprechung des BFH sowohl Unternehmensidentität als auch Unternehmeridentität voraus (zB Beschl. d. Großen Senats des BFH 3.5.1993 – GrS 3/92, BFHE 171, 246, BStBl II 1993, 616; BFH 6.9.2000, BFHE 193, 151, BStBl II 2001, 731).

Unternehmensidentität bedeutet, dass der Gewerbeverlust bei demselben Gewerbebetrieb entstanden sein muss, dessen Gewerbeertrag in dem maßgeblichen **539a**

Erhebungszeitraum gekürzt werden soll (BFH 14.3.2006, BStBl II 2006, 549, mwN). Dabei ist unter Gewerbebetrieb die tatsächlich ausgeübte gewerbliche Betätigung zu verstehen (§ 2 Abs. 1 S. 2 GewStG iVm § 15 Abs. 2 EStG). Ob diese die gleiche geblieben ist, muss nach dem Gesamtbild der Tätigkeit unter Berücksichtigung ihrer wesentlichen Merkmale, wie insbesondere der Art der Betätigung, des Kunden- und Lieferantenkreises, der Arbeitnehmerschaft, der Geschäftsleitung, der Betriebsstätten sowie der Zusammensetzung des Aktivvermögens beurteilt werden (zB BFH 12.1.1978, BStBl II 1978, 348; 14.9.1993, BStBl II 1994, 764, und 27.11.2008, BFH/NV 2009, 791).

539b Begründet der Inhaber eines Handelsgewerbes an seinem gesamten Betrieb eine stille Gesellschaft und ist die Gesellschaft ertragsteuerlich als Mitunternehmerschaft anzusehen, weil der stille Gesellschafter Mitunternehmerinitiative entfalten kann und Mitunternehmerrisiko trägt (vgl. hierzu etwa Beschluss des Großen Senats des BFH 25.6.1984, BStBl II 1984, 751 unter C.V.3.c der Gründe; BFH 22.8.2002, BFH/NV 2003, 36), wird das Unternehmen des Inhabers des Handelsgewerbes für die Dauer des Bestehens der atypisch stillen Gesellschaft ertragsteuerlich der Mitunternehmerschaft zugeordnet. Zwischen dem Unternehmen des Inhabers des Handelsgewerbes vor Begründung der stillen Gesellschaft und dem später von ihm für Rechnung der stillen Gesellschaft geführten Unternehmen besteht gewerbesteuerliche Unternehmensidentität (BFH 11.10.2012, BStBl II 2013, 958 Rn. 26, mwN).

9.3.3 Verluste einer atypisch stillen Beteiligung im Betriebsvermögen

540 Dem gewerblichen Gewinn aus Gewerbebetrieb werden nach § 8 Nr. 8 GewStG auch die Anteile am Verlust einer inländischen oder ausländischen OHG, KG oder einer anderen Gesellschaft, bei der die Gesellschafter als Unternehmer (Mitunternehmer) des Gewerbebetriebs anzusehen sind. Voraussetzung ist jedoch, dass der Verlust aus der Beteiligung in der Gewinnermittlung des Gewerbetreibenden Eingang gefunden hat. Das ist jedoch nicht der Fall, wenn der Verlust aufgrund einer fehlerhaften Teilwertabschreibung auf die Beteiligung eingetreten ist (BFH 1.7.2010, GmbHR 2010, 1169).

Wird die an einer GmbH & atypischen still beteiligte Personengesellschaft verschmolzen und ist für die atypische stille Gesellschaft ein Verlustvortrag festgestellt, um den die aufnehmende Personengesellschaft ihren Gewerbeertrag kürzen will, muss die für die Kürzung nach § 10a GewStG erforderliche Unternehmensidentität zwischen dem Gewerbebetrieb bestehen, den die GmbH vor ihrer Verschmelzung auf die Personengesellschaft geführt hat, und dem Gewerbebetrieb, den die Personengesellschaft nach der Verschmelzung fortführt. Der für die GmbH & atypisch still festgestellte Gewerbeverlust geht mangels Unternehmeridentität in dem Umfang unter, in dem er nach der gesellschaftsinternen Verteilung auf die verschmolzene GmbH entfiel.

540a Die Kürzung des Gewerbeertrags setzt nach ständiger Rechtsprechung des BFH sowohl Unternehmeridentität als auch Unternehmensidentität voraus (zB

9.1 Gewerbesteuer der GmbH & Still

Beschl. d. Großen Senats des BFH 3.5.1993, BStBl II 1993, 616; BFH 6.9.2000, BStBl II 2001, 731). Unternehmeridentität bedeutet, dass der Steuerpflichtige, der den Gewerbeverlust in Anspruch nimmt, diesen zuvor in eigener Person erlitten haben muss. Unternehmensidentität bedeutet, dass der Gewerbeverlust bei demselben Gewerbebetrieb entstanden sein muss, dessen Gewerbeertrag in dem maßgeblichen Erhebungszeitraum gekürzt werden soll (BFH 14.3.2006, BStBl II 2006, 549, mwN). Dabei ist unter Gewerbebetrieb die tatsächlich ausgeübte gewerbliche Betätigung zu verstehen (§ 2 Abs. 1 S. 2 GewStG iVm § 15 Abs. 2 EStG).

Ob diese die gleiche geblieben ist, muss nach dem Gesamtbild der Tätigkeit unter Berücksichtigung ihrer wesentlichen Merkmale beurteilt werden, wie insbesondere der Art der Betätigung, des Kunden-und Lieferantenkreises, der Arbeitnehmerschaft, der Geschäftsleitung, der Betriebsstätten sowie der Zusammensetzung des Aktivvermögens (zB BFH 12.1.1978, BStBl II 1978, 348; 14.9.1993, BStBl II 1994, 764, und 27.11.2008, BFH/NV 2009, 791). Unter Berücksichtigung dieser Merkmale muss ein wirtschaftlicher, organisatorischer und finanzieller Zusammenhang zwischen den Betätigungen bestehen (zB BFH 16.4.2002, BFH/NV 2003, 81).

Wie bereits ausgeführt, setzt die Kürzung des Gewerbeertrags um Fehlbeträge nach § 10a GewStG neben Unternehmensidentität auch Unternehmeridentität voraus. Der Steuerpflichtige, der den Gewerbeverlust in Anspruch nimmt, muss diesen zuvor in eigener Person erlitten haben (zB Beschluss des Großen Senats des BFH 3.5.1993, BStBl II 1993, 616; BFH 6.9.2000, BStBl II 2001, 731).

540b Bei einer Personengesellschaft sind die Gesellschafter, die unternehmerisches Risiko tragen und Initiative ausüben können, die (Mit-)Unternehmer des Betriebs (§ 15 Abs. 1 S. 1 Nr. 2 EStG). Als Mitunternehmer einer gewerblichen Personengesellschaft erzielen sie auf der Grundlage ihrer gesellschaftsrechtlichen Verbindung nicht nur – strukturell gleich einem Einzelunternehmer – in eigener Person gewerbliche Einkünfte; vielmehr sind sie auch gewerbesteuerrechtlich Träger des Verlustabzuges und deshalb sachlich gewerbesteuerpflichtig (Beschluss GrS BStBl II 616, Urt.v. 22.1.2009, BFHE 224; 364,1993, 2, BFH/NV 2010, 1492). Diese Grundsätze gelten auch für die atypische stille Gesellschaft (vgl. BFH-Urteil v. 22.1.2009, BFHE 224, 364). Dementsprechend geht beim Ausscheiden von Gesellschaftern aus einer Personengesellschaft der Verlustabzug gem. § 10a GewStG verloren, soweit der Fehlbetrag anteilig auf den ausgeschiedenen Gesellschafter entfällt (BFH 3.2.2010, BFH/NV 2010, 1492). Diese Grundsätze gelten auch für die atypisch stille Gesellschaft.

540c Erzielt der Inhaber des Handelsgewerbes einen Verlust und hat sich der stille Gesellschafter im Gesellschaftsvertrag – entsprechend der dispositiven gesetzlichen Regelung in § 231 desHandelsgesetzbuchs – zur anteiligen Verlusttragung verpflichtet, dann ist dieser Verlustanteil in Form eines Betrages mit negativem Vorzeichen bei der Hinzurechnung zu berücksichtigen (sog. negative Hinzurechnung), was dazu führen kann, dass der nach einkommen- oder körperschaftsteuerrechtlichen Vorschriften zu ermittelnde Gewinn aus Gewerbebetrieb zu erhöhen ist (vgl. Blümich/*Hofmeister* GewStG § 8 Rn. 192 mit einem Beispiel für eine solche Konstellation) oder, was häufiger vorkommen dürfte, ein ertragsteuerlich ausgewiesener Verlust aus Gewerbebetrieb in Höhe der vom stillen Gesellschafter getragenen Verluste für gewerbesteuerrechtliche Zwecke zu erhöhen ist. Eine solche negative Hinzurechnung ist auch dann geboten, wenn wegen eines hohen Verlustanteils des stillen Gesellschafters die in § 8 Nr. 1 GewStG 2002 nF in einer Zwischenrechnung auszuwerfende Summe der Einzelhinzurechnungsbeträge insgesamt negativ ist (aA R 8.1 Abs. 3 Satz 3 der Gewerbesteuer-Richtlinien 2009). Letzteres hat der Senat mit eingehender Begründung bereits entschieden (1.10.2015, BFH/NV 2016, 145).

9.1.3.4 Freibeträge für natürliche Personen

541 Da es sich bei der atypischen stillen Gesellschaft um eine Personengesellschaft iSd § 2 Abs. 2 Nr. 2 GewStG handelt, wird dem atypischen stillen Beteiligten auch der Freibetrag von 24.500 EUR vom Gewerbeertrag gewährt. Er steht auch einer Kapitalgesellschaft zu, an deren gewerblichem Unternehmen nur eine andere Kapitalgesellschaft als atypischer Gesellschafter beteiligt ist (BFH 30.8.2007, BFH/NV 2008, 308).

9.1.3.5 Gewerbesteuerpflicht

542 Nach Ansicht des BFH (30.8.2007, BFH/NV 2008, 308) ist weder die atypische stille Gesellschaft als solche noch sind die M itunternehmer der Innengesellschaft in ihrer gesellschaftsrechtlichen Gebundenheit subjektiv gewerbesteuerpflichtig. Das ergibt sich schon daraus, dass der Gewerbesteueranspruch weder gegen die Gesellschaft in ihrer gesellschaftsrechtlichen Verbundenheit in der gesetzlich vorgeschriebenen Form durchgesetzt werden kann.

Bei einer atypisch stillen Gesellschaft ist der Inhaber des Handelsbetriebs Gewerbesteuerschuldner iSd § 5 Abs. 1 GewStG (Abschn. 35 Abs. 2 GewStR 98; BFH 12.11.1985, BStBl. 111986, 311 iVm BMF 26.11.1987, BStBl. 1987, 765 = GmbHR 1988, 125). Die atypisch stille Gesellschaft selbst kann hingegen als bloße Innengesellschaft ohne eigenes Betriebsvermögen nicht Gewerbesteuersubjekt und damit weder Steuerschuldner noch Adressat von Gewerbesteuer(mess)bescheiden sein. Die Gewerbesteuer(mess)bescheide für die atypisch stille Gesellschaft ist deshalb gegen den Inhaber des Handelsgeschäfts zu richten und diesem als Steuerschuldner bekannt zugeben (§ 184 Abs. 1, § 122 Abs. 1 AO). Einzelheiten zur Adressierung und Bekanntgabe von Steuer- und Feststellungsbescheiden bei atypisch stillen Gesellschaften bzw. atypisch stillen Unterbeteiligungen sind der Rdvfg. v. 23.10.2003 S. 2241 A-08-L 221, zu entnehmen (OFD Erfurt Rn. 4.2.2 NWB Datenbank).

542a Bei einer GmbH & atypisch Still besteht die Besonderheit, dass die sachliche und die persönliche Steuerpflicht auseinander fallen. Die GmbH & atypisch Still als Mitunternehmerschaft unterliegt der sachlichen Steuerpflicht, weil ihre Tätigkeit stets im vollen Umfang als Gewerbebetrieb gilt (§ 2 Abs. 2 S. 1 GewStG, Abschn. 11 Abs. 4 S. 4 GewStR). Im Gegensatz dazu bestimmte § 5 Abs. 1 GewStG, dass nur der Inhaber des Handelsgeschäfts der persönlichen

9.1 Gewerbesteuer der GmbH & Still

Steuerpflicht unterliegt. Die Gewerbesteuermessbescheide für die GmbH & atypisch Still sind daher an den Inhaber des Handelsgeschäfts zu richten und ihm als Steuerschuldner bekannt zu geben.

Eine eigene sachliche Steuerpflicht der GmbH kommt nur dann in Betracht, wenn sich die atypisch stillen Gesellschafter nicht am gesamten Handelsgewerbe, sondern nur an bestimmten Geschäften der übrigen Steuerarten beteiligen.

9.1.3.6 Gewerbesteuerschuldner

Steuerschuldner ist nach § 5 Abs. 1 GewStG der Unternehmer. Unternehmer in diesem Sinne ist der Handelsgewerbetreibende also bei der GmbH & Still die GmbH. Mangels Gesellschaftsvermögens können bei der atypischen GmbH & Still nicht die Gesellschafter in ihrer gesamthänderischen Gebundenheit, sondern nur der Handelsgewerbetreibende, also hier die GmbH, Steuerschuldner sein. Der Gewerbesteuermessbescheid und der Gewerbesteuerbescheid für die atypische stille Beteiligung richten sich gegen den Inhaber des Handelsgewerbes und sind diesem als Steuerschuldner bekanntzugeben (BAU v. 26.11.1987, BStBl. II 1987, 765).

Schuldner der Gewerbesteuer und Adressat des Bescheids ist bei einer GmbH & atypisch Still nur die GmbH als Inhaber des Handelsgeschäftes; der atypisch stille Gesellschafter ist nicht subjektiv gewerbesteuerpflichtig und daher auch nicht notwendig beizuladen. (BFH 31.8.1999, GmbHR 2000, 292).

Auch wenn durch die atypisch stille Beteiligung am Handelsgewerbe eines anderen eine atypisch stille Gesellschaft als eigenständige Mitunternehmerschaft entsteht, ist diese Gesellschaft nicht Schuldnerin der Gewerbesteuer. § 5 Abs. 1 S. 3 GewStG ist für eine atypisch stille Gesellschaft als Innengesellschaft ohne Gesamthandsvermögen, das Gegenstand einer Zwangsvollstreckung sein kann, nicht anwendbar mit der Folge, dass nur der nach außen tätige Unternehmer (§ 5 Abs. 1 S. 1 GewStG) – also der Inhaber des Handelsgewerbes – der persönlichen Gewerbesteuerpflicht unterliegt (ständige Rechtsprechung, zB BFH 12.11.1985, BFHE 145, 408, BStBl II 1986, 311, unter IV.; 22.1.2009, BFHE 224, 364, unter 11.1.d; 5.2.2014, BStBl II 2016, 567 Rn. 18). Dem steht nicht entgegen, dass der Betrieb des Inhabers des Handelsgewerbes ertragsteuerlich für die Dauer des Bestehens der atypisch stillen Gesellschaft zugeordnet und sein Betriebsvermögen dadurch als mitunternehmerisches Vermögen angesehen wird. Denn diese steuerliche Zuordnung ändert nichts daran, dass die atypisch stille Gesellschaft zivilrechtlich über kein eigenes Gesellschaftsvermögen verfügt, in das vollstreckt werden könnte. Vielmehr gibt es zivilrechtlich lediglich das (Betriebs-)Vermögen des Inhabers des Handelsgewerbes, das dieser während des Bestehens der atypisch stillen Gesellschaft im eigenen Namen, aber für Rechnung der Mitunternehmerschaft verwaltet (vgl. BFH 18.6.2015, BStBl II 2015, 935 Rn. 31).

9.2 Erbschaft- und Schenkungssteuer

9.2.1 Grundsätze

544 Typische und atypisch stille Beteiligung an einer Kapitalgesellschaft erfahren auch erbschaftsteuerlich eine unterschiedliche Behandlung. Handelt es sich um eine typisch stille Beteiligung, ist diese als sonstiges Vermögen zu behandeln. Ist der stille Gesellschafter gleichzeitig Gesellschafter der GmbH, werden diese als Anteile an Kapitalgesellschaften besonders behandelt (§ 12 Abs. 2 ErbStG iVm § 151 Abs. 1 S. 1 Nr. 3 BewG).

Handelt es sich hingegen um eine atypisch stille Beteiligung an einer GmbH, so handelt es sich hierbei um Betriebsvermögen § 12 Abs. 5 ErbStG iVm § 151 Abs. 1 S. 3 Nr. 2 BewG. Ist der atypisch stille Beteiligte gleichzeitig an der GmbH beteiligt, so wird diese Beteiligung als Sonderbetriebsvermögen dem Betriebsvermögen der GmbH & atypisch Still hinzugerechnet.

9.2.2 Die typisch stille Gesellschaft

545 Die typisch stille Beteiligung wird bewertungsrechtlich als sonstiges Vermögen behandelt. Sie ist als Kapitalforderung zu bewerten und erfährt keine Sonderbehandlung. Das heißt, die stille Beteiligung ist mit dem Nominalwert anzusetzen, sofern die Gewinnbeteiligung marktüblich ist. Eine stille Beteiligung wird nach den allgemeinen Grundsätzen wie eine Forderung bewertet, hierbei ist vom Durchschnittsgewinn der letzten Jahre auszugehen. Die Einlage des stillen Gesellschafters ist wie eine Kapitalforderung iSd § 110 Abs. 1 Nr. 1 BewG zu behandeln (R 112). Sie ist grundsätzlich mit dem Nennwert anzusetzen. Ist die Kündigung der Einlage am Bewertungsstichtag für längere Zeit ausgeschlossen und liegt der Durchschnittsertrag über 9 vH, ist der Nennwert der Vermögenseinlage um den fünffachen Unterschiedsbetrag zwischen Durchschnittsertrag und der Verzinsung von 9 vH zu erhöhen.

Entsprechendes gilt bei einem Durchschnittsertrag von unter 3 vH bzw. ist der Nennbetrag entsprechend zu mindern.

Beispiel (H 112 ErbStH):
Nennwert Einlage	40.000 EUR	
Durchschnittsertrag	7.000 EUR	
Verzinsung der Einlage	7.000 EUR	17,5 vH
40.000 EUR		
Wert der stillen Beteiligung		
100 vH + 5 x (17,5 vH — 9 vH)=	142,5 vH	
Bezogen auf den Wert der Einlage von 40.000 EUR	57.000 EUR	

Der Durchschnittsertrag ist möglichst aus den Gewinnanteilen der letzten drei vor dem Besteuerungszeitpunkt endenden Wirtschaftsjahre herzuleiten. Ein Abschlag wegen Unwägbarkeiten kommt dabei nicht in Betracht. Die Kündbarkeit ist für längere Zeit ausgeschlossen, wenn das Gesellschaftsverhältnis im Besteuerungszeitpunkt noch mehr als 5 Jahre währen wird (R 112 Sätze 4–6 ErbStR). Erwirbt der Erwerber neben der stillen Beteiligung auch noch einen

9.2 Erbschaft- und Schenkungssteuer

Anteil der GmbH, ist die GmbH getrennt zu bewerten. Nach neuem Recht ist der Anteil mit dem gemeinen Wert zu bewerten (hinsichtlich der Einzelheiten siehe 9.2.3.2).

Handelt es sich bei der Beteiligung an der GmbH um mehr als 25 vH oder sind die Voraussetzungen des § 13b Abs. 1 Nr. 3 ErbStG, so sind 85 vH des Wertes steuerfrei, wenn die Voraussetzungen für eine Verschonung eingehalten werden (siehe 9.2.3.4).

9.2.3 Die GmbH & atypisch Still

9.2.3.1 Grundsätze

Die GmbH & atypisch Still ist auch im ErbStRecht eine Personengesellschaft. Der Anteil eines atypisch stillen Gesellschafters an einer GmbH wird als Anteil an einer Personengesellschaft behandelt. Ist der atypisch stille Gesellschafter gleichzeitig Stammgesellschafter der GmbH, stellt sein Anteil an dieser Sonderbetriebsvermögen dar. Dieses ist Gegenstand des Erbanfalls und der Schenkung Schulze zur Wiesche StBp 2017, 177).

Die unentgeltliche Übertragung ist nach §§ 13a, 13b ErbStG nF begünstigt, indem der Erwerber eine Option hat, zwischen einer Besteuerung von 15 vH oder vollständiger Steuerbefreiung. Diese Befreiung ist jedoch an hohe Auflagen gebunden. Im Falle der Befreiung von 85 % ist der übernommene Betrieb 7 Jahre bei etwa gleichen Lohnsummen bei der vollständigen Steuerbefreiung flur einen Zeitraum von 10 Jahren.

9.2.3.2 Bewertung des Betriebsvermögens

Das Betriebsvermögen ist nach § 109 ErbStG anstatt mit den Bilanzwerten mit dem gemeinen Wert zu bewerten (hierzu *Halaczinsky* Die Erbschaftsteuerreform, KVR. 2009, 18; *Lidicke/Furtwentsches* Das neue Erbschaftsteuerrecht, DB 2009, 12; *Schulze zur Wiesche* Die Erbschaftsteuerliche Behandlung des gewerblichen Betriebsvermögens, UVR 2009, 115; *Beer* Die Erbschaftsteuer und Schenkungssteuer im System der Besteuerung nach wirtschaftlicher Leistungsfähigkeit, GmbHR. 2009, 225; *Wiese/Lukas* Erbschaftsteuerreform 2009 und Unternehmensnachfolge, GmbHR 2009, 57). Dies gilt sowohl für gewerbliche, als auch freiberufliche Betriebsvermögen. Der Umfang des Betriebsvermögens bestimmt sich nach dem Ertragsteuerrecht § 15 Abs. 1–3 EStG. Anteile an Personengesellschaften und solche an Kapitalgesellschaften werden in etwa gleich behandelt (§ 109 Abs. 2 BewG).

Anteile nicht börsennotierter Kapitalgesellschaften, das gilt auch für Anteile an Personengesellschaften, soweit auch für die GmbH & atypisch Still, sind mit dem gemeinen Wert anzusetzen. Lässt sich der gemeine Wert nicht aus Verkäufen unter fremden Dritten ableiten, die weniger als ein Jahr zurückliegen, so ist er unter Berücksichtigung der Ertragsaussichten der Kapitalgesellschaft bzw. Personengesellschaft oder einer anderen anerkannten, auch im gewöhnlichen Geschäftsverkehr für nicht steuerliche Zwecke üblichen Methode zu ermitteln;

dabei ist die Methode anzuwenden, die ein Erwerber der Bemessung des Kaufkreises zugrunde legen würde.

Der Gesetzgeber hat jedoch in Abschnitt D ff. 199-203 BewG (sog. vereinfachtes Ertragswertverfahren) Regeln für eine Bewertung aufgestellt. Das vereinfachte Ertragswertverfahren ist nicht anwendbar, wenn für am zu bewertenden Unternehmenstyp ein anderes anerkanntes auch im gewöhnlichen Geschäftsverkehr für nicht steuerliche Zwecke übliches Verfahren einschlägig ist. Wenn das vereinfachte Ertragswertverfahren zu offensichtlich unzutreffenden Ergebnissen führt, kann der Wert nicht übernommen werden.

9.2.3.2.1 Bewertungsmethode für Anteile an Großbetrieben

548 Nach dem Entwurf einer Neufassung des IDW Standards wird der Wert des Unternehmens allein aus seiner Ertragskraft, dh seiner Eigenschaft, finanziell Überschüsse für die Unternehmenseigner zu erwirtschaften, abgeleitet. In der Regel wird vom Ertragswert auszugehen sein. Üblicherweise wird zumindest bei Beteiligungen an großen Gesellschaften die Ertragswertmethode angewandt, weil sie von der Frage ausgeht, welches Kapital ein gedachter Investor einsetzen würde, um aus seinem Investment eine angemessene Rendite zu erzielen.

Nach Ansicht des Gesetzgebers ist die Ertragswertmethode jedoch nicht für die Bewertung jedes Unternehmens geeignet bzw. am jeweiligen Markt nicht stets üblich. Wenn daher in solchen Fällen andere gebräuchliche Bewertungsmethoden zur Preisbildung angewandt werden, hat das Steuerrecht, das an den gemeinen Wert (Verkehrswert) anknüpft, dies zu respektieren. Gerade bei kleineren Personengesellschaften wie zB freiberufliche Praxen, wird der Preis vielfach nach dem Entgelt bestimmt, das üblicherweise, dh im Vergleich zu ähnlichen Gesellschaften oder Einzelunternehmen, im örtlichen Bezug oder vergleichbarer Konkurrenzlage bezahlt wird. Hier kommen vielfältige preisbestimmte Faktoren wie Markteinführung, Kundenstamm, Geschäftswertbildung in der Person des Veräußerers usw in Betracht.

Alternative Methoden sind ua vergleichsorientierte Methoden und Multiplikatorenmethoden. Neben der genannten Ertragswert- und Multiplikationsmethode gehören noch das Discounted Cash-FlowVerfahren, sowie der Realoptions-Ansatz zu den Gesamtbewertungsverfahren auf der Basis von Reproduktionswerten sowie von Liquidationswerten zu den Einzelbewertungsverfahren.

Zu den Mischverfahren sind die Mittelwertverfahren und Übergewinnverfahren zu rechnen.

Die Feststellungslast, ob eine derartige Methode anstelle der Ertragswertmethode anwendbar ist, trägt jeweils der sich darauf Berufende. Um Schätzungsunschärfen, die zu Lasten des Steuerpflichtigen gehen würden, zu vermeiden, soll auf die Sicht des gedachten Käufers abgestellt werden, da dieser im Unterschied zum Verkäufer bemüht sein wird, den Preis möglichst niedrig zu halten.

9.2.3.2.2 Das vereinfachte Ertragswertverfahren

Das vereinfachte Ertragswertverfahren kann für Betriebe, die nicht als Großbetriebe einzuordnen sind, angewandt werden. Dieses Verfahren geht vom zukünftig nachhaltig erzielbaren Jahresertrag §§ 201, 202 aus, der mit dem Kapitalisierungsfaktor (§ 203 BewG) zu multiplizieren ist (§ 200 Abs. 1 BewG).

Nicht betriebsnotwendiges Vermögen und die mit diesen zusammenhängenden Schuldzinsen herausgelöst wird neben dem Ertragswert zusätzlich mit dem eigenständigen gemeinen Wert angesetzt (§ 200 Abs. 2 BewG).

Hält ein Unternehmen Beteiligungen an anderen Unternehmen, werden diese Beteiligungen neben dem Ertragwert mit dem eigenständig zu ermittelnden gemeinen Wert angesetzt.

Dies gilt insbesondere für die Anteile der GmbH bei der Bewertung einer GmbH & atypisch Still (§ 200 Abs. 3 BewG). Wirtschaftsgüter, die innerhalb von zwei Jahren vor dem Bewertungsstichtag eingelegt werden, werden ebenfalls gesondert bewertet und dem Ertragswert hinzugerechnet (§ 200 Abs. 4 BewG).

a) Ermittlung des Durchschnittsertrages

Der Durchschnittsertrag ist möglichst aus den Betriebsergebnissen der letzten drei vor dem Bewertungsstichtag abgelaufenen Wirtschaftsjahre herzuleiten. Das gesamte Betriebsergebnis eines am Bewertungsstichtag noch nicht abgelaufenen Wirtschaftsjahres ist anstelle des drittletzten abgelaufenen Wirtschaftsjahres einzubeziehen, wenn es für die Herleitung des künftig zu erzielenden Jahresertrags von Bedeutung ist. Die Summe der Betriebsergebnisse ist durch drei zu dividieren und ergibt den Durchschnittsertrag. Das Ergebnis stellt den Jahresertrag dar (§ 201 Abs. 2 BewG).

Hat sich im Dreijahreszeitraum der Charakter des Unternehmens nach dem Gesamtbild der Verhältnisse nachhaltig verändert oder ist das Unternehmen neu entstanden, ist von einem entsprechend verkürzten Ermittlungszeitraum auszugehen. Bei Unternehmen, die durch Umwandlung, durch Einbringung von Betrieben oder Teilbetrieben oder durch Umstrukturierungen entstanden sind, ist bei der Ermittlung des Durchschnittsertrags von den früheren Betriebsergebnissen des Gewerbebetriebs oder der Gesellschaft auszugehen. Soweit sich die Änderung der Rechtsform auf den Jahresertrag auswirkt, sind die früheren Betriebsergebnisse entsprechend zu korrigieren (§ 201 Abs. 3 BewG).

b) Betriebsergebnis

Zur Ermittlung des Betriebsergebnisses ist von dem Unterschiedsbetrag im Sinne des § 4 Abs. 1 S. 1 des Einkommensteuergesetzes auszugehen, dabei bleiben bei einem Anteil am Betriebsvermögen Ergebnisse aus dem Sonderbetriebsvermögen und Ergänzungsbilanzen unberücksichtigt. Der Unterschiedsbetrag ist noch wie folgt zu korrigieren:

1. Hinzuzurechnen sind
   a) Investitionsabzugsbeträge, Sonderabschreibungen oder erhöhte Absetzungen, Bewertungsabschläge, Zuführungen zu steuerfreien Rücklagen sowie

Teilwertabschreibungen. Es sind nur die normalen Absetzungen für Abnutzung zu berücksichtigen. Diese sind nach den Anschaffungsoder Herstellungskosten und der gesamten betriebsgewöhnlichen Nutzungsdauer zu bemessen. Die normalen Absetzungen für Abnutzung sind auch dann anzusetzen, wenn für die Absetzungen in der Steuerbilanz vom Restwert auszugehen ist, der nach Inanspruchnahme der Sonderabschreibungen oder erhöhten Absetzungen verblieben ist;

b) Absetzungen auf den Geschäfts- oder Firmenwert oder auf firmenwertähnliche Wirtschaftsgüter;

c) Einmalig Veräußerungsverluste sowie außerordentliche Aufwendungen;

d) Im Gewinn nicht enthaltene Investitonszulagen, soweit in Zukunft mit weiteren zulagebegünstigten Investitionen in gleichem Umfang gerechnet werden kann;

e) Der Ertragsteueraufwand (Körperschaftsteuer, Zuschlagsteuern und Gewerbesteuer),

f) Aufwendungen, die im Zusammenhang stehen mit Vermögen im Sinne des § 200 Abs. 2 und 4 BewG und übernomme Verluste aus Beteiligungen im Sinne des § 200 Abs. 2–4 BewG.

2. Abzuziehen sind

a) gewinnerhöhende Auflösungsbeträge steuerfreier Rücklagen sowie Teilwertzuschreibungen;

b) einmalige Veräußerungsgewinne sowie außerordentliche Erträge;

c) im Gewinn enthaltene Investitionszulagen, soweit in Zukunft nicht mit weiteren zulagebegünstigten Investitionen in gleichem Umfang gerechnet werden kann;

d) ein angemessener Unternehmerlohn, soweit in der bisherigen Ergebnisrechnung kein solcher berücksichtigt worden ist. Die Höhe des Unternehmerlohns wird nach der Vergütung bestimmt, die eine nicht beteiligte Geschäftsführung erhalten würde. Neben dem Unternehmerlohn kann auch fitiver Lohnaufwand für bislang unentgeltlich tätige Familienangehörige des Eigentümers berücksichtigt werden;

e) Erträge aus der Erstattung von Ertragsteuern (Körperschaftsteuer, Zuschlagsteuern und Gewerbesteuer) im Gewinnermittlungszeitraum; Erträge, die im Zusammenhang stehen mit Vermögen im Sinne des § 2 Abs. 2–4 BewG).

3. Hinzuzurechnen oder abzuziehen sind auch sonstige wirtschaftlich nicht begründete Vermögensminderungen oder -erhöhungen mit Einfluss auf den zukünftig nachhaltig erzielbaren Jahresertrag und gesellschaftsrechtlichem Bezug, soweit sie nicht nach Nummer 1 und 2 berücksichtigt wurden. Zur Abgeltung des Ertragsteueraufwands ist das Betriebsergebnis nach Abs. 1 oder 2 um 30 Prozent zu mindern.

9.2 Erbschaft- und Schenkungssteuer

c) Kapitalisierungsfaktor

Das Erworbene Betriebsvermögen ist grundsätzlich mit dem gemeinen Wert zu bewerten § 11 BewG, Da dieser sich im Zweifel nicht aus Verkäufen ermitteln lasst, ist er zu schätzen. Das Vereinfachte Ertragswertverfahren (§§ 200–203 BewG) ist bis auf einem nunmehr gesetzlich festgelegten Kapitalisierungsfaktor von 13, 75, der durch Rechtsverordnung des BMF mit Zustimmung des Bundesrates geändert werden kann, unverändert geblieben.

d) Anteil am Betriebsvermögen einer Personengesellschaft § 97 Abs. la BewG.

552 Der gemeine Wert eines Anteils am Betriebsvermögen einer in § 97 Abs. 1 S. 1 Nr. 5 BewG genannten Personengesellschaft wie folgt zu ermitteln und aufzuteilen:

a) Die Kapitalkonten aus der Gesamthandelsbilanz und die Kapitalkonten aus den Ergänzungsbilanzen aller Gesellschafter sind dem jeweiligen Gesellschafter vorweg zuzurechnen;
b) Der verbleibende Ertragswert ist nach dem für die Gesellschaft maßgebenden Gewinnverteilungsschlüssel auf die Gesellschafter aufzuteilen.

Für die Wirtschaftsgüter und Schulden des Sonderbetriebsvermögens des übertragenen Gesellschafters ist der gemeine Wert zu ermitteln. Er ist dem jeweiligen Gesellschafter zuzurechnen.

Sofern zum Sonderbetriebsvermögen der GmbH-Anteil gehört, ist dieser getrennt zu ermitteln nach dem vereinfachten Ertragswertverfahren oder nach einer anderen zulässigen Methode.

553 Der Wert des Anteils des übertragenden Gesellschafters ergibt sich als Summe aus dem Anteil am Gesamthandsvermögen und dem Wert des Sonderbetriebsvermögens.

9.2.3.3 Vorwegabschlag bei Familiengesellschaften (Erlass nach § 13a Abs. 9 ErbStG)

553a Neu ist die Einführung eines Bewertungsabschlages 13a Abs. 9 ErbStG in Höhe bis zu 30 % des gemeinen Wertes des begünstigungsfähigen Vermögens iSd § 13b Abs. 1 ErbStG. Er mindert den nach §§ 200 ff. BewG ermittelten gemeinen Wert und zwar unabhängig davon, ob auch die Voraussetzungen einer Verschonung vorliegen (vgl. auch Schulze zur Wiesche StBp 2017, 177). Der Abschlag ist auch unabhängig von der Größe des Erwerbs. Die Begünstigung bezieht sich auf den Unternehmenswert und nicht auf das begünstigte Vermögen und schließt somit das Verwaltungsvermögen mit ein (koordinierter Ländererlass vom 22.6.2017 zur Anwendung der geänderten Vorschriften des ErbSt- und SchenkStG v. 29.9.2016, Abschn. 13 a 19)

„Für begünstigtes Vermögen im Sinne des § 13b Abs. 2 wird vor Anwendung des Absatzes 1 ein Abschlag gewährt, wenn der Gesellschaftsvertrag oder die Satzung Bestimmungen enthält, die

1. die Entnahme oder Ausschüttung auf höchstens 37,5 Prozent des um die auf den Gewinnanteil oder die Ausschüttungen aus der Gesellschaft entfallenden Steuern vom Einkommen gekürzten Betrages des steuerrechtlichen Gewinns beschränken; Entnahmen zur Begleichung der auf den Gewinnanteil oder die Ausschüttungen aus der Gesellschaft entfallenden Steuern vom Einkommen bleiben von der Beschränkung der Entnahme oder Ausschüttung unberücksichtigt, und
2. die Verfügung über die Beteiligung an der Personengesellschaft oder den Anteil an der Kapitalgesellschaft auf Mitgesellschafter, auf Angehörige im Sinne des § 15 AO oder auf eine Familienstiftung (§ 1 Abs. 1 Nummer 4) beschränken, und
3. für den Fall des Ausscheidens aus der Gesellschaft eine Abfindung vorsehen, die unter dem gemeinen Wert der Beteiligung an der Personengesellschaft oder des Anteils an der Kapitalgesellschaft liegt und die Bestimmungen den tatsächlichen Verhältnissen entsprechen. Gelten die in Satz 1 genannten Bestimmungen nur für einen Teil des begünstigten Vermögens im Sinne des § 13b Abs. 2,

ist der Abschlag nur für diesen Teil des begünstigten Vermögens zu gewähren Die Höhe des Abschlags entspricht der im Gesellschaftsvertrag oder in der Satzung vorgesehenen prozentualen Minderung der Abfindung gegenüber dem gemeinen Wert (Satz 1 Nummer 3) und darf 30 Prozent nicht übersteigen. Die Voraussetzungen des Satzes 1 müssen zwei Jahre vor dem Zeitpunkt der Entstehung der Steuer (§' 9) vorliegen. Die Steuerbefreiung entfällt mit Wirkung für die Vergangenheit, wenn die Voraussetzungen des Satzes 1 nicht über einen Zeitraum von 20 Jahren nach dem Zeitpunkt der Entstehung der Steuer (§ 9) eingehalten werden; die §§ 13c und 28a bleiben unberührt."
In den Fällen des Satzes 1
1. ist der Erwerber verpflichtet, dem für die Erbschaftsteuer zuständigen Finanzamt die Änderungen der genannten Bestimmungen oder der tatsächlichen Verhältnisse innerhalb einer Frist von einem Monat anzuzeigen,
2. endet die Festsetzungsfrist für die Steuer nicht vor dem Ablauf des vierten Jahres, nachdem das für die Erbschaftsteuer zuständige Finanzamt von der Änderung einer der in Satz 1 genannten Bestimmungen oder der tatsächlichen Verhältnisse Kenntnis erlangt.

Der Bewertungsabschlag, kommt nur Gesellschaftern zugute, nicht jedoch Einzelunternehmen.

Die einschränkende Bestimmung, dass die Abfindung an ausscheidende Gesellschafter unter dem gemeinen Wert erfolgen muss, führt bei den übrigen Gesellschaftern, die infolge des Ausscheidens unter dem gemeinen Wert, durch die Anwachsung von stillen Reserven eine Bereicherung iSv § 7 Abs. 7 ErbStG erfahren, ebenfalls zu einer Steuerpflicht.

9.2 Erbschaft- und Schenkungssteuer

9.2.3.4 Verschonung des Betriebsvermögens

9.2.3.4.1 Grundsätze

Eine Verschonung des Betriebsvermögens in Erb- und Schenkungsfällen erfolgt wie bisher in der Form der Gewährung eines Verschonungsabschlages von 85 %' allerdings unter dem, Vorbehalt, dass während einer Dauer von 5 Jahren die Lohnsummenregelung und die Behaltensregeln eingehalten werden, 15 % unterliegen wie bisher der Sofortversteuerung.

554

Voraussetzung ist jedoch, dass die Summe der maßgeblichen Lohnsummen des Betriebes bei Beteiligungen an einer Personengesellschaft oder Anteilen an einer Kapitalgesellschaft des Betriebs der jeweiligen Gesellschaft innerhalb von fünf Jahren nach dem Erwerb (Lohnsummenfrist) insgesamt 400 Prozent der Ausgangslohnsumme nicht unterschreitet (Mindeslohnsumme).

Statt der Verschonungsabschlages kann der Erwerber auch die Vollverschonung (§ 13a Abs. 10 ErbStG) wählen, allerdings verbunden mit einer Mindestlohnsumme von 700 % und einer Behaltensfrist innerhalb eines Zeitraums von 7 Jahren. Diese Vergünstigung kann auch ein Gesellschafter einer GmbH & atypisch Still in Anspruch nehmen.

Die Option für die vollständige Verschonung setzt jedoch voraus, dass der Erwerber eine entsprechende unwiderrufliche Erklärung abgibt und das Verwaltungsvermögen nicht mehr als 10 % des begünstigungsfähigen Vermögens beträgt.

Neu hingegen ist, dass die Verschonung auf Erwerbe bis zu 26 Mio. begrenzt worden ist. Diese Grenze gilt jedoch nicht für den ganzen Erwerb, sondern nur für das begünstigte Betriebsvermögen.

Bei mehreren Erwerben begünstigten Vermögens im Sinne des § 13b Abs. 2 ErbStG von derselben Person innerhalb von zehn Jahren werden bei der Anwendung des Satzes 1 die früheren Erwerbe nach ihrem früheren Wert dem letzten Erwerb hinzugerechnet. Wird die Grenze von 26 Millionen Euro durch mehrere innerhalb von zehn Jahren von derselben Person anfallende Erwerbe überschritten, en(fällt die Steuerbefreiung für die bis dahin nach Satz 1 oder Absatz 10 als steuerfrei behandelten früheren Erwerbe mit Wirkung für die Vergangenheit.

Die Festsetzungsfrist für die Steuer der früheren Erwerbe endet nicht vor dem Ablaufdes vierten Jahres, nachdem das für die Erbschaftsteuer zuständige Finanzamt von dem letzten Erwerb Kenntnis erlangt.

Neu ist auch, dass das begünstigungsfähige Betriebsvermögen nicht mehr in vollen Umfange begünstigt ist. Generell wird das Verwaltungsvermögen nicht mehr begünstigt

Eine Folge davon ist, dass der Gesetzgeber nicht mehr das Betriebsvermögen schlechthin begünstigen will, sondern nur solches Vermögen, das dem betrieblichen Ablauf dient. Daher, war es notwendig, das begünstigte Betriebsvermögen von dem begünstigungsfähigen Betriebsvermögen § 13b Abs. ErbStG) abzugrenzen. Das Verwaltungsvermögen ist nicht mehr begünstigt und unterliegt somit grundsätzlich der sofortigen Versteuerung. Das begünstigungsfähige Vermögen ist somit um das Verwaltungsvermögen zu mindern (§ 13b Abs. 2 ErbStG).

Beträgt jedoch das Verwaltungsvermögen mindestens 90% des gemeinen Werts des begünstigungsfähigen Vermögens, entfällt ein Verschonungsabschlag und der Erwerb unterliegt der sofortigen Versteuerung. Hierbei ist zu berücksichtigen, dass hier vom Nettoverwaltungsvermögen auszugehen ist, ohne Abzug des Vermögens, das der Absicherung der Altersversicherungsverpflichtungen dient, der Schuldzinsen und Finanzmittel 1. S. des Abs. 4 Nr. 5 ErbStG

9.2.3.4.2 Begünstigungsfähiges Vermögen (Erlass nach § 13a Abs. 5 ErbStG)

554a Der Katalog des begünstigungsfähigen Vermögens ist unverändert geblieben, Zum Begüstigungsfähigen Vermögen gehört:
- der inländische Wirtschaftsteil des land- und forstwirtschaftlichen Vermögerns § 168 Abs., 2 BewG) mit Ausnahme der Stückländereien 168b Abs. 2 BewG) und selbstbewirtschaftete Grundstücke iS § 158 BewG sowie entsprechendes land- und forstwirtschaftliches Vermögen, das einer Betriebsstätte in einem Mitgliedstaat der Europäischen Union oder in einem Staat des Europäischen Wirtschaftsraums dient.
- Inländisches Betriebsvermögen (§§ 95–97 des BewG) beim Erwerb eines ganzen Gewerbebetriebs, eines Teilbetriebs, eines Anteils an einer Gesellschaft iSd § 15 Abs. 1 S. 1 Nr. 2 und Abs. 3 oder § 18 Abs. 4 des EStG, eines Anteils, eines persönlich haftenden Gesellschafters einer Kommanditgesellschaft auf Aktien oder eines Anteils daran und entsprechendes Betriebsvermögen, das einer Betriebsstätte in einem Mitgliedsstaat der Europäischen Union oder in einem Staat des Europäischen Wirtschaftsraums dient. Eine Personengesellschaft in diesem Sinne ist auch die atypisch stille Gesellschaft und somit auch die GmbH & Atypisch Still.
- Beteiligungen an Kapitalgesellschaften und Personengesellschaften sind einzubeziehen, wenn sie zum Betriebsvermögen gehören. Ist Gegenstand der Übertragung ein Mitunternehmeranteil einer Personengesellschaft, ist auch das Sonderbetriebsvermögen mit einzubeziehen.
- Anteile an Kapitalgesellschaften sind nach §§ 13a, 13b ErbStG begünstigt, wenn die Kapitalgesellschaft zur Zeit der Entstehung der Steuer Sitz oder Geschäftsleitung im Inland oder in einem Mitgliedstaat der Europäischen Union oder in einem Staat des Europäischen Wirtschaftsraums hat und der Erblasser oder Schenker am Nennkapital dieser Gesellschaft zu mehr als 25% unmittelbar beteiligt war (Mindestbeteiligung). Diese Bestimmung entspricht dem § 13a ErbStG in der bisherigen Fassung.

Das begünstigungsfähige Vermögen ist begünstigt, soweit sein gemeiner Wert den um das unschädliche Vermögen iSd § 13b Abs. 7 gekürzten Nettowert des Verwaltungsvermögen iSd Abs. 6 übersteigt. Der durch Einzelwertermittlung berechnete gemeine Wert des Verwaltungsvermögens ist um die auf das Verwaltungsvermögen entfallenden Schulden zu kürzen, Schulden aus Altersversorgungsverpflichtungen und Schulden die mit Finanzmitteln verrechnet wurden, werden nicht berücksichtigt.

9.2 Erbschaft- und Schenkungssteuer

Teile des begünstigungsfähigen Vermögens, die ausschließlich und dauerhaft der Erfüllung von Schulden aus Altersversorgungsverpflichtungen dienen und dem Zugriff aller übrigen nicht aus den Altersversorgungsverpflichtungen unmittelbar berechtigten Gläubiger entzogen sind, gehören bis zur Höhe des gemeinen Werts der Schulden aus Altersversorgungsverpflichtungen nicht zum Verwaltungsvermögen iSd § 13b Abs. 4 Nr. 1–5 ErbStG. Soweit Finanzmittel und Schulden bei Anwendung von Satz 1 berücksichtigt wurden, bleiben sie bei der Anwendung des Absatzes 4 Nummer 5 und des Absatzes 6 außer Betracht.

9.2.3.4.3 Begünstigtes Vermögen

Zum begünstigten Vermögen gehört ua Inländisches Betriebsvermögen (§§ 95–97 des BewG) beim Erwerb eines ganzen Gewerbebetriebs, eines Teilbetriebs, eines Anteils an einer Gesellschaft iSd § 15 Abs. 1 S. 1 Nr. 2 und Abs. 3 oder § 18 Abs. 4 des EStG, eines Anteils, eines persönlich haftenden Gesellschafters einer Kommanditgesellschaft auf Aktien oder eines Anteils daran und entsprechendes Betriebsvermögen, das einer Betriebsstätte in einem Mitgliedstaat der Europäischen Union oder in einem Staat des Europäischen Wirtschaftsraums dient. Hierzu gehört auch der Betrieb der GmbH & atypisch Still.

Beteiligungen an Kapitalgesellschaften und Personengesellschaften sind einzubeziehen, wenn sie zum Betriebsvermögen gehören. Ist Gegenstand der Übertragung ein Mitunternehmeranteil einer Personengesellschaft, ist auch das Sonderbetriebsvermögen mit einzubeziehen.

Anteile eines typisch stillen Gesellschafters an Kapitalgesellschaften, hierzu gehört auch der Anteil an einer GmbH des atypisch stillen Gesellschafters, wenn die Kapitalgesellschaft zur Zeit der Entstehung der Steuer Sitz oder Geschäftsleitung im Inland oder in einem Mitgliedstaat der Europäischen Union oder in einem Staat des Europäischen Wirtschaftsraums hat und der Erblasser oder Schenker am Nennkapital dieser Gesellschaft zu mehr als 25 % unmittelbar beteiligt war (Mindesbeteiligung). Diese Bestimmung enspricht dem § 13a ErbStG in der bisherigen Fassung. Ob der Erblasser oder Schenker die Mindestbeteiligung erfüllt, ist nach der Summe der dem Erblasser oder Schenker unmittelbar zuzurechnenden Anteile und der Anteile weiterer Gesellschafter zu bestimmen, wenn der Erblasser oder Schenker und die weiteren Gesellschafter unwiderruflich untereinander verpflichtet sind, über die Anteile nur einheitlich zu verfügen oder ausschließlich auf andere derselben Verpflichtung unterliegende Anteilseigner zu übertragen und das Stimmrecht gegenüber nicht gebundenen Gesellschaftern einheitlich auszuüben. Eine einheitliche Stimmrechtsausübung bedeutet, dass die Einflussnahme einzelner Anteilseigner zum Zwecke einer einheitlichen Willensbildung zurücktreten muss. Dies ist in unterschiedlicher Weise geregelt. Neben der Möglichkeit zur gemeinsamen Bestimmung eines Sprechers oder eines Aufsichts- oder Leitungsgremiums kann die einheitliche Stimmrechtsausübung auch dadurch erreicht werden, dass einzelne Anteilseigner auf ihr Stimmrecht verzichten oder die Anteile von vornherein stimmrechtslos sind. Voraussetzung ist daher nicht, dass der konkrete Anteil ein Stimmrecht einräumt. Ferner ist nicht erforderlich, dass die Einflussnahme auf die Geschicke der Gesellschaft ausschließlich durch Anteilseigner (Familienmitglieder) erfolgt. Aufgrund früherer Verfügungen werden häufig andere Personen mit unternehmerischem Sachverstand und Vertreter der Arbeitnehmer einbezogen.

9.2.3.4.4 Verwaltungsvermögen (Erlass § 13a Abs. 3b.12 ErbStG)

555a § 13b Abs. 2 ErbStG, der das Verwaltungsvermögen behandelt, ist im Wesentlichen unverändert geblieben und in den § 13a Abs. 3 ErbStG nF übernommen worden. Nach bisherigen Recht gehörte auch das Verwaltungsvermögen zum begünstigten Vermögen, wenn es wertmäßig nicht mehr als 50% des Wertes des begünstigungsfähigen Betriebsvermögens ausmacht. Bei Überschreiten dieser Grenze, wurde das ganze Betriebsvermögen als nicht begünstigt behandelt. Nach der Neufassung des ErbStG ist das Verwaltungsvermögen aus der Begünstigung ausgenommen. Besteht das begünstigungsfähige Vermögen zu mindestens 90% zum Verwaltungsvermögen, ist es von jeder Verschonung ausgenommen. (§ 13b Abs. 2 S. 2 ErbStG) Somit gehört das Vermögen einer gewerblich geprägten GmbH & atypisch still nicht mehr zum begünstigten Vermögen.

1. Vermögenverwaltender Betrieb

556 Von der Verschonung ausgenommen sind überwiegend vermögensverwaltende Betriebe. Sie sind kein Beschäftigungsmotor und schaffen keine Arbeitsplätze.

Betroffen ist hiervon sind die gewerblich geprägte Personengesellschaft iSd § 15 Abs. 3 Nr. 2 EStG, also die vermögensverwaltende GmbH & Co. KG und auch gewerblich gefärbte Personengesellschaften iSd § 15 Abs. 3 Nr. 1 EStG, wenn die vermögensverwaltenden Tätigkeiten überwiegen und somit auch die GmbH & atypisch Still, die überwiegend Vermögensverwaltung betreibt.

Nicht hierunter fallen Personengesellschaften, die neben der gewerblichen Tätigkeit Land- und Forstwirtschaft oder eine freiberufliche Tätigkeit ausüben. Betroffen hiervon sind insbesondere auch mehrere Gewerbebetriebe, die die wesentlichen Betriebsgrundlagen an Dritte verpachtet haben. Nicht betroffen sind Betriebe, die die Überlassung von Betriebsvermögen an Dritte gewerblich betreiben, zB Überlassung von Mietwagen, gewerbliche Überlassung von Baumaschinen, Verwaltung und Übertragung von Urheberrechten, Lizenzen, Vermietung von Tankwagen usw. Kriterium ist hier nicht die Rechtsform, sondern der Umfang der vermögensverwaltenden Tätigkeit.

Nach bisherigen Recht gehörte auch das Verwaltungsvermögen zum begünstigten Vermögen, wenn ist wertmäßig nicht mehr als 50% des Wertes des begünstigungsfähigen Betriebsvermögens ausmacht. Bei Überschreiten dieser Grenze, wurde das ganze Betriebsvermögen als nicht begünstigt behandelt. Nach der Neufassung des ErbStG ist das Verwaltungsvermögen aus der Begünstigung ausgenommen. Besteht ds begünstigungsfähige Vermögen zu mindestens 90% zum Verwaltungsvermögen ist es von jeder Verschonung ausgenommen (§ 13b Abs. 2 S. 2 ErbStG). Somit gehört das Vermögen einer gewerblich geprägten GmbH & atypisch still nicht mehr zum begünstigten Vermögen.

9.2 Erbschaft- und Schenkungssteuer

2. Begriff des Verwaltungsvermögens

§ 13b Abs. 2 ErbStG, der das Verwaltungsvermögen behandelt, ist im Wesentlichen unverändert geblieben und in den § 13a Abs. 3 ErbSIG nF übernommen worden.

556a

Nach § 13 Abs. 2 ErbStG gehören zum Verwaltungsvermögen

1. Dritten zur Nutzung überlassene Grundstücke, Grundstücksteile, grundstücksgleiche Rechte und Bauten.

Beispiel 1:
Die X-GmbH & atypisch Still hat ihren Gewerbebetrieb mit allen seinen wesentlichen Grundlagen an B verpachtet.

Beispiel 2:
Die X-GmbH & atypisch Still besitzt eine gewerbliche Immobilie, die an ein Warenhausunternehmen verpachtet ist.

a) Eine Nutzungsüberlassung an Dritte ist nicht anzunehmen, wenn der Erblasser oder Schenker sowohl im überlassenen Betrieb als auch im nutzenden Betrieb einen einheitlichen geschäftlichen Betätigungswillen durchsetzen konnte (Betriebsaufspaltung) oder als Gesellschafter einer Gesellschaft iSd § 15 Abs. 1 S. 1 Nr. 2 und Abs. 3 oder § 18 Abs. 4 des EStG den Vermögensgegenstand der Gesellschaft zur Nutzung überlassen hatte (Sonderbetriebsvermögen), und diese Rechtsstellung auf den Erwerber übergegangen ist, soweit keine Nutzungsüberlassung an einen weiteren Dritten erfolgt (vgl. auch Begr. zu § 13b Abs. 2 ErbStG E, BR-Drs. 11,16/7918).

b) Die Nutzungsüberlassung im Rahmen einer Verpachtung eines ganzen Betriebs ist ebenfalls ausgenommen, wenn der Verpächter des Betriebs im Zusammenhang mit einer unbefristeten Verpachtung dem Pächter durch eine letztwillige Verfügung oder eine rechtsgeschäftliche Verfügung als Erben eingesetzt oder die Verpachtung an einen Dritten erfolgt, weil der Erbe im Zeitpunkt der Steuerentstehung den Betrieb noch nicht führen kann.

Beispiel 3:
A ist Mehrheitsgesellschafter der X-GmbH & atypisch Still und hat dieser ein Grundstück, das in seinem Alleineigentum steht, entgeltlich zur Nutzung überlassen.
Bei dem an die X-GmbH & atypisch Still vermieteten Grundstück handelt es sich um begünstigtes Vermögen iSd § 13b Abs. 1 ErbStG E.

2. Anteile an Kapitalgesellschaften, wenn die unmittelbare Beteiligung am Nennkapital dieser Gesellschaften 25 % oder weniger beträgt. Ob diese Grenze unterschritten wird, ist nach der Summe der im Betrieb unmittelbar zuzurechnenden Anteile und der Anteile weiterer Gesellschafter zu bestimmen, wenn die Gesellschafter unwiderruflich untereinander verpflichtet sind, über die Anteile nur einheitlich zu verfügen oder sie ausschließlich auf andere derselben Verpflichtung unterliegende Anteilseigner zu übertragen und das Stimmrecht gegenüber nicht gebundenen Gesellschaftern nur einheitlich ausüben;

3. Beteiligungen an Personengesellschaften (Mitunternehmeranteile) im Sinne des § 15 Abs. 1 S. 1 ErbStG entsprechenden Gesellschaften im Ausland, sowie Anteile an Kapitalgesellschaften, die nicht unter Nummer 2 fallen, soweit bei diesen Gesellschaften das Verwaltungsvermögen mehr als 50% beträgt;

4. Wertpapiere sowie vergleichbare Forderungen;

5. Kunstgegenstände, Kunstsammlungen, wissenschaftliche Sammlungen, Bibliotheken und Archive, Münzen, Edelmetalle und Edelsteine, wenn der Handel mit diesen Gegenständen oder deren Verarbeitung nicht der Hauptzweck des Gewerbebetriebes ist.

Beispiel 4:
A ist mit 25 vH an der X-GmbH & atypisch Still beteiligt. Steuerwert des Unternehmens 20 Mio. EUR. Im Betriebsvermögen befinden sich Grundstücke, die nicht eigenbetrieblich genutzt werden von 8 Mio., eine Beteiligung von 40% an der X-GmbH, die mit 2 Mio. EUR zu bewerten ist. Das Betriebsvermögen der X-GmbH setzt sich zu 60% aus Verwaltungsvermögen zusammen. Ebenfalls im Betriebsvermögen A befindet sich eine Beteiligung an einer Personengesellschaft, Wert 1 Mio. EUR 50% des Betriebsvermögens ist Verwaltungsvermögen.

Die Grundstücke im Wert von	8 Mio. EUR
die GmbH-Beteiligung mehr als 50%	2 Mio. EUR
gehören zum Verwaltungsvermögen =	10 Mio. EUR
begünstigtes Vermögen	10 Mio. EUR
Verschonungsabschlag 85%	8,5 Mio. EUR
Steuerpflichtiges Betriebsvermögen	1,5 Mio. EUR

3. Vorratsvermögen (Erlass nach Abschn. 13b.24 ErbStG)

556b Vorratsvermögen, das zur Zeit noch nicht betrieblichen Zwecken dient, gehört zum schädlichen Verwaltungsvermögen. Jedoch entfällt beim Erwerb von Todes wegen die Zurechnung von Vermögensgegenständen zum Verwaltungsvermögen im Sinne des Absatzes 4 Nummer 1–5 rückwirkend zum Zeitpunkt der Entstehung der Steuer (§ 9), wenn der Erwerber innerhalb von zwei Jahren ab dem Zeitpunkt der Entstehung der Steuer (§ 9) diese Vermögensgegenstände in Vermögensgegenstände innerhalb des vom Erblasser erworbenen, begünstigungsfähigen Vermögens im Sinne des Absatzes 1 investiert hat, die unmittelbar einer Tätigkeit im Sinne von § 13 Abs. 1, § 15 Abs. 1 S. 1 Nummer 1 oder § 18 Abs. 1 Nummer 1 und 2 EStG dienen und kein Verwaltungsvermögen sind. Voraussetzung hierfür ist, dass die Investition auf Grund eines im Zeitpunkt der Entstehung der Steuer (§ 9 ErbStG) vorgefassten Plans des Erblassers erfolgt und keine anderweitige Ersatzbeschaffung von Verwaltungsvermögen vorgenommen wird oder wurde. Beim Erwerb von Todes wegen entfällt die Zurechnung von Finanzmitteln zum Verwaltungsvermögen iSd § 13b Abs. 4 Nr. 5 S. 1 ErbStG rückwirkend zum Zeitpunkt der Entstehung der Steuer (§ 9), soweit der Erwerber diese Finanzmittel innerhalb von zwei Jahren ab dem Zeitpunkt der Entstehung der Steuer (§ 9) verwendet, um bei auf Grund wiederkehrender saisonaler Schwankungen fehlenden Einnahmen die Vergütungen im Sinne des § 13a

9.2 Erbschaft- und Schenkungssteuer

Abs. 3 S. 6–10 zu zahlen. Satz 2 gilt entsprechend Der Erwerber hat das Vorliegen der Voraussetzungen der Sätze 1–4 nachzuweisen. Der Begriff vorgefasster Plan lässt nicht erkennen, in wieweit der vorgefasste Plan konkretisiert werden muss. Er wird sicherlich die Rechtsprechung beschäftigen.

Beispiel 5:
Der Erblasser hatte in seinem Einzelunternehmen Finanzmittel unterhalten, die er für Unternehmenskäufe verwenden wollte. Ein konkretes Objekt war im Zeitpunkt seines Todes noch nicht vorhanden. Der Erbe erwarb innerhalb der 2 Jahresfrist ein Unternehmen, das das bisherige Geschäftsfeld seines bisherigen Einzelunternehmens sehr positiv ergänzte.

Da die Regelung hinsichtlich des Vorratsvermögens nicht für Schenkungen unter lebenden gilt, sollte eine unentgeltliche Übertragung eines Betriebes oder Anteilen erst erfolgen, wenn die Maßnahmen abgeschlossen sind. Auch im Erbfall muss schon eine Plan des Erblassers vorhanden sein.

4. Finanzmittel (Erlass nach Abschn. 13 b.23 ErbStG)

Finanzmittel sind grundsätzlich dem Verwaltungsvermögen zu zurechnen. Das gilt jedoch nicht soweit der gemeine Wert des nach Abzug des gemeinen Werts der Schulden verbleibenden Bestands an Zahlungsmitteln, Geschäftsguthaben, Geldforderungen und anderen Forderungen (Finanzmittel), soweit er 15 Prozent des anzusetzenden Werts des Betriebsvermögens des Betriebs oder der Gesellschaft übersteigt. Der gemeine Wert der Finanzmittel ist um den positiven Saldo der eingelegten und der entnommene Finanzmittel zu verringern, welche dem Betrieb im Zeitpunkt der Entstehung der Steuer (§ 9) weniger als zwei Jahre zuzurechnen waren (junge Finanzmittel); junge Finanzmittel sind Verwaltungsvermögen.

Voraussetzung für die Anwendung des Prozentsatzes von 15 Prozent des Satzes 1 ist, dass das nach Absatz 1 begünstigungsfähige Vermögen des Betriebs oder der nachgeordneten Gesellschaften nach seinem Hauptzweck einer Tätigkeit im Sinne des § 13 Abs. 1, des § 15 Abs. 1 S. 1 Nummer 1, des § 18 Abs. 1 Nummer 1 EStG dient. Die Voraussetzungen des Satzes 4 sind auch erfüllt, wenn die Tätigkeit durch Gesellschaften im Sinne des § 13 Abs. 7, des § 15 Abs. 1 S. 1 Nummer 2 oder des § 18 Abs. 4 S. 2 EStG ausgeübt wird

5. Junge Finanzmittel (Erlass nach Abs. 13b.23 Abs. 3 ErbStG)

Eine Saldierung mit Schulden nach Absatz 6 findet für junge Finanzmittel im Sinne des Absatzes 4 Nummer 5 Satz 2 und junges Verwaltungsvermögen im Sinne des Absatzes 7 Satz 2 nicht statt. Eine Verrechnung von Schulden mit Verwaltungsvermögen ist bei wirtschaftlich nicht belastenden Schulden und darüber hinaus ausgeschlossen, soweit die Summe der Schulden den durchschnittlichen Schuldenstand der letzten drei Jahre vor dem Zeitpunkt der Entstehung der Steuer (§ 9) übersteigt; dies gilt nicht, soweit die Erhöhung des Schuldenstands durch die Betriebstätigkeit veranlasst ist. Als Nettowert des Verwaltungsvermögens ist mindestens der gemeine Wert des jungen Verwaltungsvermögens und der jungen Finanzmittel anzusetzen.

Teil 2 556e, 557   9 Übrige Steuerarten

6. Beteiligungen im Betriebsvermögen Erlass nach Abschnitt 13b 20 ErbStG)

556e Anteile an Kapitalgesellschaften bis einschließlich 25% gehören grundsätzlich zum Verwaltungsvermögen. Kapitalbeteiligungen über 25% wurden bisher in vollen Umfang dem begünstigten Betriebsvermögen zugerechnet, wenn das Verwaltungsvermögen nicht mehr als 50% betrug. Überschritt das Verwaltungsvermögen die 50% Grenze, wurde die Beteiligung in vollem Umfange dem verwaltungsvermögen zugerechnet (13b Abs. 2 Nr. 3 ErbStG aF. Die eröffnete die Möglichkeit Wirtschaftsgüter zwischen den nachgeordneten Gesellschaften hin und her zuschieben, um jeweils hinsichtlich des Verwaltungsvermögens ein Überschreiten der 50% Grenze zu verhindern. Diese Regelung wurde vom Bundesverfassungsgericht beanstandet. Umfasst nach der Neuregelung die im Wege der vorweggenommee Erbfolge oder im Erbgang erworbenen Betrieb oder die Beteiligung an einem solchen mehrere Beteiligungsunternehmen, findet künftig eine konsolidierte Ermittlung des Verwaltungsvermögens und des Finanzverwaltungsvermögens statt § 13b Abs. 9). Anstelle der Beteiligungen sind bei der Ermittlung des Nettoverwaltungsvermögens (§ 13b Abs. 2–8) die Wirtschaftsgüter der Beteiligungsgesellschaften mit den gemeinen Werten der diesen Gesellschaften zuzurechnenden Vermögensgegenstände nach Maßgabe der Sätze 2–5 mit dem Anteil einzubeziehen, zu dem die unmittelbare oder mittelbare Beteiligung besteht

Die unmittelbar oder mittelbar gehaltenen Finanzmittel, die Vermögensgegenstände des Verwaltungsvermögens im Sinne des § 13b Abs. 4 Nummer 1–4 sowie die Schulden sind jeweils zusammenzufassen (Verbundvermögensaufstellung); junge Finanzmittel und junges Verwaltungsvermögen sind gesondert aufzuführen. Soweit sich in der Verbundvermögensaufstellung Forderungen und Verbindlichkeiten zwischen den Gesellschaften untereinander oder im Verhältnis zu dem übertragenen Betrieb oder der übertragenen Gesellschaft gegenüberstehen, sind diese nicht anzusetzen. Das trifft insbesondere auf Gesellschafterdarlehen an Tochtergesellschaften zu. § 13b Abs. 4 Nr. 5 und Abs. 6–8 sind auf die Werte in der Verbundvermögensaufstellung anzuwenden. Abs. 9 Sätze 1–4 sind auf Anteile im Sinne von § 13b Abs. 4 Nr. 2 sowie auf wirtschaftlich nicht belastende Schulden nicht anzuwenden; diese Anteile sind als Verwaltungsvermögen anzusetzen.

7. Nettowert des schädlichen Verwaltungsvermögens (Erlass nach Abschn. 13b 25 ErbStG)

557 Der Nettowert des Verwaltungsvermögens ergibt sich durch Kürzung des gemeinen Werts des Verwaltungsvermögens um den nach Anwendung der Absätze 3 und 4 verbleibenden anteiligen gemeinen Wert der Schulden. Die anteiligen Schulden nach Satz 1 bestimmen sich nach dem Verhältnis des gemeinen Werts des Verwaltungsvermögens zum gemeinen Wert des Betriebsvermögens des Betriebs oder der Gesellschaft zuzüglich der nach Anwendung der Absätze 3 und 4 verbleibenden Schulden.

Der Nettowert des Verwaltungsvermögens wird vorbehaltlich des Satzes 2 wie begünstigtes Vermögen behandelt, soweit er 10 Prozent des um den Netto-

9.2 Erbschaft- und Schenkungssteuer

wert des Verwaltungsvermögens gekürzten gemeinen Werts des Betriebsvermögens nicht übersteigt (unschädliches Verwaltungsvermögen). Verwaltungsvermögen, das dem Betrieb im Zeitpunkt der Entstehung der Steuer (§ 9) weniger als zwei Jahre zuzurechnen war (junges Verwaltungsvermögen), und junge Finanzmittel im Sinne des Absatzes 4 Nummer 5 Satz 2 sind kein unschädliches Verwaltungsvermögen.

Eine Saldierung mit Schulden nach Absatz 6 findet für junge Finanzmittel im Sinne des Absatzes 4 Nr. 5 Satz 2 und junges Verwaltungsvermögen im Sinne des Absatzes 7 Satz 2 nicht statt. Eine Verrechnung von Schulden mit Verwaltungsvermögen ist bei wirtschaftlich nicht belastenden Schulden und darüber hinaus ausgeschlossen, soweit die Summe der Schulden den durchschnittlichen Schuldenstand der letzten drei Jahre vor dem Zeitpunkt der Entstehung der Steuer übersteigt; dies gilt nicht, soweit die Erhöhung des Schuldenstands durch die Betriebstätigkeit veranlasst ist. Als Nettowert des Verwaltungsvermögens ist mindestens der gemeine Wert des jungen Verwaltungsvermögens und der jungen Finanzmittel anzusetzen

8. *Ermittlung des Begünstigten Vermögens Beispiel 6:*

Tabelle 1: Ermittlung des begünstigten Vermögens

Einzelwerte	in (EUR)	in (EUR)
Betriebsvermögen	6.000	Schulden 4.000
Verwaltungsvermögen	3.000	
Finanzmittel	1.000	
Begünstigungsfähiges Vermögen 12.000 EUR		
	betriebsnotwendig	nicht betriebsnotwendig
betriebsnotwendiges BV	6.000	3.000
Finanzmittel 1.000		
	Schulden –4.000	
3.000		
Kein Verwaltungsvermögen	1.000	
Nicht verbr. Schulden 3.000		
Davon BV 7/10 2.100	–2.100	
Verwaltungsvermögen 3110 900		–900
	4.900	2.100
10 % des Netto Verwaltungsvermögens		
210 EUR begünstigtes Vermögen	+210	210
begünstigtes Vermögen	5.110	1,890
	73 %	27 %
Gemeiner Wert des begünstigten Vermögens 73 % von 12.000 EUR = 8.760 EUR		

9. Kein Begünstigtes Vermögen

558 Das Betriebsvermögen insgesamt ist nicht begünstigt iSd ErbStG, wenn es sich zu mehr als 90% aus Verwaltungsvermögen zusammensetzt. Es unterliegt daher in vollem Umfange der ErbSt. Der Anteil des Verwaltungsvermögens am gemeinen Wert des Betriebes bestimmt sich nach dem Verhältnis der Summe des gemeinen Wertes der Einzelwirtschaftsgüter des Verwaltungsvermögens zum gemeinen Wert des Betriebes.

9.2.3.4.5 Die Verschonungsmaßnahmen

1. Grundsätze

559 Die Verschonung des Betriebsvermögens von der Erbschaftsteuer besteht darin, dass das begünstigte Betriebsvermögen (in der Regel 85% des Steuerwertes) mit einem Abschlag von 100% berücksichtigt wird, was im Ergebnis darauf hinausläuft, dass dieser Teil des Betriebsvermögens außer Ansatz bleibt, und insoweit keine ErbSt erhoben wird, wenn der Erwerber den erworbenen Betrieb im gleichen Umfang sieben Jahre fortführt und das Betriebsvermögen nicht durch Veräußerung, Aufgabe oder Entnahme mindert.

2. Lohnsumme als Indikator

560 Indikator für die Unternehmensfortführung, insbesondere für die Erhaltung der Arbeitsplätze in einem erworbenen Unternehmen, ist die jeweilige Lohnsumme, also die Summe, der im Unternehmen gezahlten Löhne und Gehälter in Form eines Durchschnittsbetrages, der dem Unternehmensübergang vorangegangenen fünf Jahre.

Die Lohnsumme ist betriebsbezogen. Hat der Erwerber mehrere Betriebe übernommen, ist die Lohnsumme für jeden Betrieb, Teilbetrieb oder Mitunternehmeranteil festzustellen.

3. Berechnung der Lohnsumme

561 Hinsichtlich der Ausgangslohnsumme (400% und bei Vollverschonung 700% von der Ausgangslohnsumme) und Lohnsummenfrist (5 Jahre, bei Vollverschonung 7 Jahre) sind keinen Veränderungen vorgenommen worden Wohl ist die Ausnahmeregelung für Arbeitnehmer bis zu 20 Beschäftigten geändert worden.

Zahl der Arbeitnehmer	Verschonungsabschlag Lohnsumme	Volllverschonung Lohnsumme
bis 5	0	0
bis 10	250%	500%
bis 15	300%	565%
über 15	400%	700%

Beschäftigte von Beteiligungsgesellschaften iSd Sätze 11 bis 13 sind einzubeziehen.

9.2 Erbschaft- und Schenkungssteuer

a) Durchschnittswert der letzten fünf Jahre

Die Lohnsumme ergibt sich aus dem Durchschnitt der letzten dem Zeitpunkt des Erbfalles oder der Schenkung vorangegangenen fünf Jahre. Mit der Vorschaltung eines langen Zeitraums will man missbräuchlichen Gestaltungen (derart, dass die Lohnsumme im letzten Jahr vor der Übertragung durch Entlassungen heruntergekatapultiert wird) entgegenwirken.

Einzelunternehmen, die ausschließlich vom Unternehmer selbst, ohne Arbeitnehmer betrieben werden und Unternehmen sowie Betriebe der Land- und Forstwirtschaft, die unter § 23 Abs. 1 S. 2 KSchG fallen (Betriebe mit höchstens 10 Arbeitnehmern), unterliegen nicht dem Verschonungsparameter Lohnsumme, sondern sind nur den allgemeinen Behaltensregelungen unterworfen.

b) Berechnung der Lohnsumme nach § 13a ErbStG

Die Lohnsumme umfasst alle Vergütungen (Löhne und Gehälter und andere Bezüge und Vorteile), die im maßgebenden Wirtschaftsjahr an die auf den Lohn- und Gehaltslisten erfassten Beschäftigten gezahlt werden; außer Ansatz bleiben Vergütungen an solche Arbeitnehmer, die nicht ausschließlich oder überwiegend in dem Betrieb tätig sind. Zu den Vergütungen zählen alle Geld- oder Sachleistungen für die von den Beschäftigten erbrachte Arbeit, unabhängig davon, wie diese Leistungen bezeichnet werden und ob es sich um regelmäßige oder unregelmäßige Zahlungen handelt. Zu den Löhnen und Gehältern gehören auch alle von den Beschäftigten zu entrichtenden Sozialbeiträge, Einkommensteuern und Zuschlagsteuern auch dann, wenn sie vom Arbeitgeber einbehalten und von ihm im Namen der Beschäftigten direkt an den Sozialversicherungsträger und die Steuerbehörde abgeführt werden. Nicht zu den Löhnen und Gehältern zählen die vom Beschäftigten selbst abzuführenden Sozialbeiträge. Zu den Löhnen und Gehältern zählen alle vom Beschäftigten empfangenen Sondervergütungen, Prämien, Gratifikationen, Abfindungen, Zuschüsse zu Lebenshaltungskosten, Familienzulagen, Trinkgelder, Provisionen, Teilnehmervergütungen und vergleichbare Vergütungen.

Außer Ansatz bleiben Vergütungen an solche Beschäftigte

1. die sich im Mutterschutz im Sinne des Mutterschutzgesetzes
2. die sich in einem Ausbildungsverhältnis befinden,
3. die Krankengeld beziehen oder
4. die Elterngeld beziehen oder
5. die nicht ausschließlich oder überwiegend in dem Betrieb tätig sind (Saisonarbeiter); diese im Zeitpunkt der Entstehung der Steuer (§ 9) einem Betrieb zuzurechnenden Beschäftigten bleiben bei der Anzahl der Beschäftigten des Betriebs im Sinne der Sätze 3 und 4 unberücksichtigt.

4. Betrieb als Grundlage

Gehören zum Betriebsvermögen des Betriebs, bei Beteiligungen an einer Personengesellschaft und Anteilen an einer Kapitalgesellschaft des Betriebs der jeweiligen Gesellschaft, unmittelbar oder mittelbar Beteiligungen an Personengesellschaften, die ihren Sitz oder ihre Geschäftsleitung im Inland, einem

Teil 2 565   9 Übrige Steuerarten

Mitgliedstaat der Europäischen Union oder in einem Staat des Europäischen Wirtschaftsraums haben, wenn die unmittelbare Beteiligung mehr als 25% beträgt, sind die Lohnsummen dieser Gesellschaften einzubeziehen zu dem Anteil, zu dem die unmittelbare und mittelbare Beteiligung besteht.

Beispiel 7:
A hat einen Betrieb im Wege der Erbfolge erworben, Lohnsumme 6 Mio. EUR. Im Betriebsvermögen befindet sich eine Beteiligung von 30% an der X-GmbH & atypisch Still und eine Beteiligung von 20% an der Y-KG. Lohnsumme der X-GmbH 2 Mio. EUR und an der Y-KG ebenfalls 2 Mio. EUR

Die Lohnsumme des Betriebes errechnet sich wie folgt:

Betrieb	6 Mio. EUR
Anteil X-GmbH 30% v. 2 Mio. EUR	0,6 Mio. EUR
Anteil Y-KG 20% v. 2 Mio. EUR	0,4 Mio. EUR
Lohnsumme	7 Mio EUR

A hat ein Textilwarenhaus geerbt (Lohnsumme 8 Mio.) und eine Beteiligung an der Textil GmbH & atypisch Still 50% (Lohnsumme 6 Mio.), die enge Geschäftsbeziehungen zum Textilwarenhaus unterhält.

Die Beteiligung gehört zum notwendigen Betriebsvermögen des Einzelunternehmens. Daher ist die Lohnsumme der GmbH & atypisch Still in Höhe der Beteiligung dem Einzelunternehmen hinzuzurechnen.

Lohnsumme Einzelunternehmen	8 Mio. EUR
Anteile Lohnsumme GmbH	3 Mio. EUR
Gesamte Lohnsumme	11 Mio. EUR

6. Der Abzugsbetrag von 150.000 EUR

565 Der nicht unter die Verschonung iSd § 131b Abs. 4 ErbStG fallende Teil des begünstigten Vermögens (Verwaltungsteil) bleibt außer Ansatz, soweit der Wert dieses Vermögens insgesamt 150.000 EUR nicht übersteigt. Es handelt sich hier um eine gleitende Freigrenze. Der Abzugsbetrag wird in der Weise abgeschmolzen, als er sich verringert, wenn der Wert des begünstigten Vermögens insgesamt die Wertgrenze von 150.000 EUR um 50% der diese Wertgrenze übersteigenden Beträge verringert. Er kommt daher ab einem gemeinen Wert des Betriebsvermögens von 450.000 EUR in Fortfall.

Es handelt sich hier um eine Freigrenze. Ist diese überschritten, kommt es zur vollen Versteuerung des Verwaltungsvermögens. Diesen Abzugsbetrag kann der Erwerber innerhalb von 10 Jahren von derselben Person nur einmal beanspruchen. Es soll hierdurch verhindert werden, dass durch Aufspalten einer größeren Zuwendung in mehrere Zuwendungen innerhalb der Abzugsbeträge ein nicht gerechtfertigter Steuervorteil erwachen kann.

Beispiel 8:
A ist verstorben. Seine beiden Söhne erwerben seinen Anteil von 50 vH als atypisch stiller Gesellschafter an der X-GmbH & atypisch Still zu gleichen Teilen. Der Steuerwert des

9.2 Erbschaft- und Schenkungssteuer

Betriebes beträgt 600.000 E. Da auf jeden Erwerber nur 150.000 EUR entfallen, ist die Freigrenze nicht überschritten, es fällt keine ErbSt an.

7. Verschonungsabzug und Abzugsbetrag bei Verpflichtung zur Übertragung auf einen Dritten

Ein Erwerber kann den verminderten Wertansatz § 13a (Abs. 1) ErbStG und den Abzugsbetrag § 13a (Abs. 2) ErbStG nicht in Anspruch nehmen, soweit er Vermögen im Sinne des § 13b Abs. 1 ErbStG auf Grund einer letztwilligen Verfügung des Erblassers oder einer rechtsgeschäftlichen Verfügung des Erblassers oder Schenkers auf einen Dritten übertragen muss. Gleiches gilt, wenn ein Erbe im Rahmen der Teilung des Nachlasses Vermögen iSd § 13b Abs. 1 ErbStG auf einen Miterben überträgt (Begr.zu § 13b Abs. 3 ErbStG E, BR-Drs. 11, 16/7918). 566

Müssen Erben begünstigtes Betriebsvermögen aufgrund eines Vermächtnisses aufgrund einer Auflage des Erblassers auf einen Dritten übertragen, muss dieser Dritte den Fortbestand des Betriebes gewährleisten. Deshalb soll der Dritte, der für den Erwerb des Betriebsvermögens anderes aus demselben Nachlass stammendes Vermögen hingibt, so gestellt werden, als habe er von Anfang an begünstigtes Betriebsvermögen erhalten. Die Vorschrift erweitert die bisherige Regelung und trägt dem Umstand Rechnung, dass derjenige, der die Unternehmensfortführung tatsächlich gewährleistet und nicht derjenige, der aufgrund zivilrechtlicher Universalsukzession zunächst Eigentümer bzw. Miteigentümer geworden war, entlastet werden soll.

9.2.3.4.5 Neufestsetzung der ErbSt bei Unterschreiten der Lohnsummengrenze von 400 % bzw. 700 %

Voraussetzung für die volle Steuerfreiheit ist, dass die für den 5 bzw. 7 Jahreszeitraum zusammengerechnete Lohnsumme 400 % bzw. 700 % nicht unterschreitet. 567

Unterschreitet die Summe der maßgebenden jährlichen Lohnsummen die Mindestlohnsumme, vermindert sich der zu gewährende Verschonungsabschlag von 85 vH bzw. 100 vH mit Wirkung für die Vergangenheit im selben prozentualen Umfang, wie die Mindestlohnsumme unterschritten wird.

Beispiel 9:
Die Summe der jährlichen Lohnsummen in den 5 Jahren erreicht 360 % der Ausgangslohnsumme und liegt damit 10 % unter der Mindestlohnsumme von 400 %' das entspricht einem Zehntel. Der Verschonungsabschlag verringert sich um ein Zehntel von 85 % auf 76,5 %.

Beträgt der gemeine Wert eines Betriebs im Besteuerungszeitpunkt 10 Mio. EUR' bleiben zunächst 8,5 Mio. EUR steuerfrei und 1,5 Mio. EUR sind zu versteuern. Wegen des Verstoßes gegen die Lohnsummenregelung bleiben dann nur noch 7,65 Mio. EUR steuerfrei und 2,35 Mio. EUR sind zu versteuern. Die zunächst gezahlte Steuer wird verrechnet.

9.2.3.4.6 Nachversteuerung im Falle der Minderung des Betriebsvermögens innerhalb von 5 bzw. 7 Jahren

1. Der Verschonungsabschlag (Absatz 1) und der Abzugsbetrag (Absatz 2) fallen mit Wirkung für die Vergangenheit weg, soweit der Erwerber innerhalb von 568

5 bzw. 7 Jahren (Behaltensfrist – Diese Vorschrift entspricht dem § 13a Abs. 5 ErbStG.)
- einen Gewerbebetrieb
- einen Teilbetrieb oder
- Anteil an einer Gesellschaft im Sinne des § 15 Abs. 1 S. 1 Nr. 2 Abs. 3 oder § 18 Abs. 4 EStG einen Anteil eines persönlich haftenden Gesellschafters einer KG aA oder
- einen Bruchteil daran veräußert; als Veräußerung gilt auch die Aufgabe des Gewerbebetriebes.

Gleiches gilt,
- wenn wesentliche Betriebsgrundlagen eines Gewerbebetriebs veräußert oder
- in das Privatvermögen übergeführt oder
- anderen betriebsfremden Zwecken zugeführt werden oder
- Anteile an einer Kapitalgesellschaft veräußert werden, die der Veräußerer durch eine Sacheinlage (§ 20 Abs. 1 UmwStG aus dem Betriebsvermögen im Sinne des § 13b erworben hat oder
- einen Anteil an einer Gesellschaft iSd § 15 Abs. 1 S. 1 Nr. 2 und Abs. 3 oder § 18 Abs. 4 des EStG oder
- einen Bruchteil daran veräußert wird, den der Veräußerer durch eine Einbringung des Betriebsvermögens im Sinne des § 13b in eine Personengesellschaft (§ 24 Abs. 1 des Umwandlungssteuergesetzes) erworben hat;

2. als Inhaber eines Gewerbebetriebs, Gesellschafter einer Gesellschaft im Sinne des § 15 Abs. 1 Nr. 2 und abs. 3 oder § 18 Abs. 4 des EStG oder persönlich haftender Gesellschafter einer Kommanditgesellschaft auf Aktien bis zum Ende des letzten in die Siebenjahresfrist fallenden Wirtschaftsjahrs Entnahmen tätigt, die die Summe seiner Einlagen und der ihm zuzurechnenden Gewinne oder Gewinnanteile seit dem Erwerb um mehr als 150.000 EUR übersteigen; Verluste bleiben unberücksichtigt. Gleiches gilt für Inhaber eines begünstigten Betriebs- der Land- und Forstwirtschaft oder eines Teilbetriebs oder eines Anteils an einem Betrieb der Land- und Forstwirtschaft. Bei Anteilen an Kapitalgesellschaften ist sinngemäß zu verfahren;

3. Anteile an Kapitalgesellschaften im Sine des § 13b ErbStG ganz oder teilweise veräußert; eine verdeckte Einlage der Anteile in eine Kapitalgesellschaft steht der Veräußerung der Anteile gleich. Gleiches gilt, wenn die Kapitalgesellschaft innerhalb der Frist aufgelöst oder ihr Nennkapital herabgesetzt wird, wenn diese wesentliche Betriebsgrundlagen veräußert und das Vermögen an die Gesellschafter verteilt wird (Satz 1 Nr. 1 Satz 2 gilt entsprechend).

4. Im Falle des § 13b Abs. 1 Nr. 3 S. 2 ErbStG die Verfügungsbeschränkung oder die Stimmrechtsbündelung aufgehoben wird (§ 13a Abs. 5 Nr. 5 ErbStG).

Zu 1.
Die Einbringung in eine Personengesellschaft oder Kapitalgesellschaft nach § 20 Abs. 1 UmwStG fällt nicht hierunter. Die erworbenen Anteile hieran bleiben

9.2 Erbschaft- und Schenkungssteuer

jedoch weiterhin verhaftet, denn die Veräußerung der durch Einbringung erworbenen Anteile unterliegen der Veräußerungssperre iSv § 6 Abs. 3 EStG sind hiervon nicht betroffen. Für die Übernehmer gilt eine neue Veräußerungssperre.

Beispiel 10
A hat im Jahre 01 durch Erbfall einen Betrieb erworben (Erwerb des sonstigen Vermögens, Wert 0,4 Mio.). Steuerwert 5 Mio., den er im Jahr 03 in eine Kapitalgesellschaft einbringt (Beteiligung 100%). Im Jahre 12 veräußert er die Hälfte seiner Beteiligung für 3 Mio. EUR.

Im Jahr 01 Steuerwert	5.000.000 EUR
Verschonungsabschlag	4.250.000 EUR
Stpfl. Erwerb	750.000 EUR
	4.250.000 EUR
	5.000.000 EUR
Steuer 19%	950.000 EUR
abzgl. im Jahr 01 gezahlte Steuer	112.500 EUR
Steuerschuld (im Jahr 12)	837.500 EUR

Auch Einzelwirtschaftsgüter fallen unter eine Veräußerungssperre, wenn es sich um wesentliche Grundlagen handelt. Einzelwirtschaftsgüter des Verwaltungsvermögens dürften keine wesentliche Betriebsgrundlage iSd Vorschrift sein, weil sie für die Betriebe nicht von funktionaler Bedeutung sind und als Verwaltungsvermögen bereits der Versteuerung unterlegen haben. Es käme hier zu einer Doppelbesteuerung.

Die Überführung von Einzelwirtschaftsgütern, in ein Gesamthandvermögen gegen Gesellschaftsrechte, die nicht unter § 13a Abs. 5 Nr. 1 ErbStG fallen (bewusst oder eine Gesetzeslücke), da hinsichtlich der Verfügung über die erworbenen Anteile keine entsprechende Regelung wie bei den durch Einbringung von betrieblichen Einkünften erworbenen Anteilen iSd § 20 Abs. 1, § 24 UmwStG, keine Regelung getroffen worden ist, löst eine Nachversteuerung aus.

Zu 2.
Die Überentnahmen sind zum Zeitpunkt des Ablaufes der Fünf- bzw. Siebenjahresfrist für den gesamten Zeitraum festzustellen. Bei Überschreiten der Grenze fällt die gesamte Verschonung weg.

Hierunter fallen nicht nur Geldentnahmen, sondern jede Art von Entnahmen, die wie verdeckte Sachentnahmen, Vergütungen an Gesellschafter, soweit sie nicht angemessen sind. Nicht jedoch dürfen die Entnahmen von Wirtschaftsgütern, die bereits von der Erbschaftsteuer erfasst worden sind, weil es sich hierbei um Verwaltungsvermögen handelt und die Erlöse aus der Veräußerung, wenn sie entnommen werden, noch einmal erfasst werden.

Der Verschonungsabschlag fällt insoweit weg, als er dem Wertverhältnis des aus dem Betriebsvermögen ausgeschiedenen Gegenstandes zum Steuerwert des begünstigten Vermögens entspricht. Maßgebend sind die Wertverhältnisse im Zeitpunkt der Vermögensübertragung durch den Erbfall oder Schenkung. Denn es erfolgt eine Neufestsetzung der ErbStG mit Rückwirkung.

Beispiel 11
A hat einen Anteil an einer GmbH als atypisch stiller Gesellschafter geerbt, betrug 400.000 EUR. Im Jahr 01 hat er 50% seines Anteils veräußert.

Erbschaftssteuer im Todeszeitpunkt	3.000.000 EUR
Verschonungsabschlag	2.550.000 EUR
	450.000 EUR
Steuer 15%	67.500 EUR
Nachversteuerung im Jahr der Veräußerung	
50% des Verschonungsabschlags	1.275.000 EUR
+ bereits versteuertes Verwaltungsvermögen	450.000 EUR
	1.725.000 EUR
davon 19%Steuer =	327.750 EUR
abzgl. bereits gezahlte Erbst.	67.500 EUR
geschuldete Steuer	260.259 EUR

Wert 3.000.000 EUR. Das übrige Vermögen

Beispiel 12
A hat einen Gewerbebetrieb, Steuerwert 2 Mio. EUR und einen Anteil als atypisch stiller Gesellschafter einer GmbH, Steuerwert 1 Mio. EUR vererbt (im Jahr 01). Innerhalb des Folgejahres hat A die atypisch stille Beteiligung für 1,5 Mio. veräußert. Der Erwerb des übrigen Vermögens deckt sich mit dem Freibetrag von 400.000 EUR.

Stpfl. Erwerb	3.000.000 EUR
Verschonungsabschlag	2.550.000 EUR
	450.000 EUR
Nachversteuerung:	
Anteiliger Verschonungsabschiag	
85%v. 1 Mio. EUR	850.000 EUR
zzgl. bereits versteuert	450.000 EUR
	1.300.000 EUR
davon 19% Steuer	247.000 EUR
abzgl. bereits gezahlte ErbSt.	67.500 EUR
Nachsteuer	179.500 EUR

Beispiel 13
A hat einen Anteil als atypisch stiller Gesellschafter (Steuerwert 10 Mio. EUR) an der X-GmbH im Jahre 01 durch Erbschaft erworben. Das gleichzeitig erworbene sonstige Vermögen deckt den Freibetrag von 400.000 EUR ab. Im Jahre 4 wird der Anteil veräußert

Besteuerung im Jahre 01	
Steuerwert	10.000.000 EUR
abzgl. Verschonungsbetrag 85%	8.500.000 EUR
Stpfl. Erwerb	1.500.000 EUR
davon 19% (Steuer)	285.000 EUR
Versteuerung im Jahre 11	1.500.000 EUR
+ Verschonung für 3 Jahre = 3/5	
= 5100000 EUR	3.400.000 EUR
= Nachversteuerung zu versteuern	4.900.000 EUR

9.2 Erbschaft- und Schenkungssteuer

davon Steuer 23 % 931.000 EUR
abzgl. Steuer im Jahre 01 285.000 EUR
Nachsteuer 646.000 EUR

Werden jedoch Teilbetriebe oder wesentliche Betriebsgrundlagen veräußert, unterbleibt eine Nachversteuerung, wenn diese nicht auf eine Einschränkung des Betriebes abzielt und der Veräußerungspreis im betrieblichen Interesse verwendet wird.

Beispiel 14
A, der den Betrieb durch Erbfall erworben hat, veräußert eine Sparte seines Unternehmens. Den Veräußerungspreis verwendet er um in zukunftsträchtige Produktionsfelder zu investieren oder um einen anderen Teilbetrieb zu modernisieren.
Es ist jedoch darauf zu achten, dass die 400 % Grenze der Lohnsumme nicht unterschritten wird. In diesem Falle wäre jeweils 115 des Schonungsbetrages für jedes Jahr des Unterschreitens der 70 %-Grenze der Lohnsumme aufzulösen und entsprechend im Rahmen einer Neufestsetzung die ErbSt zu versteuern.

Beispiel 15
Die X-GmbH & atypisch Still, an der A durch Erbfall beteiligt ist, veräußert wesentliche Grundlagen ihres Betriebes und verwendet den Erlös um die Schulden des Unternehmens zu reduzieren.
Die Schuldentilgung liegt sicherlich im Interesse des Unternehmens. Insbesondere wenn dieses zum Erhalt des Unternehmens notwendig wäre. Allerdings ist auch hier darauf zu achten, dass die 650 %-Grenze der Lohnsumme nicht unterschritten wird.

Im Falle eines Verstoßes gegen die Behaltensfrist beschränkt sich der Wegfall des Verschonungsabschlags auf den Teil, der dem Verhältnis der im Zeitpunkt der schädlichen Verfügung verbleibenden Behaltensfrist einschließlich des Jahres, in dem die Verfügung erfolgt, zur gesamten Behaltensfrist ergibt (§ 13a Abs. 5 S. 2 ErbStG).
Diese Vorschrift bewirkt, dass eintretender Wegfall des Verschonungsabschlags bei einer schädlichen Verfügung nur zeitanteilig erfolgt. So bleibt beispielsweise bei einer schädlichen Verfügung im 5. Jahr nach der Übertragung des begünstigten Vermögens der anteilige Verschonungsabschlag zu 57,2 % erhalten und fällt nur zu 42,8 % weg. Ausgenommen von diesem zeitanteiligen Wegfall bleiben so genannte Überentnahmen nach Satz 1 Nr. 3. Diese betreffen stets den gesamten Behaltenszeitraum und über ihr Vorliegen kann erst nach dessen Ablauf entschieden werden.
„In den Fällen des Satzes 1 Nr. 1, 2 und 4 ist jedoch von einer Nachversteuerung abzusehen, wenn der Veräußerungserlös innerhalb der nach § 13b Abs. 1 begünstigten Vermögensart verbleibt. Hiervon ist auszugehen, wenn der Veräußerungserlös innerhalb von sechs Monaten in entsprechendes Vermögen investiert wird, das nicht zum Verwaltungsvermögen im Sinne des § 13b Abs. 2 gehört" (§ 13a Abs. 5 S. 3 ErbStG).
Die erweiterte Reinvestitionsklausel schafft eine größere Flexibilität für Unternehmen. Hierunter fällt neben der Anschaffung von neuen Betrieben, Betriebsteilen oder Anlagegütern, die das veräußerte Vermögen im Hinblick auf den ursprünglichen oder einen neuen Betriebszweck ersetzen, auch beispielsweise

die Tilgung betrieblicher Schulden oder die Erhöhung von Liquiditätsreserven. Die Reinvestition muss dabei stets innerhalb derselben Vermögensart erfolgen.

570 *9.2.3.5.1 Steuerfestsetzung, Säumniszuschläge, Verzinsung (Begr. zu § 13a Abs. e Nr. 5–9 ErbStG E, BR-Drs. 8,9)*

Der Erwerber ist verpflichtet, dem für die ErbSt zuständigen Finanzamt innerhalb einer Frist von sechs Monaten nach Ablauf der Lohnsummenfrist die unterschiedlichen Lohnsummengrenze anzuzeigen. Auch in Fällen der Unterschreitung der Behaltensfrist ergibt sich die Anzeigepflicht innerhalb eines Monats nachdem der jeweilige Tatbestand verwirklicht wurde.

Säumniszuschläge fallen erst ab dem Zeitpunkt an, in dem der fällige Betrag durch das Finanzamt oder nach Absatz 1 Satz 7 und Abs. 5 durch den Steuerpflichtigen festgestellt ist. Damit ein Hinauszögern der Feststellung nicht zu Zinsvorteilen führt, soll der Betrag verzinst werden. Die Verzinsung schließt andere Maßnahmen zur rechtzeitigen Festsetzung (Verspätungszuschlag, Zwangsmaßnahmen) nicht aus § 13a Abs. 7 ErbStG E.

571 9.2.3 Tarifbegrenzung beim Erwerb von Betriebsvermögen

Die Tarifbegrenzung gilt für nach § 13b Abs. 1 ErbStG begünstigtes Betriebsvermögen, soweit es nicht unter die Verschonung fällt. Die Tarifbegrenzung erfolgt in der Weise, dass von der tariflichen ErbSt ein Entlastungsbetrag abzuziehen ist. Er wird nur für den Teil des begünstigten Vermögens gewährt, der als Verwaltungsvermögen zu qualifizieren ist. Das sind 15 vH des begünstigten Vermögens. Er wird somit nicht für Betriebe gewährt, die zu mehr als 50 vH aus Verwaltungsvermögen bestehen.

Die Tarifbegrenzung erfolgt in der Weise, dass von der tariflichen Erbschaftsteuer ein Entlastungsbetrag abgezogen wird. Der auf das Betriebsvermögen entfallende Anteil an der tariflichen Erbschaftsteuer bemisst sich nach dem Verhältnis des Wert dieses Vermögens nach Anwendung des § 13a ErbStG.

Auf die Verschonungsregelungen von Großerwerben kann verzichtet werder, weil die Größenordnung bei der Übertragung von stillen Beteiligungen nur in Ausnahmefällen erreicht warden dürften.

9.3 Grunderwerbsteuerliche Fragen

9.3.1 Grundsätze

572 Die Begründung der GmbH & Still schafft kein Sondervermögen wie das Gesamthandsvermögen einer KG, das der Grunderwerbsteuer unterliegt. Eigentümer des Betriebsvermögens ist grundsätzlich die GmbH. Grunderwerbsteuerfragen tauchen daher in der Regel nur dann auf, wenn Gegenstand der Einlage ein Grundstück oder ein Recht ist, das den Regeln des Grundvermögens unterliegt, zB Bestellung eines Erbbaurechts. Für die Frage, ob ein grunderwerbsteuerlicher Vorgang gegeben ist, ist es grundsätzlich gleichgültig, ob es sich hier um eine typische oder atypische stille Beteiligung handelt, da diese Unterscheidung für die rechtliche Beziehung der Gesellschafter untereinander und für die zivilrechtliche Zuordnung von Grundstücken ohne Bedeutung ist. Erwirbt die GmbH ein Grundstück, erwirbt der atypische stille Beteiligte keine Verwertungsbefugnis (BFH 30.11.1983, BB 1984, 380). § 5 Abs. 2 GrEStG bleibt bei der atypischen stillen Beteiligung außer Betracht (BFH 30.11.1983, BB 1984, 389).

9.3.2 Eintritt eines stillen Gesellschafters gegen Bareinlage

Wird zu einer GmbH ein stilles Beteiligungsverhältnis begründet, erwirbt der stille Beteiligte grundsätzlich keine Eigentumsrechte am Gesellschaftsvermögen der GmbH. Das gilt auch dann, wenn sich im Gesellschaftsvermögen Grundbesitz befindet. Somit ist der Eintritt eines Gesellschafters als Stiller in eine GmbH gegen eine Bareinlage grunderwerbsteuerlich grundsätzlich unerheblich.

9.3.3 Eintritt eines stillen Gesellschafters gegen Einbringung von Grundstücken

Erbringt der stille Gesellschafter seine Einlage in der Form der Übertragung von Grundbesitz, ist ein Anschaffungsgeschäft iSd § 1 Abs. 1 GrEStG gegeben. Die GmbH wird ganz Eigentümerin des Grundstücks. Entgelt ist der Wert des gewährten Gesellschaftsrechts.

Das gilt auch dann, wenn der stille Gesellschafter gleichzeitig am Stammkapital der GmbH beteiligt ist. Eine ähnliche Regelung wie für die Gesamthandsgemeinschaften, wonach der Einbringende insoweit steuerbefreit ist, als er am Gesamthandsvermögen beteiligt ist, ist für Kapitalgesellschaften nicht vorhanden. Die Einbringung ist auch dann grunderwerbsteuerpflichtig, wenn der Einbringende zu 100 vH an der GmbH beteiligt ist.

Die Steuerbefreiung für den Fall, dass nur Abkömmlinge der Einbringung beteiligt sind, ist entfallen.

9.3.4 Nutzungsüberlassung eines Grundstücks als stille Einlage

Die Überlassung eines Grundstücks zur Nutzung als stille Einlage stellt in der Regel kein Anschaffungsgeschäft der GmbH dar, auch dann nicht, wenn die Nutzung während der gesamten Dauer des stillen Gesellschaftsverhältnisses bestehen soll. Eine Ausnahme gilt nur dann, wenn der GmbH mit der Nutzungsüberlassung gleichzeitig die Wertungsbefugnis übertragen worden ist. In diesem Falle liegt ein Grundstückserwerb, der der Grunderwerbsteuer unterliegt, vor.

9.3.5 Einbringung eines Betriebs in eine GmbH mit gleichzeitiger stiller Beteiligung

Die Einbringung eines Betriebes in eine GmbH unterliegt der Grunderwerbsteuer, sofern ein Grundstück in das Eigentum der GmbH übergeht

Beispiel:

A bringt seinen Betrieb einschließlich Betriebsgrundstück in die X GmbH ein, deren alleiniger Gesellschafter bisher B war. Im Wege der Kapitalaufstockung wird A mit 50 % an der GmbH beteiligt. Zum Ausgleich des Mehrwertes des eingebrachten Betriebes wird A eine atypisch stille Beteiligung mit einer Gewinnbeteiligung von 25 % eingeräumt.

Der Grundstücksübergang unterliegt der Grunderwerbssteuer (§ 1 Abs. 1 Nr. 1 GrEStG), da das Grundstück Eigentum der übernehmenden GmbH wird. Bemessungsgrundlage ist nach § 8 Abs. 2 Nr. 2 GrEStG der Wert, der nach § 138 Abs. 2–4 BewG zu ermitteln ist.

Bei Umwandlungen iSd § 24 UmwStG bleibt in der Regel die GmbH Eigentümer des Betriebsgrundstückes, sodass keine Grunderwerbsteuer anfällt.

War jedoch der GmbH das Betriebsgrundstück im Rahmen einer Betriebsaufspaltung überlassen worden und kommt es infolge der Begründung einer GmbH & atypisch Still zu einem Rechtsträgerwechsel hinsichtlich des Grundstücks, unterliegt der Grundstücksübergang der Grunderwerbsteuer. Alledings ist Übertragung grunderwerbsteuerbefreit soweit der Übertragende an der übernehmenden Personengesellschaft beteiligt bleibt (§ 5 Abs. 2 GrEStG).

9.4 Umsatzsteuer

9.4.1 Stiller Beteiligter als Unternehmer

577 Die stille Gesellschaft, gleichgültig ob in typischer oder atypischer Form, ist als Innengesellschaft nicht Unternehmer im Sinne des Umsatzsteuerrechts (BFH 11.11.1965, BStBl. III 66, 28; 18.10.1962, HFR 1963, 356). Unternehmer ist daher nur die GmbH. Es ergeben sich daher grundsätzlich umsatzsteuerliche Besonderheiten im Verhältnis GmbH und stiller Gesellschafter nicht.

Der stille Gesellschafter kann jedoch außerhalb der stillen Beteiligung eine nachhaltige Tätigkeit zur Erzielung von Einnahmen ausüben und aus diesem Grunde als Unternehmer anzusehen sein. Es ist hierbei gleichgültig, ob die stille Beteiligung eine typische oder atypische ist. Wird die stille Beteiligung im Rahmen des Unternehmens übernommen, so liegt kein steuerbarer Leistungsaustausch vor (vgl. BFH 17.8.1972, BStBl. II 72, 922). Hiernach stellt die Gewinnbeteiligung eines stillen Gesellschafters an der GmbH & Still kein Entgelt im Rahmen eines Leistungsaustausch dar (*Plückebaum/Malitzky* UStG Loseblatt §§ 1–3 Anm. 55; *Rau/Dürrwächter/Flick/Geist* UStG Loseblatt § 2 Abs. 1 und 2 UStG Anm. 38–39, 41 und 54–58; *Bormann* Inf. 1984, 31).

Überlässt ein stiller Gesellschafter der GmbH Wirtschaftsgüter auf Grund eines Miet-, Pacht- oder Gesellschaftsvertrages gegen ein Sonderentgelt, so wird er nicht als Gesellschafter, sondern als Unternehmer tätig, mit der Folge, dass ein steuerbarer Leistungsaustausch im Sinne des KStG gegeben ist (*Hesselmann/Tillmann* GmbH & Co. S. 835, 1199; *Post/Hoffmann*, S. 92).

Die Vermietung und Verpachtung von Grundstücken bleibt jedoch steuerfrei, sofern der stille Gesellschafter nicht nach § 9a UStG optiert hat.

9.4.2 Umsatzsteuer im Zusammenhang mit der Errichtung, Umwandlung und Auflösung

Steuern, die andere Unternehmer des Handelsgeschäftes im Zusammenhang mit der Werbung und Aufnahme des atypisch stillen Gesellschafters in Rechnung gestellt haben, sind gem. § 15 Abs. 2 Nr. 2 UStG vom Vorsteuerabzug ausgeschlossen.

Die Aufnahme eines atypisch stillen Gesellschafters in eine Publikumsgesellschaft stellt für den Inhaber des Handelsgewerbes grundsätzlich eine umsatzsteuerbare Leistung dar, denn er räumt gegen Zahlung der Kapitaleinlage die Rechtsposition als stiller Gesellschafter ein. Diese Umsätze mit den Anteilen an einer atypisch stillen Gesellschaft sind jedoch gem. § 8 Nr. 8 Buchst. f UStG steuerfrei (BFH 8.11.1995, BStBl. II 96, 176; 22.11.1994, BFH/NV 1995, 1024).

Beteiligt sich ein Unternehmer als stiller Gesellschafter an einer GmbH und bringt er im Rahmen dieser stillen Beteiligung Wirtschaftsgüter als Einlage ein, kann ein umsatzsteuerpflichtiger Vorgang gegeben sein.

Eine generelle Vorschrift, wonach alle Vorgänge, die unter das Kapitalverkehrsteuergesetz fallen, umsatzsteuerbefreit sind, gibt es nicht mehr. Nach § 8 Nr. 8 f. UStG 1980 sind lediglich Umsätze von Beteiligungen steuerfrei. Das ist aber nicht gegeben, wenn ein Gesellschafter in eine Gesellschaft gegen Gewährung einer Beteiligung eintritt.

Befreit ist daher nur noch der Umsatz von bereits bestehenden Beteiligungen, nicht sogenannte Einbringungsvorgänge.

Wird ein Einzelunternehmen oder eine Personengesellschaft in eine GmbH & Still eingebracht, so liegt umsatzsteuerlich gesehen die Veräußerung eines ganzen Unternehmens gegen Gewährung von Gesellschaftsrechten vor (§ 10 Abs. 3 UStG); seit dem 1.1.1994 ist die Betriebsveräußerung im Ganzen nicht mehr umsatzsteuerpflichtig, § 1 Abs. 1a UStG 1994.

Die vom übertragenden Einzelunternehmer in Rechnung gestellte Vorsteuer ist beim Übernehmer als Vorsteuer abziehbar, so dass sich in der Regel keine Umsatzsteuerbelastung hier ergeben wird.

Die Beendigung der atypischen und auch der typischen stillen Beteiligung ist grundsätzlich ohne Belang, wenn der stille Gesellschafter kein Unternehmen ist. Gehört die stille Beteiligung zu einem Unternehmen, ist der Vorgang grundsätzlich umsatzsteuerbar.

10 Steuerbescheide, Rechtsbehelfsverfahren

10.1 Einheitliche und gesonderte Feststellung der Einkünfte

580 Dass die Einkünfte der GmbH & atypisch Still einheitlich und gesondert festzustellen sind, ist ständige Rechtsprechung des BFH (12.11.1985, BStBl. II 1986, 311 mwN auf die ältere stRspr). Zweifelhaft war allerdings, ob die atypisch stille Gesellschaft selbständiges „Subjekt der Gewinnerzielung, Gewinnermittlung und Einkünftequalifikation" ist oder nicht. Unter Aufgabe seiner früheren Auffassung (BFH 12.11.1985, BStBl. II 1986, 311) hat der VIII. Senat des BFH ausdrücklich bestätigt, dass die atypisch stille Gesellschaft selbständiges Subjekt der Gewinnerzielung, Gewinnermittlung und Einkünftequalifikation ist (BFH 26.11.1996, GmbHR 1997, 563). Im Sinne der Regelungen in § 15 Abs. 1 Nr. 2 und Abs. 3 EStG ist die atypisch stille Gesellschaft gewerblich tätig (so bereits der I. Senat im Urteil des BFH 10.8.1994, BStBl. II 1995, 171).

Verfahrensrechtlich stellt sich die Frage, wem Steuerbescheide über die einheitliche Feststellung bekannt zu geben sind, auch wenn die atypisch stille Gesellschaft selbständiges Subjekt der Gewinnerzielung, Gewinnermittlung und Einkünftequalifikation ist. In ständiger Rechtsprechung hat der BFH hierzu die Auffassung vertreten, dass Adressat des Steuerbescheids der Geschäftsinhaber, also bei einer GmbH & atypisch Still die GmbH ist. Ob und in welchem Umfang durch Zusätze im Steuerbescheid klarzustellen ist, dass sich der Inhalt des Bescheides gegen die Mitunternehmerschaft richtet, ist in der Rechtsprechung kaum erörtert worden. Der IV. Senat des BFH hat hierzu in jüngerer Zeit (3.5.2000, GmbHR 2000, 748 [Ls.] BFH 31.8.1999, GmbHR 2000, 294) den Zusatz „über die steuerlichen Verhältnisse der atypisch stillen Gesellschaft ..." für ausreichend angesehen.

Wird jedoch der Steuerschuldner falsch oder so ungenau bezeichnet, dass Verwechslungen nicht ausgeschlossen sind, so ist der Steuerbescheid unwirksam (BFH 12.11.1985, BStBl. II 1986, 311, BFH 31.8.1999, GmbHR 2000, 294).

580a Nach § 179 Abs. 1, Abs. 2 S. 2 und § 180 Abs. 1 S. 1 Nr. 2 Buchst. a AO werden gesondert und einheitlich festgestellt die körperschaft- und einkommensteuerpflichtigen Einkünfte, wenn an den Einkünften mehrere Personen beteiligt sind und die Einkünfte diesen Personen steuerlich zuzurechnen sind. Mehrere Personen sind an Einkünften beteiligt, wenn sie den Tatbestand der Einkunftserzielung in einer Gesellschaft oder Gemeinschaft erfüllen (BFH 19.4.1989, BFHE 156, 383, BStBl II 1989, 596). Ist dies der Fall, ist für jede Gesellschaft/Gemeinschaft ein selbständiges gesondertes und einheitliches Feststellungsverfahren durchzuführen (vgl. BFH 19.4.2005, BFH/NV 2005, 1737).

Beteiligt sich eine Personengesellschaft (hier: die GbR) atypisch still am Gewerbe einer Kapitalgesellschaft (hier: der GmbH), so sind zunächst für die atypisch stille Gesellschaft als selbständiges Subjekt der Gewinnerzielung, Ge-

10.1 Einheitliche und gesonderte Feststellung der Einkünfte

winnermittlung und Einkünftequalifikation (vgl. BFH 26.11.1996, BFHE 182, 101, BStBl II 1998, 328; 15.10.1998, BFHE 187, 250, BStBl II 1999, 286, und 15.12.1998, BFH/NV 1999, 773) die vom Inhaber des Handelsgeschäfts und dem atypisch stillen Gesellschafter gemeinschaftlich erzielten Einkünfte nach § 179 Abs. 2 S. 2, § 180 Abs. 1 S. 1 Nr. 2 Buchst. a AO gesondert und einheitlich festzustellen (vgl. BFH-Urteile 15.10.1998, BFHE 187, 250, BStBl II 1999, 286, und 19.12.2002, BFHE 201, 241, BStBl II 2003, 507; BFH 5.7.2002, BFH/NV 2002, 1447). Der Feststellungsbescheid für die atypisch stille Gesellschaft hat Bindungswirkung für die Einkommen- bzw. Körperschaftsteuerbescheide der Gesellschafter (vgl. § 182 Abs. 1 S. 1 AO; BFH 12.2.2015, BFH/NV 2015, 1075). Für eine atypisch stille Gesellschaft, die aus einer GmbH als Inhaberin des Handelsgeschäfts und einer GbR als atypisch stiller Gesellschafterin besteht, sind in der Folge die in dem entsprechenden Grundlagenbescheid festgestellten Einkünfte einerseits in den Körperschaftsteuerbescheid der GmbH und andererseits in den die GbR betreffenden weiteren Bescheid über die gesonderte und einheitliche Feststellung von deren Einkünften zu übernehmen (vgl. BFH-Urteil 12.2.2015, BFH/NV 2015, 1075).

580b Die Verselbständigung jeder Gesellschaft oder Gemeinschaft schließt es grundsätzlich aus, die Besteuerungsgrundlagen für verschiedene Gesellschaften (hier: einerseits die GmbH & atypisch Still als Untergesellschaft und andererseits die GbR als Obergesellschaft einer doppelstöckigen Personengesellschaft) in einem Bescheid gesondert und einheitlich festzustellen, denn grundsätzlich ist für jede Gesellschaft, in der mehrere Personen den Tatbestand der Einkunftserzielung erfüllen, ein selbständiges gesondertes und einheitliches Feststellungsverfahren durchzuführen und ein selbständiger Gewinnfeststellungsbescheid zu erlassen (vgl. BFH-Urteile BFH 19.4.2005, BFH/NV 2005, 1737; 17.7.2014, BFH/NV 2015, 37). Nach § 179 Abs. 1, Abs. 2 S. 2 und § 180 Abs. 1 S. 1 Nr. 2 Buchst. a AO werden gesondert und einheitlich festgestellt die körperschaft- und einkommensteuerpflichtigen Einkünfte, wenn an den Einkünften mehrere Personen beteiligt sind und die Einkünfte diesen Personen steuerlich zuzurechnen sind. Mehrere Personen sind an Einkünften beteiligt, wenn sie den Tatbestand der Einkunftserzielung in einer Gesellschaft oder Gemeinschaft erfüllen (BFH 21.10.2015, BFHE 252, 193, BStBl II 2016, 517). Ist dies der Fall, ist für jede Gesellschaft/Gemeinschaft ein selbständiges gesondertes und einheitliches Feststellungsverfahren durchzuführen (vgl. BFH 9. April 20 VIII R 6/04, BFH/NV 2005, 1737, und BFHE 252, 193, BStBl II 2016, 517).

Beteiligt sich eine natürliche Person, eine Personengesellschaft oder wie vorliegend eine Kapitalgesellschaft (hier: die E-AG und die Klägerin – GmbH –) atypisch still am Gewerbe einer Personengesellschaft (hier: der KG), so sind zunächst für die atypisch stille Gesellschaft als selbständiges Subjekt der Gewinnerzielung, Gewinnermittlung und Einkünftequalifikation (vgl. zuletzt BFH-Urteil 21.10.2015, BFHE 252, 193, BStBl II 2016, 517) die vom Inhaber des Handelsgeschäfts und dem atypisch stillen Gesellschafter gemeinschaftlich erzielten Einkünfte nach § 179 Abs. 2 S. 2, § 180 Abs. 1 S. 1 Nr. 2 Buchst. a AO gesondert und einheitlich festzustellen (vgl. zuletzt BFH-Urteil 21.10.2015, BFHE 252,

193, BStB1 II 2016, 517). Der Feststellungsbescheid für die atypisch stille Gesellschaft hat Bindungswirkung für die Einkommen- bzw. Körperschafisteuerbescheide der Gesellschafter (vgl. § 182 Abs. 1 S. 1 AO; BFH-Urteil 21.10.2015, BFHE 252, 193, BStB1 II 2016, 517). Bei Vorliegen einer doppelstöckigen Personengesellschaftsstruktur, die wie im Streitfall aufgrund der stillen Beteiligung an einer Personengesellschaft entsteht, hat der Feststellungsbescheid für die atypisch stille Gesellschaft (als Untergesellschaft) zudem Bindungswirkung für den Feststellungsbescheid der Obergesellschaft, hier der KG. Letzterer hat seinerseits Bindungswirkung für die Einkommen- bzw. Körperschaftsteuerbescheide der Gesellschafter der Obergesellschaft, hier den Kläger und die Beigeladene. Für eine atypisch stille Gesellschaft, die, wie im Streitfall, aus einer KG als Inhaberin des Handelsgeschäfts und einer AG und einer GmbH als atypisch stillen Gesellschafterinnen besteht, sind deshalb die in dem Grundlagenbescheid der KG & atypisch Still festgestellten Einkünfte einerseits in die Körperschaftsteuerbescheide der AG und der GmbH und andererseits in den die KG betreffenden weiteren Bescheid über die gesonderte und einheitliche Feststellung von deren Einkünfte zu übernehmen (BFH v. 21.10.2015 BStBl II 2016, 517).

580c Die Verselbständigung jeder Gesellschaft oder Gemeinschaft schließt es grundsätzlich aus, die Besteuerungsgrundlagen für verschiedene Gesellschaften (hier: einerseits die KG & atypisch Still als Untergesellschaft und andererseits die KG als Obergesellschaft einer doppelstöckigen Personengesellschaft) in einem Bescheid gesondert und einheitlich festzustellen, denn grundsätzlich ist für jede Gesellschaft, in der mehrere Personen den Tatbestand der Einkunftserzielung erfüllen, ein selbständiges gesondertes und einheitliches Feststellungsverfahren durchzuführen und einselbständiger Gewinnfeststellungsbescheid zu erlassen (vgl. zuletzt BFH-Urteil 21.10.2015, BStBl II 2016, 517).

Ein Feststellungsbescheid, in dem die beide Gewinnermittlungssubjekte betreffenden Feststellungen zusammengefasst werden, kann daher nicht auf § 179 Abs. 2 S. 3 AO gestützt werden und verletzt § 179 Abs. 1 S. 1, Abs. 2 S. 2, § 180 Abs. 1 S. 1 Nr. 2

10.2 Zuständigkeit für den Erlass von Steuerbescheiden, Gewinnfeststellungsbescheiden

581 Für den Erlass von Gewerbesteuerbescheiden ist das für die Mitunternehmerschaft zuständige Betriebsfinanzamt zuständig (BFH 15.12.1992, BStBl. II 1994; 702, *Ruban* DStZ 1995, 637 (645)).

10.3 Prüfungsanordnung

582 Eine Prüfungsanordnung, die Gewinnfeststellung, Einheitswert des Betriebsvermögens und Gewerbesteuer einer atypisch stillen Gesellschaft betrifft, ist regelmäßig zutreffend adressiert, wenn sie sich an den Geschäftsinhaber mit dem

10.4 GmbH & atypisch Still im Rechtsbehelfsverfahren

Zusatz „über die steuerlichen Verhältnisse der atypisch stillen Gesellschaft ..." richtet (BFH 3.5.2000, GmbHR 2002, 748).

Eine unterbliebene notwendige Beiladung stellt trotz der Regelung in § 123 Abs. 1 S. 2 FGO einen Verstoß gegen die Grundordnung des Verfahrens dar. Die Vorschriften über die notwendige Beiladung regeln eine unverzichtbare Sachentscheidungsvoraussetzung. Die angefochtene Entscheidung kann deshalb auf dem Verfahrensmangel beruhen (vgl. BFH 4.9.2014 – IV R 44/13, BFH/NV 2015, 209). § 123 Abs. 1 S. 2 FGO eröffnet dem BFH lediglich die Möglichkeit, eine notwendige Beiladung im Revisionsverfahren nachzuholen (BFH 4.9.2014 – IV R 44/13, BFH/NV 2015, 209).

10.4 GmbH & atypisch Still im Rechtsbehelfsverfahren

Nach § 60 Abs. 3 FGO sind Dritte, die an dem streitigen Rechtsverhältnis derart beteiligt sind, dass die Entscheidung auch ihnen gegenüber nur einheitlich ergehen kann, notwendig beizuladen. Dies gilt für Mitberechtigte, die nach § 48 FGO klagebefugt sind, aber nicht selbst Klage erhoben haben. Gemäß § 48 Abs. 1 Nr. 1 Alternative 1 FGO ist eine Personengesellschaft befugt, als Prozessstandschafterin für ihre Gesellschafter und ihrerseits vertreten durch ihre(n) Geschäftsführer Klage gegen den Gewinnfeststellungsbescheid zu erheben, der sich inhaltlich nicht an die Gesellschaft, sondern an die Gesellschafter als Subjekte der Einkommensteuer richtet (dies gilt allerdings nicht für die atypisch stille Gesellschaft, denn diese kann als Innengesellschaft nicht Beteiligte eines finanzgerichtlichen Verfahrens sein, das die einheitliche Feststellung der Einkünfte betrifft). Vielmehr übernimmt die Rolle des nicht vorhandenen vertretungsberechtigten Geschäftsführers bei einer atypisch stillen Gesellschaft gemäß § 48 Abs. 1 Nr. 1 Alternative 2, Abs. 2 FGO der Empfangsbevollmächtigte (vgl. BFH 22.9.2011, DB 2011, 2640; 14.11.2008, BFH/NV 2009, 597). Empfangsbevollmächtigt kann auch der Inhaber des Handelsgeschäfts sein. Sind Personen nach § 48 Abs. 1 Nr. 1 FGO nicht vorhanden, so ist gemäß § 48 Abs. 1 Nr. 2 FGO klagebefugt jeder Gesellschafter, gegen den der Feststellungsbescheid ergangen ist oder zu ergehen hätte. Nach §§ 60 Abs. 3, 48 Abs. 1 Nr. 3 FGO sind ausgeschiedene Gesellschafter im Verfahren über die gesonderte und einheitliche Gewinnfeststellung immer beizuladen, und zwar auch dann, wenn es um Fragen geht, für die an sich nur Personen nach § 48 Abs. 1 Nr. 1 FGO klagebefugt sind (BFH 8.5.2008, BFH/NV 2008, 1499, mwN).

Bei einer atypisch stillen Gesellschaft ist der Empfangsbevollmächtigte auch dann notwendig beizuladen, wenn der Rechtsstreit wegen gesonderter und einheitlicher Gewinnfeststellung keine Auswirkungen für ihn hat (BFH 14.11.2008 – IV B 136/07, BFH/NV 2009, 597). Im Falle einer GmbH & atypisch Still ist im Falle einer Klage des atypisch stillen Gesellschafters gegen den Gewinnfeststellungsbescheid die GmbH notwendig beizuladen.

10.4.1 Gewerbesteuermessbescheid

584 In Rechtsbehelfsverfahren, die die Gewerbesteuer betreffen, kann weder der atypisch stille Gesellschafter noch die Gesellschaft Verfahrenbeteiligte sein, denn Schuldner und Adressat von GewSt.-Bescheiden ist bei einer GmbH & atyisch Still nur die GmbH als Inhaberin des Handelsgeschäfts (BFH 31.8.1999, GmbHR 2000, 292). Nach ständiger Rechtsprechung des BFH gibt es keine Beteiligtenfähigkeit im Sinne der FGO, und die Beteiligtenfähigkeit nach § 48 FGO ist ausgeschlossen (BFH 31.8.1999, GmbHR 2000, 292 mwN). Hinzuweisen ist allerdings auf den Ausnahmefall des § 48 Abs. 1 Nr. 5 FGO.

585 Adressatin der angefochtenen GewStMess-Bescheide ist die GmbH als Schuldnerin der GewSt. Und nicht die atypisch stille Gesellschaft (vgl. § 157 Abs. 1 S. 2 § 184 Abs. 1 S. 3 AO 1977). Wird ein gewerbliches Unternehmen von einer Mitunternehmerschaft in Form einer Innengesellschaft betrieben, so ist nach stRspr des BFH § 5 Abs. 1 S. 3 GewStG nicht anwendbar (vgl. zB BFH 16.12.1997, BStBl. II 1998, 480 (484)).

586 Diese Vorschrift bestimmt, dass dann, wenn die Tätigkeit einer Personengesellschaft ein Gewerbebetrieb ist, die Gesellschaft Steuerschuldner ist. Bei der Auslegung dieser Vorschrift ist zu berücksichtigen, dass durch die Regelung der subjektiven Steuerpflicht zugleich der vollstreckungsrechtliche Zugriff sichergestellt werden soll (BFH 21.2.1980, BStBl. II 1980, 465). Da Innengesellschaften kein Gesamthandsvermögen bilden, das Gegenstand einer Zwangsvollstreckung sein könnte, wäre ein gegen die Innengesellschaft als Steuerschuldnerin gerichteter Steuerbescheid nicht vollstreckbar (BFH 12.11.1985, BStBl. II 1986, 311, 6.12.1995, BStBl. II 1998, 685 (686)). Aus diesem Grunde kommt abweichend vom Wortlaut des § 5 Abs. 1 S. 3 GewStG bei einer atypisch stillen Gesellschaft als Steuerschuldner der GewSt. und Adressat des Bescheids nur der tätige Gesellschafter, dh der Inhaber des Handelsgeschäfts, in Betracht; der atypisch stille Gesellschafter ist nicht subjektiv gewerbesteuerpflichtig (stRspr BFH 6.12.1995, BStBl. II 1998, 685 (686), 16.12.1997, BStBl. II 1998, 480 (484)). Die für die Gesellschaft ermittelten Besteuerungsmerkmale sind deshalb in dem gegen den tätigen Gesellschafter (Geschäftsinhaber) als Steuerschuldner gerichteten GewSt.-Messbescheid zu erfassen (BFH 6.12.1995, BStBl. II 1998, 685 (686)).

587 Daraus ergibt sich zwangsläufig, dass in einem Klageverfahren über die Rechtmäßigkeit eines GewSt.-Messbescheids, der sich auf den Gewerbebetrieb einer atypisch stillen Gesellschaft bezieht, die Gesellschaft bzw. die stillen Gesellschafter nicht gemäß § 60 Abs. 3 FGO notwendig beizuladen sind. Denn der stille Gesellschafter oder die Gesellschaft können, da sie nicht Steuerrechtssubjekt der GewSt. sind, auch nicht gemäß § 48 FGO Beteiligte eines finanzgerichtlichen Verfahrens sein, das die GewSt. betrifft (vgl. BFH 12.11.1985, BStBl. II 1986, 311, 24.11.1988, BStBl. II 1989, 145, 13.5.1998, BFH/NV 1999, 355).

10.4.2 Einheitliche Gewinnfeststellung

Die ständige Rechtsprechung, wonach die atypisch stille Gesellschaft als Innengesellschaft nicht Beteiligte eines finanzgerichtlichen Verfahrens sein könne, das die einheitliche Feststellung der Einkünfte betrifft, hat der BFH aufgegeben (BFH 3.3.1998, BStBl. II 1998, 401) für nach dem 31.12.1995 bekannt gegebene Gewinnfeststellungsbescheide. Die Rechtsbehelfsbefugnis der Feststellungsbeteiligten bestimmt sich nach der geänderten Fassung des § 352 AO. Aufgrund der gleichzeitigen Änderung des § 48 FGO gilt dies auch für das Klageverfahren. Die Anwendung der komplizierten Vorschriften des § 352 AO und die sich daraus ergebenden Auswirkungen zeigen sich deutlich im oben zitierten Beschluss, in dem von 26 Verfahrensbeteiligten nur zwei mit ihrer Beschwerde Erfolg hatten.

Probleme dürften durch die Auslegung des Begriffs der Geschäftsführung zukünftig noch entstehen (*Steinhauff* NWB Fach 2, 7175).

588

Der BFH hatte § 48 Abs. 1 Nr. 3 FGO aF im Gewinnfeststellungsverfahren einer atypisch stillen Gesellschaft in dem Sinne entsprechend angewendet, dass an die Stelle der (umfassenden) Klagebefugnis der Gesellschaft die des Inhabers des Handelsgeschäfts tritt (BFH 24.11.1988, BStBl. II 1989, 145). Für die geltende Fassung der § 352 AO, § 48 FGO kann dies jedoch nicht mehr gelten (BFH 3.3.1998, GmbHR 1998, 902).

Eine sinngemäße Anwendung des § 352 Abs. 1 Nr. 1. Alt. 1 AO 1977 auf Geschäftsführer von atypisch stillen Gesellschaftern ist nicht zulässig, weil die Neufassung der Vorschrift insoweit nicht lückenhaft ist. § 352 Abs. 1 Nr. 1 Alt. 2 AO 1977 nF (§ 48 Abs. 1 Nr. 1 FGO nF) regelt nunmehr ausdrücklich die Fälle, in denen – wie bei der atypisch stillen Gesellschaft – ein zur Vertretung befugter Gesellschafter nicht vorhanden ist. Einspruchsbefugt ist dann der Empfangsbevollmächtigte iSd § 352 Abs. 2 AO 1977 nF iVm § 183 Abs. 1 AO 1977, sofern die übrigen Feststellungsbeteiligten über die Einspruchsbefugnis des Empfangsbevollmächtigten belehrt worden sind (§ 352 Abs. 2 S. 3 AO 1977 nF). In dem Streitfall waren keine Anhaltspunkte dafür ersichtlich, dass der Handelsgewerbetreibende von den stillen Gesellschaftern zum gemeinsamen Empfangsbevollmächtigten bestellt worden ist. Dieser ist jedoch Empfangsbevollmächtigter, nach § 183 Abs. 1 S. 2 iVm § 34 Abs. 1 AO 1977, da er als Geschäftsführer der stillen Gesellschaft deren steuerliche Pflichten zu erfüllen hat. Gleichwohl war er nicht einspruchsbefugt nach § 352 Abs. 1 Nr. 1 AO 1977, da die Feststellungserklärungen der vom Rechtsstreit betroffenen Steuerjahre keine Belehrung iSd § 352 Abs. 2 S. 3 AO 1977 enthielten.

589

Eine Einspruchs- und Antragsbefugnis der GmbH als Handelsgewerbetreibender kann sich jedoch aus § 352 Abs. 1 Nr. 2 und Nr. 4 AO 1977 nF ergeben.

Die Einspruchsbefugnis nach den Nr. 2 und 4 des § 352 Abs. 1 AO 1977 ist – anders als diejenige nach Nr. 1 iVm Abs. 2 der Vorschrift – dem Umfang nach beschränkt. Der Einspruchsführer wird insoweit nicht in Prozesstandschaft für die übrigen Gesellschafter tätig, sondern nur aus eigenem Recht. Er kann deshalb nur die ihn selbst betreffenden Feststellungen angreifen (*Birkenfeld*, AO 1977 § 352 Rn. 38, 41). In gleichem Umfang ist auch seine Antragsbefugnis

590

im Verfahren des vorläufigen Rechtsschutzes begrenzt. Die Vollziehung der angefochtenen Bescheide kann nur hinsichtlich der ihn betreffenden Anteile am Gewinn oder Verlust der Gesellschaft ausgesetzt werden (BFH 22.10.1980, BFHE 131, 455 = BStBl. II 1981, 99, 4.10.1991, BStBl. II 1992, 59). Hinsichtlich des Gegenstands einer einheitlichen Feststellung s. auch BFH v. 1.3.2018 IV R 38/15 (GmbHR 20/8, 690).

10.4.3 Prozessstandschaft

591 Die atypisch stille Gesellschaft kann als Innengesellschaft nicht Beteiligte eines finanzgerichtlichen Verfahrens sein, das die einheitliche Feststellung der Einkünfte betrifft (vgl. BFH 3.3.1998, BFHE 185, 131, BStBl. II 1998, 401, mwN). Entsprechendes muss gelten, wenn das Finanzgerichtsverfahren bei einer Mitunternehmerschaft die gesonderte und einheitliche Feststellung nach § 35 Abs. 3 EStG 2002 (jetzt § 35 Abs. 2 EStG) betrifft. Denn bei der Innengesellschaft kommt eine Vertretung, dh ein rechtsgeschäftliches Handeln für die Gesellschaft im Außenverhältnis, nicht in Betracht; die stille Gesellschaft hat keine Organe und keine Bevollmächtigten (BFH-Beschluss 3.3.1998, BFHE 185, 131, BStBl II 1998, 401, mwN). Die Rolle des nicht vorhandenen vertretungsberechtigten Geschäftsführers übernimmt bei einer atypischen (mitunternehmerischen) stillen Gesellschaft gemäß § 48 Abs. 1 Nr. 1 Alternative 2, Abs. 2 FGO der Empfangsbevollmächtigte (vgl. BFH-Beschlüsse 3.3.1998, BFHE 185, 131, BStBl. II 1998, 401, und 14.11.2008, BFH/NV 2009, 597). Soweit der BFH die Vorschrift des § 48 Abs. 1 Nr. 3 FGO aF in Gewinnfeststellungsverfahren einer atypisch stillen Gesellschaft in dem Sinne entsprechend angewendet hat, dass an die Stelle der (umfassenden) Klagebefugnis der Gesellschaft die des Inhabers des Handelsgeschäfts tritt (BFH 24.11.1988, BFHE 155, 32, BStBl. II 1989, 145), hält er hieran für die derzeit gültige Fassung des § 48 FGO nicht mehr fest, denn § 48 Abs. 1 Nr. 1 FGO nF enthält nunmehr ausdrücklich eine Regelung für die Fälle, in denen – wie bei der atypisch stillen Gesellschaft – ein zur Vertretung befugter Gesellschafter nicht vorhanden ist (vgl. BFH 3.3.1998, BFHE 185, 131, BStBl. II 1998, 401); dies schließt allerdings nicht aus, dass auch der Inhaber des Handelsgeschäfts empfangsbevollmächtigt sein kann (vgl. BFH-Beschluss 14.11.2008, BFH/NV 2009, 597). Aus alledem folgt, dass dem Empfangsbevollmächtigten dieselben prozessualen Befugnisse zustehen wie dem vertretungsberechtigten Geschäftsführer nach dem Regeltatbestand des § 48 Abs. 1 Nr. 1 Alternative 1 FGO; er handelt im eigenen Namen im Interesse der Feststellungsbeteiligten und damit für diese als gesetzlicher Prozessstandschafter (BFH-Beschluss 14.11.2008, BFH/NV 2009, 597, mwN). Er wird insoweit mit der in § 48 Abs. 1 Nr. 1 Alternative 1 FGO geregelten Prozessstandschaft der Gesellschaft gleichgestellt; ihm steht ebenso wie dem Geschäftsführer als Vertreter der Personengesellschaft eine umfassende Klagebefugnis zu (BFH-Beschluss 14.11.2008, BFH/NV 2009, 597, mwN).

10.4.4 Klagebefugnis bei der GmbH & atypisch Still, BFH v. 13.7.15 – R 41/14 siehe Nr. 3

Nach ständiger Rechtsprechung des BFH sind bei einem negativen Feststellungsbescheid neben der Gesellschaft nach § 48 Abs. 1 Nr. 1 FGO auch die Gesellschafter selbst nach Nr. 4 oder Nr. 5 klagebefugt (BFH 19.1.2017 – IV R 50/13 und IV R 5/16, jeweils Rn. 15; siehe auch BFH 1.3.2018 IV R 38/158 GmbHR 2018, 690). Im Streitfall haben zwar nur die A-GmbH als Inhaberin des Handelsgeschäfts iSd § 230 Abs. 1 des Handelsgesetzbuchs (HOB) und ein Gesellschafter als einzige Gesellschafterin einer – wie streitig ist – atypisch (mitunternehmerischen) stillen Gesellschaft gegen einen negativen Feststellungsbescheid Klage erhoben. Insoweit sind die Gesellschafter, gegenüber denen im Streitfall die Entscheidung über das Bestehen einer Mitunternehmerschaft in Gestalt einer atypisch stillen Gesellschaft nur einheitlich ergehen kann (BFH 5.7.2002, BFH/NV 2002, 1477; 7.11.2006, BFH/NV 2007, 906, bereits nach § 57 Nr. 1 FGO am Verfahren beteiligt.

591a

Darüber hinaus kommt eine Beteiligung der atypisch stillen Gesellschaft selbst im Wege der notwendigen Beiladung nicht in Betracht. Denn eine atypisch stille Gesellschaft kann als Innengesellschaft nicht Beteiligte eines finanzgerichtlichen Verfahrens sein, das die gesonderte und einheitliche Gewinnfeststellung betrifft (BFH 21.12.2011 – IV B 101/10, Rn. 4; 12.5.2016 – IV R 27/13 Rn. 16, BFH/NV 2016, 1559) Gleiches gilt, wenn nach einem negativen Feststellungsbescheid eine gesonderte und einheitliche Gewinnfeststellung begehrt wird. Die Rolle des nicht vorhandenen Geschäftsführers übernimmt bei der atypisch stillen Gesellschaft gemäß § 48 Abs. 1 Nr. 1 Alternative 2, Abs. 2 FGO der Empfangsbevollmächtigte. Diesem stehen deshalb dieselben prozessualen Befugnisse zu wie einem vertretungsberechtigten Geschäftsführer nach dem Regeltatbestand des § 48 Abs. 1 Nr. 1 Alternative 1 FGO; er handelt im eigenen Namen im Interesse der Feststellungsbeteiligten und damit für diese als gesetzlicher Prozessstandschafter (BFH 21.12.2011 – IV B 101/10, Rn. 4; 12.5.2016 – IV R 27/13 Rn. 16, BFH/NV 2016, 1559). Empfangsbevollmächtigt kann – was hier allerdings nicht ersichtlich ist – auch der Inhaber des Handelsgeschäfts sein (BFH 21.12.2011 – IV B 101/10, Rn. 4; 12.5.2016 – IV R 27/13 Rn. 16, BFH/NV 2016, 1559). Sind indes Personen nach § 48 Abs. 1 Nr. 1 FGO nicht vorhanden, so ist gemäß § 48 Abs. 1 Nr. 2 FGO klagebefugt jeder Gesäöellschafter, gegen den der Feststellungsbescheid ergangen ist oder zu ergehen hätte (BFH 21.12.2011 – IV B 101/10, Rn. 4; 12.5.2016 – IV R 27/13 Rn. 16, BFH/NV 2016, 1559). Auch insoweit verbleibt es deshalb bei einer Beteiligung allein der Klägerinnen als einzigen Gesellschaftern der (vermeintlich atypisch) stillen Gesellschaft (BFH v. 21.12.2017 IV R 44/17).

591b

Teil 3
Vor- und Nachteile der GmbH & Still

1 Stille Beteiligung und GmbH

1.1 Bürgerliches Recht

1.1.1 Haftkapital

Die Einlage eines stillen Gesellschafters in das Handelsgewerbe einer GmbH **592** stellt normalerweise kein Eigenkapital der GmbH im wirtschaftlichen Sinne dar, sondern vielmehr nur dann, wenn ein Rangrücktritt gegenüber den übrigen Verbindlichkeiten erklärt wird. Eine GmbH, die ein geringes Stammkapital, aber dafür eine erhebliche stille Beteiligung ausweist, ist im Wirtschaftsleben nicht sehr kreditwürdig. Das gilt gerade dann, wenn die GmbH-Gesellschafter die stillen Beteiligungen übernommen haben. Die Gesellschafter einer GmbH sollten daher dieser erst Mittel in Form von stillen Beteiligungen zur Verfügung stellen, wenn die GmbH ausreichend mit Garantiekapital (Haftkapital) ausgestattet ist. Haftkapital stellt lediglich die Stammeinlage der Gesellschafter dar. Wie bereits ausgeführt, ist der stille Beteiligte bei Insolvenz der GmbH Insolvenzgläubiger. Der stille Gesellschafter hat demnach Anspruch auf Rückzahlung der Einlage im Rahmen der Insolvenzquote. Allerdings hat das GmbH-Gesetz in der Fassung v. 4.7.1980 (BGBl. 1980 I 836 mit späteren Änderungen) die Vorschriften über sog. kapitalersetzende Darlehen erheblich verschärft. Hat nach § 32a GmbHG ein Gesellschafter der Gesellschaft in einem Zeitpunkt, in dem ihr die Gesellschafter als ordentliche Kaufleute Eigenkapital zugeführt hätten, statt dessen ein Darlehen gewährt, so kann er den Anspruch auf Rückgewähr des Darlehens im Insolvenzverfahren über das Vermögen der GmbH nur als nachrangiger Insolvenzgläubiger geltend machen. Entsprechendes gilt, wenn ein Dritter der Gesellschaft im Zeitpunkt, in dem ihr die Gesellschafter als ordentliche Kaufleute Eigenkapital zugeführt hätten, stattdessen ein Darlehen gewährt. Hat ihm ein Gesellschafter für die Rückgewähr des Darlehens eine Sicherheit bestellt, oder hat dieser sich dafür verbürgt, so kann der Dritte im Insolvenzverfahren über das Vermögen der Gesellschaft nur für den Betrag verhältnismäßige Befriedigung verlangen, mit dem er bei der Inanspruchnahme der Sicherung oder des Bürgen ausgefallen ist.

ME ist die Vorschrift über die Darlehen auf stille Beteiligungen von Gesell- **593** schaftern entsprechend anzuwenden, wenn die stille Beteiligung eine an sich notwendige Erhöhung des Stammkapitals ersetzen soll. Für diese Auslegung spricht auch, dass § 32a Abs. 3 S. 1 GmbHG die Geltung der Absätze 1 und 2 auf Rechtshandlungen eines Gesellschafters oder eines Dritten erstreckt, die der Darlehensgewährung wirtschaftlich entsprechen. Unabhängig von dieser Vorschrift kann einzelnen Gläubigern oder den Gläubigern überhaupt der Vorrang im Insolvenzverfahren eingeräumt werden. Insbesondere können einzelnen Gläubigern die stillen Beteiligungen verpfändet werden, oder es kann auch generell vereinbart werden, dass die stillen Beteiligungen im Falle einer Insolvenz gegenüber den übrigen Gläubigern zurücktreten. Im Falle derartiger Vereinbarungen hätte die stille Beteiligung, wirtschaftlich gesehen, den Charakter von Eigenkapital.

1.1.2 Auswirkung der Gesellschafterrechte aufgrund der stillen Beteiligung auf die Stellung des GmbH-Gesellschafters

594 Wie bereits ausgeführt ist, hat der einzelne Gesellschafter in der GmbH als solcher wenige Rechte. Beschlussfähiges Organ ist die Gesellschafterversammlung. Diese fasst ihre Beschlüsse in der von der Satzung vorgesehenen Stimmmehrheit. In der Regel kann sich daher der einzelne Gesellschafter nur in der Gesellschafterversammlung bemerkbar machen. Das GmbH-Gesetz hat jedoch dem einzelnen Gesellschafter ein Auskunftsrecht eingeräumt (§ 50b GmbHG). Es sind also hier lediglich die Kontrollrechte des einzelnen Gesellschafters verstärkt worden. Ein Mitwirkungsrecht hat grundsätzlich der einzelne Gesellschafter nicht. Ist jedoch der Gesellschafter neben seiner GmbH-Beteiligung auch stiller Gesellschafter, können ihm aufgrund dieses selbständigen Gesellschaftsverhältnisses in Form der stillen Beteiligung auch Mitwirkungsrechte eingeräumt werden. So kann im Rahmen der stillen Beteiligung vereinbart werden, dass der stille Gesellschafter der GmbH für einzelne Handlungen, die über den üblichen Rahmen der Geschäftsführung hinausgehen, entweder ein Widerspruchsrecht oder sogar ein Zustimmungsrecht hat (§ 164 HGB). Will man dem einzelnen Gesellschafter, weil er gegenüber der GmbH Sonderleistungen erbracht hat, auch eine Sonderstellung einräumen, bietet sich hier die stille Beteiligung neben dem GmbH-Gesellschaftsvertrag an. So können im Rahmen der stillen Beteiligung die Kontrollrechte, aber auch die Mitwirkungsrechte eines einzelnen Gesellschafters erheblich verstärkt werden. Genussrechte schaffen nur vermögensrechtlich kein Mitwirkungsrecht.

1.1.3 Sacheinlagen

595 Das GmbH-Gesetz (§ 5 Abs. 4 GmbHG) hat die Vorschriften über Sachgründungen erheblich verschärft. So müssen die Sacheinlagen, die geleistet werden sollen, im Gesellschaftsvertrag festgesetzt werden; insbesondere ist der Gegenstand der Sacheinlage und der Betrag der Stammeinlage, auf die sich die Sacheinlage beziehen soll, im Gesellschaftsvertrag festzusetzen. Außerdem haben die Gesellschafter in einem Sachgründungsbericht die für die Angemessenheit der Leistung für Sacheinlagen wesentlichen Umstände darzulegen und beim Übergang eines Unternehmens auf die Gesellschaft die Jahresergebnisse der beiden

letzten Geschäftsjahre anzugeben. Insbesondere sind bei der Anmeldung, wenn Sacheinlagen vereinbart sind, Unterlagen darüber, dass der Wert der Sacheinlagen den Betrag der dafür übernommenen Stammeinlagen erreicht, beizufügen. Darüber hinaus ist ein Sachgründungsbericht vorzulegen. Es ist zwar im GmbH-Gesetz nicht vorgeschrieben, wer den Sachgründungsbericht zu erstellen hat, im Zweifel wird jedoch hier ein Angehöriger der steuerberatenden Berufe oder ein Wirtschaftsprüfer hinzugezogen werden müssen. Die Einbringung von Sacheinlagen in eine GmbH ist somit durch das GmbH-Gesetz erheblich verkompliziert worden. Sollen einer GmbH durch ihre Gesellschafter Wirtschaftsgüter zur Verfügung gestellt werden, entweder in Form der Eigentumsübertragung oder in Form der Nutzungsüberlassung, bietet sich daher uU eine stille Beteiligung an. Das gilt insbesondere dann, wenn sich die Sacheinlagen schwer bewerten lassen. Ein Sachgründungsbericht braucht in diesem Falle nicht zu erfolgen. Jedoch ist auch bei einer Sacheinlage als stille Beteiligung zu beachten, dass bei der Bemessung des Gegenwertes für die stille Einlage das zur Erhaltung des Stammkapitals benötigte Gesellschaftsvermögen nicht angegriffen werden darf (§ 30 GmbHG). Im Falle unangemessener Vergütung liegt insoweit einkommensteuerlich eine verdeckte Gewinnausschüttung vor.

1.1.4 Rückzahlung der Einlage

Soweit Stammkapital nicht mehr benötigt wird, kann dieses nicht ohne Weiteres an die Gesellschafter zurückgezahlt werden. Es bedarf hier eines formellen Kapitalabsetzungsbeschlusses, der im Handelsregister eingetragen wird. Die Kapitalherabsetzung ist bekanntzugeben. Die Rückzahlung darf erst ein Jahr nach Bekanntmachung des Herabsetzungsbeschlusses erfolgen. Außerdem sind Gläubiger, die Einwendungen erheben, sicherzustellen. Ist die stille Beteiligung auf unbestimmte Zeit abgeschlossen worden, kann diese mit einer Frist von 6 Monaten jeweils zum Ende des Kalenderjahres oder zu einem anderen vereinbarten Zeitpunkt gekündigt werden. Eines besonderen Gläubigerschutzes bedarf es hier nicht. Hat eine Gesellschaft während der Anlaufzeit einen überhöhten Kapitalbedarf, ist es daher nicht zweckmäßig, diesen vorübergehenden Kapitalmehrbedarf durch Stammeinlagen aufzubringen. Es ist vielmehr ratsam, diesen vorübergehenden Kapitalbedarf entweder durch ein Gesellschafterdarlehen oder eine stille Beteiligung abzudecken.

1.2 Einkommen- und körperschaftsteuerliche Fragen

1.2.1 Minderung der Körperschaftsteuer durch eine stille Beteiligung

Handelt es sich um eine echte typische stille Beteiligung, stellt der Gewinnanspruch des stillen Gesellschafters für die Kapitalgesellschaft eine Betriebsausgabe dar. Der Gewinnanspruch des stillen Gesellschafters mindert somit das körperschaftsteuerliche Einkommen, sofern nicht § 4h EStG dem Abzug als

Betriebsausgabe entgegensteht. Das gilt jedoch nur insoweit, als die Gewinnbeteiligung des Stillen im Vergleich zu seiner Einlage und sonstigen Leistungen als angemessen erscheint. Der unangemessene Teil wird jedoch dem körperschaftsteuerpflichtigen Einkommen der Gesellschaft wieder hinzugerechnet.

Eine Minderung der Körperschaftsteuer tritt jedoch auch bei der atypischen stillen Beteiligung an einer GmbH ein, wobei der stille Gesellschafter als Mitunternehmer anzusehen ist. Der Gewinnanteil des atypischen stillen Gesellschafters ist hier bei ihm als gewerbliche Einkünfte anzusehen. Dieser wird ihm in der einheitlichen und gesonderten Gewinnfeststellung unmittelbar zugerechnet und fällt daher gar nicht erst bei der Körperschaft selbst an. Insofern schmälert auch bei der atypischen stillen Beteiligung der Gewinnanteil des atypisch stillen Beteiligten das körperschaftsteuerpflichtige Einkommen der GmbH. Sowohl die typische als auch die atypische stille Beteiligung an einer GmbH bewirkt somit eine Minderung des körperschaftsteuerpflichtigen Einkommen des Handelsgewerbetreibenden.

Die Steuerbelastung vollzieht sich bei der Körperschaft auf zwei Ebenen. Die Körperschaftsteuer beträgt einheitlich 15 vH, gleichgültig, ob die Gewinne im Unternehmen verbleiben oder ausgeschüttet werden. Diese Steuer ist endgültig (einschließlich Gewerbesteuer 29,5 %). Ausgeschüttete Gewinne werden grundsätzlich mit einer Abgeltungssteuer von 25 vH belastet, so dass eine Gesamtbelastung von ca. 44,5 % besteht. Ein Nachteil ist, dass die tatsächlichen Aufwendungen des Gesellschafters als Werbungskosten wegen der Abgeltung keine Berücksichtigung mehr finden.

Ist der stille Gesellschafter überhaupt nicht an der Stammgesellschaft beteiligt oder nur gering (unter 10 vH), unterliegt auch der stille Gesellschafter nur der Abgelungssteuer von 25 vH. Ist eine Tarifbelastung geringer als 25 vH, kann er beantragen, die Bruttobezüge in die Veranlagung einzubeziehen.

Da die Gewinnbeteiligung des Stillen das körperschaftsteuerliche Einkommen mindert, und somit dieser nicht der Körperschaftsteuer unterliegt, ergibt sich hier eine ertragsteuerliche Gesamtbelastung von 15 vH. Allerdings werden 25 vH der Gewinnansprüche der stillen Beteiligung dem Gewerbeertrag wieder hinzugerechnet, so dass eine Gewerbesteuerbelastung von ca. 15 % v. 25 vH = 3,75 vH ergibt.

Bei Beteiligungen am Stammkapital ab 10 vH ergeben sich für eine gleichzeitige stille Beteiligung jedoch Vorteile, wenn die stille Beteiligung fremdfinanziert worden ist, weil im Rahmen einer Veranlagung die mit der stillen Beteiligung im Zusammenhang stehenden Finanzierungskosten berücksichtigt werden. Bei Beteiligung ab 25 vH oder ab 1 vH, wenn sie mit einer Berufstätigkeit verbunden sind, kann der Gesellschafter die Veranlagung wählen, wenn Verluste zu berücksichtigen sind, oder Finanzierungskosten angefallen sind.

1.2.2 Übertragung von Verlusten

598 Auch bei der GmbH können ebenso wie bei natürlichen Personen unter den Voraussetzungen des § 10d EStG, der hier entsprechend Anwendung findet,

1.2 Einkommen- und körperschaftsteuerliche Fragen

Verluste rückgetragen bzw. vorgetragen werden. Die Verluste der GmbH wirken sich grundsätzlich beim Gesellschafter nicht aus. Gehört die Beteiligung zu einem Betriebsvermögen, kann die Gewinnlosigkeit einer Beteiligung und auch die ständige Aufzehrung des Stammkapitals durch Verluste zu einer Teilwertabschreibung führen. Befindet sich jedoch die Beteiligung in einem Privatvermögen, haben die Verluste der GmbH keinen Einfluss auf die Einkommensbesteuerung des Gesellschafters. Ist ein GmbH-Gesellschafter gleichzeitig stiller Gesellschafter der GmbH und ist die Verlustbeteiligung nicht ausgeschlossen, nimmt er im Zweifel in Höhe der Gewinnbeteiligung auch am Verlust der Gesellschaft teil. Der Gesellschafter erhält somit die Möglichkeit, Verluste der GmbH in Höhe seiner Verlustbeteiligung im Rahmen seiner übrigen Einkünfte auszugleichen. Verluste der Kapitalgesellschaft wirken sich also insoweit bei dem Gesellschafter unmittelbar aus. Sein Einkommen mindert sich daher entsprechend und somit auch die Einkommensteuer. Allerdings ist der Verlustausgleich nach § 10d EStG begrenzt.

Allerdings ist zu berücksichtigen, dass Verluste, soweit die Erträge, das gilt sowohl für die Ausschüttungen der Kapitalgesellschaften, als auch für typisch stille Beteiligungen, der Abgeltungssteuer von 25 vH unterliegen, als Werbungskosten keine Berücksichtigung mehr finden.

Ausnahmen gelten jedoch, wenn der stille Gesellschafter gleichzeitig Stammgesellschafter mit mindestens 10 vH am Nennkapital ist. In diesem Falle werden die Verlustzuweisungen als Werbungskosten im Rahmen der Veranlagung berücksichtigt. Allerdings sind dem Schuldzinsenabzug durch die entsprechende Anwendung des § 15a EStG Grenzen gesetzt.

1.2.3 Typische oder atypische stille Beteiligung

Wie bereits ausgeführt, hat der typische stille Beteiligte Einkünfte aus Kapitalvermögen, der atypische stille Beteiligte Einkünfte aus Gewerbebetrieb. Unterschiede in der Höhe des Einkommens ergeben sich in der Regel nicht, nur dann, wenn der Gewinnanspruch des stillen Beteiligten nicht voll ausgeschüttet wird. Jedoch können sich hinsichtlich der zeitlichen Erfassung Unterschiede ergeben, weil Gewinne aus einer atypischen stillen Beteiligung im Veranlagungszeitraum als zugeflossen gelten, in dem das Wirtschaftsjahr, für das sie gezahlt werden, endet. Bei einer echten typischen Beteiligung kommt es auf den tatsächlichen Zufluss an. Die typische stille Beteiligung kann durch den Sparerfreibetrag von 801 EUR pro Steuerpflichtigen, bei zusammenveranlagten Ehegatten 1.602 EUR, zu einer Steuerersparnis führen, soweit keine anderen Kapitaleinkünfte vorhanden sind. Für die Frage, welche von beiden Formen die steuergünstigere ist, kommt es im Wesentlichen darauf an, was der stillen Beteiligung vorausgegangen ist. Sind Gegenstand der Einlage Wirtschaftsgüter eines Betriebsvermögens, ist die atypische stille Beteiligung zweckmäßiger, weil in diesem Falle das Wirtschaftsgut zum Buchwert eingebracht werden muss und stille Reserven daher nicht aufgelöst werden (§ 6 Abs. 5 S. 5 EStG) Allerdings ist zu beachten, dass die Einbringung zum Teilwert erfolgen muss, als und soweit an den übertragenden Wirtschaftsgütern eine Kapitalgesellschaft Eigentümer wird. Zivilrechtlich wird sie zwar Volleigentümer, wirtschaftlich wird sie jedoch nur Eigentümer in Höhe ihres Gewinnanteils und soweit diese im Falle der Beendigung ein Erlösanteil zusteht. Dies kann jedoch dadurch vermieden werden, dass im Innenverhältnis der atypisch stille Gesellschafter das Sagen hat und im Falle der Beendigng das Vermögen insgesamt dem atypisch stillen Gesellschafter übertragen wird und die GmbH lediglich eine Vergütung für ihre Tätigkeit erhält. Das gilt vor allem dann, wenn eine Betriebsaufspaltung infolge Erbschaft endet, die Wirtschaftsgüter aber weiterhin der GmbH zur Nutzung überlassen bleiben sollen. In diesem Falle ist es zweckmäßig, mit dem Erben eine atypische stille Beteiligung zu vereinbaren, mit der Folge, dass die überlassenen Wirtschaftsgüter weiterhin Betriebsvermögen bleiben. Gleiches gilt, wenn ein Wirtschaftsgut eines anderen Betriebes einer GmbH zur Nutzung überlassen werden soll, ohne dass dieses Wirtschaftsgut Betriebsvermögen des anderen Betriebes bleibt. Wird ein Betrieb oder eine Personengesellschaft in eine GmbH eingebracht, wird es sich als zweckmäßig erweisen, dass hinsichtlich der Wirtschaftsgüter des Sonderbetriebsvermögens eine atypische stille Beteiligung eingeräumt wird, damit die Wirtschaftsgüter, die nunmehr der GmbH zur Nutzung überlassen worden sind, weiterhin Betriebsvermögen bleiben, wenn nicht Voraussetzungen einer Betriebsaufspaltung gegeben sein sollten. In jedem Falle ist dann eine atypische stille Beteiligung vorzuziehen, wenn ohne diese atypische stille Beteiligung bisherige Wirtschaftsgüter eines Betriebsvermögens Privatvermögen werden würden und somit eine Aufdeckung der stillen Reserven erfolgen würde. Das gilt insbesondere dann, wenn die Aufdeckung der stillen Reserven nicht im Rahmen einer Betriebsaufgabe oder Betriebsveräußerung erfolgen würde, weil in diesem Falle dem Steuerpflichtigen auch nicht die Vergünstigungen des § 16 Abs. 4 und § 34 Abs. 1 und Abs. 3 EStG zugute kommen würden.

1.2.4 Einbringung von Sonderbetriebsvermögen in Form von stillen Beteiligungen

600 Wie bereits aufgeführt, tauchen Schwierigkeiten auf, wenn eine Personengesellschaft in eine GmbH umgewandelt werden soll und das Betriebsvermögen der eingebrachten Personengesellschaft zum Teil aus Sonderbetriebsvermögen der einzelnen Gesellschafter besteht. Eine Umwandlung iSd § 20 Abs. 1 UmwStG liegt nur vor, wenn das gesamte Betriebsvermögen, einschließlich des Sonderbetriebsvermögens, eingebracht wird. Soll das gesamte Sonderbetriebsvermögen ebenfalls auf die GmbH zu Eigentum übertragen werden, würden sich die Beteiligungsverhältnisse an der GmbH verschieben. Sollten die Voraussetzungen für eine Betriebsaufspaltung nicht gegeben sein, bietet sich uU eine atypische stille Beteiligung als Rechtsform an, um im Rahmen dieses Rechtsverhältnisses der GmbH das der Personengesellschaft dienende Betriebsvermögen weiter zu überlassen. Das hätte zur Folge, dass das bisherige Sonderbetriebsvermögen weiterhin Betriebsvermögen der Gesellschaft bleibt. Allerdings hat das den Nachteil, dass die Anteile des einbringenden Gesellschafters an der GmbH weiterhin als Betriebsvermögen verbleiben. Es ist jedoch zu berücksichtigen, dass die GmbH-Anteile als sogenannte einbringungsgeborene Anteile weiterhin insofern verstrickt bleiben, als spätere Veräußerungsgewinne gem. § 22 UmwStG erfasst werden, sofern bei der Einbringung die stillen Reserven nicht aufgelöst werden. Eine atypische stille Beteiligung ist in diesen Fällen notwendig, um den Charakter des ehemaligen Sonderbetriebsvermögens als Betriebsvermögen zu erhalten.

1.3 Gewerbesteuerliche Behandlung

Die stille Beteiligung an einer GmbH bietet in der Regel keine gewerbesteuerlichen Vorteile, insbesondere wenn es sich um eine echte stille Beteiligung handelt. Das gilt sowohl beim Gewerbeertrag als auch beim Gewerbekapital, weil nach § 8 Abs. 1c GewStG die Gewinnbeteiligung der stillen Gesellschafter mit 25 vH dem Gewerbeertrag hinzuzurechnen ist. Das gilt auch dann, wenn die stille Beteiligung zu einem anderen Betriebsvermögen gehört. In diesem Falle kommt es zu einer Doppelerfassung. Wie die stille Beteiligung werden auch Darlehen behandelt, gleichgültig ob sie kurzfristig oder langfristig überlassen werden. Aufgrund der typischen stillen Beteiligung kommt der Gewerbetreibende auch nicht in den Vorteil der Freibeträge beim Gewerbeertrag, weil Steuerpflichtiger, also Gewerbetreibender, lediglich die GmbH ist. Hier könnte jedoch uU die atypische stille Beteiligung an einer GmbH von Vorteil sein. Stellt man sich auf den Standpunkt, dass Gewerbetreibender die Mitunternehmerschaft und nicht lediglich die GmbH ist, stehen dieser Mitunternehmerschaft die Freibeträge für natürliche Personen zu. Hiernach ist ein Gewerbeertrag in Höhe von 24.500 EUR steuerfrei.

Es ist jedoch hierbei zu beachten, dass bei mehreren atypisch stillen Beteiligungen nur *eine* Mitunternehmerschaft gegeben ist.

Die Atypische hat insofern Vorteile, als bei Gewinnbeteiligung an einzelnen Sparten jede atypisch stille Beteiligung einen Gewerbebetrieb darstellt und somit der Freibetrag von 24.500 EUR mehrfach in Anspruch genommen werden kann. Vorteilhaft ist bei der atypisch stillen Beteiligung an einer GmbH ebenfalls, dass die atypisch stillen Gesellschafter als Mitunternehmer in den Genuß der Steuerermäßigung (3,8fache des Gewerbesteuermessbetrages) kommen (§ 35 EStG).

1.4 Grunderwerbsteuerliche Vor- und Nachteile

Wird ein Grundstück auf eine GmbH entgeltlich übertragen, fallen grundsätzlich 3,5 vH Grunderwerbsteuer an. Gleiches gilt, wenn ein Grundstück als stille Einlage auf die GmbH zu Eigentum übertragen wird. Wird jedoch im Rahmen eines stillen Gesellschaftsverhältnisses ein Grundstück der GmbH lediglich zur Nutzung überlassen, ist der Vorgang nicht grunderwerbsteuerbar, weil es hier an einer Übertragung sowohl im juristischen als auch im wirtschaftlichen Sinne fehlt, soweit der Nutzende keine Verwertungsbefugnis erhält.

1.5 Erbschaftsfall

603 Die atypisch stille hat gegenüber der echten stillen Beteiligung den Vorteil, dass der atypisch stille Beteiligte Betriebsvermögen hat, das begünstigt ist, wenn der Rechtsnachfolger die Voraussetzungen für den festgesetzten Zeitraum erfüllt.

2 Stille Beteiligung und Darlehen

2.1 Bürgerliches Recht

2.1.1 Stille Beteiligung und Darlehen als Fremdkapital

Stille Beteiligung und Darlehen haben gemeinsam, dass es sich hierbei wirtschaftlich gesehen um Fremdkapital handelt. Die Eigenmittel der GmbH werden sowohl durch ein Gesellschaftsdarlehen als auch durch eine stille Beteiligung nicht gestärkt. Sowohl stille Beteiligung als auch Darlehen begründen als sogenannte kapitalersetzende Darlehen im Falle einer Insolvenz nur nachrangige Insolvenzforderungen (§ 32a GmbHG nunmehr § 39 Abs. Nr. 5 AO). 604

2.1.2 Auswirkung auf die Stellung als Gesellschafter

Der Darlehensgeber hat grundsätzlich nur Anspruch auf Rückzahlung des Darlehens und auf eine feste Verzinsung (§ 488 Abs. 1 S. 2 BGB). UU können einem Darlehensgeber gegenüber auch besondere Kontrollrechte eingeräumt werden, zB Aushändigung einer Abschrift der jährlichen Bilanz oder Überlassung eines monatlichen Status (vgl. Formularbuch Recht und Steuern/*Weigell* B 16 Rn. 14). Mehr Rechte hat der Darlehensgeber nicht. Über ein Darlehen lassen sich daher nicht im Gegensatz zur stillen Gesellschaft die Rechte eines Gesellschafters ausdehnen. 605

2.1.3 Art der Vergütung

Das Darlehen unterscheidet sich von der stillen Beteiligung im Wesentlichen dadurch, dass die Vergütung für das Darlehen gewinnunabhängig ist. Hier sind jedoch Mischformen möglich. Im Falle eines partiarischen Darlehens kann ein Teil der Vergütung gewinnabhängig sein. Gewinnunabhängige Vergütungen haben jedoch den Nachteil, dass uU bei schlechter Ertragslage nicht nur der Gewinn, sondern bei Verlusten auch das Stammkapital aufgezehrt wird. Das hat zur Folge, dass das Stammkapital, also das Eigenkapital der GmbH, immer geringer wird, das Darlehen immer höher, wenn die Gesellschafter verpflichtet sind, Darlehenszinsen stehenzulassen. Die Vergütung ist bei der stillen Beteiligung immer an den Erfolg des Unternehmens gebunden. Das hat zur Folge, dass der Anteil der stillen Beteiligten gleichmäßig mit der Ertragskraft wächst. Nimmt die Ertragskraft ab, mindert sich entsprechend die Gewinnbeteiligung des stillen Gesellschafters. Ist darüber hinaus die Verlustbeteiligung des stillen Gesellschafters nicht ausgeschlossen, mindert sich im Falle von Verlusten auch die stille Beteiligung entsprechend. Infolgedessen wird sich im Zweifel die stille Beteiligung immer im entsprechenden Verhältnis zum Stammkapital halten. Es 606 kann also im Falle einer echten stillen oder atypischen stillen Beteiligung die Kapitalstruktur der Gesellschaft sich nicht wesentlich zu Lasten der Eigenmittel der Gesellschaft verschlechtern. Es ist zu beachten, dass die Vertragsbestimmungen bei der stillen Gesellschaft wesentlich flexibler gestaltet werden können als im Falle eines Darlehens. Das gilt insbesondere auch für Entnahmerechte. Es kann auch beim Darlehen vereinbart werden, dass die Zinsen grundsätzlich entnommen werden dürfen, ein Teil der Darlehenssumme zugerechnet wird oder die Zinsen vollständig zur Erhöhung des Darlehens verwandt werden. Im Falle einer stillen Beteiligung als Gesellschaftsverhältnis ist es jedoch möglich, die Entnahme des Gewinnanspruchs von den jeweiligen Umständen abhängig zu machen. Grundsätzlich kann aber auch, wie beim Darlehen, wenn nichts anderes vereinbart ist, der Gewinnanspruch entnommen werden. Der Gesellschaftsvertrag kann hier eine andere Regelung zulassen. Er kann aber auch die Entnahme in das Einvernehmen zwischen der GmbH und dem stillen Gesellschafter stellen. Die stille Beteiligung ist somit wesentlich flexibler als eine Darlehensgewährung, weil die Vergütung sich grundsätzlich nach der Ertragskraft des Unternehmens richtet, daher gewinnabhängig ist und auch die Gewinnentnahmeregelung flexibel gestaltet werden kann.

2.2 Einkommen- und körperschaftsteuerliche Fragen

607 Die Darlehenszinsen sind ebenso wie der Gewinnanspruch des stillen Beteiligten, insbesondere dann, wenn es sich um eine typische stille Beteiligung handelt, als Betriebsausgaben der auszahlenden Kapitalgesellschaft zu behandeln, es sei denn, das Darlehen ist seitens eines Gesellschafters zu unangemessenen Bedingungen gewährt worden. In diesem Falle liegt hinsichtlich des unangemessenen Teils eine verdeckte Gewinnausschüttung vor. Die Darlehenszinsen mindern daher den körperschaftlichen Gewinn. Auf der anderen Seite hat die Gesellschaft wieder über die Darlehensgewährung den Vorteil, dass sie über diese zurückgewährten Mittel verfügen kann. Allerdings ist das Darlehen kein Ersatz für Eigenkapital. Das gleiche gilt für die stille Beteiligung. Eine andere Reihenfolge kann sich jedoch bei beschränkt Steuerpflichtigen ergeben, wenn nicht ein Doppelbesteuerungsabkommen Besteuerung im Inland ausschließt. Der Gesellschafter hat ebenso wie bei der stillen Beteiligung Einkünfte aus Kapitalvermögen.

2.3 Gewerbesteuerliche Konsequenzen

608 Bei den Darlehenszinsen erfolgt ebenfalls wie bei den Erträgen aus der typisch stillen Beteiligung eine Zurechnung in Höhe von 25 vH der Zinsen bzw. gehört das Darlehen zu einem Betriebsvermögen, erfolgt ebenfalls wie bei der typisch stillen Beteiligung eine Doppelbelastung.

3 Stille Beteiligung oder Betriebsaufspaltung

3.1 Bürgerlich-rechtliche Fragen

Die Betriebsaufspaltung bewirkt, dass die von den Gesellschaftern überlassenen Wirtschaftsgüter bürgerlich-rechtlich nicht zum Betriebsvermögen gehören. Im Falle der Betriebsaufspaltung wird daher die GmbH mit verhältnismäßig geringen Betriebsmitteln arbeiten, wenn das gesamte Anlagevermögen einer Besitzgesellschaft oder einem Gesellschafter gehören sollte, der es der Gesellschaft verpachtet. Wegen ihres geringen Betriebskapitals ist eine Betriebs-GmbH, die lediglich den Betrieb führt, ohne Eigentümerin der Betriebsmittel zu sein, wenig kreditwürdig. Die Betriebsaufspaltung im Wege der Verpachtung unterscheidet sich dadurch wenig von der stillen Beteiligung, weil auch Gegenstand der stillen Beteiligung die Überlassung von Wirtschaftsgütern sein kann. Im Gegensatz zur stillen Beteiligung werden jedoch bei der Betriebsaufspaltung lediglich obligatorische Beziehungen geknüpft, während bei einer stillen Beteiligung die Überlassung der Betriebsmittel gesellschaftsrechtlich gestaltet wird. Der im Wege der Betriebsaufspaltung, also im Wege der Betriebsverpachtung, überlassende Gesellschafter hat lediglich eine Gläubigerstellung. Seine Gesellschafterrechte sind gegenüber der GmbH durch die Betriebsüberlassung nicht gestärkt. Allenfalls können ihm erhöhte Kontrollrechte eingeräumt werden. Werden dem überlassenden Gesellschafter darüber hinaus noch Mitwirkungsrechte (Widerspruchs- und Zustimmungsrechte) eingeräumt, liegt eine gesellschaftsrechtliche Ausgestaltung vor, mit der Folge, dass ein Gesellschaftsverhältnis anzunehmen ist. Die Betriebsaufspaltung im Wege der Verpachtung unterscheidet sich aber dadurch im Wesentlichen von der stillen Gesellschaft, dass bei der Verpachtung die gewährten Vergütungen gewinnunabhängig sind, während sie bei der stillen Beteiligung, gleichgültig ob atypisch oder typisch, immer gewinnabhängig sind. Werden die ausgeschütteten Gewinne der GmbH der Gesellschaft in der Weise wieder zur Verfügung gestellt, dass die Gesellschafter aus den Gewinnausschüttungen die Investitionen vornehmen und die hiervon angeschafften Wirtschaftsgüter im Wege der Verpachtung der Gesellschaft wieder zur Verfügung stellen, führt dies im Laufe der Zeit dazu, dass das Betriebsvermögen im Wesentlichen nicht der GmbH, sondern den Gesellschaftern gehört. Der Betrieb wird also langsam auf die Gesellschafter übergeleitet. Ebenfalls können die Pachtzahlungen für die Gesellschaft zu einer großen Belastung führen, wenn die Gesellschaft keine entsprechenden Erträge erwirtschaftet. Pachtzahlungen können daher zur Folge haben, dass die Gesellschaft in die Verlustzone gerät. Das ist nicht der Fall, wenn die Vergütung davon abhängt, ob die Gesellschaft Gewinne erwirtschaftet

609

oder nicht. Aber auch im Falle der Betriebsaufspaltung durch Verpachtung lässt sich eine gewinn- oder umsatzabhängige Vergütung vereinbaren.

3.2 Ertragsteuerliche Fragen

610 Im Ertragsteuerrecht werden die Betriebsaufspaltung in Form der Verpachtung und auch die stille Beteiligung gleich behandelt, wenn der stille Gesellschafter gleichzeitig beherrschender Gesellschafter ist und im Rahmen der stillen Beteiligung der Gesellschaft Wirtschaftsgüter zur Verfügung stellt. Werden der GmbH im Rahmen einer stillen Beteiligung oder von einem stillen Beteiligten in einem Sondervertrag Wirtschaftsgüter überlassen, ohne dass die Voraussetzungen einer Betriebsaufspaltung gegeben sind, gehören die der Gesellschaft verpachteten Wirtschaftsgüter dem Privatvermögen der Gesellschafter an, soweit die Beteiligung bzw. die GmbH-Beteiligung nicht zu einem Betriebsvermögen der Gesellschafter gehört. Ist zB ein stiller Gesellschafter, der gleichzeitig GmbH-Gesellschafter ist, nur zu 20 vH an der GmbH beteiligt und hat er gleichzeitig der GmbH ein Grundstück auf Pachtbasis zur Nutzung überlassen, gehören die Einnahmen aus Vermietung und Verpachtung seinem Privatvermögen an und werden daher bei den Einkünften aus Vermietung und Verpachtung erfasst. Stille Beteiligung und Verpachtung des Betriebsvermögens haben jedoch körperschaftsteuerlich gemeinsam, dass der Gewinnanspruch des Stillen und die Vergütung für die Nutzungsüberlassung für die GmbH Betriebsausgaben darstellen und somit zu einer Minderung des körperschaftsteuerlichen Einkommens, das der Körperschaftsteuer unterliegt, führen.

Allerdings werden die Miet- und Pachteinnahmen im Gegensatz zu den Gewinnausschüttungen, die einer Abgeltungssteuer von 25 vH unterliegen, tariflich besteuert. Somit erfolgt eine Gleichbehandlung mit der stillen Beteiligung an einer Kapitalgesellschaft, wenn der stille Gesellschafter mit mindestens 10 vH am Stammkapital der GmbH beteiligt ist.

Die Betriebsaufspaltung hat gegenüber der GmbH & atypisch Still den Vorteil, dass es sich hier um zwei Unternehmen handelt. Hat die GmbH Beteiligungen an anderen Kapitalgesellschaften in ihrem Betriebsvermögen, wirkt sich die atypisch stille Beteiligung insofern nachteilig aus, als deren Gesellschaftsvermögen der Personengesellschaft (Mitunternehmerschaft) zugerechnet wird und die Beteiligungserträge und Veräußerungsgewinn aus Beteiligungen somit nicht unter den Voraussetzungen des § 8b KStG steuerbefreit sind.

Steuerbefreit wären diese Erträge jedoch bei der GmbH & typisch Still und auch bei der Betriebsaufspaltung, wenn die Beteiligungen zum Gesellschaftsvermögen der GmbH gehören würden.

Die Betriebsaufspaltung unterscheidet sich auch noch dadurch von der GmbH & atypisch Still, als das Geschäftsführergehalt, das die Betriebs-GmbH ihrem Gesellschaftsführer zahlt, und sich bei der GmbH gewinnmindernd auswirkt, nicht noch einmal als Betriebseinnahme dem Verpachtungsunternehmen zuge-

3.4 Grunderwerbsteuerliche Fragen

rechnet wird, hingegen bei der GmbH & atypisch Still dieses in der Regel den Sonderbetriebseinnahmen hinzugerechnet wird.

3.3 Gewerbesteuerliche Behandlung

Im Falle einer Betriebsaufspaltung findet keine Hinzurechnung statt. Die der GmbH überlassenen Wirtschaftsgüter stellen einen selbständigen Gewerbebetrieb dar. Sofern der GmbH-Anteil des Gesellschafters seinem Betriebsvermögen bei der Einheitswertfeststellung hinzugerechnet wird, findet bei der Feststellung der Gewerbesteuer sowohl hinsichtlich des Gewerbeertrages als auch des Gewerbekapitals eine entsprechende Kürzung statt, sofern die GmbH-Beteiligung mehr als 25 vH beträgt. Soweit jedoch im Rahmen einer Betriebsaufspaltung Darlehen gewährt werden, zB durch Stehenlassen der Pachtvergütungen, gehören diese sowohl zum Betriebsvermögen des Einzelgewerbebetriebes und in Folge Hinzurechnung nach § 8 GewStG auch zum Betriebsvermögen der GmbH. Bei der GmbH als Betriebsgesellschaft erfolgt eine Hinzurechnung von 25 vH der Zinszahlungen. **611**

Die Betriebsaufspaltung in der Form der Betriebsverpachtung ist insofern günstiger als die typische stille Beteiligung, als beim Gewerbeertrag des Einzelunternehmens in Form der Betriebsverpachtung die Freibeträge für alle Betriebe für natürliche Personen in Höhe von 24.500 EUR gewährt werden. Somit ergibt sich insgesamt im Falle der Betriebsaufspaltung, wenn man die Erträge der GmbH und des Einzelunternehmens zusammenrechnet, eine geringere Gewerbesteuerbelastung. Das ist bei der reinen typischen stillen Beteiligung nicht der Fall, weil hier Gewerbetreibender lediglich die GmbH ist und die Gewinnanteile des stillen Gesellschafters, soweit sie nicht zu einem Betriebsvermögen gehören, dem Gewerbeertrag und auch dem Gewerbekapital wieder hinzugerechnet werden. Gewerbesteuerlich empfiehlt sich daher die Kombination zwischen Betriebsaufspaltung und stiller Gesellschaft, um den größten gewerbesteuerlichen Effekt zu erzielen. Insbesondere hat auch die Betriebsaufspaltung gegenüber den Personengesellschaften (Mitunternehmerschaft) den Vorteil, dass das Geschäftsführergehalt den gewerblichen Gewinn insgesamt mindert.

3.4 Grunderwerbsteuerliche Fragen

Werden Wirtschaftsgüter der GmbH nicht übereignet, sondern lediglich zur Nutzung überlassen, fällt keine Grunderwerbsteuer an. Es ist hierbei gleichgültig, ob die Nutzungsüberlassung im Rahmen einer stillen Beteiligung erfolgt oder im Rahmen einer Betriebsverpachtung. **612**

4 Stille Beteiligung oder GmbH & Co KG

4.1 Stille Beteiligung und GmbH & Co KG nach bürgerlichem Recht

4.1.1 Stille Gesellschaft und Außengesellschaft

613 Die stille Beteiligung an einer GmbH, gleichgültig ob in typischer oder atypischer Form, stellt eine reine Innengesellschaft dar, die nach außen hin nicht in Erscheinung tritt. Die GmbH hat daher im Falle einer stillen Beteiligung keinen das Beteiligungsverhältnis andeutenden Zusatz. Die stille Beteiligung wird nach außen hin nicht bekannt, sie wird auch nicht im Handelsregister eingetragen. Nach außen hin besteht im Gegensatz zur GmbH & Co KG daher nur eine Gesellschaft, die GmbH. Bei der GmbH & Co KG handelt es sich um zwei Gesellschaften, nämlich die Komplementär-GmbH und die Kommanditgesellschaft. Beide Gesellschaften müssen eine Firma haben, die sich von der anderen unterscheidet.

4.1.2 Bilanz

614 Bei der GmbH & Co KG sind zwei Bilanzen erforderlich, da es sich hier nach außen um zwei Gesellschaften handelt. Sowohl die GmbH als auch die Kommanditgesellschaft müssen eine selbständige Bilanz erstellen. Im Falle einer stillen Beteiligung an einer GmbH, gleichgültig ob in typischer oder atypischer Form, erstellt lediglich die GmbH eine Bilanz. Die stillen Gesellschafter haben jedoch, wenn es sich um eine atypische stille Beteiligung handelt, eine Sonderbilanz zu erstellen, falls sie der GmbH Sonderbetriebsvermögen zur Verfügung gestellt haben. Dies gilt aber nur bei der atypischen stillen Beteiligung. Der besondere Vorteil der stillen Gesellschaft gegenüber der GmbH & Co KG ist also die Erstellung nur einer Bilanz.

4.1.3 Haftkapital

615 Bei der GmbH & Co KG stellt die Einlage der Kommanditisten Haftkapital der Kommanditgesellschaft dar. Es haften für die Schulden der Kommanditgesellschaft das gesamte Vermögen der Komplementär-GmbH und die Einlagen der Kommanditisten, soweit sie als Haftkapital im Handelsregister eingetragen sind. Sofern das Haftkapital noch nicht geleistet ist, haften die Kommanditisten unmittelbar den Gesellschaftsgläubigern gegenüber. Die Einlage des stillen Gesellschafters stellt hingegen für die Gesellschaft kein Haftkapital dar. Aus diesem Grunde muss daher die GmbH & Still, was die GmbH anbetrifft, ein verhältnismäßig größeres Stammkapital unterhalten als die GmbH & Co KG. Die GmbH & Co KG wird im allgemeinen mit dem Mindestkapital 25.000 EUR auskommen

können, weil die Einlagen der Kommanditisten ebenfalls Haftkapital darstellen, während das Nennkapital der GmbH bei einer GmbH & Sill der Struktur der Betriebsmittel (Anlagevermögen, Umlaufvermögen usw) entsprechen muss. In der Regel wird daher bei einer GmbH & Still die Kapitalausstattung der GmbH gegenüber der der stillen Beteiligung überwiegen müssen.

4.1.4 Auswirkungen auf die Gesellschaft

Bei der GmbH & Still, gleichgültig ob in typischer oder atypischer Form, steckt die GmbH-Satzung den Rahmen für die Stellung der Gesellschafter untereinander ab. In Form von stillen Gesellschaftsverträgen kann für den einen oder anderen Gesellschafter der Rahmen etwas erweitert werden. Im Großen und Ganzen ist aber das GmbH-Statut bindend. Im Gegensatz hierzu werden die Normen bei der GmbH & Co KG als Personengesellschaft durch den Gesellschaftsvertrag der Kommanditgesellschaft bestimmt. Die GmbH-Satzung gilt lediglich für die Komplementär-GmbH. Die GmbH & Still, gleichgültig ob in typischer oder atypischer Form, ist daher dem Charakter nach im Gegensatz zur GmbH & Co KG eine Kapitalgesellschaft.

4.1.5 Gesellschaftsvermögen

Im Gegensatz zur GmbH & Co KG hat die GmbH & Still, auch wenn sie in atypischer Form erfolgt, kein eigenes Gesellschaftsvermögen. Das Vermögen, das dem Betrieb der GmbH & Still dient, steht entweder im Eigentum der GmbH oder im Eigentum der Gesellschafter (Sonderbetriebsvermögen). Gemeinsames Vermögen der Gesellschafter und der GmbH gibt es nicht. Hingegen gehört bei der GmbH & Co KG alles Gesellschaftsvermögen den Gesellschaftern zur gesamten Hand. Das Gesellschaftsvermögen der GmbH & Co KG bildet daher ein Sondervermögen. Hingegen können auch noch einzelne Wirtschaftsgüter im Alleineigentum sowohl der GmbH als auch der Kommanditisten stehen, wie das bei der Verpachtung der Fall ist.

4.1.6 Gesellschafterwechsel

Bei der GmbH & Co KG bedeutet der Gesellschafterwechsel jedesmal eine Änderung des Gesellschaftsvertrages. Eintritt und Austritt von Gesellschaftern können im Gesellschaftsvertrag sehr großzügig geregelt werden. Es bedarf jedoch in der Regel ohne besondere Vereinbarung immer der Zustimmung aller Gesellschafter. Bei der GmbH & Co KG ist jede Veränderung der Gesellschaftsverhältnisse, auch hinsichtlich des Bestandes der Gesellschafter, im Handelsregister publik zu machen. Der Kommanditist wird also in jedem Falle nach außen hin bekannt. Anonymität kann bei einer GmbH & Co KG dadurch erreicht werden, dass sich Gesellschafter an einem Anteil eines Kommanditisten unterbeteiligen, zB in der Form, dass ein Gesellschafter als Treuhänder der anderen im Handelsregister eingetragen ist und alle übrigen sich an diesem Anteil unterbeteiligen. Es muss daher grundsätzlich der Austritt eines Gesellschafters (Kommanditisten) beim

Handelsregister angemeldet werden und auch der Eintritt eines Gesellschafters. Die GmbH & Still wird hingegen nicht im Handelsregister eingetragen. Sie wird in keiner Weise publik. Der Eintritt eines stillen Gesellschafters in eine GmbH bedarf nicht der Zustimmung der übrigen stillen Gesellschafter, wohl aber der Zustimmung der Gesellschafter der GmbH. Gründet eine GmbH zu mehreren Personen ein stilles Beteiligungsverhältnis, entsteht zwischen einzelnen stillen Beteiligten kein Rechtsverhältnis. Gesellschaftsverträge mit den einzelnen stillen Gesellschaftern werden unabhängig voneinander geschlossen, sie können auch unter unterschiedlichen Vertragsbedingungen stehen. Ein stiller Gesellschafter kann grundsätzlich keine Einwendungen erheben, wenn er erfährt, dass mit einem anderen stillen Gesellschafter bessere Vertragsbedingungen vereinbart worden sind als mit ihm. Die Gesellschaft kann also unabhängig von der Zustimmung der übrigen stillen Beteiligten weitere stille Beteiligungsverhältnisse begründen. Darüber hinaus wird der Eintritt und Austritt eines Gesellschafters wie auch der Gesellschafterwechsel bei einer GmbH & Still hinsichtlich der stillen Gesellschafter nicht im Handelsregister eingetragen. Die stille Gesellschaft, gleichgültig ob in typischer oder atypischer Form, eignet sich daher ganz besonders für Kapitalanlagegesellschaften, Investmentfonds, Immobilienfonds usw. Das gilt insbesondere dann, wenn es sich um offene Fonds handeln soll. Insofern hat die GmbH & Still erhebliche Vorteile gegenüber der GmbH & Co KG. Wie bereits im Teil 2 ausgeführt, kann auch die stille Beteiligung in der Weise ausgestaltet werden, dass auch der stille Gesellschafter wirtschaftlich gesehen am Vermögen der Gesellschaft beteiligt ist, so dass er steuerlich auch als wirtschaftlicher Eigentümer am Bruchteil des Gesellschaftsvermögens anzusehen ist mit allen Folgen der AfA-Berechtigung.

4.1.7 Gründung

619 Die Gründung einer GmbH & Co KG setzt nicht voraus, dass die Komplementür GmbH bereits entstanden ist. ES reicht vielmehr aus, dass ihre Gründung, gleichzeitig mit dem Abschluss des KG-Vertrags erfolgt und beide Verträge gleichzeitig dem Handelsregister eingereicht werden. Bei Abschluss des Atypisch stillen Beteiligungsvertrag muss die GmbH als Handelsgewerbetreibender existent sein.

4.1.8 Beendigung der GmbH & atypisch Still

620 Im Gegensatz zur GmbH & Co KG, die erst nach Abschluss der Auseinandersetzung beebndte ist, ist die stille Gesellschaft bereits mit Kündigung beendet, also in dem Zeitpunkt der in der Kündigung benannt ist bzw., sofort mit dem Erhalt der Kündigung, wenn ein Zeitpunkt nicht benannt ist.Die Beendigung einer stillen Gesellschaft geht der Auseindersetzung voraus. Es ist hierbei uneheblich, ob es sich hierbei um eine typische oder atypisch stille Gesellschaft handelt.

4.2 Einkommensteuerliche und körperschaftsteuerliche Unterschiede zwischen GmbH & Co KG und GmbH & Still

4.2.1 Typische stille Beteiligung und GmbH & Co KG

Die typische GmbH & Still unterscheidet sich dadurch von der GmbH & Co KG, dass der stille Gesellschafter an der GmbH Einkünfte aus Kapitalvermögen hat, hingegen der Kommanditist bei GmbH & Co KG, wenn er als Mitunternehmer anzusehen ist, was die Regel sein dürfte, immer gewerbliche Einkünfte hat. Im Gegensatz zur GmbH & Co KG werden bei der GmbH & Still, wenn es sich um eine typische handelt, alle Drittverhältnisse mit der Gesellschaft anerkannt. Ist der GmbH-Gesellschafter gleichzeitig Gesellschafter-Geschäftsführer, so hat der stille Gesellschafter hinsichtlich des Geschäftsführergehaltes Einkünfte aus nichtselbständiger Arbeit. Das gleiche gilt für Miet- und Pachtverträge und sonstige Überlassungsverträge, wenn sie nicht selbst Gegenstand des stillen Gesellschaftsvertrages sind. Hingegen sind all diese Vergütungen bei der GmbH & Co KG durch das Gesellschaftsverhältnis veranlasst anzusehen. Bei der GmbH & Co KG unterliegt nur der anteilige Gewinn der GmbH am Gesamtgewinn der Gesellschaft der Körperschaftsteuer. Dieser Gewinnanteil wird abschließend bei der gesonderten Gewinnfeststellung der GmbH & Co KG (Kommanditgesellschaft) festgestellt. Bei der GmbH & Still in typischer Form mindert der Gewinnanteil des stillen Gesellschafters als Betriebsausgabe der GmbH das körperschaftsteuerliche Einkommen. Beiden Gesellschaftsformen ist somit gemeinsam, dass der Gewinnanteil der Kommanditisten bzw. der stillen Gesellschafter das körperschaftsteuerliche Einkommen mindert. Ein Vorteil der GmbH & Still in typischer Form gegenüber der GmbH & Co KG ist ebenfalls, dass die vom stillen Gesellschafter der GmbH überlassenen Wirtschaftsgüter nicht zum Betriebsvermögen gehören, es sei denn, es liegen gleichzeitig die Voraussetzungen einer Betriebsaufspaltung vor. Sofern die Voraussetzungen einer Betriebsaufspaltung nicht gegeben sind, bleiben also stille Reserven, die in den der GmbH von den Gesellschaftern überlassenen Wirtschaftsgütern vorhanden sind, für die Besteuerung unbeachtlich. Bei beschränkt Steuerpflichtigen ist zu beachten, dass der echte stille Gesellschafter durch die stille Beteiligung allein keine inländische Betriebsstätte erhält, somit die deutsche Steuer im allgemeinen mit der Einbehaltung der 15 vH Kapitalertragsteuer (bei Vorliegen eines DBA) abgegolten ist.

Im Gegensatz zur GmbH & Co KG ist bei einer stillen Gesellschaft der stille Gesellschafter nicht AfA-Berechtigter hinsichtlich der Wirtschaftsgüter der Gesellschaft. AfA-Berechtigter ist lediglich die GmbH als Eigentümerin des Betriebes. Ist der stille Gesellschafter am Verlust beteiligt, nimmt er mittelbar auch insofern an der AfA teil, als die AfA das Betriebsergebnis beeinflusst. Da die Verlustübernahme beim stillen Gesellschafter Werbungskosten darstellt, wirken sich bei ihm auch die durch überhöhte AfA verursachten Verluste aus, die er mit seinen anderen Einkünften ausgleichen kann. Allerdings ist die Abzugsfähigkeit von Verlusten durch die Neuregelung des § 20 Abs. 1 Nr. 4 iVm § 15a EStG auf die Höhe seiner Einlage begrenzt. Jedoch mindern sich die künftigen Gewinne um die bisher nicht ausgeglichenen Verluste. Insofern besteht auch hier im Wesentlichen kein Unterschied zum GmbH & Co KG, da auch die über die AfA verursachten Verluste als Werbungskosten die Einkünfte beeinflussen.

Bei der GmbH & Co KG werden grundsätzlich Liquidationsgewinn und Veräußerungsgewinne von Anteilen erfasst (§ 16 EStG). Befindet sich jedoch die stille Beteiligung in typischer Form im Privatvermögen, werden realisierte Veräußerungsgewinne grundsätzlich nicht erfasst, es sei denn, es liegt ein Spekulationsgeschäft vor. Das gilt auch dann, wenn der stille Gesellschafter gleichzeitig wesentlich an der GmbH iSd § 17 EStG beteiligt ist. § 17 EStG findet keine Anwendung auf stille Beteiligungen, er bezieht sich lediglich auf die Beteiligung am Nennkapital.

4.2.2 GmbH & Co KG und atypische stille Beteiligung

622 Wie bereits ausgeführt, werden GmbH & Co KG und die atypische GmbH & Still als Mitunternehmerschaft im Ertragsteuerrecht zumindest nach Ansicht der Verwaltung und auch der Rechtsprechung gleichbehandelt. Das betrifft sowohl das Geschäftsführergehalt als auch die sonstigen Vergütungen für Nutzungsüberlassungen und Darlehen. Für die Wahl der Unternehmensform, atypische stille Beteiligung oder GmbH & Co KG, können daher nur handelsrechtliche Gesichtspunkte entscheidend sein. Auch bei Patenten wird man davon ausgehen müssen, dass es sich bei der atypischen GmbH & Still um eine Verwendung im eigenen Betrieb handelt, nicht jedoch bei der typischen GmbH & Still, wenn der stille Beteiligte ein Patent der GmbH zur Nutzung überlässt. Ist Gegenstand des stillen Beteiligungsverhältnisses ein Patent, wird im Zweifel die echte Beteiligung gegenüber der atypischen GmbH & Still und der GmbH & Co KG vorzuziehen sein.

Was die Entlastung der Einkommensteuer um die pauschalierte Gewerbesteuer (§ 35 EStG) angeht, stellt sich in der Regel die GmbH & Co KG als günstigere Rechtsform gegenüber der GmbH & atypisch Still dar, weil Kapitalgesellschaften die Minderung nicht vornehmen können.

Der Komplementär ist am Vermögen der PersG in der Regel nur sehr gering oder sogar überhaupt nicht beteiligt, so dass die Gewerbesteueranrechnung voll durchschlägt, und zwar im Gegensatz zur GmbH & atypisch Still, die als Handelsgewerbetreibende einen hohen Gewinnanteil erhält, der bei der Gewerbesteueranrechnung unberücksichtigt bleibt, es sei denn, das Vertragsverhältnis ist so gestaltet, dass wirtschaftlich gesehen das Betriebsvermögen dem Stillen gehört. Im Gegensatz zur GmbH & Co KG, ist eine vermögensverwaltende GmbH & atypisch Still nicht möglich, da die Geschäftsführung der atypisch stillen Gesellschft immer über die GmbH als Gewerbetreibenden erfolgt.

4.3 Gewerbesteuerliche Unterschiede zwischen der GmbH & Co KG und GmbH & Still

Sowohl bei der atypischen GmbH & Still als auch bei der GmbH & Co KG sind bei der Feststellung der Gewerbesteuer die Freibeträge für natürliche Personen (24.500 EUR beim Gewerbeertrag), soweit es den Gewinnanteil der atypischen stillen Gesellschafter und den Gewinn der Personengesellschaft betrifft, zu berücksichtigen. Handelt es sich jedoch um eine echte GmbH & Still, bei der der stille Gesellschafter nicht als Mitunternehmer anzusehen ist, werden die gewerbesteuerlichen Freibeträge nicht gewährt. Die gewerbesteuerlichen Freibeträge können nur dann gewährt werden, wenn die stille Beteiligung gleichzeitig die Voraussetzungen einer Betriebsaufspaltung erfüllt oder diese im Zusammenhang mit einer Betriebsaufspaltung gewährt wird. In diesem Falle werden auch für den zweiten Betrieb die Freibeträge für natürliche Personen gewährt, sofern die Voraussetzungen hierfür gegeben sind, nämlich dass die Gesellschafter natürliche Personen sind.

Tabellarische Übersicht: Vor- und Nachteile

	GmbH bzw. GmbH-Anteil	Darlehen	stille Beteiligung	atypische	Betriebsaufspaltung	GmbH & Co KG KG-Anteil
Anteile bzw. Betriebsvermögen	Eigenkapital	Fremdkapital	Fremdkapital	Fremdkapital	Fremdkapital	Eigenkapital
Haftung	ja	nein, aber Kapital ersetzende Darlehen	nein, ja, soweit diese Haftkapital ersetzt	nein, aber Kapital ersetzende Darlehen	nein,	ja
Steuer auf Gewinne der GmbH	15 vH					
Gewinnansprüche bzw. Zinsansprüche	Abgeltungssteuer	Betriebsausgabe, Zinsschranke § 8a KStG Ertrag beim Gesellschafter keine WK	Betriebsausgabe, Zinsschranke § 4h EStG § 8a KStG Ertrag beim Gesellschafter keine WK	keine Betriebsausgabe, Zinsschranke § 4h EStG § 8a KStG gewerblicher Ertrag beim Gesellschafter	keine Betriebsausgabe, Zinsschranke gewerblicher Ertrag beim Gesellsch.	beim Gesellsch. gewerblicher Ertrag
Verluste	Kein Verlust-Ausgleich beim Gesellschafter	Kein Verlustausgleich	Verlustausgleich in Höhe des Verlustanteils, nicht bei negativem Kapitalkonto	Verlustausgleich in Höhe des Verlustanteils, aber bei § 15a EStG Negatives Kapitalkonto	Verlustausgleich, nur bei 10 % Beteiligung	Verlustausgleich, aber bei § 15a EStG Negativen Kapitalkonto
Abgeltungssteuer 25 vH ab Beteiligung 10 vH Veranlagungen	Abgeltungssteuer 25 vH Veranlagung Dividenden Teileinkünfteverfahren	Abgeltungssteuer ab 10 vH Beteiligung Dividenden Teileinkünfteverfahren	Veranlagung §§ 34a, 35 EStG Dividenden Teileinkünfteverfahren	Veranlagung §§ 34a, 35 EStG Teileinkünfteverfahren	Veranlagung §§ 34a, 35 EStG Teileinkünfteverfahren	Veranlagung §§ 34a, 35 EStG Teileinkünfteverfahren

Teil 4
Vertragsmuster

1 Vertragsmuster zur Begründung einer typischen stillen Gesellschaft

Wir, die Unterzeichneten
1. die Müller Maschinenbau GmbH in Dortmund
2. Herr Josef Müller aus Nordkirchen

vereinbaren hiermit, dass sich Herr Josef Müller als stiller Gesellschafter an dem von der Müller Maschinenbau GmbH betriebenen, im HR des Amtsgerichts Dortmund unter HRB ... eingetragenen Unternehmen, beteiligt.
 Herr Müller ist gleichzeitig Gesellschafter der GmbH.

§ 1
Einlage des stillen Gesellschafters

Herr Josef Müller, im folgenden stiller Gesellschafter genannt, beteiligt sich an dem Unternehmen der Müller Maschinenbau GmbH (nachfolgend GmbH genannt) als stiller Gesellschafter mit einer Einlage von 200.000 EUR.
 Die Einlage wird wie folgt erbracht:
a) Der stille Gesellschafter leistet eine Bareinlage in Höhe von 100.000 EUR sofort, spätestens bis zum ... Der Betrag ist auf das Konto der GmbH bei der Deutschen Bank Nr. ... einzuzahlen.
b) Der stille Gesellschafter überträgt darüber hinaus auf die GmbH das im Grundbuch von Dortmund Blatt ... eingetragene unbebaute Grundstück. Die Vertragsschließenden sind sich darüber einig, dass das Grundstück in das Eigentum der GmbH übergehen soll. Das Grundstück wird mit 100.000 EUR auf die Einlageverpflichtung angerechnet. Die Auflassung erfolgt in einem getrennten notariellen Vertrag.

§ 2
Geschäftsführung

Der stille Gesellschafter ist in dieser Eigenschaft an der Geschäftsführung der GmbH nicht beteiligt.
 Die GmbH bedarf zu folgenden Geschäften der vorherigen Zustimmung des stillen Gesellschafters:
a) Satzungsänderungen
b) Herabsetzung des Stammkapitals

c) Übernahme von Bürgschaften durch die Gesellschaft
d) Aufnahme weiterer stiller Gesellschafter.

§ 3
Gewinn- und Verlustbeteiligung

(1) Grundlage für die Gewinnbeteiligung ist der Steuerbilanzgewinn der GmbH vor Abzug der nicht abzugsfähigen Steuern (Körperschaftsteuer, Gewerbesteuer, Umsatzsteuer auf den Eigenverbrauch).
An den Gewinnen aus Grundstücksabgängen nimmt der stille Gesellschafter jedoch nicht teil.

(2) Die Gewinnbeteiligung des stillen Gesellschafters beträgt 20 vH des nach Abs. 1 festgestellten Gewinnes der GmbH.

(3) Ändert sich der Gewinn aufgrund einer Beanstandung des Finanzamtes oder infolge einer Außenprüfung, so ist der endgültig festgestellte steuerliche Gewinn für die Gewinnverteilung maßgebend.

(4) Die Verlustbeteiligung entspricht der Gewinnbeteiligung.

(5) Der Gewinn ist spätestens 8 Tage nach Feststellung des Bilanzgewinnes dem stillen Gesellschafter gutzuschreiben. Die Gesellschaft verpflichtet sich, ihre Bilanz spätestens bis zum ... eines jeden Kalenderjahres zu erstellen.
Kommt sie dieser Verpflichtung nicht bis zu diesem Zeitpunkt nach, hat die Gesellschaft dem stillen Gesellschafter Verzugszinsen in Höhe von 8 vH über dem jeweiligen Basiszinssatz (§§ 288 Abs. 2, 247 BGB) zu entrichten.

(6) Ein auf den stillen Gesellschafter entfallender Verlustanteil ist zu Lasten seines Kapitalkontos zu verbuchen. Soweit die Verbuchung von Verlusten zu einer Minderung des Einlagekontos unter den Betrag der ursprünglichen Einlage geführt hat, sind künftige Gewinne zunächst zur Wiederauffüllung der Einlage auf den ursprünglichen Betrag zu verwenden.

(7) Der stille Gesellschafter ist berechtigt, seinen Gewinnanteil voll zu entnehmen.

§ 4
Überwachungsrechte des stillen Gesellschafters

Dem stillen Gesellschafter stehen die Kontrollrechte des § 233 HGB zu.

oder (Variante):

(1) Der stille Gesellschafter hat einen Anspruch auf eine Abschrift der jährlichen Bilanz und das Recht, die Richtigkeit dieser an Hand von Unterlagen zu überprüfen oder überprüfen zu lassen. Hierdurch entstandene Aufwendungen trägt der stille Gesellschafter.

(2) Ist die GmbH gegenüber einer Bankverbindung oder einem Gläubiger verpflichtet, eine Zwischenbilanz oder einen Status zu erstellen, hat der stille Gesellschafter ebenfalls einen Anspruch auf diese Unterlagen.

(3) Der stille Gesellschafter ist jederzeit berechtigt, während der Geschäftsstunden Einsicht in die Unterlagen zu verlangen und sich persönlich über die

Angelegenheiten zu informieren. Er ist ebenfalls berechtigt, nach vorheriger Anzeige sich durch einen mit schriftlicher Vollmacht versehenen Beauftragten, der zur Berufsverschwiegenheit verpflichtet ist, zu unterrichten. Die GmbH ist dem stillen Gesellschafter bzw. seinem Beauftragten gegenüber zu entsprechenden Auskünften verpflichtet.

§ 5
Übertragung der Rechte und Pflichten

(1) Der stille Gesellschafter darf die stille Beteiligung nur im Zusammenhang mit der Veräußerung seines GmbH-Anteils auf einen Dritten übertragen. Hinsichtlich der Zustimmung gilt die gleiche Regelung wie im Gesellschaftsvertrag der GmbH. Hinsichtlich der Veräußerung des GmbH-Anteils gilt eine entsprechende Regelung, was die stille Beteiligung anbetrifft.

(2) Hat der stille Gesellschafter nur einen Teil seiner GmbH-Beteiligung veräußert, wird die GmbH die Zustimmung zur Veräußerung nur erteilen, wenn gleichzeitig der dem Verhältnis der veräußerten GmbH-Beteiligung entsprechende Teil der stillen Beteiligung mitveräußert wird.

(3) Abs. 1 und 2 gilt entsprechend, wenn die GmbH-Beteiligung bzw. Teile hiervon auf den Ehegatten, die Abkömmlinge oder sonstige Angehörige unentgeltlich übertragen wird.

(4) Im Erbfall haben sich die Erben des stillen Gesellschafters dahingehend auseinanderzusetzen, dass die stille Beteiligung im gleichen Verhältnis wie die GmbH-Beteiligung auf die Erben aufgeteilt wird.

§ 6
Dauer der stillen Gesellschaft

(1) Die stille Gesellschaft beginnt mit dem ... *(Datum)*
Sie wird für eine feste Laufzeit von 10 Jahren geschlossen. Wird das stille Beteiligungsverhältnis nicht mit einer Kündigungsfrist von 6 Monaten jeweils zu seinem Ablauf gekündigt, so verlängert sich dieses um jeweils 2 weitere Jahre. Die Kündigung hat durch eingeschriebenen Brief zu erfolgen. Es genügt zur Fristwahrung, dass der Brief vor Beginn der 6-Monats-Frist zur Post gegeben wird.

(2) Das Gesellschaftsverhältnis kann ohne Einhaltung einer Kündigungsfrist jederzeit bei Vorliegen eines wichtigen Grundes gekündigt werden. Ein wichtiger Grund liegt insbesondere vor,
a) wenn ein Gesellschafter eine ihm nach dem Gesellschaftsvertrag obliegende wesentliche Verpflichtung vorsätzlich oder aus grober Fahrlässigkeit verletzt,
b) über das Vermögen eines der beiden Gesellschafter das Insolvenzverfahren eröffnet oder die Eröffnung eines Insolvenzverfahrens mangels Masse abgelehnt wird,

c) die GmbH für ... aufeinanderfolgende Geschäftsjahre keine Gewinne erwirtschaftet hat und die GmbH nicht berechtigt ist, Nachschüsse von den Gesellschaftern zu verlangen.

§ 7
Tod des Stillen und Beendigung der GmbH

(1) Durch den Tod des stillen Gesellschafters wird die stille Gesellschaft nicht aufgelöst, sondern mit dem Erben fortgesetzt.

(2) Durch die Liquidation der GmbH wird das Gesellschaftsverhältnis aufgelöst. Die stille Gesellschaft endet mit Ablauf des Geschäftsjahres, in dem der Liquidationsbeschluss gefasst worden ist.

§ 8
Auseinandersetzungsguthaben

Das Auseinandersetzungsguthaben des stillen Gesellschafters ist innerhalb einer Frist von ... zu berechnen und an diesen auszuzahlen.

Ist die Gesellschaft zu einer Auszahlung einer Summe nicht in der Lage, ist sie berechtigt, das Auseinandersetzungsguthaben in 2 Jahresraten auszuzahlen. Der Restbetrag ist mit 6 vH zu verzinsen.

(1) Der Ausgeschiedene ist berechtigt, die Ratenzahlung von einer Sicherheitsleistung abhängig zu machen.

(2) Das Auseinandersetzungsguthaben des stillen Gesellschafters beschränkt sich auf die Rückzahlung der von ihm erbrachten Einlage. Maßgebend ist der Kapitalkontostand im Zeitpunkt seines Ausscheidens, zuzüglich der dem stillen Gesellschafter zustehenden noch nicht ausgezahlten Gewinnanteile bzw. abzüglich etwaiger Verlustanteile.

An den offenen und stillen Rücklagen der GmbH und auch an den schwebenden Geschäften ist der stille Gesellschafter nicht beteiligt.

§ 9
Wettbewerbsverbot

Während der Dauer der stillen Gesellschaft ist der stille Gesellschafter verpflichtet, sich nicht an einem Unternehmen, das zu der GmbH in einem Konkurrenzverhältnis steht, zu beteiligen.

Für den Fall der Zuwiderhandlung ist der stille Gesellschafter zu einer Vertragsstrafe in Höhe von ... EUR verpflichtet.

§ 10
Salvatorische Klausel

Durch eventuelle Unwirksamkeit einzelner Vertragsbestimmungen wird die Wirksamkeit des Vertrags im übrigen nicht berührt. Die Beteiligten verpflichten sich, die unwirksame Bestimmung durch eine andere zu ersetzen, die nach Möglichkeit zum selben wirtschaftlichen Erfolg führt.

2 Vertragsmuster zur Begründung einer atypischen stillen Gesellschaft

§ 1

– Text: wie Muster 1 –

§ 2
Geschäftsführung

(1) Der stille Gesellschafter wird gleichzeitig zum Geschäftsführer der GmbH bestellt. Rechte und Pflichten hieraus ergeben sich aus einem gesonderten Anstellungsvertrag.

oder (Variante 1):

Dem stillen Beteiligten wird Prokura für die GmbH erteilt. Über den Umfang der Prokura wird eine besondere Vereinbarung getroffen.

(2) Der stille Gesellschafter hat hinsichtlich aller Rechtsgeschäfte, die über den laufenden Geschäftsbereich hinausgehen, ein Widerspruchsrecht.

(3) Jedoch bedürfen folgende Rechtsgeschäfte der GmbH der vorherigen Zustimmung des stillen Gesellschafters:

a) der Ankauf und Verkauf von Grundbesitz und dessen Belastung,
b) Kreditaufnahmen, die über einen Betrag von ... EUR hinausgehen,
c) der Erwerb und die Veräußerung von Beteiligungen an anderen Unternehmen,
d) Änderung des Gegenstandes des Unternehmens, Sitzverlagerung des Unternehmens, Errichtung von Zweigniederlassungen und auswärtigen Betriebsstätten,
e) Kapitalerhöhungen und Kapitalherabsetzungen,
f) Bestellung von Geschäftsführern und Prokuristen,
g) Abschluss von Miet- und Pachtverträgen mit einer Dauer von mehr als einem Jahr,
h) Übernahme von Bürgschaften für die Gesellschaft und die Gewährung von Garantien,
i) die Durchführung von Investitionen über einen Betrag von ... EUR hinaus,
j) die Aufnahme weiterer stiller Gesellschafter (nur beispielhaft).

oder (Variante 2):

Dem stillen Gesellschafter steht dasselbe Widerspruchsrecht zu, das § 164 HGB dem Kommanditisten einer Kommanditgesellschaft gewährt.

§ 3
Gewinn- und Verlustbeteiligung

(1) Für die Ermittlung des Gewinnes des stillen Gesellschafters ist die Steuerbilanz maßgebend. Der Steuerbilanzgewinn ist der in der Steuerbilanz ausgewiesene Gewinn vor Abzug der Körperschaftsteuer und der Gewerbesteuer (oder nach Abzug der Körperschaftsteuer und der Gewerbesteuer).

(2) Der stille Gesellschafter nimmt auch an den außerordentlichen Erträgen teil, soweit sie durch Anlageabgänge entstanden sind (letzteres gilt insbesondere dann, wenn der atypische stille Gesellschafter ein Entgelt für die bereits vorhandenen stillen Reserven gezahlt hat).

(3) Die Gewinnbeteiligung beträgt ... vH von der nach Absatz 1 ermittelten Bemessungsgrundlage.

(4) Die Verlustbeteiligung entspricht der Gewinnbeteiligung.

(5) Die GmbH ist verpflichtet, spätestens bis zum ... ihre Bilanz zu erstellen und durch die Gesellschafterversammlung feststellen zu lassen.

(6) Der stille Gesellschafter ist berechtigt, seinen Gewinnanspruch in voller Höhe zu entnehmen.

oder (Variante):

Er ist berechtigt, ... vH seines Gewinnanteils zu entnehmen. Weitere Entnahmen haben jeweils im Einvernehmen mit der GmbH zu erfolgen.

§§ 4–7

– Text: wie Muster 1 –

§ 8
Auseinandersetzung

(1) Bei Beendigung der stillen Gesellschaft ist das Auseinandersetzungsguthaben anhand einer Auseinandersetzungsbilanz zu ermitteln. Hierbei sind die stillen Reserven [**oder** die seit Beginn des Gesellschaftsverhältnisses entstandenen stillen Reserven (einschließlich eines eventuell vorhandenen Firmenwertes)] aufzulösen.

(2) An dem gem. Abs. 1 ermittelten Auseinandersetzungsvermögen ist der stille Gesellschafter, soweit dieses das Buchkapital der GmbH, einschließlich der Einlagekonten der stillen Gesellschafter, übersteigt, entsprechend dem Gewinnverteilungsschlüssel beteiligt.

oder (Variante):

Der stille Gesellschafter ist an den gem. Abs. 1 ermittelten stillen Reserven mit ... vH beteiligt.

(3) Das Auszahlungsguthaben ergibt sich aus dem Stand des Einlagekontos einschließlich eventuell geführter Privatkonten, dem noch nicht gutgeschriebenen anteiligen laufenden Gewinn und den gem. Abs. 1 und 2 ermittelten anteiligen stillen Reserven.

(4) Wird mit Beendigung des stillen Beteiligungsverhältnisses die GmbH gleichzeitig liquidiert, bleiben bei der Ermittlung des Betriebsvermögens zum Zweck der Auseinandersetzung die auf den Liquidationserlös entfallenden Körperschaftsteuerschulden unberücksichtigt.

(5) Die Auseinandersetzungsbilanz ist spätestens 3 Monate nach Beendigung des stillen Gesellschaftsverhältnisses zu erstellen. Der stille Gesellschafter ist auch nach Beendigung des Gesellschaftsverhältnisses verpflichtet, die Richtigkeit der Auseinandersetzungsbilanz anhand der Unterlagen selbst zu überprüfen oder durch einen Angehörigen der steuerberatenden Berufe oder Wirtschaftsprüfer überprüfen zu lassen.

(6) Das Auseinandersetzungsguthaben ist grundsätzlich 14 Tage nach Feststellung des Guthabens auszuzahlen.

oder (Variante):

Das Auseinandersetzungsguthaben ist in Höhe des Kapitalkontos einschließlich der Darlehenskosten und dem noch nicht gutgeschriebenen Gewinnanteil sofort fällig. Soweit das Guthaben jedoch auf die stillen Reserven entfällt, ist die GmbH berechtigt, dieses in monatlichen/jährlichen Raten von … auszuzahlen. Das jeweilige Restguthaben ist mit 6 vH zu verzinsen.

3 Vertragsmuster zur Begründung einer atypischen stillen Gesellschaft beschränkt auf einen Geschäftsbereich

Die Nordkirchener Elektrobau GmbH (NE GmbH) ist in verschiedene von einander unabhängige Geschäftsbereiche gegliedert. Der Geschäftsbereich Stromspeicheranlagen soll erweitert werden. Herr Dipl. Ing. Herbert Müller ist Inhaber verschiedener Patente auf dem Gebiet der Elektrospeicherung mit mehrjähriger Berufserfahrung und Geschäftsverbindungen. Er soll die Verantwortung dieser Sparte übernehmen und Patente, seine Berufserfahrung und Geschäftsbeziehung in der Form einer atypisch stillen Beteiligung einbringen. Diese soll sich jedoch auf den Geschäftsbereich Stromspeicheranlagen beschränken.

§ 1 Gegenstand der stillen Beteiligung

Gegenstand der stillen Beteiligung ist der Geschäftsbereich Stromspeicherung der Nordkirchener Elektrobau GmbH.

§ 2 Einlage des stillen Gesellschafters

(1) Herr Dipl. Ing. Herbert Müller, in folgendem stiller Gesellschafter genannt, beteiligt sich an dem Unternehmen der NE GmbH als atypisch stiller Gesellschafter in der Weise, dass er als Sacheinlage seine 3 Patente (eingetragen beim Bundespatentamt unter Nr. …) in die NE-GmbH einbringt und der Gesellschaft seine Berufserfahrungen und besonderen Kenntnisse der Branche zur Verfügung stellt.

(2) Die Patente werden Eigentum der NE GmbH. Sie werden mit 500 TEUR bewertet und mit diesem Wert auf die stille Einlage angerechnet.

§ 3 Leistungen der GmbH

(1) Die NE GmbH stellt dem Geschäftsbereich Stromspeicherung die notwendigen Geschäfts- und Produktionsräume zur Verfügung. Gleiches gilt hinsichtlich der Betriebseinrichtung und der Personalgestellung. Die bisherigen Buchwerte werden fortgeführt

(2) Die NE-GmbH hat ein Inventarverzeichnis zu erstellen und dieses fortschreiben zu lassen. Gleiches gilt für Personallisten.

(3) Die NE-GmbH wird ebenfalls eine getrennte Buchführung für den Geschäftsbereich Elektrospeicherung einführen und den Gewinn/Verlust gesondert für den Geschäftsbereich ermitteln

§ 4 Geschäftsführung

Herr Müller, der zum Mitgeschäftsführer die NE GmbH bestellt worden ist, übernimmt im Rahmen der Geschäftsführung die Verantwortung für den Geschäftsbereich Stromspeicher. Er ist insbesondere verantwortlich für die technische Weiterentwicklung der Produkte.

Oder

Herr Müller hat die Leitung des Geschäftsbereiches und ist insbesondere verantwortlich für die Weiterentwicklung der Technik. Er erhält für diesen Bereich Prokura.

§ 5 Gewinnermittlung und Gewinnverteilung

(1) Für den Geschäftsbereich Stromspeicherung werden Gewinn und Verlust selbständig ermittelt. Die Kosten für die Überlassung von Einrichtungen und Personal der NE-GmbH werden hierbei berücksichtigt. Eine anteilige Körperschaftsteuer ist hierbei nicht zu berücksichtigen.

(2) Herr Müller erhält für die Geschäftsführung des Geschäftsbereiches Elektrospeicher eine feste Vergütung von … EUR.

(Sofern er nicht als Mitgeschäftsführer der GmbH eine Vergütung erhält, die auch den Geschäftsbereich Stromspeicherung mit abdeckt.)

(3) Vom Restgewinn entfallen auf die
NE-GmbH   60 %
Herrn Müller 40 %

(4) Die Verlustbeteiligung erfolgt nach dem gleichen Verteilungsschlüssel

(5) Der stille Gesellschafter ist berechtigt, seinen Gewinnanteil in voller Höhe zu entnehmen

§ 6 Auseinandersetzung des Betriebsvermögens

(1) Im Falle der Auseinandersetzung ist der Wert des Kapitalanteils nach dem vereinfachten Ertragswertverfahren zu ermitteln.

(2) Sofern dieser Wert die Kapitalkonten übersteigt, ist er entsprechend dem Gewinnverteilungsschlüssel aufzuteilen

4 Vertragsmuster hinsichtlich der Einbringung eines Betriebes in eine GmbH bei Wertausgleich durch eine stille Beteiligung

Das Einzelunternehmen des Herrn Herbert Schulze soll in die Lünener Maschinenfabrik GmbH eingebracht werden, deren alleiniger Gesellschafter Josef Müller ist. Wert des Einzelunternehmens 3 Mio. EUR. Wert des Vermögens der GmbH 2 Mio. EUR. Buchwert beider Betriebsvermögen jeweils 1 Mio. EUR. Herbert Schulze soll zu Hälfte am Stammkapital der GmbH beteiligt werden. Es ist beabsichtigt das Stammkapital der GmbH von 1 Mio. EUR um 1 Mio. EUR auf 2 Mio. E zu erhöhen.

Vor dem unterzeichneten Notar sind erschienen

1. Herr Herbert Schulze, geb. ... wohnhaft ...
2. Herr Josef Müller, geb. ...wohnhaft ...

I

Die Erschienenen weisen sich durch amtliche Lichtbildausweise aus/sind dem Notar persönlich bekannt und erklären:

1. Der Erschienene zu 1 ist Alleineigentümer der Firma Herbert Schule, eingetragen im Handelsregister unter HRA ... des Amtsgerichts Lünen
2. Der Erschienene zu 2 ist Alleingesellschafter und alleiniger Geschäftsführer der Lünener Maschinenfabrik mit Sitz in Lünen, eingetragen im Handelregister unter HRB ... beim Amtsgericht Lünen.

II
Gesellschafterversammlung der Lünener Maschinenfabrik GmbH

Die Erschienenen halten hiermit unter Verzicht auf alle satzungsmäßigen und gesetzlichen Form- und Fristerfordernisse für die Lünener Maschinenfabrik GmbH eine Gesellschafterversammlung ab und fassen folgende Beschlüsse:

1. Kapitalerhöhung der Lünener Maschinenfabrik GmbH

    a) Das Stammkapital der Gesellschaft wird von 1.000.000,- EUR um 1.000.000,- EUR auf 2.000.000,- EUR erhöht

    b) Den neuen Anteil in Höhe von 1.000.000,- EUR übernimmt der Erschienene zu 1.

    c) Die Stammeinlagen auf den neuen Anteil sind in voller Höhe durch Sacheinlagen in der Weise zu leisten, dass der Erschienene zu 1 sein bisheriges Einzelunternehmen auf die Lünener Maschinenfabrik GmbH überträgt.

2. Der Gesellschaftsvertrag wird wie folgt geändert

    § ...

    (1) Das Stammkapital der Gesellschaft beträgt 2.000.000,- EUR,

    (2) am Stammkapital sind jeweils im Nominalbetrag beteiligt:

4 Vertragsmuster hinsichtlich der Einbringung eines Betriebes

a) Herr Josef Müller mit einer Stammeinlage von 1.000.000,- EUR
b) Herr Herbert Schulze mit einer Stammeinlage von 1.000.000,- EUR

3. Neben Herrn Josef Müller wird Herr Herbert Schulze zum Geschäftsführer
4. Kostentragung

Die Kosten dieser Urkunde und ihres Vollzuges trägt die Lünener Maschinenfabrik GmbH.

III
Übernahmeerklärung gemäß § 55 Abs. 1 GmbHG

Der Erschienene zu 1 erklärt:

Ich übernehme die Stammeinlage von 1.000.000,- EUR auf das erhöhte Kapital. Die Einlage wird in der Weise geleistet, dass ich sämtliche Aktiva und Passiva meines bisherigen Einzelunternehmens in die Lünener Maschinenfabrik GmbH einbringe.

IV
Schlussanträge

Beantragt werden:

a) Ausfertigung für das Amtsgericht ... mit Anlagen
b) Je ein beglaubigte Abschrift für die Erschienenen und die beteiligten Gesellschaft

Die Niederschrift wurde den Erschienenen vom Notar vorgelesen, von ihnen genehmigt und von ihnen und dem Notar wie folgt unterschrieben.

Vertrag

Hinsichtlich die Übertragung des Betriebes des Einzelkaufmanns Herbert Schulze auf die Lünener Maschinenfabrik GmbH

Zwischen

1. Herrn Herbert Schulze ....
Übertragender

2. der Lünener Maschinenfabrik GmbH vertreten durch ihren Geschäftsführer Herrn Josef Müller ....
Erwerberin

Präambel

Gegenstand der Übertragung ist das gesamte Betriebsvermögen des Einzelkaufmanns Herbert Schulze eingetragen im Handelsregister HRA ... beim Amtsgericht Lünen.

Der Wert des eingebrachten Betriebsvermögens übersteigt den Wert des übernehmenden Unternehmens um 1 Mio. EUR. Der Wertausgleich soll über eine stille Beteiligung am Unternehmen der Lünener Maschinenfabrik GmbH erfolgen.

Teil 4   Vertragsmuster

§ 1

Der Kaufmann Herbert Schulze überträgt sein gesamtes Betriebsvermögen mit allen Aktiven und Passiven im Wege der Einzelrechtsnachfolge auf die Lünener Maschinenfabrik GmbH. Er versichert, dass neben den in der Bilanz ausgewiesenen Verbindlichkeiten und Lasten keine weiteren Ansprüche gegebenenfalls auf Schadensersatz gegen den Übertragenden bestehen.

§ 2

Der Erwerber übernimmt das Betriebsvermögen zum Buchwert.

§ 3

Die Übertragung erfolgt zum ......

§ 4

Neben dem Gesellschaftsanteil von nominal 1.000.000,– EUR wird dem Übertragenden als Wertausgleich eine stille Beteiligung von nominal 1.000.000,– EUR eingeräumt.

Vertrag über die stille Beteiligung (siehe Muster 1 oder 2)

5 Vertrag über die Gründung einer mehrgliedrigen GmbH & atypisch Still

Vorspann
Die Gerhard Schmidt Gerätebau GmbH, deren alleiniger Gesellschaftergeschäftsführer Gerhard Schmidt ist, will ihren Geschäftsbereich erweitern und vereinbart mit
1. Siegfried Schulte
2. Manfred Müller
3. Winfried Schön

jeweils eine stille Beteiligung an dem Betrieb der Gerhard Schmidt Gerätebau GmbH.

§ 1
Einlage der stillen Gesellschafter

(1) Siegfried Schulte überlässt der GmbH die Nutzungsrechte an folgenden Patenten, eingetragen unter Nummer... im Register des Bundespatentamtes München Restlaufzeit 8 Jahre. für die Dauer der Schutzzeit. Die Nutzungsrechte werden mit 1 Mio. Euro bewertet. Die GmbH als Erwerber schreibt diesen Wert als Anschaffungskosten in gleichen Raten zu Lasten des Gesellschaftsgewinnes ab. Werden jedoch Teilwertabschreibungen aufgrund einer kürzeren Laufzeit und der wirtschaftlichen Entwicklungen erforderlich, werden die hierdurch entstehenden Verluste dem Nutzung überlassenden Gesellschafter Schulte zugerechnet. Sie mindern dessen Kapitalkonto. Werden diese Verlustzurechnungen bis zum Ende des Wirtschaftsjahres, das dem Verlustzuweisungsjahr folgt, nicht ausgeglichen, ist die Gewinnbeteiligung entsprechend anzugleichen.
(2) Die stillen Gesellschafter Manfred Müller und Winfried Schön leisten jeweils eine Bareinlage von 1 Mio. Euro sofort, spätestens bis zum ... Der Betrag ist auf das Konto der GmbH bei der X-Bank Kontonr.... einzuzahlen.

§ 2
Gewinn- und Verlustbeteiligung

(1) Die Gewinnbeteiligung der stillen Gesellschafter Schulte, Müller und Schön betragen jeweils 20 vH des nach den Abs. 2 und 3 festgestellten Gewinnes der GmbH.
(2) Grundlage für die Gewinnbeteiligung ist der Steuerbilanzgewinn der GmbH vor Abzug der nicht abzugsfähigen Steuern (Körperschaftsteuer, Gewerbesteuer, Umsatzsteuer auf den Eigenverbrauch

(3) Ändert sich der Gewinn aufgrund einer Beanstandung des Finanzamtes oder infolge einer Außenprüfung, so ist der endgültig festgestellte steuerliche Gewinn für die Gewinnverteilung maßgebend.

(4) Die Verlustbeteiligung entspricht der Gewinnbeteiligung.

(5) Der Gewinn ist spätestens 8 Tage nach Feststellung des Bilanzgewinnes dem stillen Gesellschafter gutzuschreiben. Die Gesellschaft verpflichtet sich, ihre Bilanz spätestens bis zum … eines jeden Kalenderjahres zu erstellen und den stillen Gesellschaftern innerhalb von 8 Tagen zuzustellen.

Kommt sie dieser Verpflichtung nicht bis zu diesem Zeitpunkt nach, hat die Gesellschaft dem stillen Gesellschafter Verzugszinsen in Höhe von…. über dem jeweiligen Basiszinssatz (§§ 288 Abs. 2, 247 BGB) zu entrichten.

(6) Ein auf den stillen Gesellschafter entfallender Verlustanteil ist zu Lasten seines Kapitalkontos zu verbuchen. Soweit die Verbuchung von Verlusten zu einer Minderung des Einlagekontos unter den Betrag der ursprünglichen Einlage geführt hat, sind künftige Gewinne zunächst zur Wiederauffüllung der Einlage auf den ursprünglichen Betrag zu verwenden.

(7) Der stille Gesellschafter ist berechtigt, seinen Gewinnanteil voll zu entnehmen. Die Gesellschafter, einschließlich der GmbH, können jedoch beschließen, einen bestimmten vH Satz des jeweiligen Gewinnanteils einem Sonderkonto zuzuführen.

§ 3
Kontenführung

(1) Die Konten der stillen Gesellschafter werden bei der Gerhard Schmidt Gerätebau GmbH geführt

(2) Die Einlagen der stillen Gesellschafter in Höhe von jeweils 1 Mio. Euro werden einem für jeden Gesellschafter geführten Festkapitalkonto gutgeschrieben.

(3) Von der Entnahme ausgeschlossene Gewinnanteile werden einem Kapitalkonto II gut geschrieben.

Verlustbeteiligungen werden auf dem Verlustkonto verbucht.

(4) Auf dem Privatkonto werden Die Gewinnanteile und Entnahmen verbucht.

§ 4
Mitwirkung der stillen Gesellschafter in den Organen der GmbH.

(1) Der stille Gesellschafter Schulte wird zum Mitgesellschafter der GmbH bstellt.

(2) Die GmbH errichtet zur Unterstützung der Geschäftsführung einen Beirat dem 3 Personen angehören. Die stillen Gesellschafter Müller und Schön werden zu Beiratsmitgliedern bestellt.

§ 5
Mitwirkungspflichtige Maßnahmen der GmbH

(1) Die GmbH bedarf zu folgenden Geschäften der vorherigen Zustimmung des stillen Gesellschafters:

a) Satzungsänderungen
b) Änderung des Gesellschaftszweckes
c) Betriebserweiterungen
d) Erhöhung des Stammkapitals
e) Kreditaufnahmen zur Finanzierung von Betriebserweiterungen.
f) Herabsetzung des Stammkapitals
g) Übernahme von Bürgschaften durch die Gesellschaft
h) Aufnahme weiterer stiller Gesellschafter

(2) Die Zustimmung gilt als erteilt, wenn 2 der 3 stillen Gesellschafter zustimmen Die Zustimmung kann in einem Umlaufverfahren erfolgen, wenn keiner der stillen Gesellschafter widerspricht.

(3) Darüber hinaus steht jedem stillen Gesellschafter das Widerspruchsrecht gegen Maßnahmen der GmbH, die die laufende Geschäftsführung übersteigen, zu. Im Falle eines solchen Widerspruchs entscheidet die Gesellschafterversammlung unter Einschluss der GmbH. Die einfache Mehrheit ist ausreichend. Abgestimmt wird nach Köpfen.

§ 6
Überwachungsrechte des stillen Gesellschafters

Den stillen Gesellschaftern stehen die Kontrollrechte des § 233 HGB zu.

oder (Variante):

(1) Der stille Gesellschafter hat einen Anspruch auf eine Abschrift der jährlichen Bilanz und das Recht, die Richtigkeit dieser an Hand von Unterlagen zu überprüfen oder überprüfen zu lassen. Hierdurch entstandene Aufwendungen trägt der stille Gesellschafter.

(2) Ist die GmbH gegenüber einer Bankverbindung oder einem Gläubiger verpflichtet, eine Zwischenbilanz oder einen Status zu erstellen, hat der stille Gesellschafter ebenfalls einen Anspruch auf diese Unterlagen.

(3) Der stille Gesellschafter ist jederzeit berechtigt, während der Geschäftsstunden Einsicht in die Unterlagen zu verlangen und sich persönlich über die Angelegenheiten zu informieren. Er ist ebenfalls berechtigt, nach vorheriger Anzeige sich durch einen mit schriftlicher Vollmacht versehenen Beauftragten, der zur Berufsverschwiegenheit verpflichtet ist, zu unterrichten. Die GmbH ist dem stillen Gesellschafter bzw. seinem Beauftragten gegenüber zu entsprechenden Auskünften verpflichtet.

§ 7
Übertragung der Rechte und Pflichten

(1) Zur Übertragung eines stillen Gesellschaftsanteils bedarf es grundsätzlich der Zustimmung aller Gesellschafter, einschließlich der GmbH, ausgenommen hiervon ist die Übertragung auf den Ehegatten und einem Angehörigen iSd § 15 AO im Wege der vorweggenommenen Erbfolge.

(2) Ebenso bedarf die Teilung eines Anteils der Zustimmung aller Gesellschafter.

(3) Gleiches gilt grundsätzlich für die Einräumung einer Unterbeteiligung an einem stillen Anteil, die Belastung des Anteils mit einem Niesbrauch, oder einer Verpfändung des Anteils. Ausgenommen hiervon sind auch hier die Einräumung von Belastungen zu Gunsten von Angehörigen.

§ 8
Dauer der stillen Gesellschaft

(1) Die stille Gesellschaft beginnt mit dem ... *(Datum)*

(2) Sie wird für eine feste Laufzeit von 10 Jahren geschlossen. Wird die Auflösung der stillen Gesellschaft nicht mit einer Kündigungsfrist von 6 Monaten jeweils zu seinem Ablauf beschlossen, so verlängert sich dieses um jeweils 2 weitere Jahre.

§ 9
Tod des Stillen und Beendigung der GmbH

(1) Durch den Tod des stillen Gesellschafters wird die stille Gesellschaft nicht aufgelöst, sondern mit dem Erben fortgesetzt.

(2) Durch die Liquidation der GmbH wird das Gesellschaftsverhältnis aufgelöst. Die stille Gesellschaft endet mit Ablauf des Geschäftsjahres, in dem der Liquidationsbeschluss gefasst worden ist.

§ 10
Kündigung des stillen Beteiligungsverhältnisses durch einen Gesellschafter

(1) Die Kündigung des stillen Beteiligungsverhältnisses durch einen stillen Gesellschafter hat nicht die Auflösung der Gerhard Schmidt Gerätebau GmbH & Still zur Folge.
Die Kündigung hat durch eingeschriebenen Brief, der an die GmbH zurichten ist, zu erfolgen. Es genügt zur Fristwahrung, dass der Brief vor Beginn der 6-Monats-Frist zur Post gegeben wird.

(2) Das Gesellschaftsverhältnis kann durch die GmbH ohne Einhaltung einer Kündigungsfrist jederzeit bei Vorliegen eines wichtigen Grundes gekündigt werden. Ein wichtiger Grund liegt insbesondere vor,

a) wenn ein Gesellschafter eine ihm nach dem Gesellschaftsvertrag obliegende wesentliche Verpflichtung vorsätzlich oder aus grober Fahrlässigkeit verletzt,
b) über das Vermögen eines der stillen Gesellschafter das Insolvenzverfahren eröffnet oder die Eröffnung eines Insolvenzverfahrens mangels Masse abgelehnt wird,

(3) Die Stille Gesellschaft kann durch die stillen Gesellschafter gekündigt werden, wenn die GmbH für 2 aufeinanderfolgende Geschäftsjahre keine Gewinne erwirtschaftet hat und die GmbH nicht berechtigt ist, Nachschüsse von den Gesellschaftern zu verlangen.

§ 8
Auseinandersetzungsguthaben

(1) Das Auseinandersetzungsguthaben des Ausscheidenden ist an Hand einer Auseinandersetzungsbilanz zu ermitteln. Der Wert des Kapitalanteils ist nach dem vereinfachten Ertragswertverfahren (§§ 199, 200 BewG) zu ermitteln. Soweit der Wert die Kapitalkonten übersteigt, ist er entsprechend dem Gewinnverteilungsschlüssel aufzuteilen.
(2) Das Auseinandersetzungsguthaben des stillen Gesellschafters ist innerhalb einer Frist von ... zu berechnen und an diesen auszuzahlen
(3) Ist die Gesellschaft zu einer Auszahlung einer Summe nicht in der Lage, ist sie berechtigt, das Auseinandersetzungsguthaben in 2 Jahresraten auszuzahlen. Der Restbetrag ist mit 6 vH zu verzinsen.
(4) Der Ausgeschiedene ist berechtigt, die Ratenzahlung von einer Sicherheitsleistung abhängig zu machen.
(5) Das Auseinandersetzungsguthaben des stillen Gesellschafters beschränkt sich auf die Rückzahlung der von ihm erbrachten Einlage. Maßgebend ist der Kapitalkontostand im Zeitpunkt seines Ausscheidens, zuzüglich der dem stillen Gesellschafter zustehenden noch nicht ausgezahlten Gewinnanteile bzw. abzüglich etwaiger Verlustanteile.
An den offenen und stillen Rücklagen der GmbH und auch an den schwebenden Geschäften ist der stille Gesellschafter nicht beteiligt.

§ 9
Wettbewerbsverbot

Während der Dauer der stillen Gesellschaft ist der stille Gesellschafter verpflichtet, sich nicht an einem Unternehmen, das zu der GmbH in einem Konkurrenzverhältnis steht, zu beteiligen.
Für den Fall der Zuwiderhandlung ist der stille Gesellschafter zu einer Vertragsstrafe in Höhe von ... EUR verpflichtet.

§ 10
Salvatorische Klausel

Durch eventuelle Unwirksamkeit einzelner Vertragsbestimmungen wird die Wirksamkeit des Vertrags im Übrigen nicht berührt. Die Beteiligten verpflichten sich, die unwirksame Bestimmung durch eine andere zu ersetzen, die nach Möglichkeit zum selben wirtschaftlichen Erfolg führt.

5 Klauselvarianten für die Einlage-Beitragsbestimmung

5.1 Begründung einer stillen Beteiligung unter Verwendung von Mitteln der GmbH

§ 1

(1) Herr Hans Müller leistet eine Einlage in Höhe von 100.000 EUR. Die Einlage ist mit Abschluss des Vertrages fällig.

Herr Müller hat gegen die Gesellschaft einen Anspruch in Höhe von 100.000 EUR aufgrund des Ausschüttungsbeschlusses vom …

Er erklärt hiermit die Aufrechnung. Mit der Aufrechnung gilt seine Einlageverpflichtung als erbracht.

(2) Herr Müller verpflichtet sich weiter, seine stille Beteiligung aus den künftigen Gewinnen der GmbH zunächst auf 200.000 EUR aufzustocken. Er erklärt sich damit einverstanden, dass die GmbH seinen Nettogewinnanspruch aus dem GmbH-Anteil dem Einlagekonto gutschreibt, bis seine Einlage den obengenannten Stand erreicht hat.

oder (Variante):

Herr Müller erklärt sich damit einverstanden, dass die GmbH … vH seines Nettogewinnanspruches seinem stillen Beteiligungskonto gutschreibt, bis dieses den obengenannten Stand erreicht hat.

§ 3

Herr Müller ist mit … vH am Handelsbilanz-/Steuerbilanzgewinn beteiligt.

Hat die stille Einlage den Stand von 200.000 EUR erreicht, erhöht sich die Gewinnbeteiligung für das folgende Geschäftsjahr an auf … vH.

oder (Variante):

Der vH-Satz der Gewinnbeteiligung richtet sich nach dem Verhältnis der eingezahlten stillen Einlage zum gezeichneten Kapital der GmbH zu Beginn eines Geschäftsjahres.

5.2 Verwendung von Gewinnvorträgen und künftigen Gewinnansprüchen

§ 3

(1) Die Einlage des Herrn Müller beträgt 200.000 EUR.

(2) Die Einlage ist in Höhe von 100.000 EUR sofort fällig. Er erbringt die Einlage in der Weise, dass ein Betrag von 100.000 EUR von seinem der Gesellschaft gewährten Darlehen auf die Einlage umgebucht wird.

oder (Variante):

Er erbringt seine Einlage in der Weise, dass sein Nettogewinnanspruch in Höhe von 100.000 EUR aufgrund des Ausschüttungsbeschlusses vom ... nicht ausgezahlt, sondern seinem Einlagekonto gutgeschrieben wird.

(3) Der Rest der Einlage wird in der Weise erbracht, dass der stille Gesellschafter seine künftigen Gewinnansprüche als Gesellschafter der GmbH an diese abtritt und dass die jeweilige Nettodividende dem stillen Beteiligungskonto gutgeschrieben wird, bis die Einlage den Stand von 200.000 EUR erreicht.

oder (Variante):

... 50 vH der jeweiligen Nettodividende ...

5.3 Behandlung von Nutzungseinlagen

§ 1

(1) Herr Müller verpflichtet sich, der Gesellschaft auf die Dauer des Gesellschaftsverhältnisses das Geschäftsgrundstück Dortmund, Korbstr. 5, zu überlassen. Herr Müller versichert, dass an dem Grundstück keine Rechte Dritter bestehen, außer denen, die im Grundbuch unter Abteilungen II und III eingetragen sind, und dass dieses frei von Mängeln ist, die den Gebrauch durch die Gesellschaft irgendwie beeinträchtigen könnten. Er verpflichtet sich, der Gesellschaft gegenüber keine Verfügungen über das Grundstück zu treffen, die die Nutzung durch die Gesellschaft in irgendeiner Weise beeinträchtigen könnten.

(2) Müller verpflichtet sich weiter, während der Vertragsdauer alle Reparaturaufwendungen auf eigene Kosten durchzuführen, alle Grundstückslasten einschließlich Zahlung der Hypothekenzinsen und der Tilgungsraten zu übernehmen.

(3) Die Nutzungsüberlassung wird mit 100.000 EUR als Einlage in das Gesellschaftsvermögen bewertet.

§ 3

Herr Müller ist mit ... vH am Handelsbilanz-(Steuerbilanz)Gewinn der GmbH beteiligt.

oder (Variante):

Herr Müller erhält für die Nutzungsüberlassung eine monatliche Miete von ... EUR; daneben ist er am Handelsbilanzgewinn der GmbH mit ... vH beteiligt.

5.4 Gemischte Beiträge

§ 1

(1) Herr Müller leistet eine Einlage von 100.000 EUR in bar.

5 Klauselvarianten für die Einlage-Beitragsbestimmung

(2) Darüber hinaus verpflichtet er sich, der GmbH das folgende Patent zur Nutzung zu überlassen: ... *(folgt kurze individualisierende Bezeichnung)*. Die Nutzungsüberlassung wird unabhängig von der Gewinnbeteiligung gesondert vergütet. Hinsichtlich der Nutzungsüberlassung wird eine gesonderte Vereinbarung geschlossen.

5.5 Einbringung von Dienstleistungen

§ 1

(1) Herr Müller verpflichtet sich, seine Leistungen als Architekt bei der Bauplanung und Bauausführung einzubringen (Eine Einlage kann hier nicht bewertet werden).

(2) Seine Einlage wird auf 100.000 EUR festgesetzt. Von seinem Jahresgewinn erhält er nur 50 vH ausgezahlt, der Rest wird seinem Einlagekonto so lange gutgeschrieben, bis dieses den Stand von 100.000 EUR erreicht hat.

5.6 Arbeitnehmerbeteiligungen

§ 1

Herr A ist Arbeitnehmer der GmH. Die GmbH räumt Herrn A an ihrem Unternehmen eine stille Beteiligung ein. Die Einlage beträgt ... EUR. Zum Erwerb der stillen Beteiligung gewährt die GmbH Herrn A ein unverzinsliches Darlehen in Höhe von ... EUR. Das Darlehen wird in der Weise getilgt, dass jeweils die Hälfte des Gewinnanteils so lange mit der Darlehensschuld verrechnet wird, bis diese getilgt ist.

oder (Variante):

Die GmbH gewährt ihren Arbeitnehmern anlässlich des 25jährigen Dienstjubiläums eine einmalige Zuwendung von 15 vH ihres im Jahre ... bezogenen Bruttogehaltes. Diese wird jedoch nicht ausgezahlt, sondern auf die Einlageverpflichtung verrechnet. Der Rest der Einlageverpflichtung wird dadurch erbracht, dass 50 vH des jährlichen Gewinnanspruchs nicht ausgezahlt, sondern dem Einlagekonto gutgeschrieben wird, bis die Einlage in Höhe von ... EUR erbracht ist.

Teil 4   Vertragsmuster

5.7 Umwandlung bisheriger Darlehens- und Privatkonten einer in eine GmbH eingebrachten Personengesellschaft in stille Beteiligungen

§ 1

(1) Herr Franz Müller, bisher Kommanditist der Walter Meier KG (genannt KG), nunmehr Gesellschafter der W. Meier Maschinenbau GmbH in Dortmund, beteiligt sich an dieser mit einer Einlage in Höhe von … EUR als stiller Gesellschafter.

(2) Er erbringt seine Einlage in der Weise, dass er das Guthaben seines bisher bei der KG geführten Darlehenskontos in Höhe von 100.000 EUR einbringt. Das Darlehensverhältnis wird insoweit mit der GmbH nicht fortgesetzt.

5.8 Bisheriges Sonderbetriebsvermögen als Einlage

Vorbemerkungen

Die W. Meier Maschinenbau GmbH ist aus der früheren Walter Maier KG hervorgegangen. Herr Franz Müller war an der KG und ist auch an der GmbH mit 20 vH beteiligt.

Herr Franz Müller hatte der KG das in seinem Alleineigentum stehende Grundstück Dortmund, Kaiserstr. 999, zur Nutzung gegen eine monatliche Pacht überlassen. Das Pachtverhältnis wird mit der GmbH nicht fortgesetzt.

Franz Müller und die GmbH vereinbaren hiermit ein stilles Beteiligungsverhältnis.

§ 1

(1) Franz Müller, nachstehend stiller Gesellschafter genannt, leistet seine Einlage in der Weise, dass er das vorgenannte Grundstück der GmbH zur Nutzung gegen Gewinnbeteiligung für die Dauer des Gesellschaftsverhältnisses überlässt.

(2) Der Wert der Nutzung beträgt … EUR. Mit diesem Betrag ist seine Einlage zu bewerten.

§ 2

Franz Müller ist mit … vH am Handelsbilanzgewinn der GmbH beteiligt.

§ 3

Im Falle der Beendigung des stillen Gesellschaftsverhältnisses steht Franz Müller in Höhe seines Gewinnanteils ein Anteil am Wertzuwachs des Geschäftswertes seit seinem Eintritt zu.

6 Klauselvarianten für die Gewinn- und Verlustbeteiligung

6.1 Gewinnverteilung bei zu Beginn nicht voll eingezahlter Einlage

§ 3

(1) Der stille Beteiligte ist mit ... vH am Gewinn beteiligt.

(2) Solange der stille Gesellschafter seine Einlage noch nicht voll erbracht hat, werden ihm hinsichtlich der noch ausstehenden Einlage Sollzinsen in Höhe von 6 vH berechnet. Die Sollzinsen dürfen jedoch insgesamt den Gewinnanteil nicht überschreiten.

oder (Variante 1):

(2) Die Gewinnbeteiligung beträgt 10 vH. Sie erhöht sich jedoch mit Beginn des Jahres, das auf das Jahr folgt, in dem die Einlage erstmals einen Betrag von ... EUR erreicht hat, auf 20 vH. Gleiches gilt für die Verlustbeteiligung.

oder (Variante 2):

Ermäßigt sich die Einlage durch Herabsetzung von ... EUR auf ... EUR, mindert sich entsprechend die Gewinnbeteiligung von ... vH auf ... vH. Gleiches gilt für die Verlustbeteiligung.

7 Klauselvarianten für die Beendigung des stillen Gesellschaftsverhältnisses

7.1 Beendigung durch Kündigung

§ 6a

(1) Die GmbH ist berechtigt, das stille Gesellschaftsverhältnis zu kündigen, wenn sie die durch die Einlage erworbenen Betriebsmittel langfristig nicht mehr benötigt.

Die Kündigung durch die GmbH kann auch auf einen Teil der Einlage beschränkt werden, ohne dass das stille Gesellschaftsverhältnis beendet wird. In diesem Falle mindert sich auch die Gewinn- und Verlustbeteiligung im Verhältnis zur rückgezahlten Einlage.

7.2 Umwandlung in Stammkapital

§ 6a

(1) Die GmbH ist berechtigt, das stille Gesellschaftsverhältnis zu kündigen, wenn die Gesellschafterversammlung der GmbH beschlossen hat, das Kapital unter Verwendung der stillen Beteiligung zu erhöhen.

Das stille Beteiligungsverhältnis besteht weiter, soweit die Einlagen des stillen nicht voll für die Kapitalerhöhung verwandt worden sind. Die Gewinn- und Verlustbeteiligung ermäßigt sich im gleichen Verhältnis.

8 Klauselvarianten betreffend die Auseinandersetzung

8.1 Kündigung durch Gesellschafter

§ 8

Ist das Gesellschaftsverhältnis durch eine Kündigung des stillen Gesellschafters beendet worden, ist die Gesellschaft berechtigt, eine Auszahlung in 4-Jahres-Raten anzubieten. Der Rückzahlungsanspruch ist mit 6 vH zu verzinsen.

8.2 Abfindung stiller Reserven

§ 8

Im Falle der Beendigung der stillen Beteiligung erhält der stille Gesellschafter den Buchwert seines Kapitalkontos und den Gewinnanteil, soweit er seinem Konto noch nicht gutgeschrieben worden ist.
Zur Abgeltung der stillen Reserven erhält er eine Pauschalabfindung,
20 vH vom Kapitalkonto bei einem Gewinn bis 150.000 EUR,
40 vH vom Kapitalkonto bei einem Gewinn darüber.
Als Gewinn wird der Durchschnittsgewinn der letzten 5 Jahre zugrunde gelegt.
Es ist jedoch zu beachten, dass Pauschalabfindungen einer Vermögensbeteiligung und damit einer Mitunternehmerschaft entgegenstehen.
Daher ist es zweckmäßiger, folgende Vereinbarung zu treffen:
Der stille Gesellschafter erhält im Falle der Beendigung des Gesellschaftsverhältnisses einen Anteil an dem seit Beginn des Gesellschaftsverhältnisses eingetretenen Wertzuwachs (Substanzwert und Geschäftswert) entsprechend seiner Gewinnbeteiligung. Aus Vereinfachungsgründen sind sich die Vertragsparteien einig, dass hierbei die indirekte Ertragswertmethode mit folgenden Abweichungen angewendet wird: ... *(folgt Beschreibung der Abweichungen)*

9 Klauselvariante zur Regelung des Erbfalls

§ 8

Abs. 1 Die stille Beteiligung wird mit dem Erben im Falle des Todes des stillen Gesellschafters fortgesetzt.

Abs. 2 Die Übernahme der stillen Beteiligung des Verstorbenen richtet sich nach der erbrechtlichen Regelung.

Abs. 3 Mit jedem Erben wird ein selbständiges stilles Gesellschaftsverhältnis begründet

oder

die Erben bilden zusammen eine BGB-Gesellschaft und bestimmen einen Erben aus ihrer Mitte, der die Rechte gegenüber der …GmbH wahrnimmt.

Abs. 4 Im Falle einer Mehrheit der Erben hat jedoch nur ein Erbe ein Anrecht zum Geschäftsführer bzw. Mitgeschäftsführer bestellt zu werden.

Oder

Abs. 1 Im Falle des Todes des atypisch stillen Gesellschafters wird die stille Gesellschaft fortgesetzt, jedoch haben die Müller Maschinenbau GmbH und auch die Erben das Recht, das stille Gesellschaftsverhältnis zu kündigen.

Abs. 2 Im Falle des Todes des atypisch stillen Gesellschafters soll die stille Beteiligung nur auf eine Person übergehen, die der atypisch stille Gesellschafter bestimmt hat.

Abs. 3 Unterbeteiligungen an der dem Übernehmer übergegangenen stillen Beteiligung sind jedoch gestattet.

Abs. 4 Der Übernehmer hat das Recht, zum Mitgeschäftsführer der Müller Maschinenbau GmbH bestellt zu werden.

10 Vertragsmuster hinsichtlich einer Innengesellschaft, bei der der Handelsgewerbetreibende weder am Vermögen noch am Gewinn beteiligt ist

§ 1

Herr Josef Müller und die Maschinenfabrik Müller GmbH errichten gemeinsam eine stille Gesellschaft. Gegenstand der stillen Gesellschaft ist der Betrieb der Maschinenfabrik Josef Müller.

Herr Josef Müller verpflichtet sich, die bisher als Einzelunternehmen geführte Firma Josef Müller in die Maschinenfabrik Müller GmbH als Sacheinlage zu übertragen. Die Sacheinlage wird mit 1 Mio. EUR bewertet.

§ 2

Die Maschinenfabrik Müller GmbH verpflichtet sich, ihren ganzen Gewinn an den stillen Gesellschafter abzuführen. Sie erhält für ihre unternehmerische Tätigkeit eine feste Vergütung von .... EUR.

§ 3

Alle Geschäfte, die über den Rahmen der laufenden Geschäftsführung hinausgehen, bedürfen der Zustimmung der stillen Gesellschafter.
Hierzu zählen
– die Besetzung und Abberufung des Geschäftsführers
– die Aufnahme neuer Geschäftszwecke
– sämtliche Finanzierungsgeschäfte wie Kapitalbeschaffung, Kreditaufnahme usw.

§ 4

Im Falle der Beendigung der stillen Beteiligung werden alle eingebrachten Wirtschaftsgüter und deren Ersatzbeschaffungen auf den stillen Gesellschafter zurückübertragen.

Stichwortverzeichnis

Die angegebenen Fundstellen beziehen sich auf die Randnummern.

Abfindung 204, 508
- Anspruch 120, 379
- stiller Gesellschafter 116g
- stiller Reserven 120
Abfindungsanspruch 116n
Abfluss (vGA) 384
Abgeltungssteuer 239 ff., 246, 384, 498, 597
- Abzug Werbungskosten 244
- bei 0-Beteiligung an Stammgesellschaften 244
- bei Beteiligung unter 10 v. H. 244
Abschluss
- (Vertrag) 72
- Gesellschaftsvertrag 138, 143, 175
Abschlusspfleger 174
Abschreibungen 99, 225
Abschreibungsgesellschaften 262
abschriftliche Mitteilung 58
Abtretung der stillen Beteiligung 2
Abzugsverbot des § 12 Nr. 2 EStG 301
Actio pro socio 56c
AfA 621
AfA-Berechtigung 619
Agio 436
Aktiengesellschaft & atypisch Still 158 ff.
- Satzungsregelungen 160
Aktivierungsverbot 455
Aktivposten 475
Alleineigentum 618
Alleingesellschafter 172, 238
Anerkennung (Rechtsgeschäfte) 170
Angehörige 173, 301, 378
Angemessenheit (Gewinnbeteiligung) 379
Anlageabgänge 100
Anlagevermögen 83 ff.
Anmeldung zum Register 147
Anrechnungsverfahren 285, 435
Anschaffungskosten 450, 516
- für die Beteiligung 518
Anspruch
- auf Auszahlung 87, 119

- auf rückständige Einlage 263
- gegen Geschäftsinhaber 116b
- gegen GmbH 383
Anstellungsvertrag 67, 168, 276
Anteil am Gewinn 10, 45, 484
Anteile der GmbH
- Betriebsvermögen 247 ff., 328
- Sonderbetriebsvermögen 356
Anteilserwerb
- Aufklärungsverschulden 116i
Anteilsschenkung 172 ff.
Anteilsveräußerung 426
Anwachsung des Anteils 513
Arbeitnehmer 15
- Gewinnbeteiligung 15, 110
Arbeitskraft 88
Arbeitsverhältnis 110
Arbeitsvertrag 110
Architektenleistungen 323, 327
atypisch stille Beteiligung
- Eigenkapital 96
- im Betriebsvermögen 316
atypisch stille Gesellschaft
- Adressat 55a
- Ertragsteuerrecht 440
- Geschäftswert 317
- Gewinnbeteiligung 317
- Gründung 479
- Innenbeziehung 55a
- Innen-KG 55a
- Insolvenz 29
- KG-Recht 55a
- mehrgliedrige 55a
- Mitunternehmerrisiko 317
- Umstrukturierungen 7
atypisch stiller Gesellschafter
- Widerspruchsrecht 55a
Aufgabegewinn 472, 509, 514
Aufgliederung
- in Geschäftsbereiche 7
Auflösung
- Abfindungsansprüche 116d

Stichwortverzeichnis

Zahlen = Randnummern

- BGB-Innengesellschaft 114a
- der stillen Gesellschaft 114, 119
- des stillen Beteiligungsverhältnisses 118 ff.
- mehrgliedrige stille Gesellschaft 116d
- von Rücklagen 107

Aufnahme von atypisch stillen Gesellschaftern 437
Aufrechnung 435
Aufwendungen von Gesellschaftsmitteln 99
Auseinandersetzung 119 ff., 127
- der stillen Gesellschaft 119 ff.
- einer atypischen stillen Beteiligung 509
- einer typischen stillen Beteiligung 507
- Guthaben 116b

Auseinandersetzungsanspruch 94, 116c
Auseinandersetzungsbilanz 123
Auseinandersetzungsforderung 516
Auseinandersetzungsguthaben 122 f., 190, 204, 436
Auseinandersetzungsrechnung
- hypothetische 116n

Ausgeschüttete Gewinne 434, 597
Ausgleichsverpflichtung 84
Auskunftsrecht 58, 69
Ausscheiden (stiller Gesellschafter) 123
Ausscheiden aus GmbH & atypisch Still 513 ff.
Ausschluss des Verlusts 379
Ausschüttung 181
- andere 290 ff.
- offene 295, 435

Ausschüttungsbelastung 304, 374
Ausschüttungsbeschluss 79, 229, 356
Austauschvertrag 56
Austritt eines Gesellschafters 619
Ausübung
- Gesellschaftsrechte 198a

Auszahlungsguthaben 119, 127
außerordentliche Erträge 100
außerordentliche Verluste 100

Bareinlagen 76, 437, 449, 450, 457
Bargeldzuschüsse 167
Barleistung 434
Beendigung
- ausstehende Einlagen 114c
- der GmbH 157
- des Geschäftsführervertrags 109
- des Vertragsverhältnisses 76
- durch Umwandlung 515 ff.

- eines atypischen stillen Gesellschaftsverhältnisses 501, 509
- eines Gesellschaftsverhältnisses 16, 49, 202 ff.
- einer GmbH & Still 152, 157
- eines stillen Gesellschaftsverhältnisses 109, 115, 127, 498 ff., 114b
- Mitunternehmerschaft 501, 509
- Rateneinlagen 114c
- Rückzahlungsanspruch 114b
- Verlustanteil 114c

Befriedigung
- gleichmäßige 116n

Begründung
- einer stillen Beteiligung 434 ff.

Begünstigungsvertrag 397
beherrschender Gesellschafter 166, 169 f.
Beherrschungsvertrag 148
Beirat 68
Beitragsleistungen 74
Beitragsverpflichtung 321
Bemessungsgrundlage 98 f., 217
Bemessungsmaßstab Gewinnanteil 85
Berechnungsmethode 204
Beschlussfassung (Gewinn) 238
beschränkte Steuerpflicht 235, 303 ff.
- atypisch stiller Gesellschafter 409
- Verluste 260
Beschränkung Verlustabzug 388
Besitzgesellschaft 411
Beteiligung
- am Geschäftsverkehr 63
- am Geschäftswert 204
- am Gewinn 199, 211, 218
- an der GmbH 458
- am Handelsbilanzgewinn 101
- am laufenden Gewinn 100
- am Liquidationserlös 490
- am Risiko 199, 209
- am Substanzwert 203
- am Verlust 199 f., 211, 230
- am Vermögen 56, 204
- an den stillen Reserven 17, 204, 443
- an einem Handelsgewerbe 194
- an einer Personengesellschaft 367
- BGB-Innengesellschaft 43b
- Familienangehörige 164, 170
- Geschäftswert 199
- Gewinn und Verlust 199
- mehrgliedrige Unterbeteiligung 43c
- mit Koordination 43a

370

Zahlen = Randnummern

Stichwortverzeichnis

Beteiligungserträge 354
Beteiligungsgesellschaft 368
Beteiligungskonto 113
Beteiligungsverhältnis 515
Beteiligungsvertrag 44, 59, 159
Betrieb
– der GmbH 309
betriebliche Veranlassung 219 ff.
Betriebs-GmbH 411
Betriebsaufgabe
– Halbeinkünfteverfahren 501
Betriebsaufspaltung 234, 295, 410, 420, 491 f., 599
Betriebsausgaben 97, 164, 191, 212, 218, 221, 331, 355, 395, 607
– nicht abzugsfähige 395
– Zeitpunkt der Verausgabung 229
Betriebsausgabenabzugsfähigkeit 187
betriebsbedingte Steuern 101
Betriebseinnahmen 232
Betriebsgrundlagen, wesentliche 415
Betriebskapitalgesellschaft 295
Betriebssparten
– Gewinnermittlung 316
Betriebsstätte 409
Betriebsveräußerung 599
Betriebsvermögen 233 f., 328 f., 411, 437, 439, 519
– der GmbH & Still 332
Betriebsvermögensvergleich 364
Bewertung
– Sonderbetriebsvermögen 341 ff.
– Sacheinlage 82, 595
Bewertung des Betriebsvermögens
– vereinfachtes Ertragswertverfahren 549 ff.
– Personengesellschaft 553
BGB-Innengesellschaft
– Beendigung 114a
Bilanz
– der GmbH 94, 215, 346
– GmbH atypisch Still 259
– GmbH & Co KG 615
Bilanzansätze *siehe Bewertung*
Bilanzaufstellung 238
– Zeitpunkt der 238
Bilanzerstellung 233
Bilanzfeststellung 69, 233
Bilanzgewinn 380
Bilanzierung 31
– der stillen Beteiligung 25

– im Diensten 15
– Korrespondierende 355a
bilanzierungsfähige Wirtschaftsgüter 86
Bilanzierungsfähigkeit
– Patent 366
Bilanzierungspflicht 25
Bilanzrichtlinien-Gesetz 5
Bildung steuerfreier Rücklagen 103
Bindung an Handelsbilanz 331
Bruchteilseinbringung 457
Bruttoausschüttung 232
Bucheinsichtsrecht 58
Buchführungspflicht 25
buchhalterische Voraussetzungen 171
Buchwert 439, 485, 490
– ausweisung 485
– einbringung 457, 524
Buchwerte, Fortführung der alten 479
Bürgschaft 199, 270
– zugunsten der GmbH 248

Darlehen 1, 365
– beschränkte Steuerpflicht 304
– Erhöhung 529
– als Fremdkapital 604
– in der Handelsbilanz 304
– kapitalersetzendes 1, 304
– partiarisches 19, 168
– Rückgewähr 39, 592
– Rückzahlungen von 271
Darlehensaufnahme 248
Darlehensbedingungen 172
Darlehensgeber 365
Darlehensgewährung 113, 168, 278
Darlehenskonto 475
– Umwandlung 478
Darlehensschenkung 187
Darlehensüberlassung 236
– Sondervergütung für 318
– vertrag 168
Darlehensverhältnis 459
Darlehensvertrag 186
Darlehenszinsen 352
Dauerschuldzinsen 365
Diensteinlag 75
Dienstleistungen 14, 74, 124
Dienstverträge 321
Dividendenanspruch 238
Dividenden 272
Doppelbelastung (Ertragsteuern) 536

371

Stichwortverzeichnis

Zahlen = Randnummern

Doppelstöckige GmbH & atypisch Still 313
– Sondervergütungen 368
Doppelstöckige PersG
– Cashpool 368k, 368j
– Gesellschafterdarlehen 368f
– Sachleistungen 368h
– Sonderbetriebsvermögen 368f, 368g

Eigenkapital 2, 31, 55, 93
– verdecktes 291
– verwendbares 78, 304
Eigenkapitalaufstockung 128
Eigenkapitalerhöhung 291
Eigenkapitalersatzregeln 36
Eigenkapitalersetzende Darlehen 35
Eigenkapitalzuführung 291
Einbringender 449
– Juristische Personen 443
Einbringung
– Ausgliederung 461
– Betriebe 7
– der Arbeitskraft 14
– einer Branche 446
– einzelner WG 439 ff., 454
– eines Betriebes 439, 468
– von Dienstleistungen 124
– eines Einzelunternehmens 459
– von Einzelerbschaftsgütern 481
– gegen stille Beteiligung 469 ff.
– Gegenstand der 483
– GmbH-Anteile 468
– unter gemeinen Wert 470
– zum gemeinen Wert 453, 486
– in eine GmbH 468
– von Grundstücken 574
– eines Mitunternehmeranteils 439, 449
– Patentnutzungen 7
– von Sonderbetriebsvermögen 474, 600
– Spaltung 461
– Teilbetriebe 446, 469
– Umwandlung 459 ff.
– Verschmelzung 461
– Vorgesagene 481
Einbringungsgewinn I 472, 506, 511
Eindeutigkeit der Vereinbarung 167
Einfluss
– auf die Geschäftspolitik 50
– auf die Unternehmensführung 53
– auflaufende Geschäfte der GmbH 63
Einflussmöglichkeit 63, 210

Einflussrechte *siehe Mitwirkungsrechte*
Einheitliche und gesonderte Feststellung 580 ff., 620
Einkommen 99
– der GmbH 216, 301, 359
– körperschaftsteuerliches 607
– körperschaftsteuerpflichtiges 216
Einkommensteuer 214, 245
– tarifliche 498
Einkünfte
– aus Gewerbebetrieb 164
– gemeinschaftliche 198a
– gewerbliche 196, 309
– inländische 409
– aus Kapitalvermögen 164, 192, 212, 232, 256, 266, 306, 508
– körperschaftsteuerpflichtige 216
– aus Vermietung und Verpachtung 266
– Zuordnung der 194
Einkunftsart 273, 310
Einlage
– ausbedungene 434
– von Dienstleistungen 88
– Eigenkapitalcharakter 34a
– Erlass der 132, 149
– von Forderungen 82
– Grundstücke 293
– Herabsetzung 392
– eines Mitunternehmers 266
– von künftigen Leistungen 90
– Leistung 269
– von Nutzungen 11, 14, 90
– Rückzahlung 256, 596
– eines stillen Gesellschafters 34, 331
– Wiederauffüllung der 252
Einlageerhöhung 74 ff.
Einlageguthaben 74, 93
Einlagekonto 450
– negatives 255, 265, 270
Einlagenminderung 271
Einlageverlust 249
Einlageverpflichtung 160
Einlagewert 82
Einmann-GmbH
Einmanngründung
Einpersonen GmbH & Still 209
Einsicht der Bücher 58, 70
Einstimmigkeit 143, 466
Einstimmigkeitsbeschluss 143
Eintragung der Gesellschaft 148
Eintragung der Haftungsminderung 392

Zahlen = Randnummern

Eintritt eines Gesellschafters 619
Einzelbetriebe
– Einbringung 55e
Einzelrechtsnachfolge 82, 461
Einzelunternehmen 461
Einzelwirtschaftsgüter 451
Empfangbevollmächtigter 589
Entnahmebeschränkung 185, 189
entgeltlicher Erwerb 87
Erbfall 562
Erbschaftsteuer 544
– Abzugsbetrag 565
– begünstiges Vermögen 555
– Betrieb 564
– Lohnsumme 561, 562 ff.
– Nachversteuerung 568
– Überentnahmen 569
– Übertragung auf einen Dritten 566
– Veräußerung Betriebsvermögen 568
– Vermögensverwaltender Betrieb 556
– Verschonung 554
– Verschonungsmaßnahmen 560
Erbschaft- und Schenkungssteuer
– GmbH & atypisch Still 546 ff.
– typisch stille Beteiligung 545
ErbSt
– Anteile an Kapitalgesellschaften 556a
– begünstiges Vermögen 553a
– begünstigungsfähiges Vermögen 553a, 554a
– Betriebsaufspaltung 556a
– Beteiligungen im Betriebsvermögen 556e
– Familienunternehmen 553a
– Finanzmittel 556c
– junge Finanzmittel 556d
– Lohnsumme 561
– Nettowert 557
– Neufestsetzung 567
– Schulden 557
– Sofortversteuerung 554
– Verwaltungsvermögen 556e
– vermögensverwaltender Betrieb 556
– Verschonung 554
– Vorratsvermögen 555a, 556b
– Vorwegabschlag 553a
Ergänzungsbilanz 314, 353, 388, 450, 485
Ergänzungspfleger 174 ff.
Erhöhung der stillen Einlage 84
Ermäßigungshöchstbetrag 400
Ernsthaftigkeit der Vereinbarungen 178
Erstattungsanspruch 33, 106

Stichwortverzeichnis

Ertragsbewertung 295
Ertragsrechtsverfahren 204
Ertragswert 204, 295
– Schätzung des 295
Ertragswertverfahren 548
– Betriebsergebnis 551
– Durchschnittsertrag 550
– Kapitalisierungsfaktor 552
Ertragsteuern 610
Escape-Klausel 227

Fälligkeitszeitpunkt 238
Familienangehörige 186
– Beteiligung von – 186
– Verträge mit – 173
Familiengesellschaft 301, 306
Familienpersonengesellschaft 375
Festkapitalkonten 467
Feststellung der Bilanz 387
Feststellung des Jahresgewinns 69
Feststellung des Verlustes 255
Feststellung in Kapitalkosten 466
Feststellungsbescheid 226, 393
Finanzierungsinstrumente 31
Finanzierungskosten 597
Firma 24, 657
Firmenwert 204
Formwechsel 156, 461
Fortschreibung des verrechenbaren Verlustes 393
freiberufliche Tätigkeit 322
Freibetrag
– der GmbH 601
– der Mitunternehmerschaft 601, 625
– Erbschaftsteuer 554
– Gewerbesteuer 531 ff.
– GmbH & Still 531
– Veräußerungsgewinn 501
Fremdfinanzierung 4
– der Kommanditanteile 266
Fremdkapital 55, 91
Fremdvergleich 189

Gehaltsvereinbarung 352
Geldeinlagen 437
Gemeiner Wert 450
Gemeinsamer Zweck 10
– des Anteils 301
Genussrechte 10
Gesamtermittlung der Mitunternehmerschaft 168

373

Stichwortverzeichnis

Zahlen = Randnummern

Gesamtgewinn 45, 104, 211, 331
Gesamthänder 200
Gesamthandsberechtigter 17
Gesamthandsgemeinschaften 441, 454
Gesamthandsvermögen 10, 333, 454, 519
Gesamtunternehmer 448
Geschäftsanteile 476
Geschäftsbereich 316, 340, 458
– eigene Gewinnermittlung 317f
Geschäftsbericht 466
– Geschäftsführung 55e
– mehrere 55e
Geschäftsführer 67, 144
– Bestellung eines 67
– Gesellschafter 324
– der GmbH 15, 67
– Risiko des 199
– Tätigkeitsvergütung 358
– Vater als 170
– Verlag 109
Geschäftsführerbestellung 67
– Gehalt 358
Geschäftsführung 205, 309
– Einfluss auf die 32
Geschäftsführungsbefugnis 141
Geschäftsguthaben 49
Geschäftsinhaber
– Adressat 116l
Geschäftsjahr 58, 114
Geschäftswert 193, 201, 300, 309
– Stuttgarter Verfahren 204
Gesellschafter 73
– Abschluss 138
– Allein 238
– beherrschender 238, 352
– Beitragsleistungen 74
– Beschluss 140
– Darlehen 1, 304, 357
– fremdfinanzierung 228
– Fremdkapital 131
– Geschäftsführer 15, 198
– konten 180
– rechte 594
– stellung 330
– verhältnis 206
– versammlung 65, 69f., 206, 594
– vertrag 141
– wechsel 460
Gesellschafterbeitrag
– Forderungsverzicht 208d
– Nutzungseinlage 208d

– Sacheinlage 208d
Gesellschaftsgewinn
– Verteilung des 317
Gesellschaftsrechte 10
Gesellschaftsverhältnis 165, 167, 187, 180, 489
– fehlerhaftes 116l
– Änderung 157
– Anerkennung von 165
– Ausscheiden aus 123, 204
– atypisches 27
– Beendigung 49, 52
– Durchführung 180 ff.
– einheitliches 42
– Unkundbarkeit 180
– Unwirksamkeit 41, 141
Gesellschaftsvermögen 2, 10, 116c, 201, 457, 482, 595
Gesellschaftsvertrag 70, 104, 138, 168, 199 f., 208c, 256, 436, 466, 595
– Form 22
– Gesamtwürdigung 34
Gestaltungsfreiheit 44
Gewerbeertrag 526 ff.
– Ermittlung 527
– Freibeträge vom 541
Gewerbebetrieb 525, 532
gewerbliche Einkünfte 400 f.
– Umfang 314
Gewerbesteuer 212, 218, 349, 395, 527
– belastung 608
– Betriebsausgabenabzug 102, 349
– GmbH & Still 525
– Hinzurechnung 218, 529
– pflicht 532, 542
Gewerbesteuerfreibetrag
– Vervielfältigung 317f
Gewerbesteuermessbescheid 532, 542, 584
– Schuldner 543
Gewerbesteuermessbetrag 400
Gewerbesteuerschuldner 543
Gewerbesteuerzahlungen 349
Gewinn 309
– künftiger 106, 231
– nicht entnommener 394 f.
– verbleibender 218
Gewinnanspruch 12, 79, 99, 219, 314
– des atypischen Gesellschafters 347, 597
– Bemessungsgrundlage 69
– Darlehensüberlassung 236
– Entstehung 233

Zahlen = Randnummern

- Gutschriftkonto 238
- Höhe 69, 217, 233
- stiller Gesellschafter 232 ff., 597
- Zufluss (Zeitpunkt) 236

Gewinnanteil 185 f., 306, 314, 347, 382
- andere Bemessungsgrundlagen 102
- angemessener 220
- Berechnung 217
- des stillen 245, 350

Gewinnausschüttunmg
- der GmbH 356
- verdeckte 280, 292, 377, 383

Gewinnbeteiligung 11, 18, 55, 85, 98, 103, 132, 179, 191, 370, 466, 490
- als Betriebsausgabe 216
- Angemessenheit der 297, 301
- beherrschender Gesellschafter 374
- Betriebsausgabe 216
- Geschäftsbereich 55e
- unangemessene 218

Gewinnbeteiligungsquote
- vertragliche 315

Gewinnbezugsrecht 185
Gewinnentnahmeregelungen 606
Gewinnermittlung 123, 222, 316, 318, 328, 345, 347
- Gegenstand der 485
- Vielzahl von Beteiligungen 317

Gewinnerzielungsabsicht 198
Gewinnfeststellung 383, 581, 588, 597
Gewinngutschrift 290
Gewinnkonto 231
Gewinnrealisierung 457, 493
Gewinnvereinbarung 102, 297
Gewinnverrechnung 79
Gewinnverteilung 346, 372 f., 380
- angemessene 294, 383
- auf die Gesellschafter 369
- Maßstab für 377
- Mehrgewinne 380
- unangemessene 375

Gewinnverteilungsbeschluss 435
Gewinnverteilungsschlüssel 104, 350
Gewinnverteilungsvereinbarung 378
Gewinnverwendung 69
Gewinnvorträge 80
Gewinn- und Verlustbeteiligung 45, 55
Gewinn- und Verlustrechnung 95, 346
Gewinnverzicht 373
- GmbH 373

Gewinnvoraus 371

Stichwortverzeichnis

Gewinnzurechnung 271, 380, 456

GewSt
- Geschäftsbereich 534a
- Einbringung 534a
- Mitunternehmerschaft 539b
- Obergesellschaft 534a
- Untergesellschaft 534a
- Unternehmensindentität 539a
- Verluste 540a

Gläubiger der Gesellschaft *siehe stille Gesellschafter*

Gleichberechtigung 169
Globalabfindung Geschäftswert 204
GmbH 60
- Liquidation 504
- Rechtsbeziehungen zur 275
- Satzung der 67
- Vermögen der 309, 457

GmbH-Anteile 337, 524
- Anschaffungskosten 472
- Betriebsvermögen 234, 315
- Bilanzierung 332a
- Eigenvermögen 332a
- des stillen Gesellschafters 309
- Sonderbetriebsvermögen 337, 524
- Gewinnanteile des 316
- Rückstellungen 332a
- Sonderbetriebsvermögen 337, 524
- Teilwert 451
- wesentliche Beteiligung 438

GmbH & atypisch KG
- Gewinnermittlung 368a
- Vergütungen 368a

GmbH & atypisch & still KG
- Hauptbeteiliger 368a
- Unterbeteiliger 368a

GmbH & Co KG 1, 24, 305
- fehlgeschlagene 306

GmbH & Co KG atypisch still
- Betriebsführung 368b
- doppelstöckig 368b
- Gewinnanteil 368b
- Gewinnermittlung 368b
- Sonderbetriebsvermögen 368b

GmbH-Gesellschafter 12, 38, 594
- Geschäftsführer 458

GmbH & Still 1, 434
- Vorteile 1
- Gründung 1, 434 ff.

GmbH & Still, atypische 147, 421, 546
- Altgesellschafter 458a

375

Stichwortverzeichnis

Zahlen = Randnummern

- doppel- bzw. mehrstöckige 367
- Eintritt 458a
- Geschäftswert 210a
- Gewinnbeteiligung 210a
- im Rechtsbehelfsverfahren 583
- Mitunternehmerrisiko 210a
- sonstiges Entgelt 458a
- Vermögensverwaltung 210a

Grunderwerbsteuer 572, 576
- Vor- und Nachteile 602

Gründung 434
- einer GmbH & Still 138 ff., 438

Grundstück 463
Haftendes Eigenkapital 34
Haftkapital 2, 55, 592
Haftungsbeschränkung 1, 268
Halbeinkünfteverfahren 285, 501
Handelsbilanz 69, 194, 345
Handelsbilanzgewinn 45, 101, 202, 218, 314
- der GmbH 202
- Verteilung des 218

Handelsbilanzverlust 389
Handelsgewerbe 9
Handelsgewerbetreibender 329
Handelsregister 37, 148
Handelsgeschäft
- Inhaber des 309

Hauptgesellschafter 206
Heilung des Vertrages 173
Herstellungskosten 84
Hinzurechnung
- Gewerbesteuer 529
- Verluste 540a

Höherbewertung Einlage 292

IFRS-Rechnungslegung 94
Immaterielles Wirtschaftsgut 86
Informations-Kontrollrechte 58, 60 ff., 206
Innengesellschaft 10, 23, 51, 449, 454
- mit Geschäftsinhaber 43d
- ohne Geschäftsinhaber 43b

Innen-KG 116C
- Abwicklung 116c ff.
- Auflösung 116g
- Verbindlichkeiten 116g

Innenverhältnis 107, 141
Insolvenz 2
- anfechtung 137
- antrag 128
- ausfall 249

- des Geschäftsinhabers 118
- eröffnung 34, 116
- forderung 128, 132, 604
- gläubiger 128
- masse 118, 128
- rechte 291
- verfahren 592
- verluste 249
- verwalter 137, 249

Insolvenzfortsetzung 128
Insolvenzverfahren 34, 116, 128, 132
Interessengleichlauf 168

Jahresergebnis 81
Jahresertrag 100
Juristische Personen als Einbringender 443

Kapital 464, 478
- negatives 445

Kapitalaufstockung 2, 445
Kapitalbedarf 2
- vorübergehender 556
- zusätzlicher 2

Kapitaleinkünfte 10
- aus Darlehen 113

Kapitaleinsatz 209
Kapitalerhaltungsregeln 56
Kapitalerhöhung 516
Kapitalertragsteuer 232, 245, 248, 356
- Abgeltungscharakter 213
- bei 1 f. H. Gewinnanteil 246

Kapitalersetzende Leistungen 304
Kapitalforderungen 223
Kapitalgesellschaft 261, 312, 438, 517
- als stille Gesellschafter 261

Kapitalherabsetzung 392
Kapitalherabsetzungsbeschluss 596
Kapitalkonto 91, 106, 180 f., 231, 265, 367, 389, 459
- des atypischen stillen Gesellschafters 388
- negatives 230, 270 f., 390
- Umwandlung 465
- variables 466

Kapitalkontostand 119
Kapitalnutzung 212
Kapitalrückzahlung 357
Kapitalüberlassung 21, 94
Kapitalverzinsung, angemessene 297
Kapitalwert der Nutzung 87
Kinder
- Gesellschaftsverhältnis mit 180
- minderjährige 170

376

Zahlen = Randnummern

– Verwaltung ihrer Anteile als Fremdvermögen 177, 180
Klagebefugnis 591a
Know-how 14, 455
Kommanditbeteiligung, Umwandlung 467
Kommanditist 34, 195, 199
– Haftung des 387
Kompetenzen 141
– Überschreibung des 141, 149
Komplementär-GmbH 198
Kontrollrechte 22, 53, 55, 206, 211, 289, 308, 594
Körperschaftsteuer 3, 102, 213, 218, 369
– pflicht 460
– Übergangsregelungen 435
Körperschaftsteuerbelastung
– Minderung 597
Körperschaftsteuerguthaben
– Verrechnung 435 ff.
körperschaftsteuerliche Doppelbelastung 1
körperschaftsteuerlicher Gewinn 102
körperschaftsteuerpflichtige Einkünfte 382, 597
Körperschaftsteuerrückstellung 366
Kreditaufnahme 141
Kreditzinsen 357
Kündigung 23
– aus wichtigem Grunde 116
– außerordentliche 116, 116b
– durch Gesellschafter 123, 200
– sofortige Beendigung 114
– stille Beteiligung 114
– Vertragsmangel 116n
Kündigungsfrist 114
Kündigungsklausel 184
Kündigungsrecht 184
– außerordentliches 61, 116

Leistungs(einlagen) 90
– in das Gesellschaftsvermögen 90
– künftige 90
Liquidation der Anteile 437
Liquidation der GmbH 202, 504, 509, 116g
Liquidationsbeschluss 504
Liquidationserlös 10
Liquidationsgewinn 505
Liquidationswert 204
Liquidationssteuer
– GmbH 505
Lizenzeinnahmen 366
Lizenzen 366
Lizenzgebühr 302

Stichwortverzeichnis

Lizenzverträge 112
Lohnsumme
– Berechnung 561

Maklerkosten 434
Maßgeblichkeit der Steuerbilanz 102
Maßgeblichkeit Handelsbilanz 484
Maßgeblichkeitsgrundsatz 304
Maßnahme der Geschäftsführung 59, 85
Maßstab (Gewinnbeteiligung) 69
Mehrgliedrige stille Gesellschaft
– fehlerhafte Gesellschaft 116i
– Leistungsgemeinschaft 116i
– Rückabwicklung 116i
– Schadensersatz 116i
Miet- und Pachteinnahmen 364
Mietvertrag und Pachtvertrag 206, 352, 473
Mietzahlungen 364
Minderheitsgesellschafter 203
Minderjährige 170
Mindeststammkapital 2
Mindestverzinsung 19
Mitbestimmungsrechte 55, 205
Miteigentum 309, 333, 364
Miteigentumshälfte 364
Mitgliedschaftsrechte 10
Mitspracherechte 44, 53
Mitunternehmer 192f., 206, 308f., 440, 479
– Geschäftsführer 208a
– Initiative 193, 198, 198a, 206
– Prokurist 208a
– Risiko 193f., 198, 198a, 201, 204
Mitunternehmeranteil 452
– Einbringung 459, 468, 477, 479
Mitunternehmerinitiative
– Geschäftsführertätigkeit 208c
Mitunternehmerschaft 164, 168, 195ff., 200, 329, 333, 437, 455, 458
– atypische stille 481
– Beendigung der 509
– Bilanz des 310
– Bürgschaftsübernahme 208e
– Darlehensvertrag 208e
– Dienstvertrag 208e
– Grundlage der 333
– einheitliche 312
– faktische 208e
– mehrstöckige bzw. doppelstöckige 313, 368
– Miet- u. Pachtvertag 208e

377

Stichwortverzeichnis

Zahlen = Randnummern

– verdeckte 208e
– voraussetzungen 479
Mitunternehmerrisiko 199
Mitunternehmerschutz
– Merkmale 310
Mitteilung der jährlichen Bilanz 46
Mitverwaltungsrechte 10
Mitwirkungsrecht 55, 197, 429, 594
MoMiG 1

Negatives Kapitalkonto 106, 388
Neubegründung
– stille Beteiligung 127a
Nichtentnommener Gewinn 394 ff.
– Begriff 395
– Begünstigungsbetrag 398
– nachversteuerungspflichtiger Betrag 398
– Nachversteuerung 399
Niederstwertprinzip 82
Nießbrauch 364
Nominalwert 74, 204
Notarkosten 434
Nutzung des Anteils der Ehefrau 364
Nutzungsdauer 366
Nutzungseinlage 85
Nutzungsrecht 496
– Sonderbetriebsvermögen 317f
Nutzungsüberlassung 21, 74, 85, 211, 279, 457, 595
– Beendigung 388
– gegen Gewinnbeteiligung 492
– Sondervergütung für 21

Obergesellschaft
– Sonderbetriebsvermögen 368f
offene Rücklagen 21
OHG, Umwandlung 466
Organschaft 421
Organträgerschaft 421

Pacht 2, 108
Pachtverhältnis 85, 111, 492
– Umwandlung 491
Pachtvertrag 168
– Umwandlung 491
Pachtzahlungen 223, 352
– partiarisches Darlehen 18, 168
Passivposten 475
Patent 463
Patentnutzung 366
Patentüberlassungsverträge 108, 366

Pauschalabfindung 52, 204
Pensionsrückstellungen 199, 361
Pensionszusage 277, 361 ff.
– Bilanzierung 361
Personengesellschaft 438, 441
Privatgläubiger 114
Privatkonto 91, 475
Privatvermögen 437, 451
– notwendiges 337
Progressionsvorbehalt 244
Protokollisierung 140
Prozessstandschaft 590 f.
Prüfungsanordnungen 582

Rangrücktritt 30, 118, 128, 592
– stille Beteiligung 31
– Vereinbarung 96
Realteilung 514a ff.
– echte 514b, 514d
– Einzelwirtschaftsgut 514c
– Mitunternehmerschaft 514a
– Sonderbetriebsvermögen 514a
– unechte 514b, 514e
– Vollbeendigung 514d
Rechte wie ein Kommanditist 55, 107
Rechtsbehelfsverfahren 580
Rechtsgeschäft
– Gesellschafter 352
– Angehörige 216
– Zustimmungspflicht 57
Rechtsposition
– gesicherte 14, 364
Rechtsverhältnis 109
Regelstatut des HGB 47 f., 50, 180, 212
Reinvestitionsklausel 569
Restgewinnverteilung, Angemessenheit 371
Restguthaben 128
Risiko 299
– eines Geschäftsführers 199
Risikobeteiligung 198
Rückabwicklung
– Beteiligung 116i
Rückerstattung der Einlage 512
Rückerstattungsanspruch 16, 507, 512
Rückforderung 128
Rückforderungsrecht 291
Rückgabeverpflichtung 82
Rückgewähr
– des Darlehens 40
– Einlage 116

Zahlen = Randnummern

Stichwortverzeichnis

Rückgriffsforderungen 248
Rücklagen
– Auflösung 79, 551
– gesamthänderisch gebundene 306
– Umwandlung 459
Rücktrittsrecht 127a
Rückumwandlung GmbH-Anteile 438
Rückwirkung (Verträge) 175
Rückzahlung
– der Einlage 137, 199, 203, 392
– gewinnunabhängige Vergütungen 114b
Rückzahlungsanspruch
– Beendigung stille Gesellschaft 114b
Rückzahlungsverpflichtung
– Verbindlichkeiten 129

Sacheinlagen 1, 4, 14, 16, 82 f., 437, 467, 595
– Gegenstand der 455
– Stiller Gesellschafter 451
Sachgründung 4, 522
Sachgründungsbericht 595
Sachgüter, Überlassung von
– zur Nutzung 85
Sachzuwendung 167
Satzungsänderung 60
Schadensersatz 53, 116
Schadensersatzanspruch
– gegen Geschäftsinhaber 116k, 116n
Schadensersatzverpflichtung 53, 151
– (Gründung) 151
Schenker 173
Schenkung 172
– stille Beteiligung 171
– Schenkungssteuer 544
Schenkungsvertrag 184
Schuldner Gewerbesteuer 543
Schuldzinsen 272
– Schütt-aus-Hol-zurück-Verfahren , 434
Schutzwürdiges Interesse
– Mitgesellschafter 116j
schwebende Geschäfte 121
Selbstkontrahieren, Verbot des 138
Solidaritätszuschlag , 398
Sonderbetriebsausgaben 389
Sonderbetriebseinnahmen 318, 343, 349 f., 355 f., 366, 384
Sonderbetriebsvermögen 202, 266, 307, 334, 341 ff., 366, 388, 450, 468, 474 f., 518
– Einbringung von 52

– GmbH-Anteile 338
– negatives 266, 388
– Sonderbetriebsveermögen I 334
– Sonderbetriebsvermögen II 335, 458
– Stammanteile als 505
– Wirtschaftsgüter des 266
– Wertansatz des 341
Sonderbilanz 341
– des Gesellschafters 364
Sonderleistung 22, 594
Sonderrechtsverhältnis 70, 459
Sondervereinbarung 420
Sondervergütungen 314, 318, 328, 331, 354
– der Gesellschafter 312, 318
– für Darlehensüberlassung 365
– für Nutzungsüberlassung 364
Sozialversicherungspflicht 162
Sperrfrist 449
Stammanteil
– wesentliche Grundlagen 214
Stammeinlage 1, 532
Stammgesellschafter 436 f., 455
Stammkapital 93, 515
– Aufstockung 2, 105, 445
– Erhaltung des 52
– verdecktes – 291
– ziffer 39
Steuerbescheid
– Zuständigkeit 581
Steuerbescheide 580
Steuerbilanzgewinn 45, 102, 218
Steuerfreie Gewinnanteile 395
Steuergutschrift 13
Steuerliche Anerkennung 165, 169, 190
Steuerliche Mehrgewinne 380
Steuerliche Rückwirkung 175
Steuermessbetrag 400 ff., 531
Steuermesszahl 531
Steuerpflichtiger, beschränkt 409
Steuerschuldner 532
Stille Auseinandersetzung 507 ff.
stille Beteiligung 2, , 23, 70
– Abgrenzung 168
– als Entgelt 477
– als kapitalersetzendes Darlehen 39
– als verdecktes Eigenkapital 291
– atypische 27 ff., 50, 93, 185, 198, 326, 420
– Beendigung der atypischen 34, 127
– beschränkt Steuerpflichtiger 303

379

Stichwortverzeichnis

Zahlen = Randnummern

- Betriebssparte 310
- eines GmbH-Gesellschafters 38
- Eintragungspflicht 147
- Entnahmerecht 105
- im Betriebsvermögen 247, 499
- Geschäftsbereich 340
- Grundlage 168
- Insolvenz 39
- Koordination 41
- mehrerer Personen 41
- Privatvermögen 236
- Rangrücktritt der 94
- steuerliche Anerkennung 22
- typisch stille Beteiligung 26, 48 f., 164, 212, 267, 274
- Umwandlung einer atypischen 515
- Veräußerung einer 498
- Verluste 249
- von Familienangehörigen 164
- von Gesellschatern der GmbH 166
- von Kindern 171
- Zweigniederlassung 235

stille Beteiligung oder Betriebsaufspaltung 609

stille Gesellschaft *siehe stille Beteiligung*
- Anerkennung als 168
- atypische 350, 358
- Einlage des 34

stiller Beteiligungsvertrag 56, 67, 70 f., 149, 161

stiller Gesellschafter
- Aufbauhaftung des 107
- atypischer 123, 313
- Bareinlage 450
- Beteiligung des 347
- Betriebsausgaben des 248
- Einlage 132, 266
- Eintritt als Geschäftsführer 67
- Gewinnanspruch 297
- Kontrollrecht des 58
- mit 10 v. H. Stammgesellschaft 246
- Stammgesellschafter 135, 137, 384
- Stellung des – 201

stille Reserven 52, 123, 193, 445, 457, 520
Stimmenmehrheit 150
Stimmrecht 42, 65, 427 ff.
Subjekt
- der Gewinnermittlung 198a

Substanzwert 204
Substanzverluste 248

Tantieme 102
Tarifbegünstigung 445
- Einbringung in GmbH 445
Tarifbelastung 102
Tarifbesteuerung 289
Tätigkeit im Dienst der Gesellschaft 322, 354
Tätigkeitsvergütung 198 f.
tatsächliche Durchführung 180
Teilbetrieb 439
Teileinkünfteverfahren 356, 384, 407. 505
Teilgewinnabführungsvertrag 147, 160 f.
Teilnahme an der Gesellschafterversammlung 93
Teilwert 295, 342, 364, 366, 451
Teilwertabschreibung 248, 345
Teilwerteinbringung (GmbH-Anteil) 486
Tilgung
- Verbindlichkeiten 116d
Tod des stillen Gesellschafters 117
Treuepflicht 120, 150
Treueverhältnis 56
Treuhänder 43, 110
Typische oder atypische stille Beteiligung 599

Überentnahmen 351
Übergang durch Spaltung 154
Überprüfung der Geschäftsunterlagen 61
Überschuldung (GmbH) 120, 129
Überschuldungsstatus 96
Übertragung
- aus anderen BeBetriebsvermögen 457
- aus dem Sonderbetriebsvermögen 457
- in das Gesamthandsvermögen 454
- in das Gesellschaftsvermögen 455
Übertragung (notarielle Form) 82
Übertragungsgewinn 468
Übertragung (Verluste) 598
Überwachungsrechte
- des stillen Gesellschafters 169
Umsatzsteuer 577
- als hängige Vergütung 18
Umwandlung 461
- einer atypischen stillen Beteiligung 515, 517, 524
- Einzelunternehmen 465
- formwechselnde 438
- Gewinnvorträge 435
- einer GmbH & Co KG 488
- nach dem handelsrechtlichen Umwandlungsgesetz 461

Zahlen = Randnummern   Stichwortverzeichnis

- von Kapital-, Darlehens- und Privatkonten 478
- der Kommanditbeteiligun 488, 490
- einer OHG 466
- der Rechtsform 57
- von Rücklagen 435
- des Pachtverhältnisses 491, 496
- einer Personengesellschaft 484
Umwandlungsbericht 466
Umwandlungsbilanz 474
- einer Personengesellschaft 459
- in Stammkapital 127
Umwandlungsbeschluss 464, 466
Umwandlungsgesetz 461
Umwandlungsstichtag 468 ff.
Unterbeteiligung 454
Unterbeteiligung am GmbH-Anteil 376, 422
- atypische 426
- Kündigung 430
- Stammgesellschafter 424
- typische 423
- Unterbeteiligter 425, 433
- Veräußerung 432
- Vermögensrechte 428
- Verwaltungsrechte 429
- wirtschaftliche Inhaberschaft 427
Unterbeteiligungsgesellschaft 429
- verdeckte Einlage 291
Unterbilanz 120
Unterbilanzprüfung 35
Unternehmensbewertung 52, 204
Unternehmenswert 294, 300
Unternehmerinitiative 195, 206, 211, 309
Unternehmensrisiko 198, 200
Unwirksamkeit eines Gesellschaftsverhältnisses 41, 176
- Schenkung 172
- stiller Beteiligungsvertrag 149

Veranlagungszeitraum 259
Veräußerung
- eines Anteils 489
- atypisch stille Beteiligung 501
- eines Mitunternehmeranteils 513
- einer stillen Beteiligung 498
- des Teilbetriebes 500
Veräußerungsgewinn 100, 230, 472, 498, 504, 510, 520
- stille Beteiligung 489
Veräußerungskosten 501

Veräußerungspreis 489, 518
Veräußerungssperre 449
Verbindlichkeit 26, 77, 475
- Beteiligungserwerb 273
verdeckte Einlage 167, 436
verdecktes Eigenkapital 291
verdeckte Gewinnausschüttung 125, 191, 280
- Begriff 280
Vereinbarungen 169
- Eindeutigkeit 179
- Ernsthaftigkeit 178
- Gewinnanspruch 374
- Gewinnverteilung 99
- eines Gesellschaftsverhältnisses 169
- in Schriftform 169
- unangemessene 219
- weiterer Entgelte 476
Vererbung, Anteil 117
Verfügungsbefugnis 24
Verfügungsbeschränkung 182, 568
- Gewinnanteil 105
Vergütung 2
- atypisch stiller Gesellschafter 326
- andere Rechtsbeziehungen 275
- feste 20
- für Fremdkapital 224
- für Kapitalüberlassung 2
- für Leistungen 288
- für Tätigkeiten 319
Vergütungsvereinbarung 23
Verkehrswert 204
Verlust 598
- Abfluss 252
- Einlage 249
- der GmbH 230, 255, 386
- der Gesellschaft 230, 271
- verrechenbarer 231, 245, 270
Verlustabzug 259
- Ausschluss des 539
Verlustanteil 255, 270
- Berücksichtigung 258, 260
Verlustausgleich 258, 267
- Beschränkung des 262
- erweiterter 268 f.
- Verbot des 267, 389 f.
Verlustausgleichsvolumen 264, 266
Verlustbeteiligung 22, 45, 55, 106, 188, 250, 386, 598
- Abgeltungsteuer 250
Verlustrisiko 299

381

Stichwortverzeichnis

Zahlen = Randnummern

Verlustrücktrag 389
Verlusttilgung
– durch Nachschusszahlung 257
Verlustübernahme 95, 252, 256, 386
– atypisch stille Gesellschaft 386
Verlustübertragung 598
Verlustverteilung 388
Verlustvortrag 389, 455
Verlustzurechnung 390
Vermögen der GmbH 2
Vermögensbeteiligung 196
Vermögensbilanz 123
Vermögenseinlage 11, 23, 44, 74 f., 82, 110, 211
Vermögensübertragung
– Nichtanerkennung 191
Vermögens
– vergleich 328
– verfügung 191
Vermögensverluste 249
Vermögensvorteil 75
Vermögenszuwachs 52, 194, 202
Verpachtung von Betriebsmitteln 496
Verrechenbarer Verlust 231
Verrechnung
– auf dem stillen Beteiligungskonto 457
– Ausschüttung 435
– der gegenseitigen Ansprüche 256, 270
– mit künftigen Gewinnansprüchen 257, 390
Verrechnungszeitpunkt 231
Verschmelzung 153
Verschonungsabschlag
– Lohnsumme 554
Verschonung
– Option 554
Vertragsabschluss 187
Vertragsbedingungen 247, 619
Vertragsbeziehungen 187
Vertragsform 176
Vertragsfreiheit 11, 44, 70
Vertragsmuster Teil 4
Vertragsverhältnis 167
Vertretung der Gesellschaft 138, 158
Verwaltung (Anteile) 180 ff.
Verwaltungsrechte 183
Verwaltungsvermögen 557
Verwertungsrechte 200
VGA 179, 285 ff.
– Tarifbesteuerung 290
Volljährigkeit 182

Vor- und Nachteile einer GmbH & Still 592
vormundschaftliche Genehmigung 175
Vorwegabschlag
– Voraussetzungen 553a

Wahlrecht 453, 479, 494
Werbungskosten 250, 597
– Abfluss von 252
– des stillen Gesellschafters 267
– Verluste von 256
Werbungskostenabzug 213
Werbungskostenüberschuss 270
– verrechenbarer 270
Werkverträge 321
Wert (Rückgabeverpflichtung) 82
Wertansatz 524
Wertaufstockung 484
wesentliche Betriebsgrundlagen 503
– GmbH-Anteile 416
Widerspruchsrecht 55, 64, 306
Wiederauffüllung 237
– der Einlage 237
wiederkehrende Leistungen 13 f.
Wirksamkeit eines Vertrages 173
Wirtschaftsgut 291, 364
– des abnutzbaren Anlagevermögens 83
– bewertbare 14
– bilanzierungsfähiges 14
– immaterielle 455
– Überlassung von 20, 169
wirtschaftliche Eigentümerin 84
wirtschaftliche Verfügungsgewalt 306
Wirtschaftsjahr 221

Zinsaufwendungen
– Zinsschranke 219
Zinsschranke 4, 219 ff., 223, 225, 350
– Abzugsbeschränkungen 221
– Betrieb 221
– Eigenkapitalvergleich 227
– Kapitalforderungen 223
– Konzernzugehörigkeit 227
– Zinserträge 221, 224
– Zinsaufwendungen 221, 224 f.
– Zinsvortrag 226
Zufluss Gewinnausschüttung 236
Zuordnung Einkünfte 194
Zurechnung
– der Einkünfte 232
– zum körperschaftsteuerpflichtigen Einkommen 286

Zahlen = Randnummern   **Stichwortverzeichnis**

Zustimmung 56 ff., 139, 211, 309
Zustimmungserfordernis 57
Zustimmungsgeschäfte 141
Zustimmungsrechte 594
Zweigniederlassung 236, 316
– regional abgegrenzte 316
Zwischenwert 487
Zwischenwerteinbringung 484